AF588309

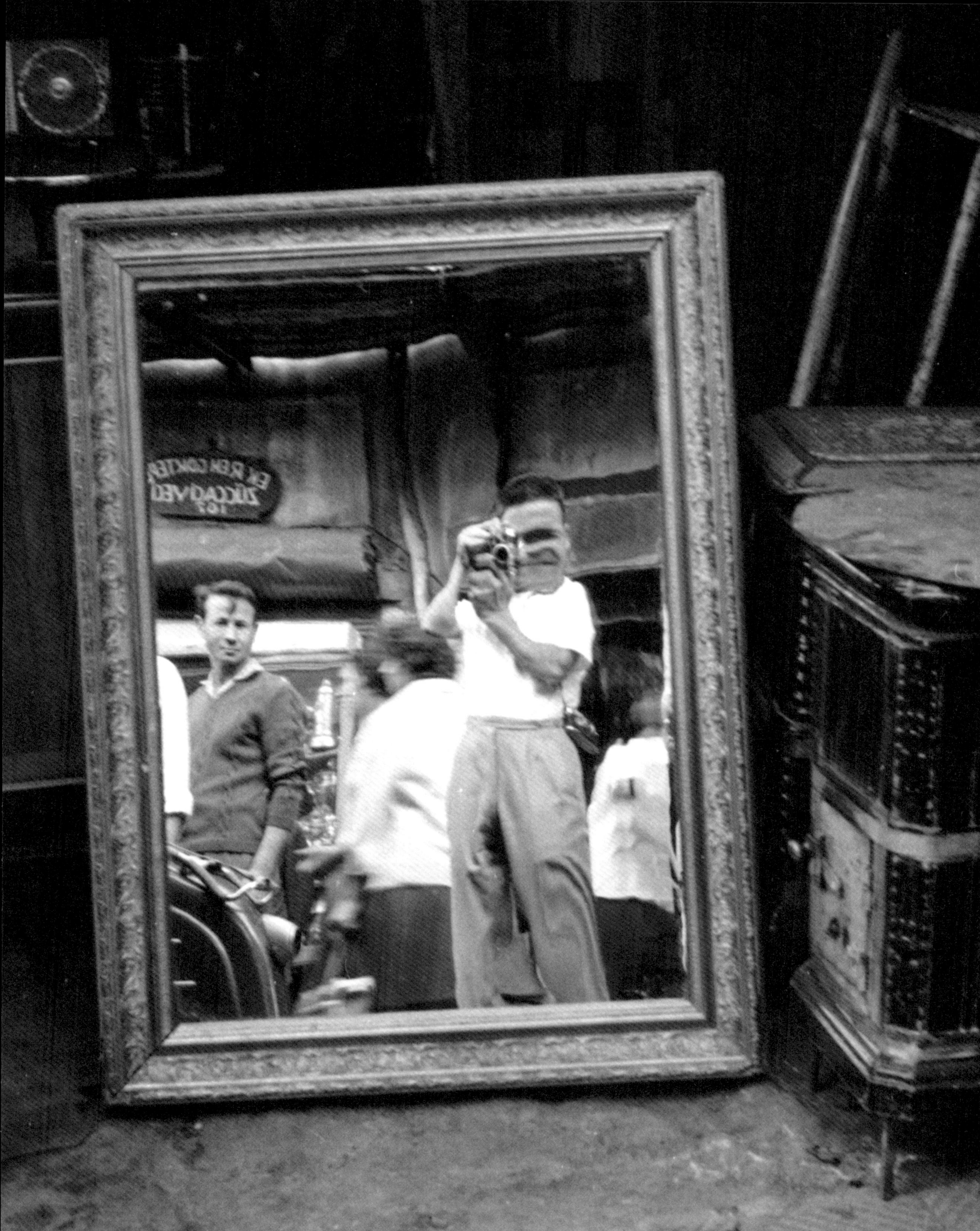

PAOLO
DI PAOLO

a cura di / *edited by*
Giovanna Calvenzi
Silvia Di Paolo

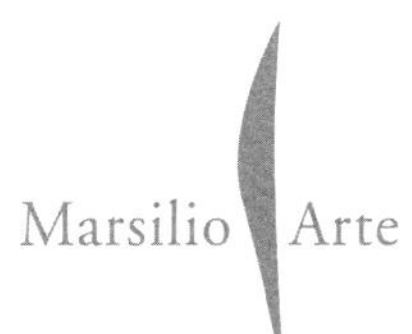

Ringraziamenti / *Acknowledgements*
Giovanna Calvenzi e Silvia Di Paolo desiderano ringraziare Luca De Michelis, per aver seguito dall'inizio il lavoro dell'Archivio Paolo Di Paolo, sostenendo con entusiasmo questo progetto; grazie a Martina Mian per averlo realizzato con cura e pazienza e a Carmen Malafronte per averlo sviluppato graficamente.
Grazie a tutti gli autori che con generosità hanno contribuito ad arricchire questo volume.
Un ringraziamento particolare a Isabella Rossellini, Bruce Weber e Eva Lindemann.
Giovanna Calvenzi and Silvia Di Paolo would like to thank Luca De Michelis for following the Paolo Di Paolo Archive from the very beginning, enthusiastically supporting this project, Martina Mian for having brought it to life with care and patience and Carmen Malafronte for having developed it graphically.
Thanks also to all the authors who generously contributed to enriching this volume.
A special thanks to Isabella Rossellini, Bruce Weber, and Eva Lindemann.

Copertina / *Cover*
I piccoli guerrieri di Monte Mario, Roma /
Little warriors of Monte Mario, Rome 1954

p. 1
Autoritratto / Self-portrait, Istanbul 1961

Traduzioni / *Translations*
Richard Sadleir

Progetto grafico e impaginazione / *Graphic Design and Layout*
Carmen Malafronte

Redazione / *Copy Editing*
Rosanna Alberti

Prima edizione ottobre 2025 / *First edition* October 2025
ISBN 979-12-5463-312-0

www.marsilioarte.it

Available through ARTBOOK | D.A.P.
75 Broad Street, Suite 630 New York, NY 10004
www.artbook.com

INDICE
CONTENTS

BRUCE WEBER
LET ME TELL YOU A SECRET

I've had a big, big love affair with Italy since I was about ten years old. And I never got over.

My fascination with anything Italian—the curves of the women, the natural masculinity of the men, the architecture of the ancient churches, fresh tomatoes, and the ever-changing golden light. Especially the rare occasion when it snowed in Rome and covered parts of the Colosseum. I grew up in Greensburg, a small farm town in Pennsylvania, with my sister Barbara and my mom and dad. Barbara was infatuated with the *Mambo italiano* vision of romance from the time she first visited Italy with our grandparents. That summer I was left alone without my sister who is my favorite person to share my wildest dreams. When she came home, Barbara was different. More like a woman than a young girl. Had she met a prince? or devastatingly handsome fisherman? I never knew for sure. But her stories filled my imagination with the kind of romantic adventures that can only happen in Italy.

Every Sunday night our family would drive into Squirrel Hill in Pittsburgh and go to the art cinema to see a recent European film. Afterward we would all go to the local deli, and I'd order a double-brisket sandwich on rye. My parents would hold hands under the table while we discussed the performance of Marcello Mastroianni and Sofia Loren in *Marriage, Italian Style*. I remember shyly sensing that my parents couldn't wait to get back home and put us to bed. That's what Italy does to people: it makes their hearts beat faster.

A couple of years back Nan and I were walking in Rome and came across a little gallery, we chatted with the owner as we admired his photography collection. Oh, I almost fainted. Marcello Mastroianni, Giulietta Masina, Pier Paolo Pasolini, Luchino Visconti, and so many others. And there on the back of each print was inscribed the name: Paolo Di Paolo.

When I discovered his photographs of Anna Magnani and Pasolini by Paolo Di Paolo, I realized I had been dreaming about them long before I ever knew they existed.

It had been almost a year since I first met the photographer Paolo Di Paolo and his daughter Silvia. That day she was out of breath when she met us at the door, and

BRUCE WEBER
LASCIATE CHE VI RACCONTI UN SEGRETO

Ho una grande, grande storia d'amore con l'Italia da quando avevo circa 10 anni e non è mai finita. Ho un'attrazione per tutto ciò che è italiano, le forme sinuose delle donne, la naturale mascolinità degli uomini, l'architettura delle chiese antiche, i pomodori freschi e la luce dorata in continua trasformazione, specialmente nella rara occasione in cui cadde la neve a Roma che coprì parti del Colosseo. Sono cresciuto a Greensburg, una piccola città agricola della Pennsylvania con mia madre, mio padre e mia sorella Barbara.

Barbara era infatuata del romanticismo in stile *Mambo italiano* da quando visitò l'Italia per la prima volta con i nostri nonni. Durante quell'estate rimasi solo senza mia sorella che era anche la mia migliore amica e la persona preferita con cui condividere i miei sogni più folli. Quando tornò a casa dall'Italia era diversa, era diventata più donna e meno ragazzina. Aveva forse incontrato un principe? O un pescatore dalla bellezza sconvolgente? Non l'ho mai saputo con certezza. Eppure ha continuato a deliziarmi con racconti di avventure romantiche che possono accadere soltanto in Italia.

Ogni domenica sera andavamo al cinema a Squirrel Hill a Pittsburgh a vedere un film europeo di recente uscita. Dopo ci recavamo tutti alla rosticceria lì vicino e io ordinavo un panino con doppio strato di manzo. Intanto i miei genitori si tenevano per mano sotto al tavolo mentre discutevamo dell'interpretazione di Marcello Mastroianni e Sophia Loren in *Matrimonio all'italiana*. Ricordo di avere timidamente percepito che i miei genitori non vedevano l'ora di tornare a casa e metterci a domire. Ecco cosa fa l'Italia alla gente: fa battere il cuore più forte.

Un paio di anni fa, Nan e io camminando per il centro di Roma siamo entrati in una piccola galleria antiquaria. Abbiamo chiacchierato con il proprietario, ammirando la sua collezione di fotografie. Oh, sono quasi svenuto... Marcello Mastroianni, Giulietta Masina, Pier Paolo Pasolini, Luchino Visconti e tanti altri. E lì, sul retro di ogni immagine c'era scritto il nome «Paolo Di Paolo». Quando ho scoperto le fotografie di Anna Magnani e Pasolini scattate da Paolo Di Paolo mi sono reso conto che le avevo già sognate anni prima di scoprire che esistevano davvero.

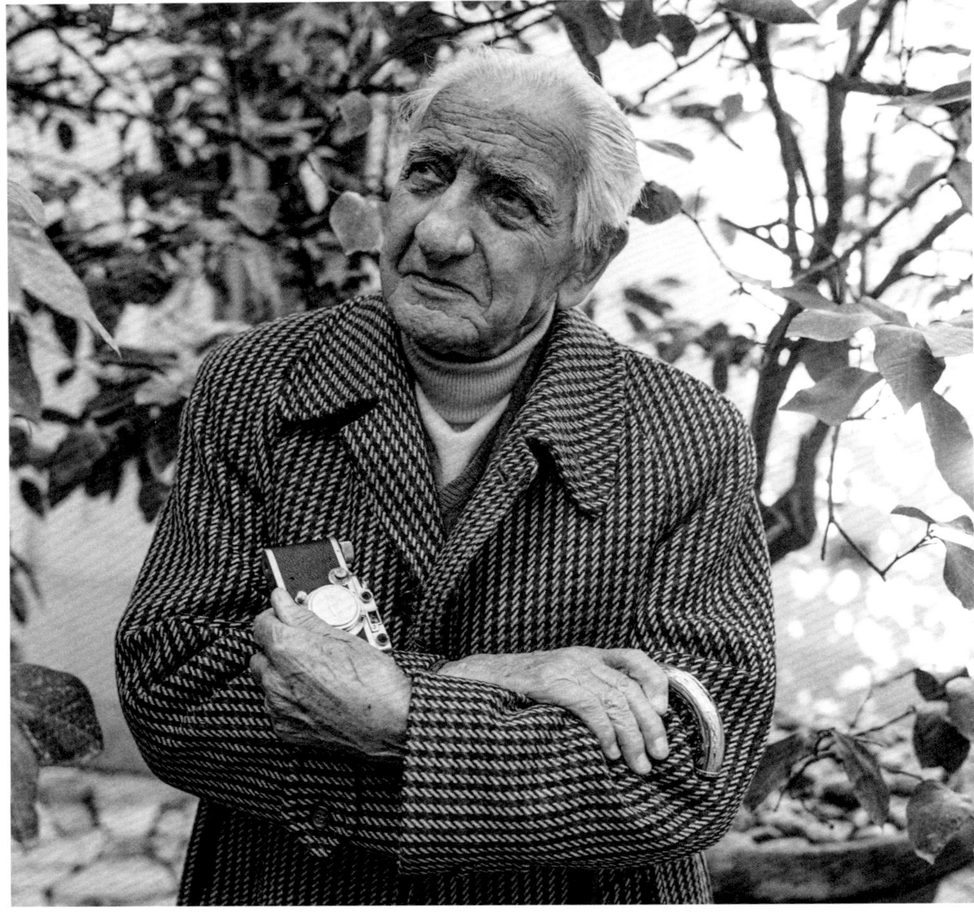

nervously said: he's upstairs impatiently waiting to show you his photographs and share some stories. We thought he might want to start quietly with an espresso on the first day of filming because he was 92 at the time, but no. Paolo was already paces ahead of us. We had a rough time keeping up with him! Theo Stanley, our cinematographer, had only enough time to grab his Bolex, get his lights together and say *Buongiorno*. Luca Stoppini, my friend, and his nephew Guido came to translate. Somehow, we all fit into that tiny studio surrounded by Paolo's images. It was like falling into a long-forgotten world.

The wonderful thing about being a photographer is how the mystery of oneself is revealed in the pictures. Paolo Di Paolo might say he isn't sure he was a very good photographer, and I think that's something that every photographer feels many times in their lives. The mystery of Paolo Di Paolo to me is that he was able to give up photography, something he had such deep passion for. I can't imagine doing that. If I gave up photography, I couldn't breathe.

It is my hope that people will look at Paolo Di Paolo's photographs and think of him as a national treasure of Italy—just as Cecil Beaton is for England and Henry Cartier Bresson is for France.

Paolo, I know that both of our worlds have changed so much. But as Francesco says to Pina in *Rome, Open City*: spring will come again, more beautiful than ever.

Trascript from the film *The Treasure of His Youth* (Little Bear Films, 2021). Directed by Bruce Weber

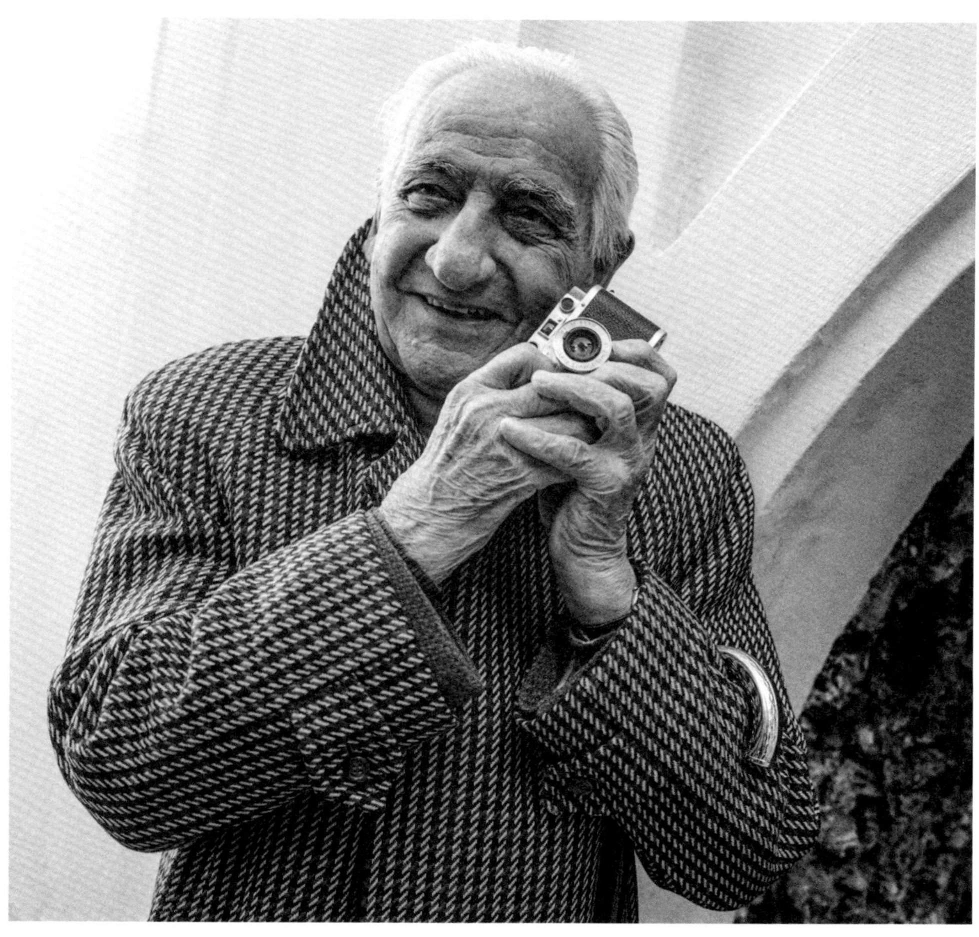

Era trascorso quasi un anno dalla prima volta che incontrai il fotografo Paolo Di Paolo e la figlia Silvia. Quel giorno lei ci venne incontro con il fiato in gola nel cortile del palazzo dicendo un po' ansiosa: «È di sopra, aspetta impaziente di mostrarvi delle fotografie e raccontarvi le sue storie».

Pensavamo che forse volesse iniziare con calma il primo giorno di riprese, con un caffè, perché aveva 92 anni all'epoca. Ma no, Paolo era già avanti rispetto a noi e abbiamo fatto fatica a stargli dietro.

Theo Stanley, il nostro direttore della fotografia, ebbe appena il tempo di prendere la sua Bolex, preparare le luci e dire buongiorno. Il mio amico Luca Stoppini con il nipote Guido venne in nostro aiuto per tradurre.

In qualche modo ci stavamo tutti in quel piccolo studio fotografico, circondati dalle immagini di Paolo. È stato come tuffarci in un mondo lontano e dimenticato.

La cosa meravigliosa dell'essere un fotografo è come se il mistero di se stessi venisse rivelato nelle immagini. Paolo Di Paolo forse direbbe che non è sicuro di essere stato un bravo fotografo e ritengo che sia una cosa che ogni fotografo pensa molte volte nella propria vita. Il mistero di Paolo Di Paolo per me rimane il fatto che sia riuscito a rinunciare alla fotografia, qualcosa per cui un tempo aveva una passione tanto profonda. Io non posso neanche immaginare di farlo, se rinunciassi alla fotografia, non potrei respirare.

La mia speranza è che la gente pensi a Paolo Di Paolo e alle sue fotografie come a un patrimonio nazionale, proprio come Cecil Beaton lo è per l'Inghilterra, e Henri Cartier-Bresson per la Francia.

Paolo, so che entrambi i nostri mondi sono cambiati moltissimo. Ma come dice Francesco a Pina in *Roma città aperta*: «Tornerà la primavera, e sarà più bella delle altre».

Trascrizione dal film *The Treasure of His Youth* (Little Bear Films, 2021). Regia di Bruce Weber

SILVIA DI PAOLO
WORKING WITH MY FATHER

In 2017, when we started working on the first book devoted to my father's photographic *oeuvre*, I had been involved in graphic design for over fifteen years in his editorial agency. I was his collaborator, driver, secretary and alter ego. He taught me his skills, enforcing an almost military training on me; he was happy there was to be a sequel, a legacy for everything he had built up with great dedication. At first we shared the same room with a large desk, and before he learned to use the computer (self-taught when he was almost 80 years old), he wrote the texts of his books about the Carabinieri on his Olivetti, prepared collages with scissors and paste, and then had me copy them onto the monitor. We would spend some days in silence without speaking to each other, others cheerful and in a good mood, and still others arguing and quarreling animatedly. I was often with him on weekends, going around the antique markets, and I invariably took the opportunity to ask him about his past as a photographer. At first he would be reluctant to speak of it, but then the stories would flow. I'm lucky enough to have recorded all our conversations on my phone.

Since 2018, with the publication of the book *Mondo perduto*, and soon after with the major exhibition of the same name at the Museo MAXXI in Rome, there has been an upheaval in our lives. My work has changed. At first I kept up the contacts with museums and journalists, I became his agent, and I had to cope with the unexpected media storm that broke out when I discovered his past as a photographer, and then started working as an archivist and curator. He gave me his photographic archive consisting of some 250,000 black and white negatives and the complete collection of vintage magazines in which his photos were published. It took me more than a year to catalogue the entries in the archive and the contact sheets. I discovered further boxes in the cellar containing over 20,000 color slides. I organized the newspaper clippings, notes and documents that my father had preserved meticulously. Thanks to this work I made some extraordinary discoveries, including his early photos, completely unexpected abstract experiments. In the light of these discoveries, Giovanna Calvenzi and I have tried to reconstruct his singular artistic and personal development, which we present in this book. The work in the archive will keep me busy for the rest of my life, as the best way to continue to spend the days with my father.

SILVIA DI PAOLO
LAVORARE CON MIO PADRE

Nel 2017, quando abbiamo iniziato lavorare al primo libro dedicato al lavoro fotografico di mio padre, mi occupavo di grafica da oltre quindici anni nel suo studio editoriale. Ero la sua collaboratrice, autista, segretaria e il suo alter ego. Mi ha insegnato il suo mestiere, imponendomi una formazione di tipo quasi militare, era felice ci fosse un seguito, un'eredità in ciò che con grande impegno aveva costruito. All'inizio dividevamo la stessa stanza con una grande scrivania e prima di imparare a usare il computer (da autodidatta quando aveva quasi 80 anni) scriveva i testi per i libri sui Carabinieri con la sua Olivetti, preparava dei collage con forbici e colla e poi me li faceva ricopiare al monitor. Abbiamo passato giornate in silenzio senza rivolgerci la parola, altre allegri e di buon umore e altre discutendo e litigando animatamente. Spesso ero con lui nel fine settimana, in giro per mercatini dell'antiquariato, e in ogni occasione approfittavo per chiedergli del suo passato di fotografo, all'inizio non voleva parlarne, ma poi si è lasciato andare ai racconti. Ho la fortuna di aver registrato tutte le nostre conversazioni sul mio telefono.

Dal 2018 con l'uscita del libro *Mondo perduto* e subito dopo con la grande mostra omonima al Museo MAXXI di Roma le nostre vite sono state stravolte. Il mio lavoro è cambiato, mi sono occupata inizialmente di tenere rapporti con i musei, i giornalisti, sono diventata la sua agente, e ho gestito l'inaspettata tempesta mediatica scoppiata alla scoperta del suo passato di fotografo, poi ho iniziato a lavorare come archivista e curatrice. Mi ha fatto dono del suo archivio fotografico composto da circa 250.000 negativi in bianco e nero e della raccolta completa di riviste d'epoca sulle quali sono state pubblicate le sue fotografie. Ho impiegato più di un anno per catalogare le voci presenti nell'archivio e i provini a contatto, ho scoperto altre scatole in cantina contenenti oltre 20.000 diapositive a colori, organizzato i ritagli di giornale, gli appunti e i documenti che mio padre ha meticolosamente conservato. Grazie a questo lavoro ho potuto fare delle scoperte straordinarie, tra cui le fotografie degli esordi: esperimenti informali del tutto inaspettati. Alla luce di queste scoperte, con Giovanna Calvenzi abbiamo provato a ricostruire il suo singolare percorso artistico e personale che presentiamo in questo libro.

Il lavoro in archivio mi terrà occupata per il resto della vita, il modo più bello per continuare a trascorrere le giornate insieme a mio padre.

SILVIA DI PAOLO

UNA CRONOLOGIA MOLTO PERSONALE

Michele Di Paolo, nato nel 1882, gestisce un emporio di sali e tabacchi a Larino, paese agricolo in provincia di Campobasso, in Molise. Ha cinque figli e, rimasto vedovo per la seconda volta, sposa Michela Lallo, detta Michelina, di famiglia contadina benestante, dalla quale il 17 maggio 1925 ha il sesto figlio: Paolo.
Paolo trascorre un'infanzia libera e selvaggia nella campagna larinese, con i numerosi cugini. È un bambino vivace ed estroverso, è bravo a disegnare e pieno di inventiva, costruisce da solo i giochi con legno, spago e latta e con quello che trova nel magazzino del padre. Il padre, severo e autoritario, prova a reprimere il temperamento estroverso del figlio; in quell'epoca giocare non è concepito, bisogna aiutare in casa e lavorare. Paolo ama leggere e scrivere e negli anni del liceo, da autodidatta, inizia a dipingere e a fare caricature dei professori, del medico, dell'avvocato e delle personalità del paese. Scrive storie e racconti che vengono pubblicati con i suoi disegni su un giornaletto locale.
Nel 1939 scoppia la Seconda guerra mondiale e il fratello Mario prende parte alla campagna d'Africa. Nel 1943, al compimento della maggiore età, Paolo viene chiamato alle armi nel reggimento Artiglieri di Bracciano, dove durante un'esercitazione, a causa di uno scoppio, perde l'udito all'orecchio destro. Avere un fratello che combatte sul fronte etiope gli permette di ottenere una riduzione sul servizio di leva obbligatorio e prima della fine del conflitto gli è concesso il ritorno a casa. Riprende subito le sue attività. È molto coinvolto nella vita locale e si fa portavoce di questioni legate all'amministrazione e alla politica. La sua intraprendenza lo porta a contattare le redazioni molisane dei giornali «Il Messaggero», di cui diventa collaboratore artistico, e «l'Unità», per cui si occupa della cronaca locale diventando presto un attivo corrispondente. In un articolo accusa di corruzione il vescovo della vicina diocesi di Termoli, che gli farà ricevere immediatamente la scomunica. Finisce la guerra, Paolo consegue la maturità classica. La vita di paese gli sta stretta, sogna di andare a Roma, di continuare gli studi, di diventare magari professore e di poter tornare a Larino a insegnare. Ma il padre è contrario, ha bisogno di aiuto all'emporio. All'insaputa dei genitori, all'inizio del 1948 Paolo scrive all'Università La Sapienza di

A VERY PERSONAL CHRONOLOGY

Michele Di Paolo, born in 1882, ran a salt and tobacco store in Larino, a small agricultural town in the province of Campobasso, in Molise. He had five children and, being widowed for the second time, married Michela Lallo, known as Michelina, from a prosperous farming family. Their sixth child, Paolo, was born on May 17, 1925.
Paolo spent a free and wild childhood in the Larino countryside with his numerous cousins. He was a lively, extroverted child, with a gift for drawing and very inventive. He made his own toys out of wood, string and tin and whatever else he came across in his father's storeroom. His father, strict and authoritarian, tried to repress his son's exuberant character. In those days play was frowned on. A child was supposed to help at home and at work. Paolo loved reading and writing, and in his high school years, self-taught, he began to paint and draw caricatures of the teachers, the doctor, the lawyer and other personages in the town. He wrote stories and tales that were published with his drawings in a local magazine.
In 1939 World War II broke out, and his brother Mario took part in the North-African campaign. In 1943, when he came of age, Paolo was called up in the Artillery Regiment of Bracciano. Here during a military exercise, an explosion cost him his hearing in his right ear. Having a brother fighting on the Ethiopian front enabled him to obtain a reduction on his compulsory military service and he was allowed to return home before the war's end. He immediately resumed his usual activities. He was deeply involved in local life and a spokesperson for issues related to administration and politics. His resourcefulness led him to contact the Molise editorial offices of the newspaper *Il Messaggero*, becoming an artistic contributor to it, and *l'Unità*, providing it with local news and soon becoming an active correspondent. In one article he laid charges of corruption against the bishop of the neighboring diocese of Termoli, who immediately excommunicated him.
The war ended and Paolo gained his diploma from a classical high school. Village life felt cramped; he dreamed of going to Rome, continuing his studies, perhaps becoming a teacher and being able to return to Larino to teach. But his father was against this; he needed help in the

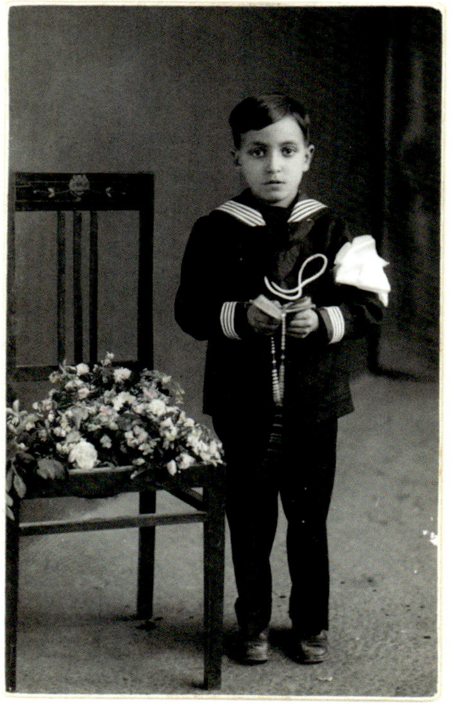

Paolo Di Paolo. Larino 1932 circa

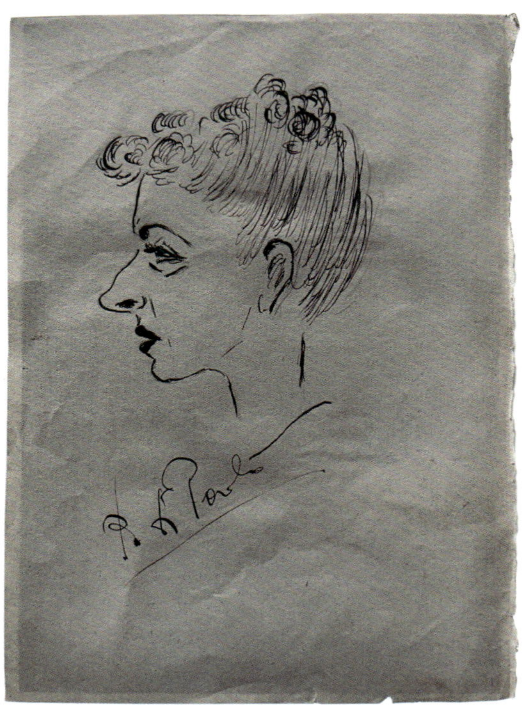

Una caricatura realizzata da Paolo Di Paolo / A caricature made by Paolo Di Paolo 1945 circa

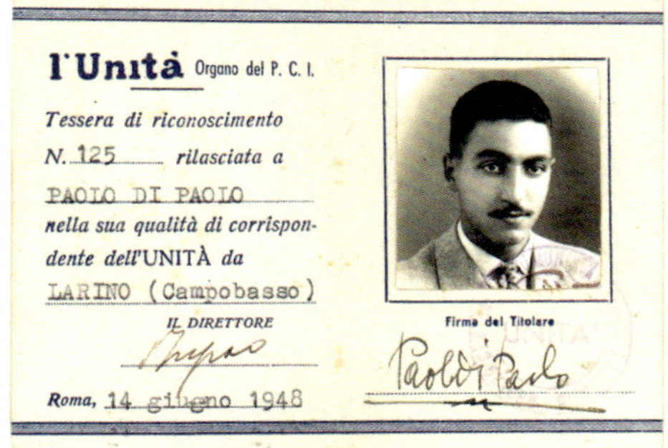

l'Unità Organo del P. C. I.

Tessera di riconoscimento

N. 125 rilasciata a

PAOLO DI PAOLO

nella sua qualità di corrispondente dell'UNITÀ da

LARINO (Campobasso)

IL DIRETTORE

Firma del Titolare

Roma, 14 giugno 1948

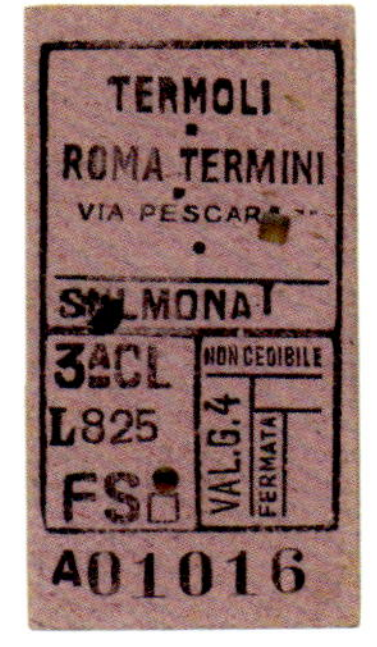

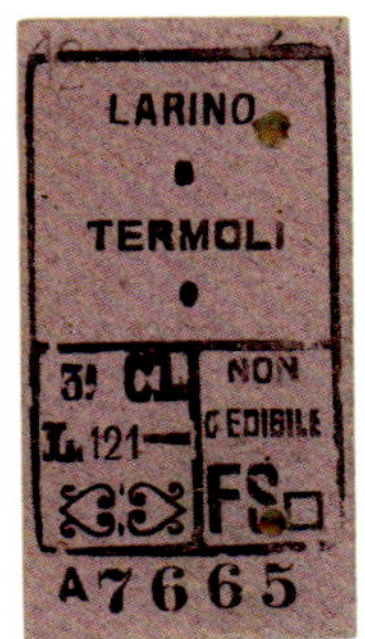

Tesserino de «l'Unità» / Badge of "l'Unità" 1948

Biglietti del treno Larino-Roma / Larino-Rome train tickets 1949

Roma, chiedendo di essere ammesso, benché leggermente in ritardo, al corso di Storia e filosofia. In autunno riceve una lettera che lo accetta in quanto "reduce di guerra".

Paolo sottrae 2000 lire dai risparmi di casa, acquista un biglietto di terza classe e il 12 gennaio 1949, di nascosto dal padre e con grande dolore della madre, scappa verso Roma. Il viaggio è molto lungo, con due scali, a Termoli e a Pescara. Arriva a Roma il 13 gennaio. Dalla Stazione Termini si dirige verso il quartiere San Lorenzo, dove alla Casa dello Studente gli viene assegnata la stanza numero 101, numero palindromo e bifronte come il suo nome e cognome, che da quel momento sarà il suo numero fortunato.

Paolo inizia a frequentare i corsi con grande entusiasmo ma anche con timore e imbarazzo per il suo accento molisano. Diventa presto amico del compagno di corso Lucio Colletti, che studia il tedesco nel tempo libero ed è il primo in tutte le materie. Paolo gli insegna a giocare a biliardo e Lucio lo aiuta a capire i grandi filosofi tedeschi. La famiglia di Lucio lo accoglie come un figlio, offrendogli pranzo e cena e facendolo sentire meno solo. Preoccupato per le finanze in esaurimento, trova un lavoro come redattore, correttore di bozze e fattorino per il «Gazzettino dei Concorsi». La mattina all'alba prima di andare a lezione, con una bicicletta presa in prestito, consegna le copie del «Gazzettino» alle edicole del centro. Contemporaneamente si presenta alla sede centrale de «l'Unità» ed essendo già stato corrispondente dal Molise viene preso come redattore volontario non retribuito. Il direttore del «Gazzettino», entusiasta del suo lavoro, lo vuole assumere, ma lui rifiuta, ha ambizioni più grandi. Trova presto un altro lavoro come venditore di pagine pubblicitarie per la «Guida Monaci». Il lavoro va subito molto bene, si guadagna a provvigione per ogni spazio venduto e Paolo batte a tappeto ogni negozio, ufficio, agenzia del centro vendendo spazi pubblicitari per la prestigiosa Guida e finalmente comincia a vedere i primi soldi. Scopre di avere doti di venditore e chiude più contratti di tutti i suoi colleghi. Dopo poche settimane, investe i suoi guadagni in un vestito grigio di flanella. Nonostante le soddisfazioni economiche Paolo è stanco di girare per Roma a piedi con il pesante libro sottobraccio. La

store. Unbeknown to his parents, early in 1948 Paolo wrote to the Università La Sapienza in Rome, asking to be admitted, albeit rather belatedly, to the History and Philosophy course. In the autumn he received a letter accepting him as a "war veteran."

Paolo took 2000 lire from his savings at home, bought a third-class ticket and on January 12, 1949, without telling his father and to the great sorrow of his mother, he ran away to Rome. It was a long journey, changing trains at Termoli and Pescara. He reached Rome on January 13. From Stazione Termini he made for the student residence in the San Lorenzo district. He was assigned a room with the palindromic number 101, facing both ways like his name and surname, which from then on was his lucky number.

Paolo started attending courses with great enthusiasm, but also some timidity and embarrassment because of his Molisano accent. He soon became friends with his classmate Lucio Colletti, who studied German in his spare time and was to the fore in every subject. Paolo taught him to play billiards and Lucio helped him understand the great German philosophers. Lucio's family welcomed him like a son, offering him lunch and dinner and making him feel less alone. Worried he would run out of money, he found a job as a sub-editor, proofreader and delivery boy for the *Gazzettino dei Concorsi*. In the morning at dawn, before going to class, on a borrowed bicycle, he would deliver copies of the *Gazzettino* to the newsstands in the center of Rome. At the same time he presented himself at the headquarters of *l'Unità* and, having already been a correspondent from Molise, was taken on as an unpaid volunteer sub-editor. The director of the *Gazzettino* was enthusiastic about his work and wanted to hire him, but Paolo refused. He had greater ambitions. He soon found another job selling advertising space for the *Guida Monaci*. The work took off immediately, Paolo earned a commission for each space sold, and he called at every shop, office and agency in the center of town, selling advertising spaces for the prestigious guide and finally earning his first money. He discovered that he had the skills of a salesman and clinched more contracts than all his colleagues. After a few weeks, he invested his earnings in a gray flannel suit. Despite the

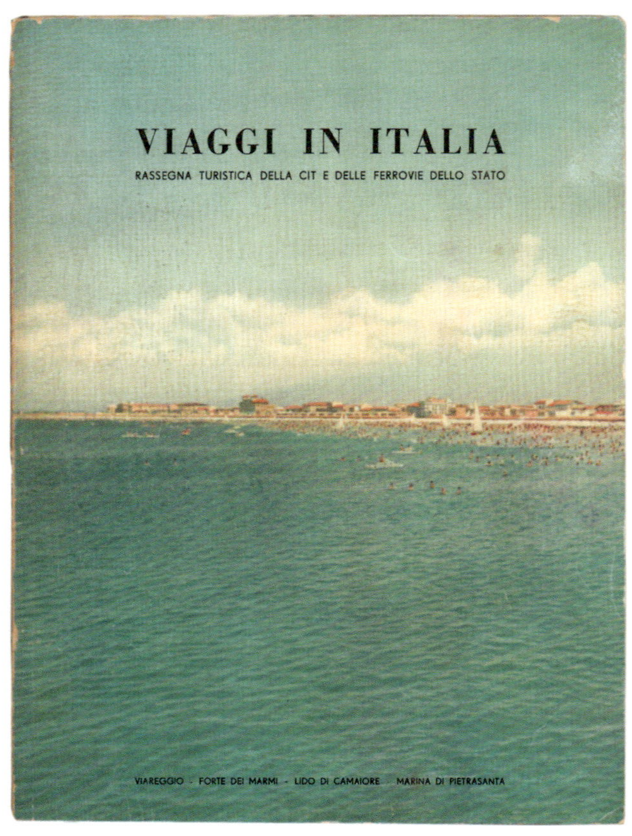

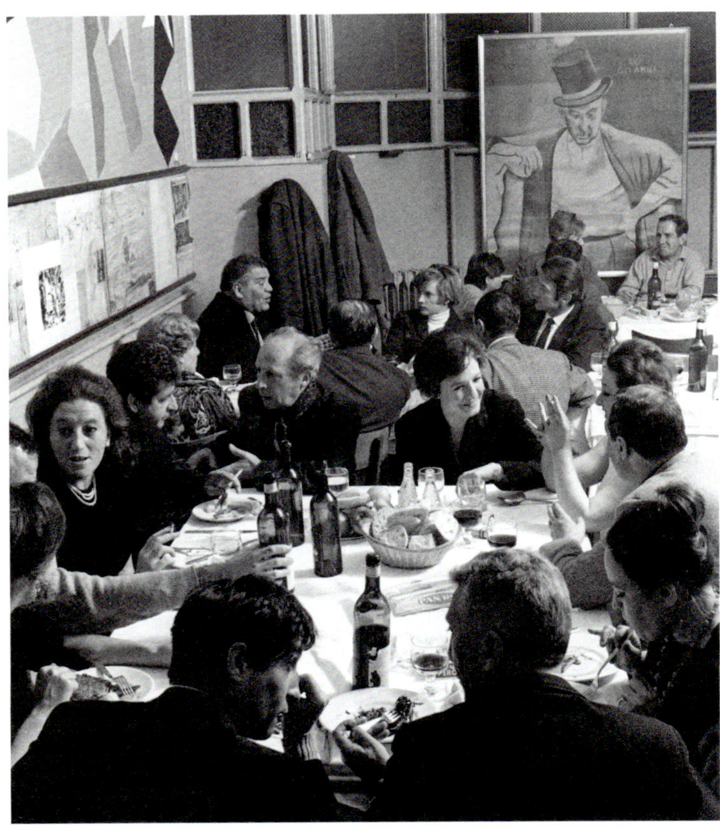

mattina deve comunque frequentare i corsi e studiare e alla proposta di assunzione, anche questa volta con stupore del direttore, rinuncia e si dimette.

La zona tra la Stazione Termini e San Lorenzo, dove alloggia alla Casa dello Studente, è ancora semi distrutta dai bombardamenti, così ogni tanto il sabato pomeriggio Paolo con qualche compagno di studi cammina fino al centro. Un pomeriggio del 1951, passeggiando nella Galleria Colonna in fondo a via del Tritone, colpito dalle belle vetrine della CIT - Compagnia Italiana Turismo - di proprietà delle Ferrovie dello Stato, entra, chiede di essere ricevuto dal direttore e si propone come collaboratore. Il direttore è perplesso, non cerca collaboratori, ma l'entusiasmo di Paolo è contagioso. Lo riceve nuovamente pochi giorni dopo, e il progetto di una nuova veste per la guida di Roma gli fa conquistare l'incarico. Dopo poco viene promosso e diventata redattore di «Viaggi in Italia», una rivista di pregio dello stesso gruppo editoriale. I guadagni gli permettono ora di lasciare l'alloggio universitario e di dividere con uno studente di medicina un minuscolo appartamento in via Oslavia, accanto alla Stazione.

Si sparge la voce che da Menghi, un'osteria vicino a piazza del Popolo frequentata da artisti, si mangia discretamente e si può anche non pagare. È un ambiente vivace e nelle serate invernali si rimane fino a tardi, il vino è buono e si incontra sempre qualcuno di interessante. Sono clienti abituali il pittore Giulio Turcato, lo sceneggiatore Rodolfo Sonego, gli artisti Mario Mafai, Carla Accardi, Pietro Consagra, Giovanni Omiccioli, Mimmo Rotella. Molti di loro pagano con le loro opere. Paolo inizia timidamente a frequentare Menghi e in poco tempo è amico di tutti e cliente abituale.

Il lavoro per «Viaggi in Italia» lo occupa molto ma contemporaneamente trova anche un impiego come vetrinista alla Quadriennale. Trascura i corsi alla Sapienza. Ogni sera, quando esce dall'ufficio, che è nella sede centrale della CIT in piazza Esedra, nella galleria commerciale sotto al porticato si ferma davanti alle vetrine dell'Ottica Cardone, dove brilla sullo scaffale la nuovissima macchina fotografica Leica IIIC. Paolo la guarda e la riguarda, tutti i giorni si ferma davanti alla vetrina,

financial rewards, Paolo was tired of walking around Rome carrying the heavy book under his arm. In the mornings he still had to attend courses and study. When he was offered a regular job, again to the manager's amazement he refused and resigned.

The area between Stazione Termini and San Lorenzo, where he was staying at the student residence, was still half in ruins from wartime air raids, so on Saturday afternoons Paolo and some of his fellow students would occasionally walk to the center of the city. One afternoon in 1951, while strolling in the Galleria Colonna at the end of Via del Tritone, he was struck by the splendid window displays of the CIT - Compagnia Italiana Turismo, owned by the Italian State Railways. He went in, asked to speak to the manager, and applied for work. The manager was astonished. He was not looking for staff, but Paolo's enthusiasm was contagious. The manager received him again a few days later, and the project of a redesign of the Rome guide won him the job. Shortly after this he was promoted and became editor of *Viaggi in Italia*, a prestigious magazine issued by the same publishing group. His earnings now enabled him to leave the student residence and share a tiny apartment in Via Oslavia, next to the station, with a medical student.

He heard on the grapevine that at the Osteria Menghi, a tavern near Piazza del Popolo frequented by artists, it was possible to eat quite well and sometimes even without paying. The atmosphere was lively, and on winter evenings you could stay late, the wine was good and you always met interesting people. The regular customers included the painter Giulio Turcato, the screenwriter Rodolfo Sonego, the artists Mario Mafai, Carla Accardi, Pietro Consagra, Giovanni Omiccioli and Mimmo Rotella. Many of them paid the tab with their works. Paolo timidly began to frequent the Osteria Menghi and in a short time he was a friend of everyone and a regular patron.

His work for *Viaggi in Italia* kept him busy, but at the same time he also found work as a display designer at the Quadriennale. He neglected his university courses. Every evening, when he left his office at the CIT in Piazza Esedra, in the shopping arcade under the portico, he would pause before the window display of Ottica Cardone, where the brand

Copertina della rivista «Viaggi in Italia» / Cover of the magazine *Viaggi in Italia* 1952

L'osteria dei fratelli Menghi, Roma, anni cinquanta / The Osteria of the Menghi brothers, Rome, 1950s

1953-1955

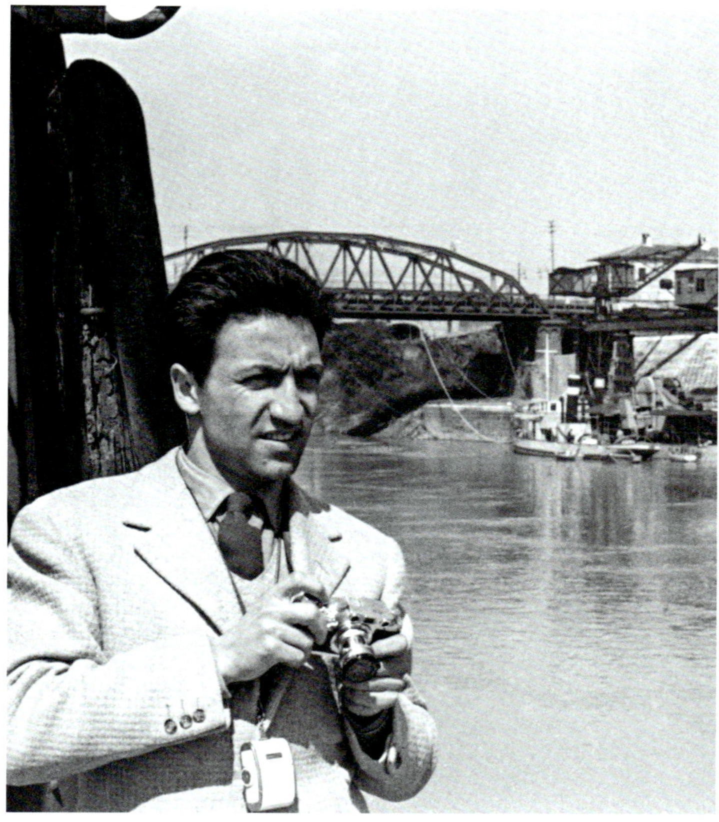

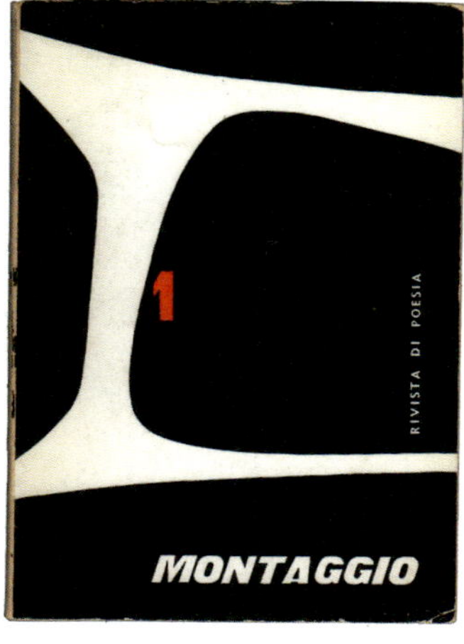

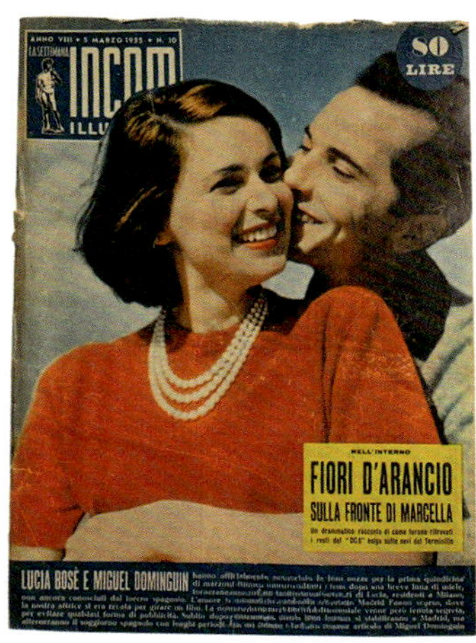

è innamorato di quell'oggetto anche se non ha mai scattato una foto in vita sua e non sa come si usi. Un giorno viene convocato per il rinnovo del contratto, ormai è redattore capo e procuratore generale, ma anche questa volta, con sgomento del direttore, rassegna le dimissioni. Il direttore non riesce a capire: in quegli anni il posto fisso è l'ambizione di tutti e lui avrebbe grandi prospettive di crescita. Ma Paolo non ha dubbi su ciò che sta facendo. Si fa anticipare la liquidazione, si reca all'Ottica Cardone, firma i tagliandi delle rate ed esce dal negozio con la sua prima macchina fotografica. Inizia a conoscere e a usare lo strumento da autodidatta, andando in giro per la città, in particolare nelle periferie. Con l'aiuto dell'amico Mario Carbone impara a sviluppare e stampare i negativi. La sera da Menghi con qualche timore inizia a mostrare le foto agli amici artisti, i quali lo incoraggiano e lo stimolano a continuare. Poco dopo acquista anche una Rolleiflex, sperimentando con il medio formato le possibilità delle pellicole a colori.

Nel 1953 Mario Trevi e Brianna Carafa, conosciuti nell'ambiente artistico di piazza del Popolo, gli propongono di prendere parte al progetto editoriale per una rivista di poesia e fotografia, per cui Paolo Di Paolo cura anche la parte grafica. Nasce così «Montaggio», di cui usciranno solo cinque numeri, che ha l'ambizione di intellettualizzare le immagini, quasi ermetiche o astratte, in linea con le tendenze della poesia e della pittura del momento.

I componenti chimici per sviluppare le fotografie sono costosi, le pellicole anche e ogni scatto di Paolo deve essere pensato e voluto. Non può permettersi di sprecare pellicole e denaro. Una sera, sempre da Menghi, mostra alcune nuove foto all'amica Gilberte Ossola che con convinzione gli suggerisce di proporle alla redazione de «Il Mondo». «Il Mondo», settimanale di cultura e politica di orientamento liberale, era stato fondato nel 1949 ed era diretto da Mario Pannunzio, che aveva inventato un nuovo modo di fare giornalismo e una nuova concezione nell'utilizzo della fotografia. Pubblicare un'immagine su questo periodico, accanto alle firme dei più grandi intellettuali del tempo, era l'ambizione di tutti i fotografi. Nella primavera 1954 Paolo si presenta alla redazione de «Il Mondo», in via di Campo Marzio 24, dove la

new Leica IIIC camera glittered on the shelf. Paolo kept gazing at it. Every day he would stop before the window, in love with the camera, even though he had never taken a photo in his life and had no idea how to use it. The time came around to renew his contract; by this time he was editor and legal agent, but once again, to the dismay of the director, he resigned. The manager was baffled. In those years it was everyone's ambition to get a permanent job, and he had good prospects of getting ahead. But Paolo was resolute. He asked them to advance him his severance pay, went to Ottica Cardone, signed a bunch of promissory notes, and left the store with his first camera. He started teaching himself how to use it, strolling around the city, especially the outskirts. With the help of his friend Mario Carbone he learned to develop and print the negatives. In the evenings at the Osteria Menghi, rather shyly, he started showing the photos to his artist friends, who encouraged him and prompted him to continue. Soon after this he also bought a Rolleiflex, experimenting with the potential of color film with a medium format.

In 1953 Mario Trevi and Brianna Carafa, well known in the artistic circles of Piazza del Popolo, suggested he join the editorial project for a magazine of poetry and photography, in which he would also take charge of the graphic design. This was the start of *Montaggio*, which only ran to five issues. The magazine had the ambition to intellectualize images, as if hermetic or abstract, in line with the trends in poetry and painting at the time.

The chemicals used to develop the photos were expensive, as was film, and Paolo's every shot had to be carefully planned and desired. He could not afford to waste film and money. One evening, again at the Osteria Menghi, he showed some new photos to his friend Gilberte Ossola, who urged him to send them to the editorial office of *Il Mondo*, a weekly of culture and politics, liberal in tendency. It had been founded in 1949 and the director was Mario Pannunzio, who had invented a new approach to journalism and a new conception of how to use photography. It was every photographer's ambition to publish a photo in the magazine, beside the articles by the leading intellectuals of the day. In the spring of 1954 Paolo turned up at the magazine's offices at 24 Via di Campo Marzio,

Paolo Di Paolo, Roma / Rome 1953

Copertina di «Montaggio», numero 1, 1953 / Cover of *Montaggio*, issue no. 1, 1953

Copertina della rivista «Settimana Incom Illustrata», 1955, con una fotografia di Lucia Bosé e Miguel Dominguín di Paolo Di Paolo / Cover of the magazine *Settimana Incom Illustrata*, 1955, with a photograph of Lucia Bosé and Miguel Dominguín by Paolo Di Paolo

segretaria Bice Munafò sottopone al direttore le sue foto. Ne vengono scelte tre. Da quel momento ogni venerdì della settimana Paolo si presenta in redazione, Pannunzio sceglie sempre qualche fotografia, poi vuole conoscerlo e in breve diventa il suo fotografo prediletto. La soddisfazione di pubblicare su «Il Mondo» è immensa, ma i guadagni sono quasi simbolici. Per giustificare il suo licenziamento dalla rivista e l'investimento economico nelle macchine fotografiche Paolo si dà da fare più che può, prende contatti con uffici stampa e case di distribuzione, si tiene informato sugli eventi. Inizia a frequentare anche il ristorante Otello alla Concordia in via della Croce, a pochi passi da piazza di Spagna, dove ogni mercoledì sera si raduna il mondo del cinema. Registi, sceneggiatori, agenti e addetti a uffici stampa sono clienti abituali. Paolo unendosi alle grandi tavolate conosce Mauro Bolognini e Franco Zeffirelli, Alberto Sordi e Mario Monicelli. Una sera è a cena da Otello a una tavolata allegra dove non tutti si conoscono tra di loro. La macchina fotografica di Paolo attira l'attenzione della ragazza seduta di fronte a lui che gli chiede se è fotografo e se vuole fare «lo scoop della sua vita». Nella sala accanto, a un tavolo da due, ci sono Lucia Bosé con il fidanzato Luis Miguel Dominguín, famosissimo torero spagnolo. Nessuno li aveva ancora fotografati insieme. La ragazza, agente della Bosé, li presenta a Paolo e organizza il suo primo servizio fotografico, che viene proposto alla «Settimana Incom illustrata» e pubblicato nel marzo 1955, riscuotendo un tale successo da dover fare una ristampa di 30.000 copie. Inizia così la collaborazione di Paolo con il settimanale. Il guadagno per questo primo servizio pubblicato è buono e decide di investirne una parte in attrezzature per lo sviluppo, allestisce una camera oscura nel piccolo bagno dell'appartamento in cui abita. Propone servizi alla «Settimana Incom» dei quali cura anche i testi. Si tiene informato sull'arrivo nella capitale di attori e attrici straniere, alle quali fa recapitare fiori in albergo. I suoi modi eleganti e garbati conquistano la fiducia di personaggi inarrivabili e gli consentono l'accesso a eventi privati ed esclusivi.

Realizza un servizio sull'esordiente Sofia Loren, che abita vicino a piazza Bologna con la madre e la sorella, la ritrae in casa, mentre sbriga la corrispondenza, la segue nell'atelier del sarto Schubert, in giro per Roma e a Cinecittà. Diventano amici. Dopo poco conosce anche Marcello Mastroianni con cui entra in confidenza e ha così modo di realizzare ritratti privati, fuori dal set. Anna Magnani affida a Paolo il delicato compito di ritrarre il figlio Luca, braccato come lei dai paparazzi; nasce una grande amicizia, lei lo considera il suo fotografo di fiducia, si fa ritratte in diverse occasioni, in casa, in teatro, con Tennessee Williams, con Pier Paolo Pasolini, si fida di lui e si concede al suo obiettivo in vestaglia, pantofole e bigodini, certa che quelle foto non sarebbero mai state date ai giornali. I servizi di Paolo sulla «Settimana Incom» hanno grande successo e il suo modo di fotografare è nuovo e diverso. Ben presto il suo nome arriva alla redazione di «Tempo», settimanale di grande diffusione con sede a Milano, diretto da Arturo Tofanelli, e ne diventa quasi subito uno dei fotografi di punta. Tofanelli gli affida temi di attualità e grandi inchieste, anche per il mensile «Successo» dello stesso gruppo editoriale, affiancandolo ai migliori giornalisti del momento e facendolo viaggiare in Italia, in tutta Europa e in giro per il mondo. Sono anni di grande ricchezza per l'editoria, i servizi fotografici vengono pagati profumatamente.

A soli tre esami dalla laurea, con suo grande rammarico, Paolo abbandona la facoltà di Storia e filosofia. Ormai ha un ottimo stipendio come fotografo e giornalista, viaggia ed è introdotto negli ambienti del cinema e della cultura. Ha lasciato il monolocale condiviso e ora ha uno splendido appartamento in via della Lungaretta a Trastevere. È riuscito a eliminare l'accento molisano, è sempre elegante, sempre ben vestito e compra la sua prima automobile.

Da Otello Paolo conosce e diventa amico di Vittorio Gassman, che all'inizio degli anni sessanta fonda il TPI (Teatro Popolare Italiano), una compagnia teatrale itinerante, che viaggia in tutta Italia esibendosi spesso in spazi non convenzionali, come tende o tendoni. Paolo non solo è il fotografo ufficiale della compagnia, ma guida anche i furgoni durante le trasferte. Nella sua casa romana Vittorio Gassman ha un teatrino privato, dove ogni settimana mette in scena spettacoli, spesso improvvisati, e dove tutti gli artisti di passaggio per la capitale sono invitati. Anche in questa situazione Paolo è il "fotografo ufficiale" e ha modo di conoscere e diventare amico di Yves Montand

where the secretary Bice Munafò submitted his photos to the editor. Three were chosen. After that, on each Friday, he would show up at the magazine's offices; Pannunzio always accepted some photos, and finally asked to meet him. Paolo soon became his favorite photographer. The sense of fulfillment at being published in *Il Mondo* was immense, but the earnings were hardly more than symbolic. To justify resigning from the guide and the money spent on cameras, Paolo worked as hard as possible, made contact with press offices and distribution companies, and kept himself informed about events. He also began to frequent the restaurant Otello alla Concordia in Via della Croce, near the Spanish Steps, where the movie world got together every Wednesday evening, with moviemakers, screenwriters, agents and press office staff as regular patrons. Paolo joined the gatherings, meeting Mauro Bolognini, Franco Zeffirelli, Alberto Sordi and Mario Monicelli. One evening he was dining at a lively table where not everyone knew each other. Paolo's camera attracted the attention of the young woman sitting opposite him, who asked if he was a photographer and wanted to get "the scoop of a lifetime." In the next room, at a table for two, were Lucia Bosé with her fiancé Luis Miguel Dominguín, a famous Spanish bullfighter. No one had photographed them together before. The woman, Bosé's agent, introduced them to Paolo and organized his first photo shoot. It was offered to *La Settimana Incom illustrata* and published in March 1955. It was such a success that another 30,000 copies had to be run off. This was the start of Paolo's connection with the weekly. The profit from this first published feature was good, and he decided to invest part of it in equipment to develop his photos. He set up a darkroom in the small bathroom of the apartment where he lived. He offered articles to *La Settimana Incom illustrata*, writing the texts himself. He kept himself informed of the arrival in the capital of foreign actors and actresses, and had flowers delivered to their hotels. His elegant, polite manners won the trust of some very exclusive people, and gave him access to private and select events.

He did a feature on the new star Sophia Loren, who was living near Piazza Bologna with her mother and sister. He portrayed her at home dealing with her correspondence, at the atelier of the couturier Schubert, on her way around Rome and at Cinecittà. They became friends. Soon after he met Marcello Mastroianni; they became close, and so he was able to create private portraits away from the set. Anna Magnani entrusted Paolo with the delicate task of portraying her son Luca, pursued like her by the paparazzi. A close friendship developed; he was her trusted photographer, and he portrayed her on several occasions, at home, at the theater, with Tennessee Williams, and with Pier Paolo Pasolini. She trusted him and let him photograph her in dressing gown, slippers and curlers, certain that these photos would never be given to the papers. Paolo's articles in "La Settimana Incom" were very successful, and his approach to photography was new and different. Soon his name reached the editorial staff of "Tempo," a weekly magazine based in Milan, directed by Arturo Tofanelli, and he rapidly became one of its leading photographers. Tofanelli entrusted him with current affairs and major investigations, including some for the monthly *Successo* from the same publishing group, alongside the finest journalists of the day, and getting him to travel widely in Italy, Europe and worldwide. These were lucrative years for publishing, and photo shoots were paid handsomely.

When he had just three more exams to take to graduate, to his great regret Paolo dropped out of the faculty of History and Philosophy. By this time he had an excellent income as a photographer and journalist, he traveled and had the entrée to the worlds of cinema and culture. He had left his shared studio apartment for a splendid apartment on Via della Lungaretta in Trastevere. He managed to eliminate his Molisano accent. He was always elegant and well groomed, and bought his first car.

At Otello alla Concordia Paolo met and became friends with Vittorio Gassman, who in the early sixties founded the TPI (Teatro Popolare Italiano). This itinerant theater company traveled around Italy, often performing in unconventional spaces such as canopies and tents. Paolo was not only the company's official photographer, but also drove a van on their trips. Gassman had a private theater in his Rome home where every week he staged performances, often improvised, to which all the artists passing through the capital were invited. Here again Paolo was the official photographer, meeting and becoming friends with Yves Montand and Simone Signoret, Catherine Spaak, Philippe Leroy and many others.

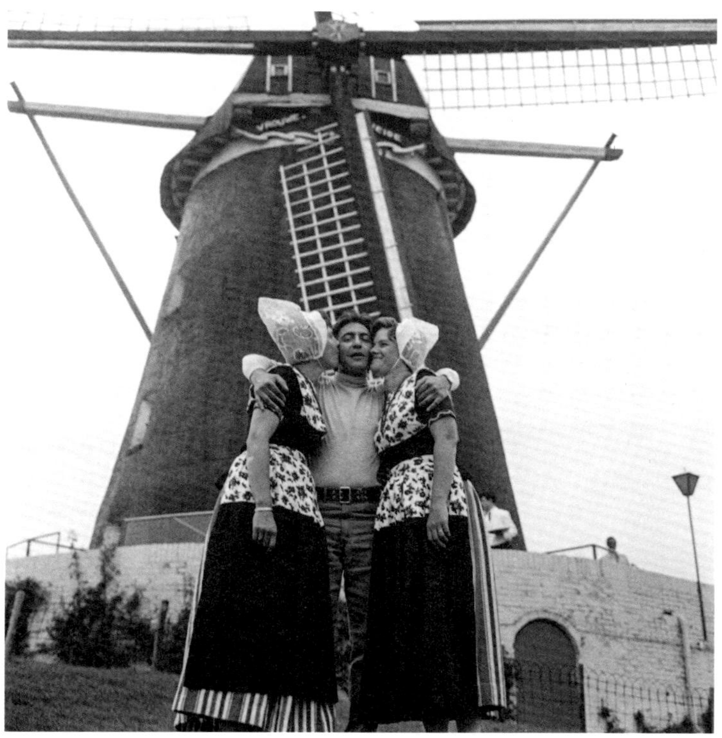

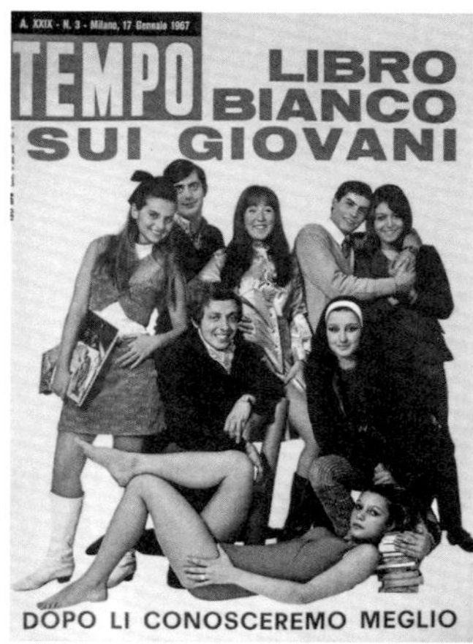

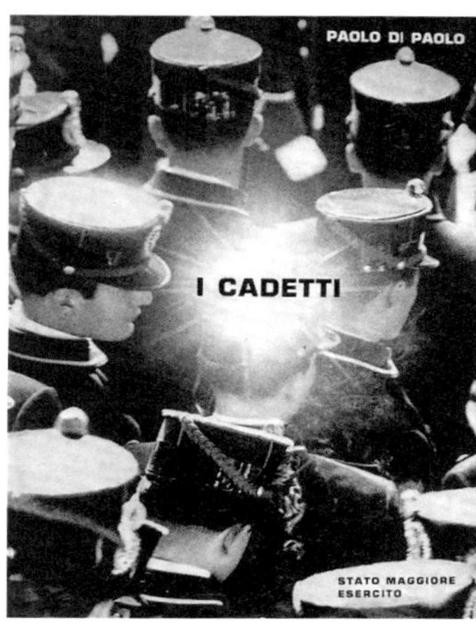

e Simone Signoret, di Catherine Spaak, Philippe Leroy e tanti altri. Nel 1965 la giornalista Irene Brin sceglie lui come compagno di lavoro per realizzare reportage sulla Biennale di Venezia, sul festival dei Due Mondi di Spoleto, su grandi artisti e sull'aristocrazia italiana per il mensile «Bellezza», sul cinema italiano per l'americano «Harper's Bazaar» e dal 1968 anche sofisticati servizi di moda per il mensile «Domina».
La seconda metà degli anni sessanta segna un grande cambiamento culturale ed economico. La guerra sembra un ricordo lontano, Paolo è sempre in viaggio, inviato da «Tempo» in Russia, Iran, Giappone e Stati Uniti. Con la disinvoltura di un professionista realizza servizi che sviluppa e stampa con l'aiuto del suo assistente Nando Zanchetta nel suo bellissimo studio in via XX Settembre.
Il 6 marzo 1966 inaspettatamente «Il Mondo» chiude, e per Paolo è l'inizio di una profonda crisi personale e professionale. La televisione comincia a entrate nelle case degli italiani, togliendo economie alla carta stampata, i paparazzi prendono sempre più piede e Paolo comincia a defilarsi, per paura di essere associato a loro.
Nel 1968 Arturo Tofanelli lascia la direzione di «Tempo», che conseguentemente cambia anche stile giornalistico, uno stile nel quale Paolo non si riconosce più. Nel 1969 muore prematuramente Irene Brin, Paolo amareggiato decide drasticamente di ritirarsi dalla scena. Sposa la sua assistente Elena, chiude lo studio e si ritira in campagna vicino Roma. All'inizio del 1970 viene contattato dal Comando generale dell'Arma dei Carabinieri, che gli propone di fare un reportage fotografico sulla banda che sarebbe andata in Giappone per l'Expo di Osaka. Paolo accetta e al ritorno dal lungo viaggio il risultato del suo lavoro entusiasma i militari che gli propongono di realizzarne una pubblicazione. Forte della sua esperienza nell'editoria, Paolo si propone per curarne anche i testi e la grafica. Il generale Arnaldo Ferrara vede in lui talento e intraprendenza e gli affida la realizzazione volumi e monografie sui Carabinieri. Paolo gli propone di rilanciare il Calendario storico, che stampava circa 20.000 copie e aveva una difficile distribuzione. Gli viene così affidato e dal 1973 al 2015 Paolo ne cura i contenuti, la grafica, ne è addirittura editore fino alla fine degli anni ottanta, portandolo a una

In 1965 the journalist Irene Brin chose him to partner her in presenting reports on the Venice Biennale, the Festival dei Due Mondi in Spoleto, great artists and the Italian aristocracy for the monthly magazine *Bellezza*, on Italian cinema for the American *Harper's Bazaar*, and from 1968 also sophisticated fashion shoots for the monthly magazine *Domina*.
The second half of the sixties brought about great cultural and economic changes. The war seemed a distant memory; Paolo traveled widely, sent by *Tempo* to Russia, Iran, Japan and the United States. With the ease of a professional, he created features that he developed and printed with the help of his assistant Nando Zanchetta in his wonderful studio on Via Venti Settembre.
On March 6, 1966, *Il Mondo* unexpectedly folded. For Paolo it was the start of a profound personal and professional crisis. Television was starting to enter the Italians' homes, depriving the press of resources, the paparazzi were gaining ground, and Paolo began to adopt a lower profile, for fear of being associated with them.
In 1968 Arturo Tofanelli left the editorship of *Tempo*, which consequently adopted a new journalistic style that Paolo no longer identified with. In 1969 Irene Brin died prematurely. Disenchanted, Paolo decided to retire from the scene. He married his assistant Elena, closed the studio, and withdrew to the countryside near Rome. Early in 1970 the High Command of the Carabinieri contacted him for a photo report on its band, which was about to travel to Japan for the Osaka Expo. Paolo agreed, and on his return from the long journey the results of his work were highly appreciated. The Carabinieri proposed to issue it as a publication. On the strength of his experience in publishing, Paolo also undertook to produce the texts and graphic design. General Arnaldo Ferrara saw his talent and resourcefulness, and entrusted him with the production of volumes and monographs on the Carabinieri. Paolo offered to renew its historic calendar, which had a print run of some 20,000 copies and a troubled distribution. It was entrusted to him and from 1973 to 2015 Paolo edited its contents, the graphics, and even acted as publisher until the late eighties, raising the circulation to over a

Paolo Di Paolo in Olanda, anni sessanta / Paolo Di Paolo in the Netherlands, 1960s

Copertina di «Tempo», 3, 1967, con una fotografia di Paolo Di Paolo / Cover of *Tempo*, no. 3, 1967, with a photograph by Paolo Di Paolo

Copertina del volume *I cadetti* a cura di Paolo Di Paolo / Cover of the book *I Cadetti* edited by Paolo Di Paolo 1970

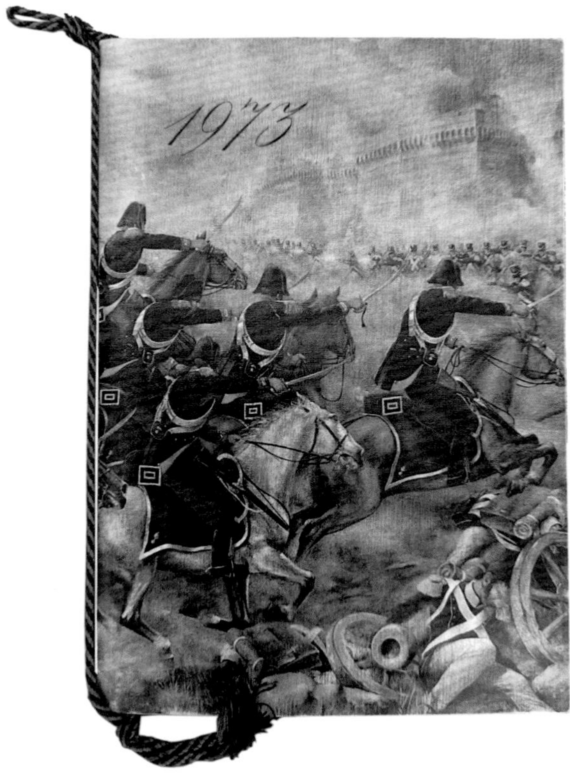

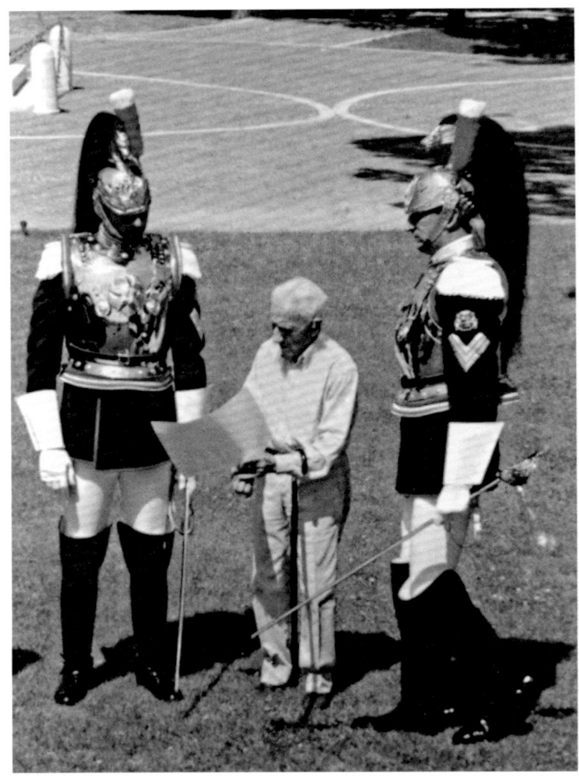

tiratura di oltre un milione di copie. Contemporaneamente, sempre per l'Arma, cura oltre trenta volumi storici, come autore, grafico e editore.
All'inizio degli anni ottanta torna a vivere a Roma con la moglie dalla quale ha avuto i figli Michele nel 1975 e Silvia nel 1977. Ha una vita riservata, votata al lavoro. Né lui né la moglie parlano mai del suo passato di fotografo, perde i contatti con i vecchi amici, cambia frequentazioni e abitudini.
Alla fine degli anni novanta la figlia trova in cantina l'archivio fotografico, e dopo anni di reticenza convince il padre a raccontare la storia. L'archivio viene tolto dalla cantina e piano piano esplorato. Nel 2014 il figlio Michele consegna una quindicina di stampe fotografiche d'epoca a una galleria antiquaria del centro di Roma, per provare a metterle in vendita e capire cosa fare di questo materiale. Un anno dopo Alessia d'Amico, amica di Silvia e assistente del fotografo Bruce Weber, lo accompagna in visita a Roma e gli mostra la piccola galleria antiquari. Weber grande appassionato e collezionista di fotografia, acquista quindici immagini e torna a New York, dove scoprirà dietro a tutte le stampe il timbro con un nome a lui sconosciuto: Paolo Di Paolo. Chiede informazioni ad Alessia che al suo prossimo viaggio in Italia a marzo del 2017 organizza un incontro tra i due fotografi. I racconti di Paolo insieme alla bellezza delle sue immagini, commuovono il grande fotografo americano, che decide di realizzare un breve documentario sulla sua storia. Paolo, incredulo e frastornato non si capacita di questo interesse nei suoi confronti. Davanti alla telecamera di Bruce Weber, Paolo che ha 92 anni, si apre a ricordi e confessioni, conservati con una lucidità impressionante e quello che doveva essere un breve documentario diventa un film di quasi due ore.
In quel periodo casualmente passa nella stessa galleria del centro Alessandro Michele, allora direttore creativo di Gucci. Si innamora di un ritratto di Anna Magnani e il suo team si mette in contatto con la figlia Silvia per avere qualche informazione in più su questo fotografo sconosciuto e chiede di vedere qualche altra fotografia. Gli viene inviato un pacco con un centinaio di foto, sbalorditi dalla scoperta decidono con generosità di produrre una grande mostra e un libro.

million copies. At the same time, also for the Carabinieri, he edited over thirty historical volumes, as author, graphic designer and publisher.
At in the early eighties he moved back to Rome with his wife, by whom he had two children: Michele born in 1975 and Silvia in 1977. He led a quiet life, devoted to work. Neither he nor his wife ever talked about his past as a photographer. He lost contact with his old friends, changed his acquaintances and habits.
In the late nineties, his daughter found his photographic archive in the cellar of their house, and persuaded her father to tell her his story, after years when he had been reluctant to talk about it. The archive was brought up from the cellar and slowly explored. In 2014 his son Michele sent some fifteen vintage prints to an antiquarian gallery in the center of Rome, to see if they sold and what could be done with the material. A year later Alessia d'Amico, Silvia's friend and assistant to the photographer Bruce Weber, was showing him around Rome and took him to the small gallery. Weber, a great lover of photography and a collector, bought fifteen images and returned to New York, where he discovered on the back of each of the prints a stamp with a name unknown to him: Paolo Di Paolo. He asked Alessia for information, and on his next trip to Italy in March 2017 she organized a meeting between the two photographers. Paolo's stories together with the beauty of his images deeply moved the great American photographer, who decided to make a short documentary about him. Paolo, incredulous and astonished, was unable to understand this interest. Before Bruce Weber's camera, Paolo, who was 92 years old, opened up with memories and confessions, preserved with impressive lucidity, and what was meant to be a short documentary eventually ran for almost two hours.
Alessandro Michele, at the time Gucci's creative director, coincidentally visited the same gallery in the center of Rome. She fell in love with a portrait of Anna Magnani and her team contacted Silvia to get some more information about this unknown photographer, requesting to see further photos. She received a package with a hundred prints. Stunned by the discovery, they generously decided to produce a major exhibition and a book.

Il primo Calendario Storico dell'Arma dei Carabinieri sotto la direzione artistica di Paolo Di Paolo / The first "Calendario Storico dell'Arma dei Carabinieri" under the artistic direction of Paolo Di Paolo 1973

Paolo Di Paolo con due corazzieri, Roma / Paolo Di Paolo with two *Corazzieri*, Rome 2013

2017-2023

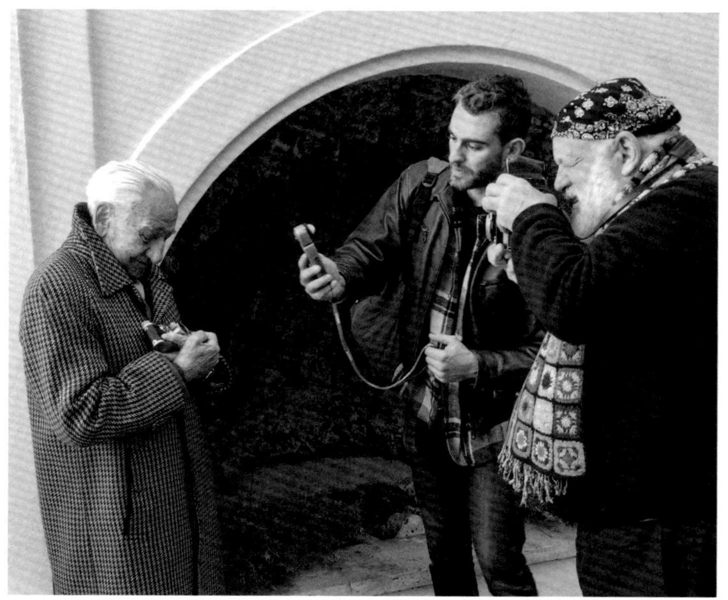

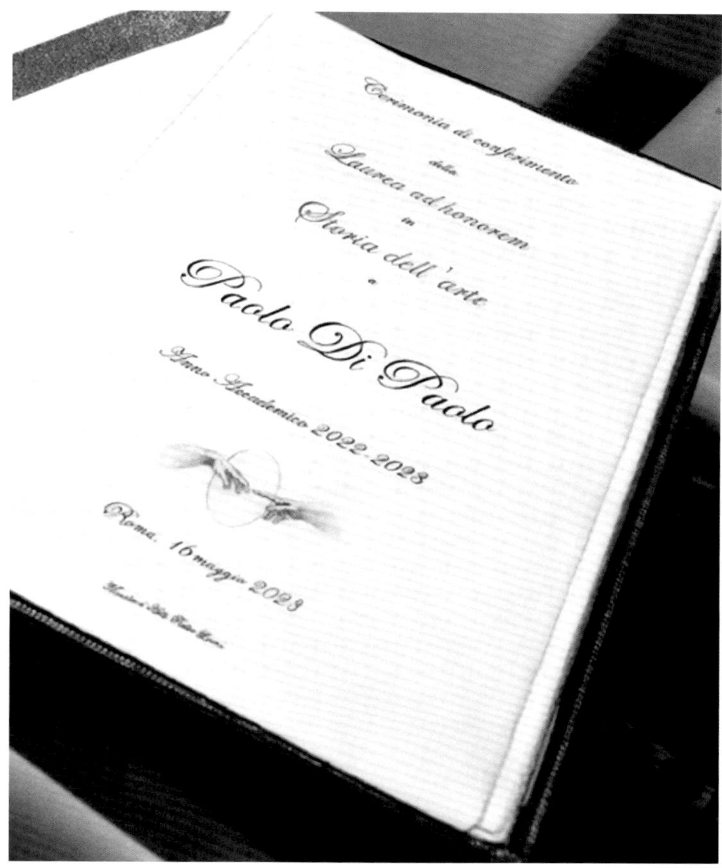

Il 16 aprile 2019 al Museo MAXXI di Roma si inaugura la prima mostra dedicata al lavoro del fotografo dal titolo *Paolo Di Paolo. Mondo perduto. Fotografie 1954-1968*, curata da Giovanna Calvenzi. La sala che ospita la conferenza stampa che precede l'inaugurazione è gremita, Paolo esordisce ringraziando il direttore de «Il Mondo»: «è grazie a Pannunzio se io e altri miei colleghi fotografi abbiamo avuto modo di esprimerci in maniera libera, non convenzionale, di rottura [...] è grazie al mio direttore se sono riuscito a conservare sempre uno spirito da dilettante, nel senso di fare cose per diletto e per passione». Nel giro di poche settimane escono articoli sulle più importanti testate di tutto il mondo, «Paolo Di Paolo, il Cartier-Bresson italiano era nascosto in una cantina». Paolo è sempre più frastornato, la figlia Silvia assume presto il ruolo di sua assistente e agente, ha contatti con il museo, i giornalisti e gestisce le tantissime richieste di interviste, la scoperta di Paolo Di Paolo è diventata un caso mediatico.

Nel 2020 Pierpaolo Piccioli, allora direttore creativo di Valentino, gli propone di realizzare un servizio fotografico sul backstage della sfilata di alta moda; Paolo accetta entusiasta e parte per Parigi con la figlia, realizzando il suo primo reportage su commissione a distanza di cinquant'anni.

Il 23 ottobre 2021 viene presentato alla Festa del Cinema di Roma il film di Bruce Weber *The Treasure of His Youth* (*Paolo Di Paolo un tesoro di gioventù*). Paolo è talmente lusingato del fatto che un gigante come Weber abbia dedicato un film alla sua storia, che non si è mai permesso - nonostante la sua attitudine maniacale al controllo e al comando - di chiedere di vedere un pezzo del girato prima della presentazione ufficiale. Alla fine della proiezione tutto il teatro è in piedi commosso in un applauso di quindici minuti.

Il 16 maggio 2023 l'Università La Sapienza gli conferisce la laurea *ad honorem* in Storia dell'arte, che lo consacra il più importante fotografo italiano del XX secolo. Il giorno seguente, il 17 maggio, Paolo compie 98 anni, decide di tornare a casa, a Larino, dove il 12 giugno 2023 arriva alla fine della sua lunga e straordinaria vita.

On April 16, 2019, the Museo MAXXI in Rome opened the first exhibition ever devoted to the photographer's work, curated by Giovanna Calvenzi and entitled *Paolo Di Paolo. Mondo perduto. Fotografie 1954-1968*. A packed chamber hosted the press conference that preceded the inauguration. Paolo began by thanking the director of *Il Mondo*. "It was thanks to Pannunzio that I and other photographer colleagues had the opportunity to express ourselves in a free, unconventional, disruptive way [...] And it is thanks to my director that I always managed to maintain an amateur spirit, in the sense of doing things for pleasure and passion." Within a few weeks, articles were appearing in the most important newspapers worldwide: "Paolo Di Paolo, the Italian Cartier-Bresson, was hidden in a cellar."

In 2020 Pierpaolo Piccioli, then Valentino's creative director, suggested he should do a photo shoot backstage at the haute couture show. Paolo enthusiastically accepted and set off for Paris with his daughter, producing his first commissioned photo report after fifty years.

On October 23, 2021, Bruce Weber's film *The Treasure of His Youth* screened at the Rome Film Festival. Paolo was so flattered that a giant like Weber had devoted a film to telling his story that he never allowed himself—despite being something of a control freak—to ask to view any of the footage before the official presentation. At the end of the screening, the whole theater rose to its feet, moved to fifteen minutes of applause.

On May 16, 2023, La Sapienza University awarded him an honorary degree in Art History, consecrating him as the most important Italian photographer of the twentieth century. On the following day, May 17, Paolo turned 98. He decided to return home to Larino, where on June 12, 2023, he came to the end of his long and extraordinary life.

Paolo Di Paolo, Roberto Patella, Bruce Weber, Roma / Rome 2017

Conferimento della laurea *ad honorem* in Storia dell'arte, Roma / Conferring an honorary degree in Art History, Rome 2023

GIOVANNA CALVENZI
WHAT DOES GRETA GARBO HAVE TO DO WITH IT?

"With an attentive, insightful and sensitive gaze, Paolo Di Paolo has been able to document the changes in the urban and rural landscape, as well as the emergence of new lifestyles, with rare empathy capturing the complex coexistence between the memory of a world in dissolution and the dawn of a new era. This is why we number him among the most important Italian photographers of the second half of the twentieth century." With these words,[1] Antonella Polimeni, rector of the Sapienza Università di Roma, recalled the presentation of the Honorary Master's Degree to Paolo Di Paolo, one day before his ninety-eighth birthday, on May 16, 2023. The crowning achievement of the intense life and extraordinary professional career, unusual in its strangeness, of Paolo Di Paolo, whom I met for the first time in 2018. Quite unexpectedly I had received a phone call from Bartolomeo Pietromarchi, then director of MAXXI Arte in Rome, who asked me whether I would care to curate an exhibition by Paolo Di Paolo. With some embarrassment I replied that I did not know him (in retrospect I have to add that Paolo Di Paolo would remind me of this "ignorance" on many occasions). Very elegantly, without batting an eyelid, Pietromarchi sent me a selection of photographs. I was immediately excited. On the monitor I saw images of a kind that I had never seen before, which recounted life on the Italian beaches, life in Rome and Japan, as well as empathic, masterful portraits of the most famous actors of the fifties and sixties. I confess that I was speechless. This was the start, with my inevitable sense of guilt and oft-remembered shame at my ignorance, of a professional relationship and friendship that would develop into a close tie with Paolo Di Paolo, with his work, his daughter Silvia, his wife Elena, and today also his hometown, Larino, in Molise.

The exhibition at the MAXXI in Rome, entitled *Paolo Di Paolo. Mondo perduto*, was therefore inaugurated on April 16, 2019, after a few months' work with Paolo and Silvia to decide together how to present not only a sequence of photographs but a whole world that had remained buried in the cellar of their home for almost fifty years. Paolo had an excellent memory for facts and names but dates mattered very little to him. He also had,

GIOVANNA CALVENZI
COSA C'ENTRA GRETA GARBO?

«Con uno sguardo attento, sensibile e acuto, Paolo Di Paolo ha saputo documentare le trasformazioni del paesaggio urbano e rurale, così come l'emergere di nuovi stili di vita, cogliendo con rara empatia la complessa coesistenza tra la memoria di un mondo in dissoluzione e l'affacciarsi di una nuova epoca. È per questo che lo annoveriamo tra i più importanti fotografi italiani della seconda metà del Novecento». Antonella Polimeni, rettrice della Sapienza Università di Roma, ha ricordato con queste parole[1] il conferimento della laurea magistrale *Honoris Causa* a Paolo Di Paolo, un giorno prima del suo novantottesimo compleanno, il 16 maggio 2023. Il coronamento di una vita intensa e di una carriera professionale straordinaria, di inusuale stranezza, quella di Paolo Di Paolo, che avevo incontrato per la prima volta nel 2018. In modo del tutto inaspettato avevo ricevuto una telefonata da Bartolomeo Pietromarchi, allora direttore del MAXXI Arte di Roma, che mi aveva chiesto se avrei voluto curare una mostra di Paolo Di Paolo. Con un certo imbarazzo gli avevo risposto di non conoscerlo (a posteriori devo aggiungere che Paolo Di Paolo mi avrebbe ricordato questa "ignoranza" in molteplici occasioni). Comunque con grande signorilità Pietromarchi non aveva battuto ciglio e mi aveva girato una selezione di fotografie. Mi sono subito entusiasmata: vedevo sul monitor fotografie che non avevo mai visto, che raccontavano la vita sulle spiagge italiane, a Roma, in Giappone, che ritraevano in modo complice e magistrale i più famosi attori degli anni cinquanta e sessanta. Confesso di essere rimasta senza parole. È nato così, con il mio inevitabile senso di colpa e con la pluriricordata vergogna per la mia ignoranza, un rapporto professionale e di amicizia che mi avrebbe legato a Paolo Di Paolo, al suo lavoro, a sua figlia Silvia, a sua moglie Elena e oggi anche al suo paese natale, Larino, in Molise.

La mostra al MAXXI di Roma, dal titolo *Paolo Di Paolo. Mondo perduto*, si era quindi inaugurata il 16 aprile 2019 dopo alcuni mesi di lavoro con Paolo e Silvia per decidere insieme come presentare non solo una sequenza di fotografie ma un mondo intero rimasto sepolto nella cantina di casa per quasi cinquant'anni. Paolo aveva un'eccellente memoria per fatti e nomi ma le date gli importavano molto poco. Aveva anche, come

as happens to the best authors, a particular affection for some images that I considered lacking in significance, and with mutual grace we tried to direct our different opinions towards a satisfactory common result. In the production of the book that accompanied the exhibition, it had been easy to come to an agreement. But Paolo had taken back the rights granted to me for the book, and I met with several surprises. Images that we had discarded were exhibited with large captions, the portraits of Oriana Fallaci or Raquel Welch had become refined and amusing sequences, and even the gigantic image that opened the exhibition (and which is now on the cover of this book) had been found by Silvia Di Paolo only after the book was completed. (The photo had appeared in *Il Mondo* unsigned, so that Paolo Di Paolo was unsure that he had actually taken it.)
Translating the complexity of a professional life and choices that were difficult to understand, then, did not prove easy. I felt the need not only to reconstruct his personal story but also to lay the groundwork to place the figure of Paolo Di Paolo in the historical period that Italy, publishing and photography were passing through when the young man from Molise who had recently arrived in Rome decided that photography could become his profession. And I wrote: "In 1954, when Paolo Di Paolo started working as a photographer, believing in it, Henri Cartier-Bresson, Robert Doisneau, Edouard Boubat and Izis, Brassaï were working in Paris and around the world, Bill Brandt was living and working in London, Robert Frank was leaving for the United States, where André Kertész had already been settled for over a decade. Robert Capa would die in Thái Binh, Vietnam, in May, and Edward Weston had already stopped working, while Richard Avedon and Irving Penn in New York were on the rise. But the list continues: William Klein would soon publish his first book, *Life is Good & Good for You in New York*, Helmut Newton was not yet Helmut Newton and worked only for *Vogue* Australia. In Italy, Federico Patellani was the most accurate observer of contemporary reality, Alberto Lattuada had long since abandoned photography for the cinema, and Gianni Berengo Gardin was still an amateur photographer in Venice. The Magnum agency was already seven years old and in 1955 the young Tazio Secchiaroli founded the Roma Press Photo agency, specializing in political news and social gossip."[2] This brief reflection on the internationally best known authors and what they were creating in 1954 was a strategy to place the young Paolo Di Paolo on the photographic scene. A scene that, however, the times and systems of dissemination of information in those years certainly did not enable him to know, largely because his overriding interest was in philosophy. So Paolo Di Paolo arrived in Rome, and thanks to his interests and acquaintances, he entered the heart of the reality of Rome, and photography practically invested him immediately. He was the victim of love at first sight for a small, magnificent Leica, and his love for the object soon grew into a love for photography. He contributed to a poetry and photography magazine, *Montaggio*, and worked on its graphic design, then immediately afterwards began to contribute to *Il Mondo*, a periodical directed by Mario Pannunzio. *Il Mondo* was a magazine that today we might describe as elitist, with more contributors than readers, as Pannunzio himself said. It had existed for just over five years and had quickly become an essential point of arrival for photographers, including some from outside Italy. During the seventeen years of its existence, it published 890 issues, the last on March 8, 1966, with a practically identical structure: sixteen pages, always with the same graphic design, from ten to twenty Italian or foreign photographs in each issue, selected to be independent, not illustrations of the texts. For Paolo Di Paolo, *Il Mondo* became his most important contact, though in the meantime he had begun to contribute to *Tempo* and *La Settimana Incom Illustrata*, in practice the most important periodicals of the day. Di Paolo was Pannunzio's favorite photographer, the most published (573 photographs), the first whose images were signed, and also the author of a heartfelt telegram sent to the editor when the journal closed: "For me and for other friends, the ambition to be photographers dies today."[3] With great pleasure, Paolo Di Paolo loved to recall his collaboration with *Il Mondo*, his visits to the editorial office, the ritual of presenting the photos to the director, his working method and the way he chose the images. So much so that, on the occasion of his exhibition at the MAXXI, he decided to reconstruct Pannunzio's studio with scholarly accuracy by searching the antiques markets for the same furnishings, the same accessories.

accade ai migliori autori, un affetto particolare per alcune immagini che io ritenevo poco significative e con garbo reciproco cercavamo di far convergere verso un soddisfacente risultato comune le nostre diverse opinioni. Nella realizzazione del libro che accompagnava la mostra trovare un accordo era stato facile. Ma le concessioni regalatemi per il libro Paolo se le era riprese per la mostra: mi sono trovata di fronte a diverse sorprese. Immagini che avevamo lasciato da parte venivano esposte con ampie didascalie, i ritratti di Oriana Fallaci o di Raquel Welch erano diventati preziose e divertenti sequenze e persino l'immagine che, gigantesca, apriva la mostra (e che oggi è in copertina di questo libro) era stata ritrovata da Silvia Di Paolo solo dopo la chiusura del libro (era stata pubblicata su «Il Mondo» non firmata, tanto che Paolo Di Paolo si era chiesto se davvero l'avesse fatta lui).
Tradurre la complessità di una vita professionale e di scelte poco comprensibili, poi, non era stato facile. Avevo sentito l'esigenza non solo di ricostruire la sua storia personale ma di porre anche le basi per collocare la figura di Paolo Di Paolo nel momento storico che l'Italia, l'editoria, la fotografia stavano attraversando quando il giovane molisano da poco arrivato a Roma aveva deciso che la fotografia avrebbe potuto diventare la sua professione. E avevo scritto: «Nel 1954, quando Paolo Di Paolo comincia a fotografare credendoci, Henri Cartier-Bresson, Robert Doisneau, Edouard Boubat, Izis, Brassaï operano a Parigi e in giro per il mondo, Bill Brandt vive e lavora a Londra, Robert Frank sta partendo per gli Stati Uniti dove André Kertész si è già stabilito da oltre un decennio. Robert Capa morirà in maggio a Thái Binh, in Vietnam, Edward Weston ha già smesso di lavorare mentre Richard Avedon e Irving Penn a New York sono in piena ascesa. Ma l'elencazione non è ancora finita: William Klein pubblicherà a breve il suo primo libro, *Life is Good & Good for You in New York*, Helmut Newton non è ancora Helmut Newton e lavora solo per "Vogue" Australia. In Italia Federico Patellani è il più puntuale testimone della realtà contemporanea, Alberto Lattuada ha da tempo abbandonato la fotografia per il cinema e Gianni Berengo Gardin è ancora un fotografo amatore a Venezia. L'agenzia Magnum ha già sette anni di vita e nel 1955 il giovane Tazio Secchiaroli creerà l'agenzia Roma Press Photo, specializzata in cronaca politica e cronaca rosa»[2]. Questa sintetica riflessione sugli autori più noti a livello internazionale e di quello che nel 1954 stavano realizzando era un pretesto per collocare il giovane Paolo Di Paolo sulla scena della fotografia. Scena che, tuttavia, i tempi e i sistemi di diffusione delle informazioni in quegli anni non gli permettevano certamente di conoscere soprattutto perché il suo interesse prioritario era verso la filosofia. Paolo Di Paolo arriva dunque a Roma e grazie ai suoi interessi e alle sue frequentazioni entra nel vivo della realtà romana e la fotografia in pratica lo investe da subito. È vittima di un colpo di fulmine nei confronti di una piccola, magnifica Leica e il suo amore per l'oggetto presto si trasforma in amore per la fotografia. Collabora e cura la grafica di una rivista di poesia e fotografia, «Montaggio», e subito dopo inizia a collaborare a «Il Mondo», periodico diretto da Mario Pannunzio. «Il Mondo» è un giornale che oggi definiremmo snob, con più collaboratori che lettori, come diceva lo stesso Pannunzio, che esisteva da poco più di cinque anni ed era diventato velocemente un punto d'arrivo imprescindibile per i fotografi non solo italiani. Nel corso dei suoi diciassette anni di esistenza verranno pubblicati 890 numeri, l'ultimo dei quali l'8 marzo 1966, con una struttura in pratica identica: sedici pagine, sempre con la stessa veste grafica, da dieci a venti fotografie italiane o straniere in ogni numero, selezionate per essere autonome, non illustrazione dei testi. Per Paolo Di Paolo «Il Mondo» diventa il referente più importante, anche se nel frattempo aveva iniziato a collaborare con «Tempo» e «La Settimana Incom Illustrata», in pratica con i periodici più importanti dell'epoca. Per Pannunzio Di Paolo sarà il fotografo prediletto, il più pubblicato (573 fotografie), il primo del quale verranno firmate le immagini e anche l'autore dell'accorato telegramma spedito al direttore alla chiusura del giornale: «Per me e per altri amici muore oggi l'ambizione di essere fotografi»[3]. Con estremo piacere Paolo Di Paolo amava ricordare la sua collaborazione con «Il Mondo», le sue visite in redazione, il rito della presentazione delle fotografie al direttore, il suo modo di lavorare e di scegliere le immagini tanto che, in occasione della sua mostra al MAXXI, aveva voluto ricostruire con rigore "filologico" lo studio di Pannunzio cercando nei mercati dell'antiquariato gli stessi mobili, gli stessi accessori.

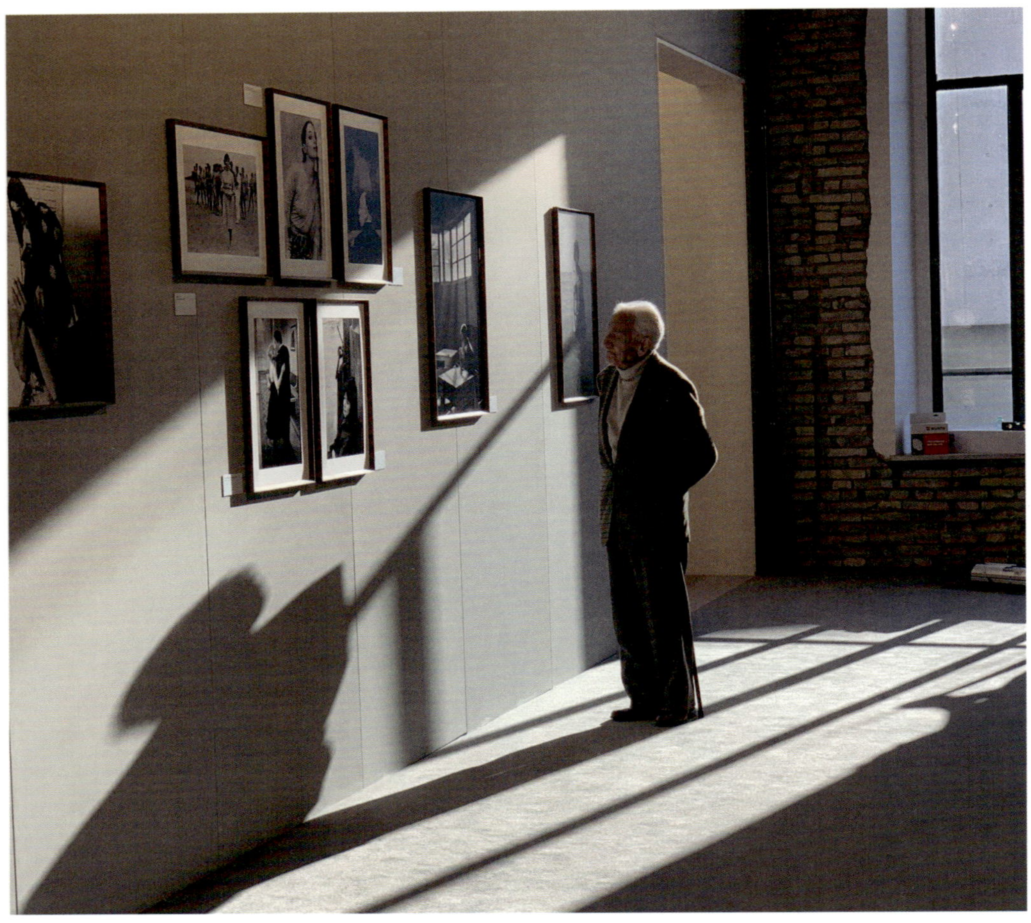

Italian publishing in the fifties was experiencing a period of particular fervor. Illustrated magazines had high print runs and excellent circulations. Reconstruction had begun, after the war and twenty years of fascism, and the economic boom was upon us. However, an ISTAT census in 1951 presented Italy as a predominantly agricultural country with 47 million inhabitants, an illiteracy rate of 12.9% and a semi-illiteracy rate of 46.3%. So photography was an excellent source of information for the part of the population that could see better than it could read. The cinema had returned to Rome and the presence of actresses, actors and filmmakers in the city had to be documented. At the suggestion of a friend, Paolo Di Paolo photographed a couple of famous newly-engaged couples, Lucia Bosé, Miss Italy 1947, and the bullfighter Luis Dominguín, who posed for him joking and bantering. This would always be the register that would characterize his relationship with the art world: respect, cheerful irony, empathy with his subjects, but also an outstanding ability to recount people and whatever surrounded them, putting them at the center of images that still retain their narrative strength unaltered today. It was an extraordinarily successful beginning, and it opened the doors of the finest weekly magazines to him. By the end of the fifties Paolo Di Paolo can be said to have become an established photographer. He declared: "I felt free. I was doing a wonderful job, I knew a lot of people. Every morning I woke up and could decide what I was going to do." In 1959 he was the most highly appreciated contributor to *Tempo*, directed by Arturo Tofanelli, and for another magazine published by Aldo Palazzi Editore, *Successo* (a monthly periodical also directed by Tofanelli), he created an epic journey devoted to the Italians' vacations. *La lunga strada di sabbia* is a story in images with texts by Pier Paolo Pasolini that became an essential achievement in the history of Italian photography.

Pasolini and Di Paolo set off together from Rome, their first stop, towards the French border. They were an unusual pair of traveling companions, not very compatible at first. Paolo Di Paolo would later recall: "He was searching for a lost world, of literary ghosts, an Italy that no longer existed, I was searching for an Italy that looked to the future." And yet their journey (which they performed separately after the first stage) was a great

Paolo Di Paolo, MAXXI, Roma / Rome 2019.
Fotografia di / Photograph by Giovanna Calvenzi

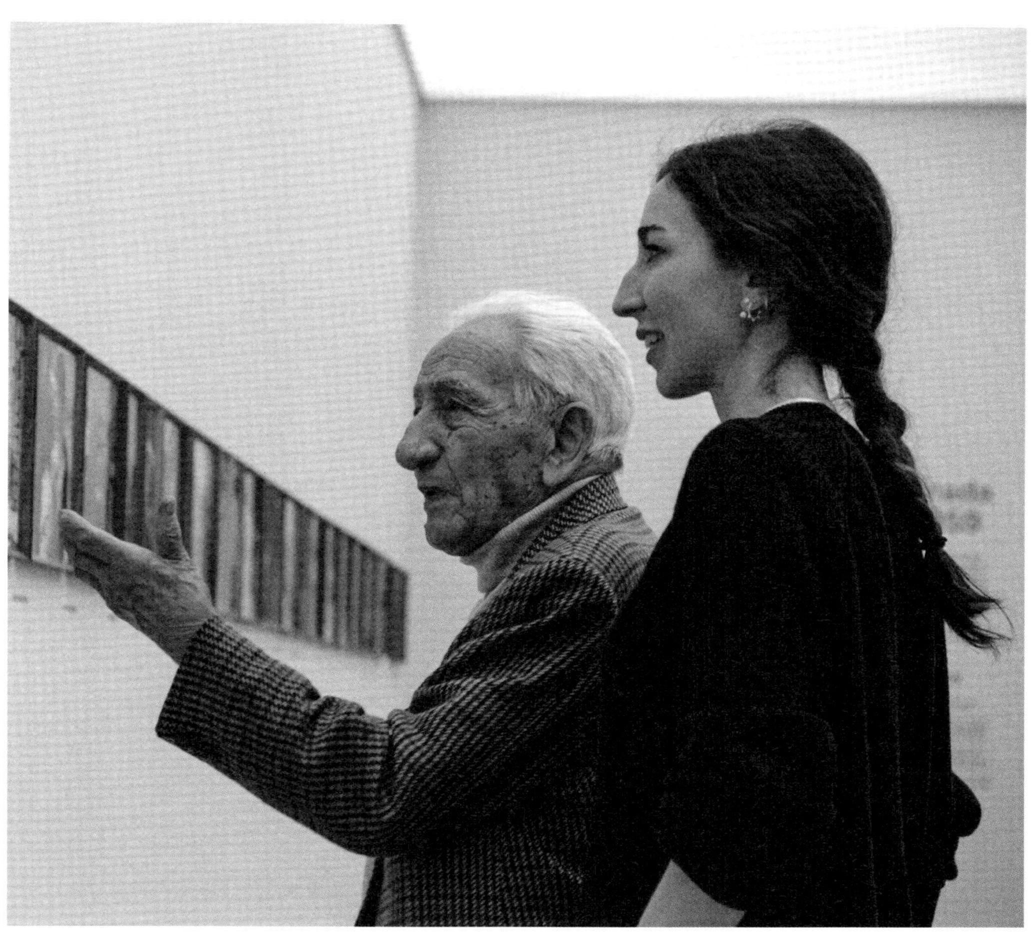

L'editoria italiana negli anni cinquanta vive un momento di particolare fervore. I rotocalchi illustrati hanno alte tirature e ottima diffusione. La ricostruzione, dopo gli anni della guerra e il ventennio fascista, è iniziata e il boom economico è alle porte. Tuttavia un censimento ISTAT del 1951 aveva presentato l'Italia come paese prevalentemente agricolo con 47 milioni di abitanti, un tasso di analfabetismo del 12,9% e di semianalfabetismo del 46,3%. La fotografia poteva quindi essere ottimo strumento di informazione per quella parte di popolazione che guardava meglio di quanto leggesse. A Roma era tornato il cinema e quindi la presenza di attrici, attori, registi in città doveva essere documentata. Su suggerimento di un'amica, Paolo Di Paolo fotografa una coppia di neofidanzati celeberrimi, Lucia Bosé, Miss Italia 1947, e il torero Luis Dominguín che per lui si mettono in posa e scherzano. Sarà questo il registro che caratterizzerà sempre la sua relazione con il mondo dell'arte: rispetto, allegra ironia, complicità con i suoi soggetti, ma anche una grande capacità di raccontare le persone e quanto le circonda, mettendole al centro di immagini che ancora oggi conservano intatta la loro forza narrativa. È un inizio straordinariamente felice che gli aprirà le porte dei migliori settimanali. Alla fine degli anni cinquanta Paolo Di Paolo può dirsi un fotografo affermato. Dichiarava: «Mi sentivo libero. Facevo un lavoro straordinario, conoscevo moltissima gente. Ogni mattina mi svegliavo e potevo decidere che cosa avrei fatto». Nel 1959 è il più apprezzato collaboratore di «Tempo» diretto da Arturo Tofanelli e per un'altra rivista della Aldo Palazzi Editore, «Successo» (mensile diretto sempre da Tofanelli), realizza un epico viaggio dedicato alle vacanze degli italiani. *La lunga strada di sabbia* è un racconto per immagini con testi di Pier Paolo Pasolini destinato a diventare una tappa imprescindibile della storia della fotografia italiana.

Pasolini e Di Paolo partono insieme da Roma, prima tappa, verso la frontiera francese. Sono compagni di strada inusuali, inizialmente poco compatibili. Paolo Di Paolo più tardi ricorderà: «Lui cercava un mondo perduto, di fantasmi letterari, un'Italia che non c'era più, io cercavo un'Italia che guardava al futuro». E tuttavia il loro viaggio (che dopo la prima tappa realizzeranno separatamente) ha un grande successo. Il mensile della

Paolo Di Paolo e Silvia Di Paolo, MAXXI, Roma / Rome 2019. Fotogramma dal film / Frame from the film *Paolo Di Paolo, un tesoro di gioventù*, regia di / directed by Bruce Weber

success. Palazzi's monthly would publish about twenty images in three episodes, not necessarily the most interesting. In 2023, thanks to lengthy work in the archives, Silvia Di Paolo was able to give us a volume with 160 images[4] that tell us not only about "the Italians's vacations" in 1959 but about a world that would soon disappear.

In the following decade Paolo Di Paolo continued with unstoppable success to photograph leading figures in the worlds of culture, art and cinema, and travel the world, producing stories that ranged from the port of Genoa to Iran, Austria, Japan, New York, Texas, Milan and Moscow. He began working with Irene Brin. He recalled: "She was the most snobbish of Italian journalists, the daughter of a Ligurian general and an Italian-Austrian aristocrat. In 1934 she had begun to write for *Il Lavoro* in Genoa where Leo Longanesi discovered her. "Your name will be Irene Brin," he told her, inviting her to contribute to *Omnibus*, and Maria Vittoria Rossi disappeared forever. She moved to Rome, married Gaspero Del Corso and after the war they opened the very refined Galleria l'Obelisco di Gaspero e Maria Del Corso in Via Sistina."[5]

But things were changing. In 1966 *Il Mondo* folded. In 1968 the editorship of *Tempo* passed from Arturo Tofanelli to Nicola Cattedra, and the new front of photo shoots for fashion magazines was not as satisfactory as he would have liked. Publishing and photography were being transformed, the times were changing. Political commitment in 1968 and the period after 1968 was accompanied by the work of the paparazzi and a decline in interest in illustrated periodicals in part due to the growth of TV ratings. Paolo Di Paolo, who throughout his professional life had declared that he "photographed for pleasure," was not sure that the future that lay ahead would bring him the same sense of fulfilment. He was 43 years old; he married Elena, left Rome and went to live in the countryside. His photographic archive, his life as a photographer, ended up in the cellar. Where, almost fifty years later, fortunately for her and us, his daughter Silvia would rediscover that "lost world," which we have not yet finished exploring. On the day of the inauguration of his major exhibition at the MAXXI in 2018, Paolo Di Paolo presented himself to the public with a cheerful, magnificent, definition of himself: "I am the Greta Garbo of photography."

1 *Paolo Di Paolo. Incontri impossibili*, Milan 2025.

2 G. Calvenzi, "Un mondo perduto o un mondo ritrovato?," in *Paolo Di Paolo. Mondo Perduto. Fotografie 1954-1968*, catalogue of the exhibition (Rome, MAXXI, April 17–September 8, 2019), edited by G. Calvenzi, Venice 2018, p. 285.

3 "Testimonianze," in *Il Mondo dei fotografi. 1951-1966*, catalogue of the exhibition (Rome, Istituto Nazionale per la Grafica, March 8–April 14 1990), scholarly committee M. A. Fusco, S. Lusini, M. Miraglia, F. Tempesti, L. Tomassini, Prato 1990, p. 252.

4 *La lunga strada di sabbia*, edited by S. Di Paolo, Berlin 2023.

5 G. Calvenzi, "Un mondo perduto," op. cit., p. 290.

Palazzi pubblicherà in tre puntate una ventina di immagini, non necessariamente le più interessanti. Nel 2023, grazie a un lungo lavoro in archivio, Silvia Di Paolo ha potuto regalarci un volume con centosessanta immagini[4] che ci raccontano non solo "le vacanze degli italiani" nel 1959 ma un mondo che in breve sarebbe scomparso.

Nel decennio successivo Paolo Di Paolo continua con inarrestabile successo a fotografare i protagonisti del mondo della cultura, dell'arte e del cinema, a viaggiare nel mondo, a realizzare storie che spaziano dal porto di Genova all'Iran, dall'Austria al Giappone, da New York al Texas, da Milano a Mosca. Inizia a collaborare con Irene Brin. Ricorderà: «Era la più snob delle giornaliste italiane, figlia di un generale ligure e di un'aristocratica italo-austriaca. Nel 1934 aveva cominciato a scrivere per "Il Lavoro" di Genova dove l'aveva scoperta Leo Longanesi. "Ti chiamerai Irene Brin", le aveva detto invitandola a collaborare a "Omnibus", e Maria Vittoria Rossi era scomparsa per sempre. Trasferitasi a Roma, si era sposata con Gaspero Del Corso e dopo la guerra avevano aperto in via Sistina la raffinatissima Galleria l'Obelisco di Gaspero e Maria Del Corso»[5].

Però le cose stanno cambiando. Nel 1966 «Il Mondo» chiude. Nel 1968 la direzione di «Tempo» passa da Arturo Tofanelli a Nicola Cattedra e il nuovo fronte di collaborazioni con le riviste di moda non è soddisfacente come vorrebbe. Il mondo dell'editoria e della fotografia si stanno trasformando, i tempi stanno cambiando. All'impegno politico del Sessantotto e del post Sessantotto si affiancano il lavoro dei paparazzi e un calo di interesse nei confronti dei periodici illustrati generato in parte dalla crescita degli ascolti televisivi. Paolo Di Paolo, che per tutta la sua vita professionale aveva dichiarato di «fotografare per diletto» non è certo che il futuro che gli si prospetta possa riservargli le stesse soddisfazioni. Ha 43 anni, si sposa con Elena, lascia Roma e va a vivere in campagna. Il suo archivio fotografico, la sua vita di fotografo, finiscono in cantina. Dove, quasi cinquant'anni più tardi, per sua e nostra fortuna, sua figlia Silvia ritroverà quel "mondo perduto" che non abbiamo ancora finito di scoprire. Il giorno dell'inaugurazione della sua grande mostra al MAXXI nel 2018 Paolo Di Paolo si era presentato al pubblico con un'allegra, magnifica, definizione di sé: «Sono la Greta Garbo della fotografia».

1 *Paolo Di Paolo. Incontri impossibili*, Milano 2025.

2 G. Calvenzi, *Un mondo perduto o un mondo ritrovato?*, in *Paolo Di Paolo. Mondo Perduto. Fotografie 1954-1968*, catalogo della mostra (Roma, MAXXI, 17 aprile - 8 settembre 2019), a cura di G. Calvenzi, Venezia 2018, p. 285.

3 *Testimonianze*, in *Il Mondo dei fotografi. 1951-1966*, catalogo della mostra (Roma, Istituto Nazionale per la Grafica, 8 marzo - 14 aprile 1990), comitato scientifico M.A. Fusco, S. Lusini, M. Miraglia, F. Tempesti, L. Tomassini, Prato 1990, p. 252.

4 *La lunga strada di sabbia*, a cura di S. Di Paolo, Berlin 2023.

5 G. Calvenzi, *Un mondo perduto*, cit., p. 290.

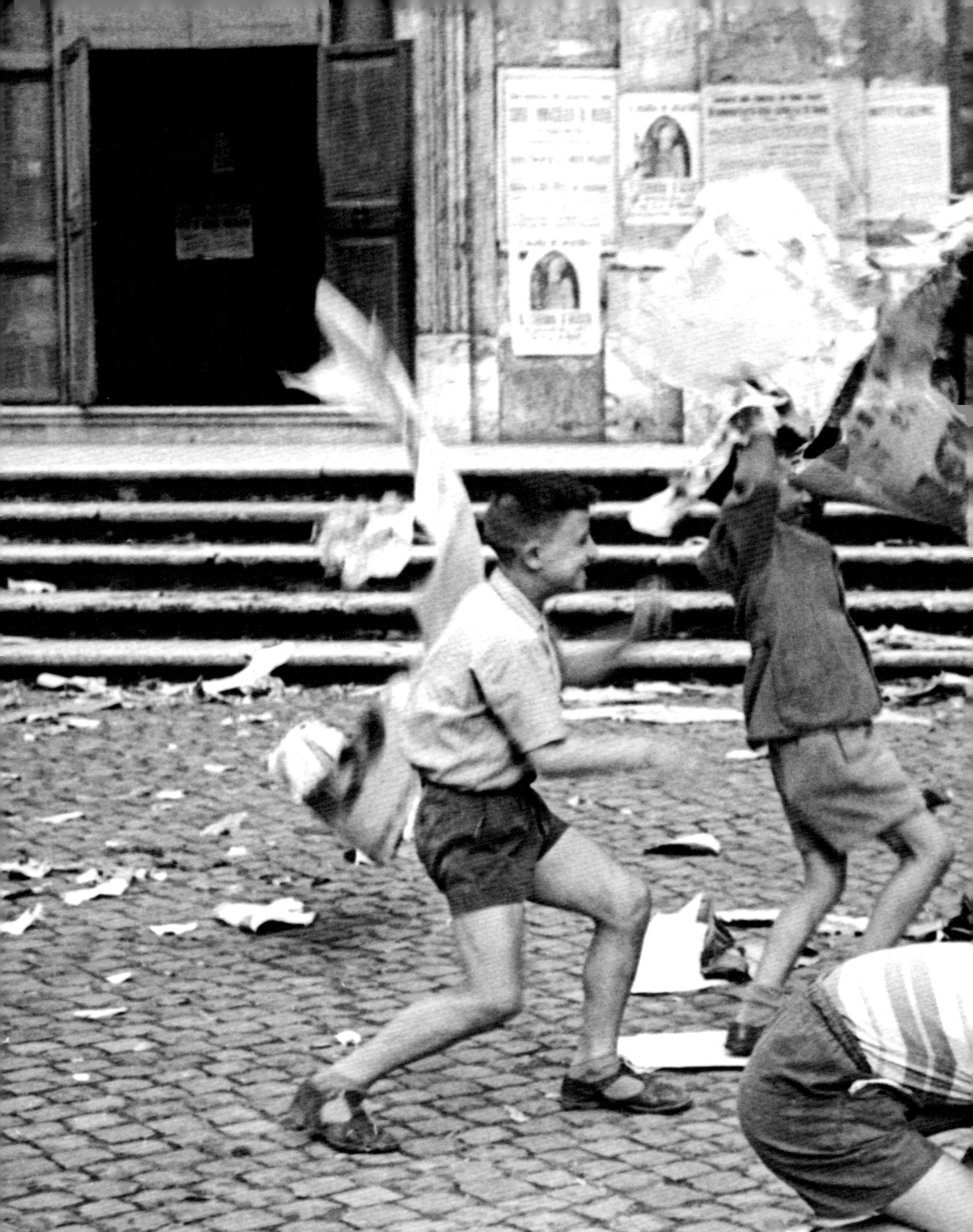

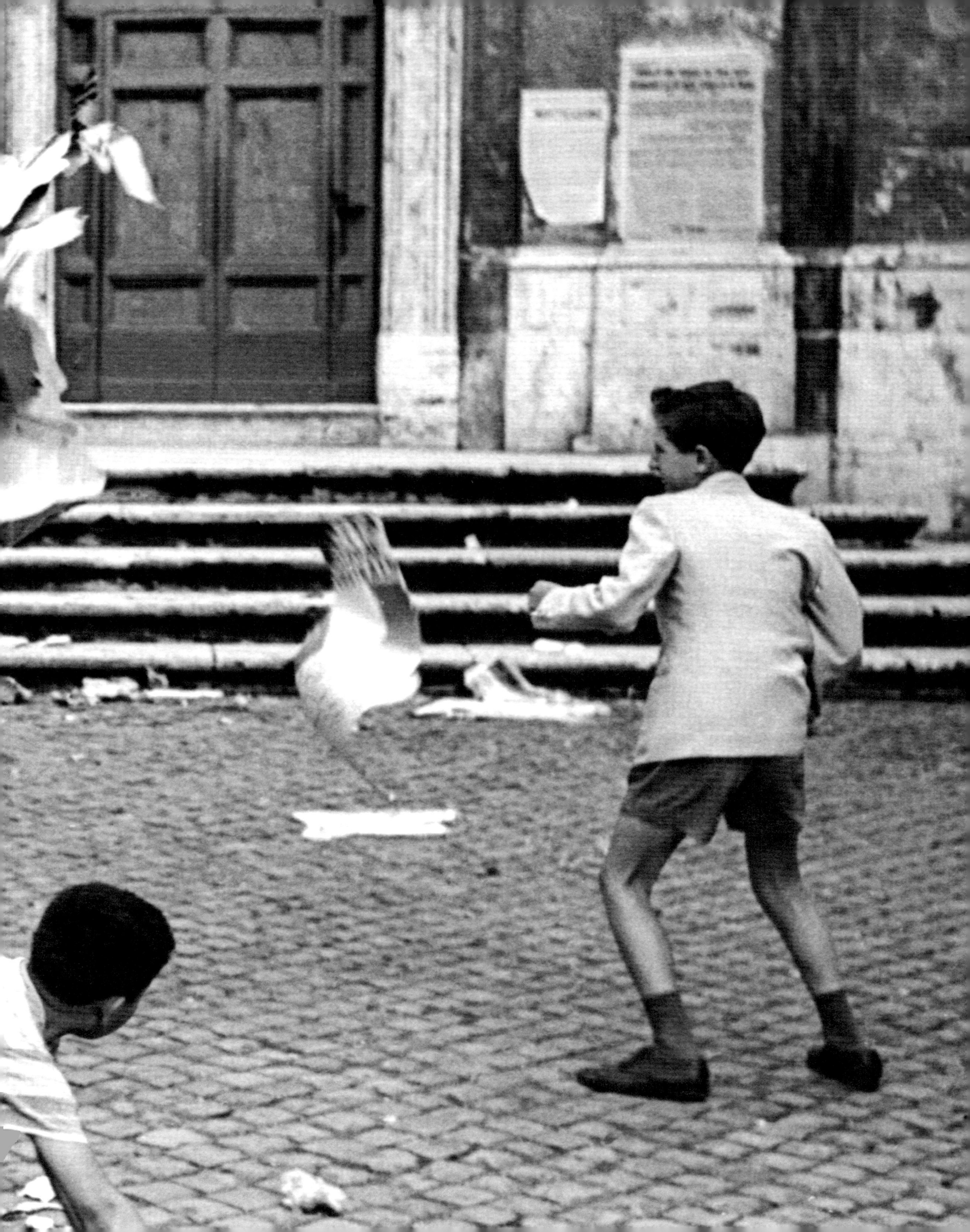

1

ESORDI

Arrivato dal Molise a Roma nel 1949, Paolo Di Paolo per mantenersi agli studi all'Università La Sapienza, dove segue il corso di Storia e filosofia, inizia a fare diversi lavori. Dal 1952 è caporedattore della rivista «Viaggi in Italia» della CIT (Gruppo Ferrovie dello Stato).
Frequenta e diventa amico del gruppo di intellettuali e artisti che si riunisce accanto a piazza del Popolo, nell'osteria dei fratelli Menghi (tra i quali molti artisti della Scuola Romana, del Gruppo Forma1, scrittori e sceneggiatori). Stimolato dal clima creativo che respira, decide di licenziarsi dalla rivista e nel 1953 acquista la sua prima macchina fotografica, una Leica IIIC. Inizia a usarla da autodidatta, girando instancabilmente per Roma: nelle baraccopoli e nelle periferie, nei nuovi quartieri in costruzione e nel centro storico, documentando la vita quotidiana e ricercando un proprio stile personale, con l'ambizione di intellettualizzare le immagini, inizialmente quasi ermetiche o astratte, in linea con le tendenze della poesia e della pittura del momento.

BEGINNINGS

Arriving in Rome from Molise in 1949, to support himself while he was studying at the Università La Sapienza, Paolo Di Paolo did various jobs. From 1952 he was editor in chief of the magazine *Viaggi in Italia* published by CIT (Gruppo Ferrovie dello Stato).
He mingled and made friends with the group of intellectuals and artists who gathered near Piazza del Popolo, at the Osteria of the Menghi brothers (including many artists of the Roman School, Gruppo Forma1, authors and screenwriters). Stimulated by the creative climate around him, he decided to resign from the CIT magazine, and in 1953 bought his first camera, a Leica IIIC. He began using it as a self-taught photographer, wandering tirelessly around Rome: through the shanty towns and outer city, the new developments then being built, and in the historic center, recording everyday life and searching for his own personal style, with the ambition of intellectualizing the images, initially almost hermetic or abstract, in keeping with the trends in poetry and painting of the period.

A destra e pagine seguenti / *Right and following pages*
Roma / Rome 1953

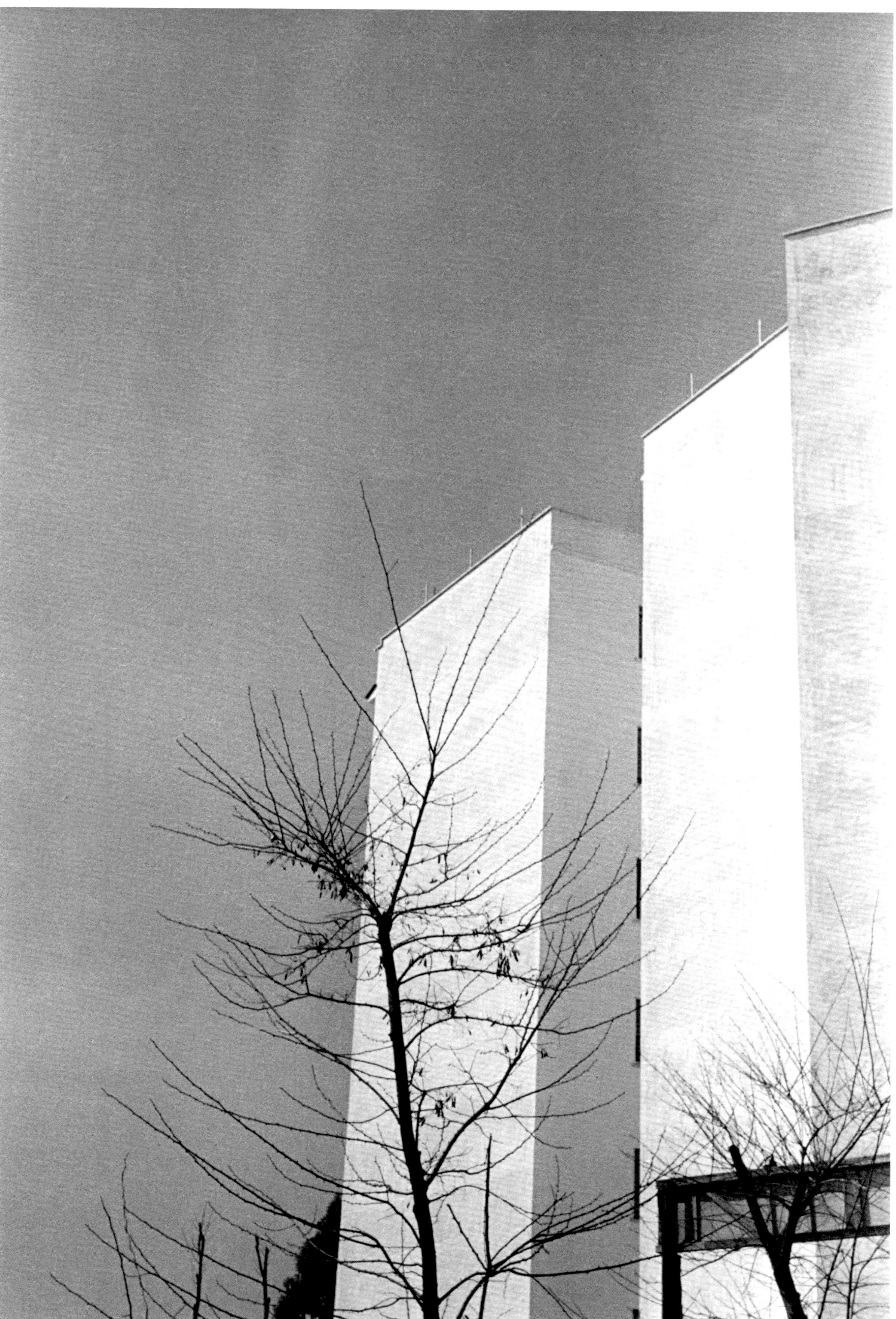

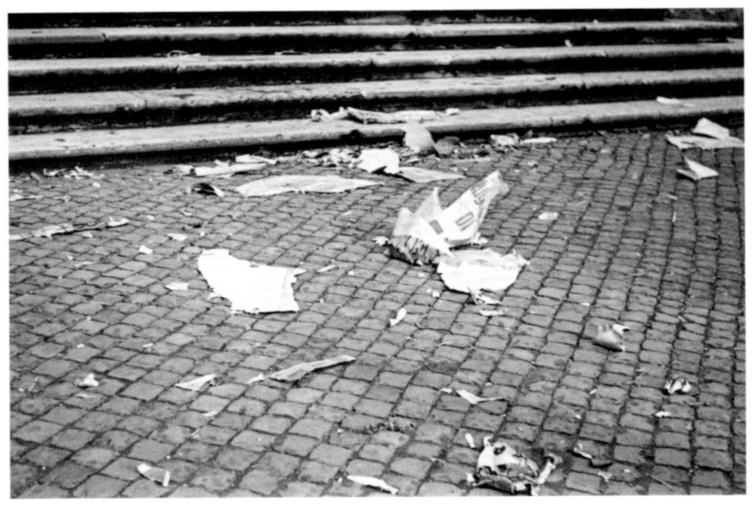

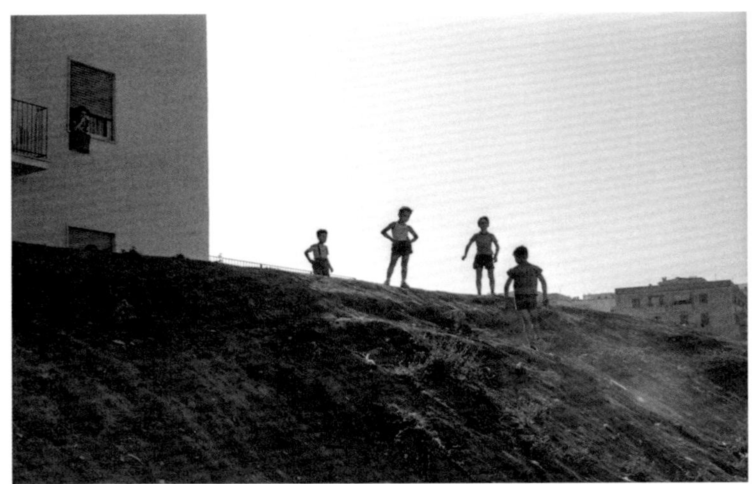
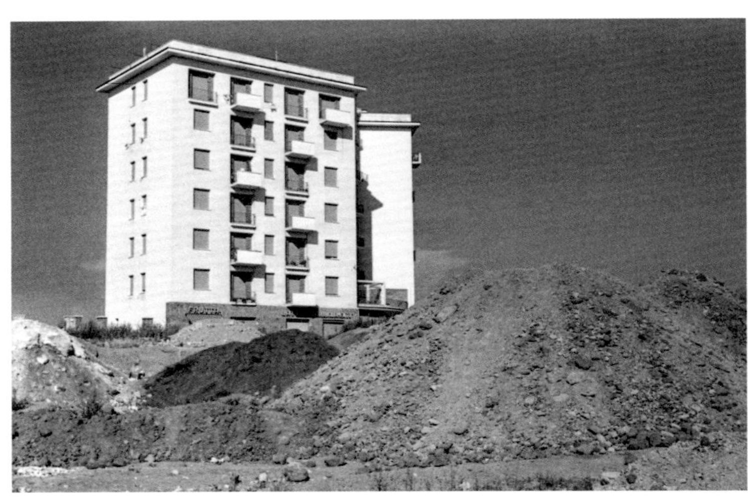
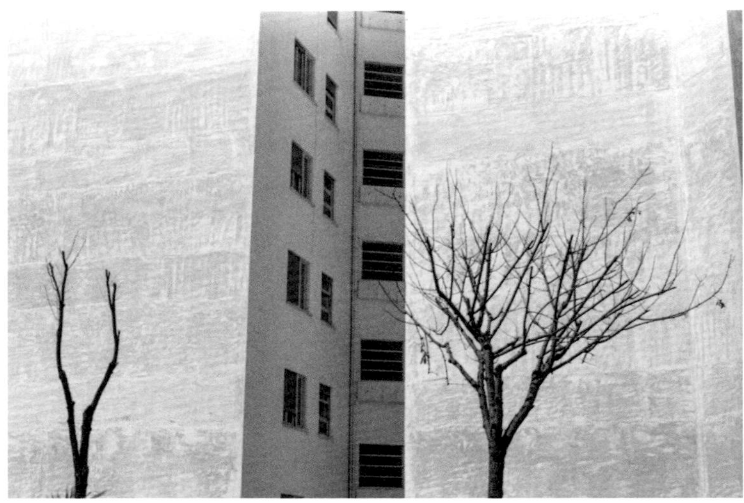
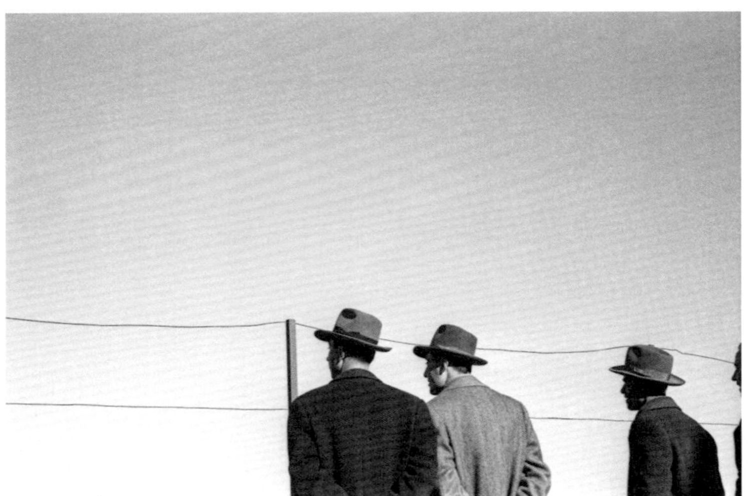

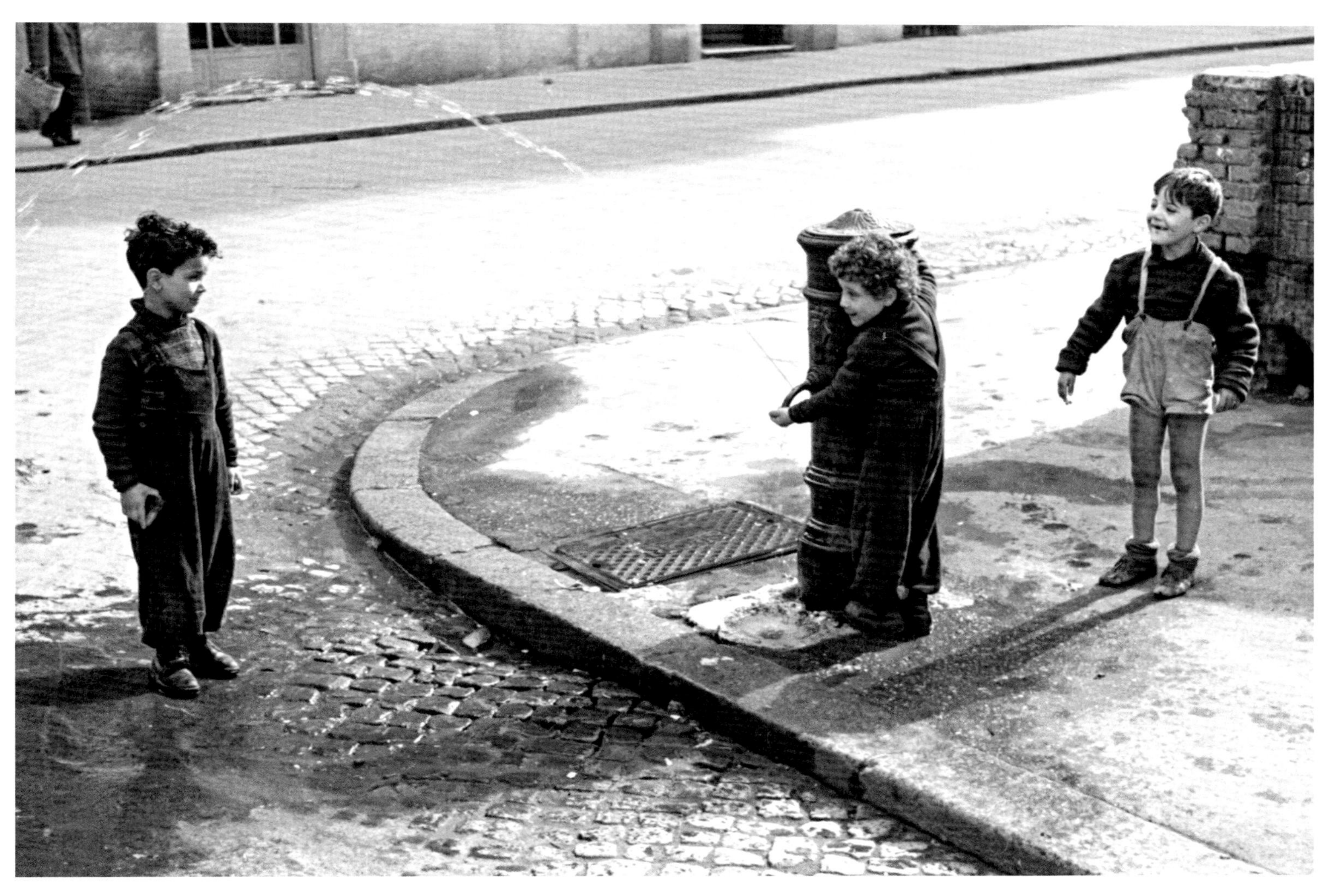

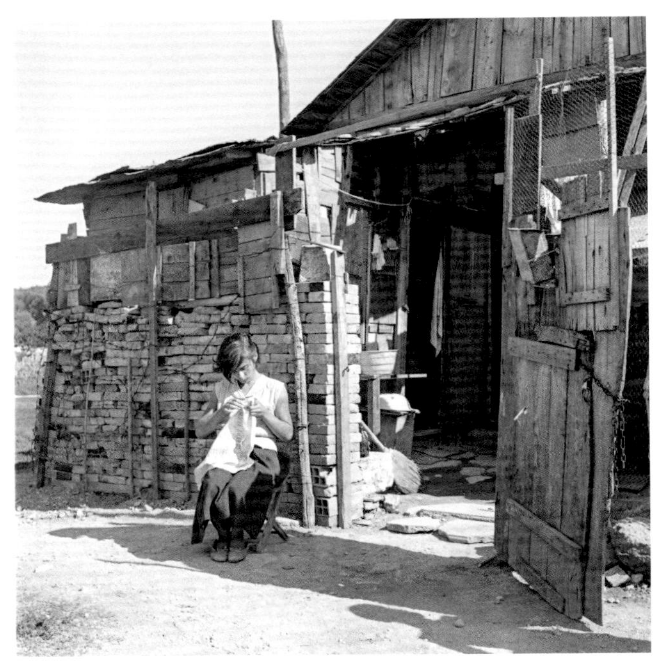

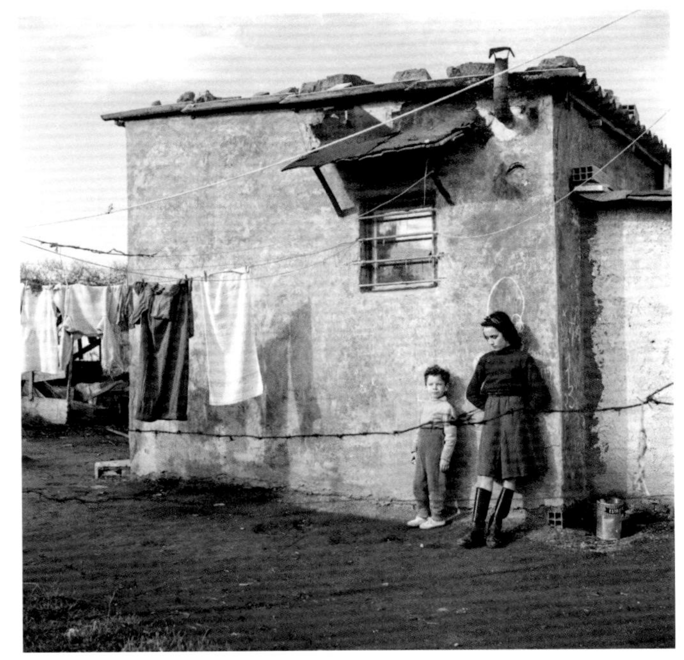

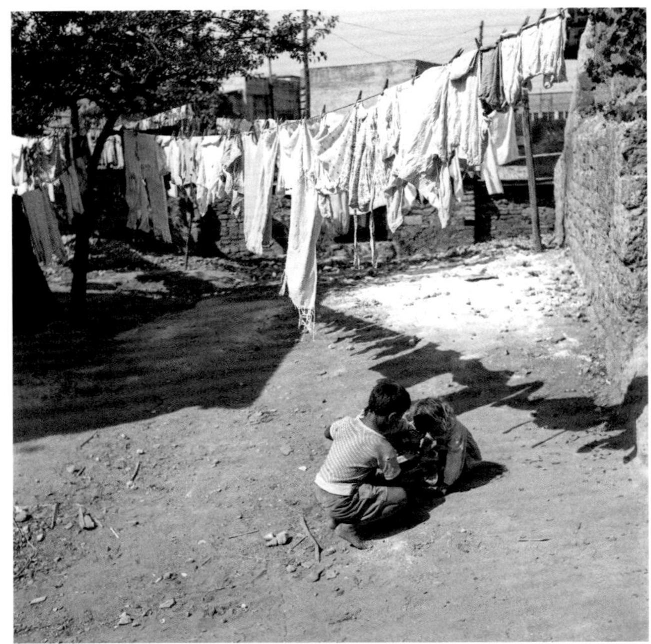

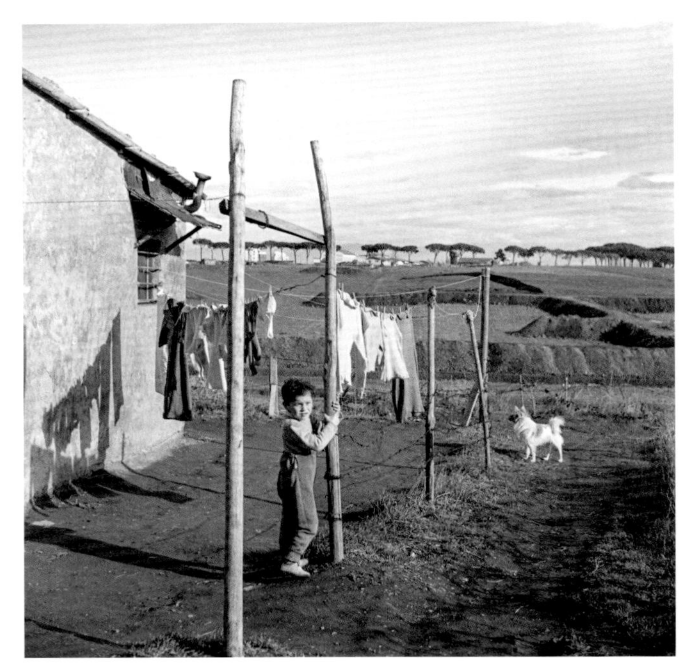

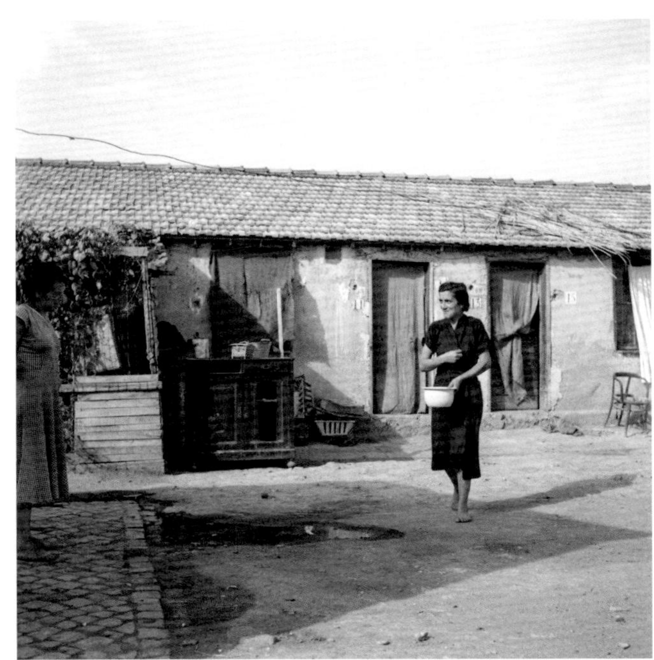

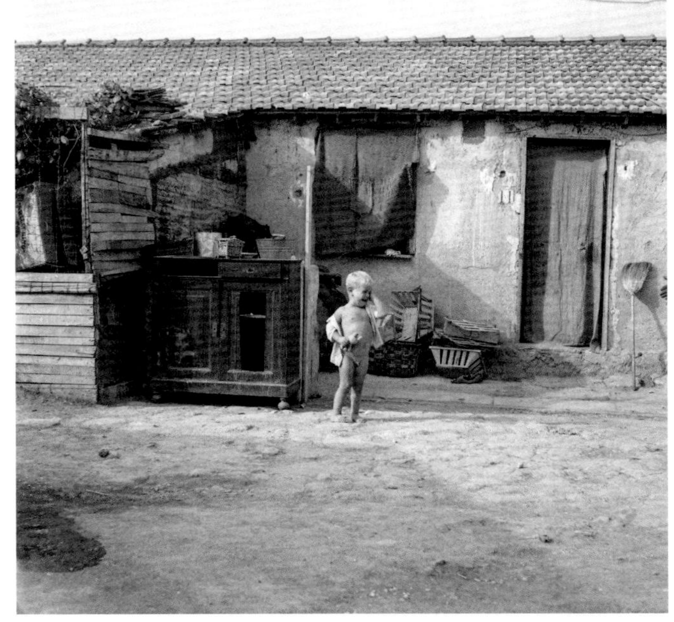

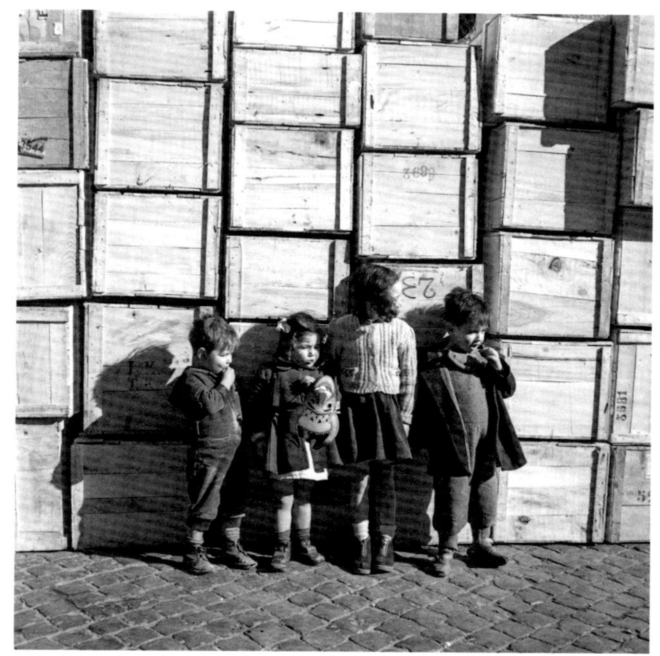

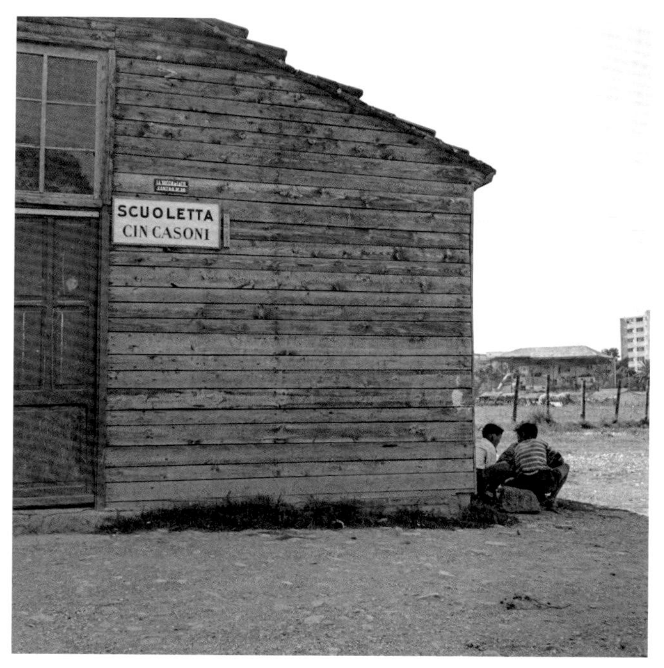
SCUOLETTA
CIN CASONI

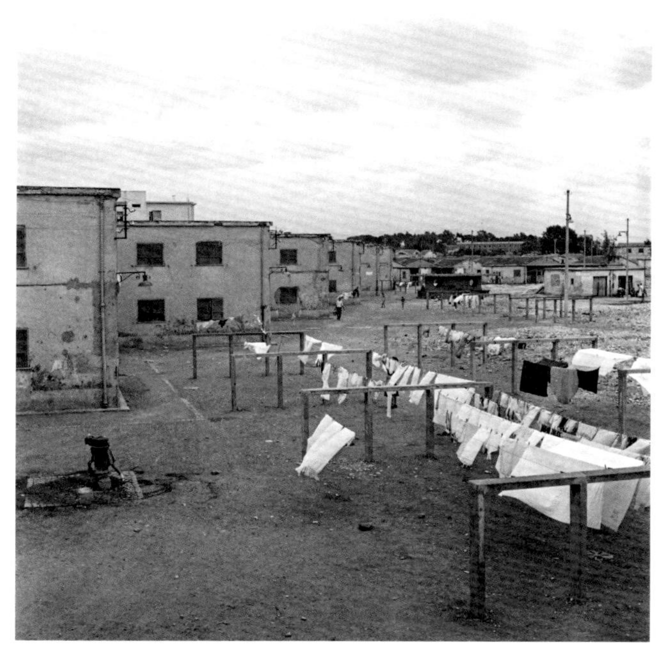

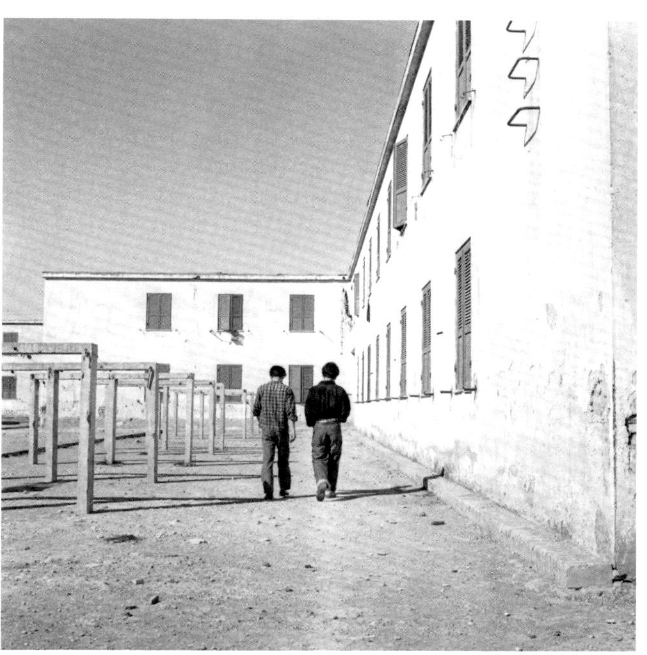

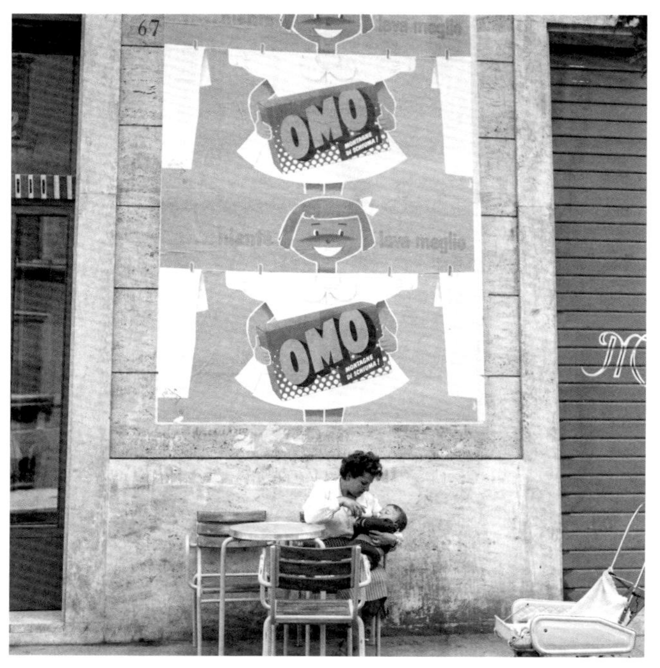
67
OMO
lava meglio
OMO

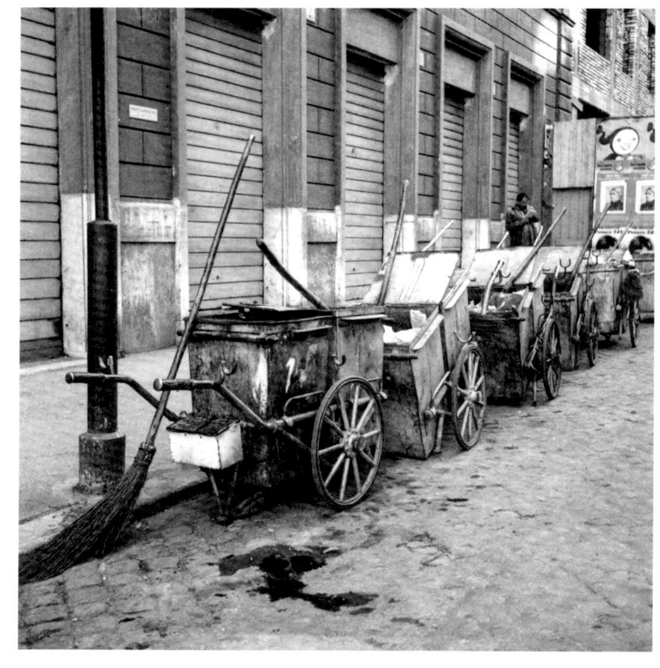

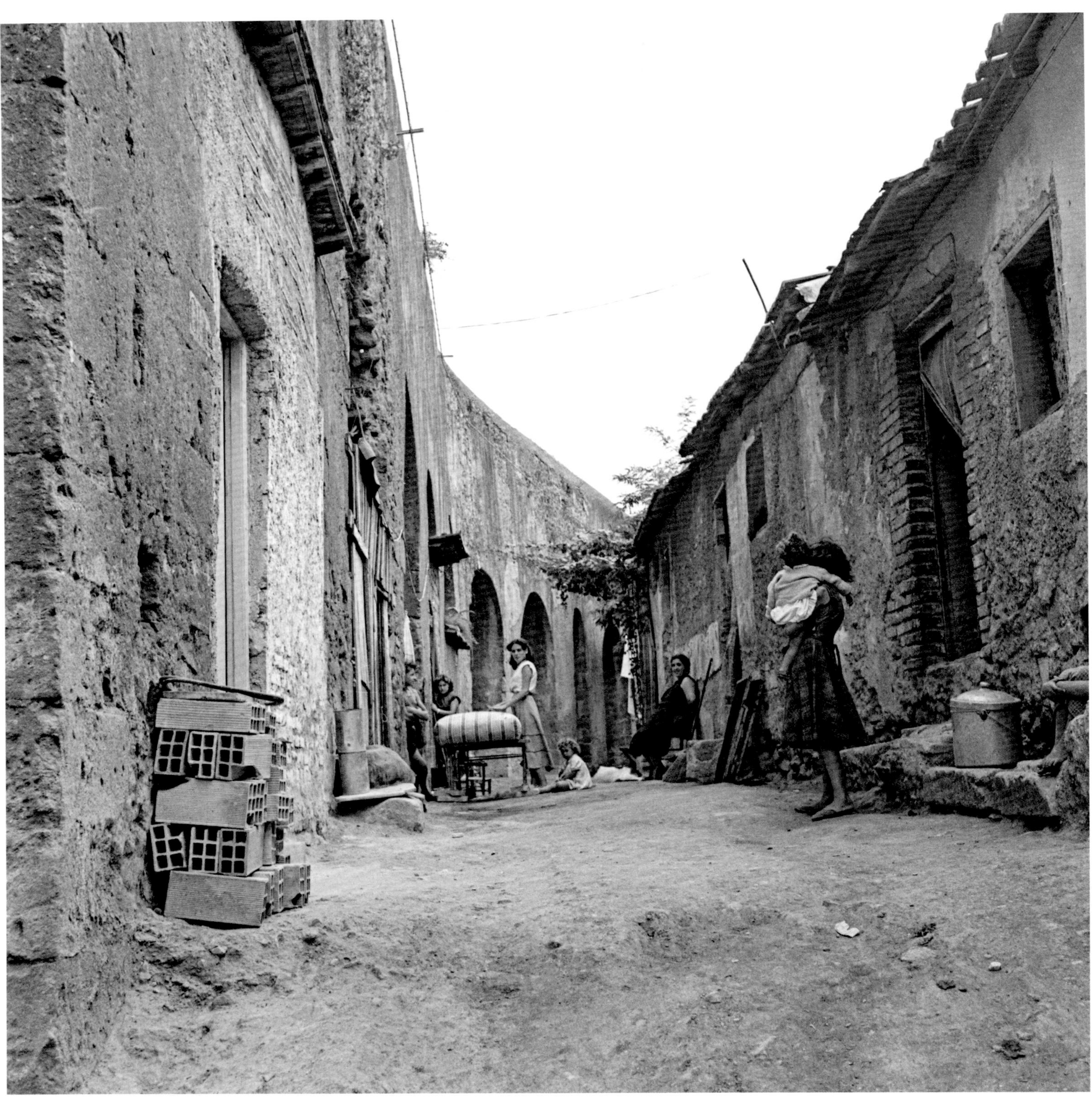

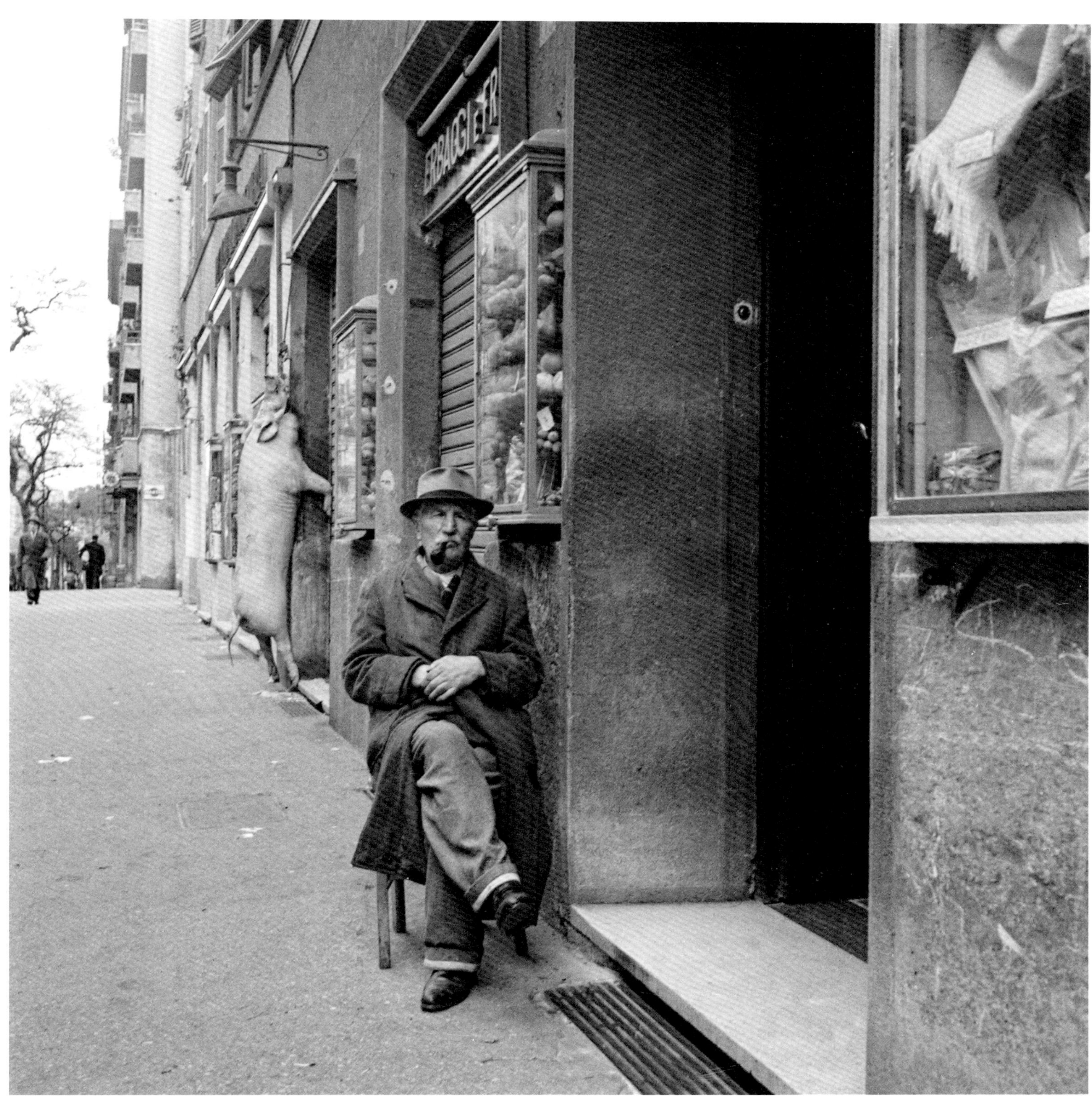
ERBAGGI e FR

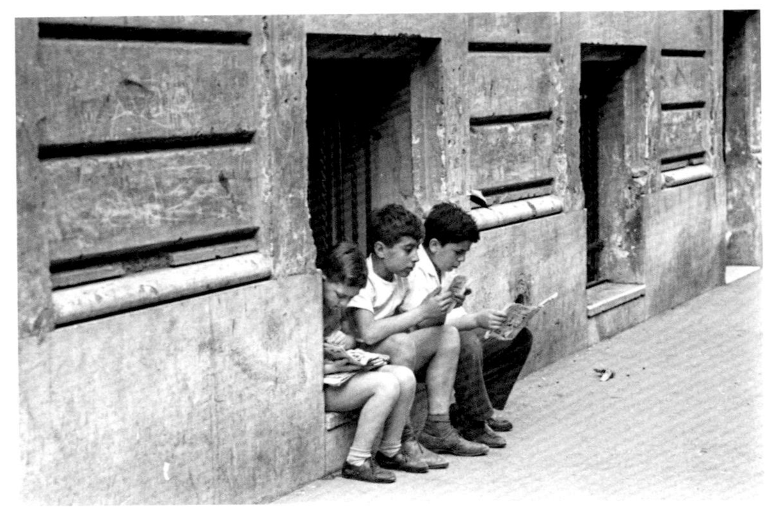

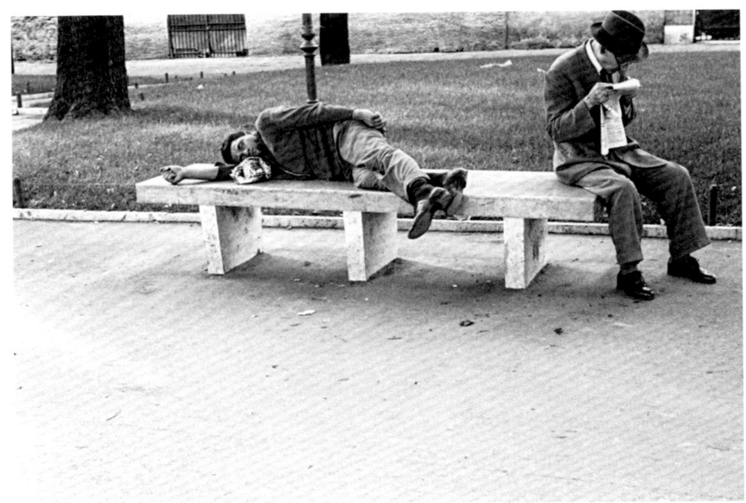

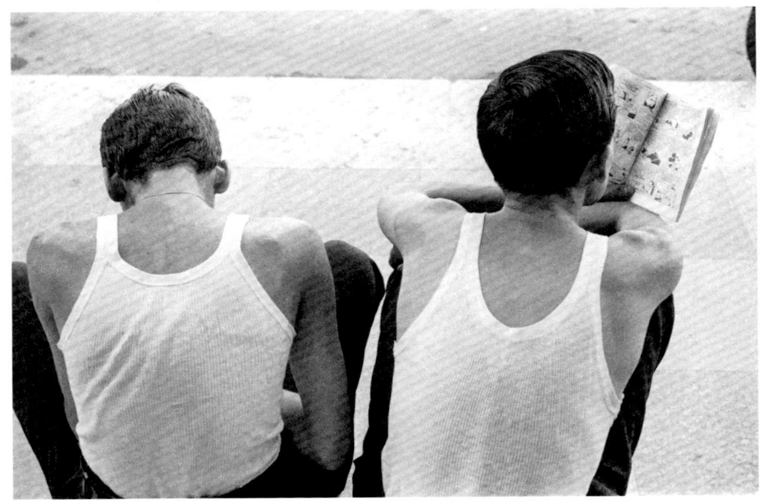

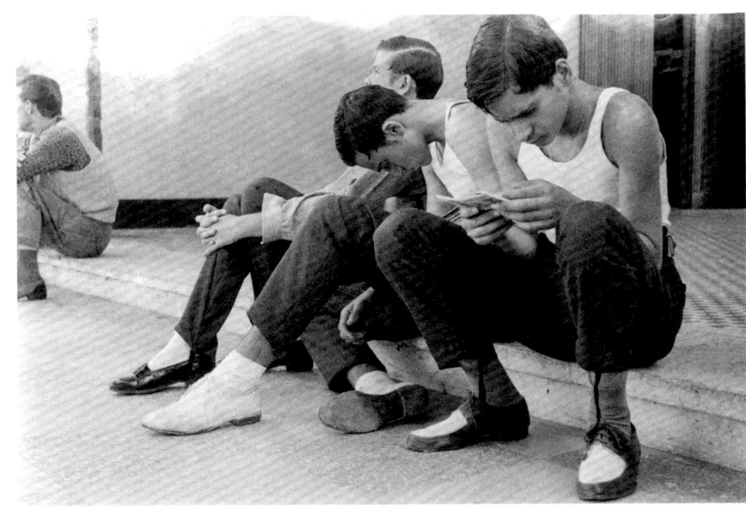

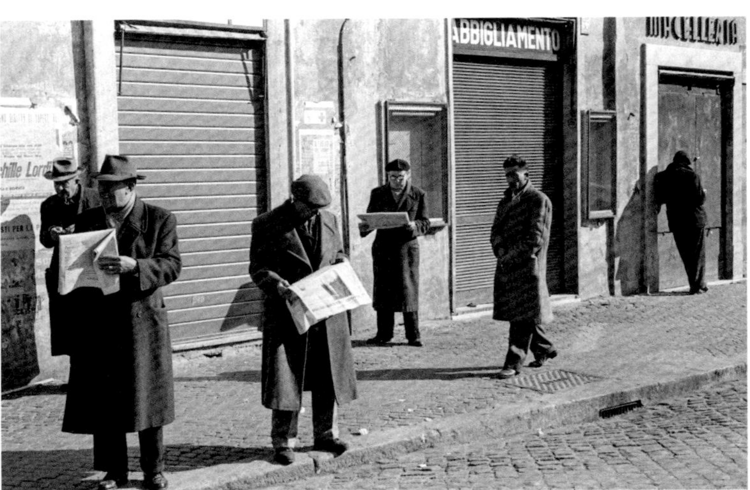
ABBIGLIAMENTO

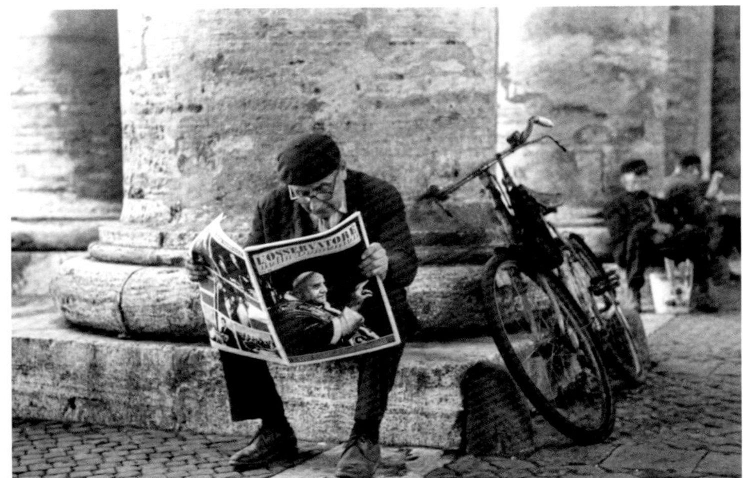
L'OSSERVATORE

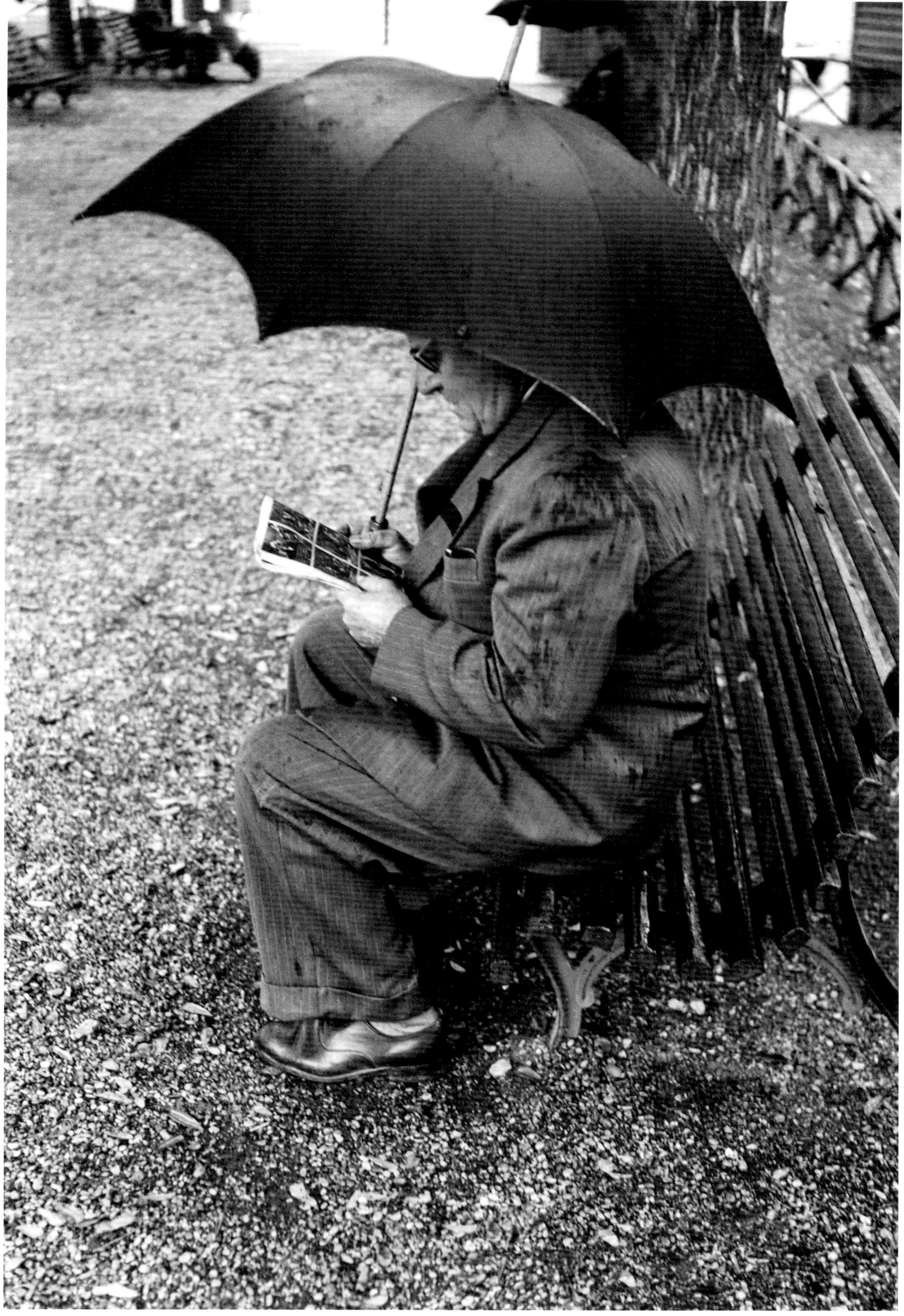

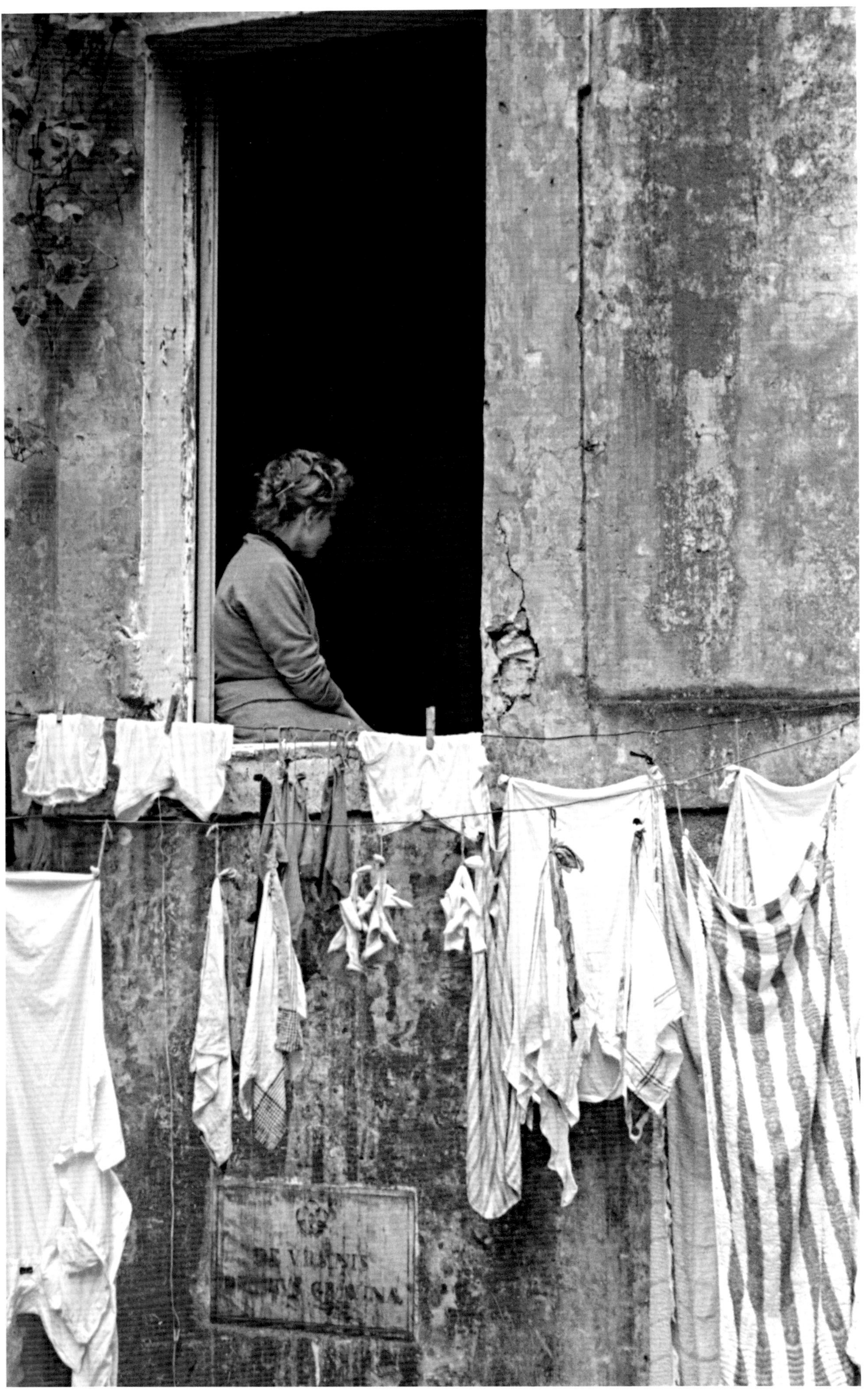

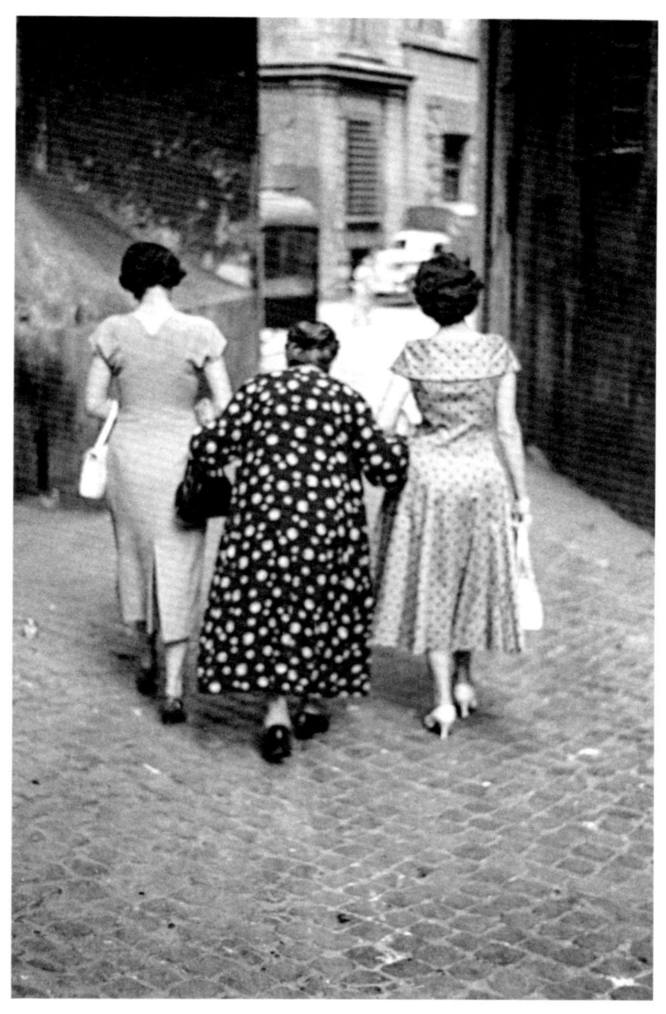

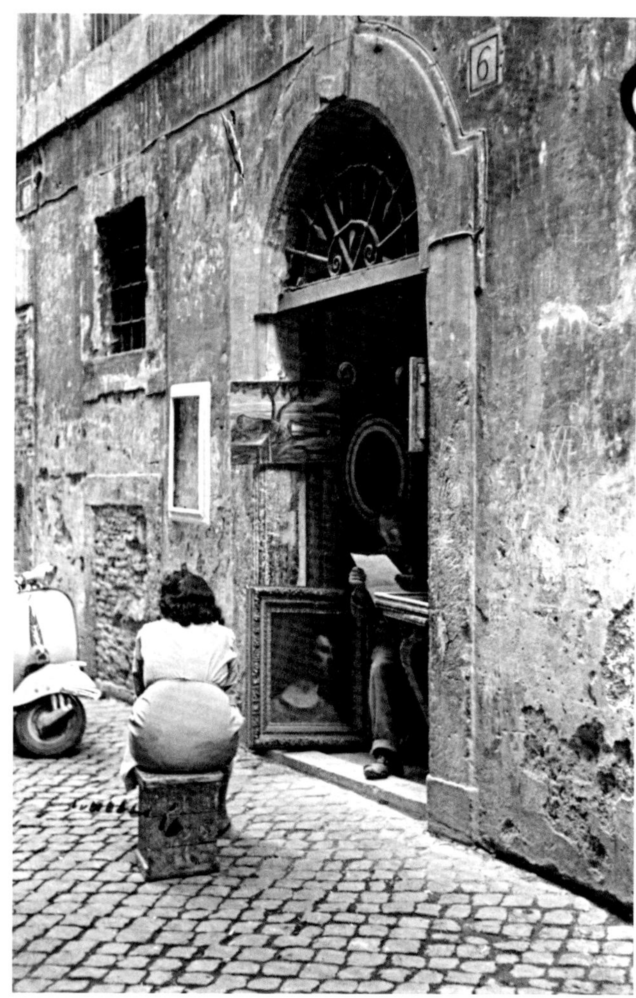
6

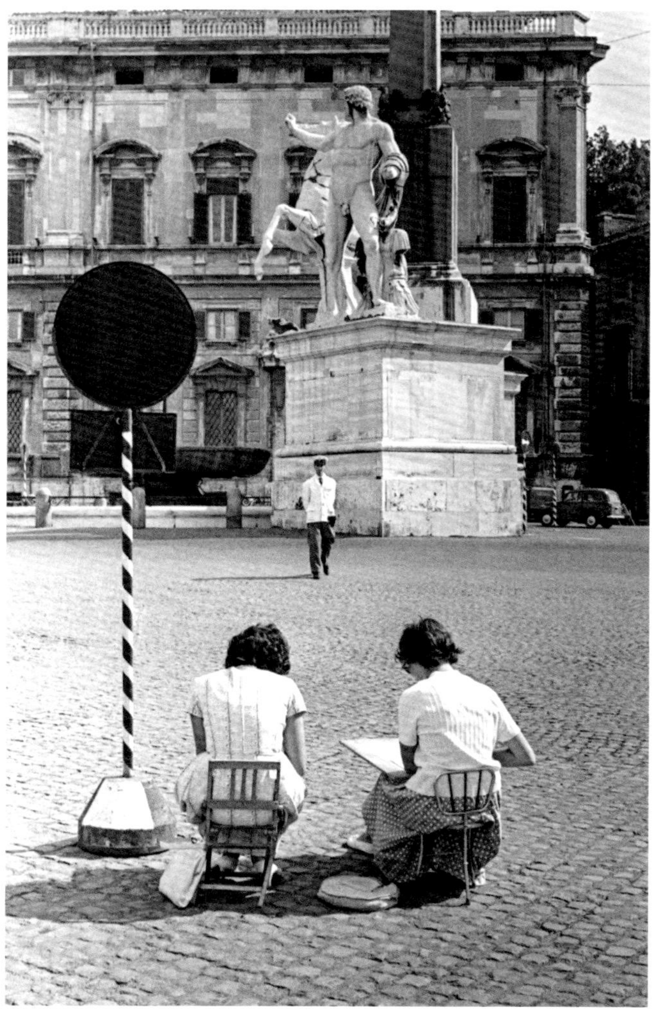

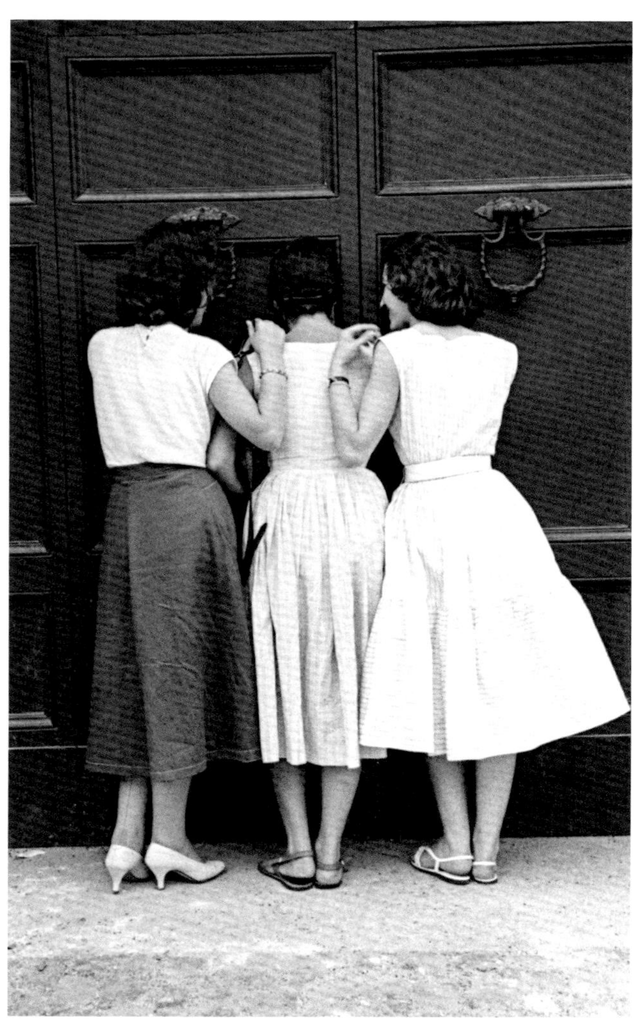

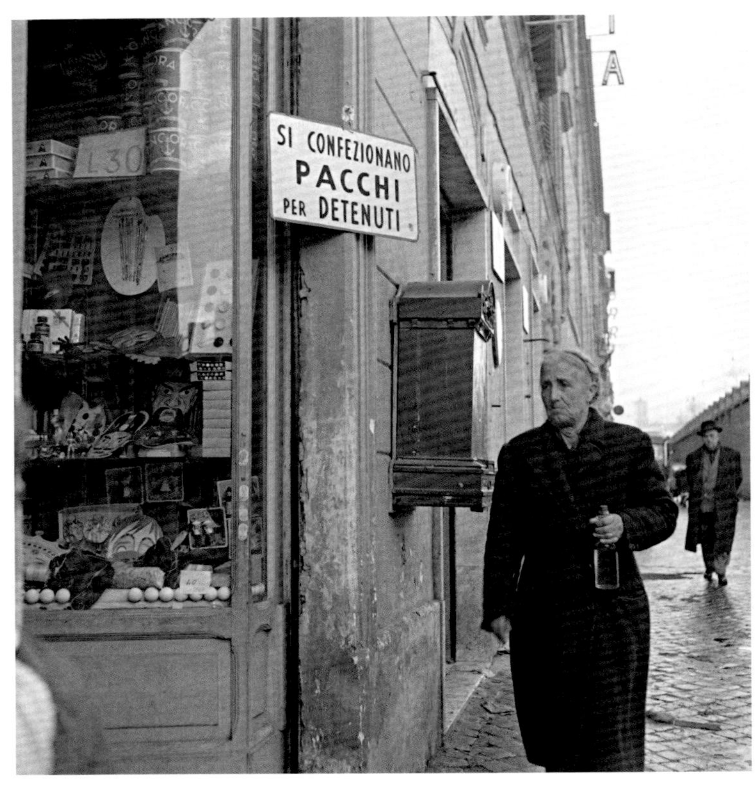
SI CONFEZIONANO
PACCHI
PER DETENUTI

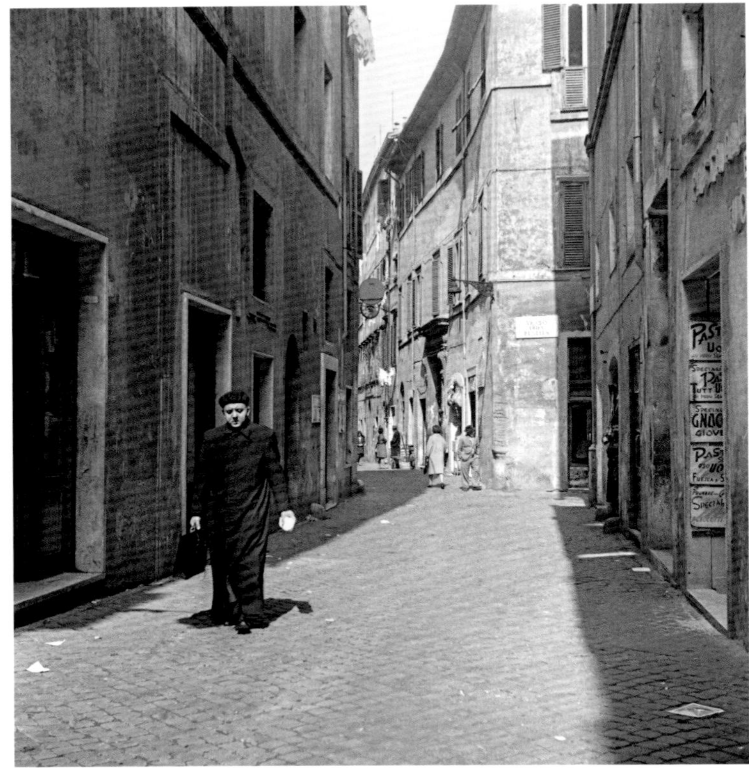

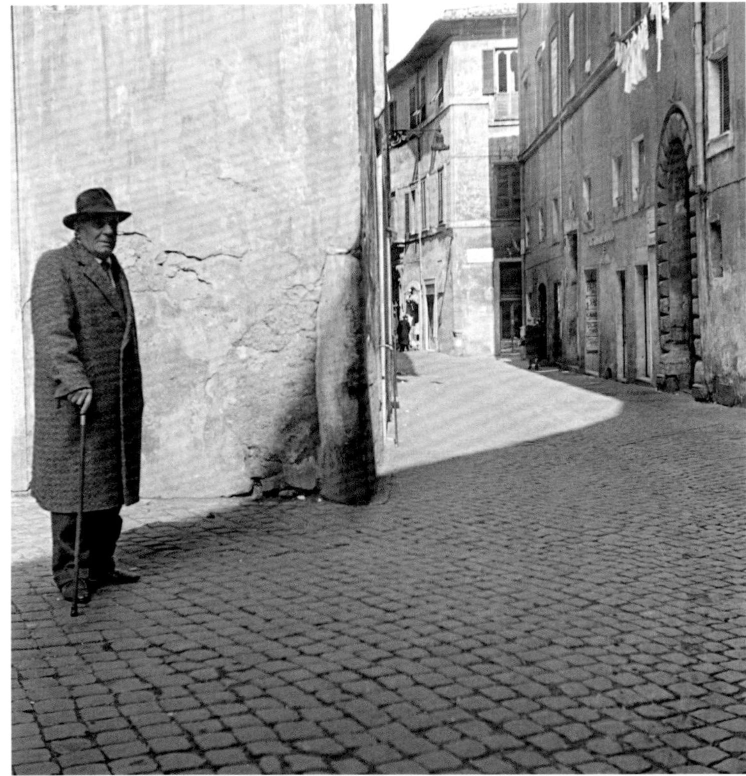

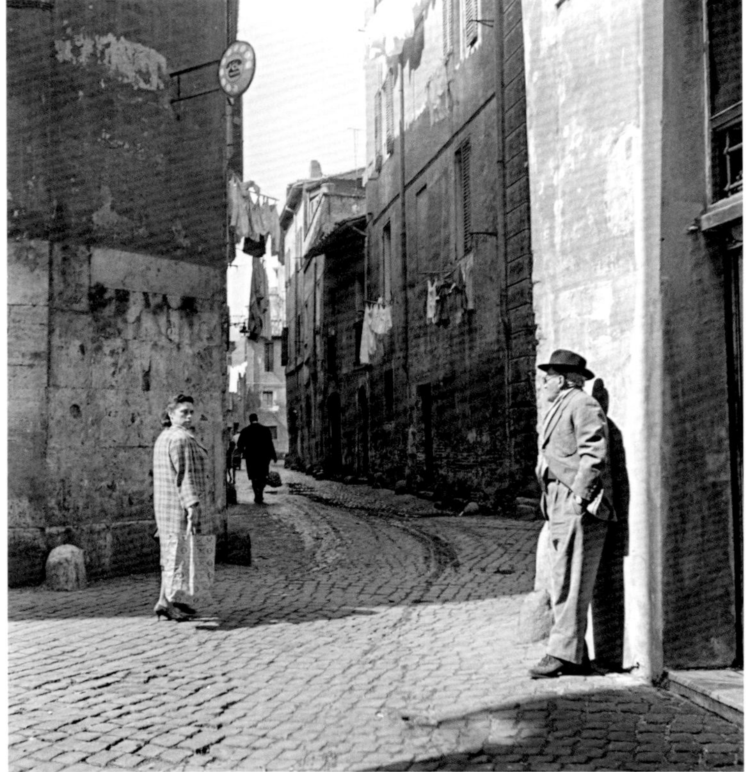

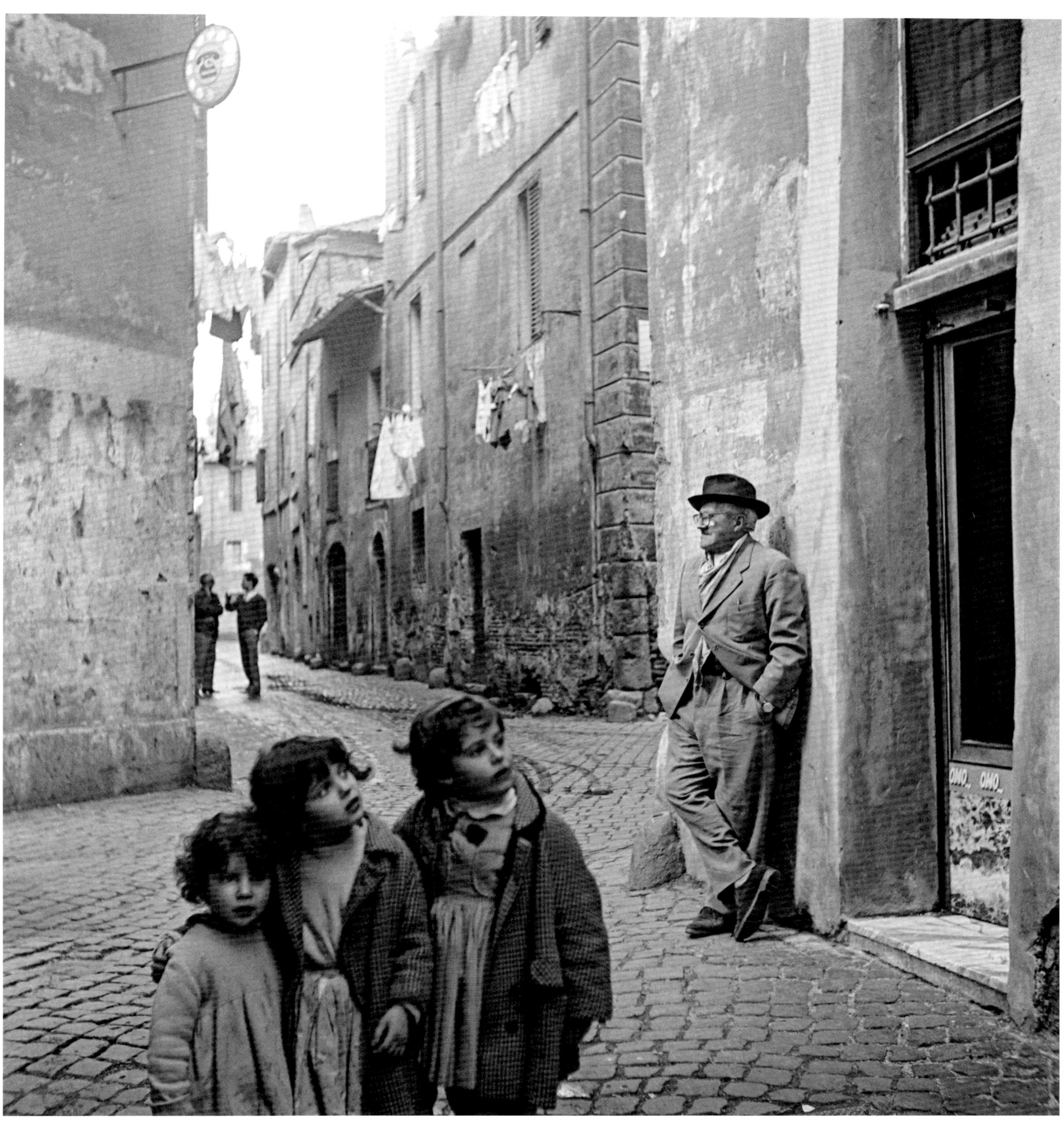
OMO OMO

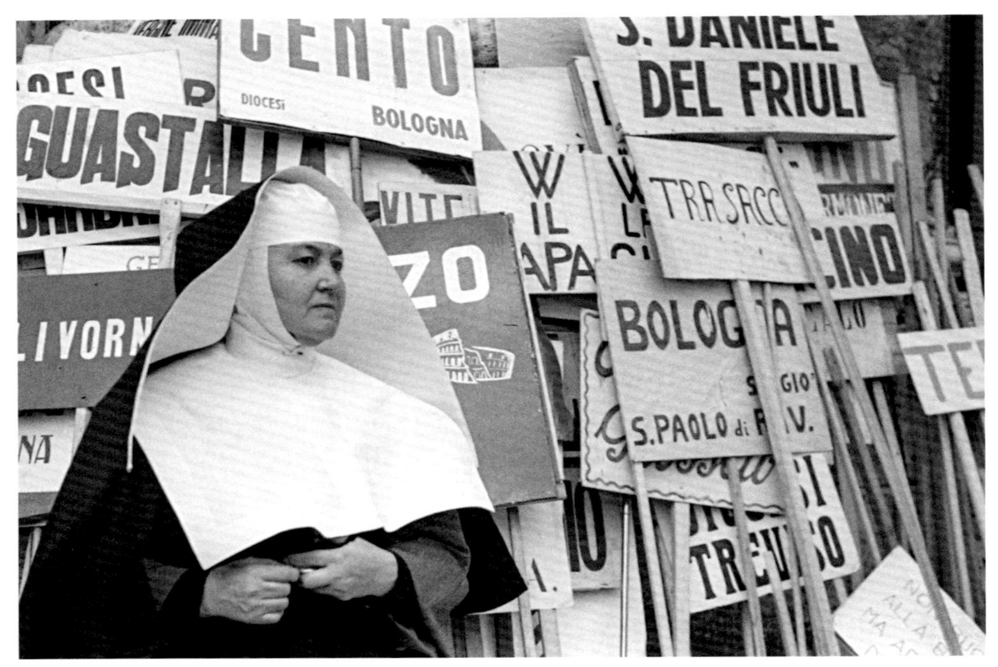
CENTO
DIOCESI
BOLOGNA
S. DANIELE
DEL FRIULI

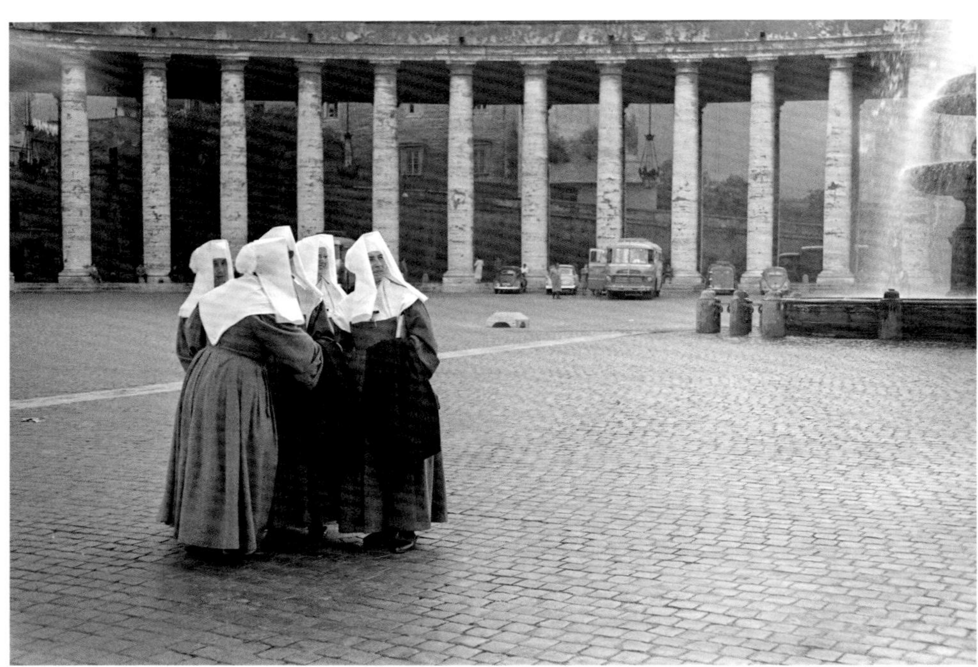

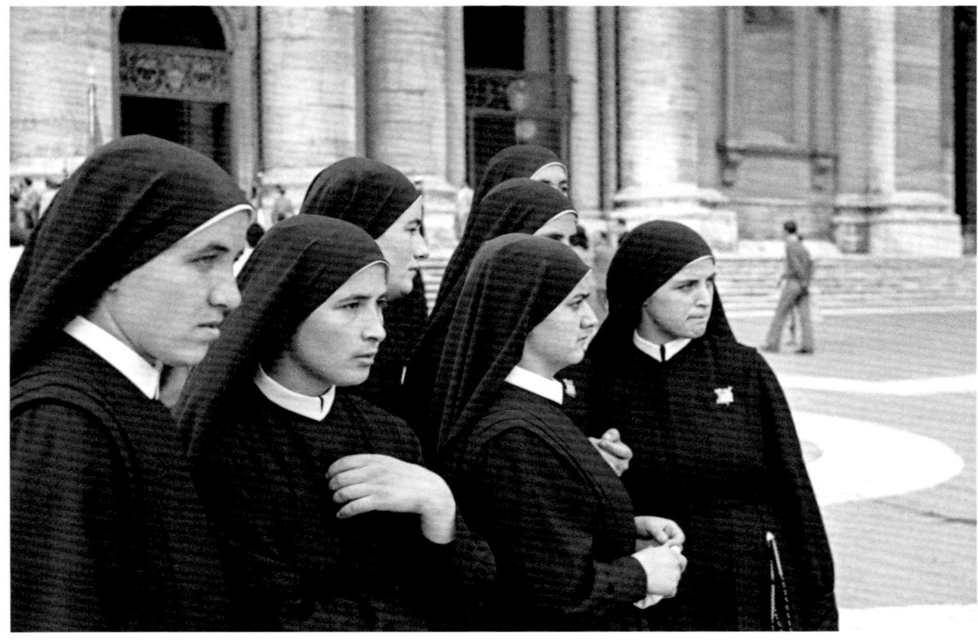

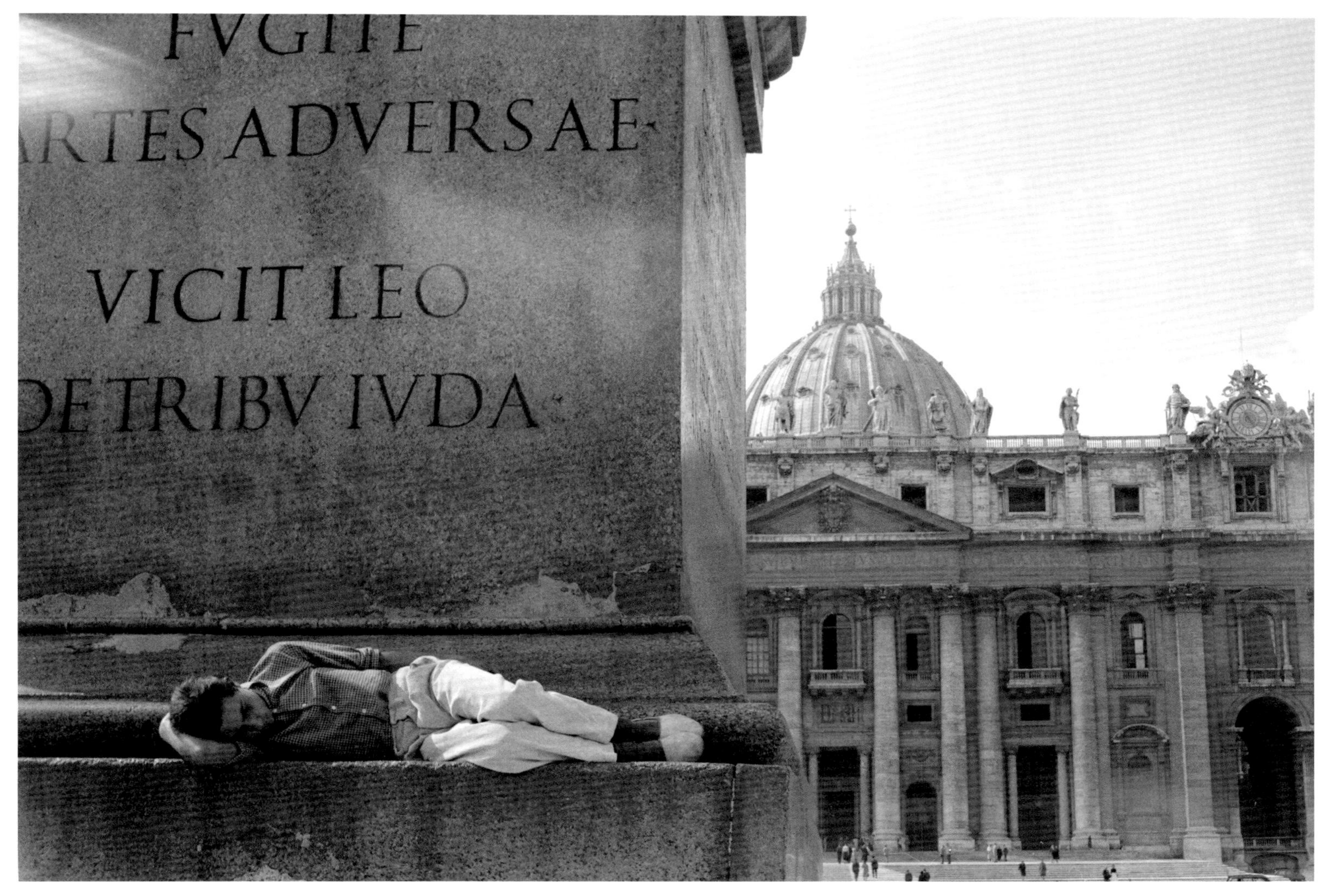
FVGITE
RTES ADVERSAE
VICIT LEO
DE TRIBV IVDA

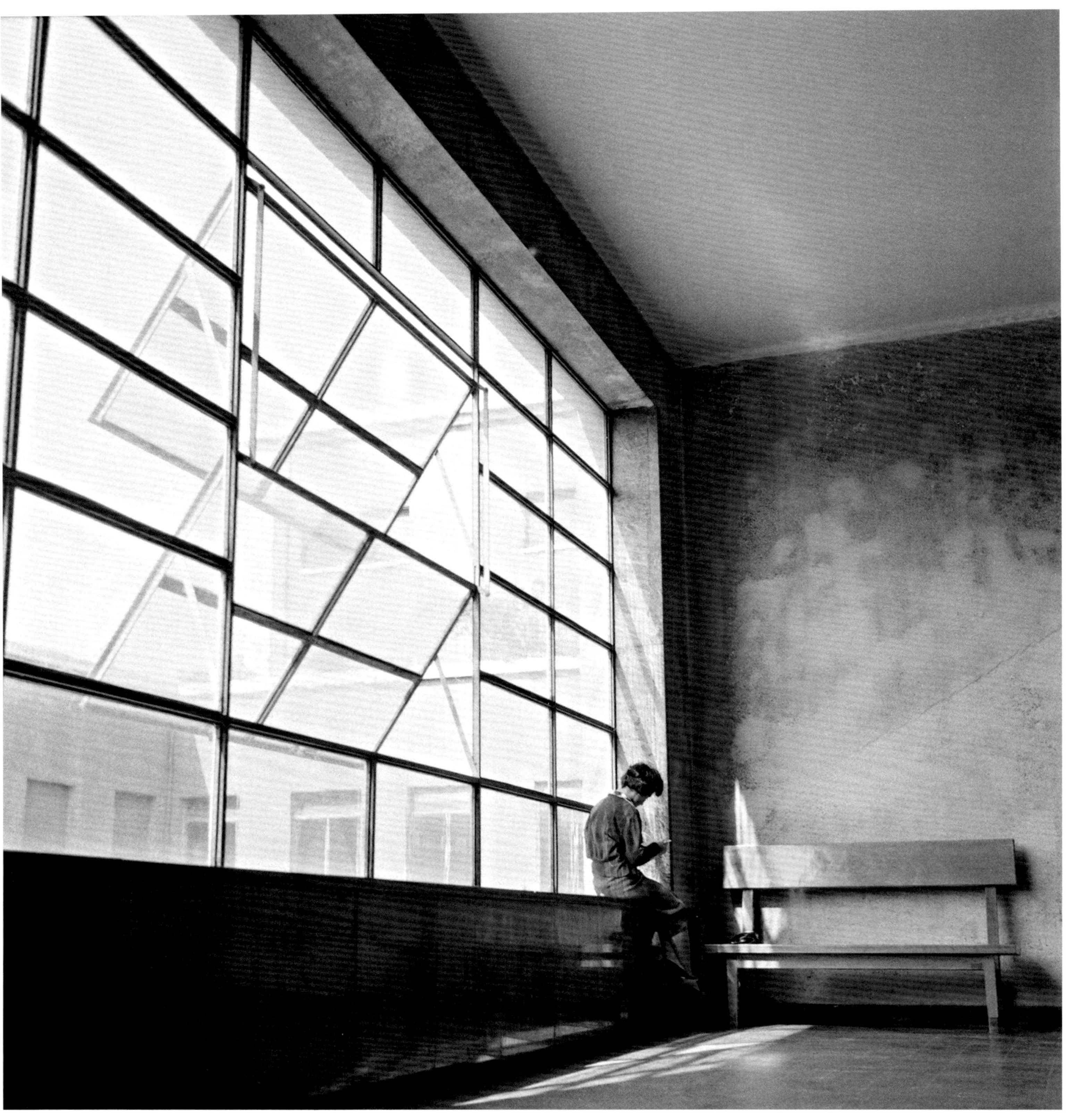

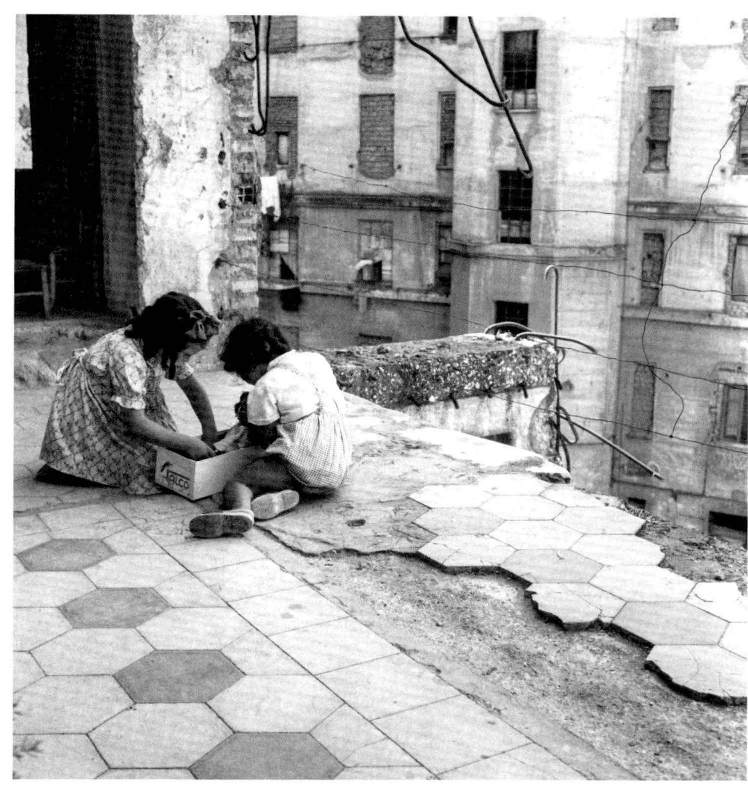
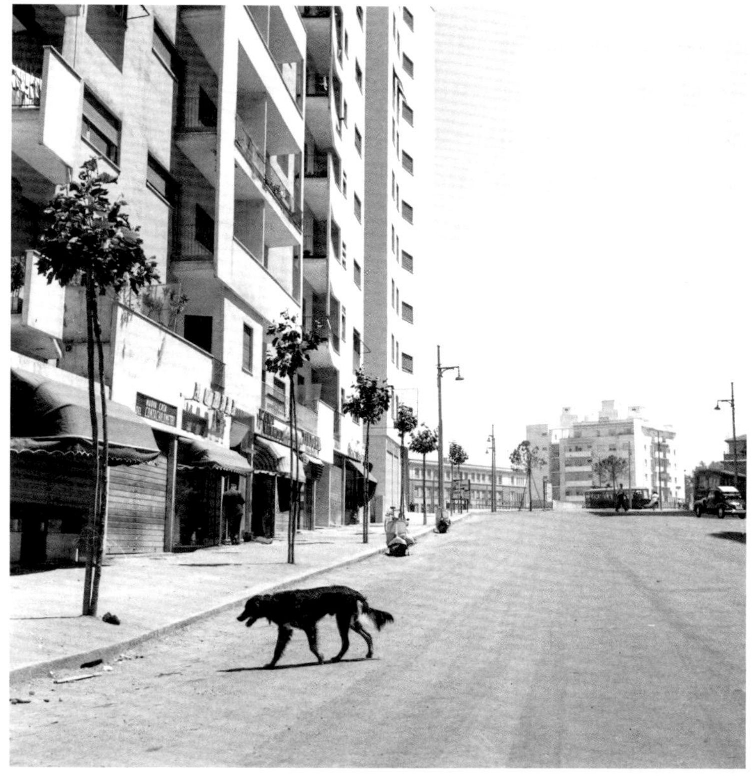
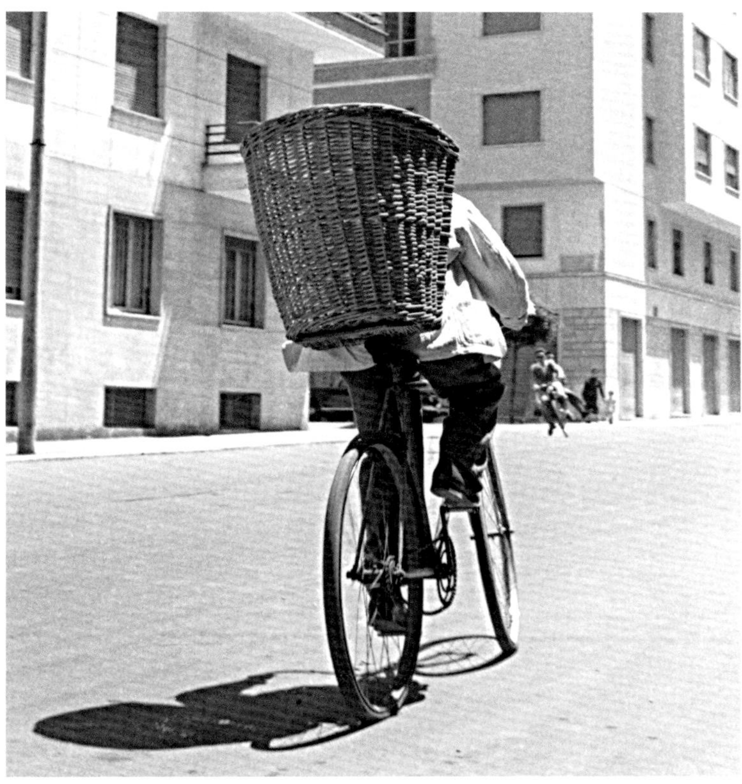
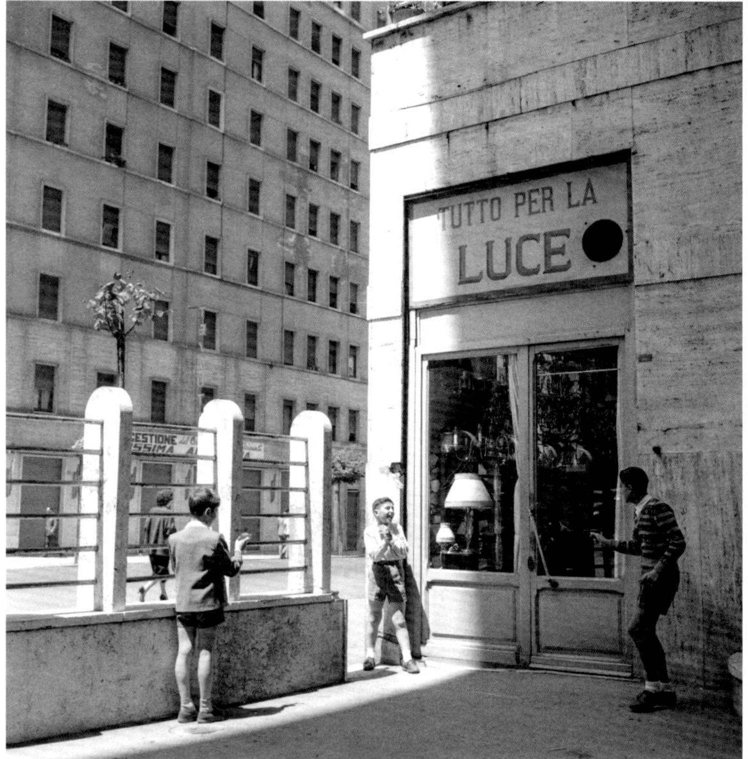
TUTTO PER LA
LUCE

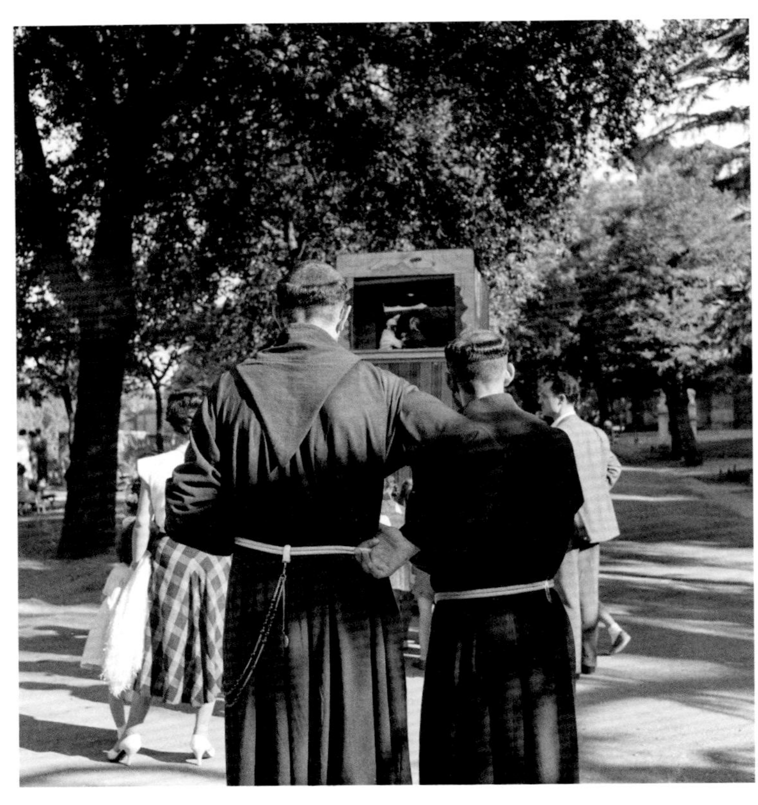

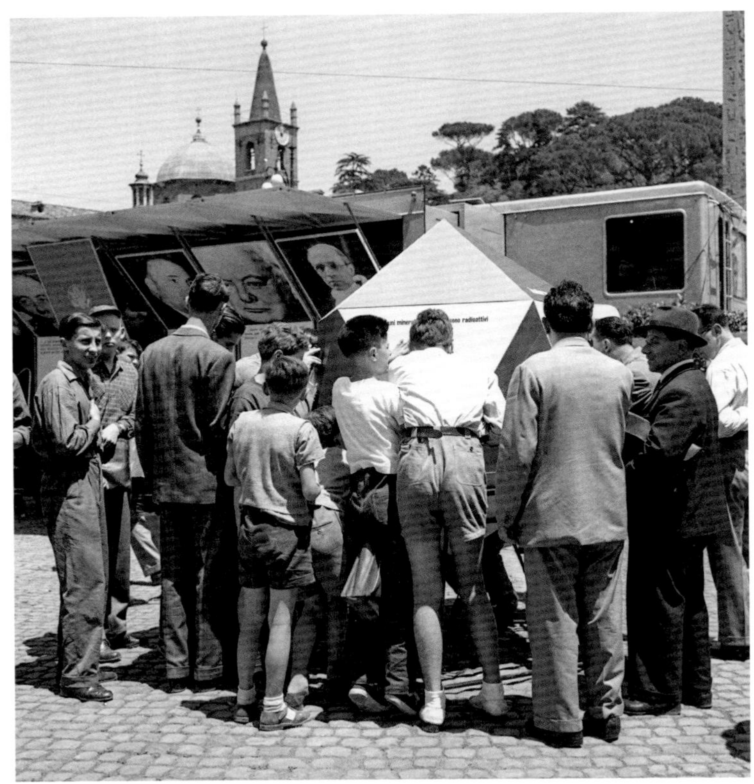
radioattivi

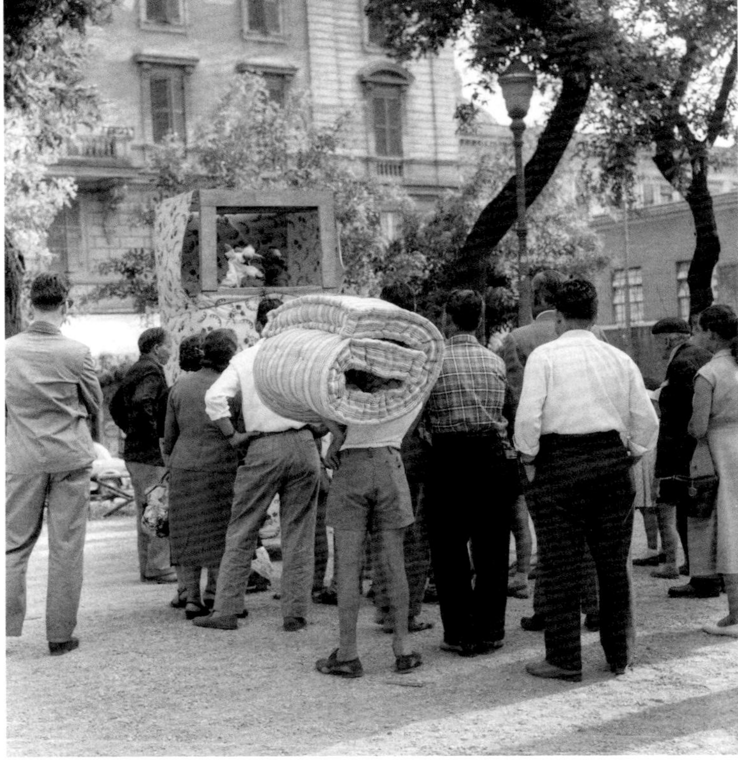

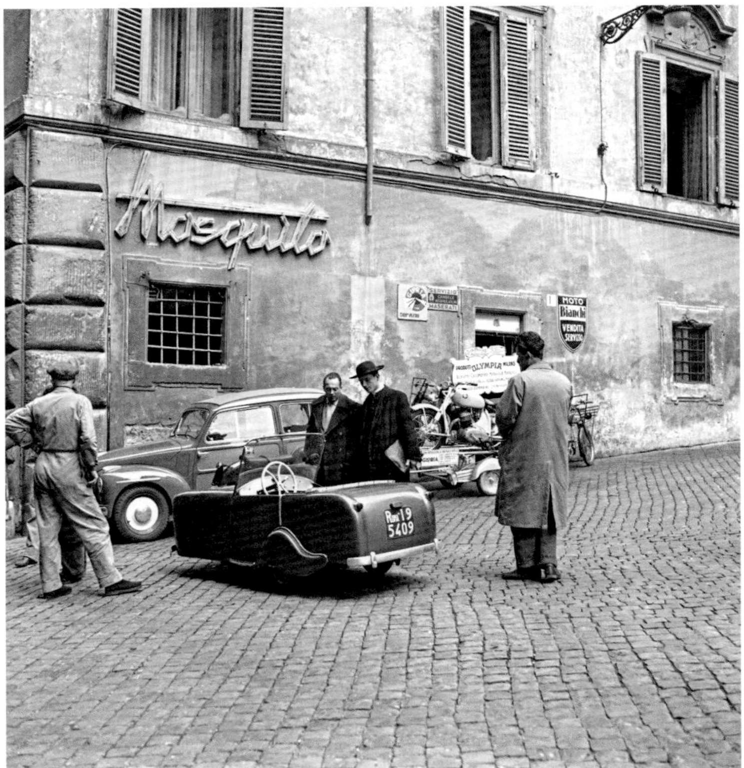
Mosquito
SERVIZIO
MASERATI
MOTO
Bianchi
VENDITA
SERVIZIO
OLYMPIA
Rm 19
5409

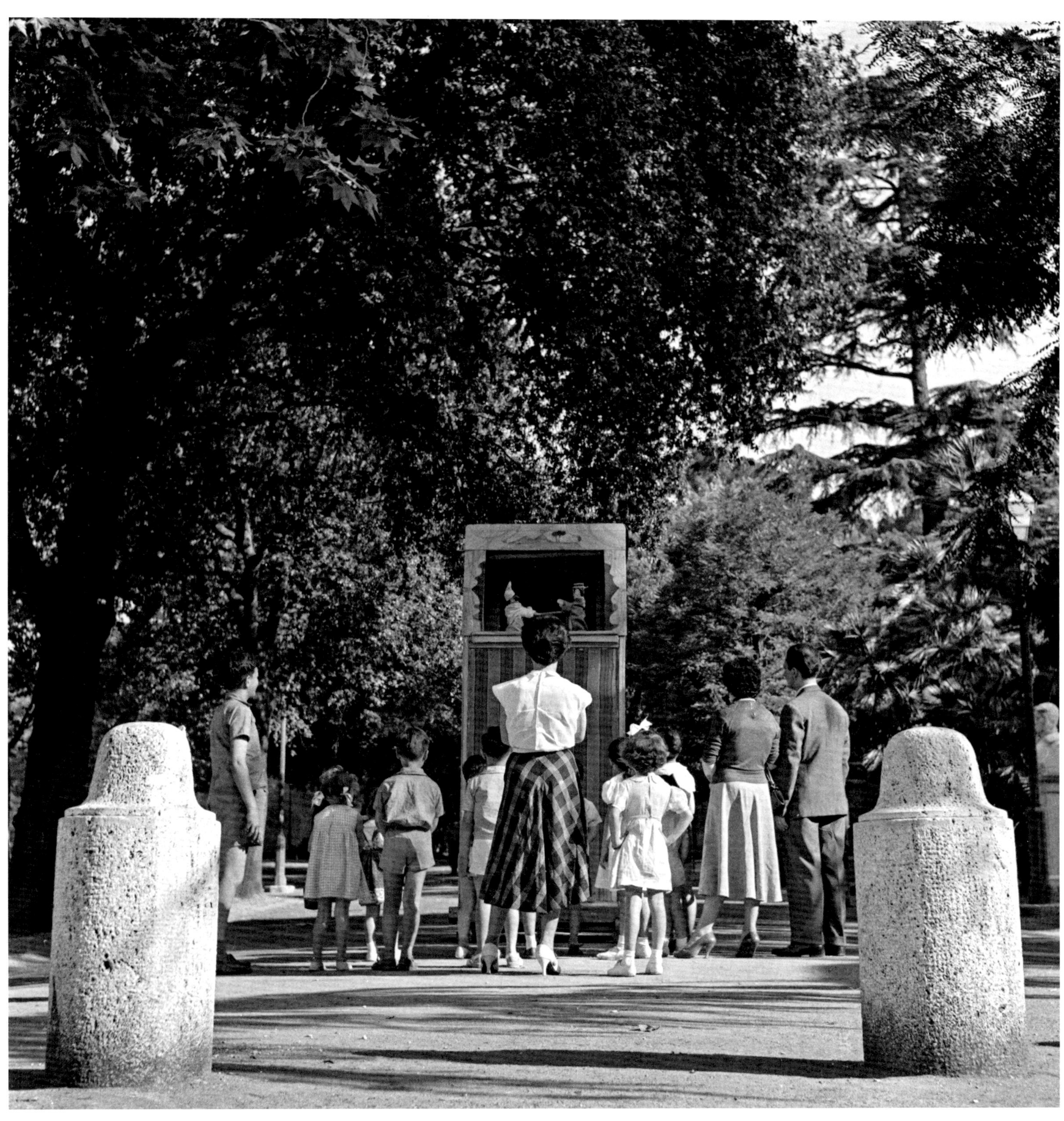

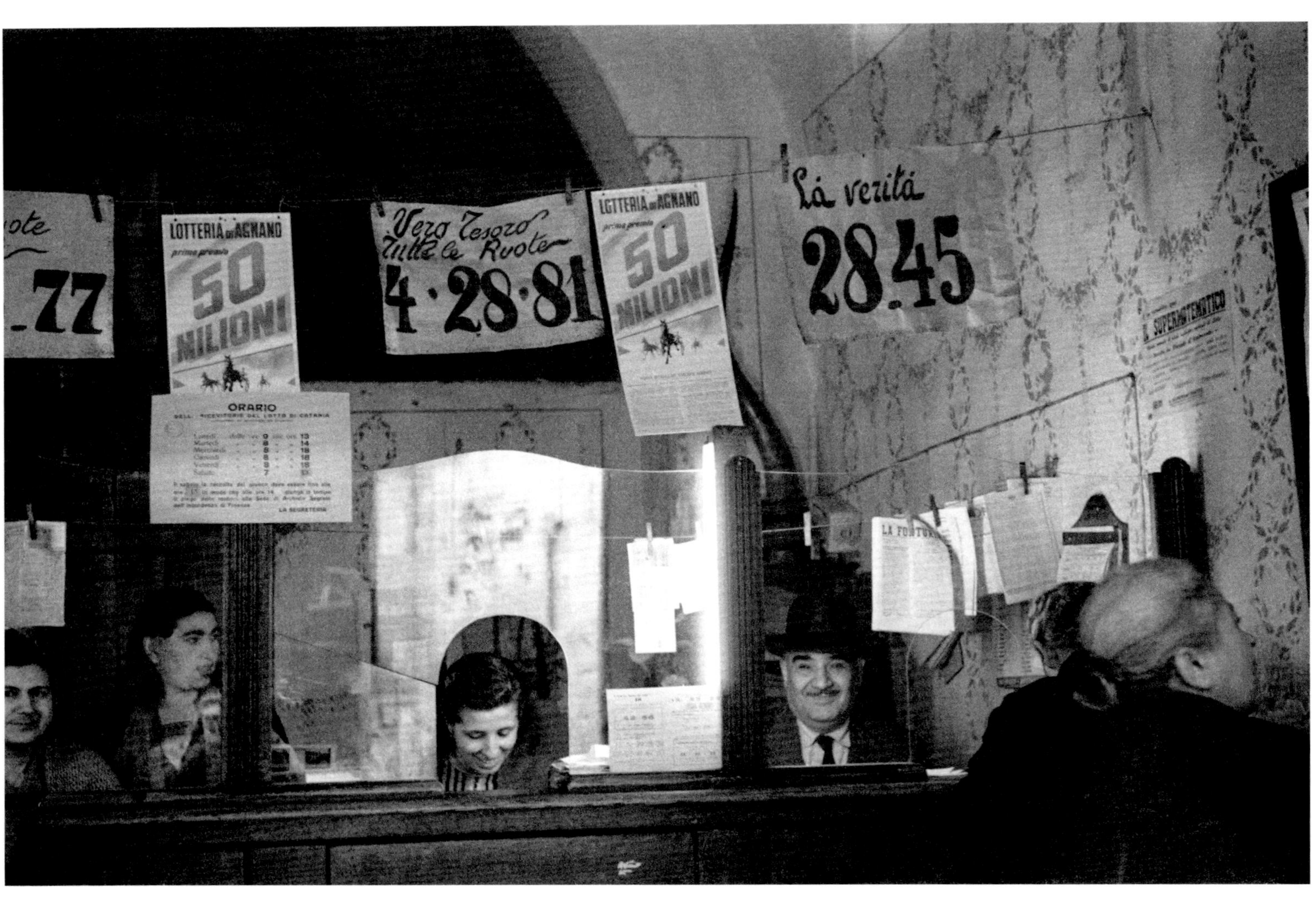
LOTTERIA DI AGNANO
primo premio
50 MILIONI
Vero Tesoro
Tutte le Ruote
4·28·81
LOTTERIA DI AGNANO
primo premio
50 MILIONI
Là verità
28.45
ORARIO

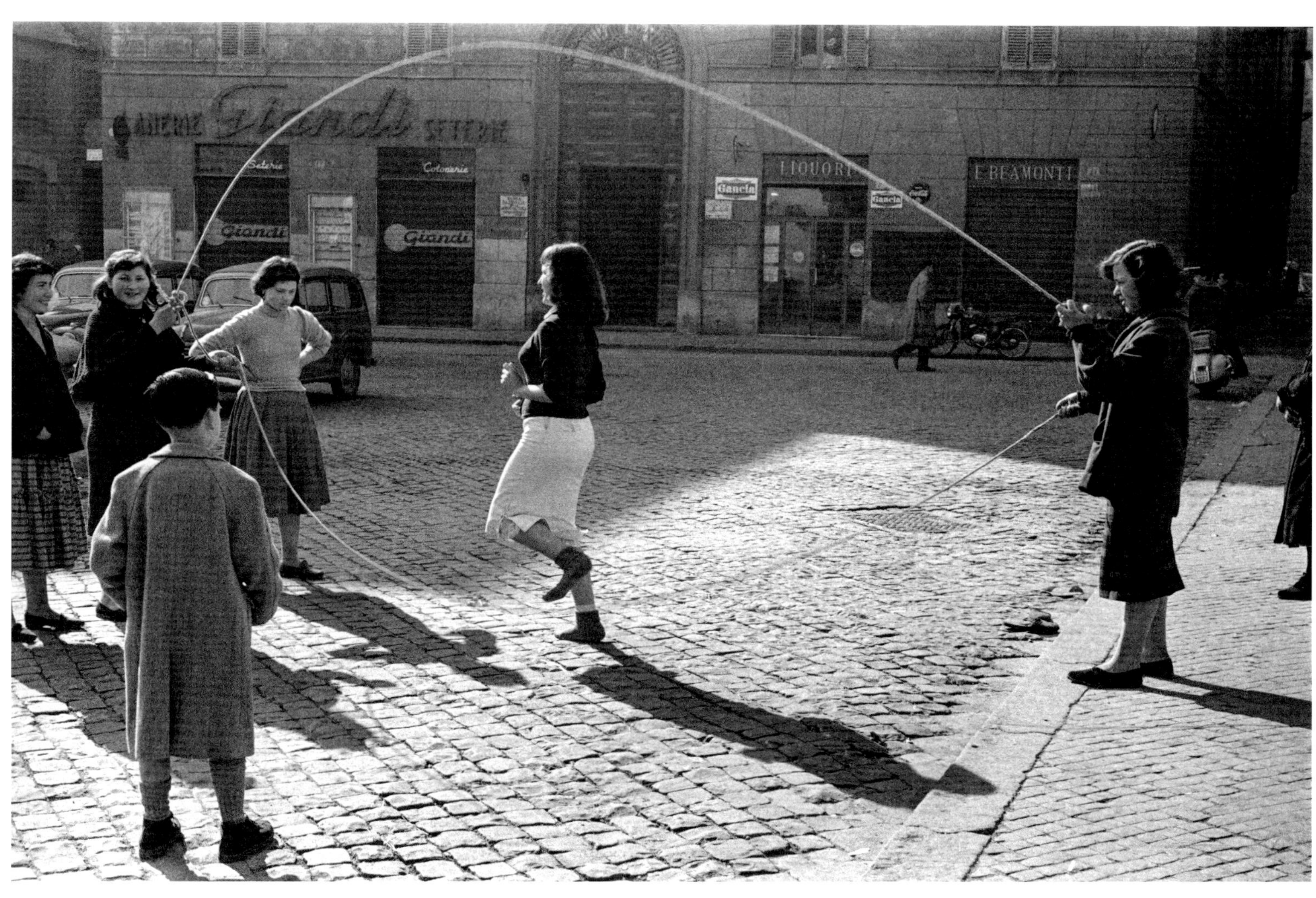
SETERIE
Seterie
Cotonerie
Giandi
Giandi
Gancia
LIQUORI
Gancia
F. BEAMONTI

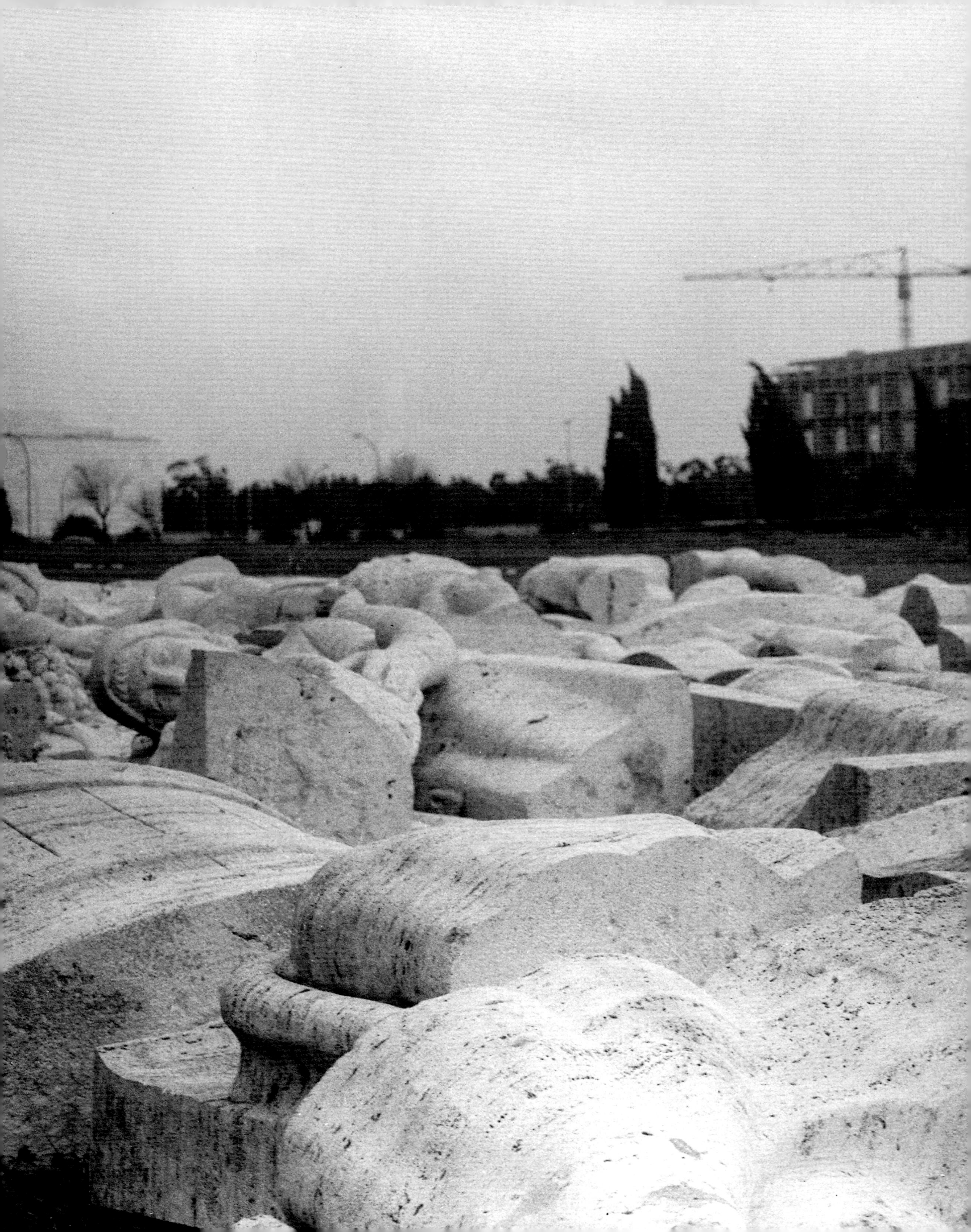

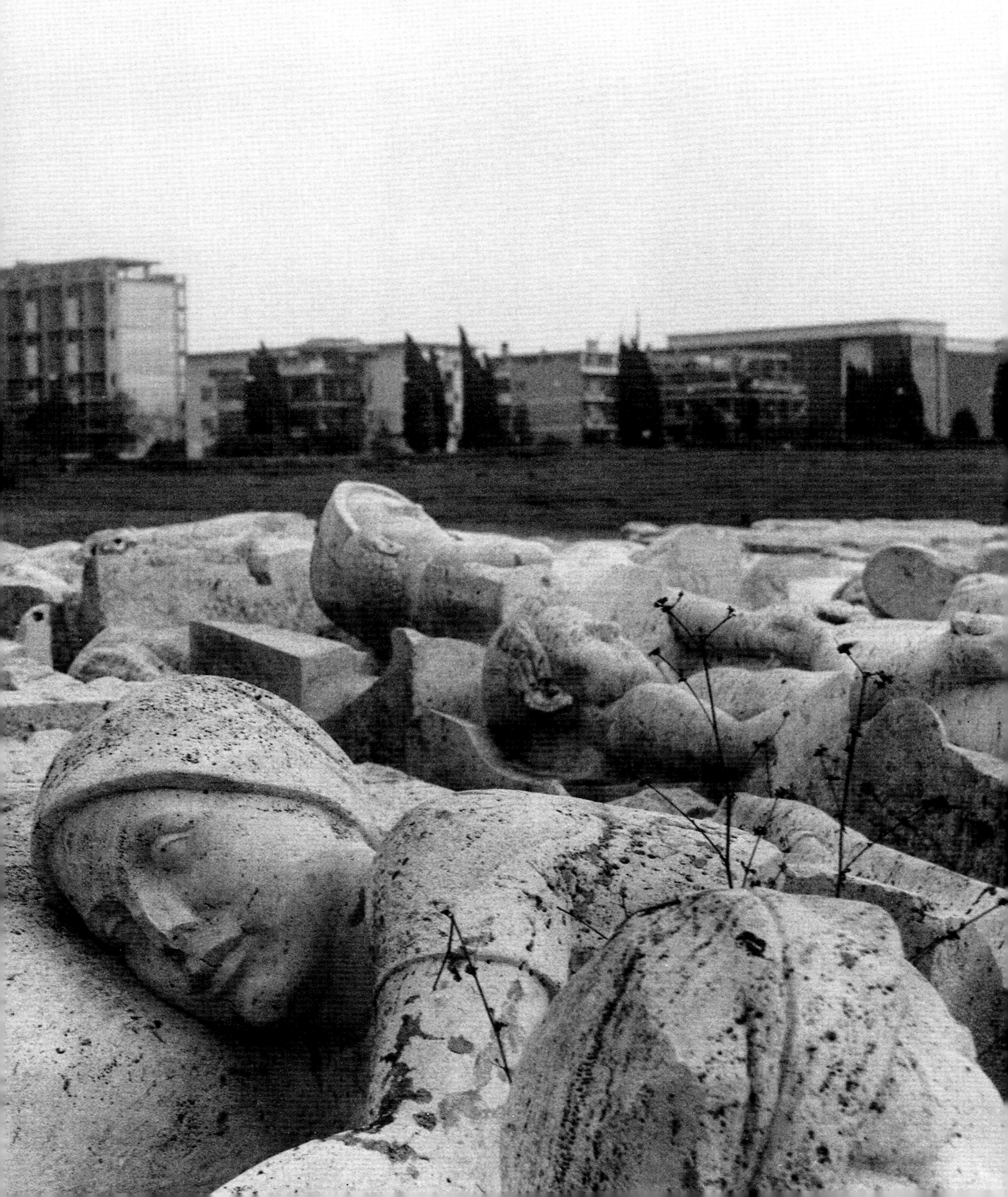

2

«IL MONDO» E LA SUA LEZIONE

IL MONDO AND ITS LESSON

Abbandonati gli esperimenti "informali" degli esordi, Paolo Di Paolo esplora la realtà contemporanea, concentrandosi con curiosità e rispettosa ironia sulle persone, definendo un suo stile personale, in cui il soggetto è al centro dell'immagine, intuitivamente costruita con armonia geometrica, capace di suscitare emozioni e raccontare storie. Incoraggiato dagli amici artisti, nel marzo 1954 Paolo Di Paolo si presenta alla redazione de «Il Mondo» per sottoporre al direttore alcune sue fotografie. Fondato nel 1949 e diretto da Mario Pannunzio, «Il Mondo» è il primo settimanale di politica e cultura stampato in formato rotocalco. Debitore del pensiero di Benedetto Croce, è di orientamento liberale. Caporedattore è Ennio Flaiano e al giornale collaborano i più importanti scrittori e intellettuali dell'epoca. Pannunzio propone un giornalismo nel quale le fotografie, pubblicate in grande formato, non sono legate al testo, non sono accessorie o didascaliche, ma diventano un racconto autonomo che non ha bisogno di titoli evocativi. Pubblicare una fotografia su «Il Mondo» diventa l'ambizione di tutti i fotografi dell'epoca, che il direttore seleziona per stile e non per fama.

Paolo Di Paolo è stato il fotografo prediletto di Mario Pannunzio e, con 573 fotografie, il più pubblicato. L'8 marzo 1966 l'inaspettata chiusura del settimanale, segna l'inizio della crisi professionale di Paolo Di Paolo.

Abandoning the early "informal" experiments of his beginnings, Paolo Di Paolo explored contemporary reality, focusing with curiosity and respectful irony on people, defining his own personal style, with the subject at the center of the image, intuitively built up with a geometric harmony, capable of eliciting emotions and telling stories. Encouraged by his artist friends, in March 1954 Paolo Di Paolo presented himself to the editorial staff of *Il Mondo*, and submitted some of his photographs to the editor. Founded in 1949 and directed by Mario Pannunzio, *Il Mondo* was the first weekly dealing with politics and culture to be printed in magazine format. Indebted to the thought of Benedetto Croce, it was liberal in tendency. The editor-in-chief was Ennio Flaiano and the most important writers and intellectuals of the time were contributors. Pannunzio presented a strand of journalism in which the photographs, published in large format were not linked to the text, were not subsidiary or didactic, but recounted an independent story that did not need evocative captions. Publishing a photograph in *Il Mondo* became the ambition of all the photographers of the time, selected by the director for their style and not their fame.

Paolo Di Paolo was Mario Pannunzio's favorite photographer, and with 573 photographs the most published. On March 8, 1966, the sudden closure of the weekly marked the start of Paolo Di Paolo's professional crisis.

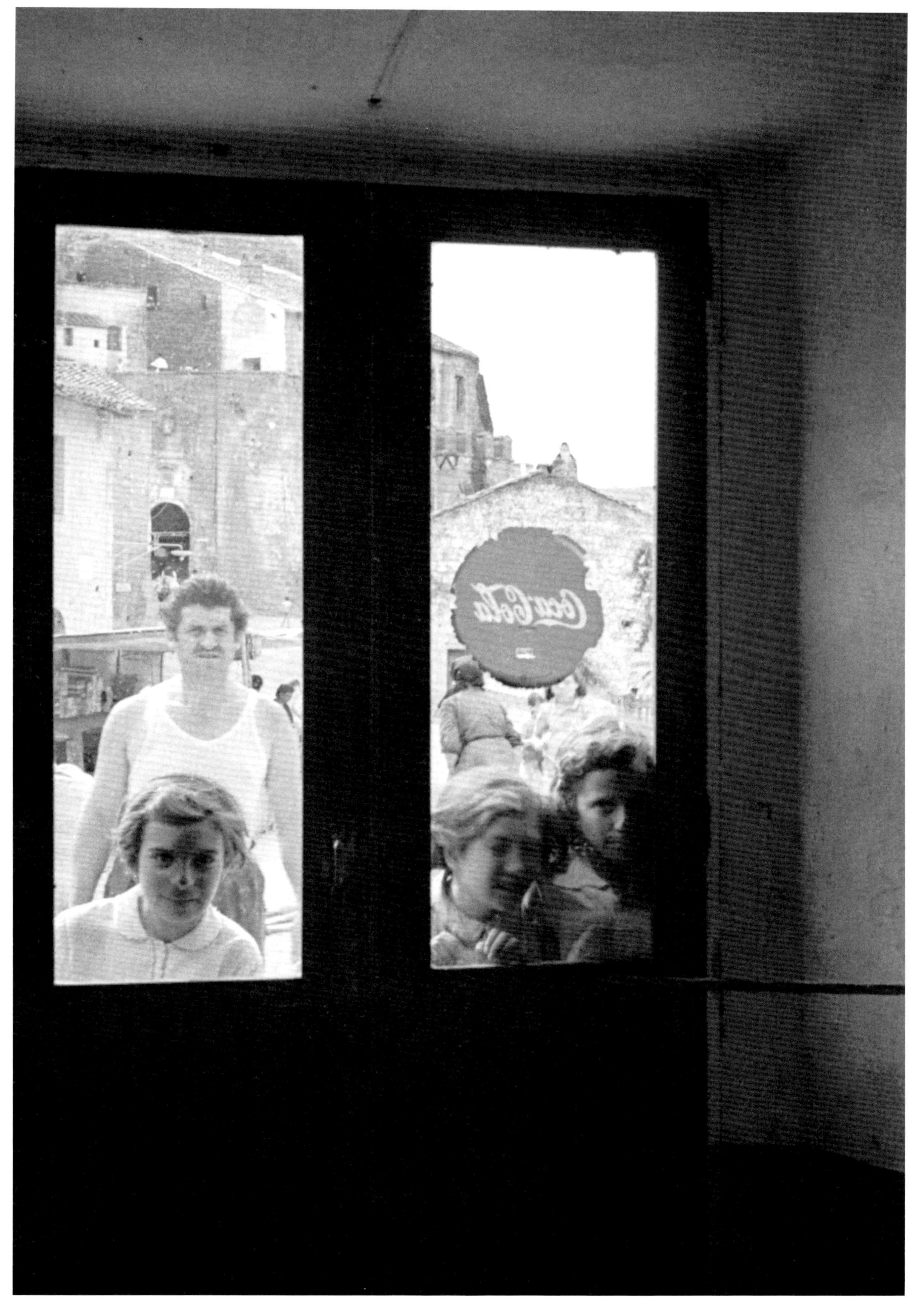

Bomarzo 1964

pagine seguenti / *following pages*
Orgosolo, Sardegna / Sardinia 1962

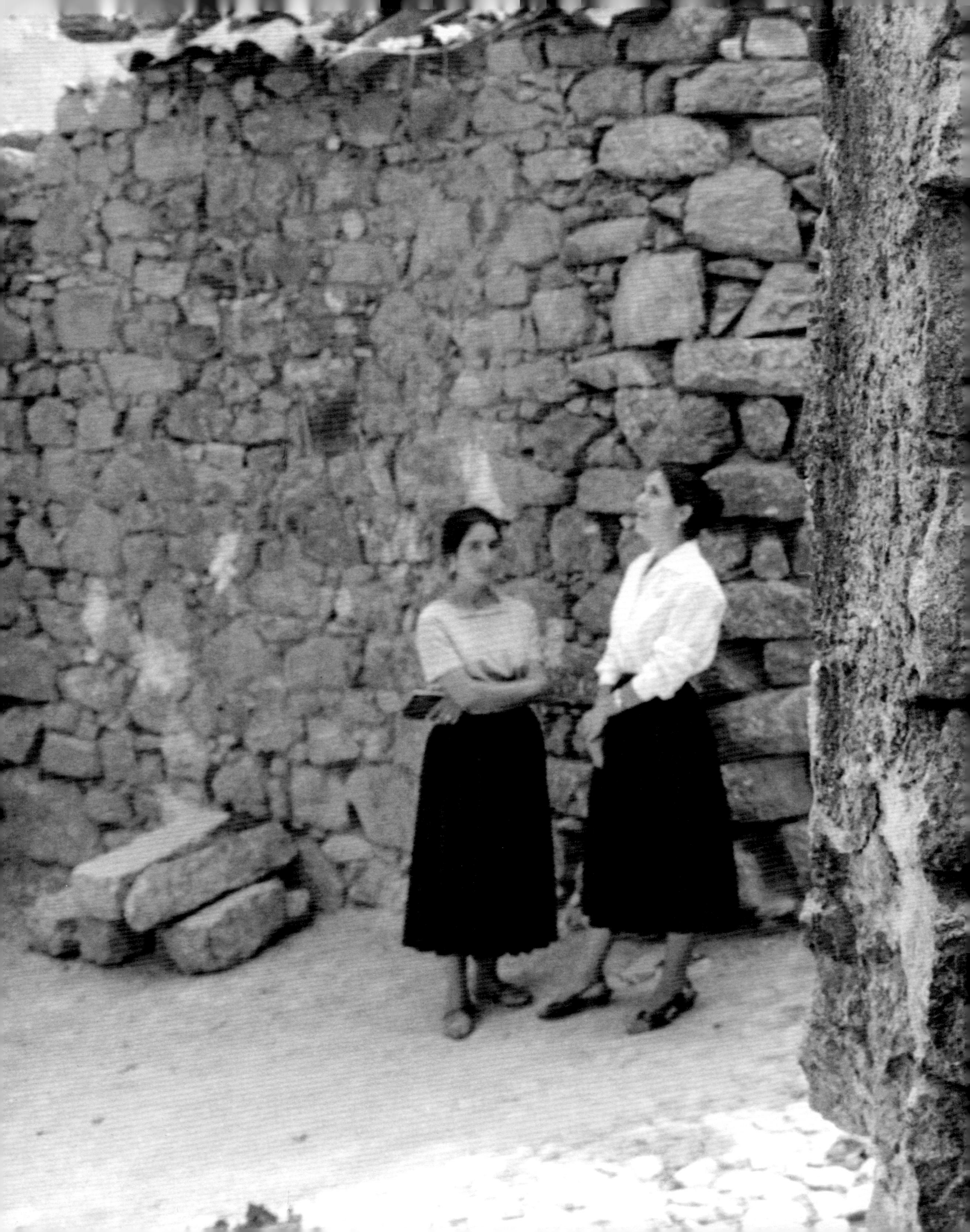

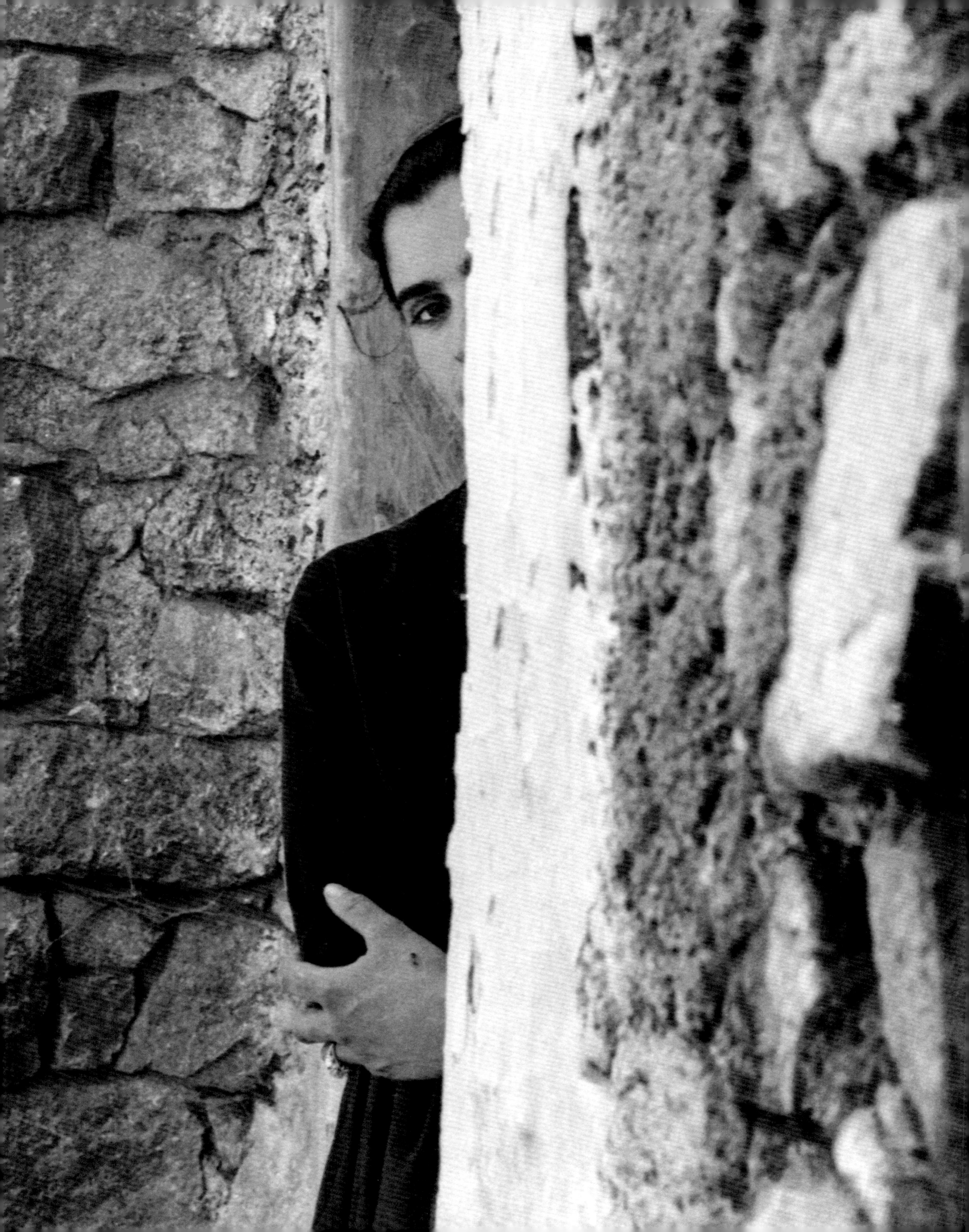

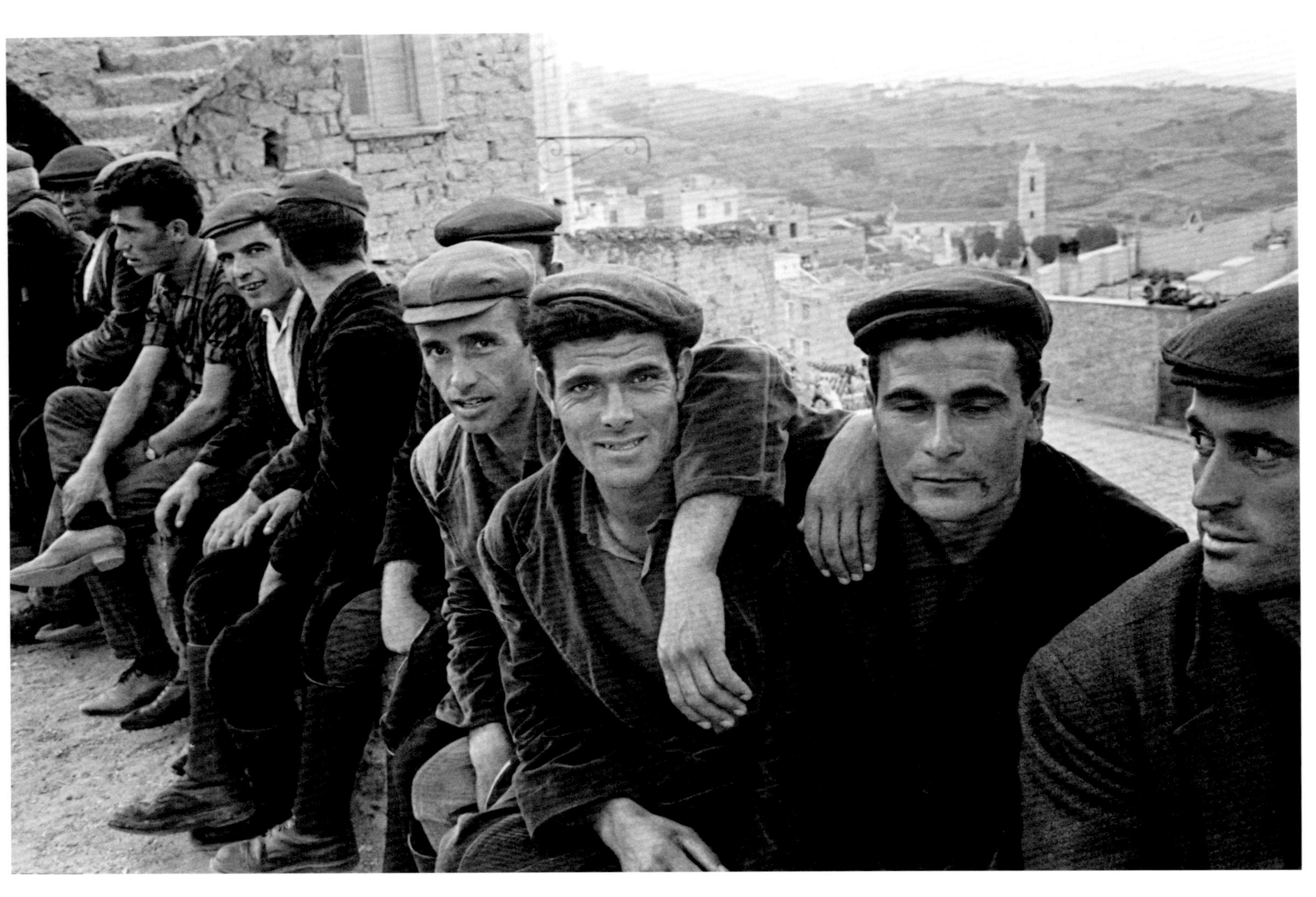

Orgosolo, Sardegna / Sardinia 1962

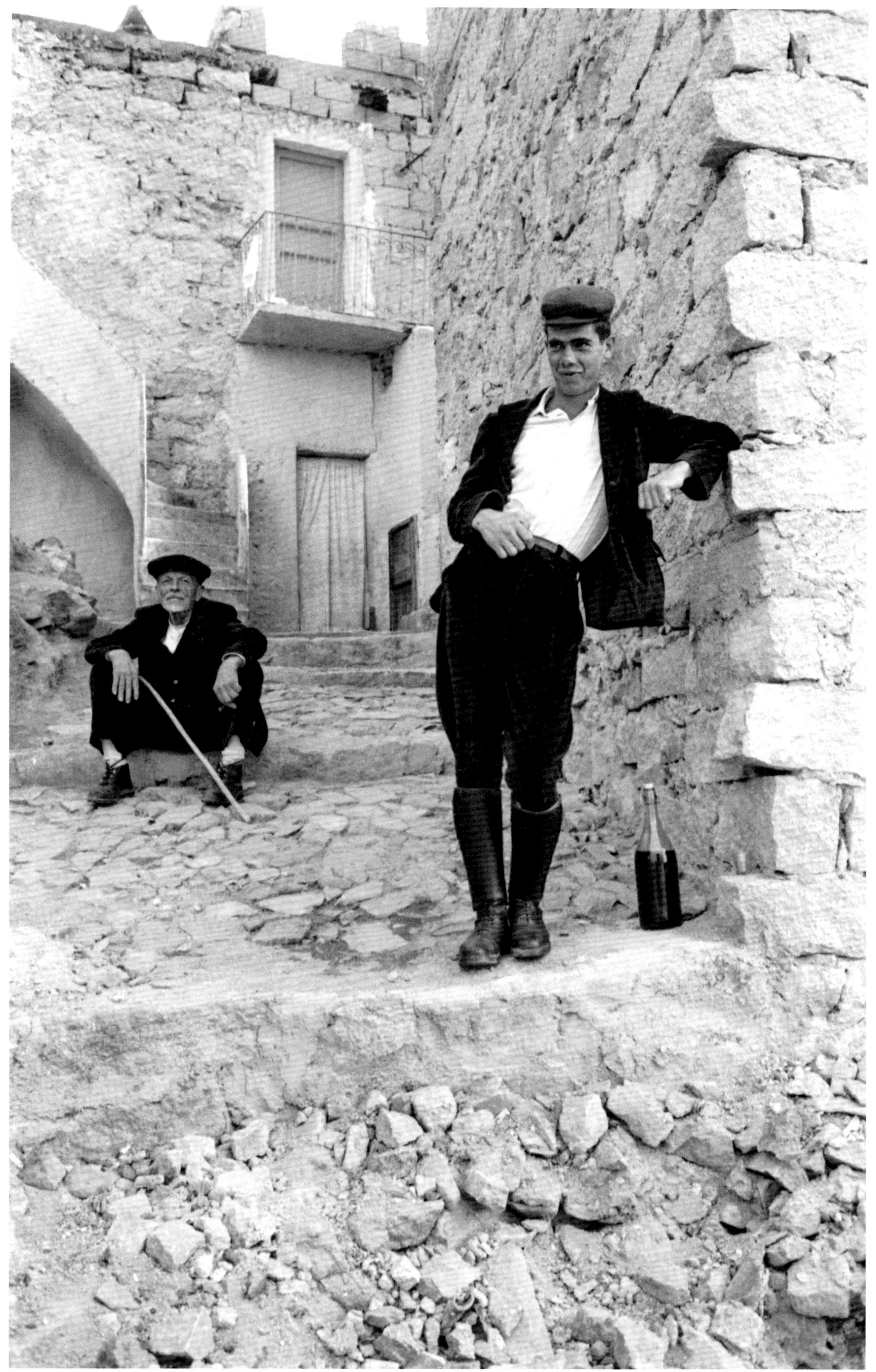

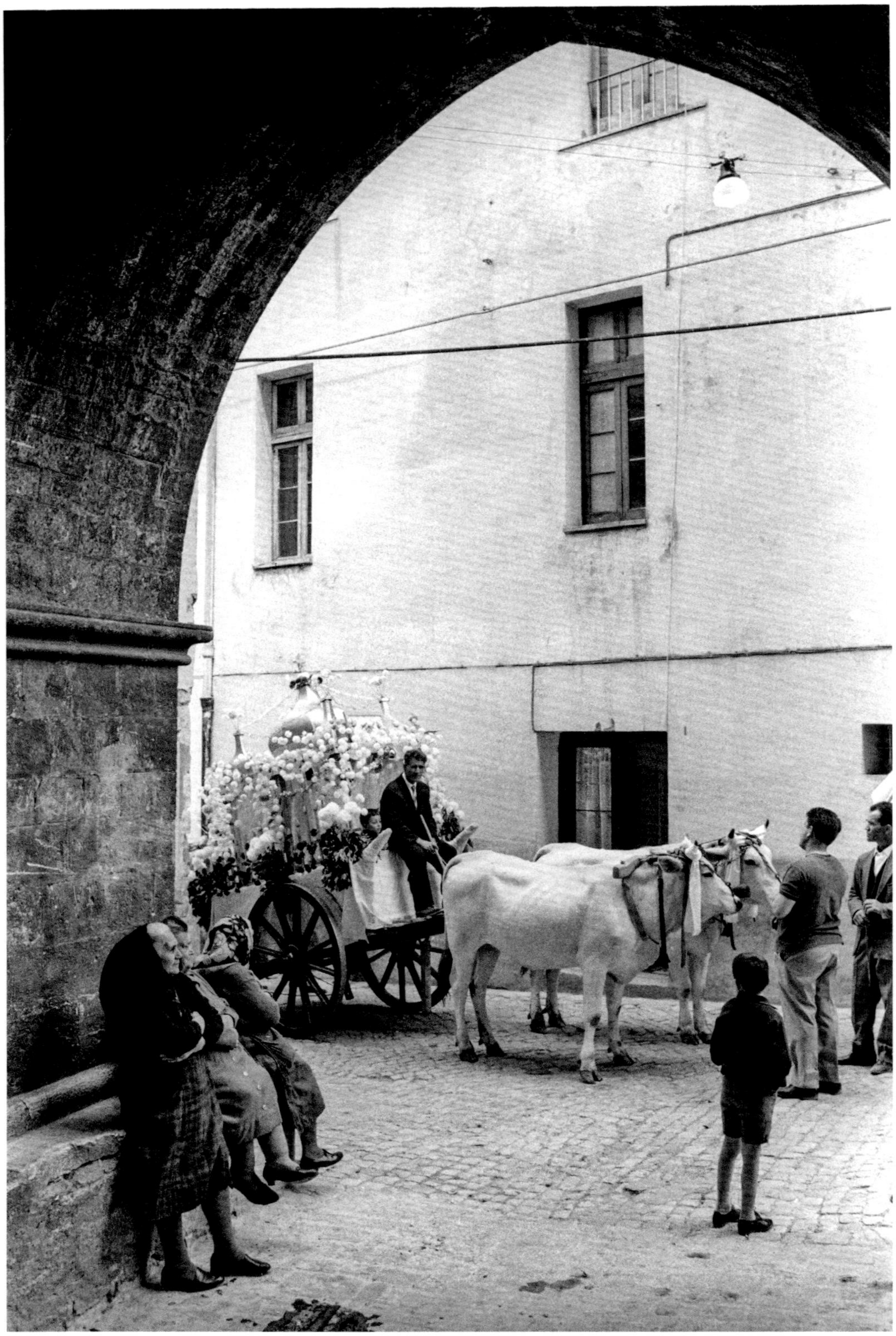

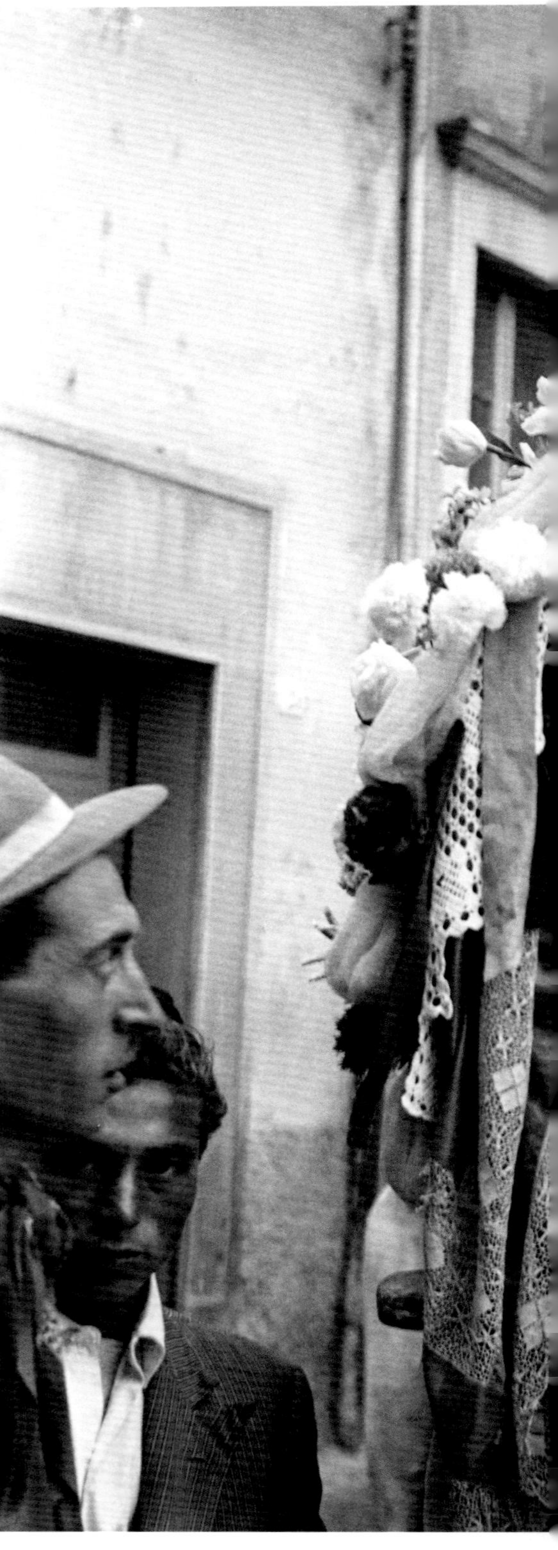

Larino (Campobasso), festa di San Pardo, anni cinquanta / Festival of Saint Pardo, 1950s

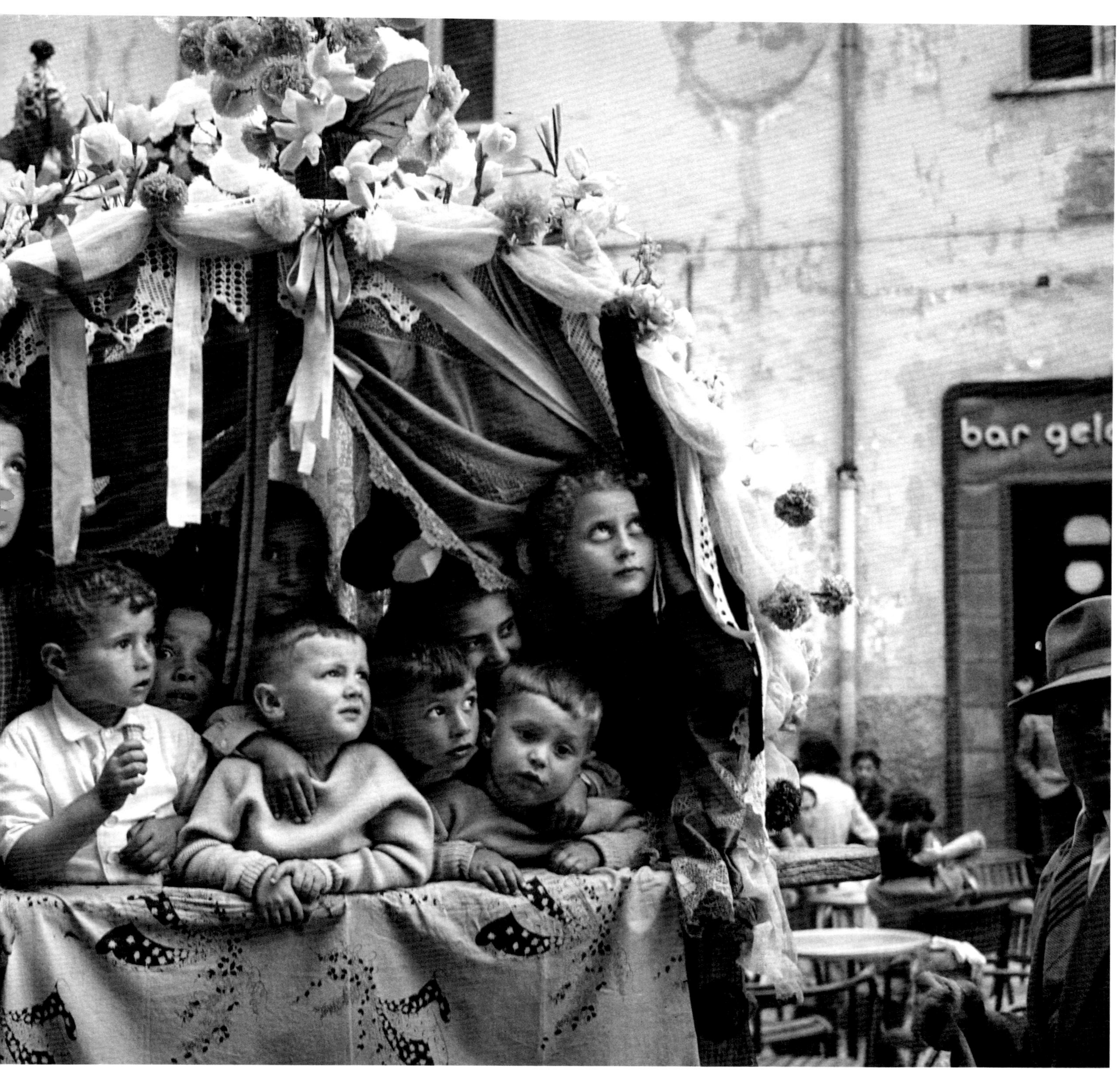
bar gel

«Una fotografia da non fare? Vero, una foto soprattutto irriverente, facile, gratuita: un bambino del sud povero, evidentemente malato, sofferente. Non volevo farla questa foto. Esitai a lungo, cercando una giustificazione, che infine mi diede il bambino stesso. Indifeso al cospetto di una macchina fotografica, alla quale aveva capito di non poter sottrarre la sua condizione di miseria infinita, ebbe all'improvviso una reazione che mi soprese e mi umiliò: si impettì, il suo sguardo divenne di sfida. Guardatelo bene; sembra dire: "Sì, sono povero, anche malato, infelice; falla questa fotografia e sbrigati; poi lasciami in pace". Provo rimorso ancora oggi».

Paolo Di Paolo

"A photo that ought not to have been taken? It's true. A photo above all lacking in respect, facile, gratuitous. A poor child in the south, clearly ill, suffering. I didn't want to take this photo. I hesitated at length, seeking a justification, which finally the child himself gave me. Defenseless before the camera, realizing he could not conceal his condition of infinite misery from it, he suddenly had a reaction that surprised and humiliated me. He put out his chest; his gaze became defiant. Look at him carefully. He seems to be saying: 'Yes, I'm poor, and also sick, unhappy. Take this photo and hurry up. Then leave me in peace.' I still feel remorse today."

Paolo Di Paolo

Bambino / Child, Forchia (Benevento) 1960

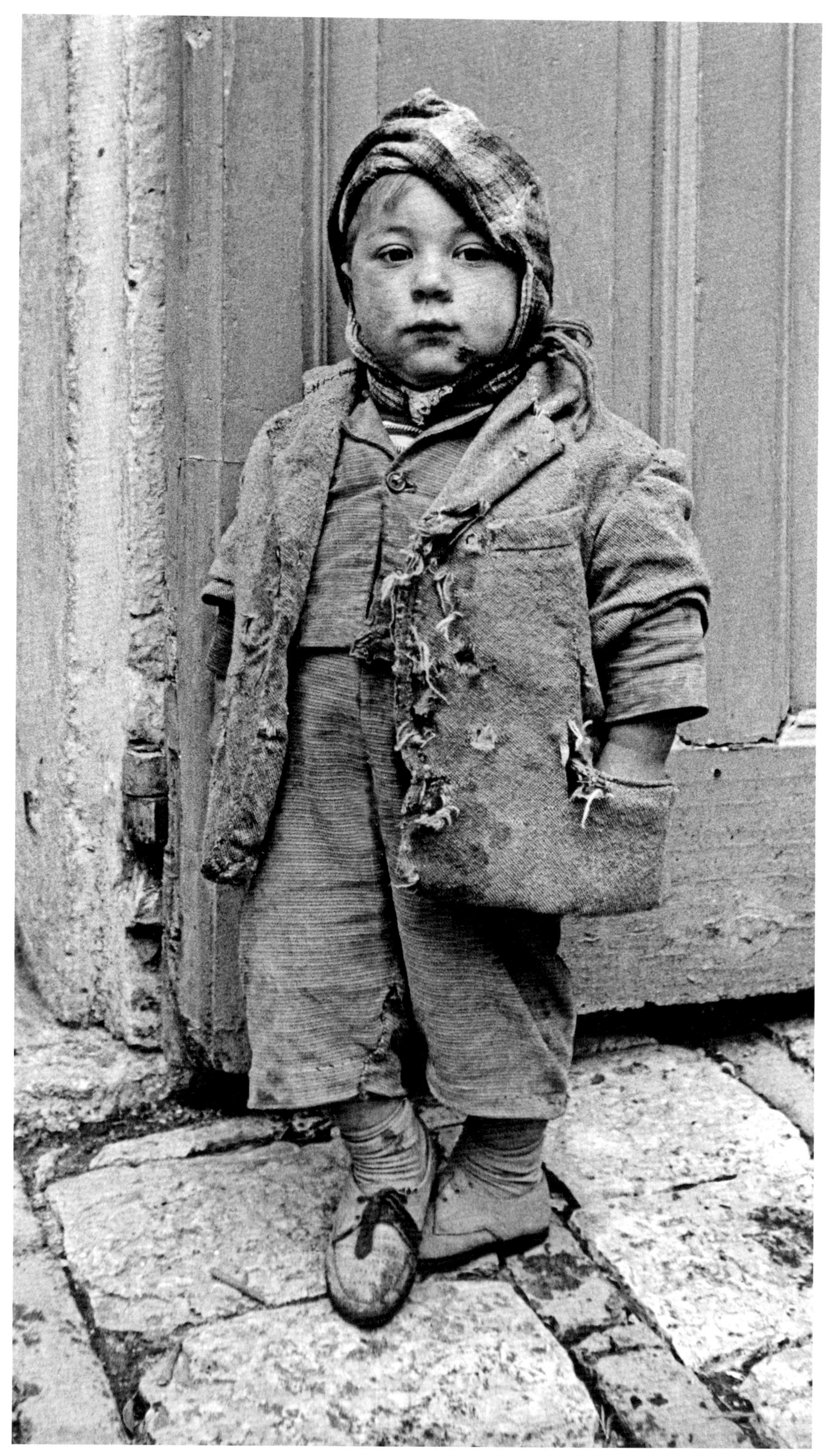

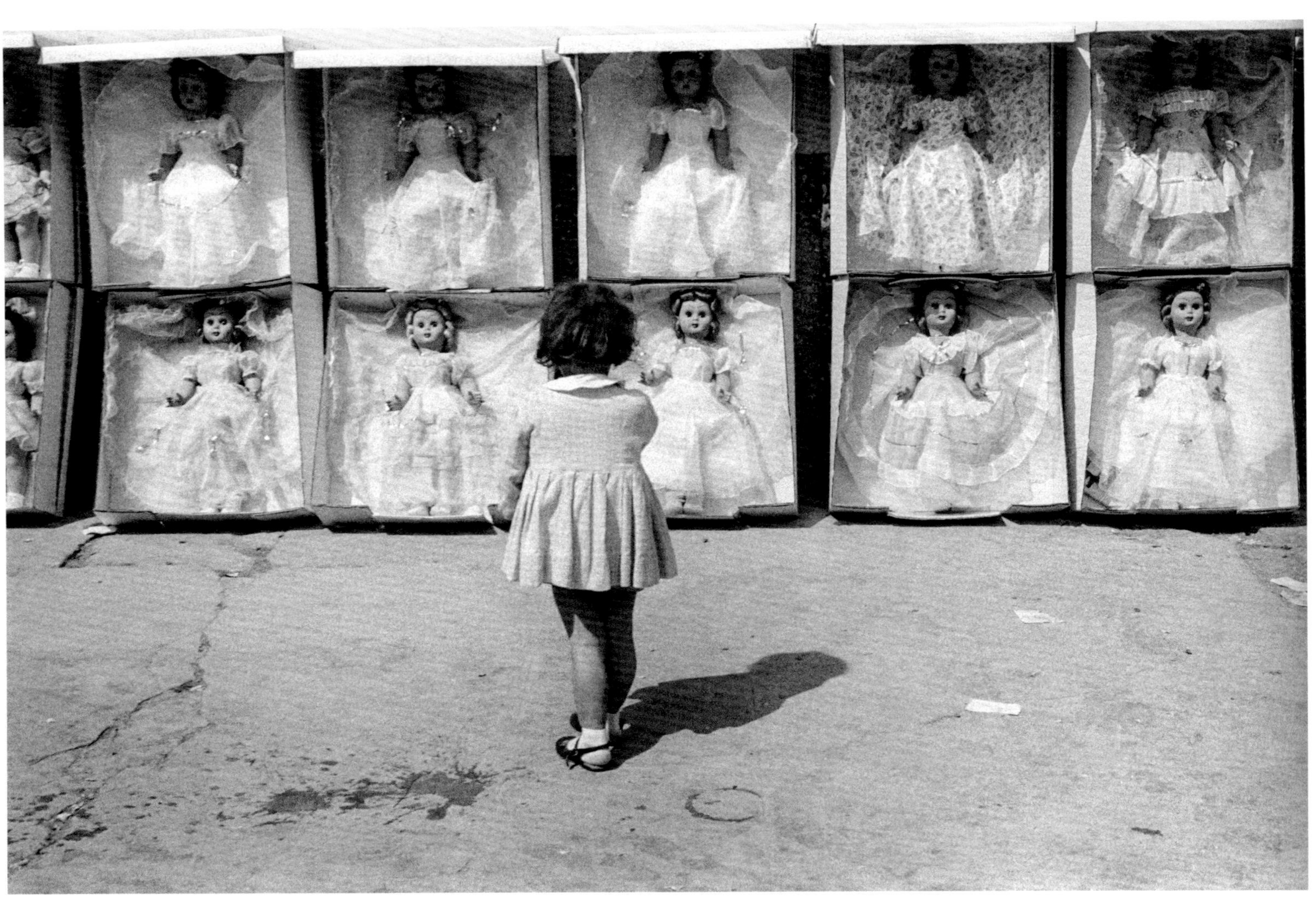

 Bambole di / Dolls from Altamura 1959

Cantù (Como), anni cinquanta / 1950s

pagine seguenti / following pages
Bambini nel Viterbese, anni cinquanta / Children in the Viterbo area, 1950s

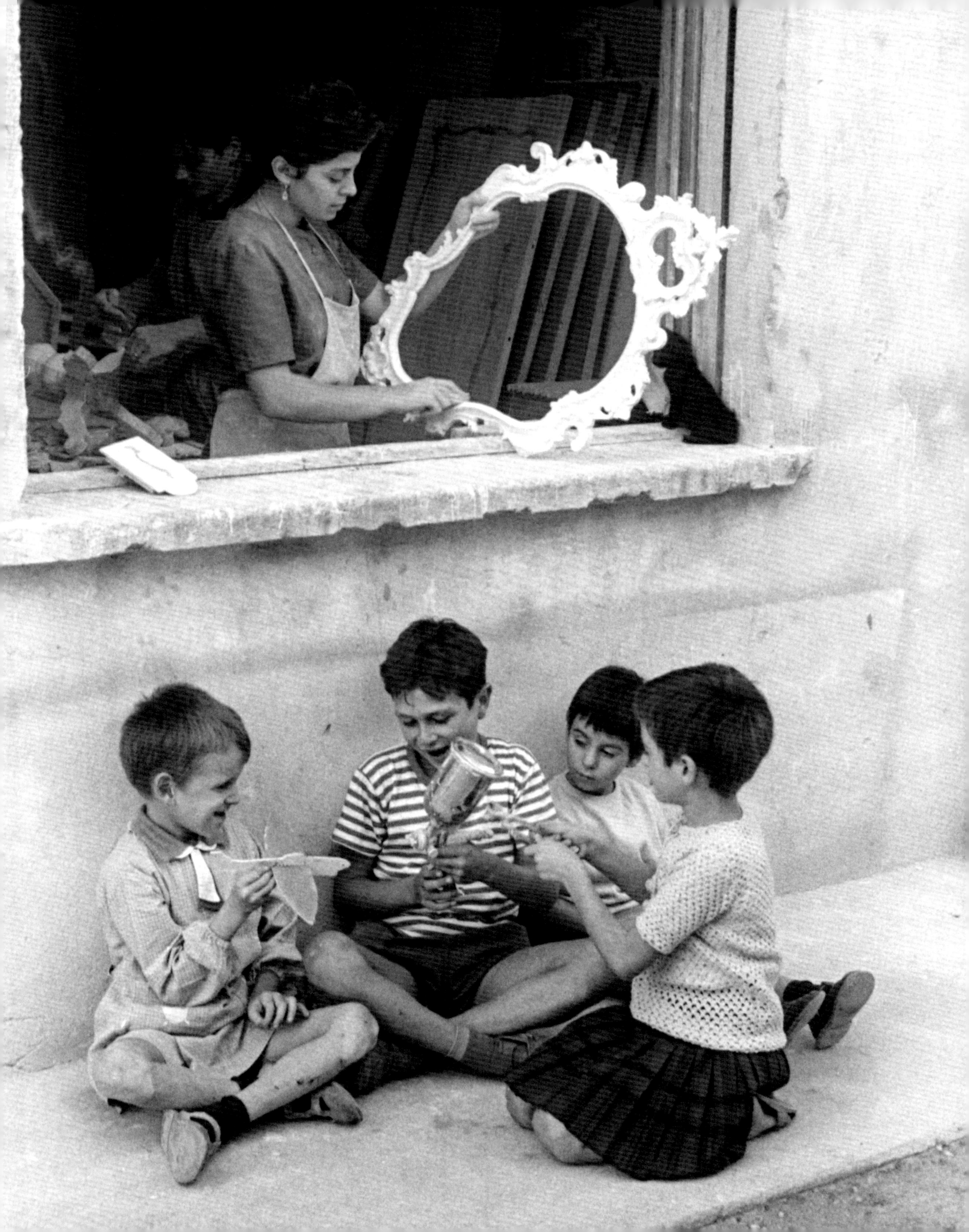

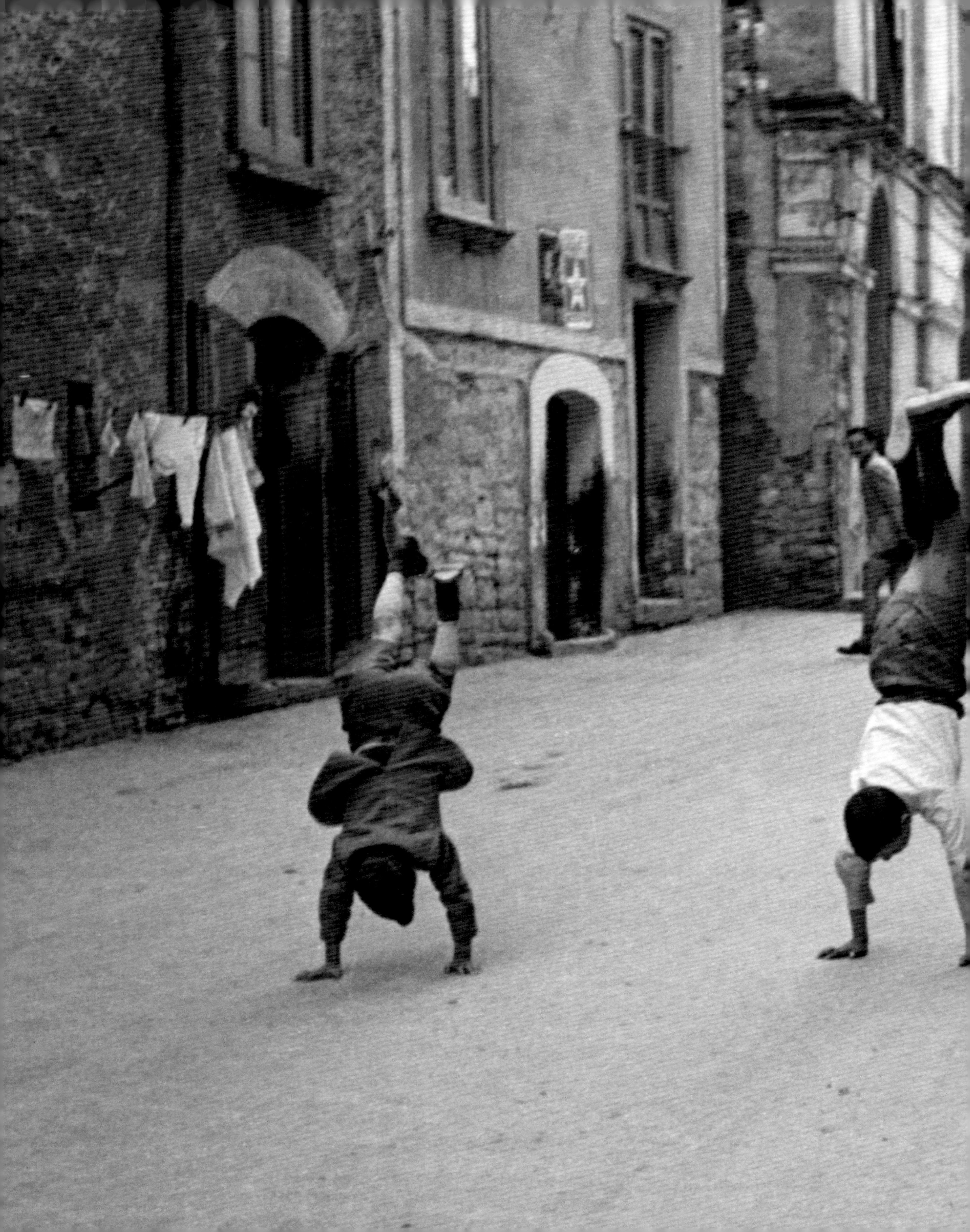

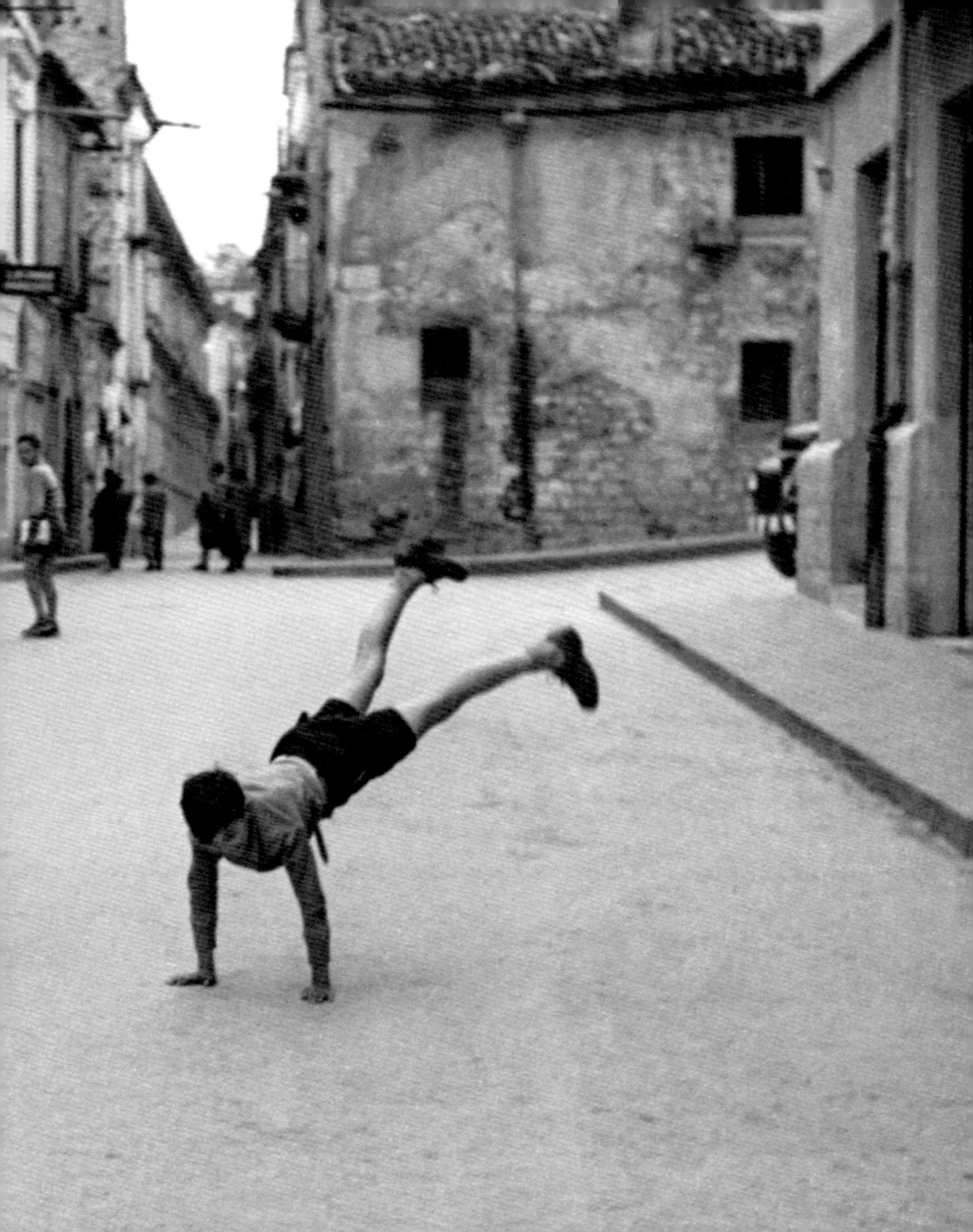

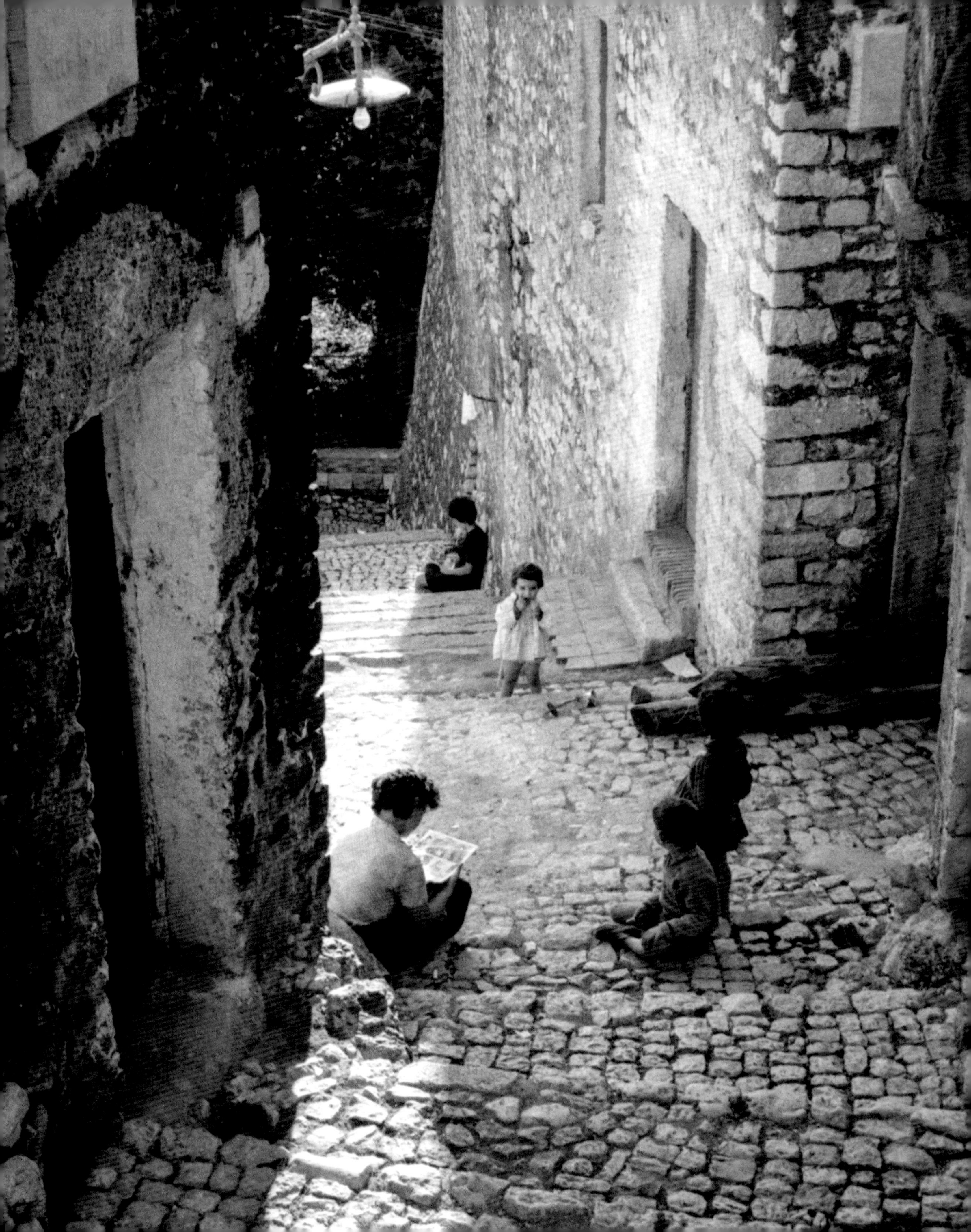

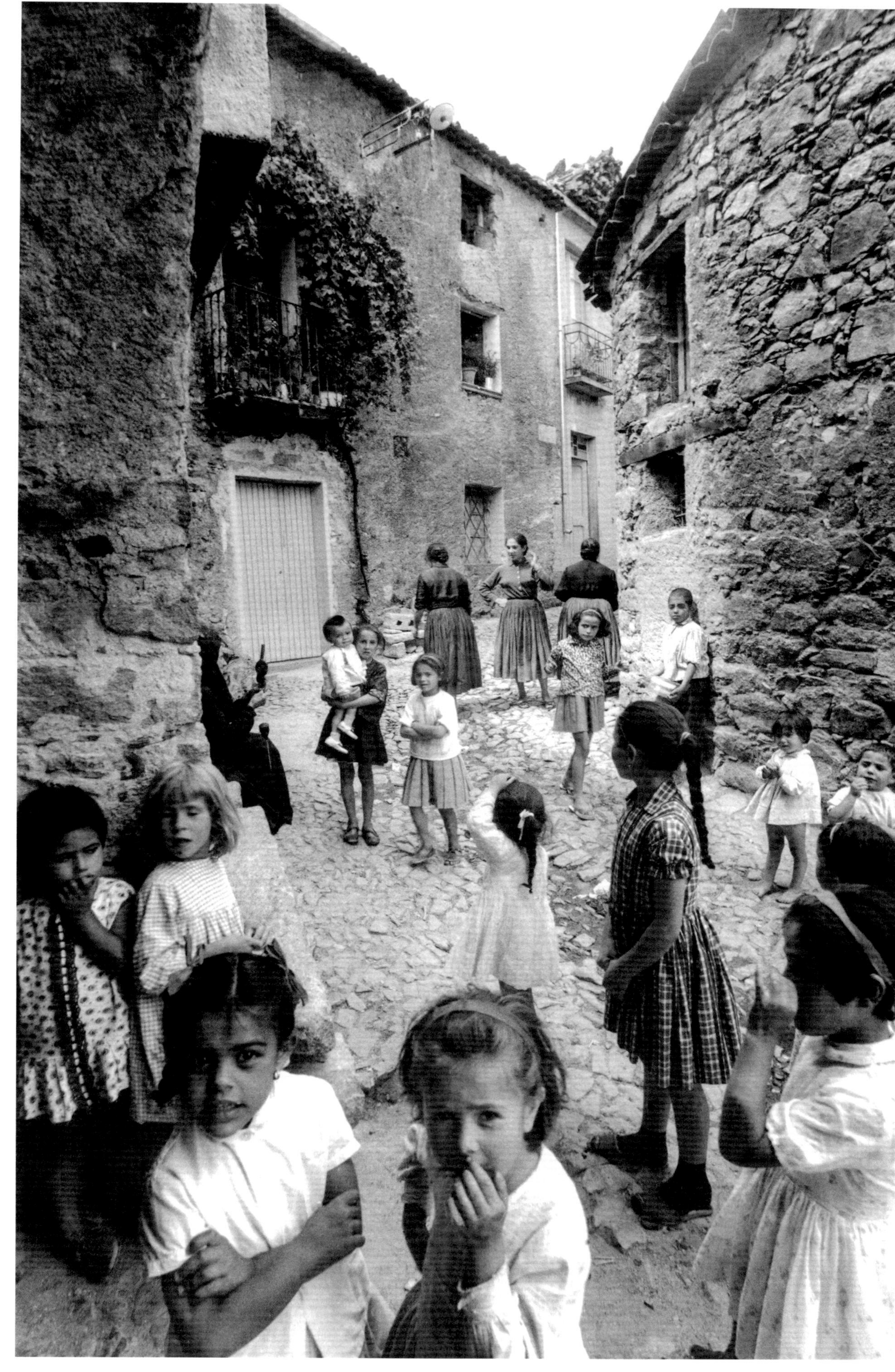

Cori (Latina) 1964

Sperlonga (Latina) 1964

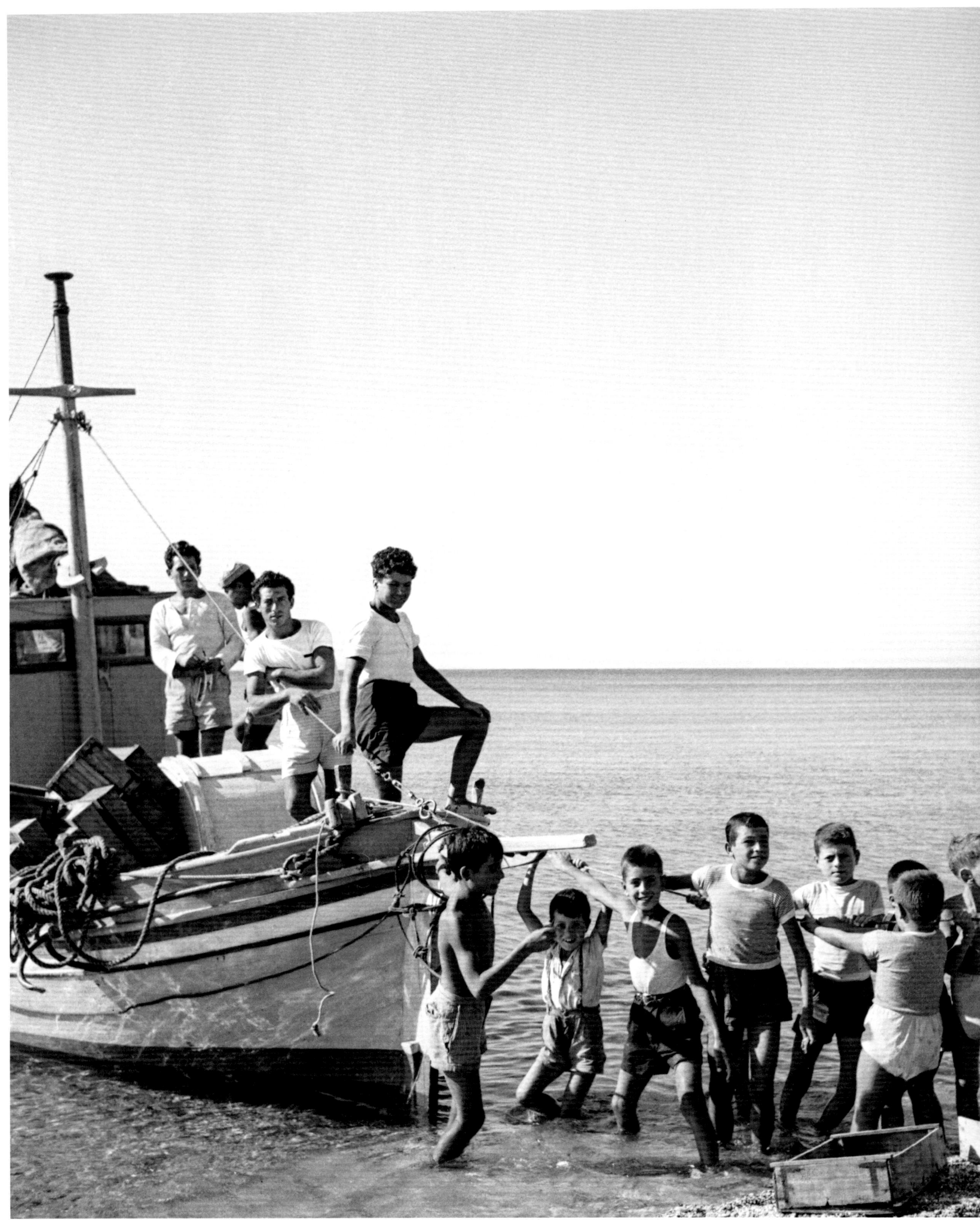

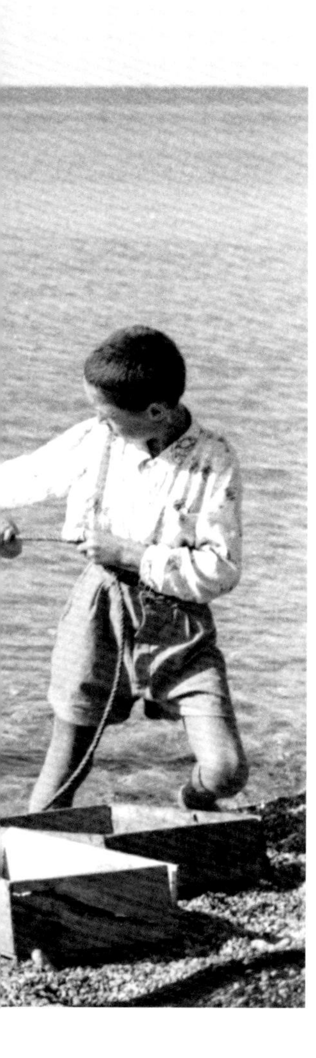

Calabria, anni sessanta / 1960s

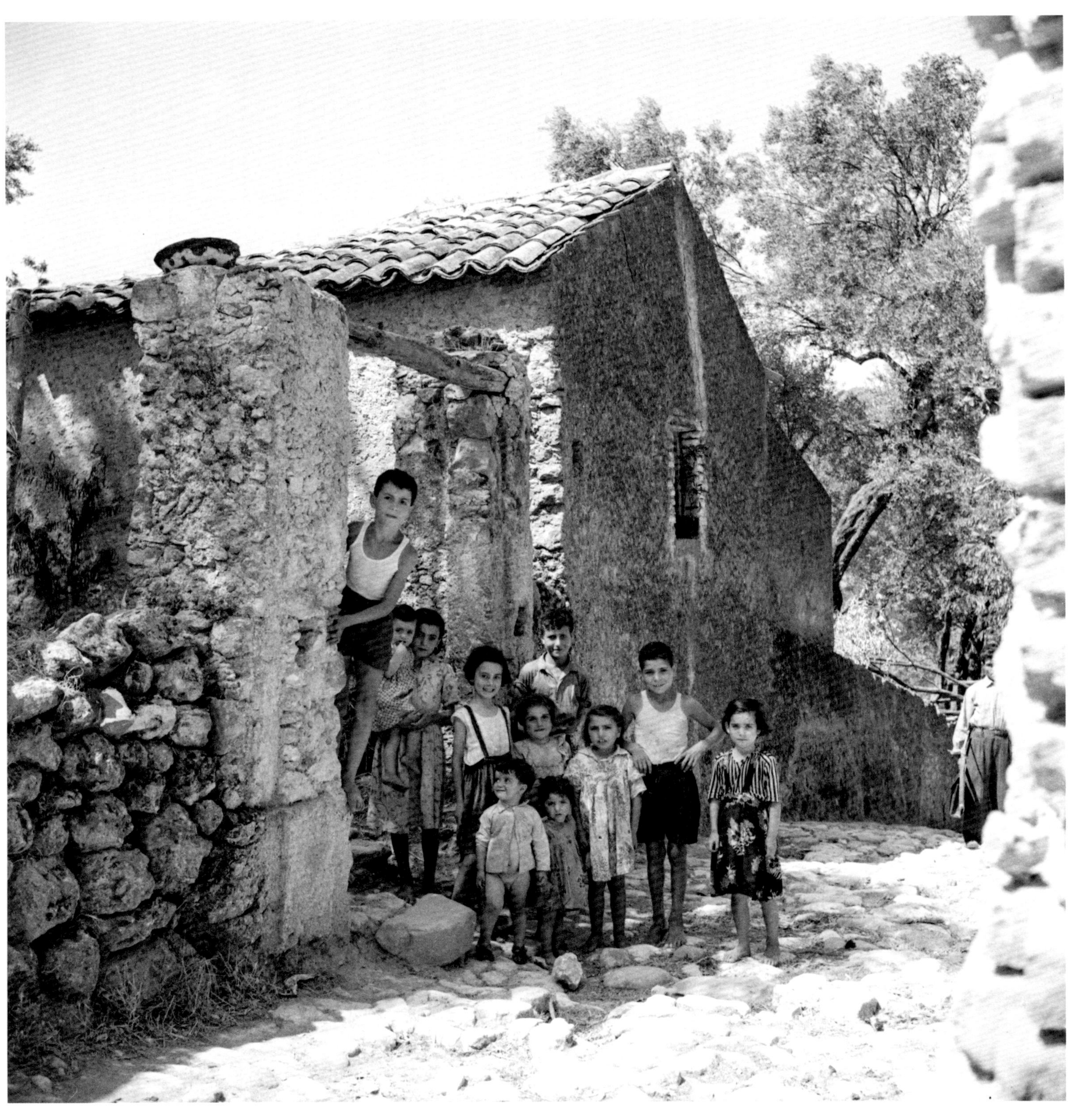

Calabria 1959

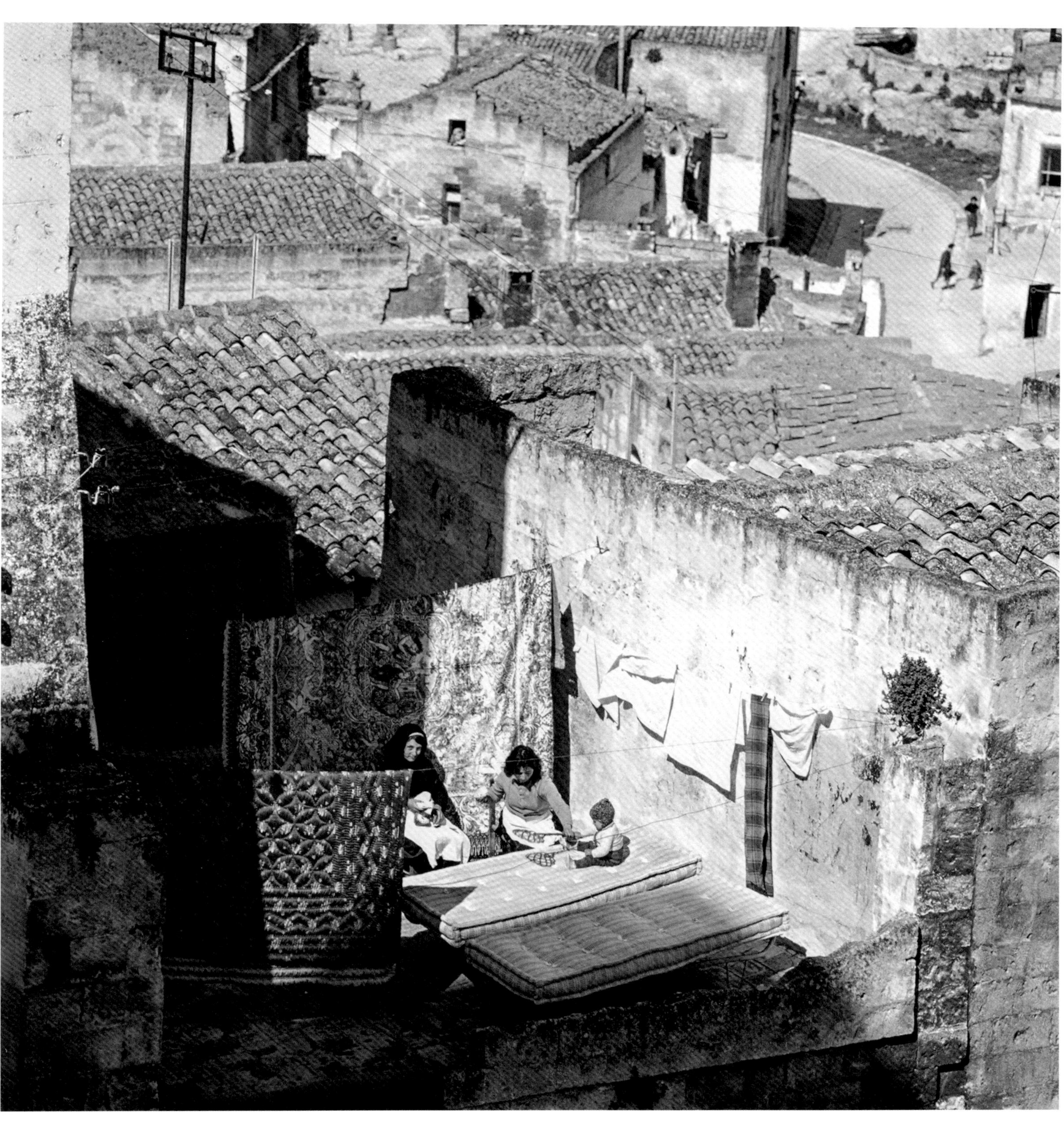

Maratea 1959

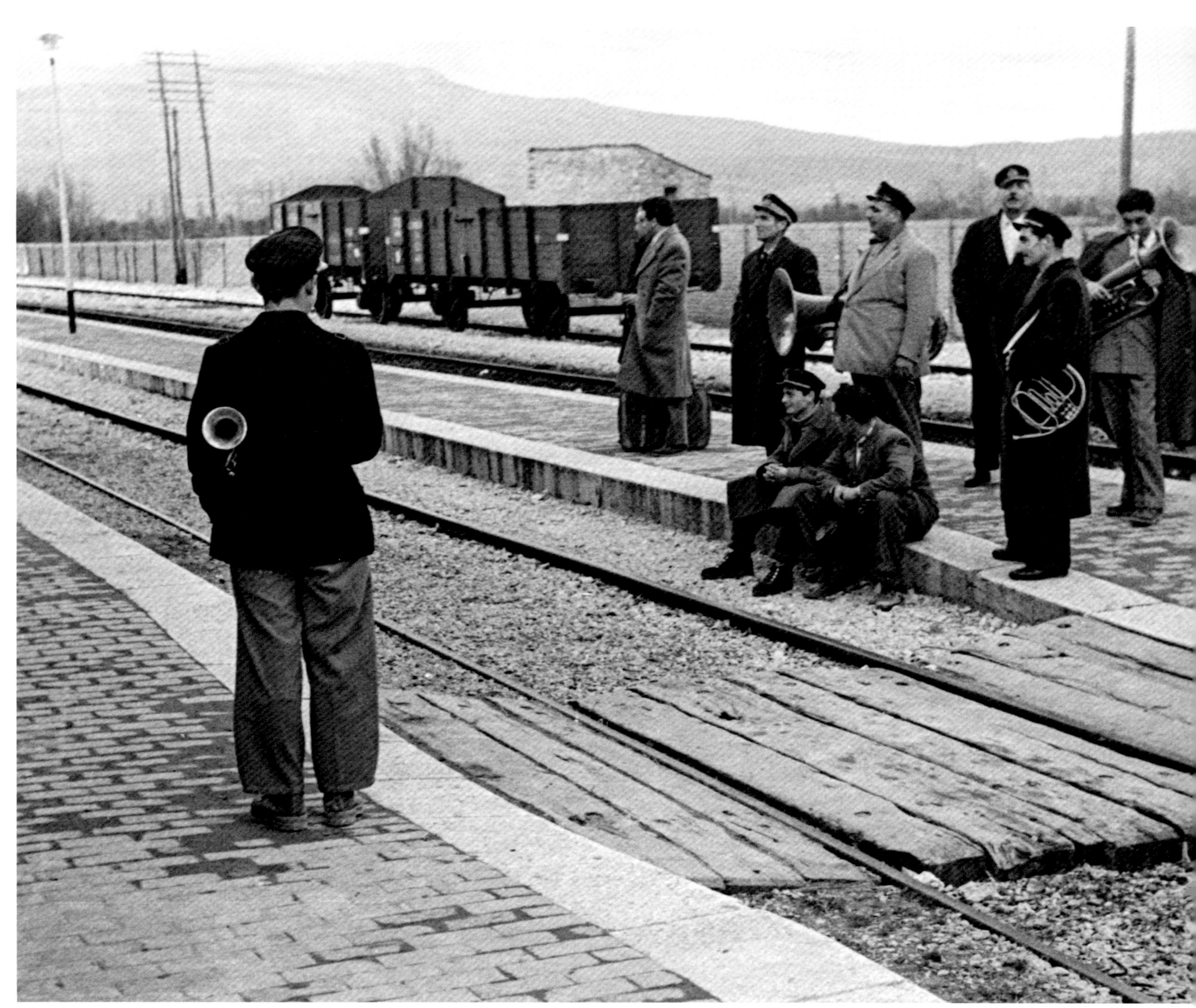

Banda musicale alla stazione ferroviaria / Brass band at the train station, Campobasso 1958

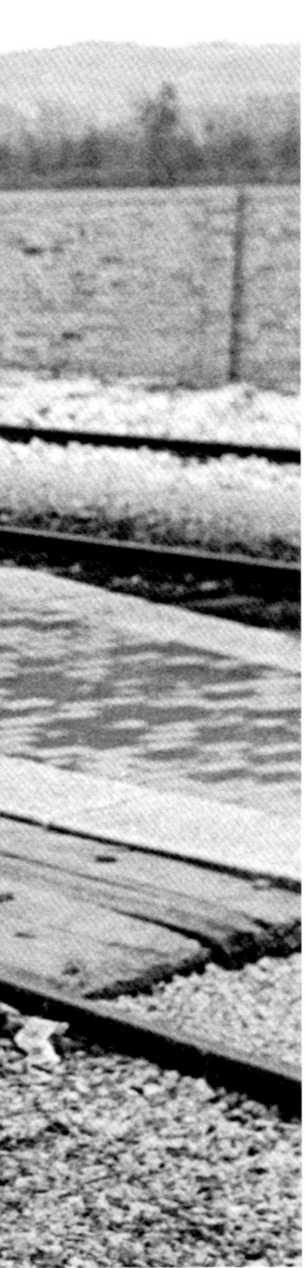

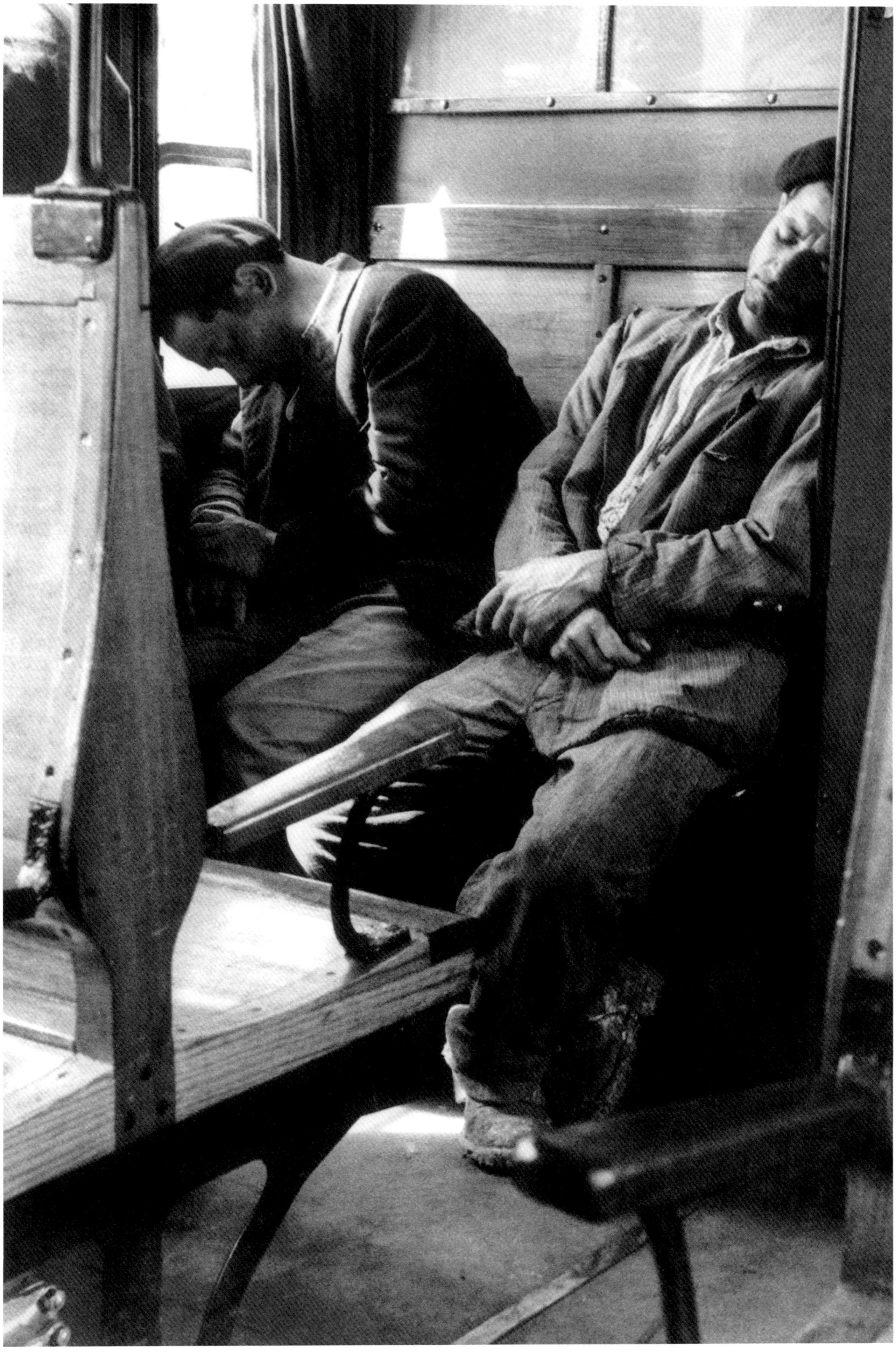

Ritorno dal lavoro. Linea Termoli-Campobasso / Coming home from work. Termoli-Campobasso line 1955

Sosta delle pellegrine / Pilgrim women at rest, Passo delle Tre croci, tra / between Molise e / and Campania 1957

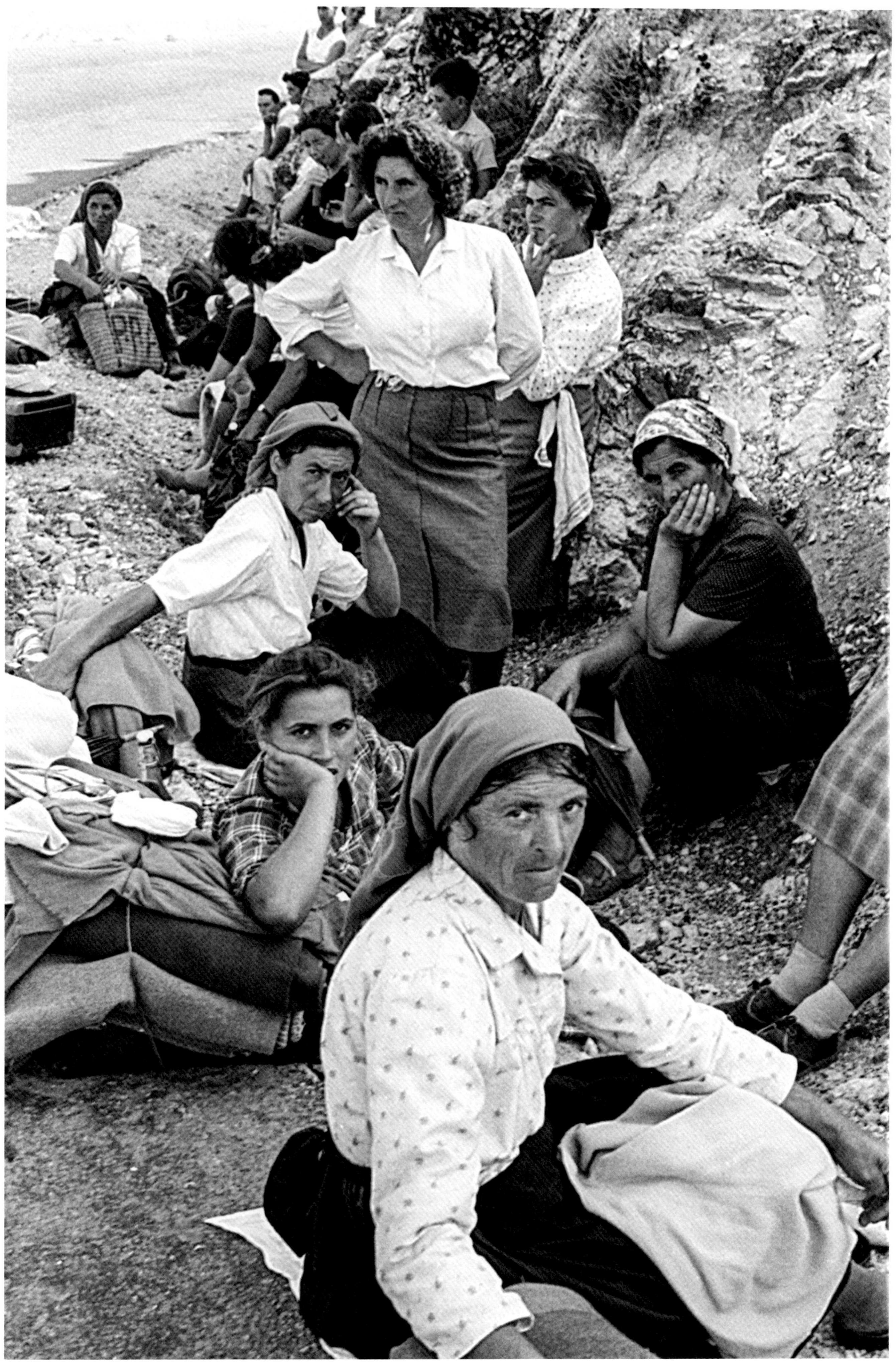

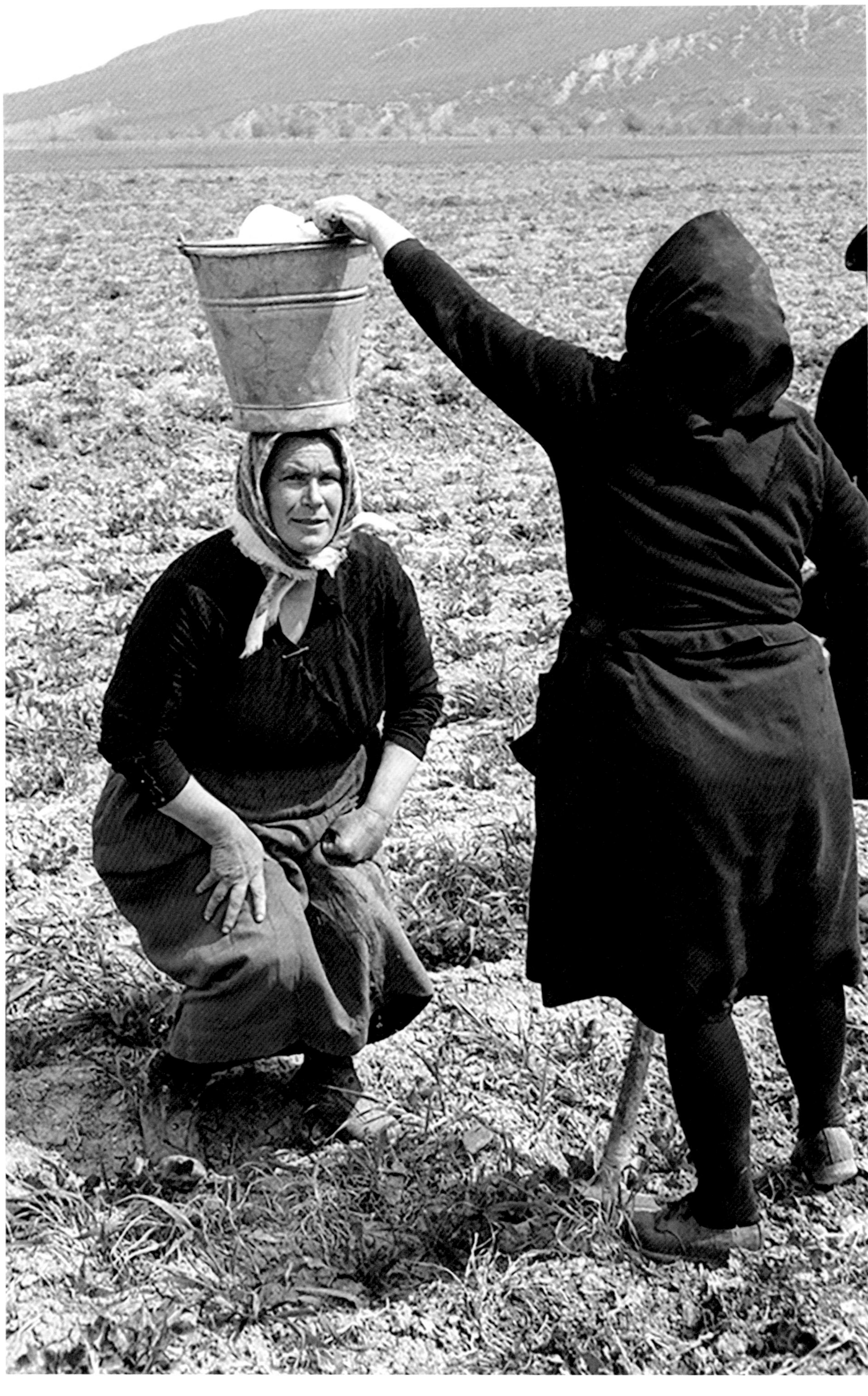

Contadine, Sicilia, anni cinquanta / Countrywomen, Sicily, 1950s

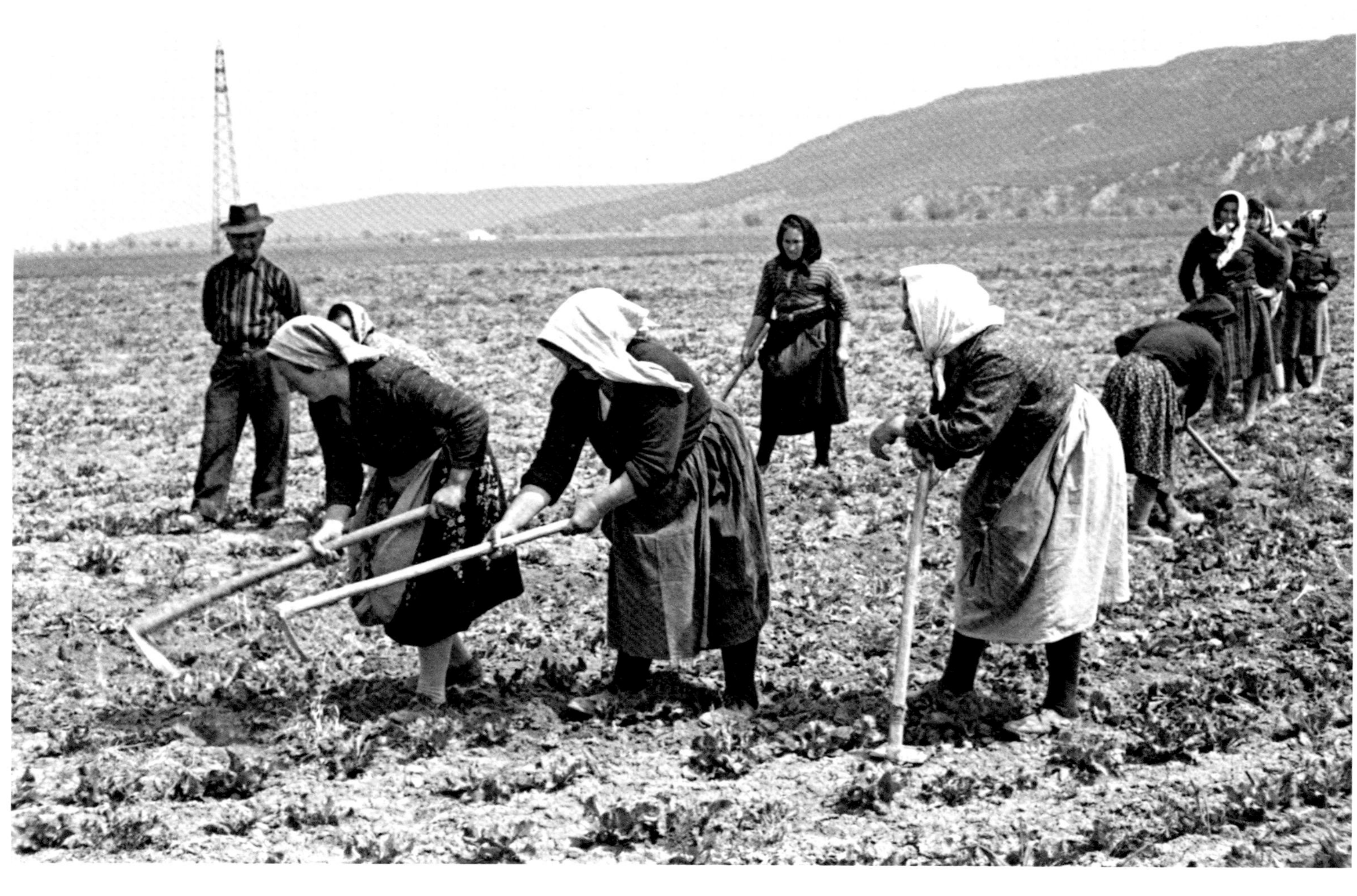

pagine seguenti / following pages
Il padre della sposa / The father of the bride, Litorale di Trani (Puglia / Apulia) 1959

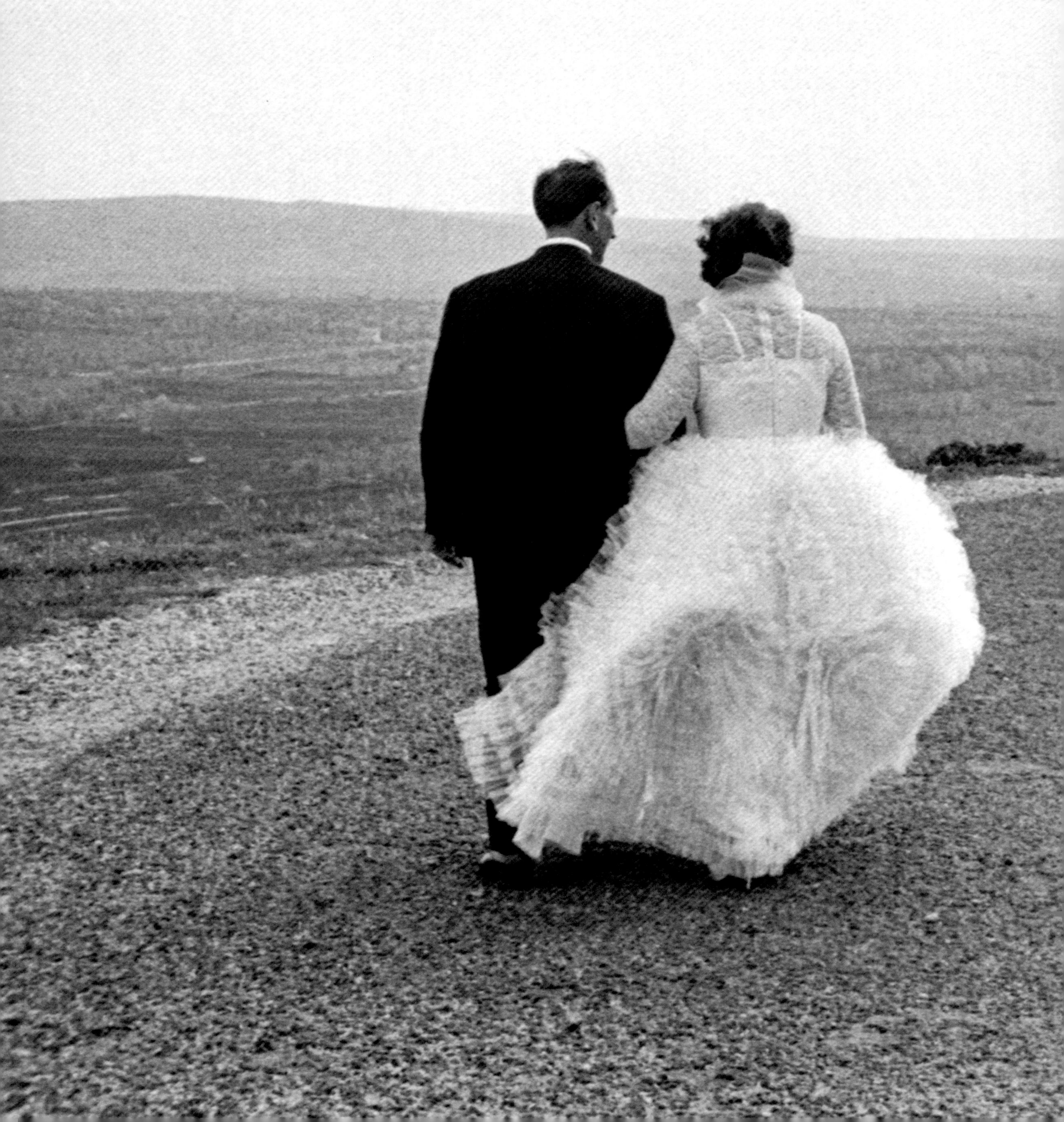

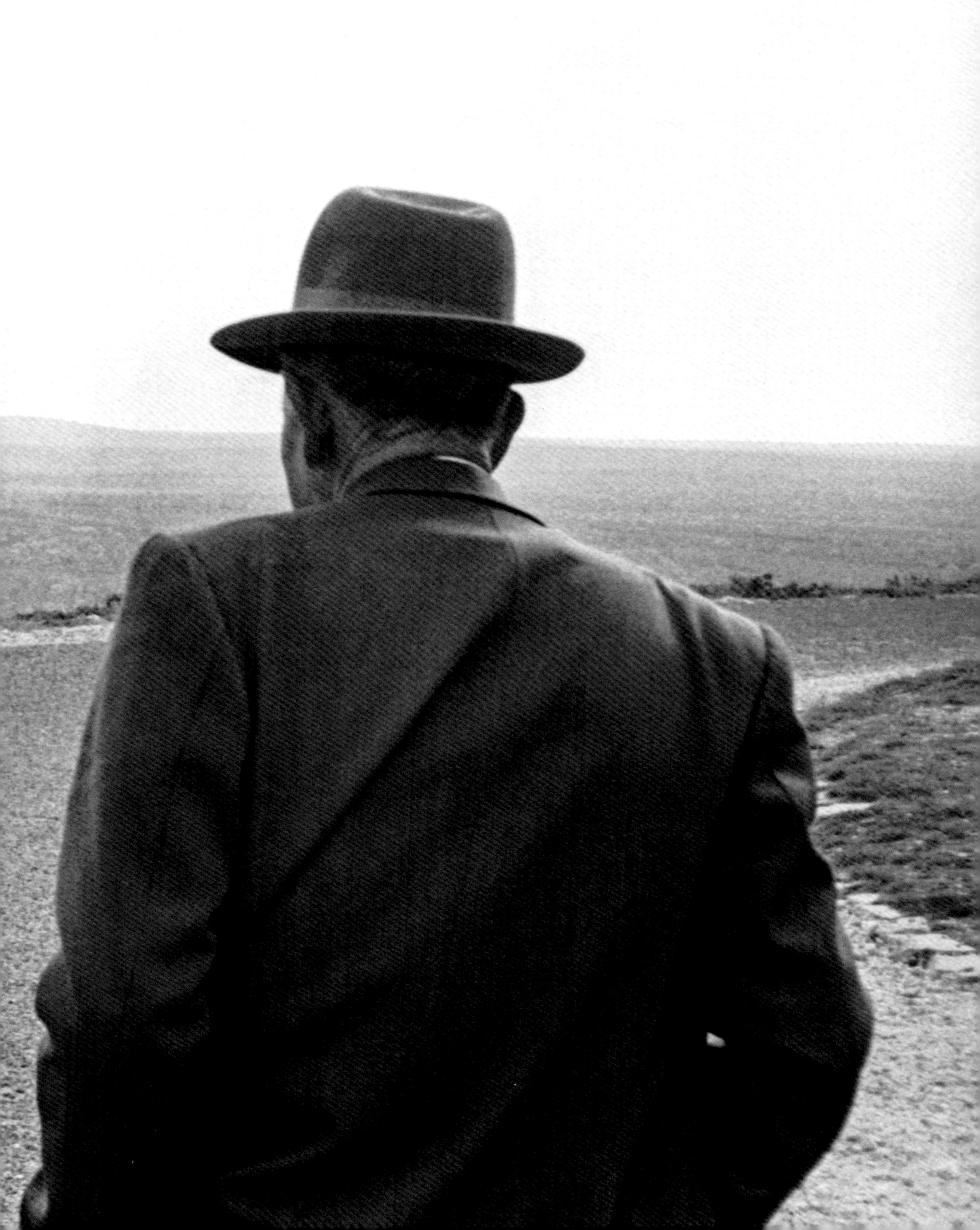

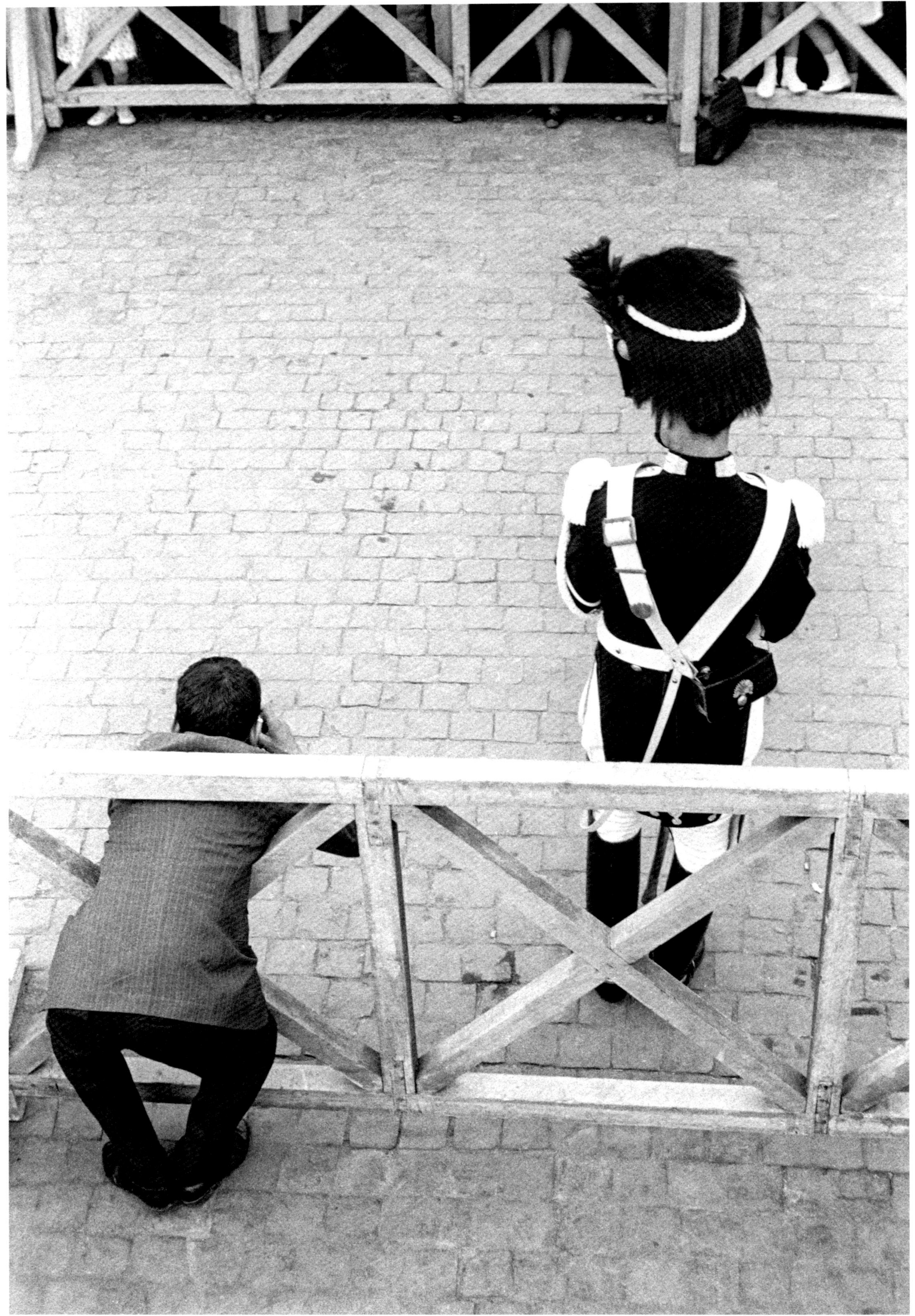

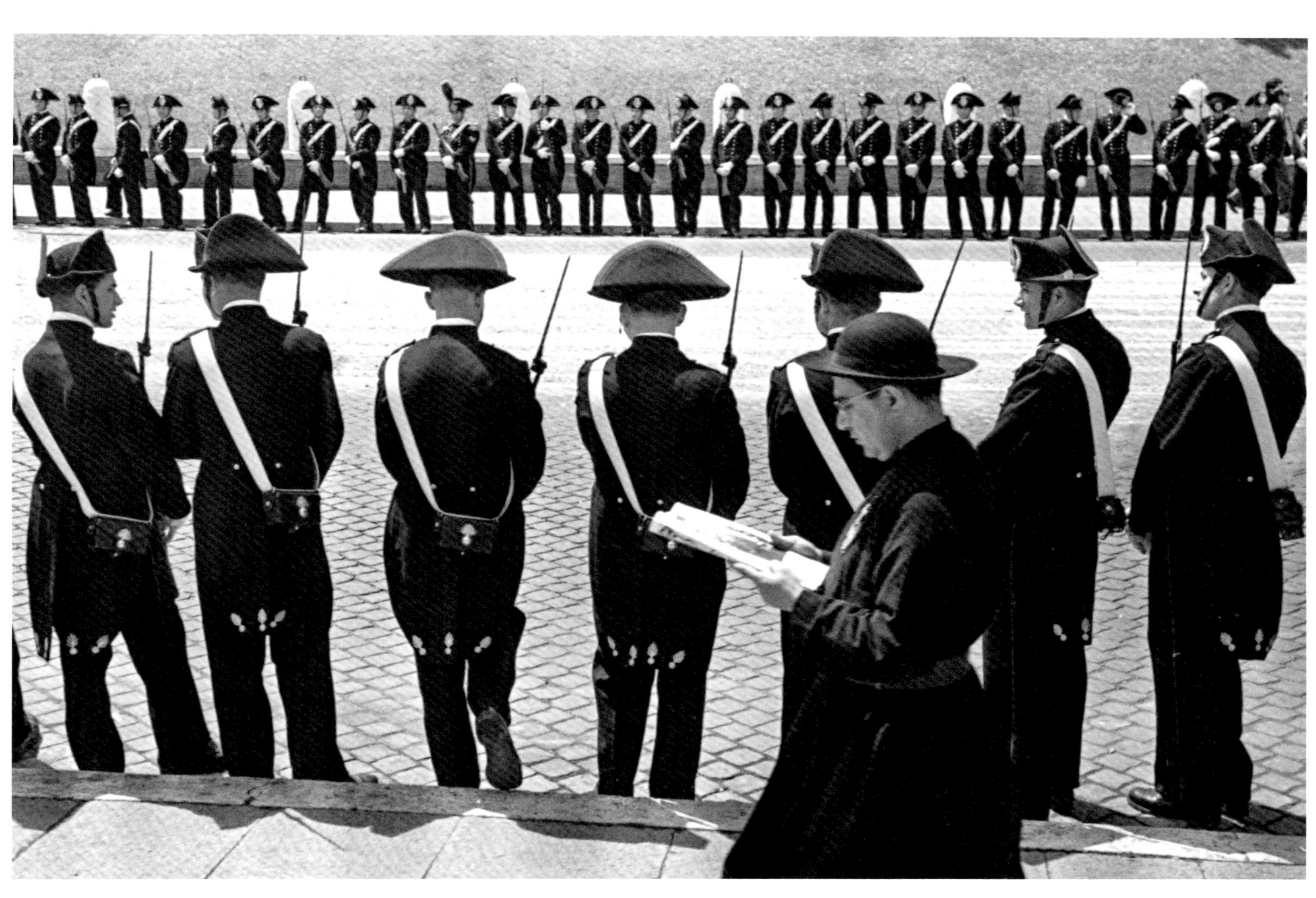

Fotografo ai funerali di papa Giovanni XXIII, Roma /
Photographer at Pope John XXIII's funeral, Rome 1963

Parata del 2 giugno, Roma, anni sessanta / June 2 Parade, Rome, 1960s

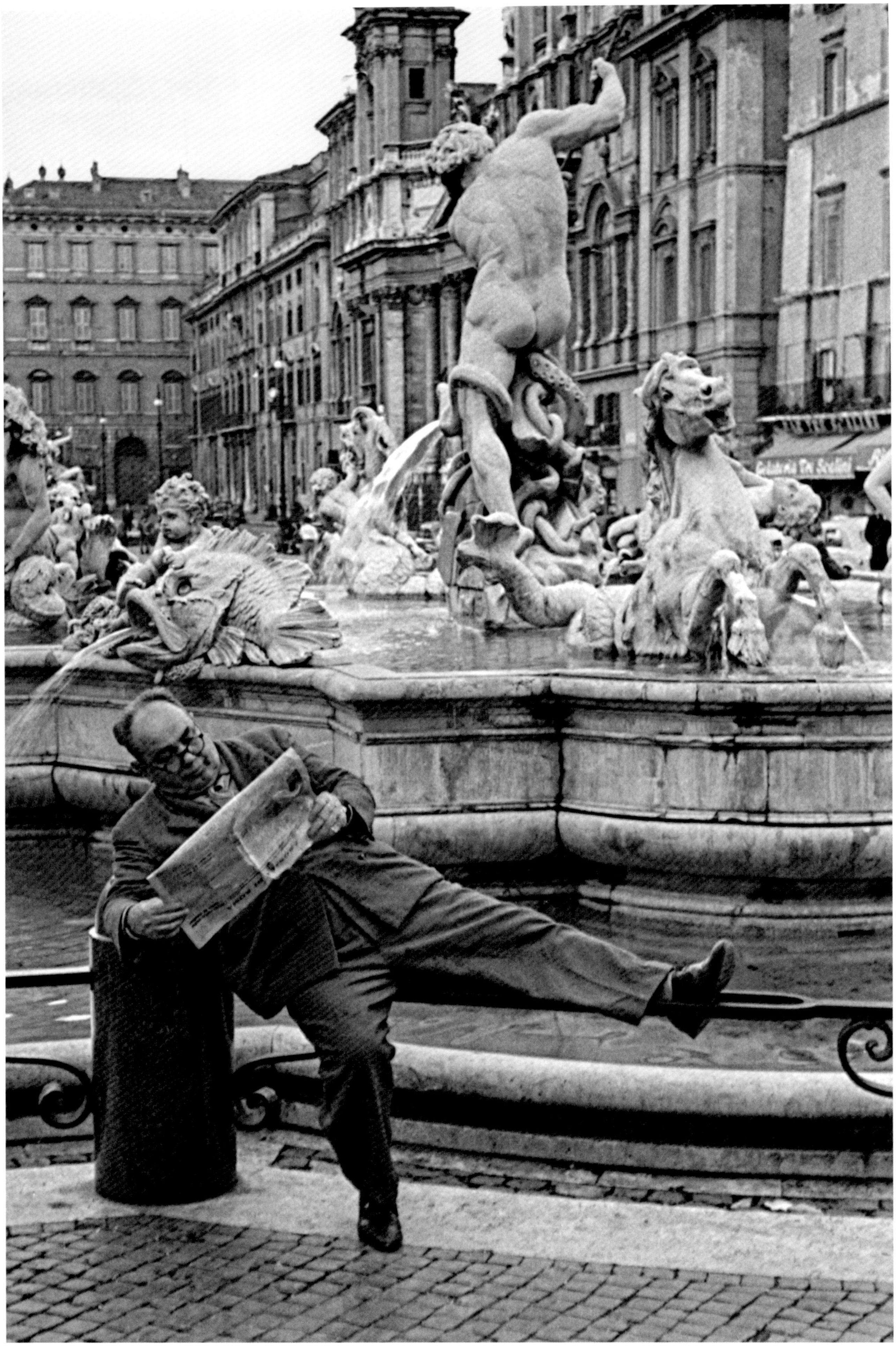

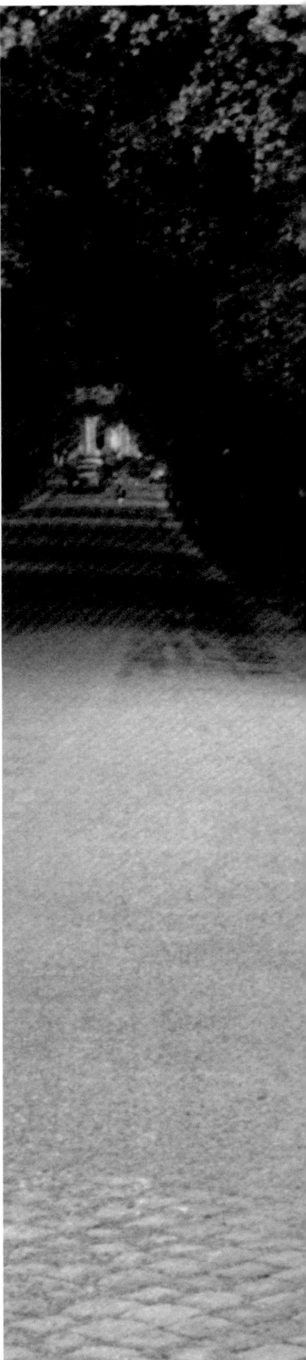

Piazza Navona, Roma, anni cinquanta / Rome, 1950s

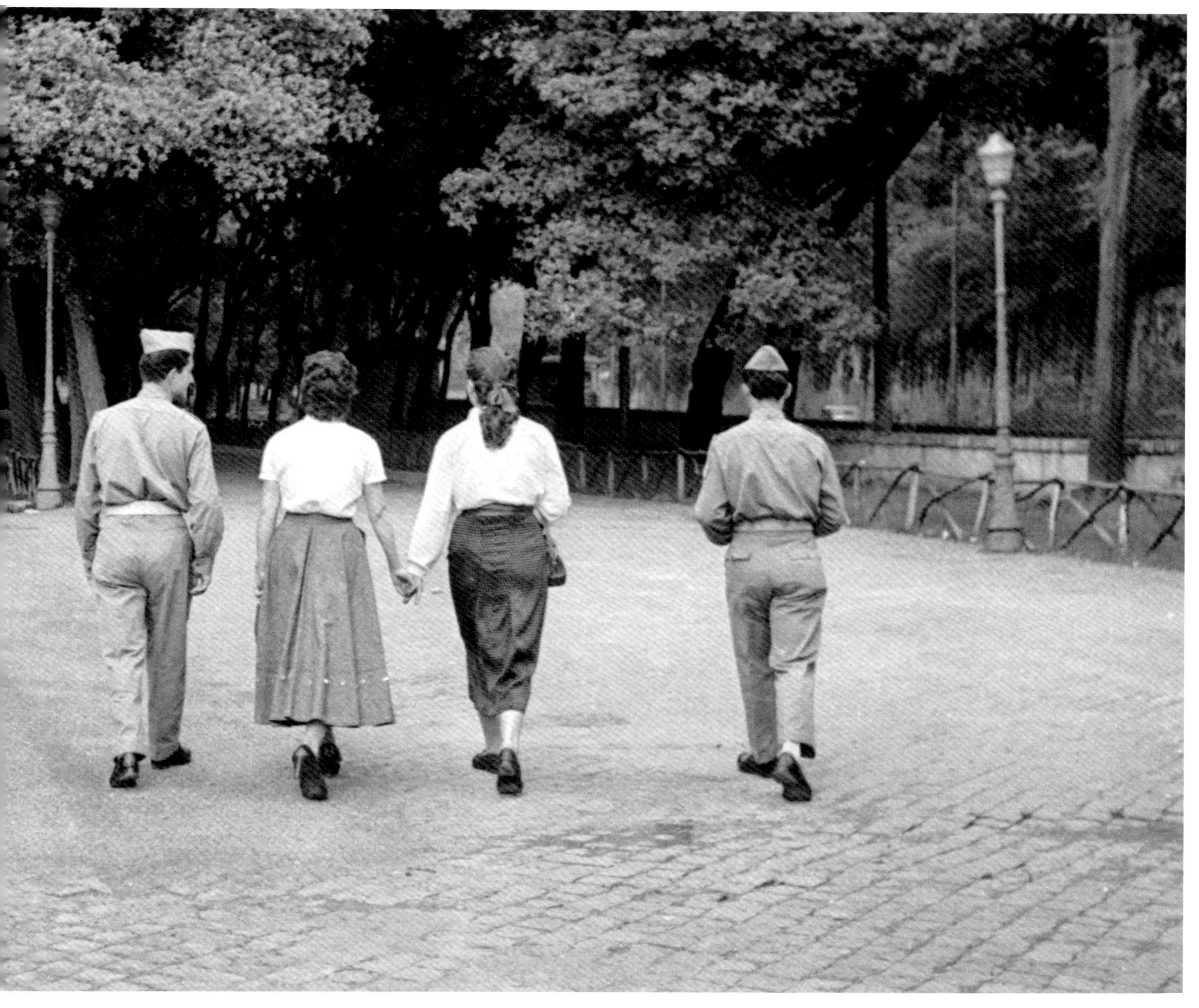

La libera uscita, Roma, anni cinquanta / Soldiers on leave, Rome, 1950s

pagine seguenti / following pages
I piccoli guerrieri di Monte Mario, Roma / Little warriors of Monte Mario, Rome 1954

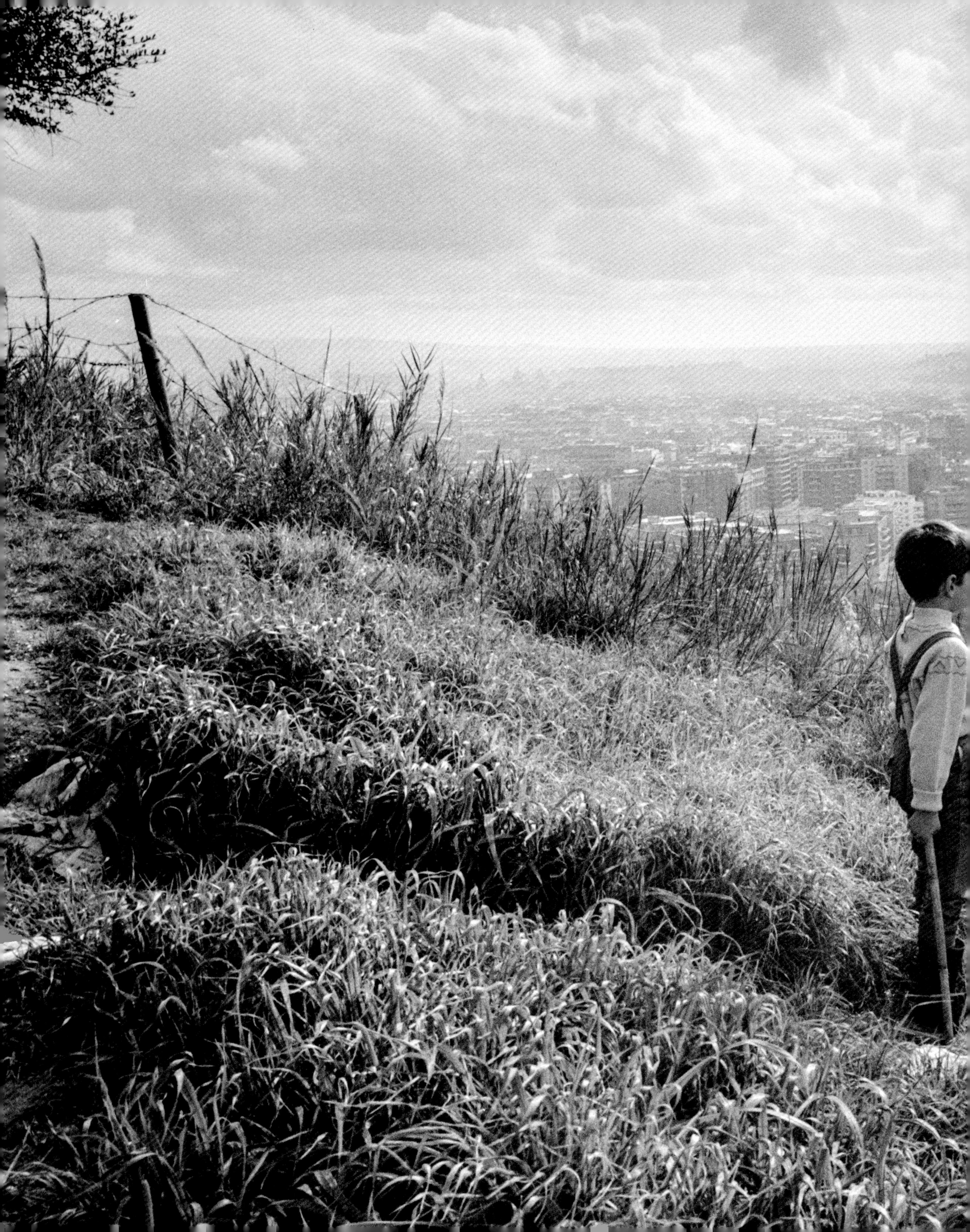

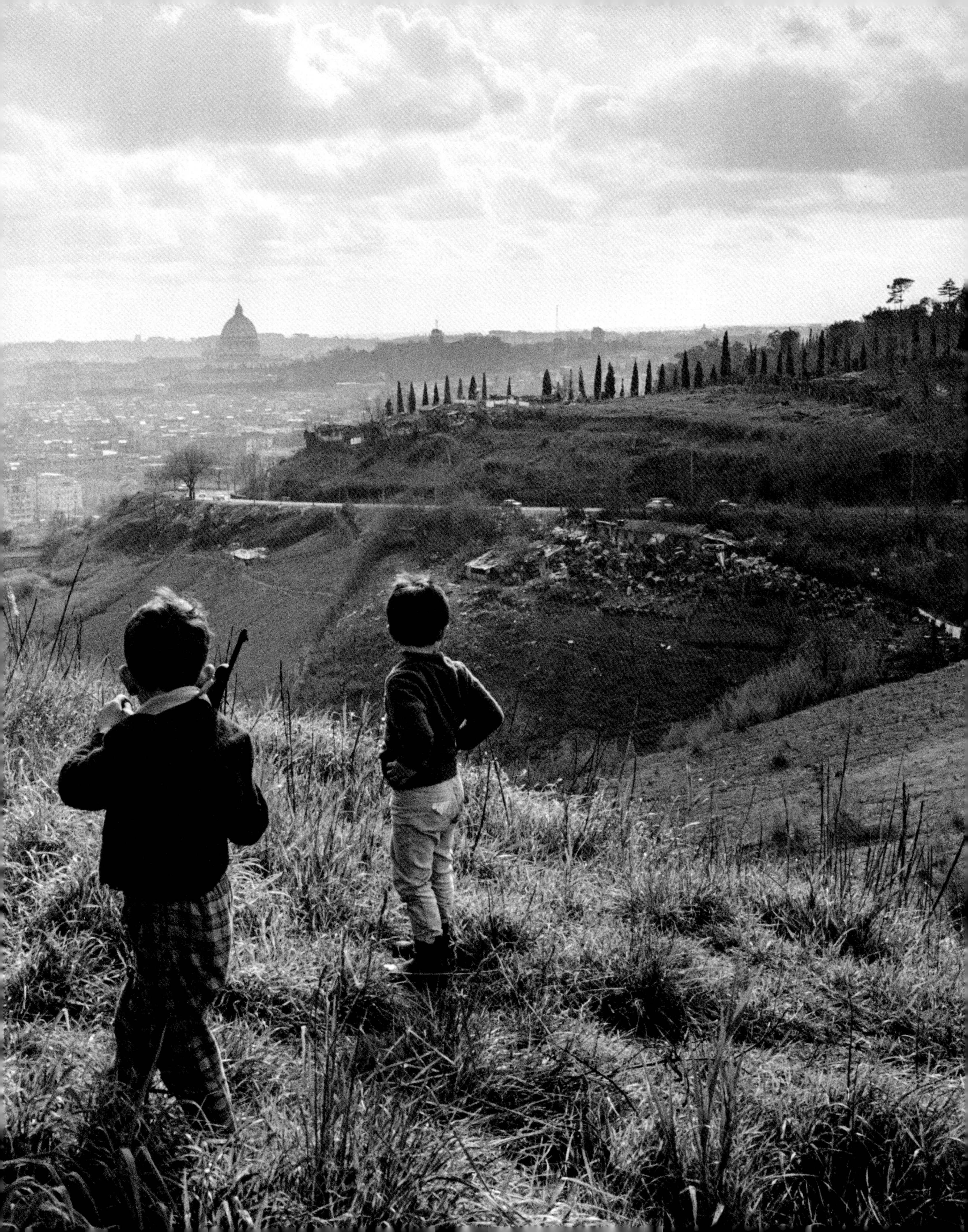

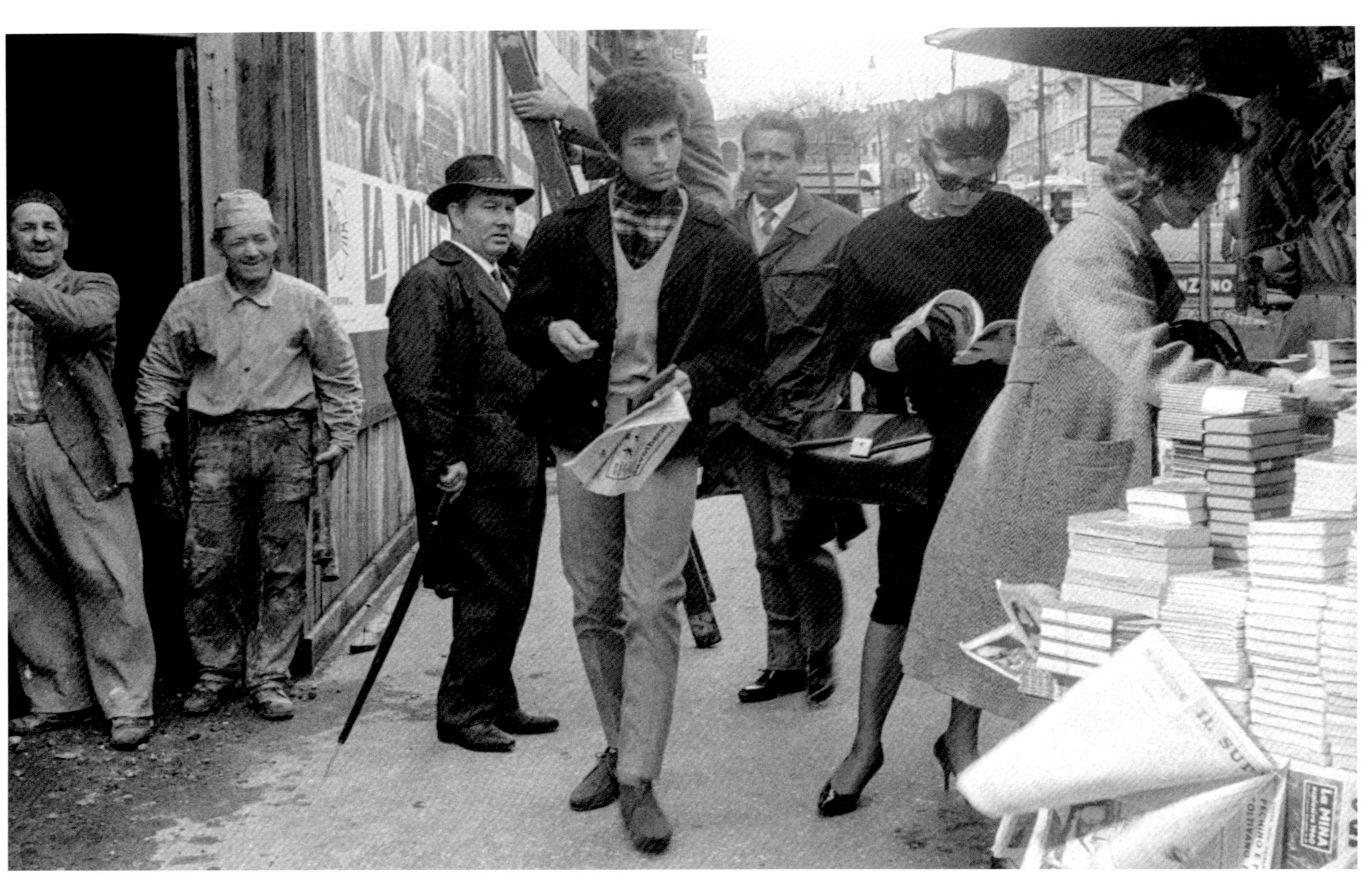

Via Veneto, Roma / Rome 1962

Paparazzo a via Veneto, Roma, anni sessanta /
Paparazzo in via Veneto, Rome, 1960s

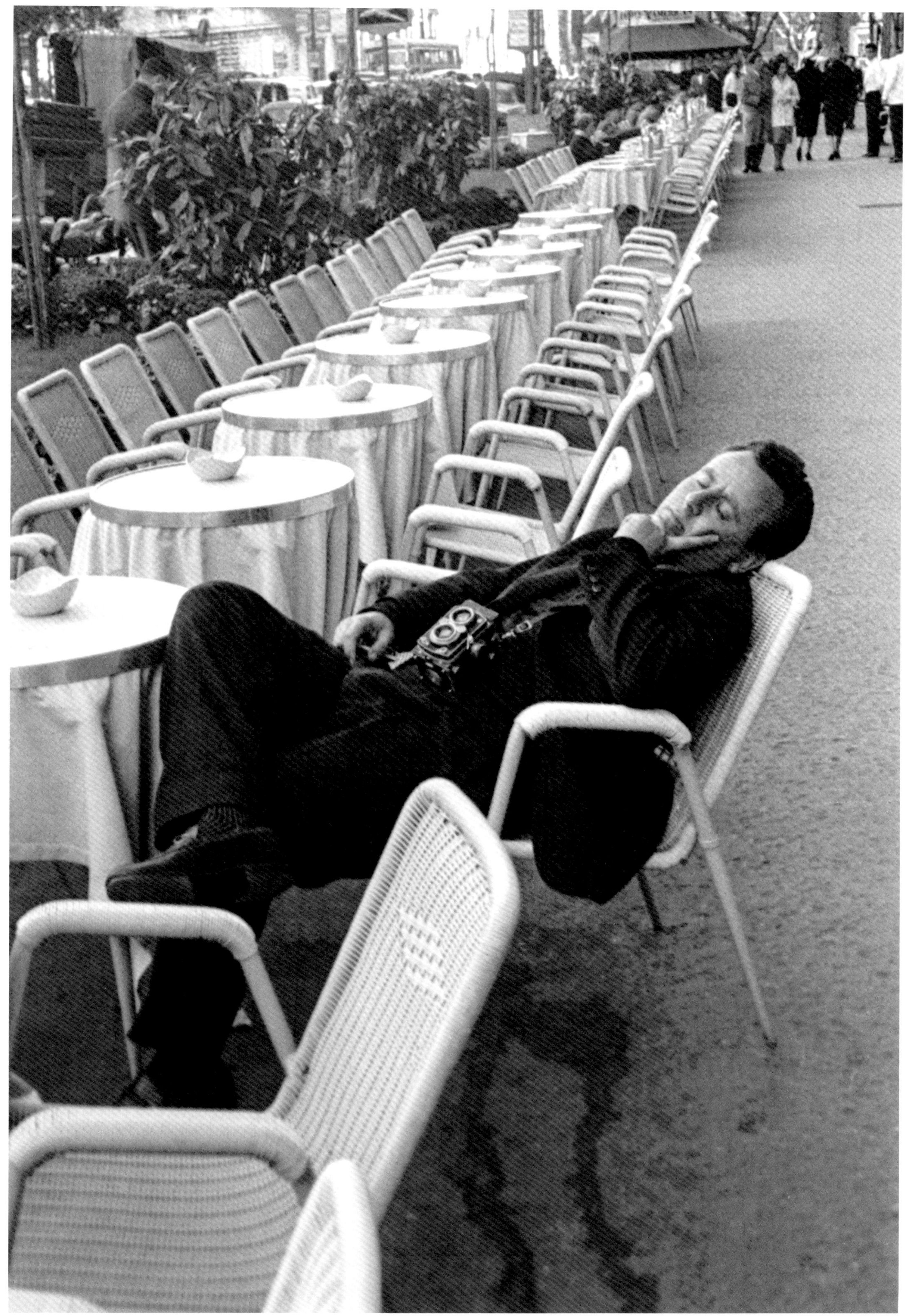

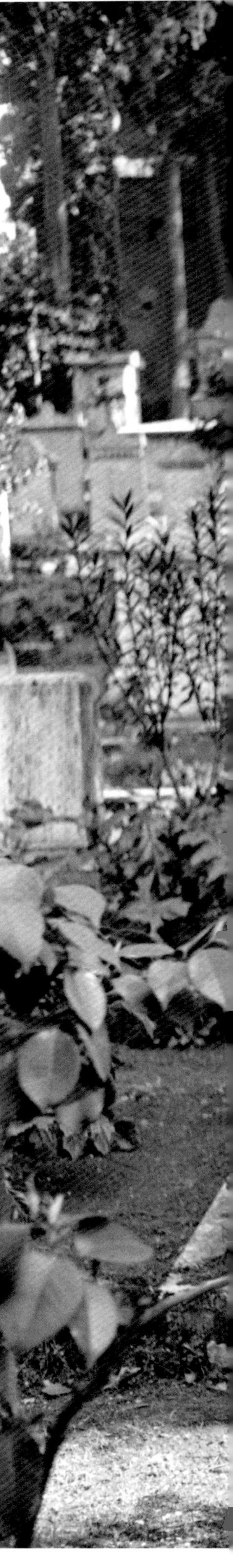

Cimitero acattolico, la famiglia del custode, Roma / Non-Catholic Cemetery, janitor's family, Rome 1957

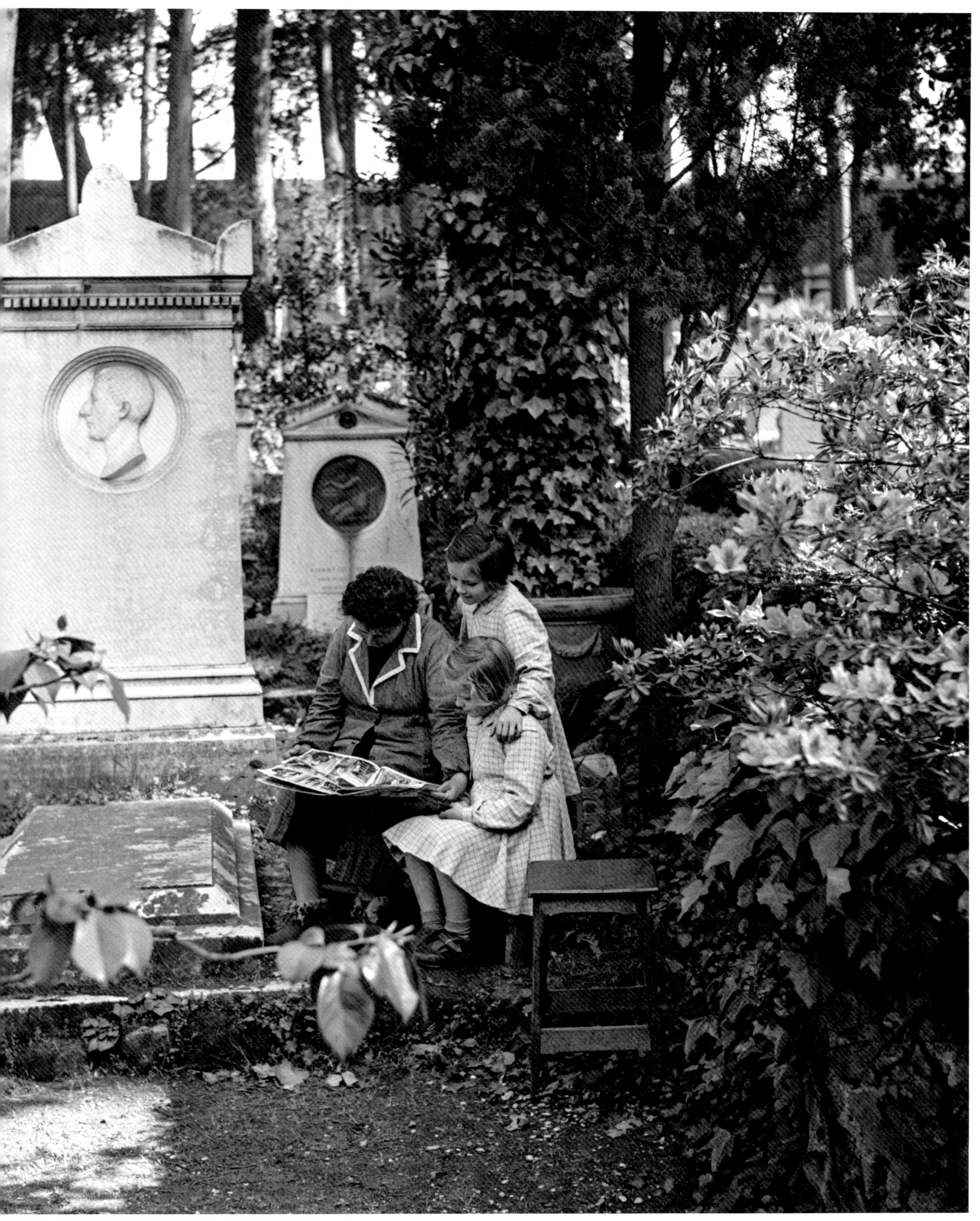

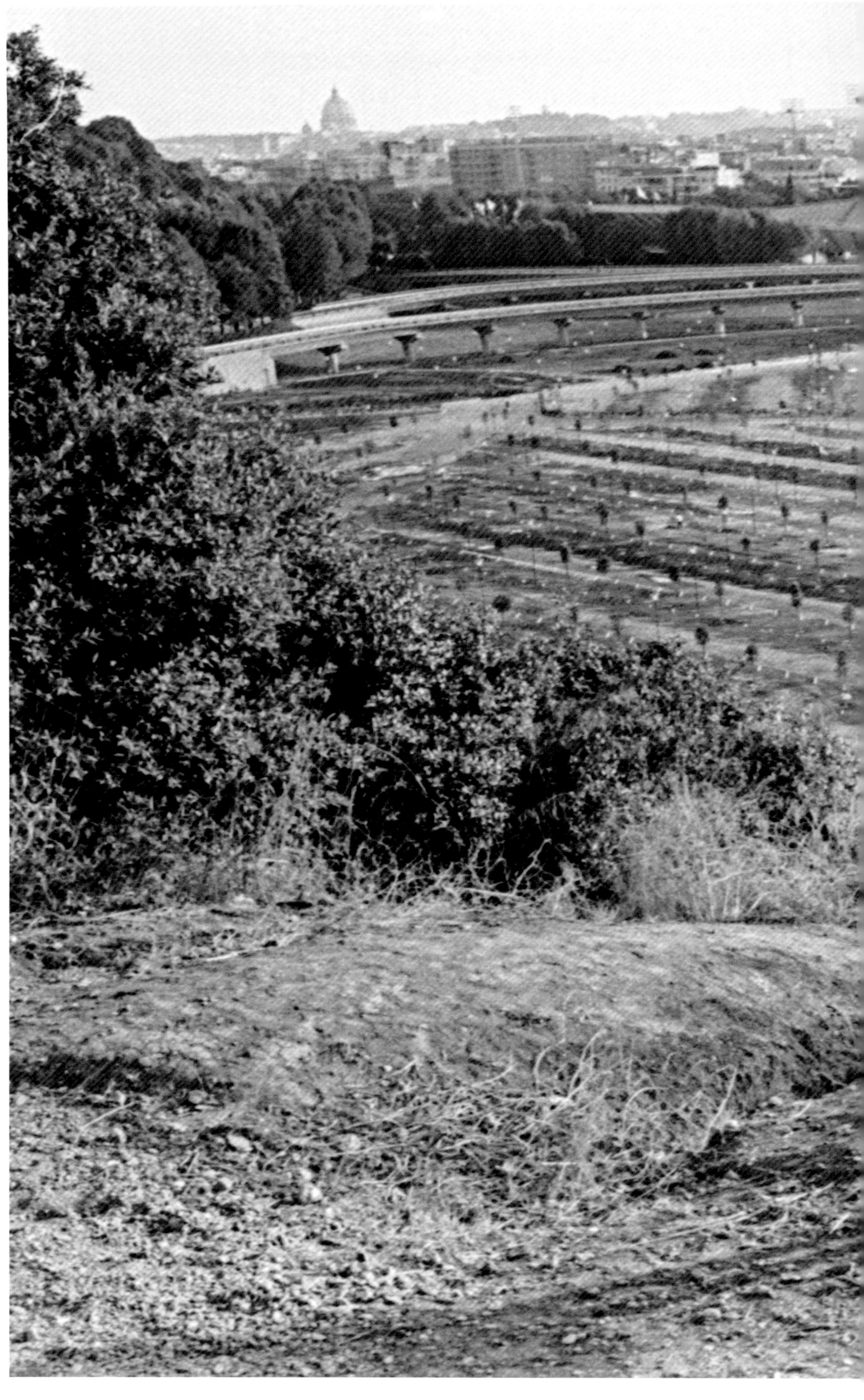

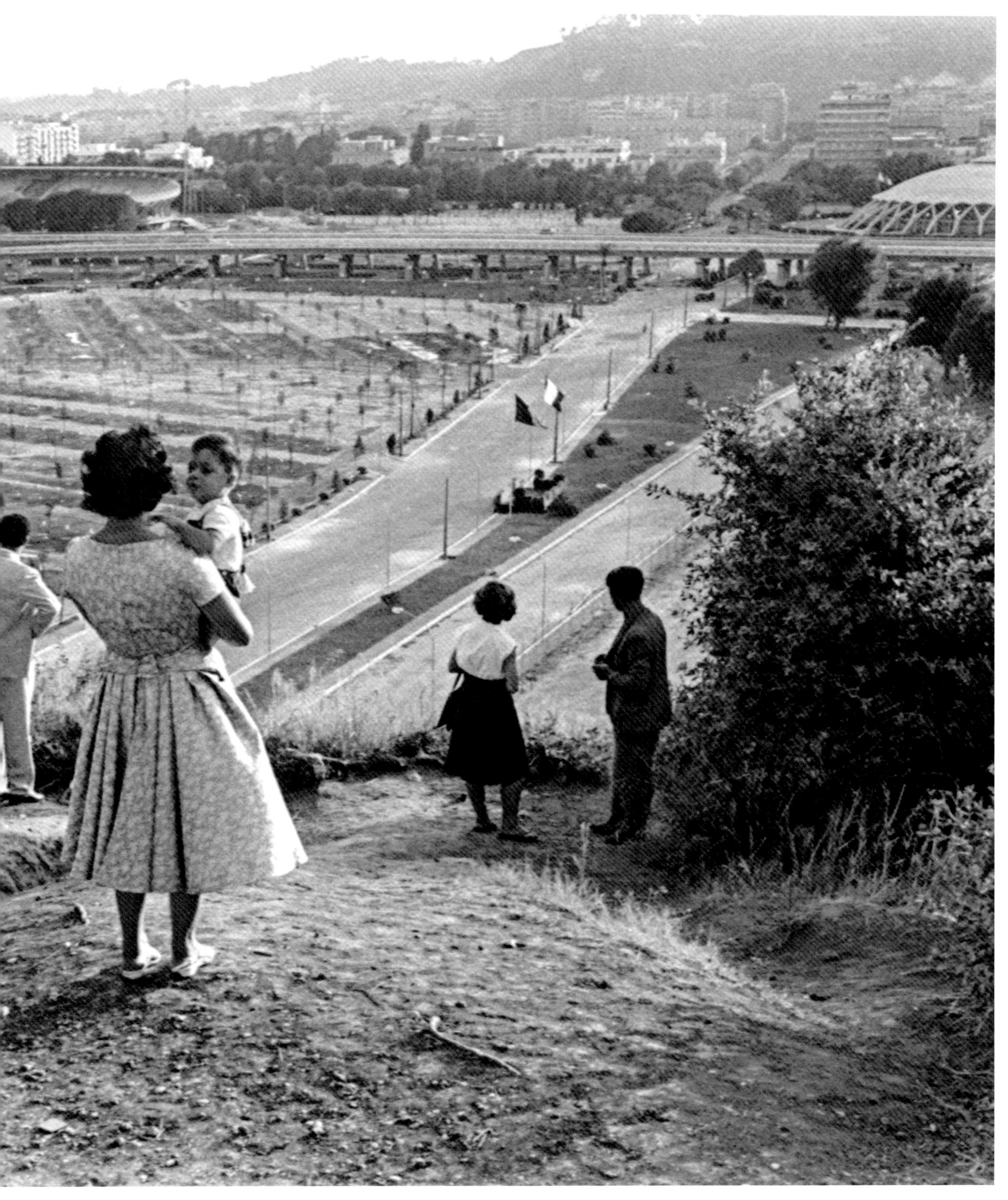

Il Villaggio Olimpico in costruzione, Roma / The Olympic Village under construction, Rome 1958

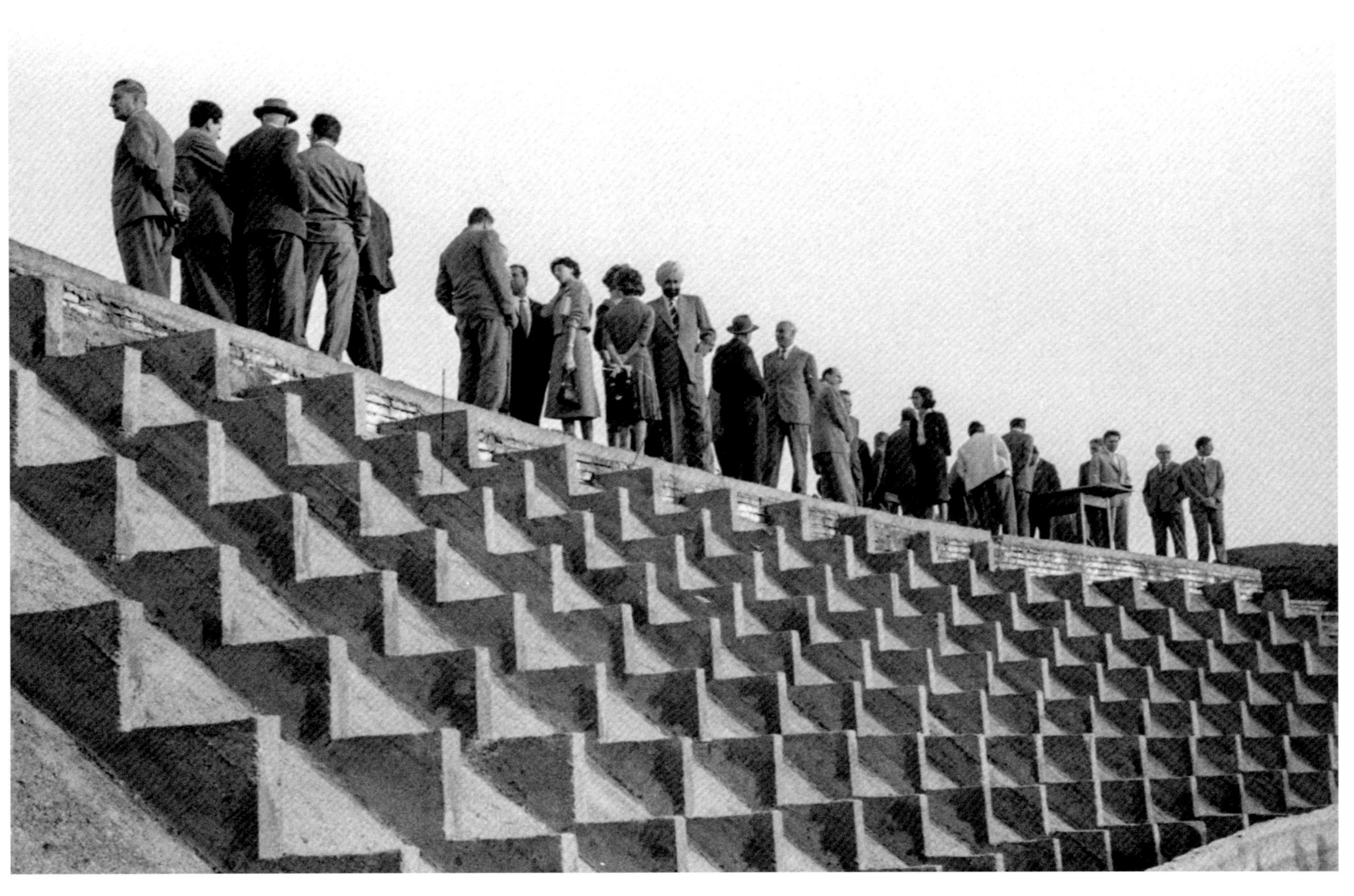

Rappresentanza dei corpi diplomatici in visita allo Stadio Olimpico in costruzione, Roma / Diplomatic delegations visiting the Olympic Stadium during construction, Rome 1954

Ester Bistolfi, Foro italico, Roma / Rome 1956

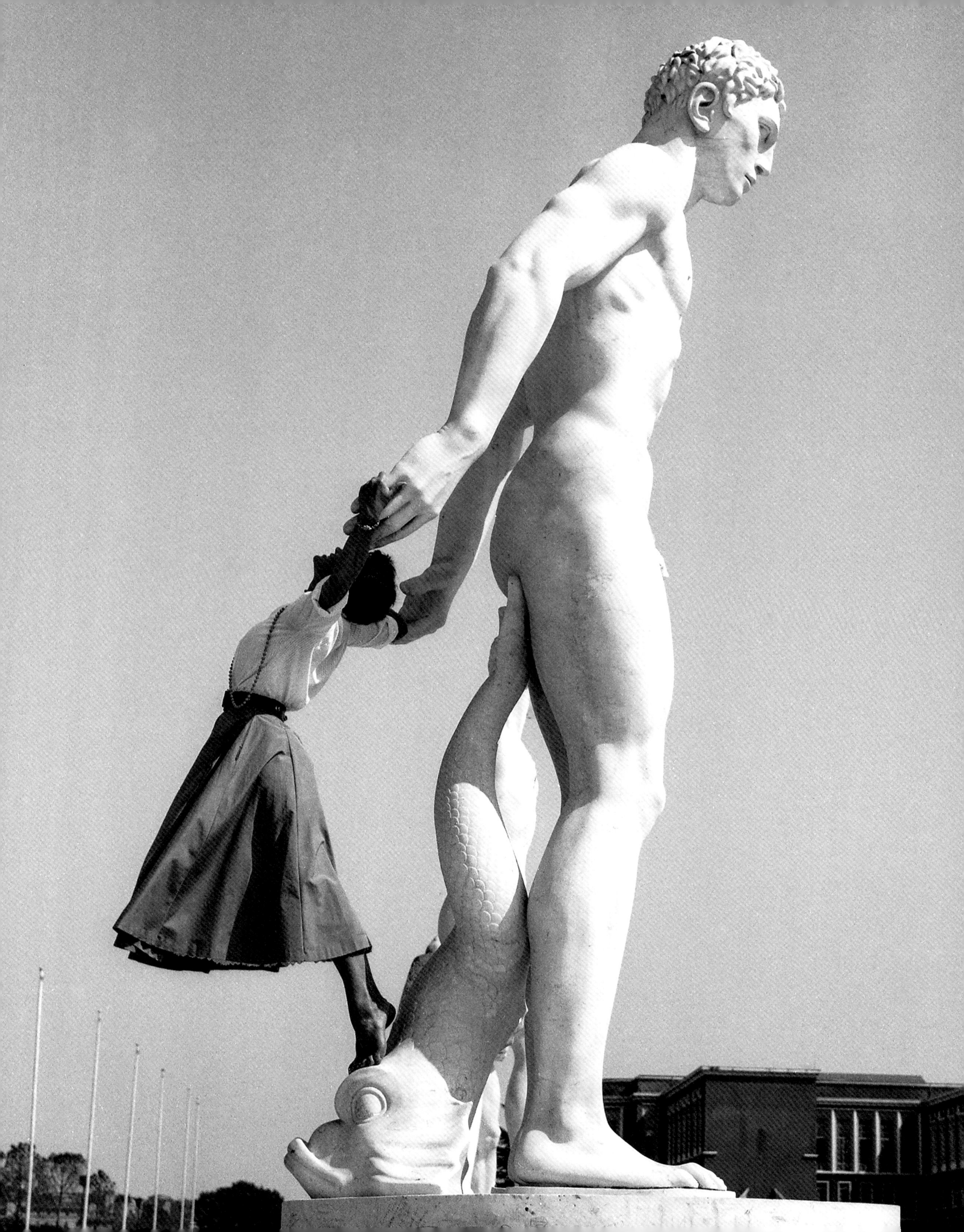

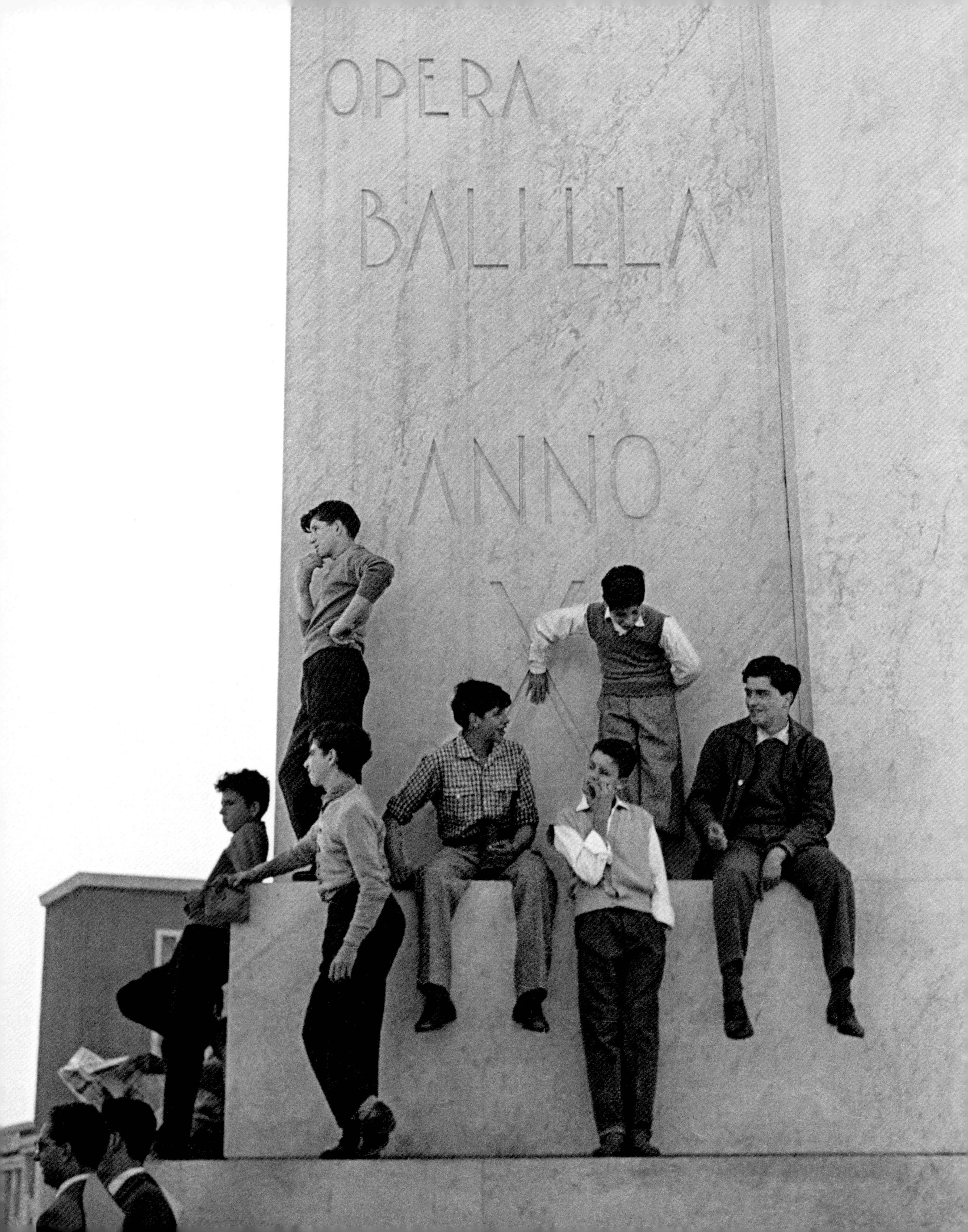

OPERA
BALILLA
ANNO
X

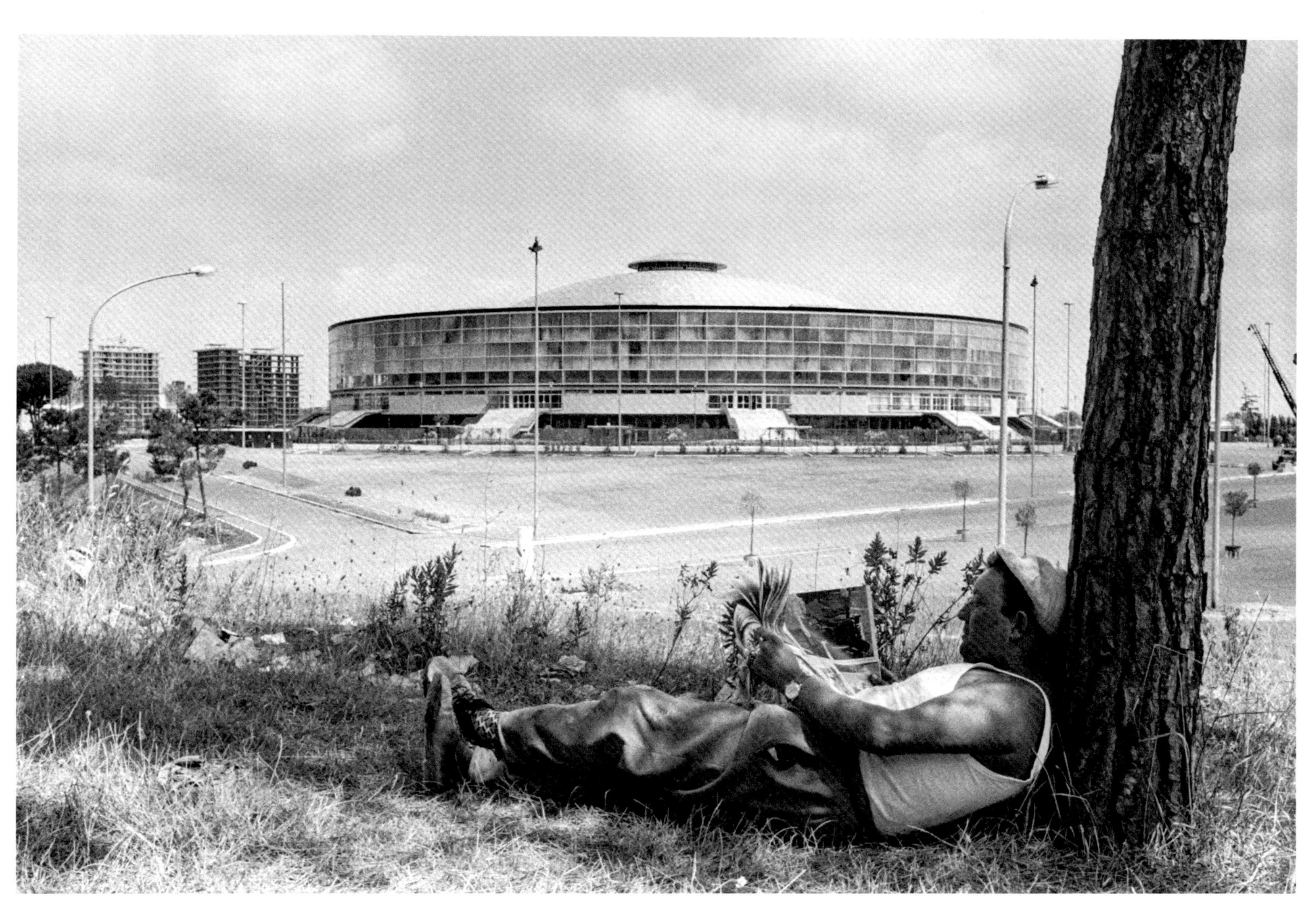

L'obelisco del Foro Italico, Roma / The obelisk at the Foro Italico, Rome **1956**

Palazzetto dello Sport, EUR, Roma, anni cinquanta / Rome, 1950s

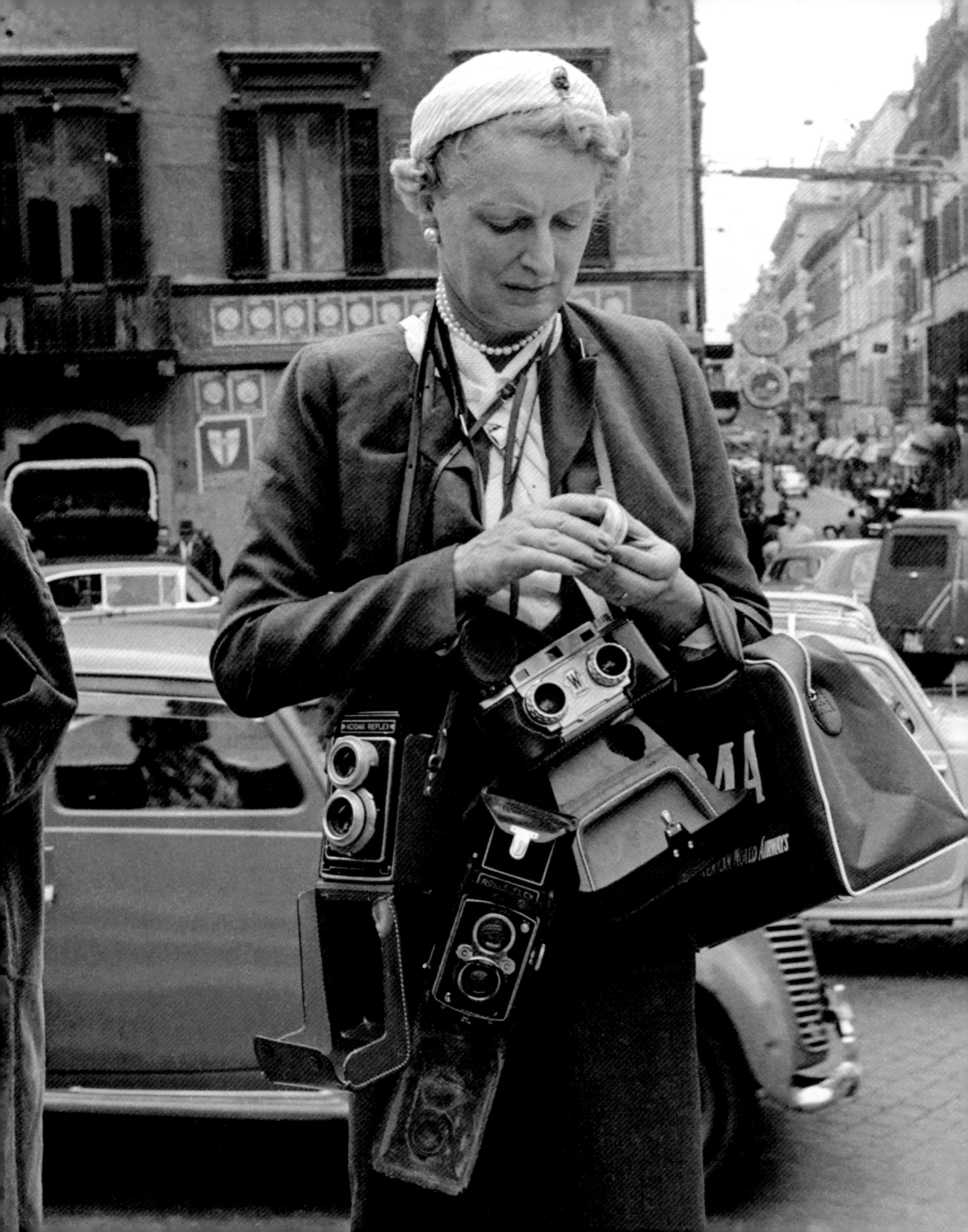
KODAK REFLEX

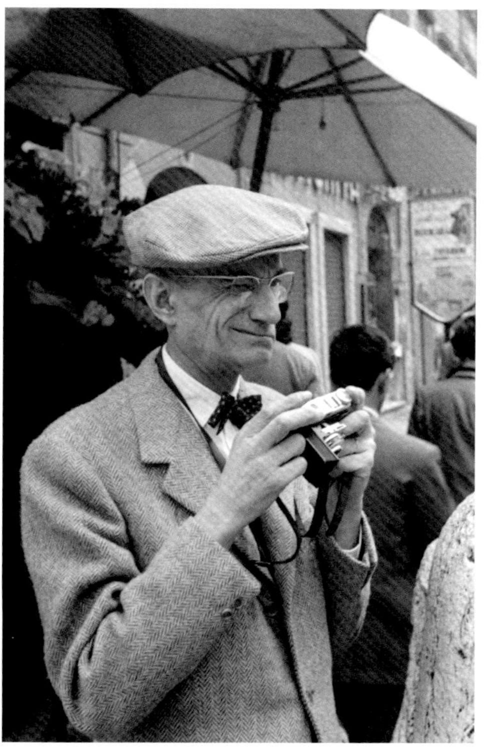
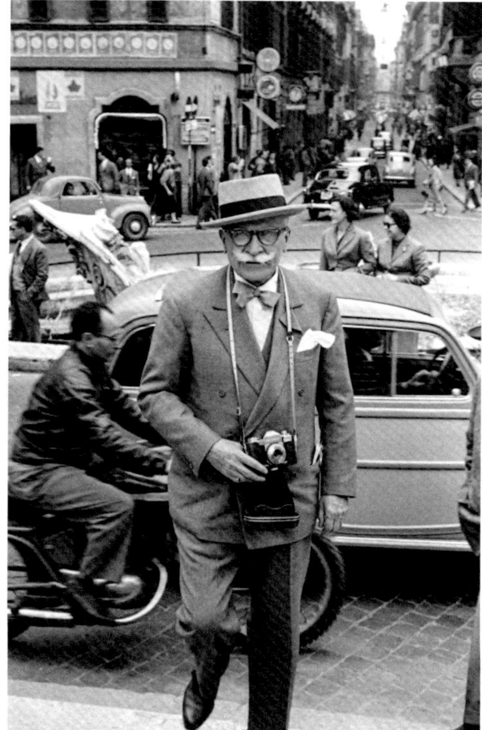
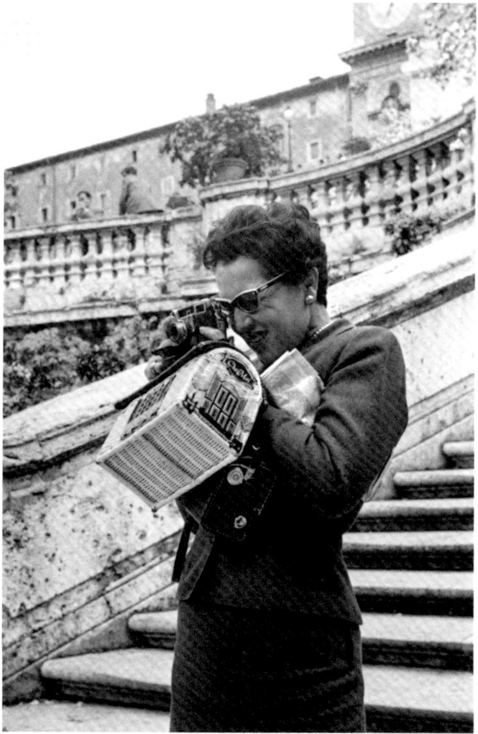
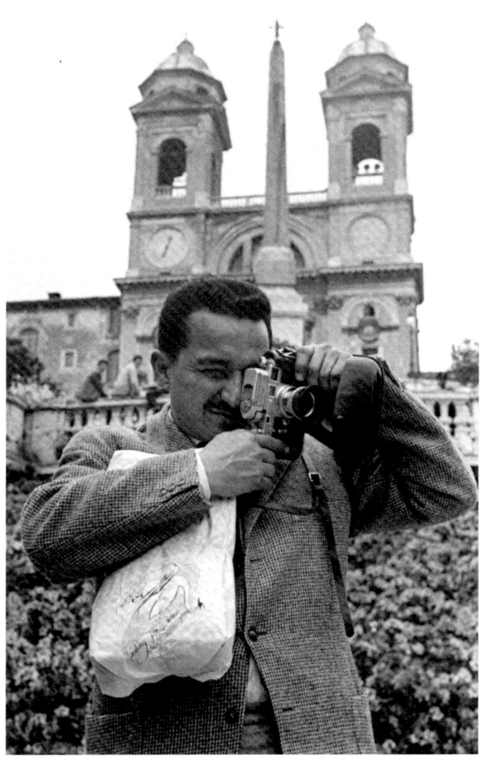
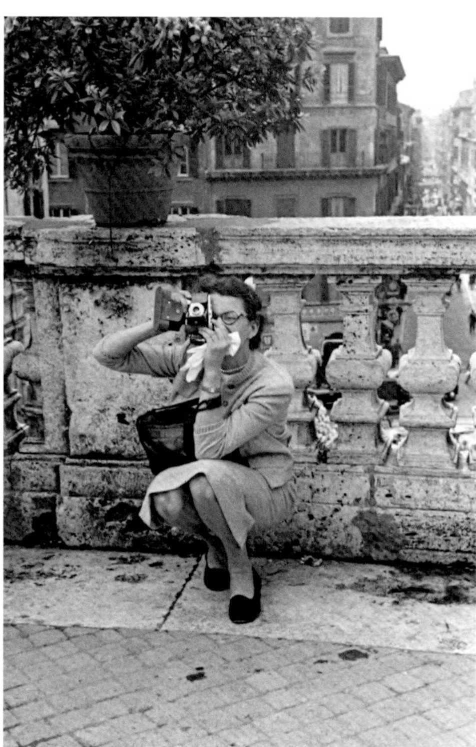
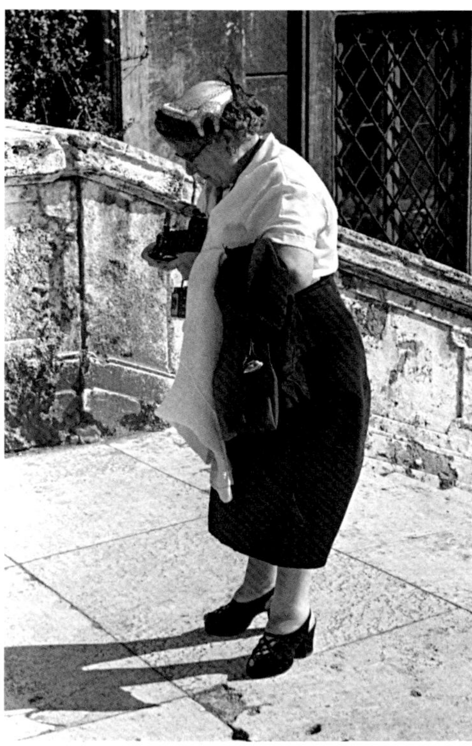

Fotografi a piazza di Spagna, Roma /
Photographers in Piazza di Spagna, Rome 1965

pagine seguenti / *following pages*
Cinecittà, trasporto di una scenografia,
Roma, anni sessanta / transport of a set design,
Rome, 1960s

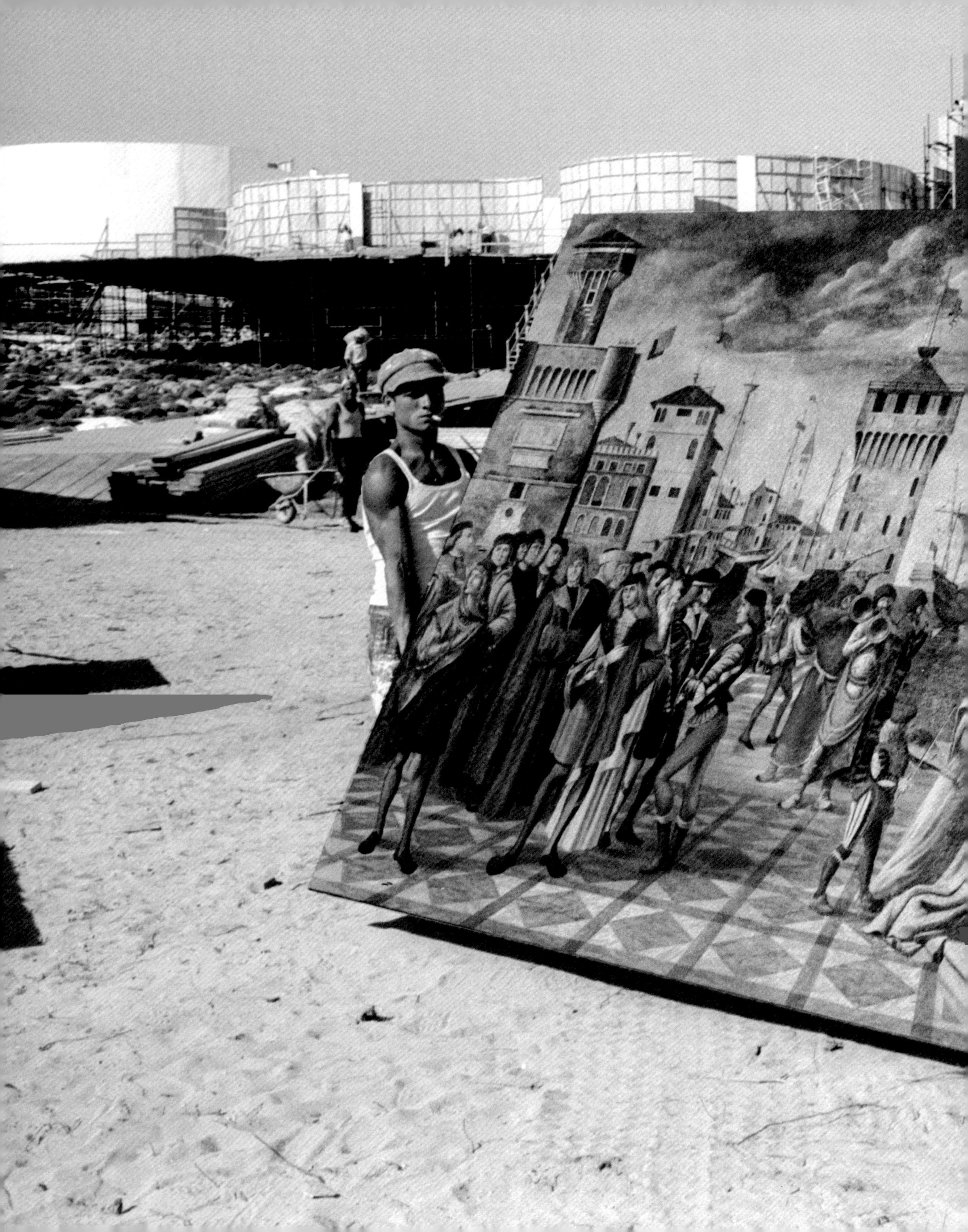

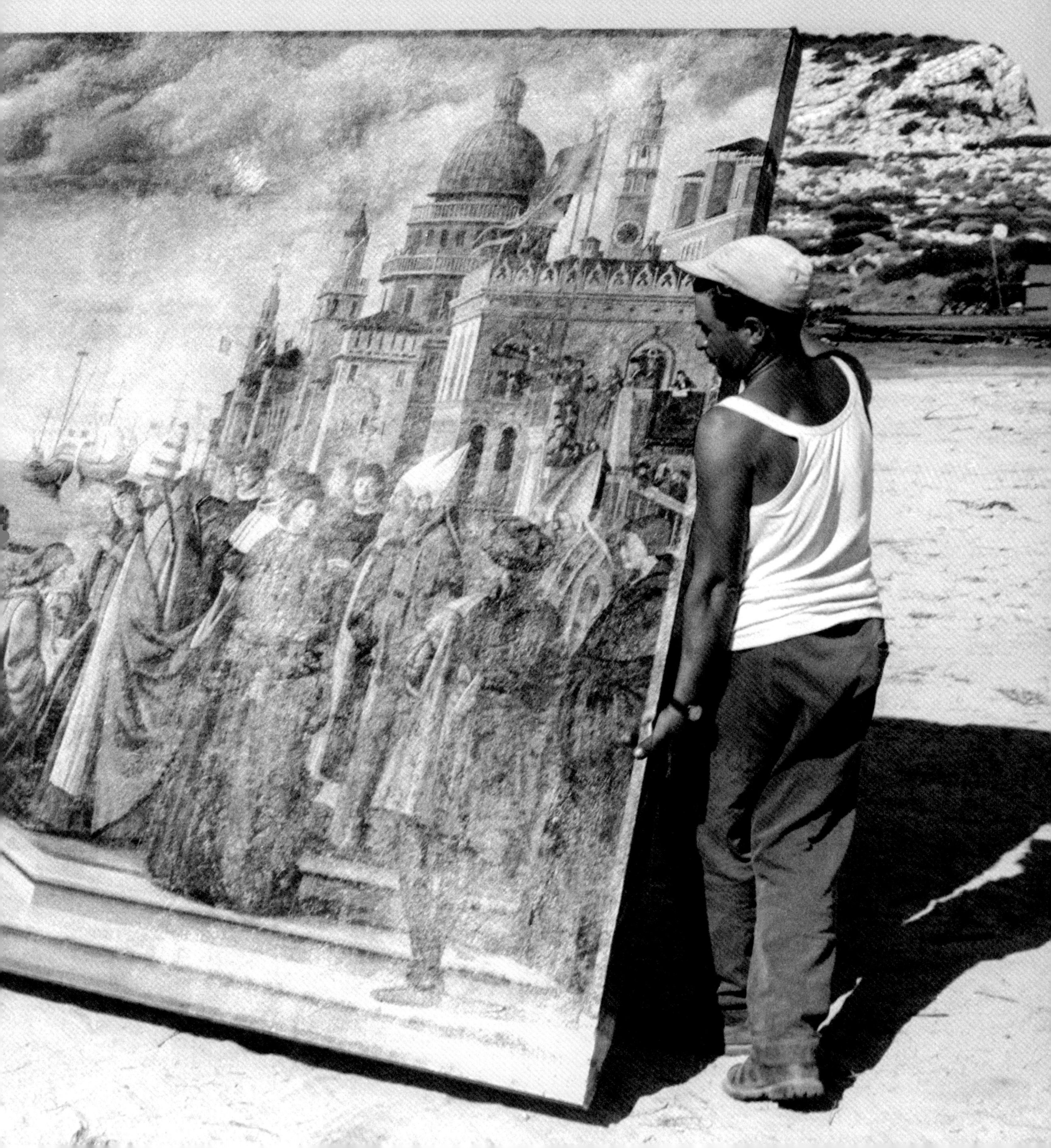

Venditrice di biciclette in vicolo del Pallonetto, Napoli / Bicycle seller in side-street of the Pallonetto district, Naples 1957

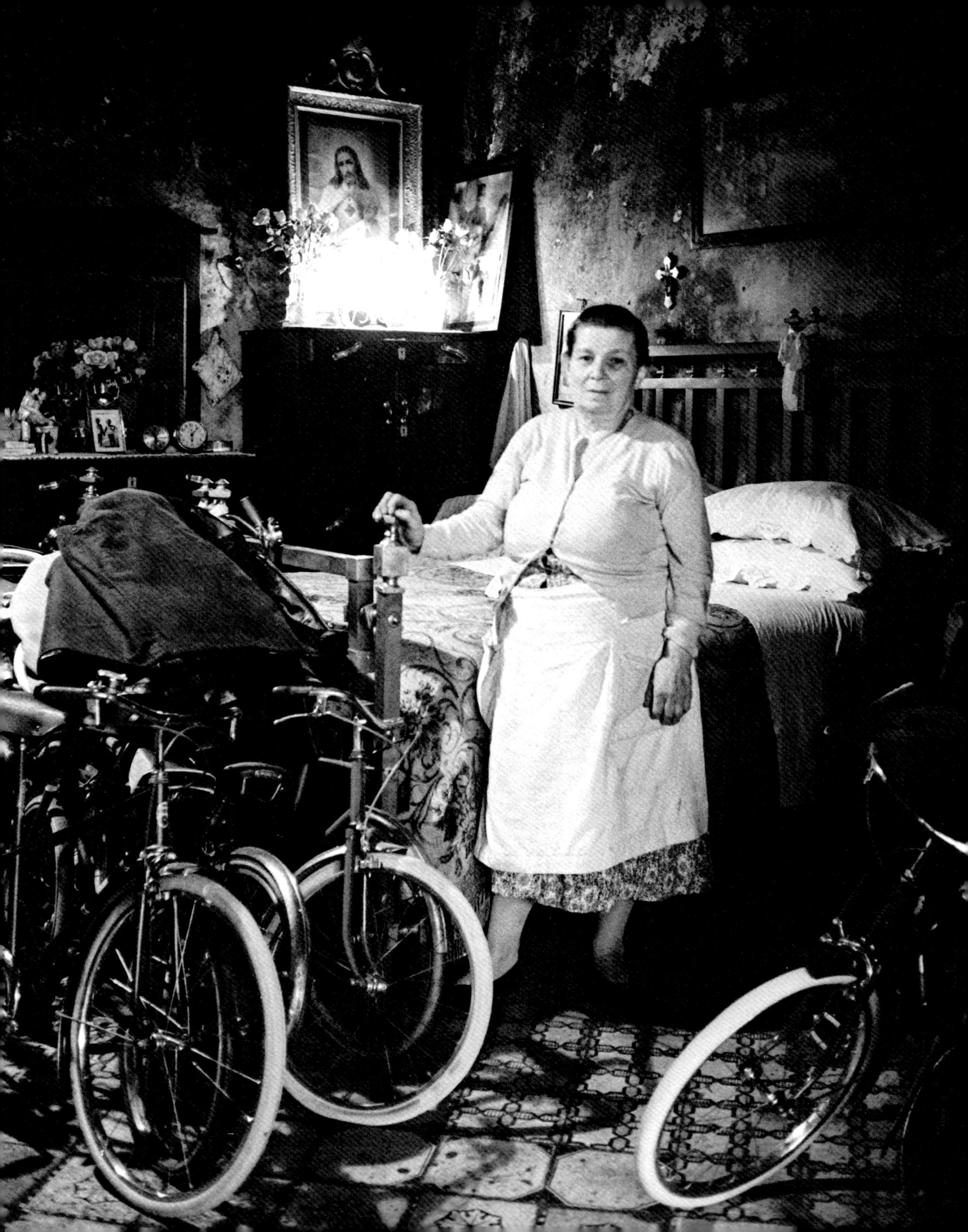

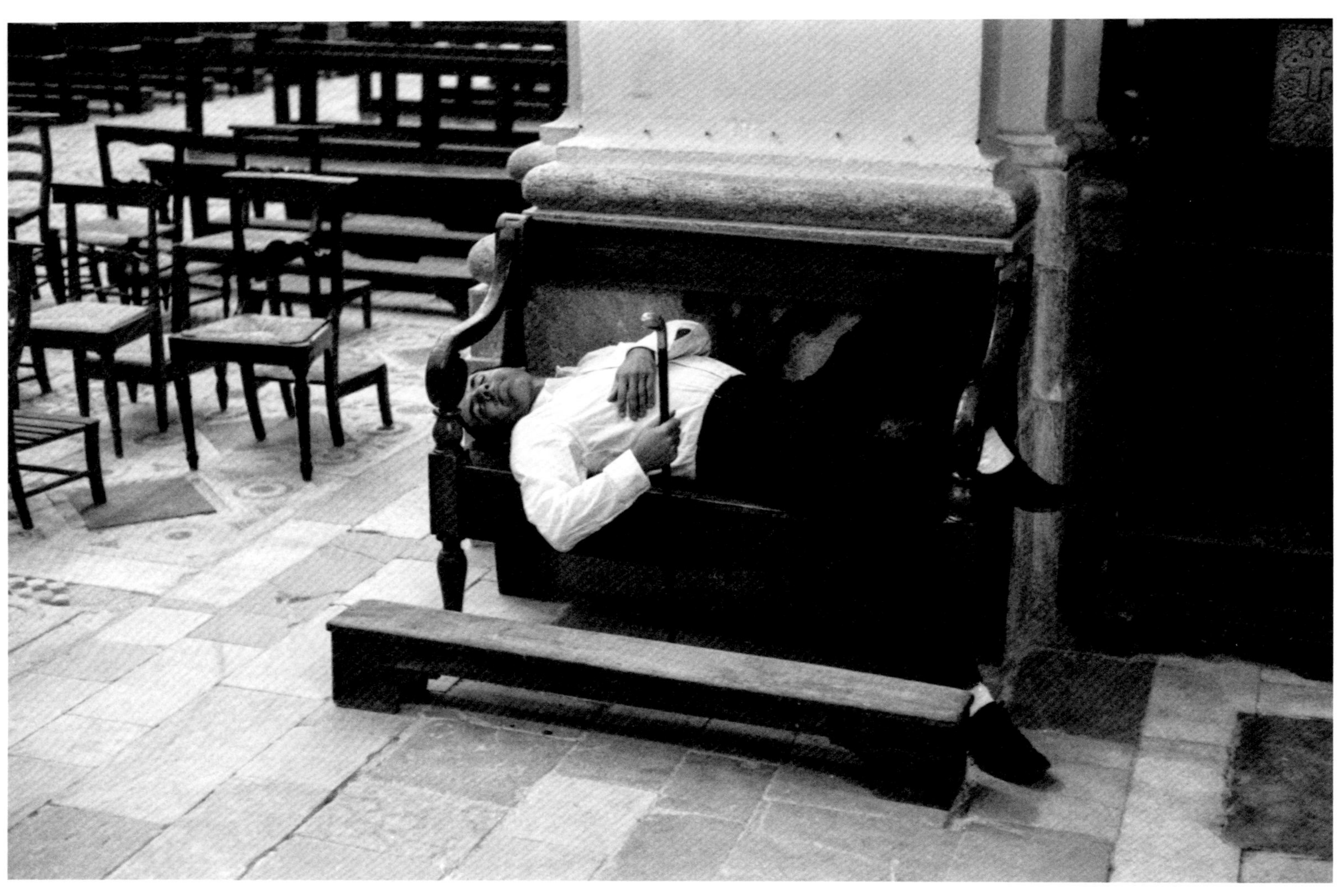

Il fresco in chiesa, Napoli, anni cinquanta / Fresh church, Naples, 1950s

Confessione / Confession, Caserta 1957

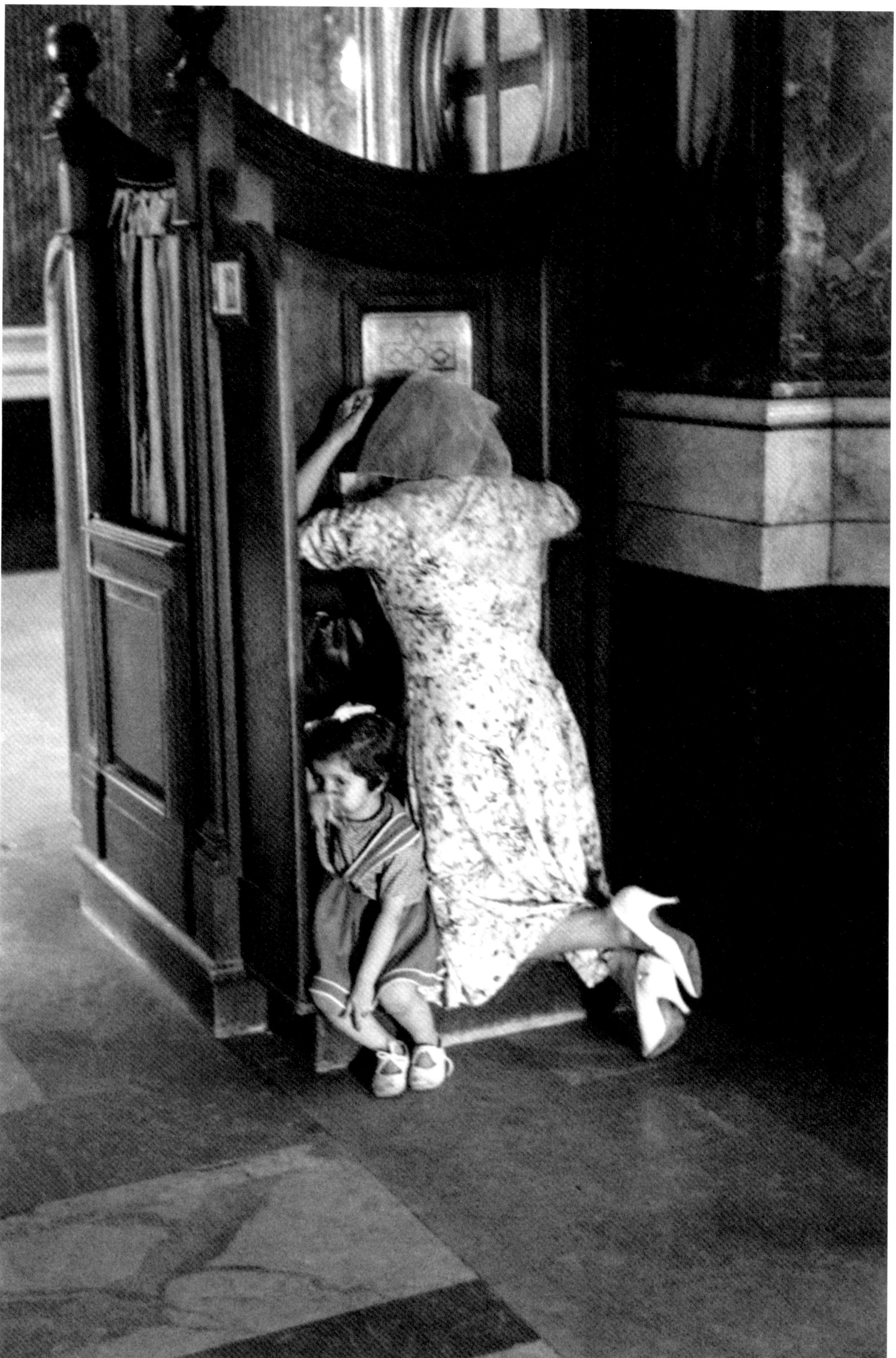

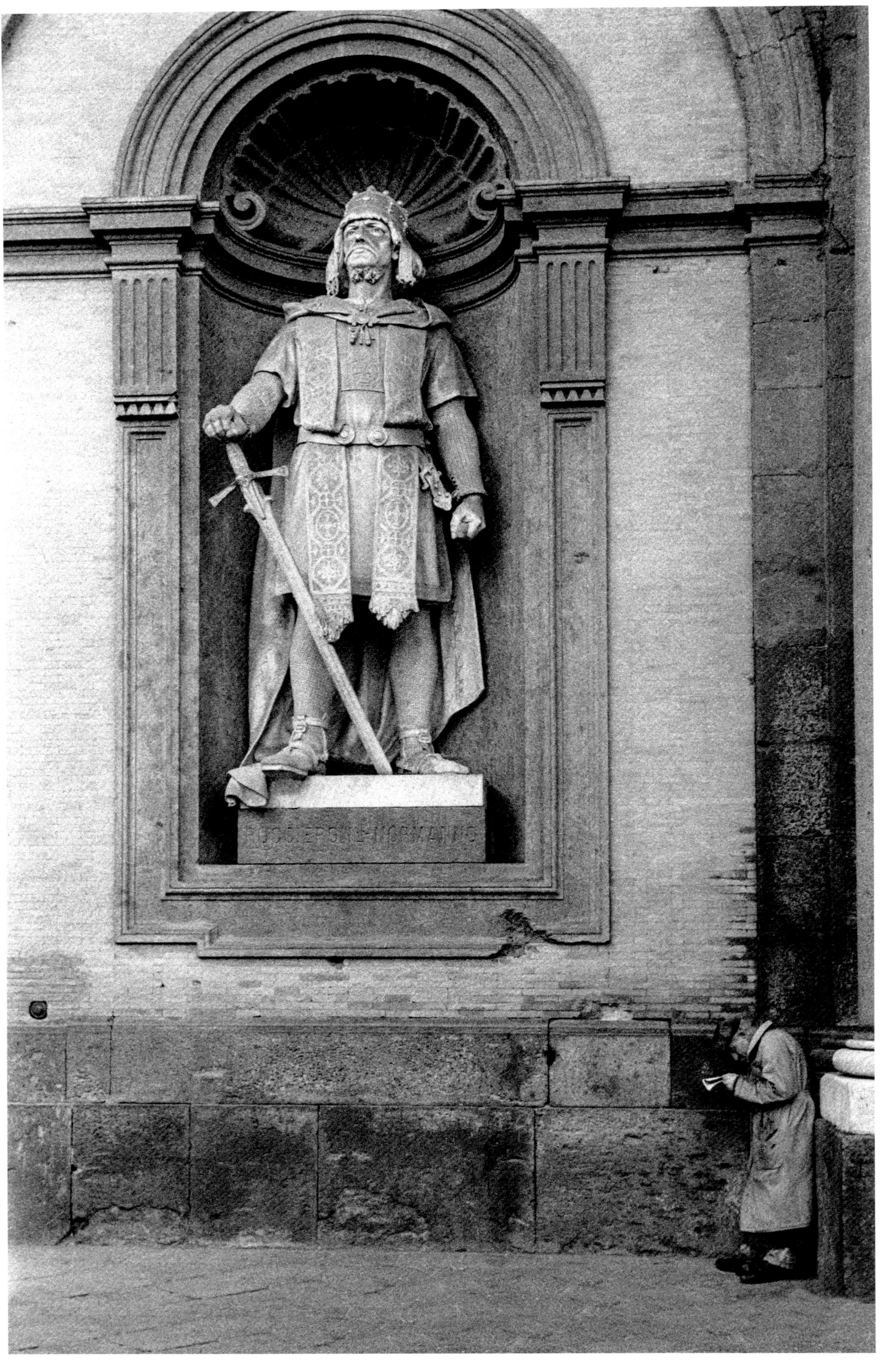

Piazza del Plebiscito, Napoli / Naples 1956

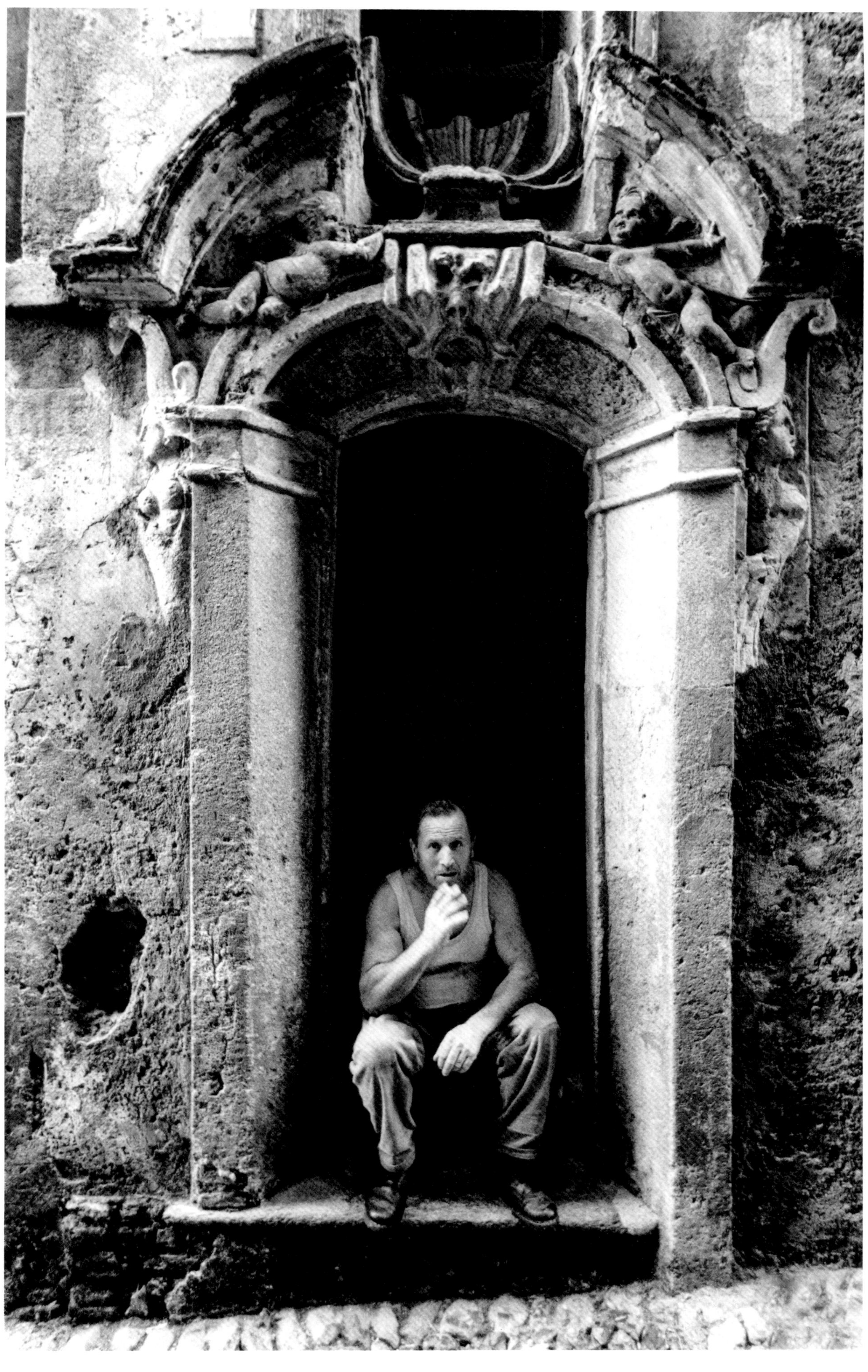

Vicolo nel Viterbese, anni cinquanta / Alley in the Viterbo area, 1950s

pagine seguenti / *following pages*
Discussioni politiche / Political discussions, Bologna 1962

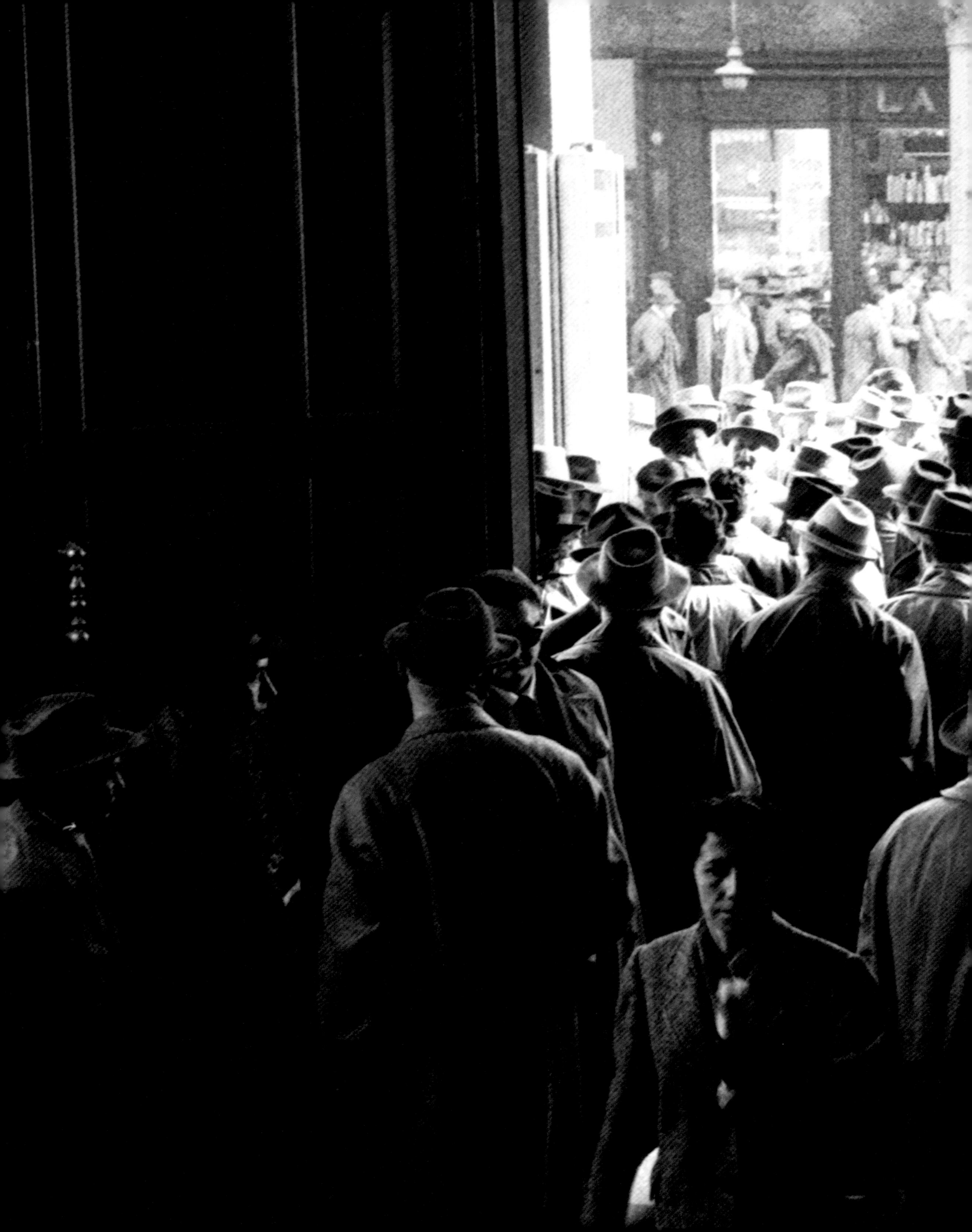
LA

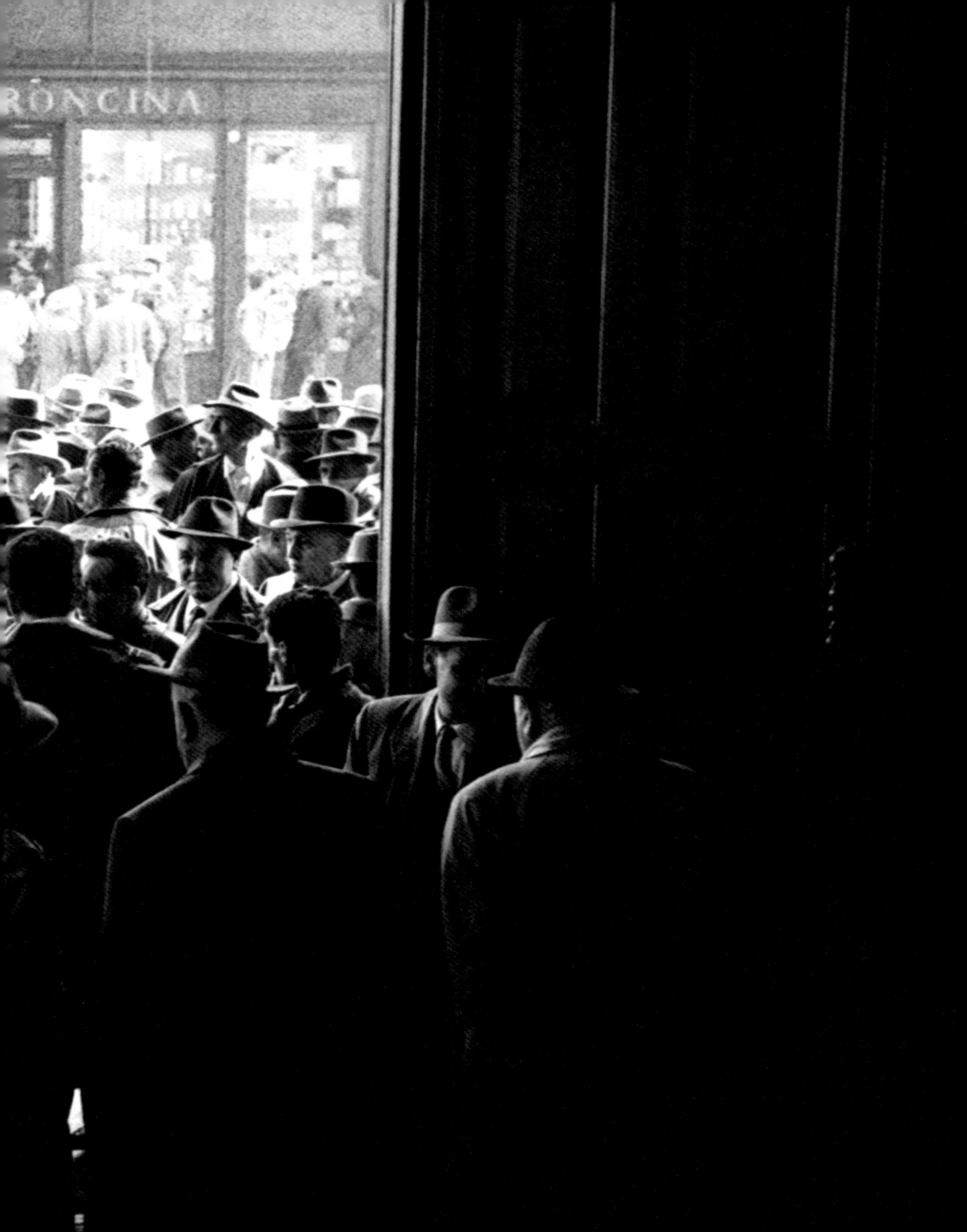
RONCINA

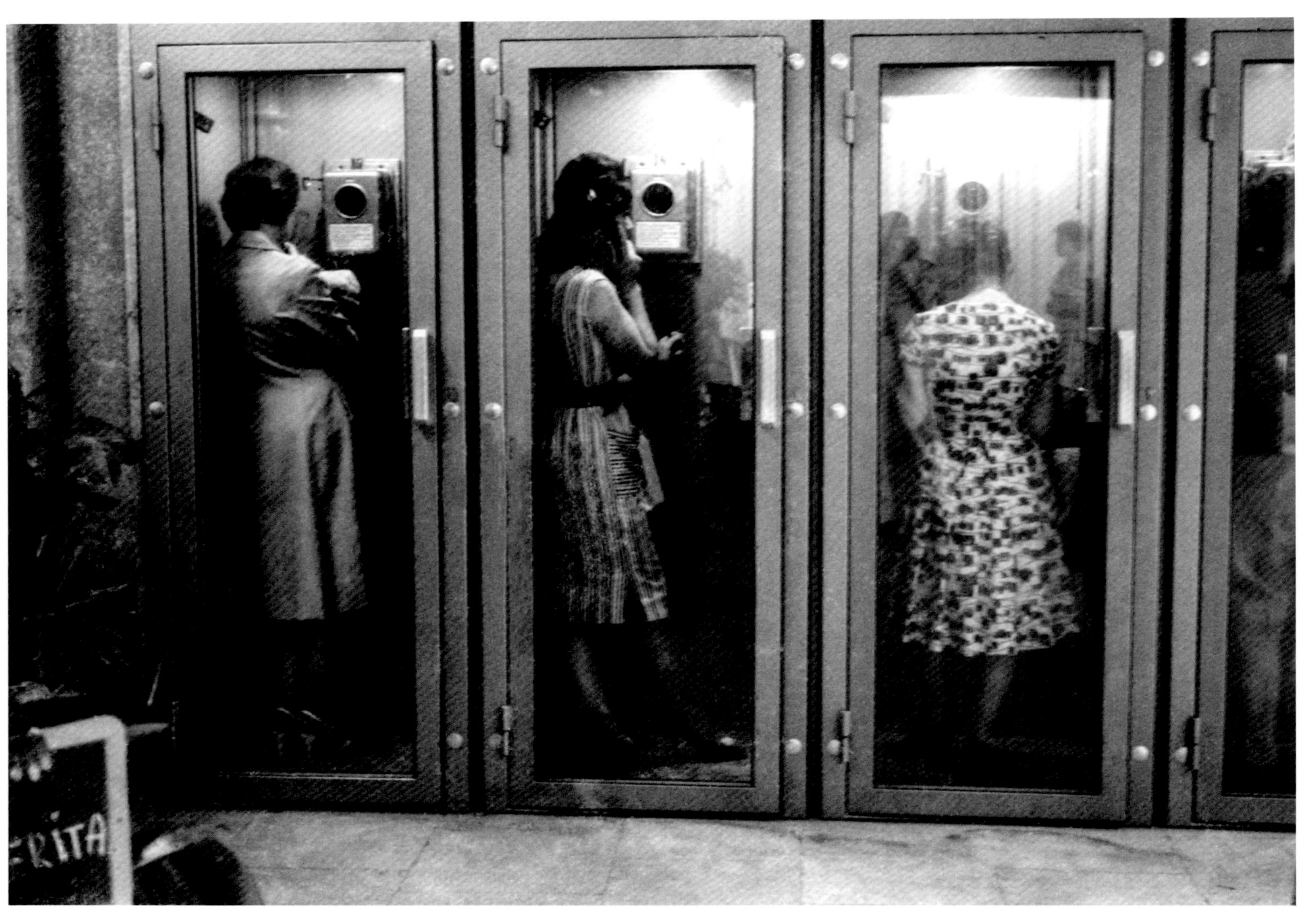

Cabine telefoniche, Padova / Telephone booths, Padua 1959

Juke-box, Venezia / Venice 1959

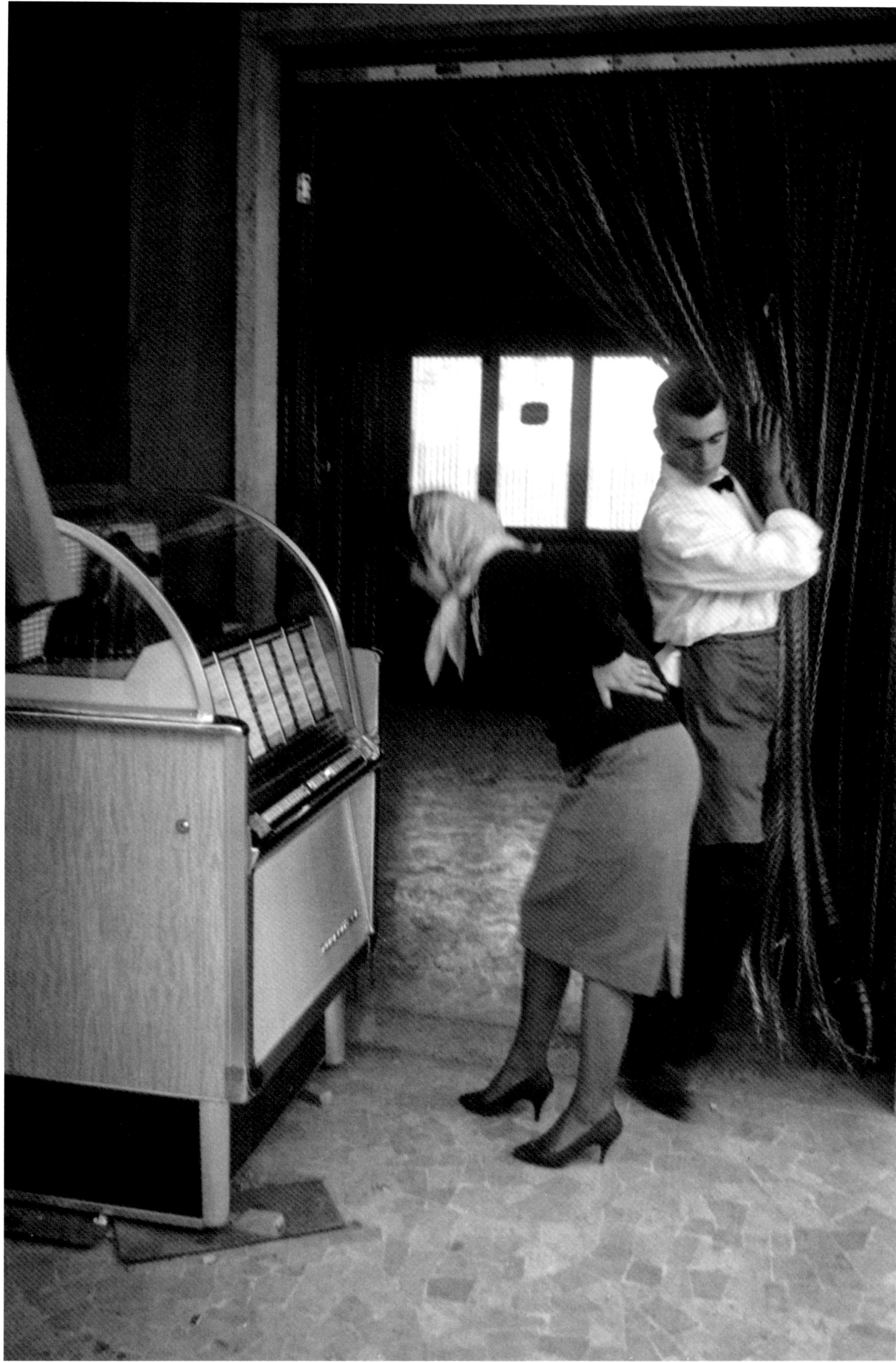

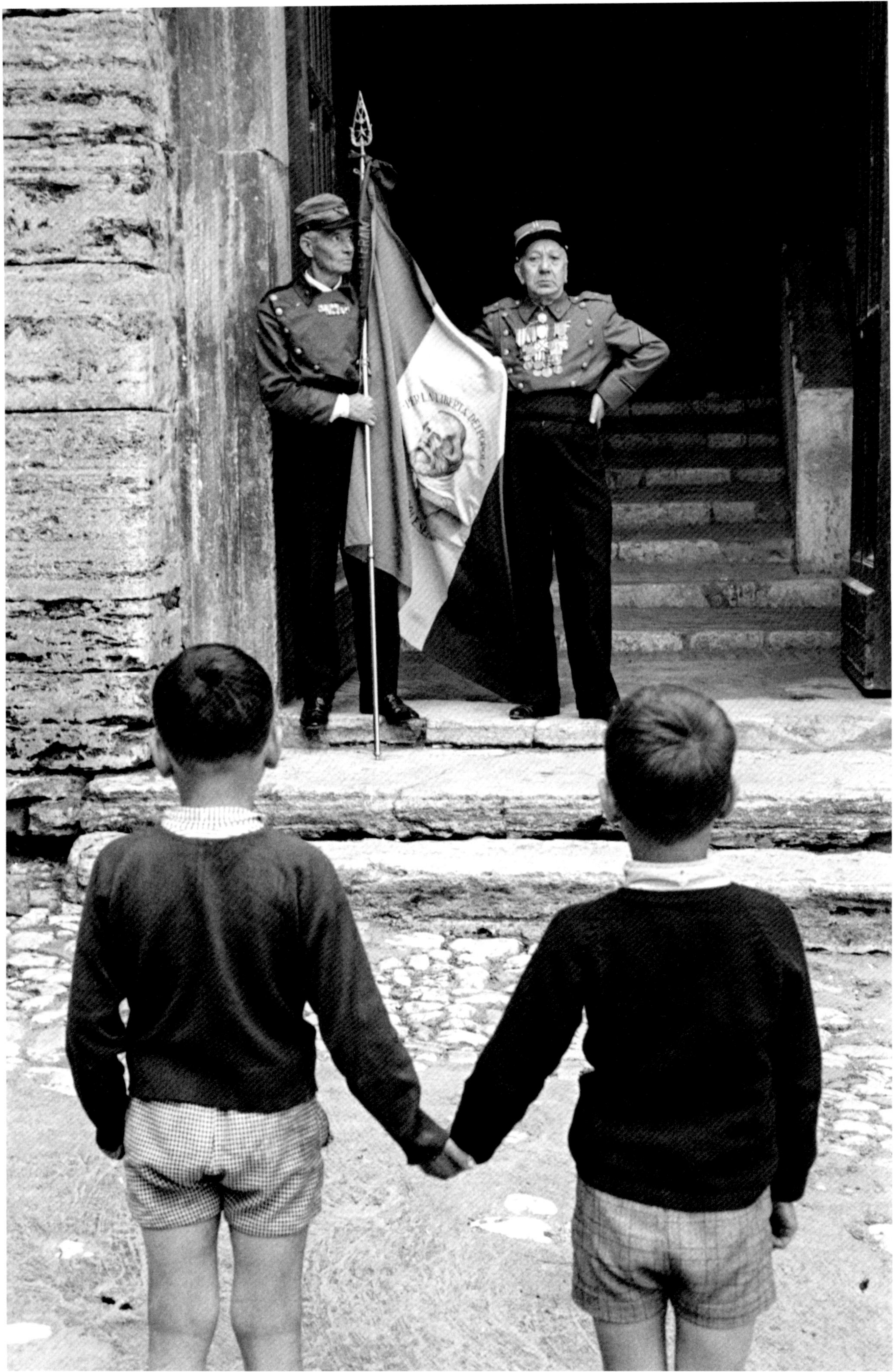

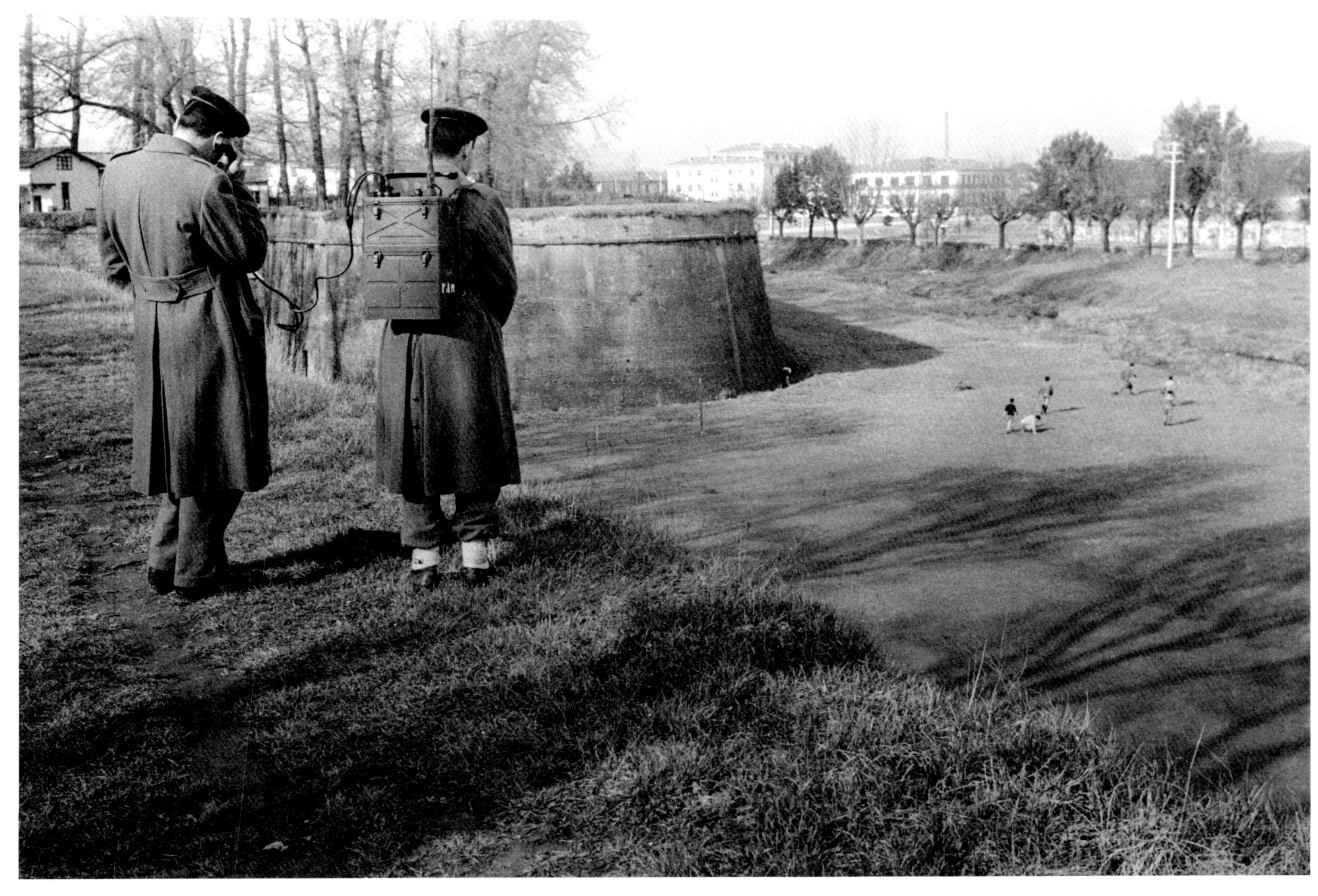

Celebrazioni dei Garibaldini / Garibaldi celebrations, Mentana (Roma / Rome) 1963

Esercitazioni militari / Military exercises, Lucca 1956

pagine seguenti / following pages
Aeroporto di Pantelleria, anni sessanta / Pantelleria airport, 1960s

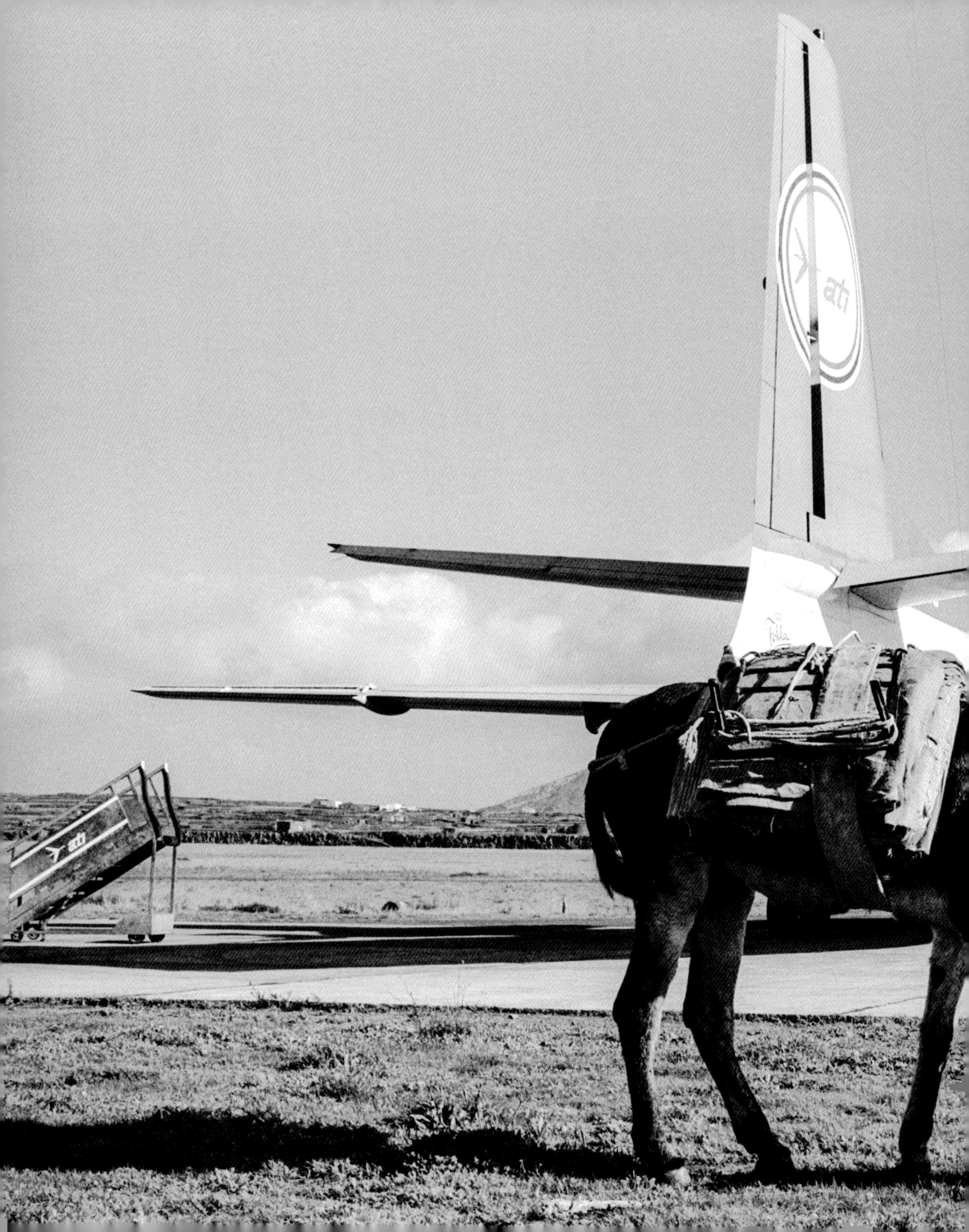
ati
ati

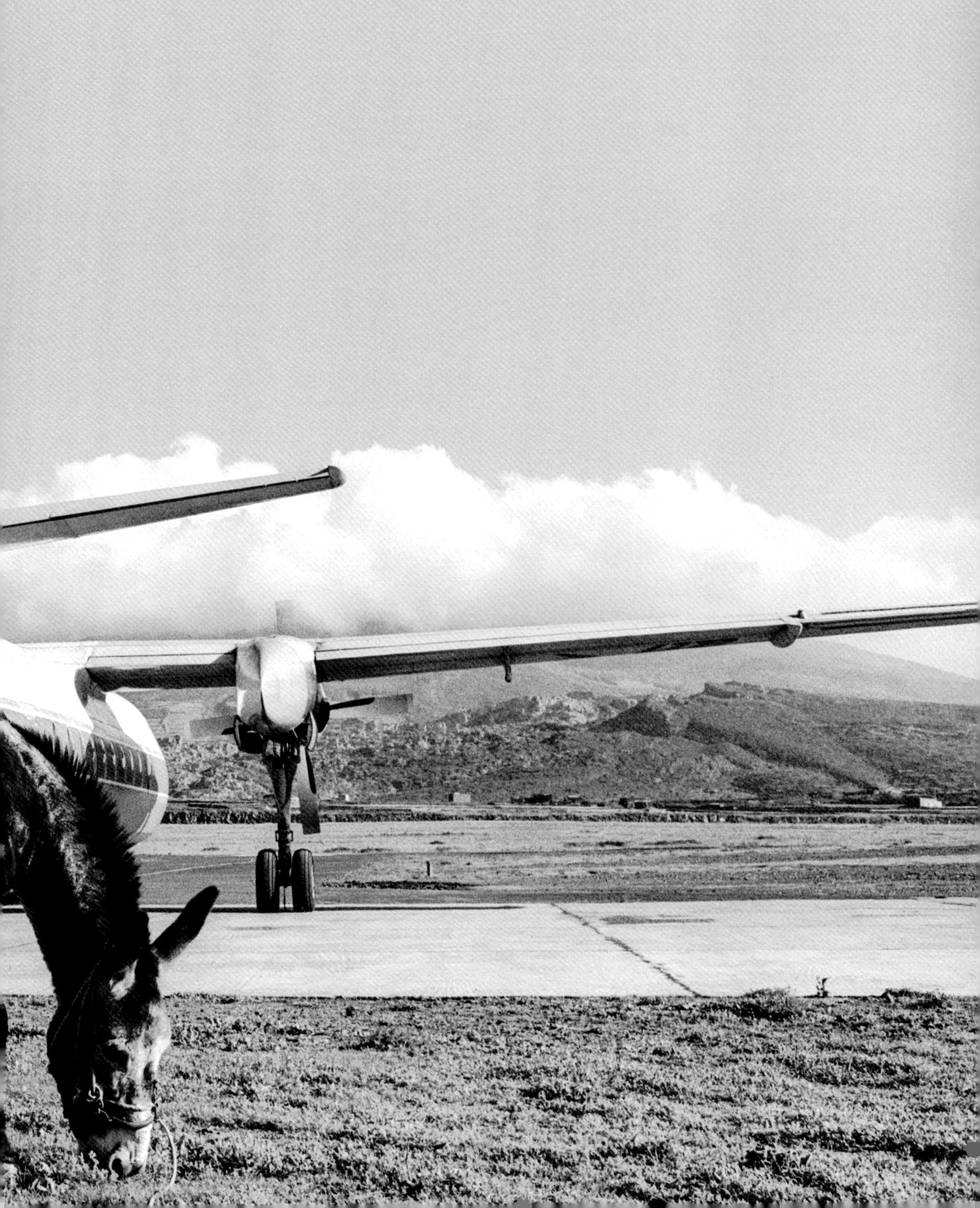

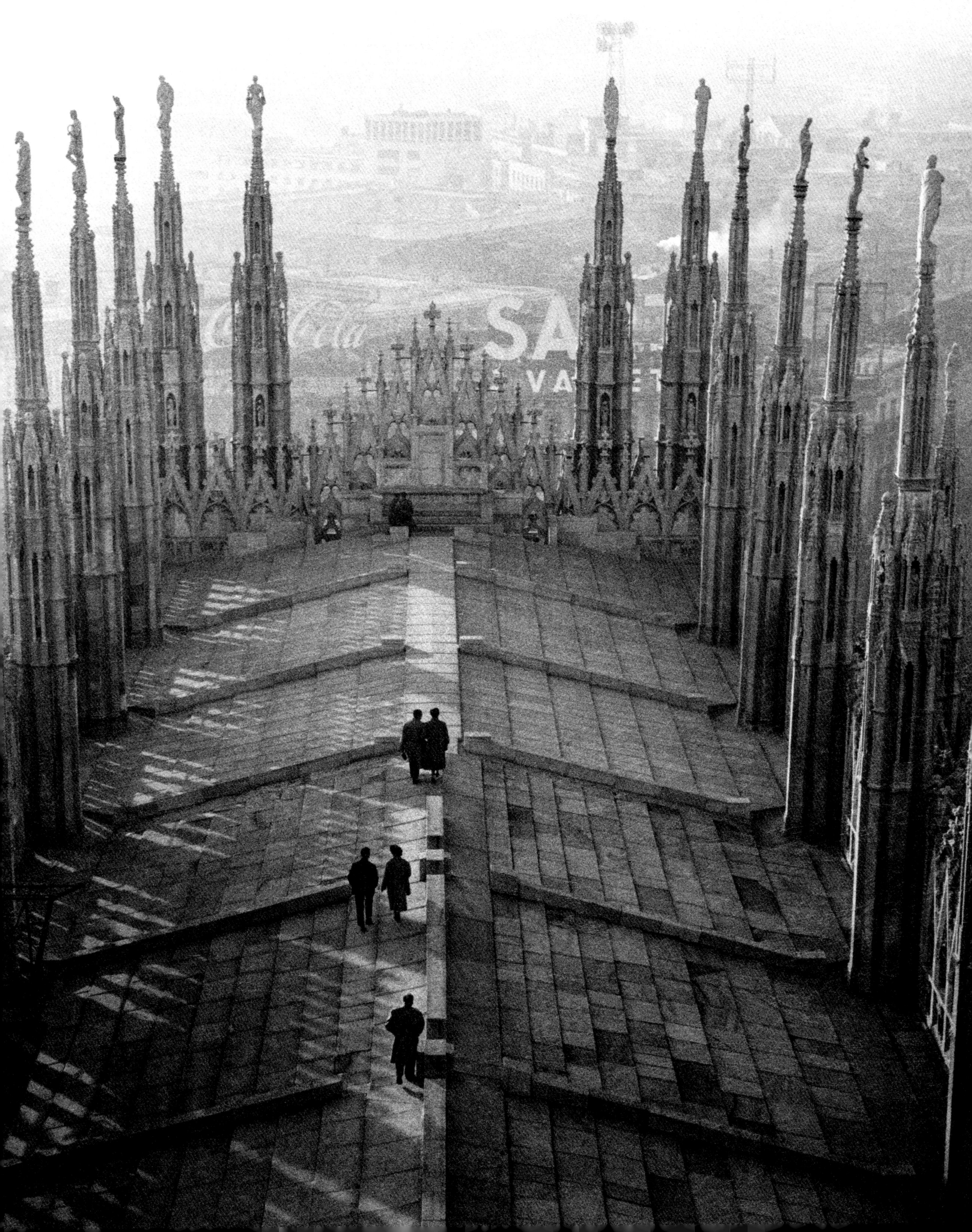

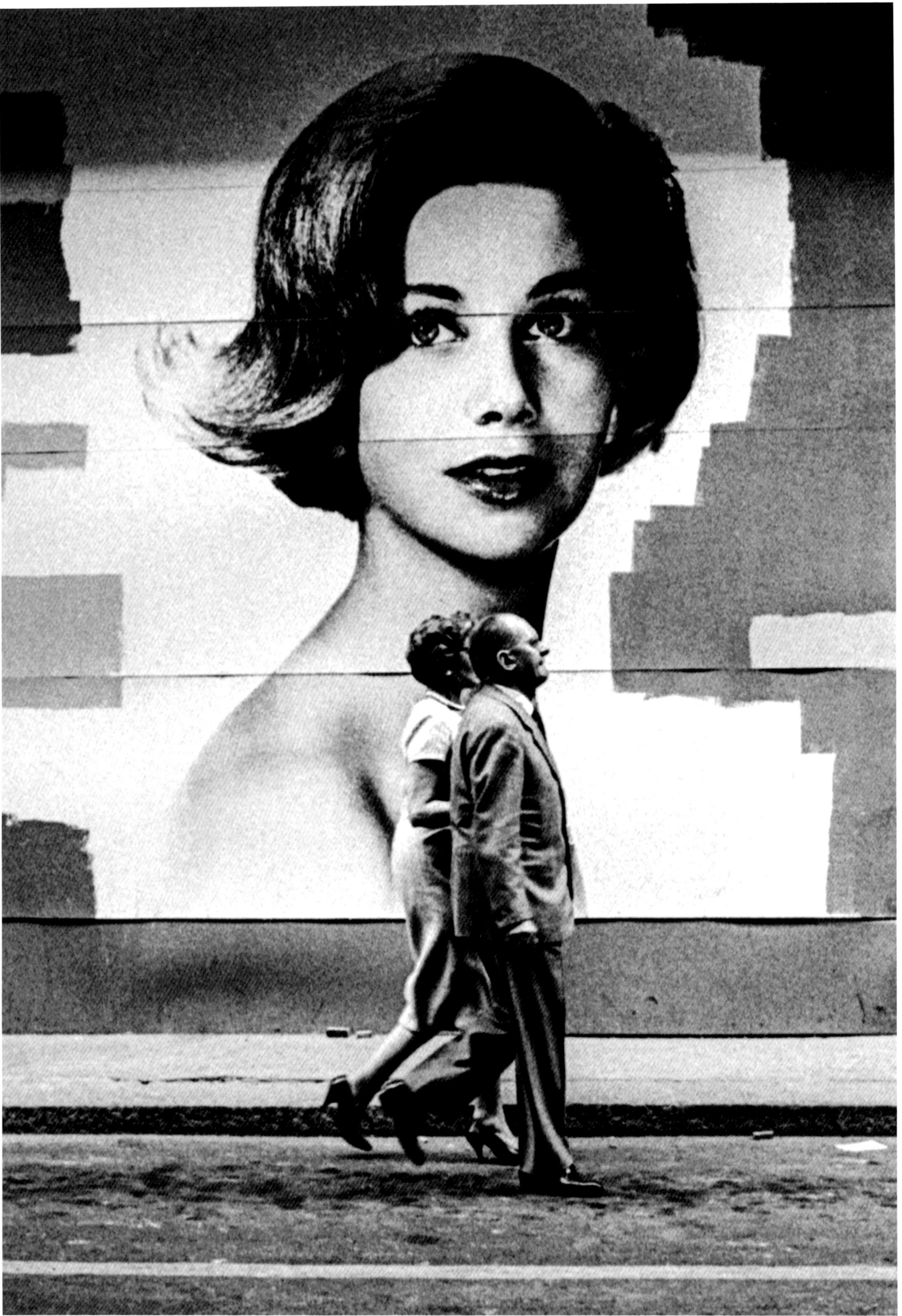

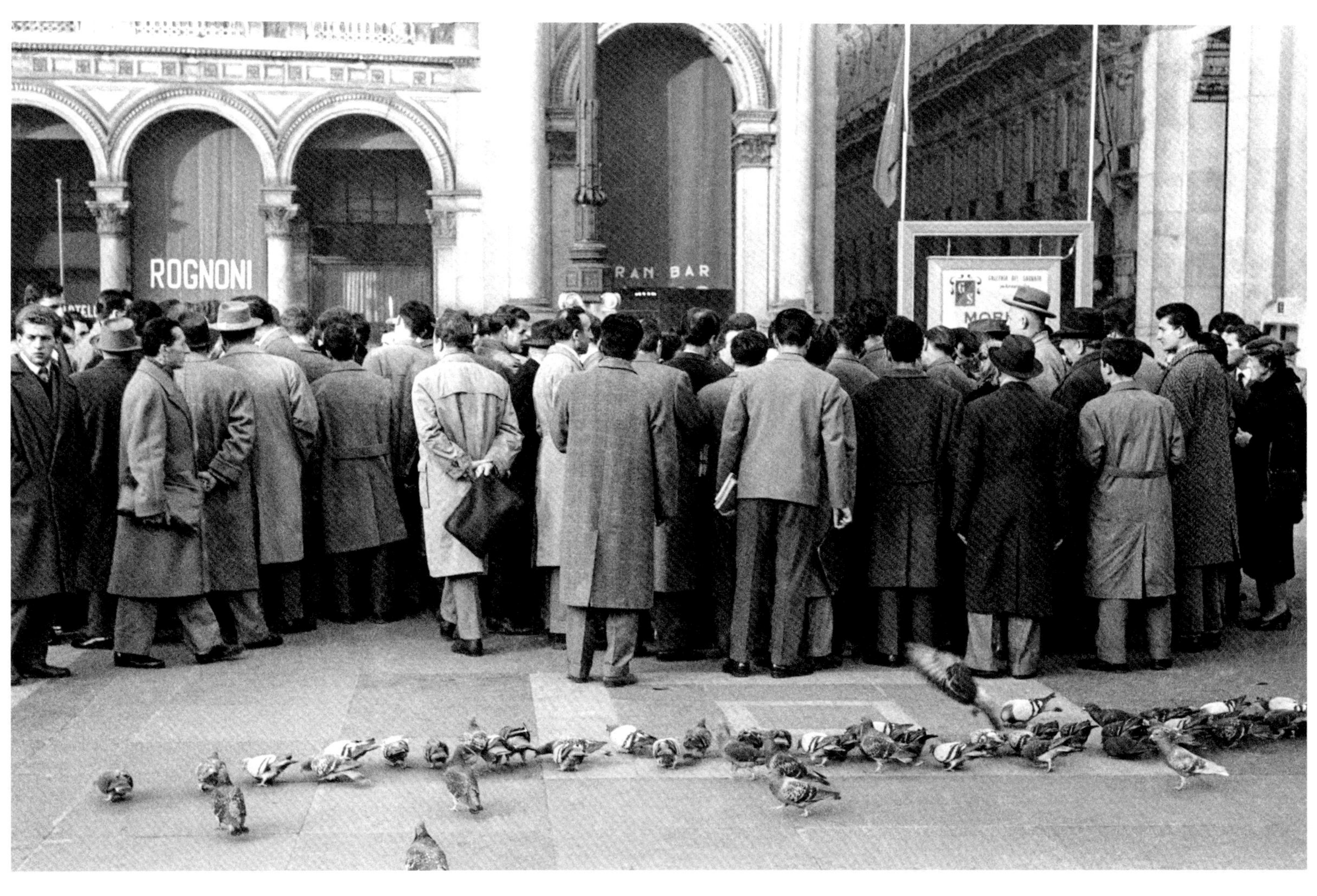

Via Montenapoleone, Milano / Milan 1961

Discussioni politiche in piazza del Duomo, Milano / Political discussionsin Piazza del Duomo, Milan 1958

pagine seguenti / *following pages*
Le luci di Natale di Bruno Munari, Milano / Christmas lights by Bruno Munari, Milan 1962

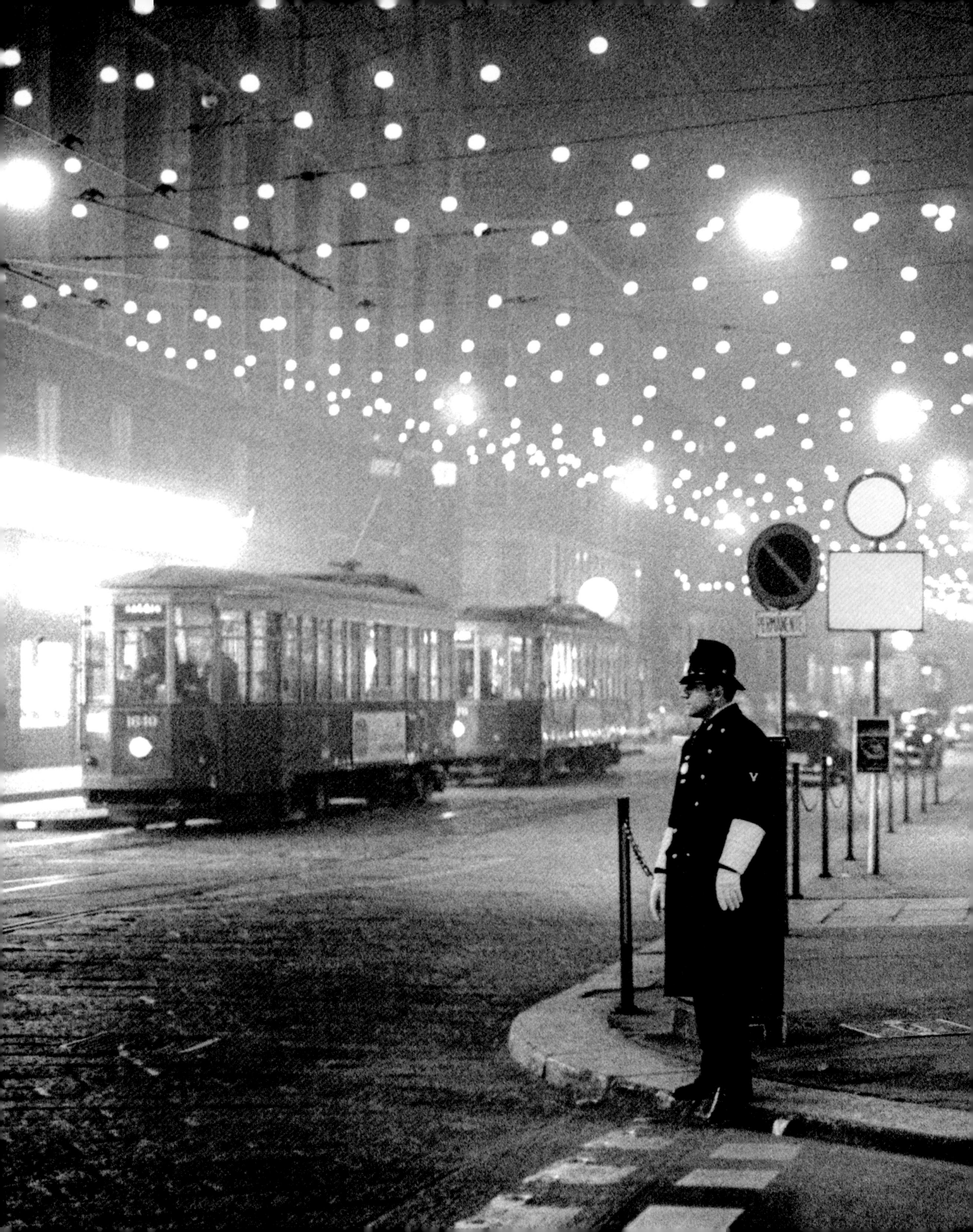

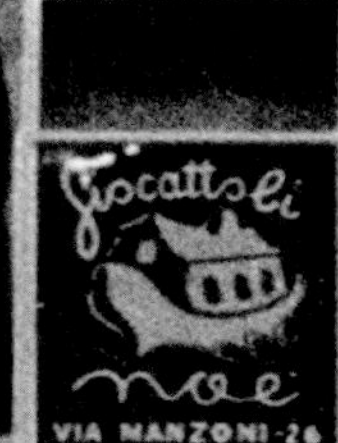
Giocattoli
noè
VIA MANZONI · 26

IL MONDO

Direttore: Mario Pannunzio - "Il Mondo" Soc. Ed. r. l. Direz. e Redaz.: Roma, Via della Colonna Antonina 52, tel. 684.687. Manoscritti, disegni e fotografie, anche non pubblicati, non si restituiscono — Tutti i diritti sono riservati - Reg. Trib. Milano 246 *bis*, 20-1-1949 - Printed in Italy

Amministrazione, Abbonamenti e pubblicità: Piazza di Pietra 31, Roma, tel. 675.610 - Una copia L. 100; Estero L. 130 - Abbonamento annuo L. 5000; Estero L. 7000 - C.C. postale 1/25844 - Spedizione in C.C. postale Gruppo 2° Distribuzione A. e G. Marco - Stampatore: Rotocolor, Roma

890 - ANNO XVIII - NUMERO 10 - LIRE 100 ★ SETTIMANALE POLITICO ECONOMICO E LETTERARIO ★ ROMA 8 MARZO 1966

AI LETTORI

QUESTO CHE oggi diamo alle stampe è l'ultimo numero de "Il Mondo". Esso non differisce dal primo apparso diciotto anni orsono: la stessa veste, lo stesso impegno politico e culturale hanno conservato costante il suo indirizzo nel corso di una lunga ed attiva esistenza. Non sta a noi giudicare il segno lasciato dalla nostra presenza nel dibattito che ha accompagnato il risorgere di un ordine democratico nel nostro paese. Un giornale liberale, un giornale laico e antifascista, un giornale indipendente, doveva impegnarsi sui problemi della libertà e del costume civile, e non vi è stata questione di educazione del cittadino, di rinsaldamento dello Stato e delle istituzioni parlamentari, di efficienza di governo e di moralità pubblica, di politica interna e internazionale, di economia sociale e di conflitto fra l'interesse privato e quello collettivo, di fronte alla quale il giornale non abbia detto quel che gli è sembrato di dover dire, anche se le sue parole sono apparse spesso verità scomode e qualche volta dure.

Forse i lettori avranno già trovato nei nostri ultimi commenti il preannuncio di quella che è oggi una decisione. In un paese di recente ricostruzione democratica, la spinta ideale delle forze politiche si trova davanti potenti concen- [illegible] e di bisogni, [illegible] cul- [illegible] problematico. Le opinioni dei partiti, dei gruppi, degli uomini disinteressati sembrano una specie di inutile giuoco di gente irrequieta. Contano i problemi del benessere, della uniformità sociale e del consenso perpetuo. Non accade soltanto in Italia, e lo si sa bene; ma in Italia il disinteresse per la cosa pubblica e per i dibattiti morali e culturali trova sempre un terreno di rifugio e di fuga. Il nostro paese legge meno degli altri paesi e i mezzi di informazione sono più che altrove dominati dal conformismo e dall'ossequio. Domina soprattutto, in Italia, la presenza di un potere radicato e penetrante, di un governo segreto, morbido e sacerdotale, che conquista amici ed avversari e tende a snervare ogni iniziativa e ogni resistenza.

Abbiamo sempre sostenuto il dovere delle minoranze, dei partiti, dei gruppi e degli individui di rompere questo clima, di opporsi, di criticare, di protestare, di lavorare insieme. Perfino un partito politico, il partito radicale, fu fondato su questo impegno. Per anni abbiamo sollecitato socialisti e repubblicani, liberali autentici e indipendenti, a costruire alleanze democratiche, fronti laici, terze forze; abbiamo denunziato, nel nostro giornale e nei nostri convegni, l'invadenza clericale, il sottogoverno delle maggioranze, i connubi tra mondo politico e mondo economico. Abbiamo deplorato con ostinazione la chiusura irrimediabile del mondo comunista alle sollecitazioni della libertà. Nei momenti migliori una fortunata convergenza di minoranze ha sollevato il paese dalla sua vita stagnante: la destra è stata sconfitta, il degenere partito liberale è ormai una moneta fuori corso, i fenomeni più balcanici del clerico-fascismo sono stati in gran parte cancellati. Caduto il centrismo, nuove forze sociali, sciolte dalla soggezione comunista, sono oggi nel governo. Eppure il mondo più vivo della cultura, delle professioni e dell'economia è di nuovo alle strette.

Tante volte in questi lunghi anni, quando le cose sembravano più buie e aggrovigliate, ci siamo domandati: come mai correnti di ispirazione liberale e democratica, fedeli a una tradizione di pensiero di grande nobiltà, che trae le sue origini dal sorgere dell'Italia moderna e che ha avuto maestri come Cavour, Mazzini, Benedetto Croce, Gaetano Salvemini, Giovanni Amendola, hanno trovato e trovano così poca udienza nel nostro paese e insieme una così unanime, agguerrita ostilità da renderle simili a pattuglie isolate di frontiera, quasi separate dal tessuto vitale della nazione? La pressione di enormi masse che votano per i cattolici, per i comunisti e perfino per i monarchici e i fascisti impone con la forza del numero ideali e concezioni politiche, culturali e morali, lontane, bisogna pur dirlo, dal mondo moderno. Parlano le cifre. Su un elettorato di trenta milioni di individui, ventidue milioni di voti vanno a partiti diciamo così indigeni che, ad esempio, in Inghilterra, in America, in Scandinavia in pratica neppure esistono. E' uno strano spettacolo. In questi giorni tutta l'Italia, unanime, rende omaggio a Benedetto Croce, ma ha sempre votato spensieratamente per tutti gli avversari di Croce. La cultura politica che negli anni della Resistenza aveva dato grandi esempi di intransigenza morale e di vigore intellettuale sembra in gran parte prostrata davanti ai nuovi potenti e ai nuovi sortilegi, e cerca conforto nei surrogati della sociologia e nel dialogo esistenziale tra mistici e materialisti. Un linguaggio disossato, enigmatico, conciliante, invade giornali, convegni, riviste e comizi.

Questo clima, questo linguaggio non sono mai stati nostri. Non ci piacciono le mezze verità; non ci piacciono la deferenza e l'unzione per le idee che detestiamo. Ci siamo sempre battuti per dare il [illegible] ai fatti e ai personaggi. Problemi ideali e problemi concreti non stanno su piani diversi. Gli intellettuali, per noi, non si trovano soltanto fra i poeti e i novellieri. Né tanto meno fanno parte di una corporazione privilegiata, separata dalle altre. L'intellettuale per noi è una figura intera. L'uomo politico, se non vuole essere un puro faccendiere, è anch'esso un intellettuale che vive pubblicamente e che fa con naturalezza la sua parte nella società. Sempre in questi anni abbiamo cercato di riunire insieme uomini impegnati nella soluzione di cose vive e necessarie. Se oggi consideriamo conclusa la nostra giornata non è per rassegnazione e nemmeno perché sentiamo che il nostro compito si è esaurito. Vorremmo dire, al contrario, che mai come ora abbiamo sentito urgente il bisogno della partecipazione attiva alla vita pubblica e alla civiltà morale del paese, di uomini appassionati, indipendenti, intransigenti e risoluti. C'è però un momento nel quale sia gli individui sia i gruppi devono fare l'esame delle proprie forze e misurarle con l'esperienza del passato e le prospettive dell'avvenire. La consapevolezza della dura realtà che ci avvolge non è un segno di debolezza. Ma lo sforzo di un giornale come il nostro per sopravvivere dovrebbe trovare un fondamento e una dimensione che il senso geloso della nostra indipendenza non consente di darci. Le regole moderne dell'organizzazione, lo sviluppo di concentrazioni economiche, partitiche e sindacali sempre più vaste, il prevalere massiccio dell'industria culturale rendono ogni giorno più difficile l'attività dei gruppi autonomi e delle iniziative disinteressate. E' una verità che trova di continuo nuove conferme.

Ci resta da affrontare, non senza rammarico, il congedo dai nostri lettori, il distacco dall'amicizia di un'opinione fedele. A chi ci è stato vicino, ai nostri collaboratori, ai nostri lettori, che hanno trovato su questo giornale lo specchio delle loro convinzioni e delle loro speranze, dobbiamo dare un saluto, e lo diamo con animo grato, con la coscienza di aver sempre ricambiato la loro fedeltà e con la fiducia che il cerchio di amici legati a questo giornale non si disperderà e manterrà viva la sua presenza in una società che ha pure bisogno della dissidenza.

★

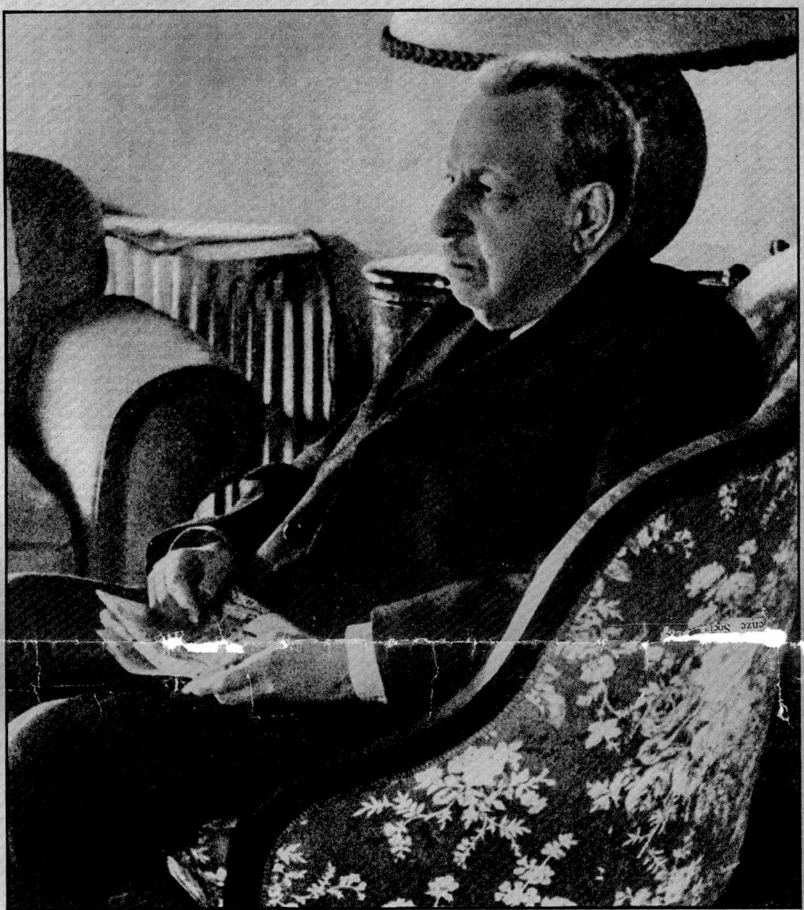

Roma. Benedetto Croce in una fotografia fatta dopo la Liberazione.

SULLE FACOLTÀ DI SCIENZE POLITICHE

LA SCALATA SOCIOLOGICA

DI FRANCESCO COMPAGNA

SU QUESTE colonne, nel 1961, Vincenzo Piano Mortari auspicava un riordinamento didattico delle Facoltà di Scienze Politiche; e si compiaceva del fatto che una Commissione istituita dal Ministero della Pubblica Istruzione per formulare proposte, ai fini di questo riordinamento, aveva lavorato con impegno, presentando una relazione nella quale si insisteva in maniera particolare sulle «esigenze cui oggi dovrebbero rispondere» le Facoltà di Scienze Politiche.

La Commissione, che era presieduta dal Prof. Antonio Segni e che aveva incaricato il prof. Raffaele Ciasca di stendere la relazione, era giunta, infatti, alla conclusione che scopo fondamentale delle Facoltà di Scienze Politiche deve essere quello di tendere alla formazione di *élites* «che abbiano specifica preparazione tecnica al servizio della pubblica amministrazione e in genere alla vita pubblica, o siano avviate a compiti di indole strettamente scientifica nel vasto campo degli studi politici e sociali, dal quale, per le necessità della specializzazione e della divisione del lavoro, sono venute sempre più ritraendosi le altre Facoltà».

Piano Mortari rilevava, inoltre, che la relazione del prof. Ciasca non aveva «temuto di affermare che le Facoltà di Scienze Politiche dovrebbero costituire dei centri importanti di preparazione per coloro che intendono indirizzare la loro attività professionale alla vita politica in senso largo»: centri di ispirazione liberale, beninteso, e retti e organizzati con criteri liberali.

Che cosa è successo dal 1961 ad oggi? Come mai del riordinamento didattico delle Facoltà di Scienze Politiche non si è fatto nulla e ancora si discute? Si può rispondere alla prima domanda, ricordando che dal 1961 ad oggi si sono approfonditi i problemi del riordinamento didattico, si sono migliorate le proposte relative ai nuovi piani di studio. E si può rispondere alla seconda domanda, rilevando che, ad una certa lentezza, o addirittura inerzia, dell'attività di governo per tutto ciò che riguarda la riforma universitaria, fa riscontro una tendenza degli interessati - in primo luogo, i professori e le associazioni di professori, e di studenti, che formulano proposte - e discutono le proposte da altri formulate - a rimettere sempre tutto in discussione per una riforma più perfetta, più perfetta in relazione al posto, alla funzione, allo spazio che si vuole assegnare ad una data materia o gruppo di materie.

Tuttavia, si è pure parlato, e ancora si parla, della riforma delle Facoltà di Scienze Politiche come imminente: di una riforma, cioè, che, essendo «già in fase avanzata di studio, dovrebbe precedere quella più generale di tutta l'Università, e quindi, in un certo senso, condizionarla o prefigurarla»; di una riforma-pilota, insomma, o riforma-campione, come suol dirsi. Così, nell'aprile scorso, su "La Stampa", Alessandro Galante Garrone auspicava che alla riforma delle Facoltà di Scienze Politiche si dia corso al più presto, ricordando, tra l'altro, che tali facoltà «da un secolo attendono un'organizzazione seria, che risponda alle reali esigenze scientifiche e pratiche del mondo moderno».

Ed effettivamente noi abbiamo oggi uno "schema" di disegno di legge «sottoposto dal Ministero della Pubblica Istruzione al parere delle Facoltà di Scienze Politiche in data 10 dicembre 1964, perfezionato in base a tale parere, ed approvato dai Presidi delle Facoltà medesime nella riunione collegiale del 26 aprile 1965» (citiamo dal frontespizio dello stampato del Ministero della Pubblica Istruzione). Naturalmente, questo "schema", già "perfezionato", può essere ancora "perfezionato". Noi stessi, in altra sede (nel numero 135 di "Nord e Sud"), abbiamo avanzato talune proposte di "perfezionamento" per quanto riguarda l'insegnamento della geografia. Altre proposte sono state avanzate dall'Associazione Italiana di Scienze Sociali, per quanto riguarda l'insegnamento della sociologia. Infine, c'è una "memoria" del Comitato di studio per i problemi della Scuola e dell'Università ("Il Mulino") che a sua volta fa valere certi punti di vista che possono essere presi in considerazione ai fini di un ulteriore "perfezionamento" dello "schema" di cui si diceva. Ma non vorremmo che, per la smania di ognuno ad ottenere quella riforma che molto soggettivamente ritiene la più perfetta, passino i mesi e gli anni e le legislature.

Come ha scritto recentemente Giovanni Sartori su la "Rassegna Italiana di Sociologia", non ci si deve prestare al «gioco degli immobilisti», non si devono fornire gli *alibi* a tutti coloro che non sarebbero affatto contrari ad un insabbiamento del progetto di riforma che va sotto il nome di "progetto Maranini-Miglio" (dal nome dei due Presidi di Facoltà che ne sono stati i più attivi promotori). In altri termini, si tratta di sce-

ROBERTA VALTORTA

«IL MONDO» E LA FOTOGRAFIA EVOCATIVA[1]

IL MONDO AND EVOCATIVE PHOTOGRAPHY[1]

«Il Mondo», diretto da Mario Pannunzio, con redattore capo Ennio Flaiano, e pubblicato per diciassette anni (il primo numero esce il 19 febbraio 1949, l'ultimo l'8 marzo 1966, con Benedetto Croce, di cui quell'anno ricorreva il centenario della nascita, nella fotografia di prima pagina), è stato un settimanale di cultura e politica, condotto in modo laico e indipendente, sempre critico nei riguardi di molte questioni, come l'ingerenza del potere clericale nella vita del paese, il settarismo degli ambienti comunisti, il crescente consumismo, il peso dei monopoli, le convenzioni familiari più retrive, il disastro urbanistico e la speculazione edilizia, e aperto all'attualità culturale e a riflessioni sulla scuola, il costume, l'energia, l'Europa, in una dimensione basata sull'affermazione di principi di libertà, di civiltà e di modernità. Come oggi leggiamo nel sito del Centro Pannunzio, «"Il Mondo" nacque dall'incontro della cultura crociana con quella salveminiana ed einaudiana [...]. L'obiettivo che il giornale cercò di realizzare fu quello di una terza forza liberale, democratica e laica, capace di inserirsi come alternativa ai due grandi blocchi, nati in Italia dalle elezioni del 1948, quello marxista e quello democristiano»[2].

Il giornale è stato definito in molti modi, invitando chi ne scriveva a creare significativi connubi di concetti e libere e varie ipotesi critiche. È ciò che spesso accade a quelle produzioni culturali che contengano elementi di vera realtà ma anche di sogno, di disincantata e immediata consapevolezza ma anche di coraggiose visioni frutto del lavoro dell'inconscio. Proprio per queste ragioni, che molto hanno a che vedere con il Surrealismo (nella cultura italiana con la Metafisica), la fotografia, che studiose come Susan Sontag e Rosalind Krauss hanno descritto proprio come un oggetto surreale e che artisti come Ugo Mulas e Franco Vaccari hanno ormai storicamente definito ready made (un concetto sul quale si sono poi allineati diversi teorici), svolse nel giornale un ruolo molto particolare.

«Il Mondo» viene dunque descritto da Piero Racanicchi come «la miglior palestra del giornalismo visivo del dopoguerra», un giornale basato su «una fotografia leggermente caustica, sottilmente intellettuale, un po' all'inglese[3]»; da Giorgio Bocca come un settimanale che usa

Il Mondo, directed by Mario Pannunzio, with Ennio Flaiano as the editor-in-chief, was published for seventeen years. (The first number was issued on February 19, 1949, the last on March 8, 1966, with Benedetto Croce, the centenary of whose birth occurred that year, in the photo on the front page.) It was a weekly magazine of culture and politics, conducted in a secular and independent spirit. Always critical of many issues, such as the interference of clerical power in the life of the country, the sectarianism of communist circles, growing consumerism, the weight of monopolies, the most backward family conventions, the disasters of urban planning and building speculation, it was receptive to cultural affairs and reflections on education, customs energy and Europe, while affirming the principles of freedom, civilization and modernity. As we read today on the website of the Centro Pannunzio, "*Il Mondo* was founded from the encounter of Croce's culture with that of Salvemini and Einaudi . . . . The goal that the journal tried to achieve was that of a third liberal, democratic and secular force, capable of inserting itself as an alternative to the two great blocs of Marxists and Christian Democrats that had emerged in Italy from the elections in 1948."[2]

The magazine has been described in many ways, prompting those who have written about it to create significant combinations of concepts and free and varied critical theories. This is what often happens to those cultural productions that contain elements of reality but also of dreams, of disenchanted and immediate awareness but also courageous visions resulting from the work of the unconscious. Precisely for these reasons, which have a lot to do with Surrealism (Metaphysical art in Italian culture), a very special part in the magazine was played by photographs, described by scholars such as Susan Sontag and Rosalind Krauss as surreal objects, and historically defined by artists such as Ugo Mulas and Franco Vaccari as ready-mades (a concept endorsed by various theorists).

For this reason *Il Mondo* was described by Piero Racanicchi as "the finest training ground for postwar visual journalism," a magazine based on "a slightly caustic, subtly intellectual, somewhat English-style photography";[3] by Giorgio Bocca as a weekly that used images that were "elegant but somewhat extenuated, of protest, but in an allusive

L'ultimo numero de «Il Mondo», 8 marzo 1966 / The last issue of *Il Mondo*, March 8, 1966

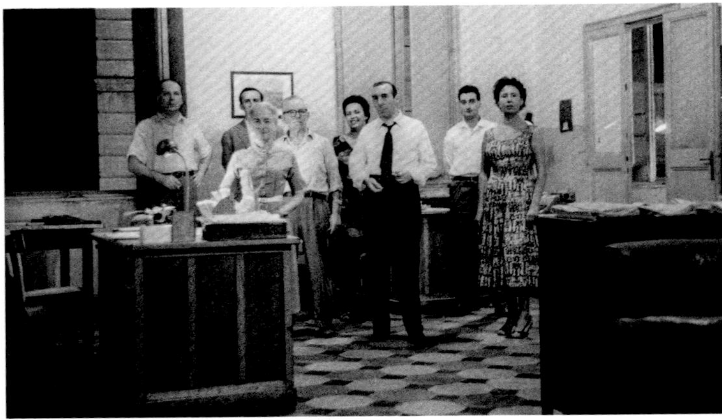

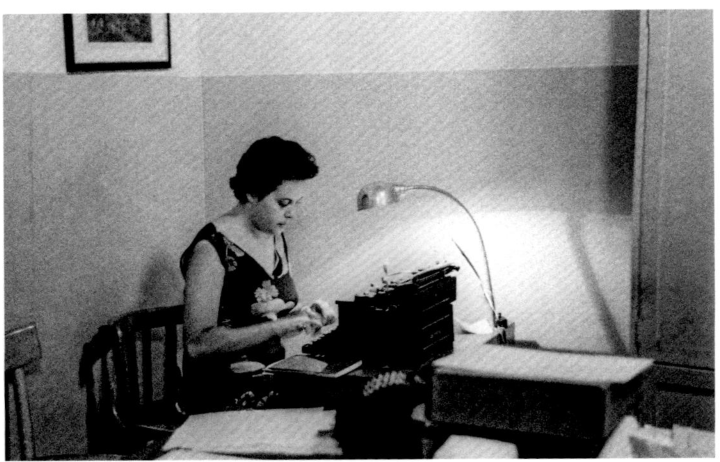

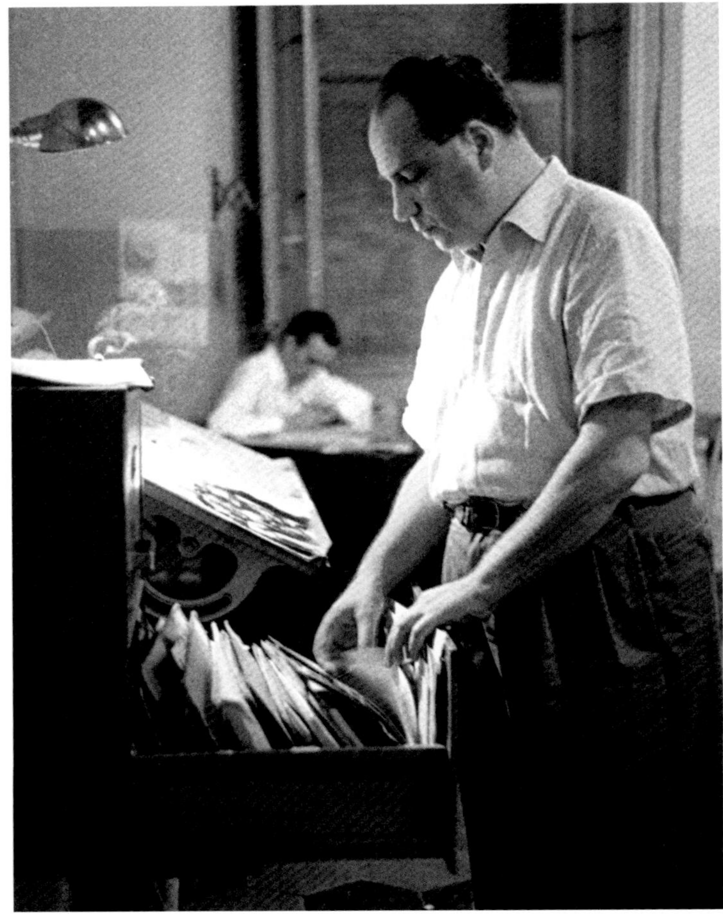

un'immagine «elegante ma un po' estenuata, di protesta, ma in modo allusivo, con quel profumo, quell'odore percettibile solo da narici esperte, raffinate»[4]; da Uliano Lucas e Tatiana Agliani come «una voce critica indipendente [...], un giornale colto, di pungente "controinformazione", che però nell'epoca d'oro del rotocalco sceglie e propone una formula editoriale elitaria»[5]; secondo Enzo Forcella le immagini de «Il Mondo» sembrano costituire «un corpus figurativo omogeneo realizzato da un unico autore»[6]; Diego Mormorio lo definisce «il luogo in cui il valore della letteratura si sposava con quello della politica [...], dove le immagini rispondevano, più che a un'esigenza d'informazione, a un preciso senso del gusto»[7]; Ermanno Rea, un giornale nel quale «la singola fotografia, mordace o patetica, di denuncia politica o di annotazione di costume [...] ha quasi sempre la dignità del "fuori testo", vale a dire dell'immagine che si incarica da sola di compiere un discorso che è comunque di tensione critica»[8]. Un modo di usare l'immagine, questo, che viene da una storia precisa.

Negli anni che precedono la Seconda guerra mondiale e in quelli che la seguono, il giornalismo visivo italiano dispone di esperienze brevi e modeste[9] se confrontate con quelle molto importanti di alcuni paesi europei («Berliner Illustrirte Zeitung», «Münchner Illustrierte Presse», «Signal» in Germania, «Vu», «Regards» in Francia, «Du» in Svizzera, «Picture Post», «Lilliput» in Gran Bretagna) e degli Stati Uniti («Time», «Life», «Look»[10]).

In Italia, guarda ai modelli di «Life» e «Look» in particolare il «Tempo» che, diretto da Alberto Mondadori, esce dal 1939 al 1942 (per poi rinascere, pubblicato da Palazzi, nel 1946). Nell'epoca del fascismo, la lezione americana di «Life» (di matrice comunque europea), giunge in Italia mediata dal linguaggio della hitleriana «Signal», ma l'impronta grafica di Bruno Munari e le fotografie di Lamberti Sorrentino, Alberto Lattuada, Giuseppe Pagano, Federico Patellani, donano al settimanale una fisionomia italiana. Il dominio della parola scritta con la proposta visiva di «Tempo» sembra cadere, e viene dato spazio al racconto fotografico, con la fiducia nelle sue possibilità narrative di chiara derivazione cinematografica: le immagini superano quantitativamente i testi,

way, with that scent, that odor perceptible only to expert, refined nostrils;"[4] by Uliano Lucas and Tatiana Agliani as "an independent critical voice . . ., a cultured journal, of pungent 'counter-information,' which, however, in the golden age of the popular magazine, chooses and presents an elitist editorial formula."[5] According to Enzo Forcella, the images in *Il Mondo* seemed to constitute "a uniform figurative corpus created by a single author."[6] Diego Mormorio described it as "the place where the value of literature was combined with that of politics . . ., where images responded to a precise sense of taste rather than a need for information."[7] Ermanno Rea as a magazine in which "the single photograph, incisive or pathetic, of political denunciation or observation of custom . . . almost always has the dignity of an *hors-texte*, an image that takes on the task of presenting a discourse invariably of critical intensity."[8] It was a way of using images that emerged from a precise history.

In the years before World War II and in those just after it, the achievements of Italian visual journalism were brief and modest[9] compared to those of some European countries (*Berliner Illustrirte Zeitung*, *Münchner Illustrierte Presse*, *Signal* in Germany, *Vu*, *Regards* in France, *Du* in Switzerland, *Picture Post*, *Lilliput* in Great Britain) and the United States (*Time*, *Life*, *Look*[10]).

In Italy, *Tempo* in particular was influenced by the models of *Life* and *Look*. Directed by Alberto Mondadori, it was published from 1939 to 1942 (and then revived, published by Palazzi, in 1946). In the era of fascism, the American lesson of *Life* (though with a European matrix), arrived in Italy mediated by the vocabulary of Hitler's *Signal*, but the graphic imprint of Bruno Munari and the photographs by Lamberti Sorrentino, Alberto Lattuada, Giuseppe Pagano and Federico Patellani gave the weekly an Italian guise. The predominance of the written word seemed to decline with the visual presentation in *Tempo*, and space was given to photographic story-telling with confidence in its narrative possibilities, clearly derived from the cinema. The images outnumbered the texts, and the "phototext" appeared, with a long caption guiding the story and sometimes replacing the article.[11] Exploiting the widespread interest in cinema (photo-novels also flourished at the same time[12]), *Tempo* sought

La redazione de «Il Mondo» / The editorial staff of *Il Mondo*,
Bice Munafò, Mario Pannunzio

nasce il "fototesto", un'ampia didascalia guida il racconto e talvolta sostituisce l'articolo[11]. Facendo perno sul diffuso interesse verso il cinema (fioriscono nel contempo anche i fotoromanzi[12]), «Tempo» nella fotografia cerca la narrazione e la costruzione di un possibile discorso. La stessa cosa fa «Epoca», pubblicata dal 1950 da Mondadori, che si dota dal 1953 di un "servizio fotografico", diretto da Mario De Biasi, che arriva ad avere nel 1965 ben undici fotografi (tra i quali Walter Bonatti, Sergio Del Grande, Giorgio Lotti, Pepi Merisio). Il settimanale tocca tutti i temi, dalla cronaca agli esteri, dalla moda e il costume all'arte, alla scienza, alla natura, alla società, e anche all'evasione e al sogno, con inserti a colori pensati per essere collezionati come un "atlante visivo", in tempi nei quali la televisione non è ancora ben entrata nelle case e, permanendo nel paese un livello di analfabetismo molto alto, le immagini su carta rispondono a elementari funzioni informative[13].

L'altro settimanale italiano che, anche prima di «Tempo», fa un uso forte e particolare dell'immagine fotografica è «Omnibus», che esce dal 1937 al 1939, diretto da Leo Longanesi, con Mario Pannunzio e Arrigo Benedetti redattori. In questo caso i modelli di riferimento sono francesi («Crapouillot», «Marianne», «Candide», «Ric et Rac»[14]). L'efficacia visiva dell'impianto di «Omnibus» non si basa sul valore descrittivo né informativo delle fotografie ma sull'ironico e sorprendente effetto del loro utilizzo in chiave surreale e straniata. Pasquale Prunas, direttore nel dopoguerra del settimanale «Le Ore» definisce le fotografie di Cesare Barzacchi che Longanesi utilizza «oggetti d'arredo»[15] e Carlo Bertelli scrive che «Omnibus» non usa la fotografia come fonte d'informazione ma propone «un *musée imaginaire* dell'attualità dove l'accostamento imprevisto di immagini di fatti diversi fa scattare il sarcasmo e l'ironia come in un montaggio fotografico»[16].

«Tempo» e «Omnibus» danno dunque vita nel contesto italiano a due modi opposti di utilizzare l'immagine, mentre in generale la presenza della fotografia sulla carta stampata si fa sempre più importante e complessa.

Aumentano tra gli anni quaranta e cinquanta i fotografi attivi, si assiste anche al graduale passaggio dalla pratica dilettantistica alla professione, molti di loro lavorano per le agenzie che incrementano di numero: la Publifoto di Vincenzo Carrese e Fedele Toscani, nata già nel 1936, si potenzia giungendo alla sua massima espansione a metà anni cinquanta; nascono il servizio fotografico dell'ANSA, le agenzie di Tullio Farabola e Giacolombo, la Vedo di Porry Pastorel, la Roma's Press Photo, la Italy's New Photo, le agenzie di Elio Sorci e Ivo Meldolesi. È anche il tempo dei "paparazzi", le cui fotografie scandalistiche o solo pettegole trovano spazio in molte testate "popolari" come «La Domenica del Corriere», «La Tribuna Illustrata», «Oggi» di Rizzoli, nata nel 1945, «Settimo Giorno» e «La Settimana Incom», pubblicate dal 1948, «Le Ore» di Cappelli e Prunas, fondata nel 1953, «Gente» di Rusconi, avviata nel 1957[17].

A completare questo seppur breve quadro va aggiunto che la stagione d'oro della fotografia sui periodici rappresentata dagli anni quaranta e cinquanta si arricchisce di alcune esperienze di élite e di impegno culturale e politico. La militanza nell'area della sinistra e dell'antifascismo insieme, nuovamente, all'ipotesi della validità del trasferimento del linguaggio cinematografico (di gran peso nella cultura italiana del dopoguerra per l'influenza del Neorealismo[18]) alla fotografia nella forma della sequenza e del montaggio sulla pagina determinano le caratteristiche di periodi politici e culturali come «Il Politecnico» di Elio Vittorini, dal 1945 al 1947, con la formula delle "fotostorie" di Luigi Crocenzi[19], «Vie Nuove», dal 1949, con i suoi ampi inserti fotografici, e «Cinema Nuovo» di Guido Aristarco, dal 1952, soprattutto per quanto riguarda i "fotodocumentari".

Nell'insieme, tra Milano e Roma, i due poli del mercato dell'immagine, e Napoli e la Sicilia, terreno sociale assai critico nel quale fioriscono ampie ricerche fotografiche[20], l'attività dei fotografi e dei giornali aumenta. Molti sono gli autori che, in quegli anni, stanno mettendo le basi della storia del moderno fotogiornalismo italiano[21], e che in gran parte si ritrovano sulle pagine de «Il Mondo».

Il settimanale di Pannunzio sceglie un utilizzo particolare della fotografia, usata non in sequenza ma come immagine singola nel suo potenziale di espressività e di sintesi di significati. Questa scelta, già praticata da «Omnibus», si trasferisce in modo diverso non solo ne «Il Mondo» ma anche nell'«Europeo» di Arrigo Benedetti, pubblicato dal 1945, e più tardi nell'«Espresso» che, fondato da Arrigo Benedetti ed Eugenio Scalfari, esce a partire dal 1955. Mentre sull'«Europeo» l'immagine

story-telling and the construction of a possible discourse in photography. The same was done by *Epoca*, published in 1950 by Mondadori, which in 1953 had a "photographic service" directed by Mario De Biasi, and in 1965 had a string of eleven photographers (including Walter Bonatti, Sergio Del Grande, Giorgio Lotti and Pepi Merisio). The weekly touched on the whole range of topics, ranging from news to foreign affairs, fashion, customs, art, science, nature, society, and also escapism and dreams, with color inserts designed to be collected as a "visual atlas." At a time when television had not yet entered most people's homes, and with very high levels of illiteracy remaining in the country, images on paper were informative in elementary ways.[13]

The other Italian weekly that, even before *Tempo*, made an extensive and special use of photographs was *Omnibus*, published from 1937 to 1939, directed by Leo Longanesi, with Mario Pannunzio and Arrigo Benedetti as editors. In this case, the reference models were French (*Crapouillot*, *Marianne*, *Candide*, *Ric et Rac*[14]). The visual effectiveness of the *Omnibus* system was based not on the descriptive or informative value of the photographs but on the ironic and surprising effect of their use in a surreal and alienated key. Pasquale Prunas, director of the post-war weekly *Le Ore* described Cesare Barzacchi's photographs as "furnishing objects,"[15] and Carlo Bertelli wrote that *Omnibus* used photography not as a source of information but to present "a *musée imaginaire* of current affairs, with the unexpected juxtaposition of images of different events triggering sarcasm and irony as in a photographic montage."[16]

In this way *Tempo* and *Omnibus* gave rise in the Italian context to two opposed ways of using images, while in general the presence of photography in print became increasingly important and complex.

Between the forties and fifties the number of active photographers grew. There was also a gradual transition from amateur practice to professionalism. Many photographers worked for the growing number of agencies: Vincenzo Carrese and Fedele Toscani's Publifoto, founded as early as 1936, grew stronger, peaking in the mid-fifties, while others that were established were: the ANSA photographic service, the Tullio Farabola and Giacolombo agencies, Porry Pastorel's Vedo, Roma's Press Photo, Italy's New Photo, the Elio Sorci and Ivo Meldolesi agencies. This was also the heyday of the paparazzi, whose tabloid or gossip photos appeared in many popular magazines like *La Domenica del Corriere*, *La Tribuna Illustrata*, *Oggi* published by Rizzoli, founded in 1945, *Settimo Giorno* and *La Settimana Incom*, published since 1948, *Le Ore* of Cappelli and Prunas, founded in 1953, and *Gente* published by Rusconi in 1957.[17]

To complete this brief outline, it should be added that the golden age of magazine photography in the forties and fifties was enriched by some elite experiences and a cultural and political commitment. The features of political and cultural periodicals were derived from militancy on the left and anti-fascism, again with the idea of the validity of transferring the language of cinema (extremely influential in post-war Italian culture due to the influence of Neorealism[18]) to photography in the form of the sequence and the montage on the page. This appeared in magazines such as Elio Vittorini's *Il Politecnico*, from 1945 to 1947, with the formula of Luigi Crocenzi's "photostories,"[19] *Vie Nuove*, from 1949, with its extensive photographic inserts, and Guido Aristarco's *Cinema Nuovo*, from 1952, especially in its "photodocumentaries."

On the whole, the activity of photographers and newspapers increased between Milan and Rome, the two poles of the image market, and Naples and Sicily, a very critical social terrain in which extensive photographic research flourished.[20] In those years, many authors were laying the foundations of the history of modern Italian photojournalism,[21] and they were largely found in the pages of *Il Mondo*.

Pannunzio's weekly chose a particular use of photography, employed not in sequences but as a single image in its potential for expressiveness and a synthesis of meanings. This choice, already practiced by *Omnibus*, was transferred in a different way not only to *Il Mondo* but also to Arrigo Benedetti's *L'Europeo*, published in 1945, and later in *L'Espresso*, founded by Arrigo Benedetti and Eugenio Scalfari, which began publication in 1955. While in *L'Europeo* the single image was meant to be striking and accompanied the reports, investigations and news, and in *L'Espresso* it became irreverent, satirical, fashionable, in *Il Mondo* it was an instrument of amused interpretation, melancholy reflection and elegant commentary on customs and behavior, but it was also presented as a device of memory.

singola vuole colpire e si accompagna alla notizia, alle inchieste, alla cronaca e sull'«Espresso» diventa irriverente, satirica, mondana, su «Il Mondo» è strumento di lettura divertita, di riflessione malinconica, di garbato commento sul costume e sui comportamenti, ma vuole anche essere dispositivo della memoria.

A proposito della fotografia degli anni cinquanta Arrigo Benedetti scrive: «È il momento in cui il fotografo, senza volerlo essere, è insieme artista, critico del costume, poeta satirico»[22]. Sembra essere proprio questo il tipo di fotografo che Mario Pannunzio e, insieme a lui, Ennio Flaiano, che collabora alla scelta delle fotografie, prediligono. Ma un forte significato sta in quel «senza volerlo essere», che sottolinea l'elemento del caso, potremmo dire del destino delle immagini che, la storia ci dice, è spesso cosa indipendente dalla consapevolezza, dall'intenzione, perfino dalle capacità del fotografo[23]. «Il Mondo», in realtà, valorizza più le fotografie che i fotografi, e le fotografie sono scelte in funzione di un risultato che va al di là di esse. Ma in tempi di "paparazzate" e nostalgie monarchiche, l'ambiente de «Il Mondo» appare ai fotografi come un'oasi di pensieri e riflessioni, non tanto la redazione di un giornale quanto il laboratorio intellettuale di una casa editrice: là sanno di dover consegnare le fotografie «più strepitose, surreali, intelligenti, le più anomale e libere» (Mario Dondero), quelle che consentono di «essere anticlericale» (Gianni Berengo Gardin), quelle dal preciso sapore dell'«aneddoto, la metafora poetica, l'allusione» (Ferdinando Scianna), «le sottolineature vagamente ironiche della realtà italiana» (Cesare Colombo), quelle che piacciono a Pannunzio, ma anche, talvolta «gli avanzi dei servizi», le fotografie che gli altri giornali non vogliono o non sanno apprezzare (Giancarlo Scalfati, Tazio Secchiaroli, Uliano Lucas)[24]. Le fotografie «da "Mondo"», spiega Paolo Di Paolo, sono «non soltanto formalmente belle, ma dai contenuti molteplici. Le fotografie adatte al "Mondo" dovevano essere attuali, ma non di cronaca, dovevano essere valide nel tempo [...]. Avere un significato spesso velato o espresso con misura, ed essere – a volte – anche maliziose, come le didascalie che Pannunzio scriveva per esse, candide in apparenza, ma estremamente incisive»[25].

Il metodo di Pannunzio, ricco di intuizione, viene ben descritto da Piergiorgio Branzi: «Alla scelta delle fotografie nessun altro può por mano. Le tiene alla portata dello sguardo [...], di tanto in tanto le sbircia, ne assorbe il messaggio, le sposta, sostituisce, le riprende in mano [...] in perenne e solitario rimuginamento, fino a che, evidentemente, non ritiene raggiunto quel legame sottinteso e allusivo, quella indefinibile assonanza tra testo e immagine, dove l'uno non prevarica l'altra [...]. E all'immagine fotografica assegna la stessa autonomia, la stessa dignità del testo scritto»[26]. Caio Garrubba ricorda: «Osservando Pannunzio scegliere tra le foto che avrebbe comperato [...] avevo l'impressione che era sul tavolo di redazione che quelle fotografie acquistavano valore e significato. Mi sembrava che Pannunzio [...] desse alle foto il soffio vitale. [...] Il fotografo si vedeva trascinato in un certo modulo ben definito: il gusto de "Il Mondo"»[27]. Enzo Sellerio riconosce l'alto valore del giornale, ma appare anche critico: «Non riuscivo a mandar giù l'idea che sul "Mondo" le fotografie non venissero mai firmate [...]. Non inviai più fotografie al "Mondo" fino a quando, nel 1960[28], agli autori venne concessa la firma» e non accetta l'idea che «il suo direttore considerasse la fotografia un semplice dessert da offrirsi al lettore accanto agli articoli di politica e di letteratura»[29].

«Il Mondo» non dà incarichi né indica argomenti, ma sceglie tra i materiali proposti. Questo permette quella costanza figurativa forse unica nel suo genere che conosciamo, all'interno della quale è possibile accogliere, in un clima illuminato di battaglia civile, le fotografie di autori culturalmente, professionalmente e anche ideologicamente distanti tra loro.

Non è corretto affermare che le fotografie de «Il Mondo» non informano, ma poiché il livello sul quale il giornale si muove non è quello della notizia di immediata attualità bensì del dibattito politico (sia esso antimilitarista, antifascista o anticlericale), culturale e civile, alla fotografia viene chiesto altro. La scelta delle immagini spesso risponde a criteri letterari e, non a caso, vengono ripetutamente scelte figure retoriche come la metafora, il paradosso, la similitudine, l'antitesi, l'antonomasia. «Il Mondo» utilizza dunque un'informazione di tipo diagonale, allusiva. L'immagine autonoma rispetto ai testi è rafforzata dalla didascalia-commento, spesso ironica, che fa da guida.

Il rapporto tra parola e immagine è delicato e complesso. Così ne scrive, per esempio, Roland Barthes: «Il testo costituisce un messaggio parassita, destinato a connotare l'immagine, cioè a "insufflare" uno o

On the subject of photography in the fifties, Arrigo Benedetti wrote: "This is a phase when the photographer, without meaning it, is at the same time an artist, a critic of customs and a satirical poet."[22] This seems to have been the type of photographer favored by Mario Pannunzio and, together with him, Ennio Flaiano, who collaborated in the choice of photographs. But great significance lies in that "without meaning it," which stresses the element of chance, we could say of the destiny of images which, history tells us, is often independent of the photographer's awareness, intention, or even abilities.[23] *Il Mondo*, in reality, valued photographs more than photographers, and the photos were chosen for the sake of a result that went beyond them. But in a period of paparazzi and monarchical nostalgia, photographers found the atmosphere at *Il Mondo* an oasis of thought and reflection, not so much the editorial office of a newspaper as the intellectual laboratory of a publisher. There they knew that they had to deliver the "most sensational, surreal, intelligent, the freest and most anomalous" photographs (Mario Dondero), those that "were anticlerical" (Gianni Berengo Gardin), those with a precise flavor of "anecdote, poetic metaphor and allusion" (Ferdinando Scianna), "a vaguely ironic underscoring of the Italian reality" (Cesare Colombo); the photos that appealed to Pannunzio, but also, sometimes "the leftovers from feature articles," the photos that other newspapers discarded or were incapable of appreciating (Giancarlo Scalfati, Tazio Secchiaroli, Uliano Lucas).[24] The photographs typical of *Il Mondo*, explained Paolo Di Paolo, were "not only formally beautiful, but they had multiple contents. The photos suited to *Il Mondo* had to be topical, but not news photos, they had to be valid over time . . . . To have a meaning that was often veiled or expressed with restraint, and to be—sometimes—even mischievous, like the captions that Pannunzio wrote for them, in appearance innocent, but extremely incisive."[25]

Pannunzio's method, richly intuitive, is aptly described by Piergiorgio Branzi: "No one else has a say in the choice of the photographs. He keeps them where he can see them . . ., and occasionally peers at them, absorbs their message, moves them, replaces them, picks them up again . . ., in perpetual and solitary brooding, until, evidently, he considers that the implicit and allusive link has been reached, that indefinable assonance between text and image, without one overpowering the other . . . . And he accords the image the same autonomy, the same dignity as the written text."[26] Caio Garrubba recalls: "In watching Pannunzio choose among the photos he was going to buy . . ., I had the impression that it was on the editorial table that they acquired value and meaning. It seemed that Pannunzio . . . gave the photos the breath of life . . . The photographer saw himself dragged into a certain well-defined form: the taste of *Il Mondo*."[27] Enzo Sellerio acknowledged the magazine's outstanding value, but also appeared critical: "I couldn't swallow the idea that photographs were never signed in *Il Mondo* . . . . I did not send any more photographs to *Il Mondo* until, in 1960,[28] the authors were granted a signature," and he did not accept the idea that "its director considered photography a simple dessert to be offered to the reader beside articles on politics and literature."[29]

Il Mondo did not give commissions or suggest topics, but chose from the materials submitted. This made for that figurative constancy that was perhaps unique in its kind and familiar to us, making it possible to include, in an enlightened climate of civil struggle, photographs by photographers culturally, professionally and even ideologically distant from each other.

It is not correct to say that the photographs in *Il Mondo* were not informative, but since the level on which the magazine operated was not that of day-to-day news but of political (whether anti-militaristic, anti-fascist or anticlerical), cultural and civil debate, photography was asked to do something different. The choice of images often responded to literary criteria, and unsurprisingly it repeatedly employed rhetorical figures such as metaphor, paradox, simile, antithesis and antonomasia. In this way *Il Mondo* presented information obliquely and allusively. The image independent of the texts was often reinforced by the caption-commentary, as a guide to its meaning.

The relationship between word and image is delicate and complex. Roland Barthes, for instance, writes: "The text constitutes a parasitic message designed to connote the image, that is, to 'quicken' it with one or more second-order signifieds . . . [The text] comes to sublimate, patheticize or rationalize the image."[30] But Bertolt Brecht also sounded the alarm when he denounced the ideological and "anti-truth" use of words

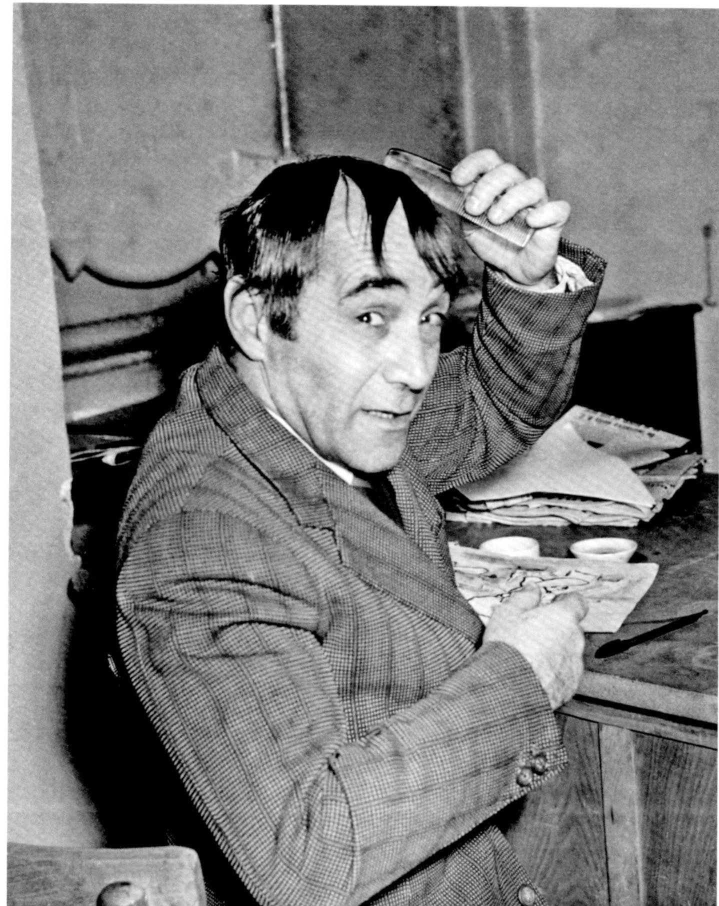

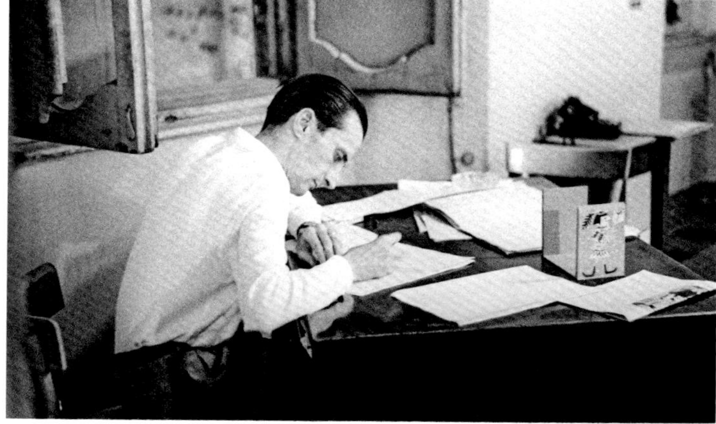

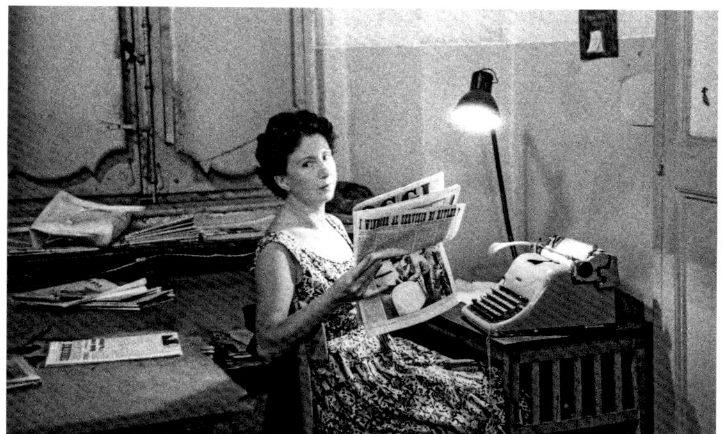

più significati secondi. [...] La parola va a sublimare, a patetizzare o a razionalizzare l'immagine»[30]. Ma anche Bertolt Brecht lancia un vivo allarme quando denuncia l'uso ideologico e «contro la verità» delle parole nei riguardi delle fotografie nel piccolo libro poetico-filosofico *L'Abicì della guerra*[31].

Più fotografie collegate tra loro possono avere un più grande valore informativo. Probabilmente per questo Elio Vittorini, preoccupato di una comunicazione chiara, pedagogicamente e socialmente valida, rifiuta la singola immagine a vantaggio del fotoracconto. Il progetto di Pannunzio, invece, si rivolge alle singole intelligenze degli individui: sia il lettore, in solitudine, a cogliere i significati, anche in senso evocativo, a formulare pensieri che la fotografia può solo suggerire. Pannunzio è una sorta di collezionista di immagini, non importa create da chi, che devono funzionare sul piano evocativo: vi è, in questa posizione, quel principio dell'estetica crociana che vuole che l'arte (e forse anche la fotografia, della cui artisticità pur dubitava) si esprima in qualcosa di speciale, legato all'intuizione. Qualcosa di unico e "riuscito".

Ma la "pienezza di significato" della fotografia con la sua didascalia, staccata dai contenuti dei testi, è anche naturale compagna del disegno satirico fornito di battuta, che «Il Mondo» amava pubblicare accanto alle fotografie, opera di Amerigo Bartoli e Mino Maccari, già collaboratori di «Omnibus». Un altro elemento lega il disegno alla fotografia ne «Il Mondo»: l'assenza di dramma in favore del sorriso, il sapore della quotidianità, se non della banalità del vivere. Spesso, nella pagina, accanto a un testo che parla di filosofia, economia, società, troviamo un'immagine di taglio aneddotico, leggero, a indicare che la vita continua e che ogni cosa importante potrebbe presentare anche un aspetto futile.

I fotografi di vario tipo che forniscono le fotografie al giornale di Pannunzio (fotogiornalisti impegnati, giovani fotoamatori, paparazzi romani, fotografi domenicali) e che il direttore sceglie e utilizza con gesto da *bricoleur*[32] si sentono gratificati nel vedere ben pubblicata una loro immagine, valorizzata dall'ingrandimento, in un certo senso "capita" nel suo valore estetico: «un risarcimento psicologico fantastico», ricorda Scianna, «vedere la propria foto pubblicata sul "Mondo"»; «era

in relation to photographs in his small poetic-philosophical book *A War Primer*.[31]

Several photographs linked together can have greater informational value. Probably for this reason Elio Vittorini, concerned with clear, pedagogically and socially valid communication, rejected the single image for the photostory. Pannunzio's project, on the other hand, was aimed at the single intelligences of individuals. The reader, in solitude, was required to grasp the meanings, at times evoked implicitly, to formulate thoughts that photography can only suggest. Pannunzio was a sort of collector of images, no matter who created them, which had to function evocatively. In this position, there was that principle of Croce's aesthetics that required art (and perhaps also photography, whose artistry he doubted) to express itself in some special way bound up with intuition. Something unique and "accomplished."

But the "fullness of meaning" of the photograph with its caption, detached from the contents of the texts, was also a natural companion to the satirical drawing with a quip, which *Il Mondo* loved to publish alongside the photographs, the work of Amerigo Bartoli and Mino Maccari, former contributors to *Omnibus*. Another factor linked drawing to photography in *Il Mondo*: the absence of drama in favor of a smile, the relish for everyday life, if not the banality of living. Often, on the page, next to a text about philosophy, economics or society, we find a light, anecdotal image, indicating that life goes on and that everything important may also have a banal aspect.

The photographers of various types who supplied Pannunzio's magazine with photographs (*engagé* photojournalists, young amateurs, Roman paparazzi, weekend photographers), which the director chose and used with the gesture of a bricoleur,[32] were gratified to see one of their images fittingly published, enhanced by enlargement, in a certain sense "understood" in its aesthetic value. "[It was] a fantastic psychological compensation to see their photo published in *Il Mondo*," recalls Scianna. "It was consolatory," said Scalfati. "It was a confirmation that someone understood your work."[33] Over time, a tacit complicity was created between the photographers and the magazine. Milanese,

Mino Maccari, Antonio Cederna, Giulia Massari

consolatorio», dice Scalfati, «era il riscontro che qualcuno capiva il tuo lavoro»[33]. Nel tempo, tra i fotografi e il giornale si crea una tacita complicità: milanesi, romani, veneti, siciliani, stabilmente in Italia o in viaggio, imparano a leggere la realtà attraverso il filtro de «Il Mondo» e realizzano, ai margini di servizi per altri giornali o espressamente, fotografie «su misura»[34].
Protagonista assoluta è la fotografia "di strada", con la quale il giornale sfiora i grandi problemi dell'urbanistica, dell'espansione demografica, della disfunzione burocratica, dell'immigrazione: ma sfiora soltanto, poiché mentre gli scritti perentori di Antonio Cederna, ad esempio, conducono un'aspra battaglia contro gli scempi edilizi, sul piano visivo «Il Mondo» invita alla riflessione mostrando, in immagini formalmente ben costruite, piccoli avvenimenti quotidiani. Del resto, reportage e cura formale dell'immagine non sono termini contraddittori, come dimostra lo stesso Henri Cartier-Bresson, con la sua teoria del «momento decisivo», che porta la data 1952. Il fotografo francese, come ricorda Calogero Cascio, era il riferimento dei fotografi de «Il Mondo»: «Quasi tutti i fotografi del "Mondo" avevano già scoperto Frank, Halsman, Penn, Haas, Capa, Eisenstaedt, sfogliavano "Life" e favoleggiavano della Magnum, ma il "nume" era Cartier-Bresson»[35].
L'eleganza che informa il progetto visivo de «Il Mondo», il suo bisogno di utilizzare simboli e anche stereotipi, spinge talvolta Pannunzio e quanti con lui operavano all'acquisto delle fotografie (Giulia Massari ed Ennio Flaiano) sulla strada del manierismo. Come ancora ricorda Scalfati, «fu una scuola di manierismo, anche se probabilmente non era un'intenzione programmatica. Perché quando devi, per la struttura del giornale, sforzarti di arrivare a un unicum, questa è la conseguenza inevitabile»[36].
Un manierismo che spesso è rafforzato dalla didascalizzazione fiorita, che trasforma una fotografia di taglio sociale in un bozzetto, un ritratto di tono professionale in un'immagine emblematica, e talvolta i fotografi ne sentono la retorica e il rischio del gusto amatoriale. A volte, sono proprio alcuni dei temi che il giornale predilige ad aprire la strada alla maniera, per esempio gli innamorati, i bambini, i vecchi, i poveri, gli svaghi degli italiani, i preti e le suore, i militari. Temi radicati nell'antica teatralità italiana, che appartengono del resto anche all'iconografia del Neorealismo, sia cinematografico sia fotografico, affrontati però in questo caso in modo più diretto, "realista" e immediatamente narrativo. Mentre nella solitudine alla quale la pagina del giornale di Pannunzio le destina, acquistano un tono assoluto, astorico, vicino a quello che segna i dipinti della Metafisica.
Un tardivo legame con la Metafisica sembra infatti essere alla radice delle scelte de «Il Mondo» in merito alla fotografia. Così, spesso, protagonisti dell'immagine diventano sculture, quadri, oggetti, vetrine di negozi, manichini, persone riprese di spalle, e spesso con il cappello in testa, dunque simili a manichini, in una malinconia in bianco e nero diffusa e penetrante, quasi un distacco dal mondo reale della gente e delle cose. Tra i molti ritratti di artisti e intellettuali, genere molto frequente sulle pagine de «Il Mondo», spicca quello di de Chirico, fotografato da Paolo Di Paolo nel 1962 in piazza di Spagna, mentre attraversa la strada con una cornice vuota[37].

Romans, Venetians and Sicilians, resident in Italy or traveling abroad, learned to read reality through the filter of *Il Mondo*, and they tailored their photos to it, either expressly or in the margins of reportages for other newspapers.[34]
The dominant genre was "street photography," with which the magazine touched on the great problems of urban planning, demographic expansion, bureaucratic dysfunctions, and immigration. But it only touched on them, because while the peremptory writings by Antonio Cederna, for example, waged a bitter battle against the havoc wrought by new buildings, on a visual level *Il Mondo* invited reflection by publishing small everyday events in formally well-constructed images. After all, reportage and formal care for the image were not contradictory terms, as Henri Cartier-Bresson himself showed with his theory of the "decisive moment," which dates from 1952. The French photographer, as Calogero Cascio recalls, provided the frame of reference for the photographers working for *Il Mondo*. "Almost all the photographers at *Il Mondo* had already discovered Frank, Halsman, Penn, Haas, Capa, Eisenstaedt; they had leafed through *Life* and spoke of Magnum, but the deity was Cartier-Bresson."[35]
The elegance informing the visual project of *Il Mondo*, its need to use symbols and even stereotypes, sometimes led Pannunzio and those who worked with him (Giulia Massari and Ennio Flaiano) to acquire photographs that verged on mannerism. As Scalfati again recalls, "It was a school of mannerism, even though this was probably not programmatically intentional. Because when you have to make an effort to attain a unique image due to the structure of the periodical, this was the inevitable consequence."[36]
The mannerism was often reinforced by flowery captions, which transformed the photograph with a social slant into a sketch, a portrait with a professional tone into an emblematic image, and sometimes photographers felt the rhetoric and the risk of an amateurish taste. Sometimes it was precisely some of the topics that the newspaper favored that paved the way to mannerism: for example, lovers, children, the elderly, the poor, the pastimes of the Italians, priests and nuns, the military. Themes rooted in the ancient Italian theatricality, which also belong to the iconography of Neorealism, both cinematic and photographic, but addressed in this case in a more direct, "realistic" and immediately narrative way. While in the solitude to which the page of Pannunzio's magazine assigned them, they acquired an absolute, ahistorical tone, close to that which appears in paintings of the Metaphysical school.
A belated link with Metaphysical art seems to lie at the root of the choices of *Il Mondo* regarding photography. The figures in the image often become sculptures, paintings, objects, vitrines, mannequins, people depicted from behind, frequently with hats on their heads, hence resembling mannequins, in a melancholy in diffused and penetrating black and white, almost detached from the real world of people and things. Among the many portraits of artists and intellectuals, a very frequent genre in the pages of *Il Mondo*, that of de Chirico stands out. He was photographed by Paolo Di Paolo in 1962 in Piazza di Spagna crossing the street carrying an empty picture frame.[37]

TELEGRAMMA

Redazione de «Il Mondo»
Via di Campo Marzio 24 - Roma
all'attenzione del Direttore Mario Pannunzio

«Apprendo con rammarico della chiusura de Il Mondo.
Oggi per me e per altri colleghi fotografi muore l'ambizione di fare questo mestiere».

Paolo Di Paolo

TELEGRAM

Editorial offices of *Il Mondo*
Via di Campo Marzio 24 – Rome
to the attention of the Editor Mario Pannunzio

"Learn with regret of closure of *Il Mondo*.
Today for me and other fellow photographers the ambition to do this job dies."

Paolo Di Paolo

1 Questo testo nasce sulla base di un precedente saggio scritto da Giovanna Calvenzi e da me ormai molti anni fa e ne rappresenta un aggiornamento: cfr. *Il mondo e la fotografia: un'esperienza italiana*, in *Il Mondo dei fotografi 1951-1966*, catalogo della mostra (Roma, Istituto Nazionale per la Grafica, 8 marzo - 14 aprile 1990), comitato scientifico M.A. Fusco, S. Lusini, M. Miraglia, F. Tempesti, L. Tomassini, Prato 1990, pp. 18-27.

2 P.F.Q., *Cos'è stato "Il Mondo" di Pannunzio*, https://www.centropannunzio.it/il-mondo-settimanale.asp (consultato il 20 giugno 2025).

3 P. Racanicchi, *Il Mondo*, in «Popular Photography Italiana», 76, ottobre 1963, pp. 25-26.

4 G. Bocca, editoriale, in «Popular Photography Italiana», 114, gennaio 1967, p. 3.

5 U. Lucas, T. Agliani, *La realtà e lo sguardo. Storia del fotogiornalismo in Italia*, Torino 2015, p. 315.

6 E. Forcella, *Gli anni de "Il Mondo"*, in *Il Mondo dei fotografi*, cit., pp. 9, 11.

7 D. Mormorio, *Da Longanesi a Benedetti e Pannunzio*, in *Il Mondo dei fotografi*, cit., p. 30.

8 E. Rea, *Appunti per una storia del fotogiornalismo*, in *L'informazione negata. Il fotogiornalismo in Italia 1945-1980*, a cura di U. Lucas e M. Bizziccari, Bari 1981, p. 54.

9 N. Ajello, *Il settimanale d'attualità*, in *Storia della stampa italiana. Volume V. La stampa italiana del neocapitalismo*, a cura di V. Castronovo e N. Tranfaglia, 7 voll., Bari 1976, pp. 173-249.

10 Resta valido nel tempo il contributo di Gisèle Freund, *Fotografia e società*, Torino 1974 (ed. or. *Photographie et societé*, 1974), pp. 96-134.

11 Cfr. T. Agliani, *Il settimanale "Tempo" e la nascita del racconto fotografico in Italia*, in *Storie della fotografia in Italia*, a cura di G. Fiorentino, M. Maffioli e R. Valtorta, Milano 2024, pp. 277-286.

12 Cfr. S. Turzio, *Il fotoromanzo. Metamorfosi delle storie lacrimevoli*, Milano 2019.

13 Nel 1952 si vendono in Italia trenta volte il numero di copie di settimanali di attualità che nell'anteguerra. Dal 1947 al 1952 la loro diffusione raddoppia. N. Ajello, *Il settimanale d'attualità*, cit., pp. 206-208.

14 N. Ajello, *Il settimanale d'attualità*, cit., p. 186.

15 P. Prunas, *Quando nacque il fotogiornalismo "totale"*, in *Stelle di carta. Fotografie di Chiara Samugheo*, Roma 1984, p. 20.

16 C. Bertelli, *Storia d'Italia. Annali 2. L'immagine fotografica 1845-1945*, 2 voll., Torino 1979, p. 187.

17 N. Ajello, *Il settimanale d'attualità*, cit.

18 Cfr. R. Valtorta, *Frammenti di realismo, neorealismo, realtà*, in *Realismo, neorealismo e realtà. Fotografie in Italia 1932-1968. Collezione Guido Bertero,* a cura di A. Busto, Cinisello Balsamo 2016, pp. 16-27; F. Faeta, *Ricerca socio-antropologica e Neorealismo*, in *Storie della fotografia in Italia*, cit., pp. 215-224.

19 Cfr. M. Andreani, G. Tranali, *Luigi Crocenzi. Parlare per immagini. Dal foto-racconto alla sceneggiatura*, Santarcangelo di Romagna 2024.

20 Cfr. G. Fiorentino, *Napoli teatralmente, la realtà e la finzione nel dopoguerra*, in *Storie della fotografia in Italia*, cit., pp. 153-161.

21 Cfr. U. Lucas, T. Agliani, *La realtà e lo sguardo,* cit.; G. D'Autilia, *Storia della fotografia in Italia dal 1839 a oggi*, Torino 2012, pp. 243-356.

22 A. Benedetti, prefazione, in *Il mondo cambia. Storia di cinquant'anni*, a cura di L. Longanesi, Milano 1988 (in D. Mormorio, *Gli scrittori e la fotografia*, Roma 1988, pp. 28-30).

23 Viene spontaneo pensare alla *Verifica n. 4. L'uso della fotografia. Ai Fratelli Alinari*, 1971, di Ugo Mulas, nella quale l'artista discute proprio del destino delle immagini.

24 Interviste ai fotografi raccolte da Giovanna Calvenzi nel gennaio 1990.

25 *Testimonianze*, in *Il Mondo dei fotografi*, cit., p. 252.

26 Ivi, p. 249.

27 Ivi, p. 254.

28 Dal 1959, su insistenza dei fotografi.

29 *Testimonianze*, in *Il Mondo dei fotografi*, cit., p. 255.

30 R. Barthes, *Il messaggio fotografico*, in *L'ovvio e l'ottuso*, Torino 1985, pp. 15-16 (ed. or. *Le message photographique*, 1961).

31 B. Brecht, *L'Abicì della guerra*, Torino 1972 (ed. or. *KRIEGSFIEBEL*, 1955).

32 Cfr. G. D'Autilia, *Storia della fotografia in Italia*, cit., p. 287.

33 Intervista raccolta da Giovanna Calvenzi nel gennaio 1990.

34 I fotografi realizzano per il giornale immagini "sua misura" anche quando viaggiano all'estero (Gianni Berengo Gardin, Giancarlo Scalfati, Romano Cagnoni, Calogero Cascio, Ferdinando Scianna, Ivo Meldolesi, Nicola Sansone, Caio Garrubba, Piergiorgio Branzi, Paolo Di Paolo, Cesare Colombo). Una seconda fonte di immagini dall'estero era quella di autori stranieri come Robert Capa, David Seymour, Henri Cartier-Bresson, Paul Popper, Werner Bischof, Frank Horvat, René Groebli, Ernst Haas, Jeanloup Sieff, Robert Doisneau, Denise Colomb, le cui immagini arrivano al giornale direttamente o attraverso agenzie. Una terza fonte di fotografie più ufficiali, soprattutto di tema politico, militare, economico, è quella delle agenzie internazionali.

35 *Testimonianze*, in *Il Mondo dei fotografi*, cit., p. 251.

36 Intervista raccolta da Giovanna Calvenzi nel gennaio 1990.

37 M.A. Fusco, *"Il Mondo" e l'arte*, in *Il Mondo dei fotografi*, cit., p. 32.

1 This text developed out of an earlier essay written by Giovanna Calvenzi and me many years ago, and is an updated version of it: cf. "Il mondo e la fotografia: un'esperienza italiana," in *Il Mondo dei fotografi 1951-1966*, catalogue of the exhibition (Rome, Istituto Nazionale per la Grafica, March 8–April 14 1990), scholarly committee M. A. Fusco, S. Lusini, M. Miraglia, F. Tempesti, L. Tomassini, Prato 1990, pp. 18–27.

2 P. F. Q., *Cos'è stato "Il Mondo" di Pannunzio*, https://www.centropannunzio.it/il-mondo-settimanale.asp (consulted on June 20, 2025).

3 P. Racanicchi, "Il Mondo," in *Popular Photography Italiana* no. 76 (October 1963), pp. 25–26.

4 G. Bocca, editorial, in *Popular Photography Italiana* no. 114 (January 1967), p. 3.

5 U. Lucas, T. Agliani, *La realtà e lo sguardo. Storia del fotogiornalismo in Italia*, Turin 2015, p. 315.

6 E. Forcella, "Gli anni de 'Il Mondo'," in *Il Mondo dei fotografi*, op. cit., pp. 9, 11.

7 D. Mormorio, Da Longanesi a Benedetti e Pannunzio, in *Il Mondo dei fotografi*, op. cit., p. 30.

8 E. Rea, "Appunti per una storia del fotogiornalismo," in *L'informazione negata. Il fotogiornalismo in Italia 1945-1980*, edited by U. Lucas and M. Bizziccari, Bari 1981, p. 54.

9 N. Ajello, "Il settimanale d'attualità", in *Storia della stampa italiana. Volume V. La stampa italiana del neocapitalismo*, edited by V. Castronovo and N. Tranfaglia, 7 vols., Bari 1976, pp. 173–249.

10 Still valid is the contribution by Gisèle Freund, *Fotografia e società*, Turin 1974 (or. ed. *Photographie et societé*, 1974; english ed. *Photography and Society*, Boston 1979), pp. 96–134.

11 Cf. T. Agliani, "Il settimanale 'Tempo' e la nascita del racconto fotografico in Italia," in *Storie della fotografia in Italia*, edited by G. Fiorentino, M. Maffioli and R. Valtorta, Milan 2024, pp. 277–86.

12 Cf. S. Turzio, *Il fotoromanzo. Metamorfosi delle storie lacrimevoli*, Milan 2019.

13 In 1952, thirty times as many copies of current affairs weeklies were sold in Italy as before the war. From 1947 to 1952, their circulation doubled. N. Ajello, "Il settimanale d'attualità," op. cit., pp. 206–08.

14 N. Ajello, "Il settimanale d'attualità," op. cit., p. 186.

15 P. Prunas, "Quando nacque il fotogiornalismo 'totale'," in *Stelle di carta. Fotografie di Chiara Samugheo*, Rome 1984, p. 20.

16 C. Bertelli, *Storia d'Italia. Annali 2. L'immagine fotografica 1845–1945*, 2 vols., Turin 1979, p. 187.

17 N. Ajello, "Il settimanale d'attualità," op. cit.

18 Cf. R. Valtorta, "Frammenti di realismo, neorealismo, realtà," in *Realismo, neorealismo e realtà. Fotografie in Italia 1932–1968. Collezione Guido Bertero*, edited by A. Busto, Cinisello Balsamo 2016, pp. 16–27; F. Faeta, "Ricerca socio-antropologica e Neorealismo," in *Storie della fotografia in Italia*, op. cit., pp. 215–24.

19 Cf. M. Andreani, G. Tranali, *Luigi Crocenzi. Parlare per immagini. Dal foto-racconto alla sceneggiatura*, Santarcangelo di Romagna 2024.

20 Cf. G. Fiorentino, "Napoli teatralmente, la realtà e la finzione nel dopoguerra," in *Storie della fotografia in Italia*, op. cit., pp. 153–61.

21 Cf. U. Lucas, T. Agliani, *La realtà e lo sguardo*, op. cit.; G. D'Autilia, *Storia della fotografia in Italia dal 1839 a oggi*, Turin 2012, pp. 243–356.

22 A. Benedetti, preface, in *Il mondo cambia. Storia di cinquant'anni*, edited by L. Longanesi, Milan 1988 (in D. Mormorio, *Gli scrittori e la fotografia*, Rome 1988, pp. 28–30).

23 One is spontaneously led to think of *Verifica no. 4. L'uso della fotografia. Ai Fratelli Alinari*, 1971, by Ugo Mulas, in which the artist discusses the purposes of images.

24 Interviews with the photographers conducted by Giovanna Calvenzi in January 1990.

25 "Testimonianze," in *Il Mondo dei fotografi*, op. cit., p. 252.

26 Ibid., p. 249.

27 Ibid., p. 254.

28 From 1959, after the photographers insisted.

29 "Testimonianze," in *Il Mondo dei fotografi*, op. cit., p. 255.

30 R. Barthes, *The Photographic Message*, in *A Barthes Reader*, New York 1995, p. 204 (or. ed. *Le message photographique*, 1961).

31 B. Brecht, *War Primer*, London - New York 1998 (or. ed. *KRIEGSFIEBEL*, 1955).

32 Cf. G. D'Autilia, *Storia della fotografia in Italia*, cit., p. 287.

33 Interview conducted by Giovanna Calvenzi in January 1990.

34 The photographers produced images tailored to the newspaper even when they were traveling abroad (Gianni Berengo Gardin, Giancarlo Scalfati, Romano Cagnoni, Calogero Cascio, Ferdinando Scianna, Ivo Meldolesi, Nicola Sansone, Caio Garrubba, Piergiorgio Branzi, Paolo Di Paolo, Cesare Colombo). A second source of images from abroad was foreign authors such as Robert Capa, David Seymour, Henri Cartier-Bresson, Paul Popper, Werner Bischof, Frank Horvat, René Groebli, Ernst Haas, Jeanloup Sieff, Robert Doisneau, Denise Colomb, whose images were acquired by the magazine either directly or through agencies. A third source of more official photographs, especially on political, military, and economic themes, came from international agencies.

35 "Testimonianze," in *Il Mondo dei fotografi*, op. cit., p. 251.

36 Interview conducted by Giovanna Calvenzi in January 1990.

37 M. A. Fusco, "'Il Mondo' e l'arte," in *Il Mondo dei fotografi*, op. cit., p. 32.

3

STORIE

Per i diversi periodici con i quali collabora Paolo Di Paolo realizza "storie", ampi servizi fotografici, di cui spesso cura anche i testi . La sua prima importante collaborazione risale al 1955 ed è con «La settimana Incom illustrata», periodico che dal 4 dicembre 1948 si era affiancato al cinegiornale dallo stesso titolo. Voluta da Sandro Pallavicini, la rivista vantava prestigiosi collaboratori come Luigi Barzini junior e Indro Montanelli ed era stata annunciata nelle sale cinematografiche con lo slogan «32 pagine in rotocalco e potrete portarvela a casa». «Tempo», il settimanale del quale sarebbe diventato in breve uno dei più importanti collaboratori, era stato creato nel 1939 da Alberto Mondadori con una dichiarata intenzione di ripetere il successo dell'americano «Life»: ampio spazio dedicato alle fotografie e collaboratori scrittori importanti. «Tempo» torna in edicola dopo la guerra, nel 1946, con un nuovo editore, Aldo Palazzi, diretto da Arturo Tofanelli che sceglierà Di Paolo come uno dei suoi fotografi di punta. A lui verranno affidate inchieste di attualità, ritratti di personalità nel mondo della cultura e dell'arte e viaggi in ogni parte del mondo. Dal 1965 al 1969 Paolo Di Paolo stringe un formidabile sodalizio con la giornalista Irene Brin, con la quale realizza servizi dedicati a costume, arte, design, società per «Bellezza. Mensile dell'alta moda e della vita italiana» fondato nel 1941 da Gio Ponti, e servizi di moda per «Domina», mensile del gruppo editoriale Domus fondato nel 1968.

STORIES

For the various periodicals to which he contributed, Paolo Di Paolo created "stories," extensive photo shoots, often with captions and texts written by the photographer himself. His first important collaboration dates from 1955 and was with *La settimana Incom illustrata*, a periodical that had joined the newsreel of the same title on December 4, 1948. Commissioned by Sandro Pallavicini, the magazine boasted prestigious contributors such as Luigi Barzini Junior and Indro Montanelli, and was announced in the cinemas with the slogan "32 pages in rotogravure and you can take it home." *Tempo*, the weekly to which he would soon become one of the most important contributors, had been founded in 1939 by Alberto Mondadori with the stated intention of repeating the success of the American *Life*, giving ample space to photographs and with important writers as contributors. *Tempo* returned to the newsstands after the war, in 1946, with a new publisher, Aldo Palazzi, and directed by Arturo Tofanelli, who chose Di Paolo as one of his leading photographers. He was entrusted with investigations into current affairs, portraits of personalities in the worlds of art and culture, and he traveled the world. From 1965 to 1969 Paolo Di Paolo formed a formidable partnership with the journalist Irene Brin, with whom he created features devoted to customs, art, design and society for *Bellezza. Mensile dell'alta moda e della vita italiana* founded in 1941 by Gio Ponti, and fashion reports for *Domina*, the monthly magazine established by the Domus publishing group in 1968.

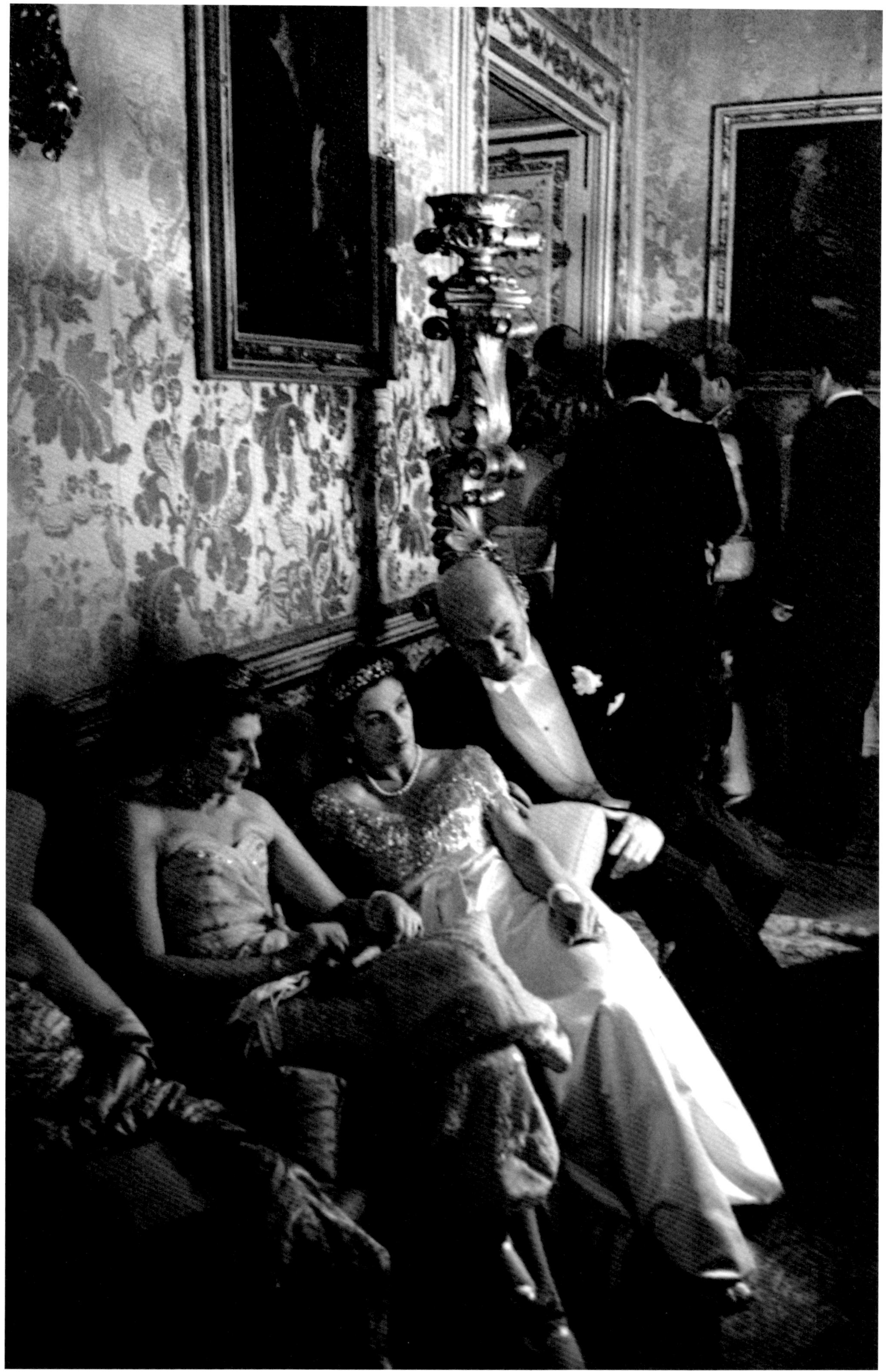

BALLO PALLAVICINI, ROMA 1958

Per festeggiare il diciottesimo compleanno della principessa Maria Camilla Pallavicini viene organizzata una grande festa a palazzo Rospigliosi. Vi partecipa tutta l'aristocrazia europea e solo a Paolo Di Paolo viene consentito di essere presente e di fotografare: si guadagna così la fama di avere accesso agli eventi più esclusivi.

THE PALLAVICINI BALL, ROME 1958

To celebrate the eighteenth birthday of Princess Maria Camilla Pallavicini, a great ball was held at Palazzo Rospigliosi. The whole aristocracy of Europe was represented, and only Paolo Di Paolo was allowed to attend and take photos. In this way he earned the reputation of having access to the most exclusive circles.

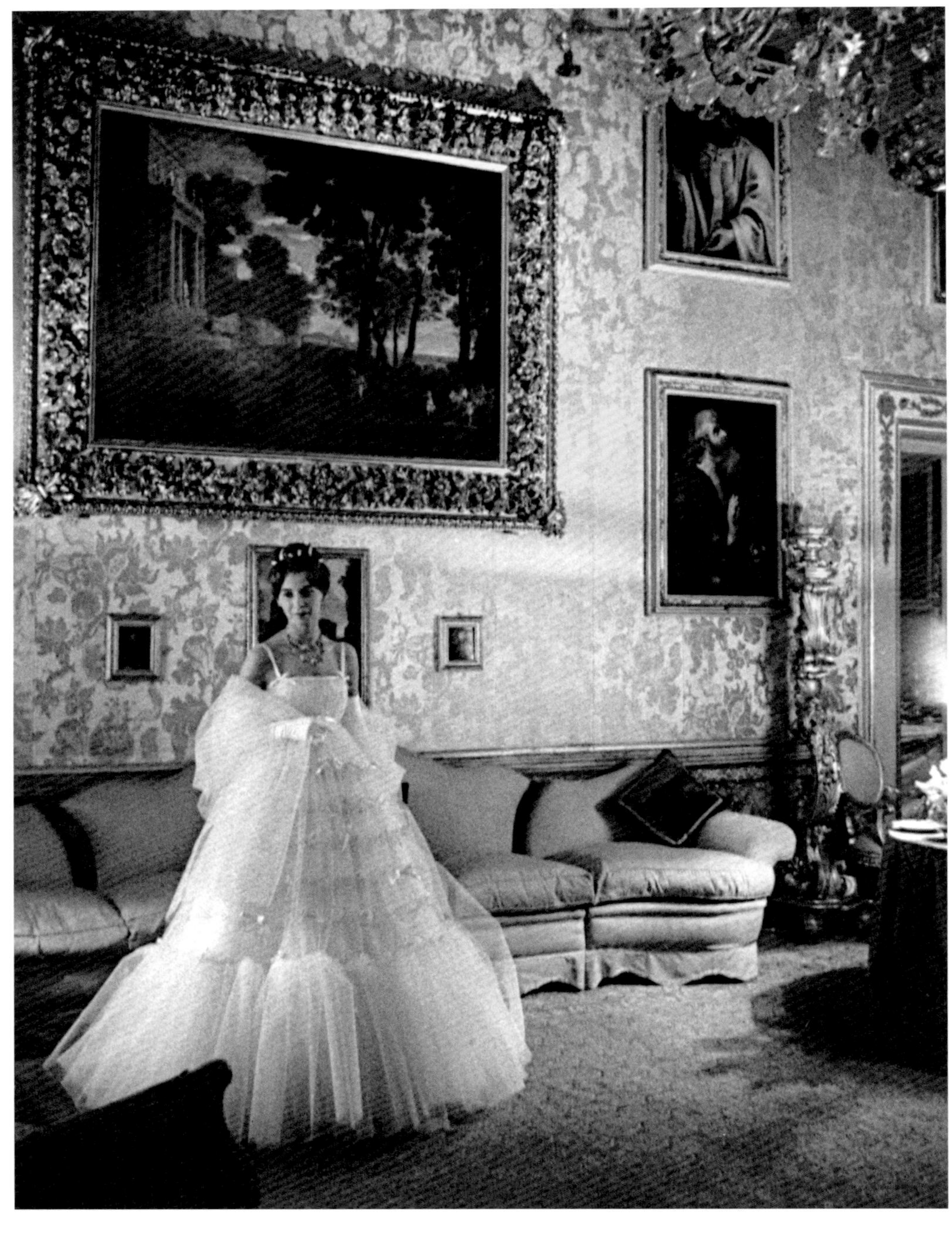

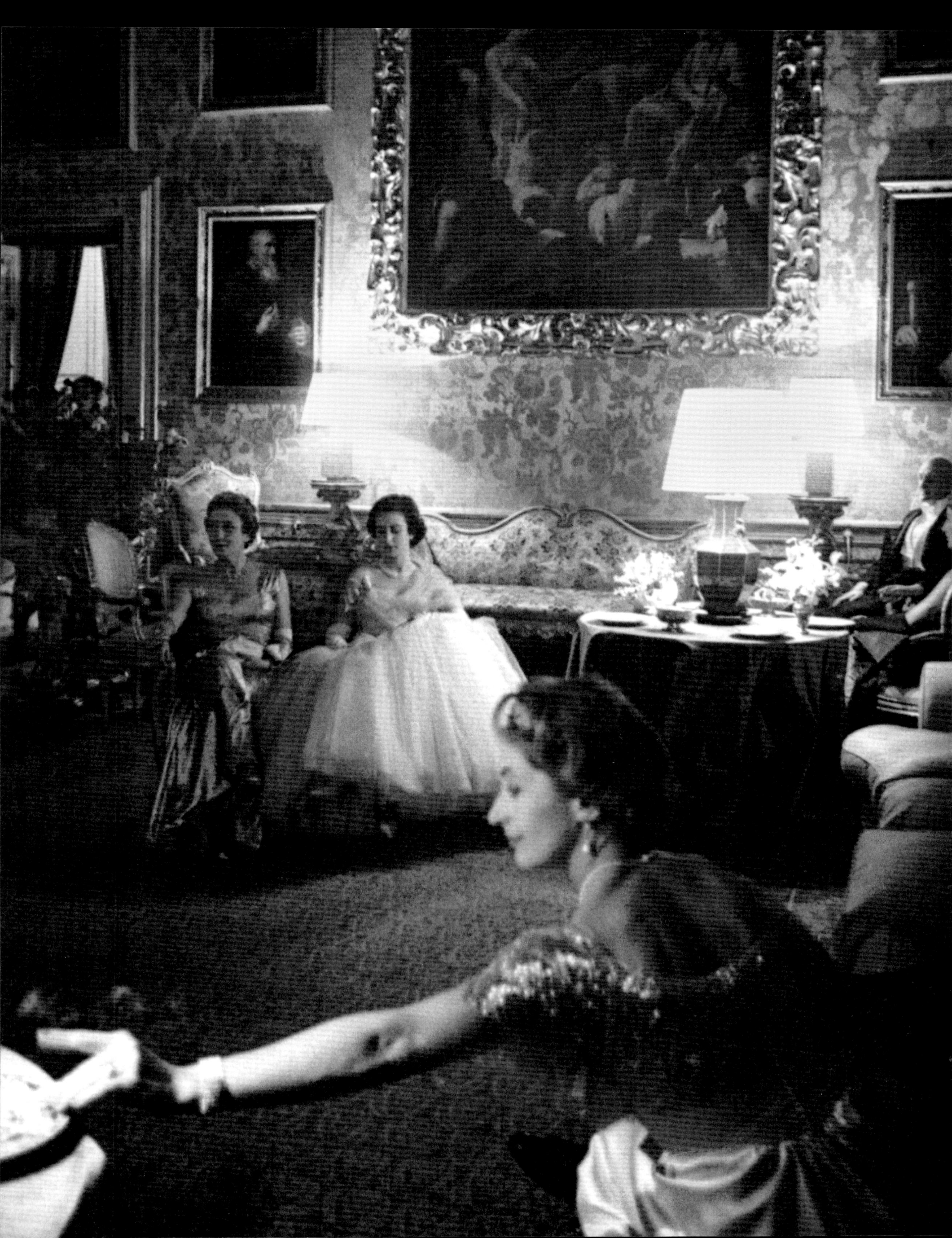

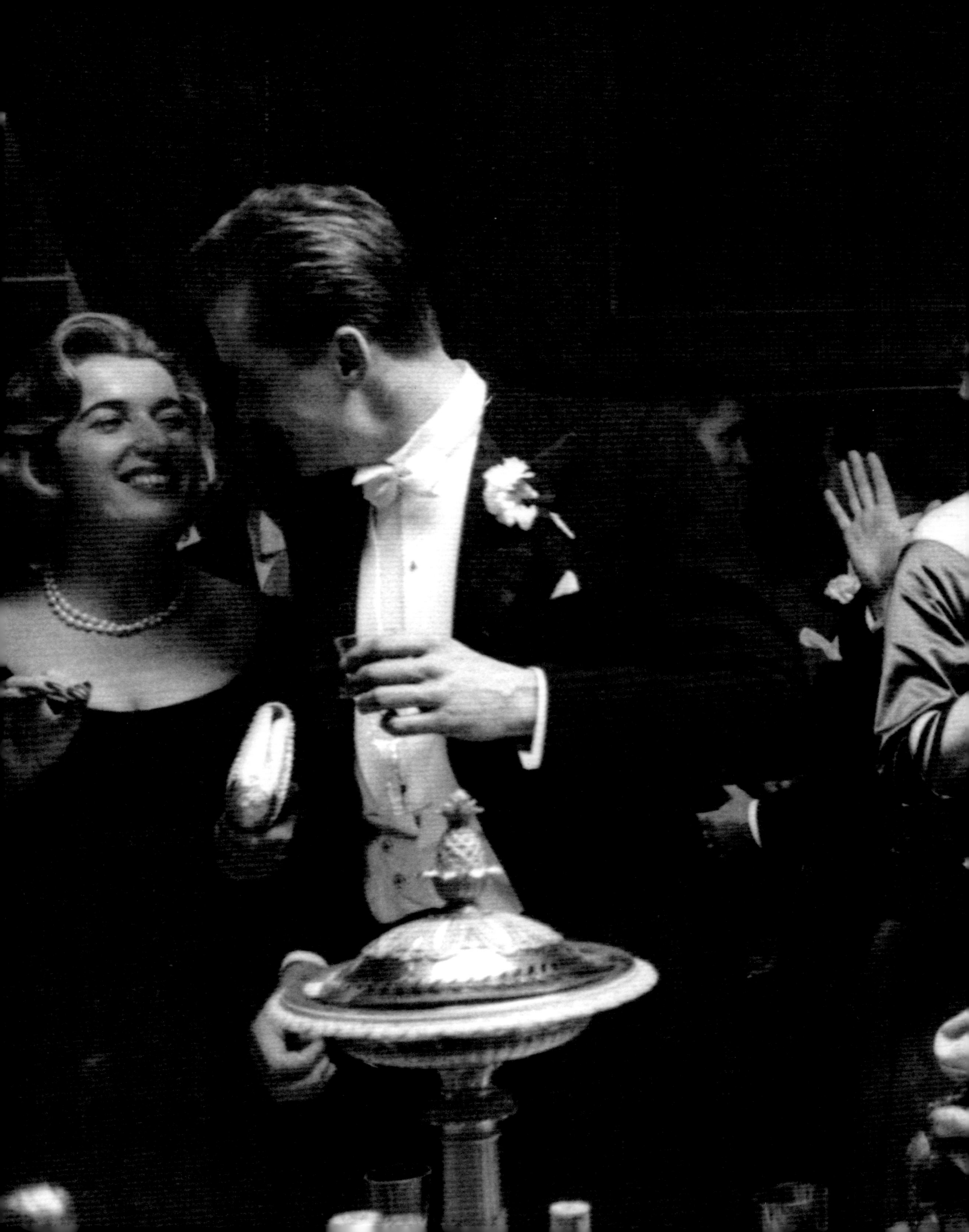

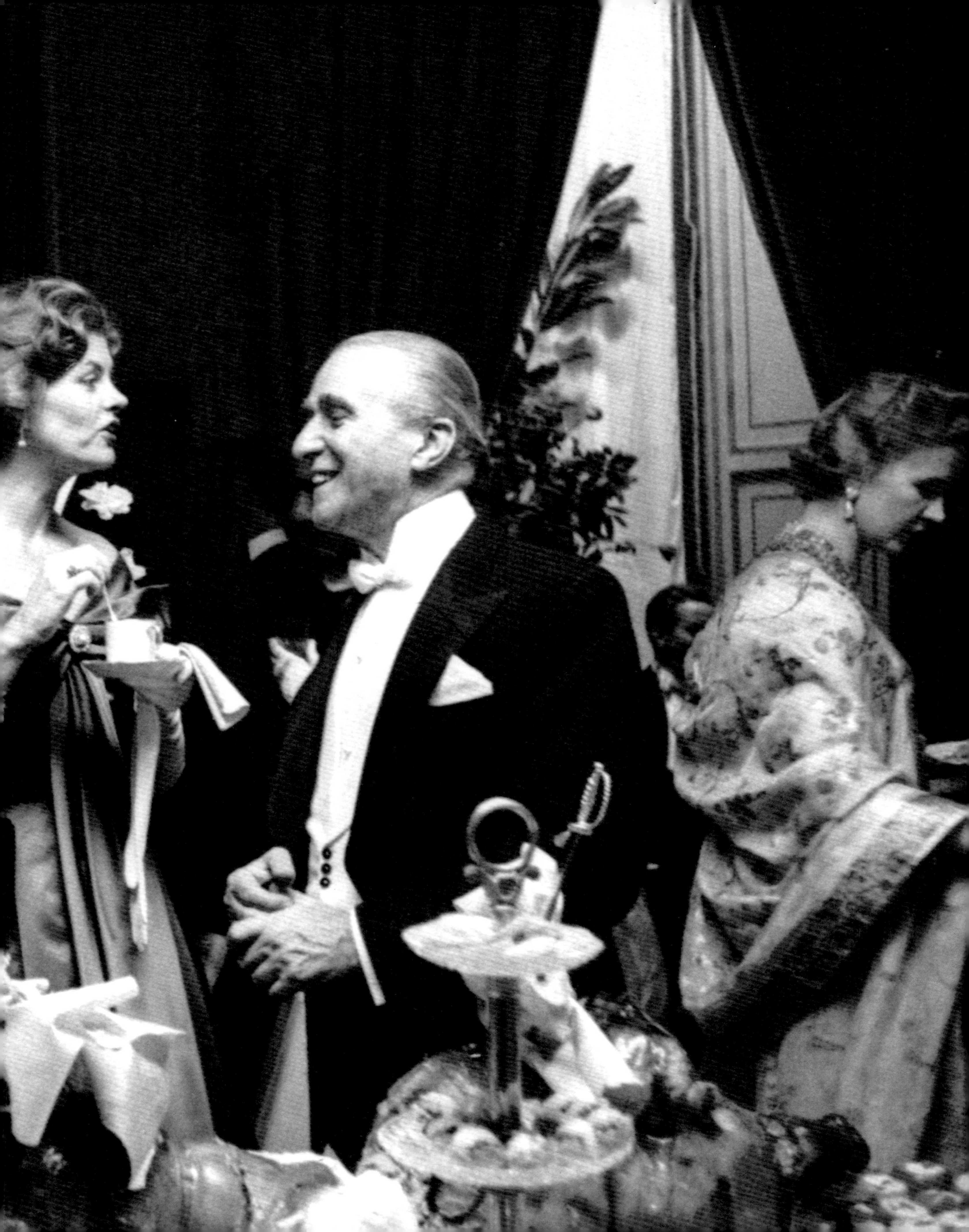

CACCIA ALLA VOLPE, ROMA 1958

Ormai inserito negli ambienti dell'aristocrazia romana, Paolo Di Paolo viene invitato dal proprietario della tenuta di via della Bufalotta (dove ora è sorto un grande centro commerciale) a partecipare e a fotografare una battuta di caccia alla volpe. Il servizio verrà pubblicato su «La settimana Incom illustrata».

FOX HUNT, ROME 1958

By this time at home among Rome's aristocracy, Paolo Di Paolo was invited by the owner of an estate on Via della Bufalotta (now turned into a large shopping mall) to join a fox hunt and take photos of it. The feature was published in *La settimana Incom illustrata*.

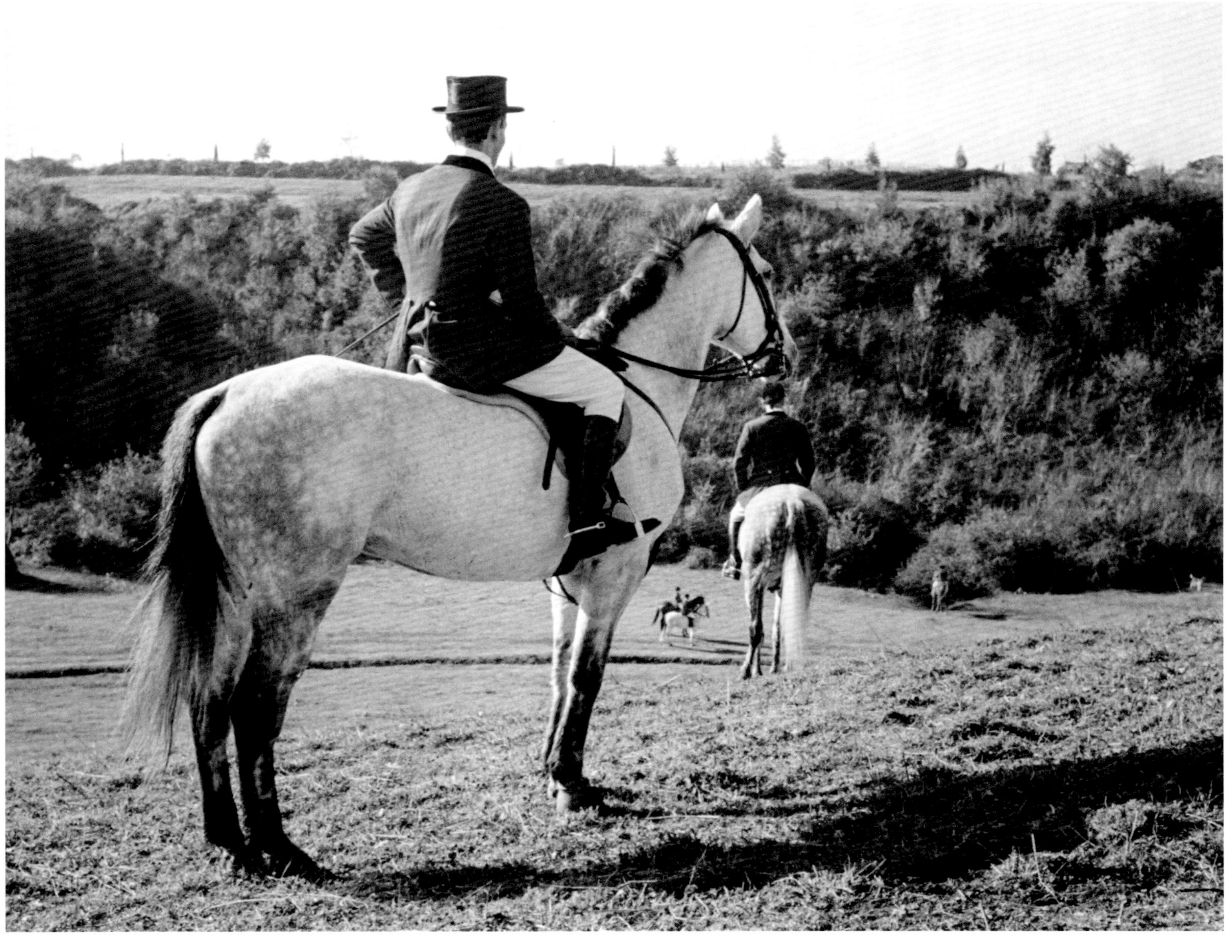

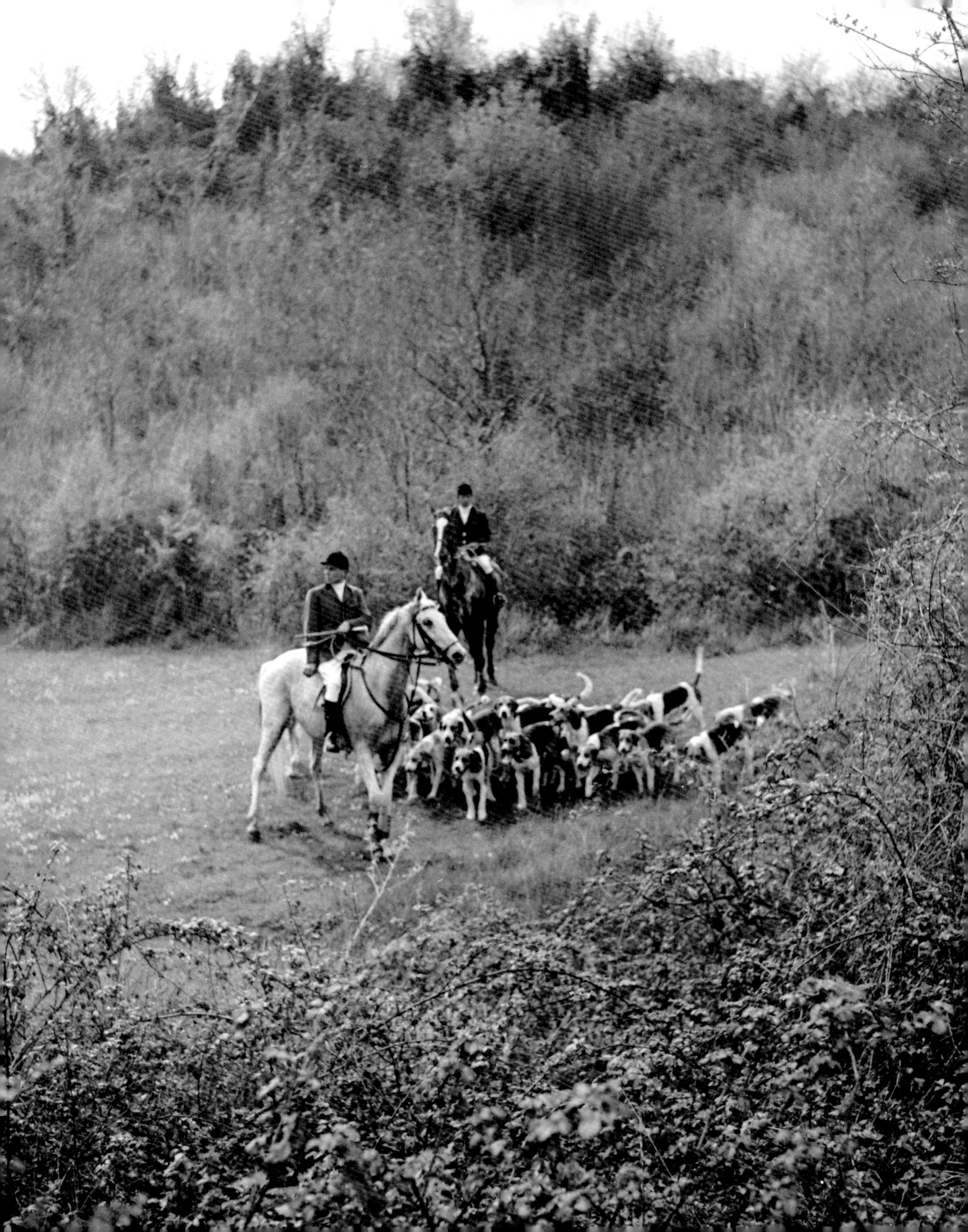

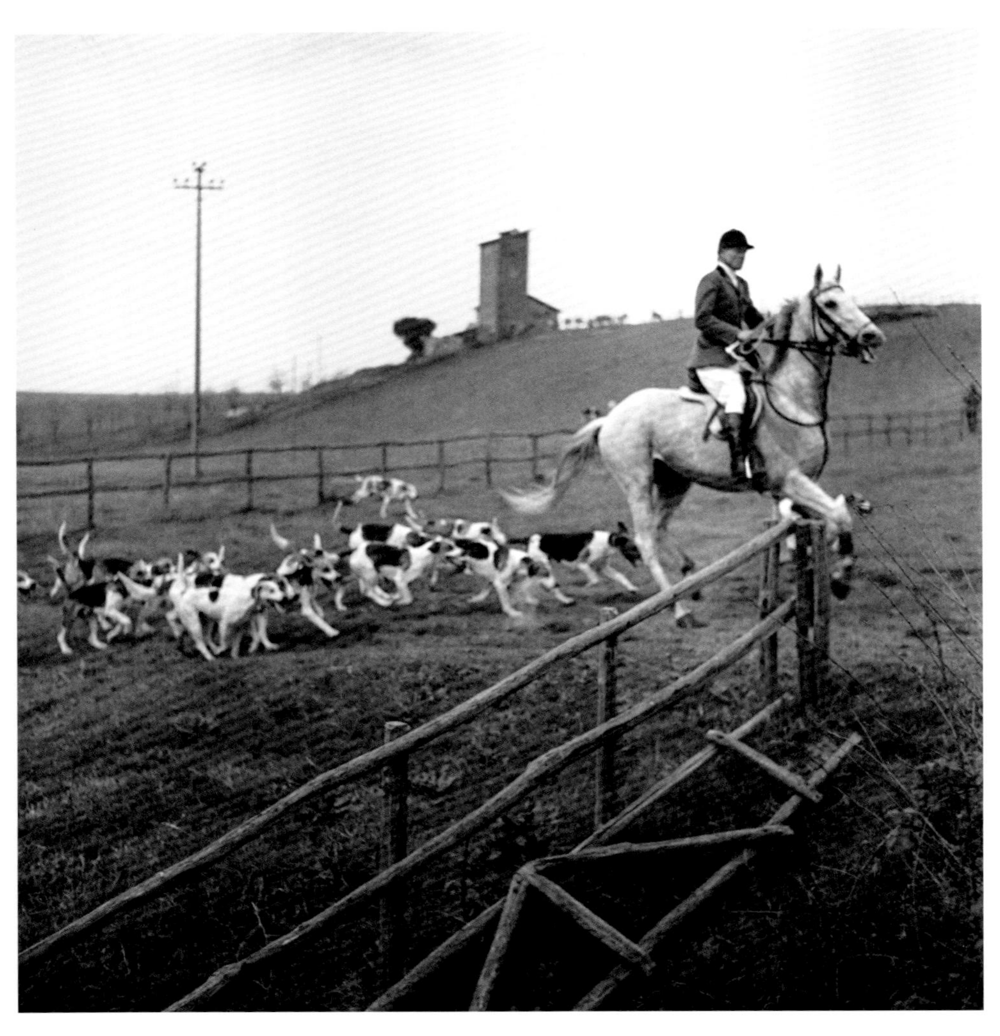

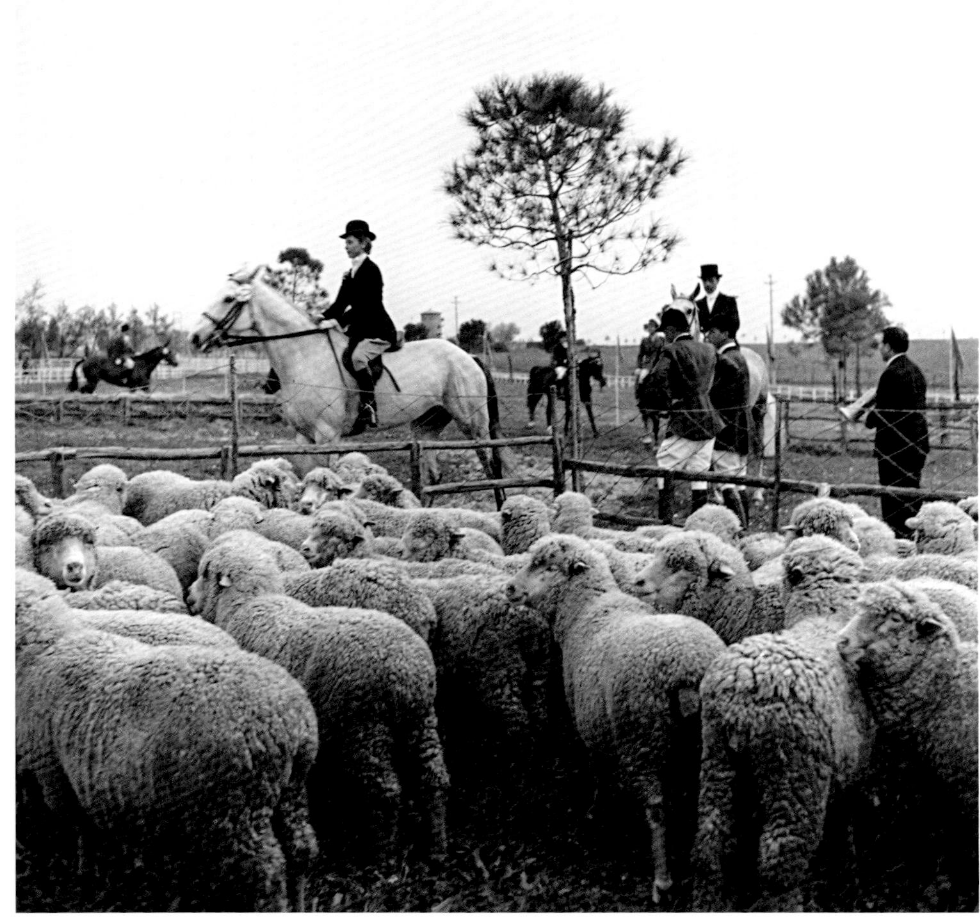

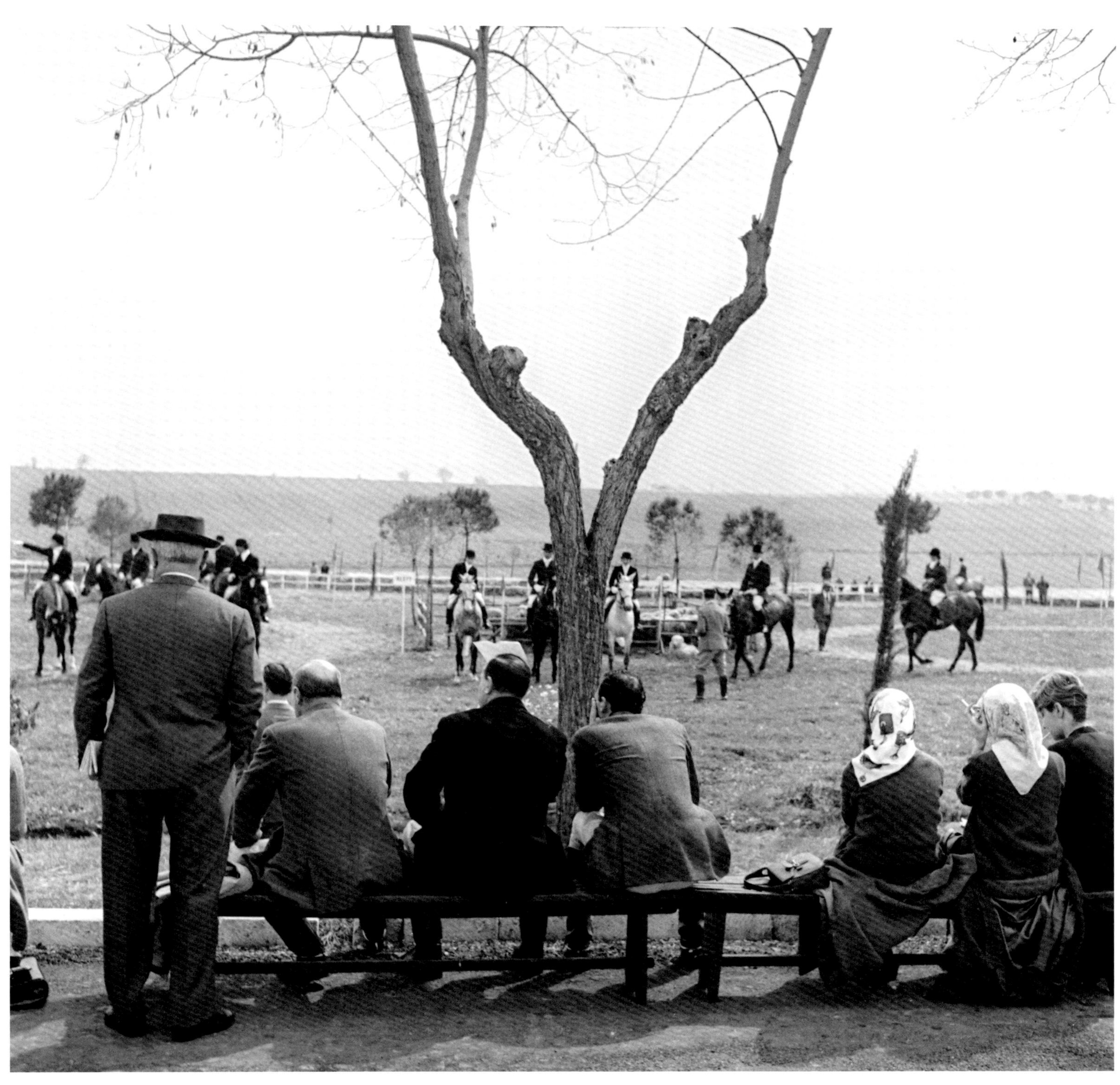

LA LUNGA STRADA DI SABBIA, 1959

Nel giugno del 1959 Paolo Di Paolo propone ad Arturo Tofanelli, direttore del settimanale «Tempo» e del mensile «Successo», il consueto servizio estivo sulle vacanze degli italiani. Ha già una proposta per il titolo, *La lunga strada di sabbia*, un viaggio lungo il perimetro dell'Italia, da Ventimiglia a Trieste. Tofanelli gli affianca un compagno di viaggio a cui affidare i testi: Pier Paolo Pasolini, allora considerato «un giovane e promettente autore», non ancora regista. Nasce tra loro un sodalizio complesso, delicato, che li accomunerà solo per la prima tappa del viaggio, ma che si consoliderà poi nel rispetto e nella fiducia reciproci. Partono con l'auto di Di Paolo, ma hanno obiettivi diversi: «Lui cercava un mondo perduto, di fantasmi letterari, un'Italia che non c'era più – ricorda Di Paolo –, io cercavo un'Italia che guardava al futuro». Affronteranno separatamente le tappe successive. Il reportage viene pubblicato su «Successo» in tre puntate.

LA LUNGA STRADA DI SABBIA, 1959

In June 1959 Paolo Di Paolo proposed to Arturo Tofanelli, director of the weekly *Tempo* and the monthly *Successo*, the usual summer report on the holidays of the Italians. He had a title ready: "La lunga strada di sabbia," a journey along the coasts of Italy, from Ventimiglia to Trieste. Tofanelli paired him with a traveling companion commissioned to write the texts: Pier Paolo Pasolini, then considered "a young and promising author," not yet a filmmaker. A complex, delicate partnership developed between them, uniting them only on the first stage of the journey, but it would then grow into mutual respect and trust. They set off in Di Paolo's car, but they had different goals: "He was looking for a lost world, of literary ghosts, an Italy that no longer existed," Di Paolo recalls. "I was searching for an Italy that looked to the future." They undertook the following stages separately. The report was published in *Successo* in three episodes.

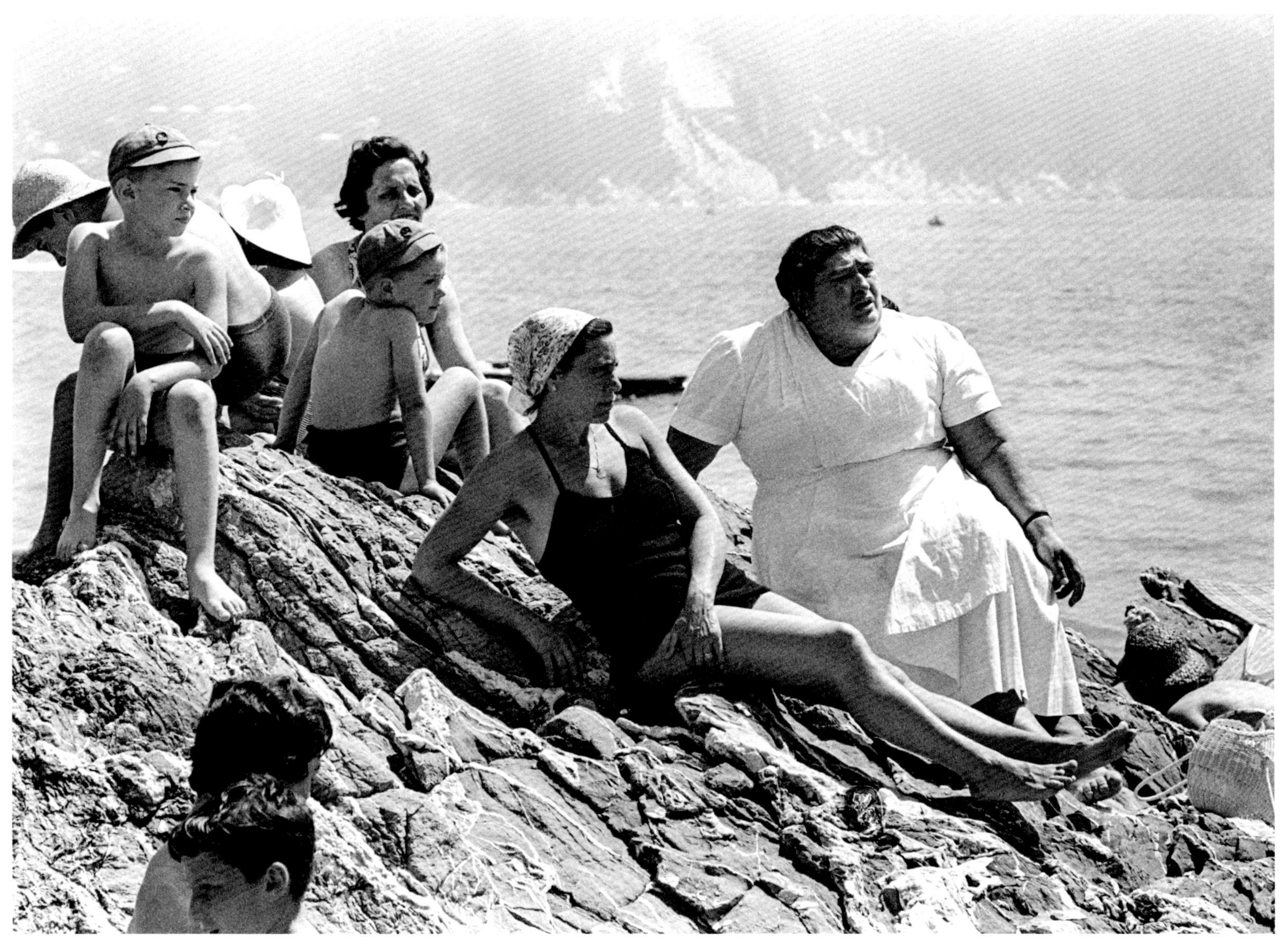

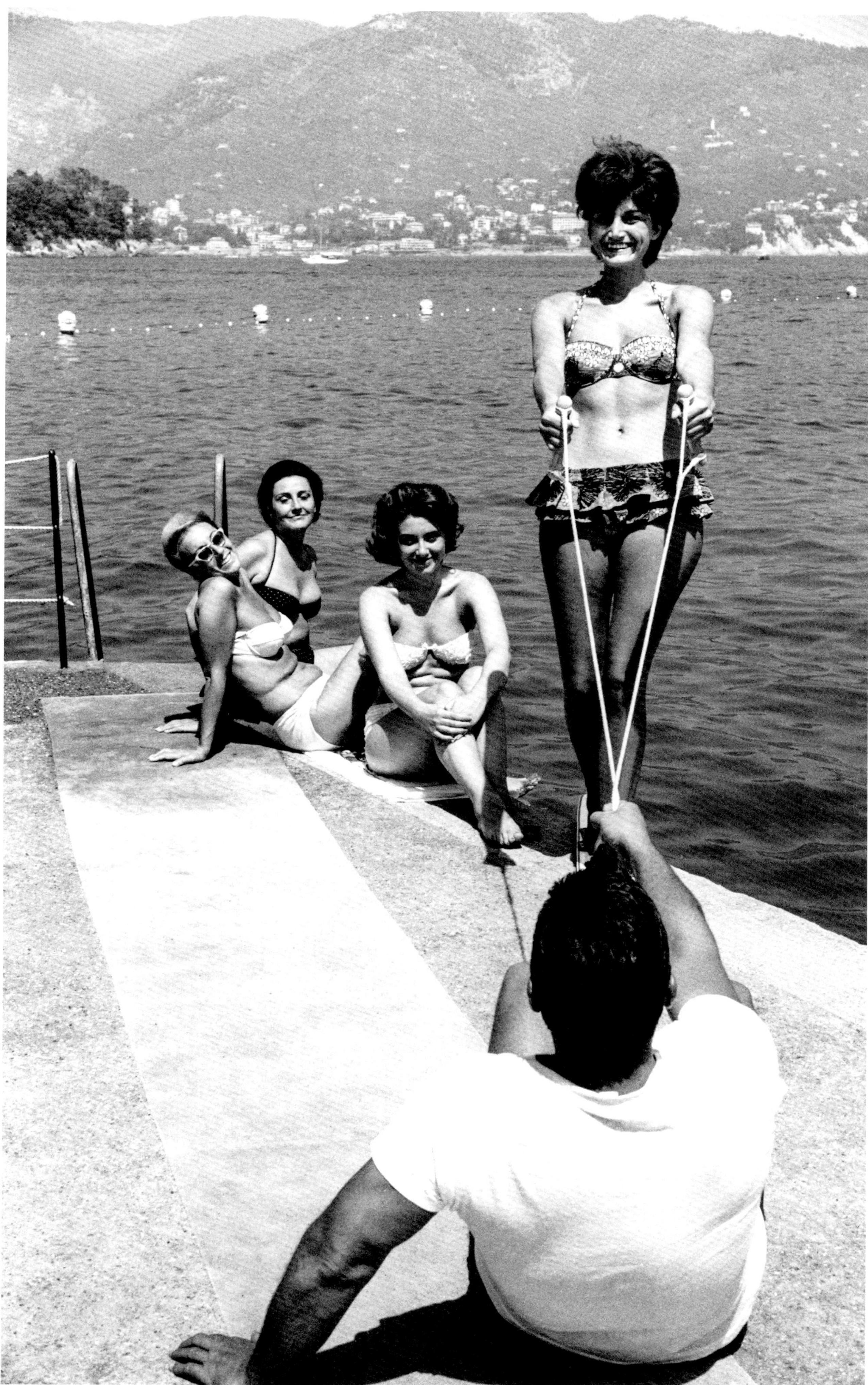

Santa Margherita Ligure

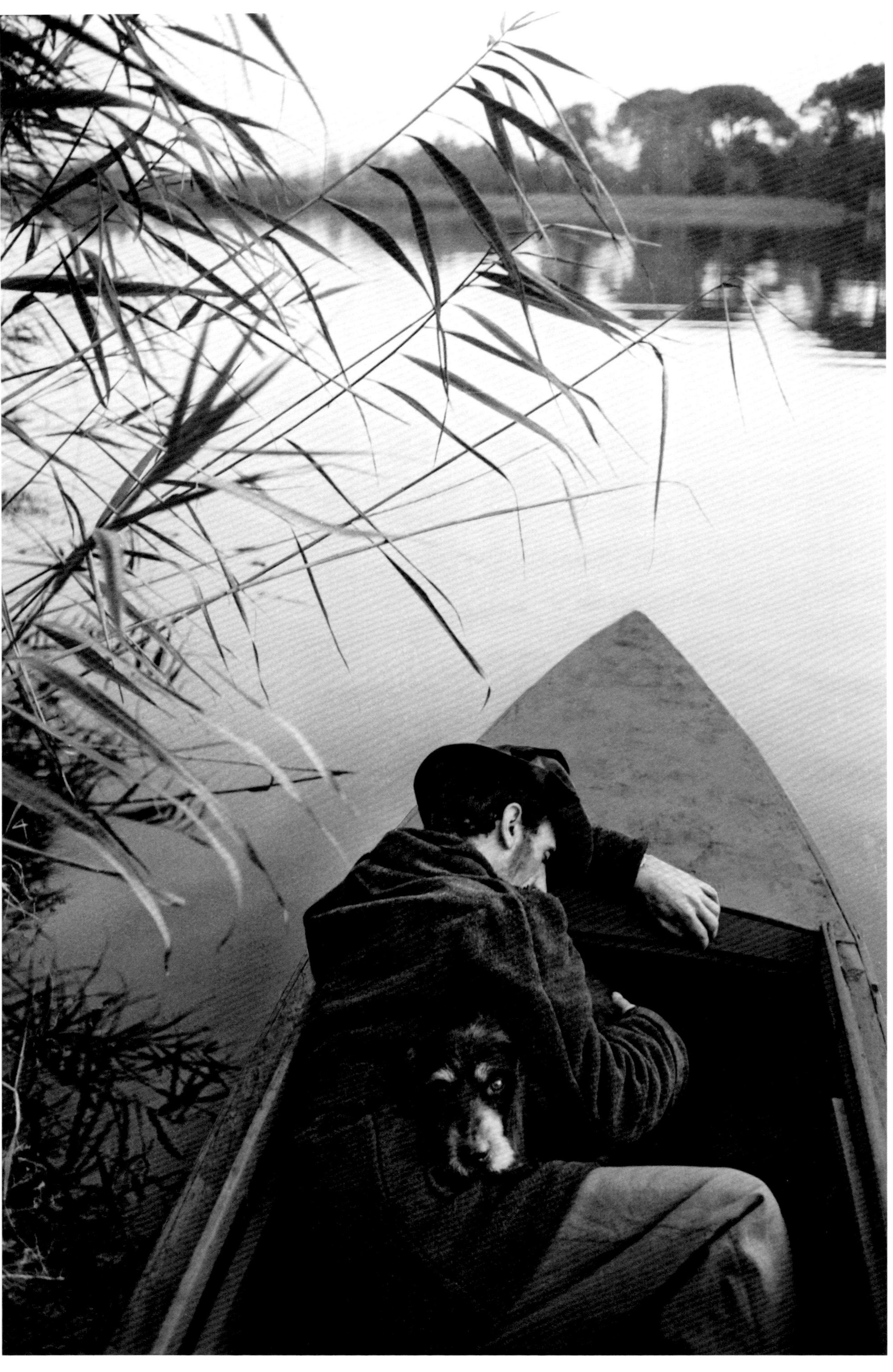

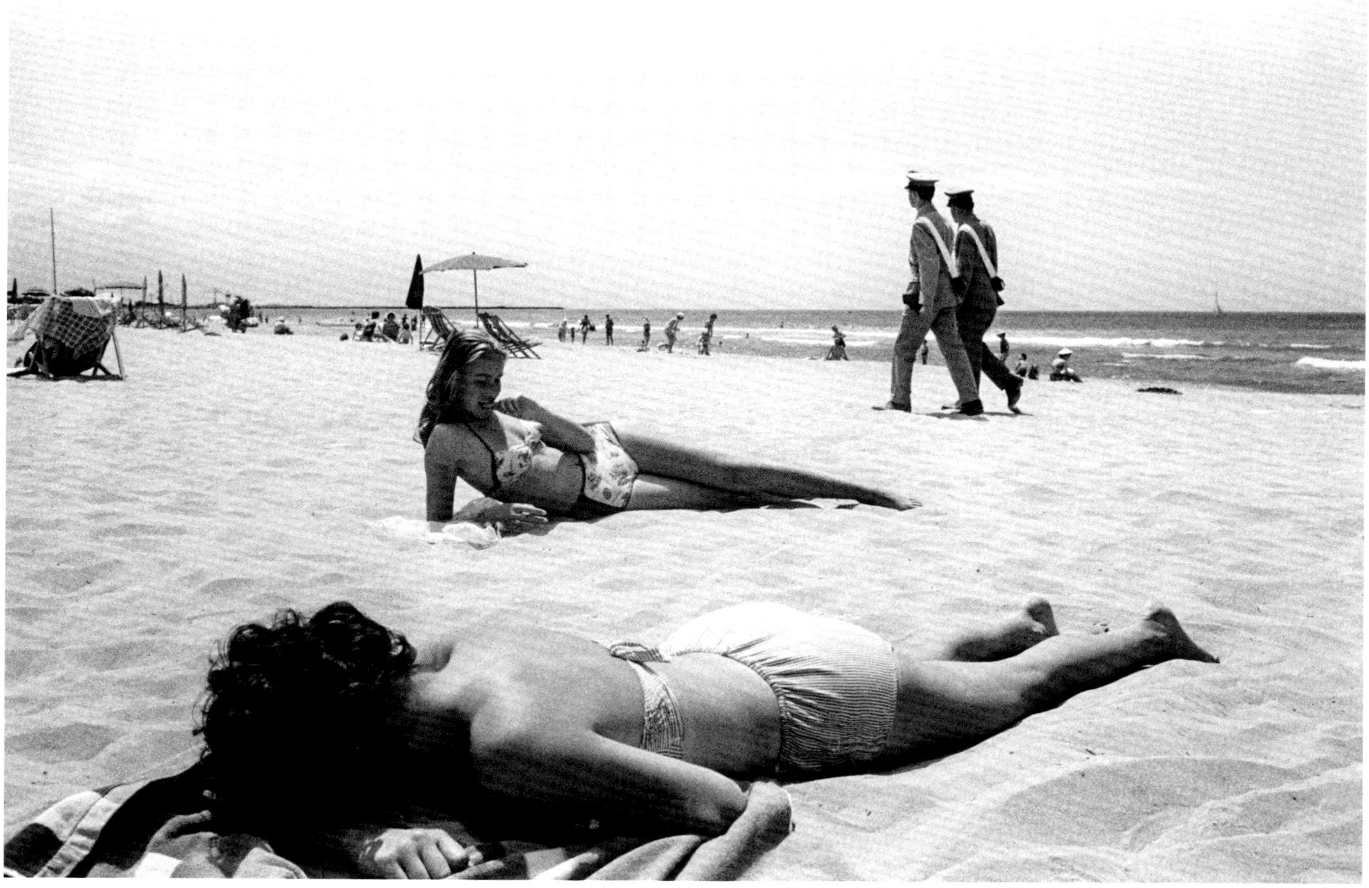

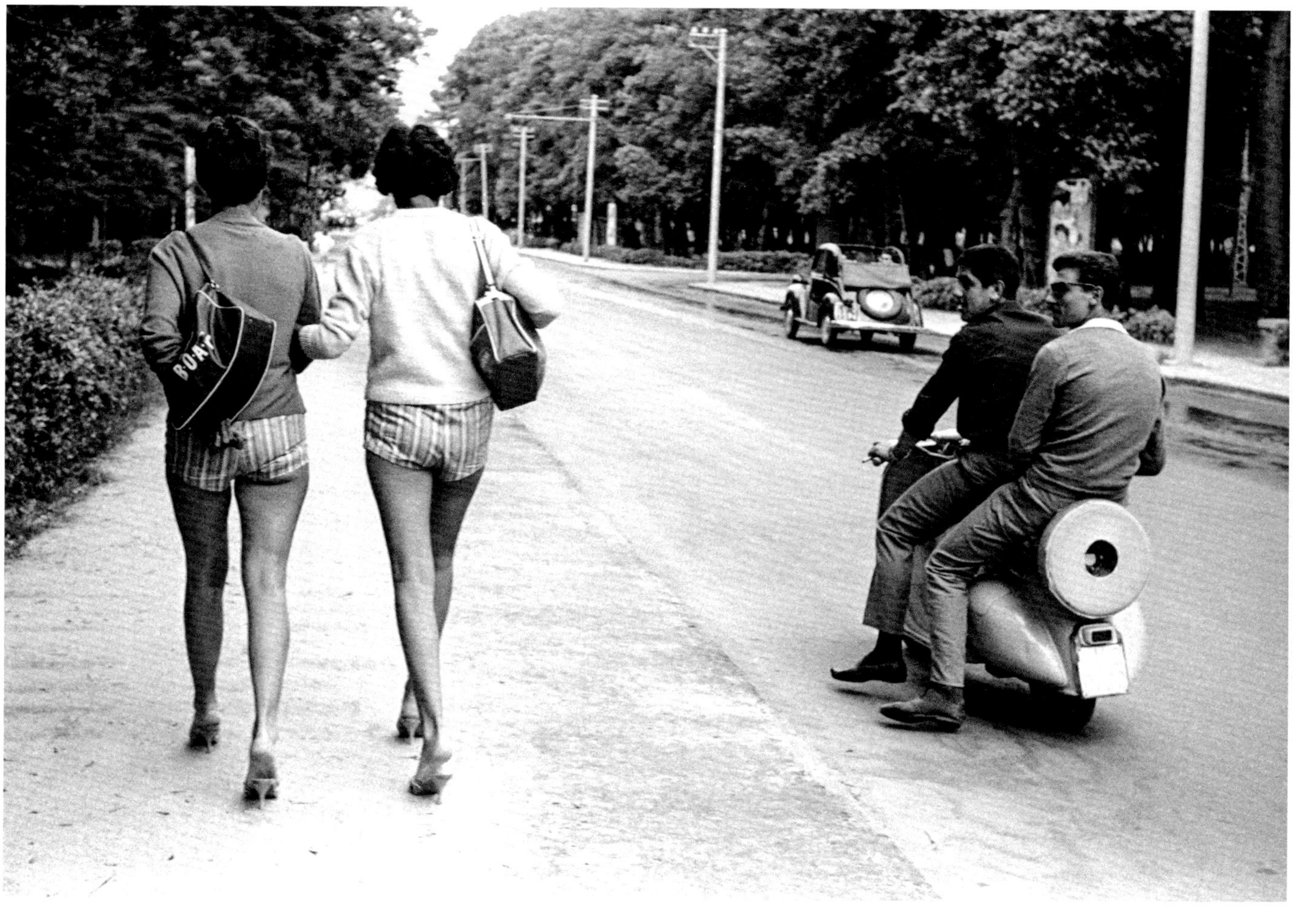

Forte dei Marmi

Viareggio

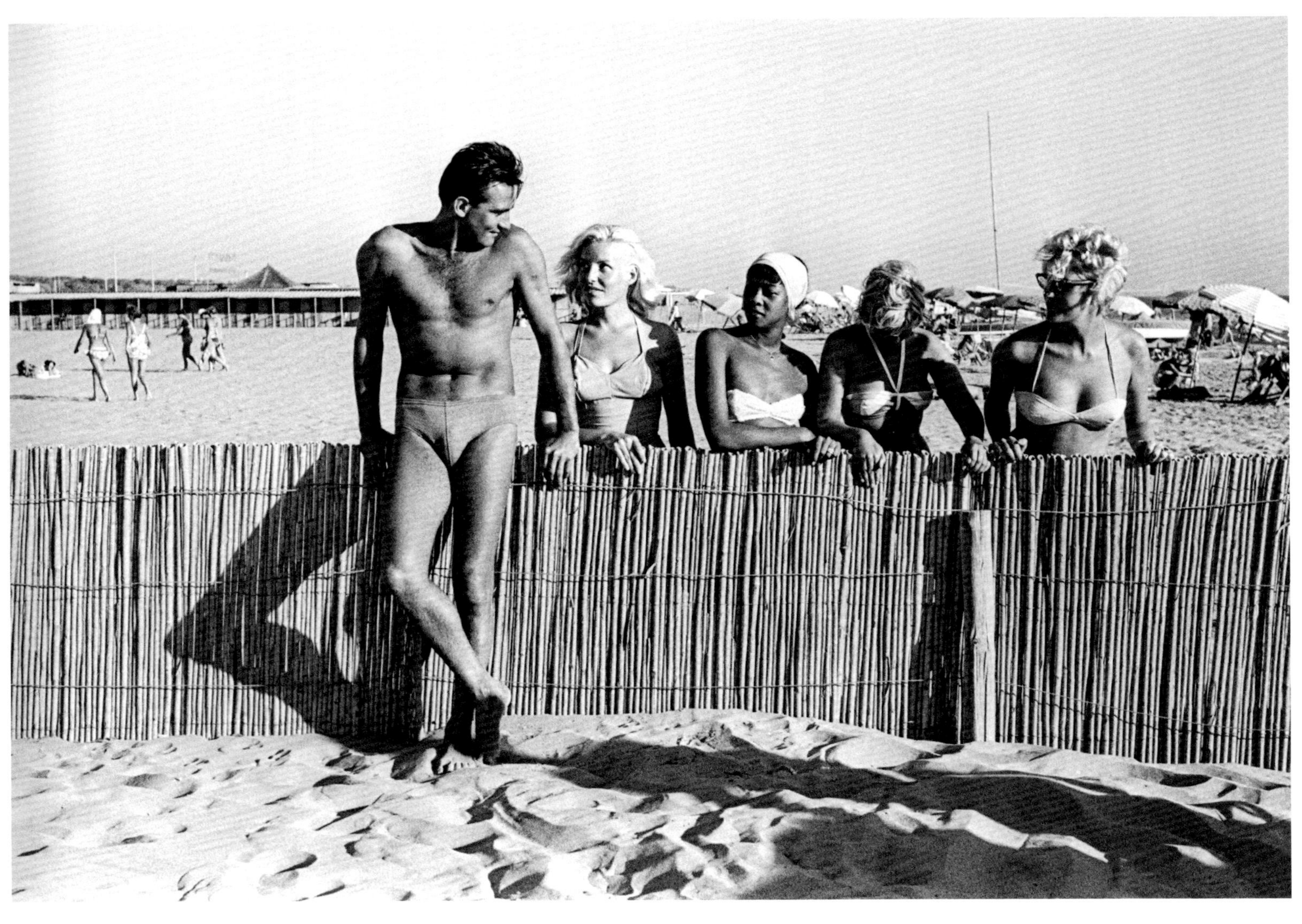

Walter Chiari, Fregene

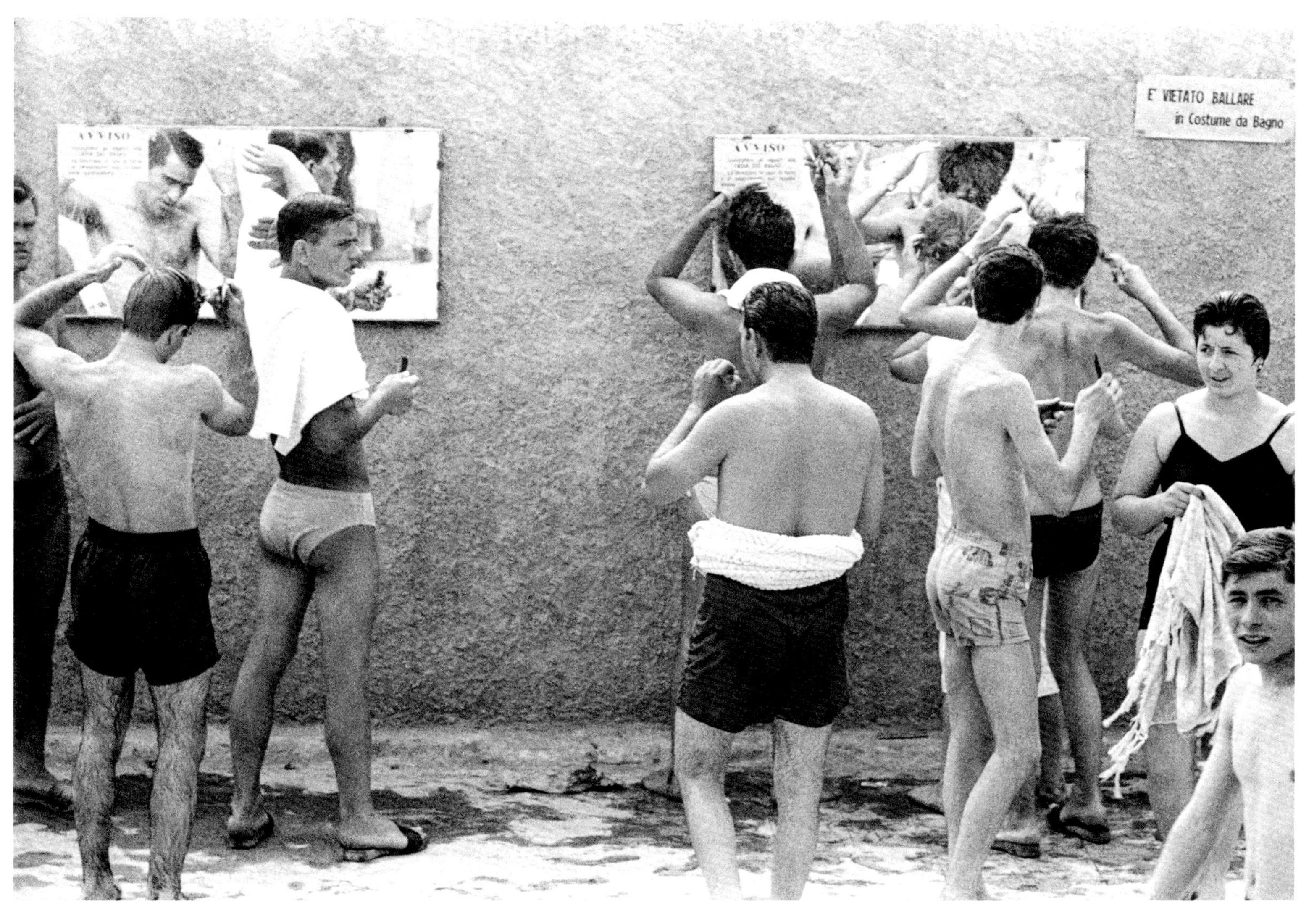

Pozzuoli

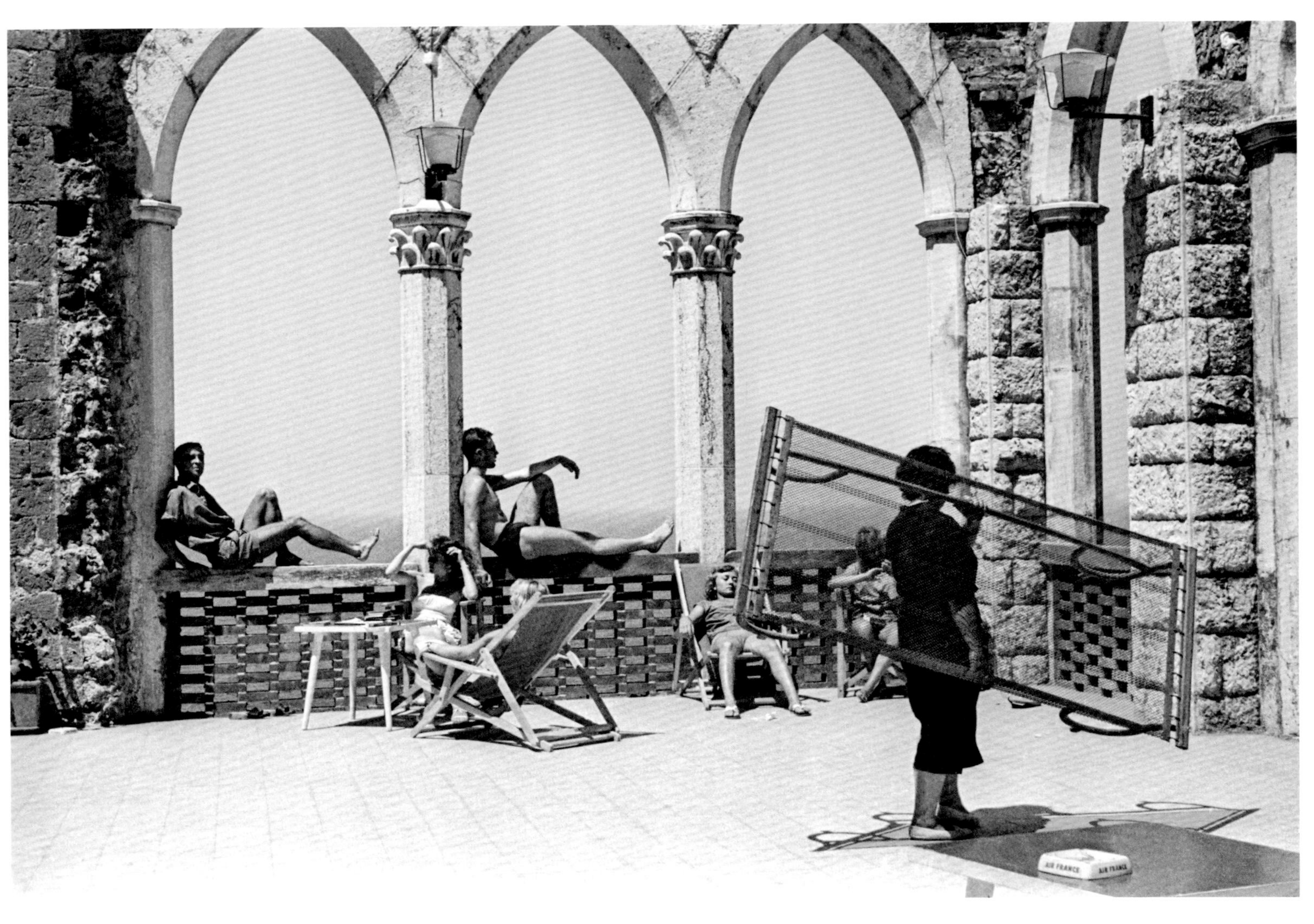
AIR FRANCE
AIR FRANCE

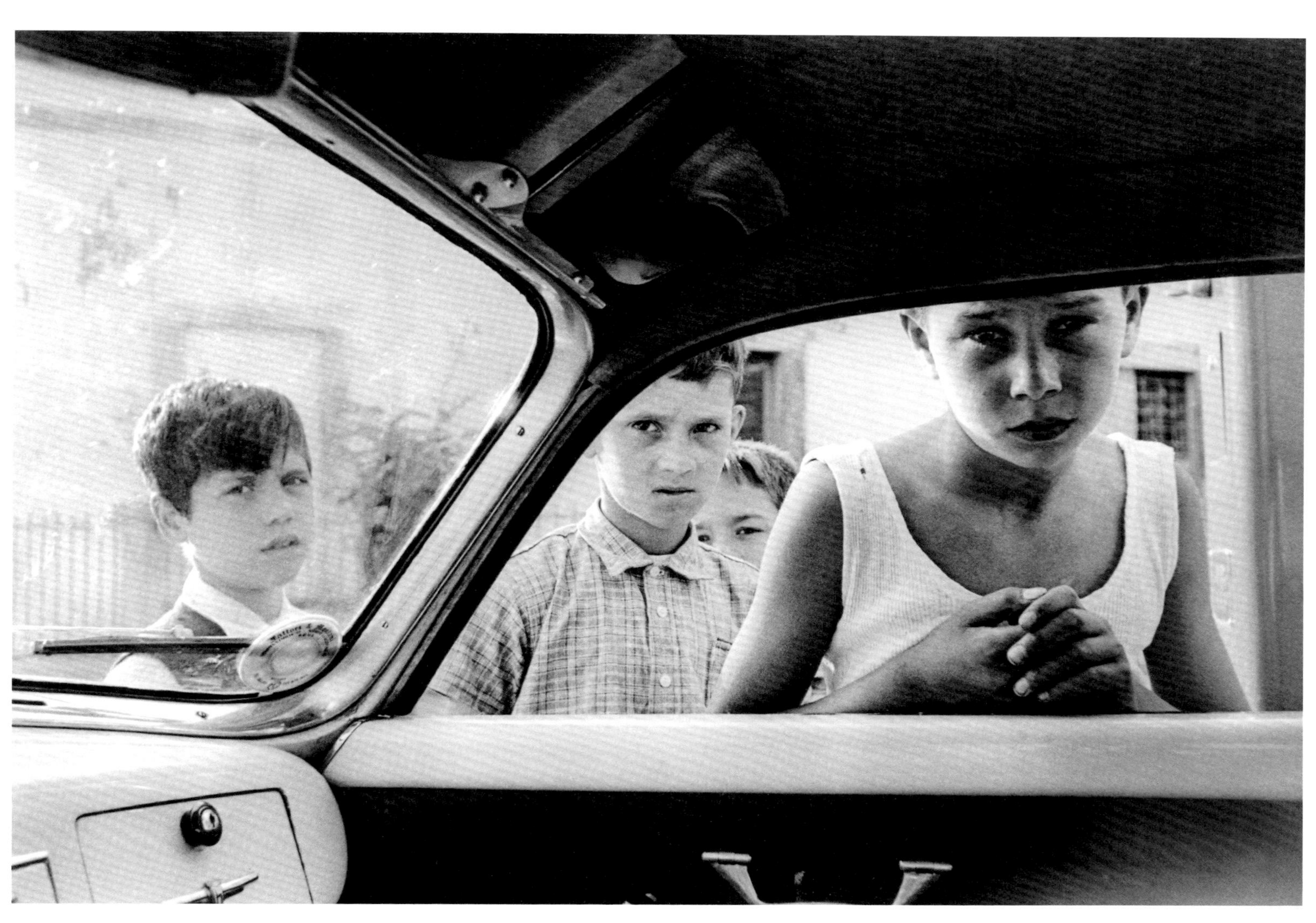

Gargano (Puglia / Apulia)

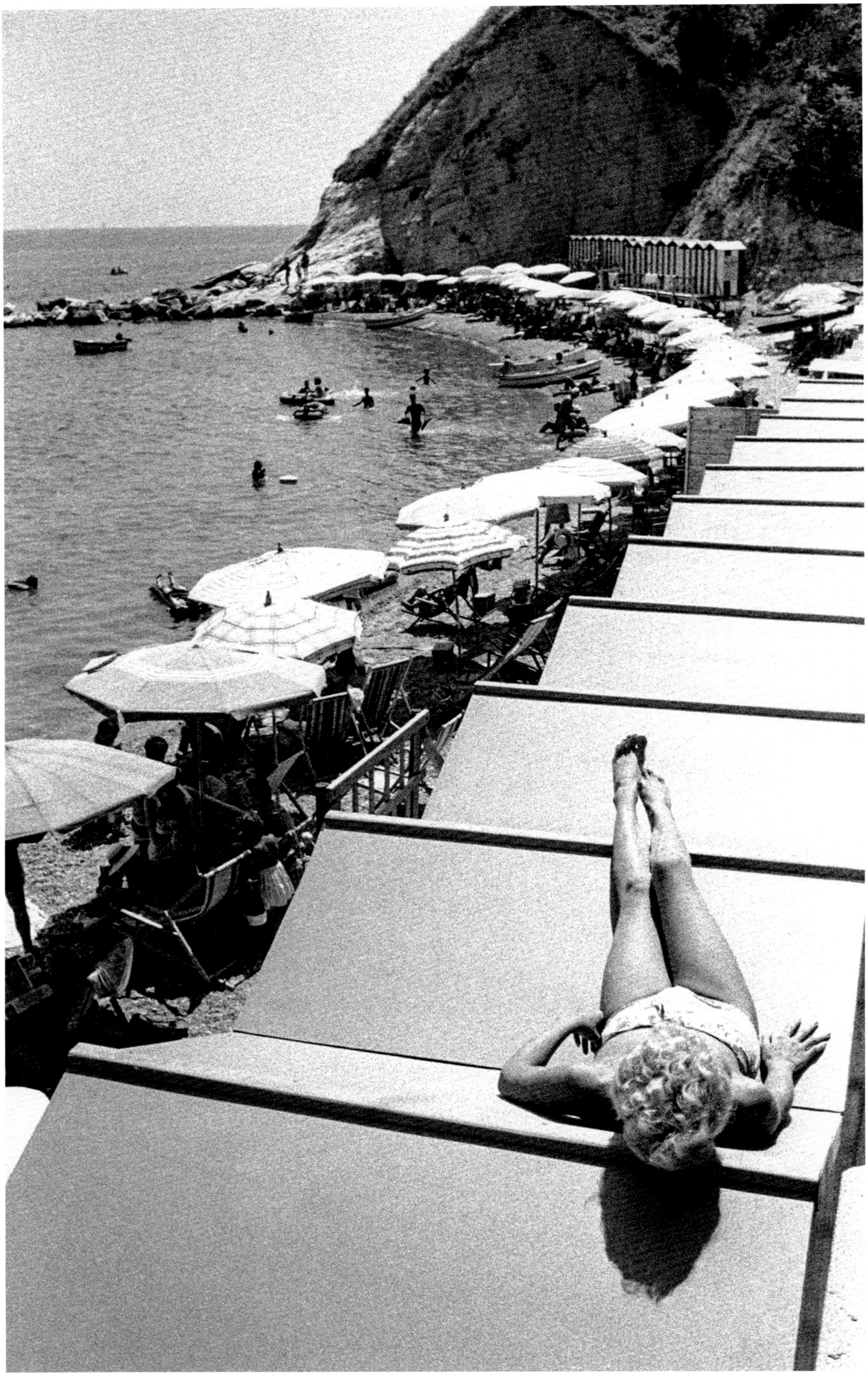

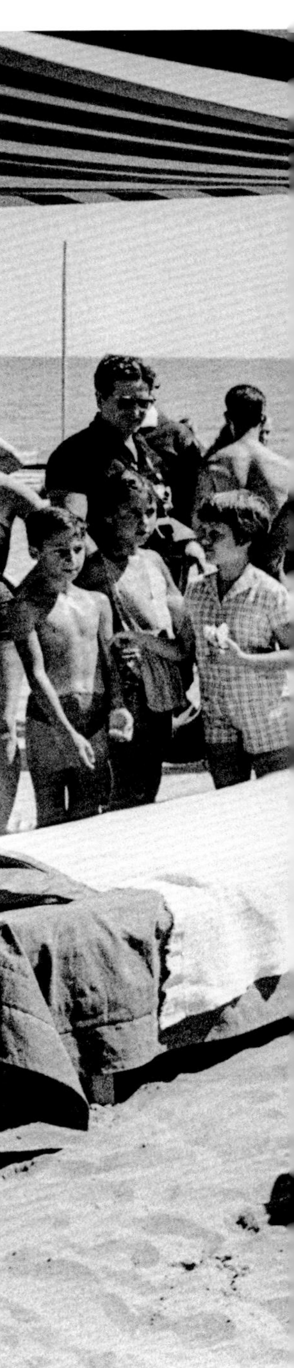

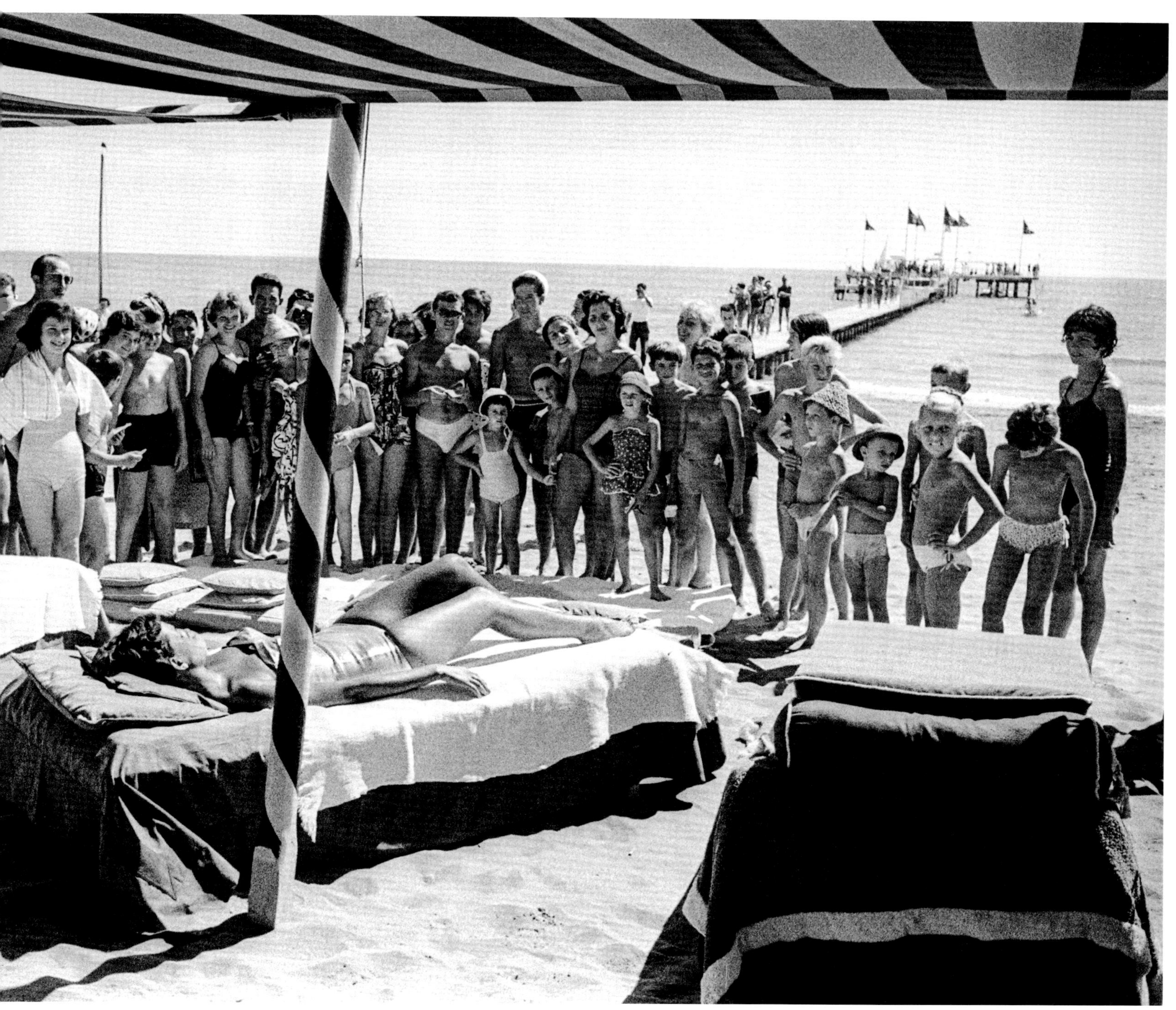

Numana (Ancona)

Lido di Venezia

INCHIESTA SULLE CARCERI ITALIANE, 1961

Il settimanale «Tempo», diretto da Arturo Tofanelli, affida a Paolo Di Paolo e ai giornalisti Luigi Romersa e Guido Guidi, un'inchiesta sulle carceri di massima sicurezza in Italia. Il servizio, dal titolo *Si pentono i grandi colpevoli?*, viene pubblicato in sette puntate e documenta le condizioni di vita nelle carceri di Augusta, Isola di Santo Stefano, Orvieto, Porto Azzurro, Perugia, Rebibbia e Volterra.

INVESTIGATION INTO ITALIAN PRISONS, 1961

The weekly *Tempo*, directed by Arturo Tofanelli, entrusted Paolo Di Paolo and the journalists Luigi Romersa and Guido Guidi with an investigation into maximum security prisons in Italy. The report, entitled "Do serious offenders repent?" was published in seven episodes. It documented the living conditions in the prisons of Augusta, Isola di Santo Stefano, Orvieto, Porto Azzurro, Perugia, Rebibbia and Volterra.

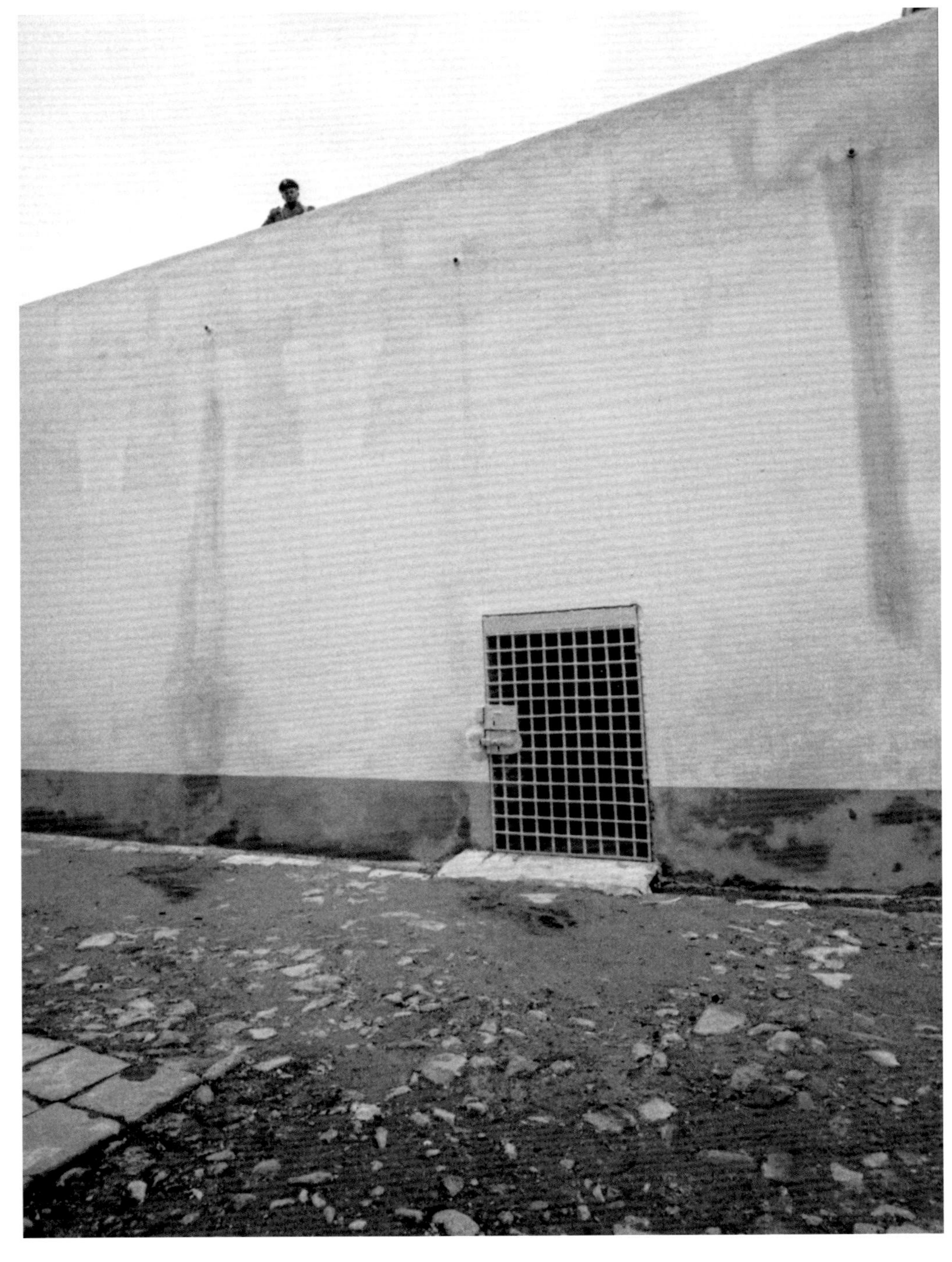

Carcere di Augusta (Sicilia) / Augusta prison (Sicily)

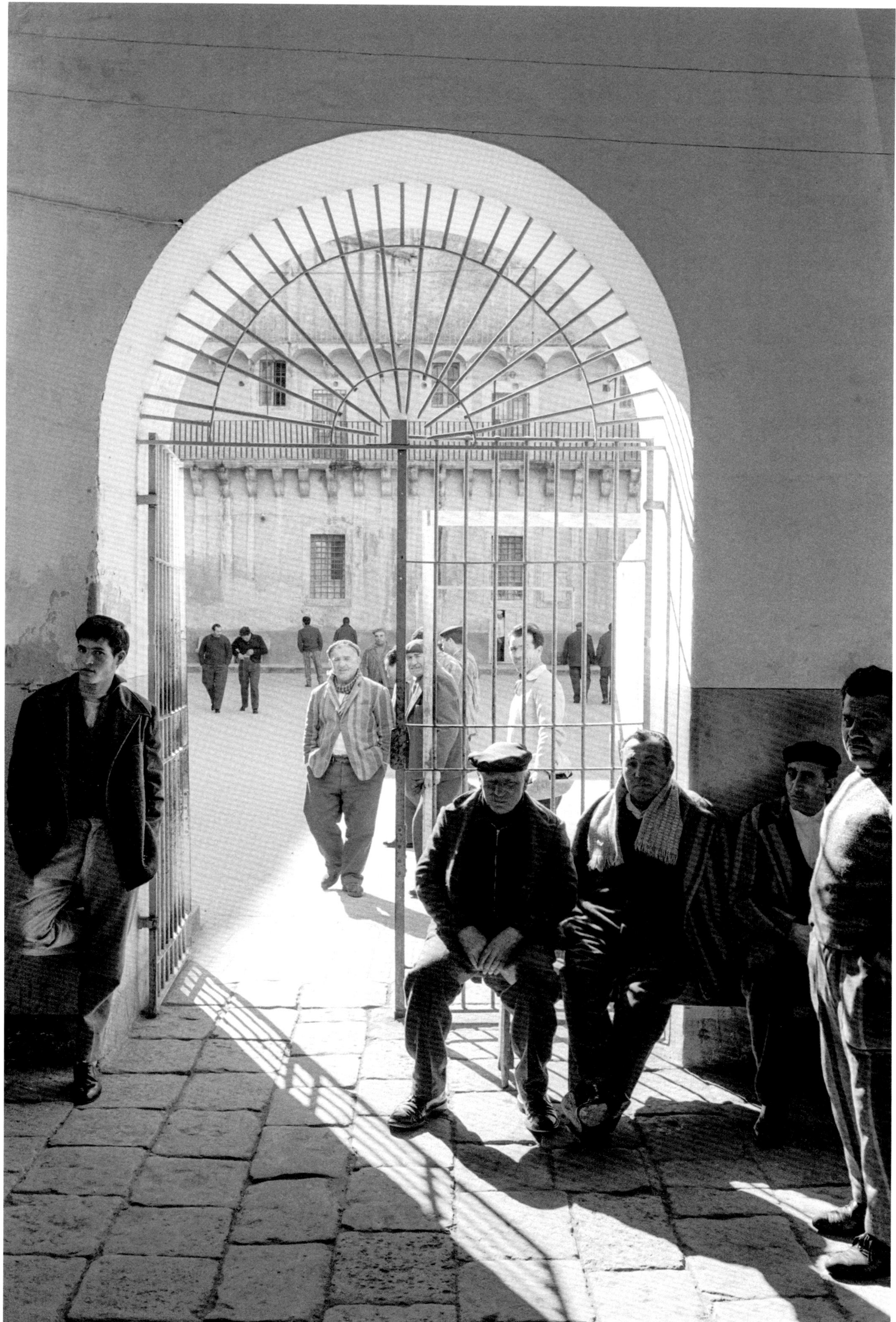

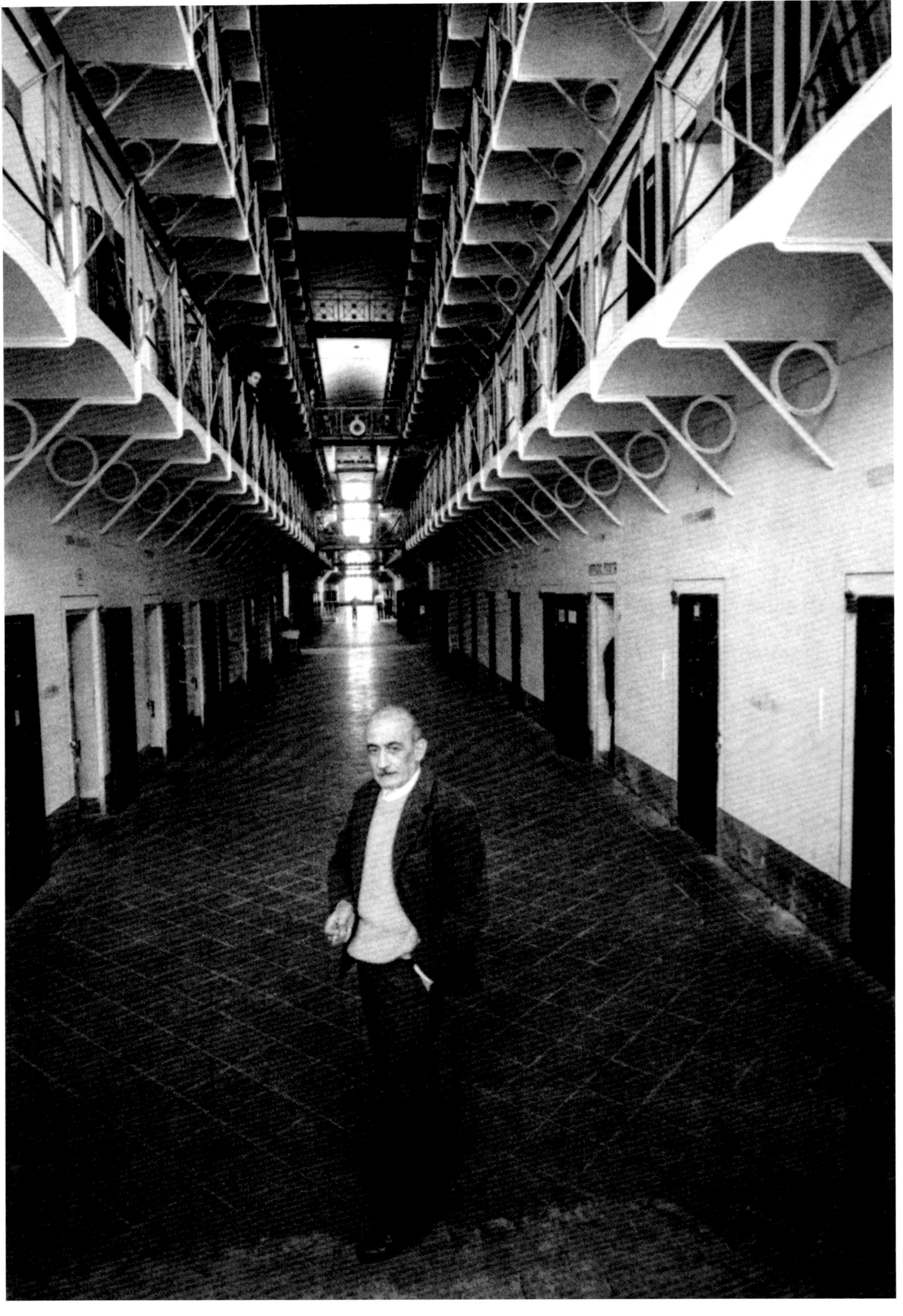

Giovanni Fenaroli, Carcere di Porto Azzurro (Toscana) / Porto Azzurro prison (Tuscany)

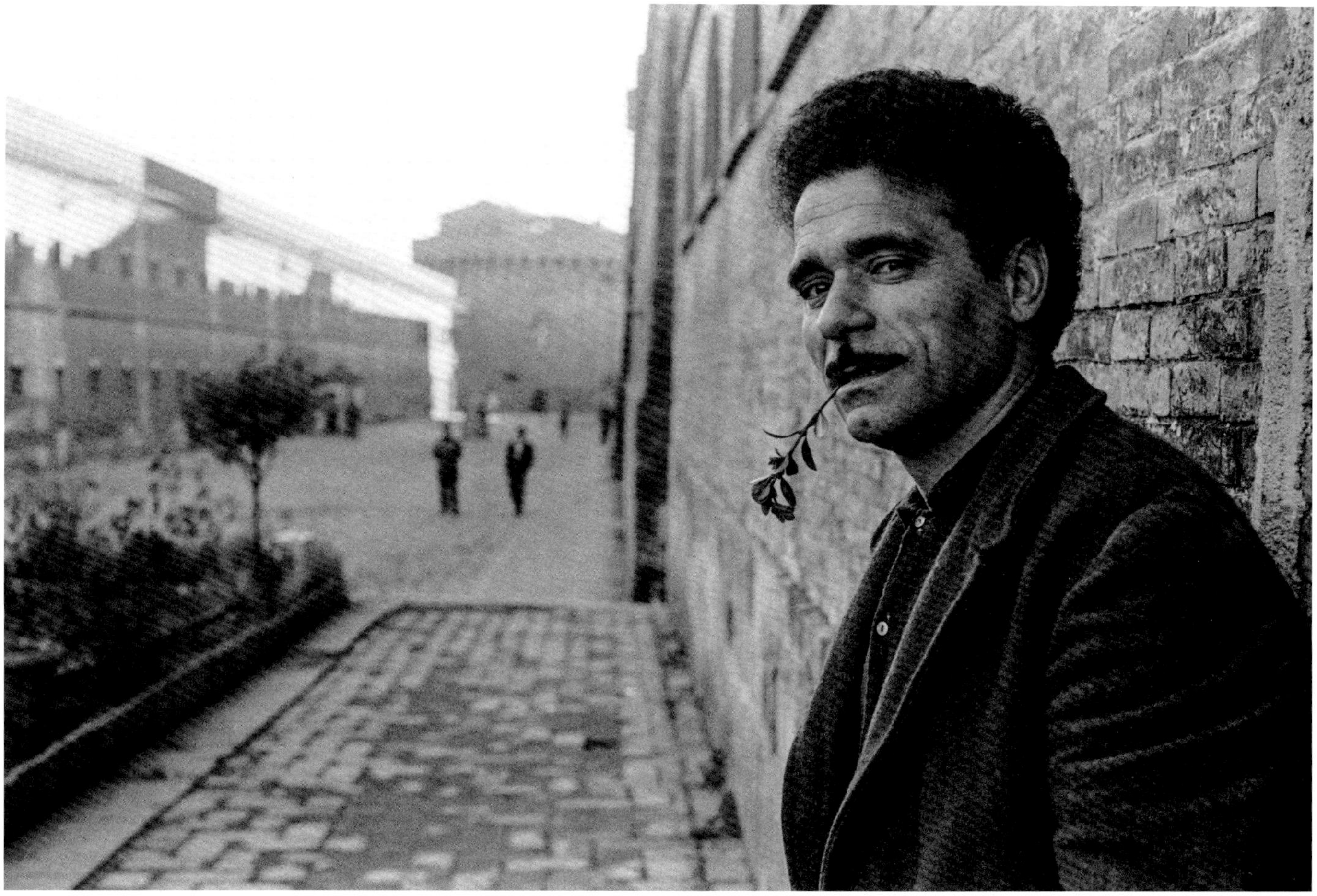

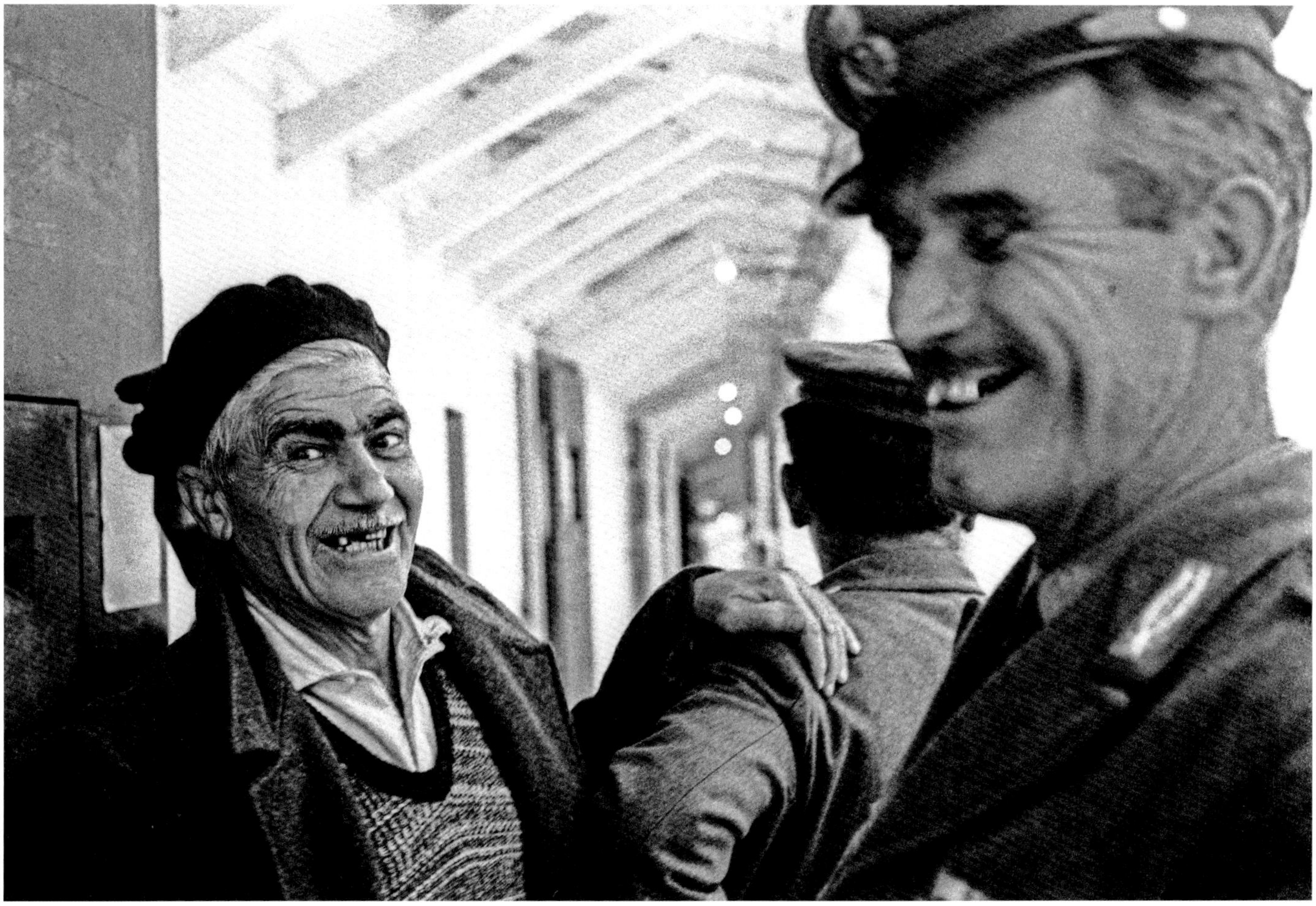

Carcere di Volterra (Toscana) / Volterra prison (Tuscany)

Carcere di Porto Azzurro (Toscana) / Porto Azzurro prison (Tuscany)

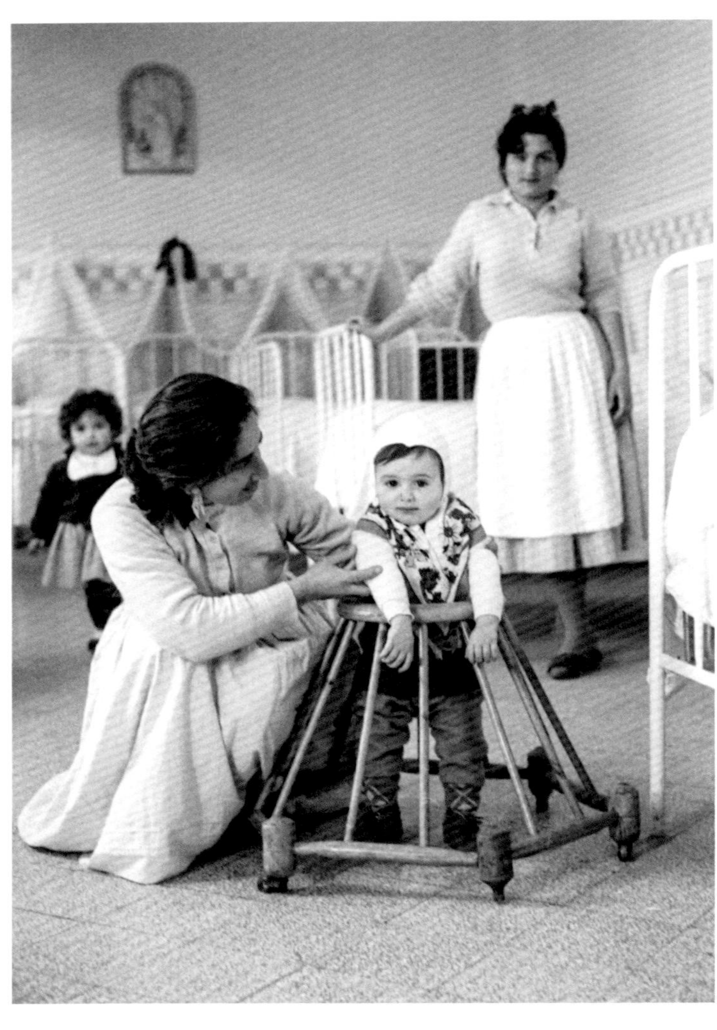

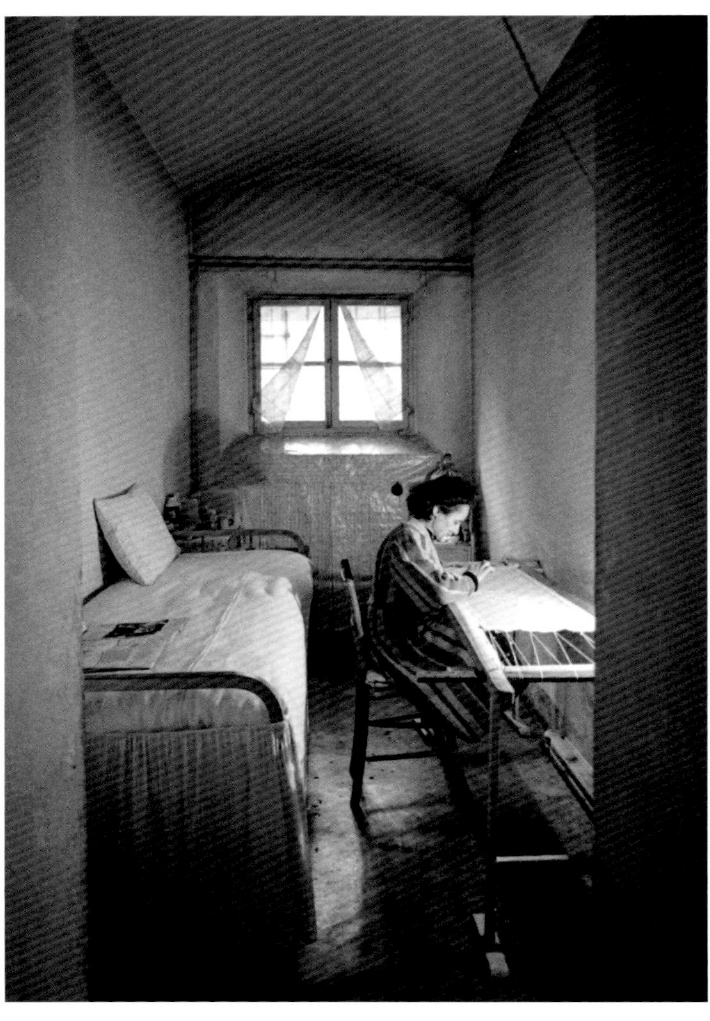

Carcere femminile di Perugia / Perugia Women's prison

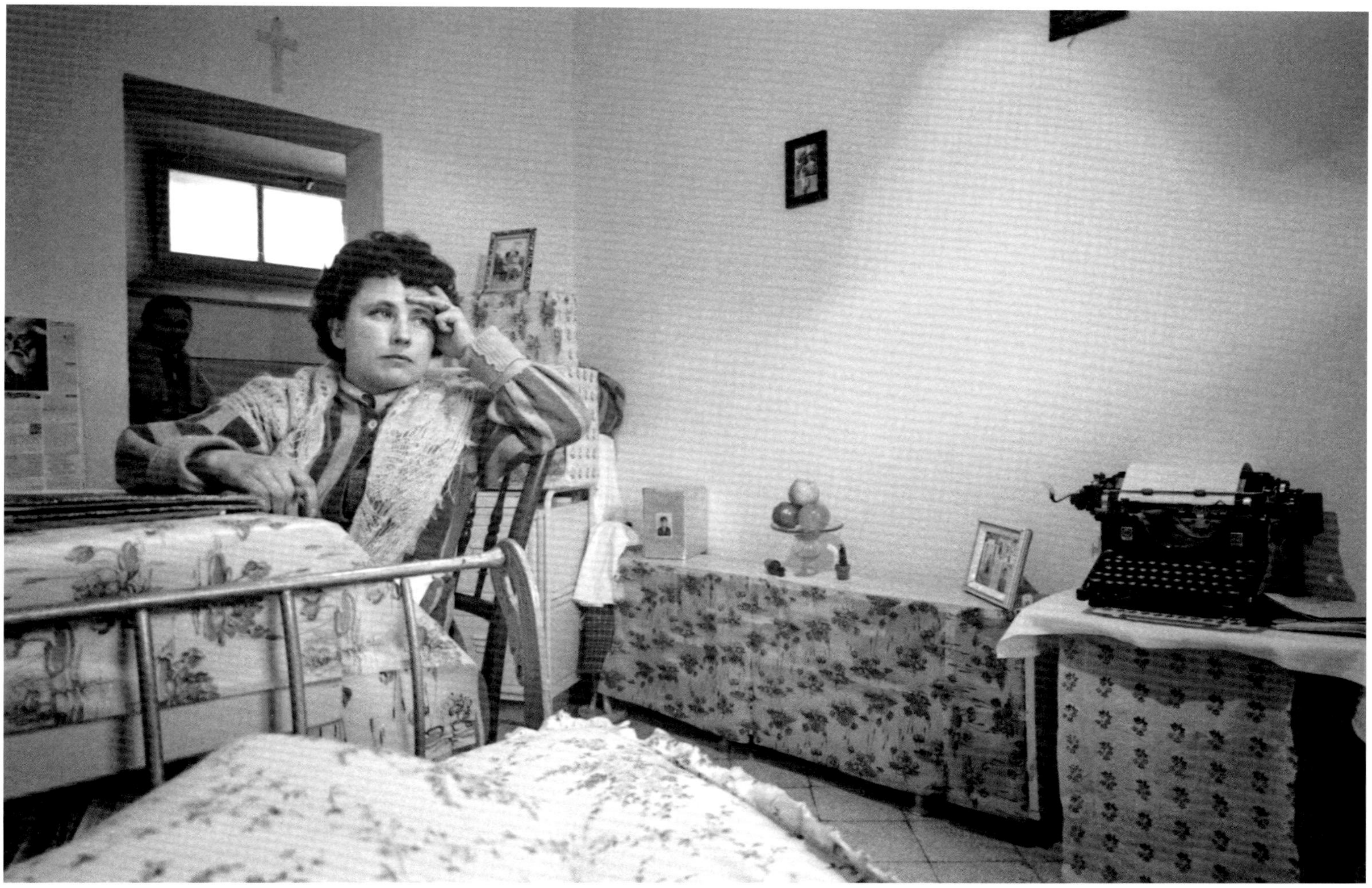

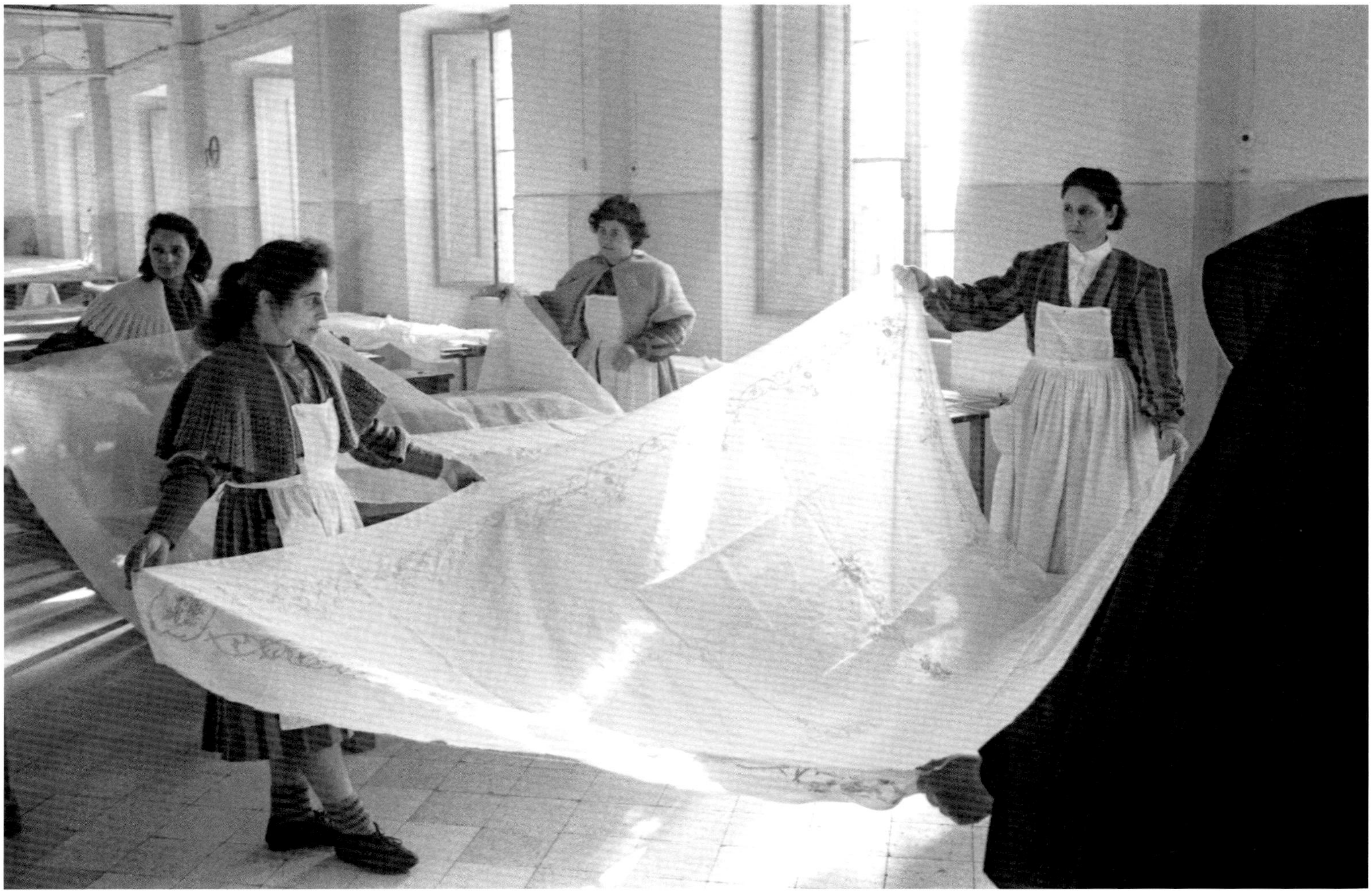

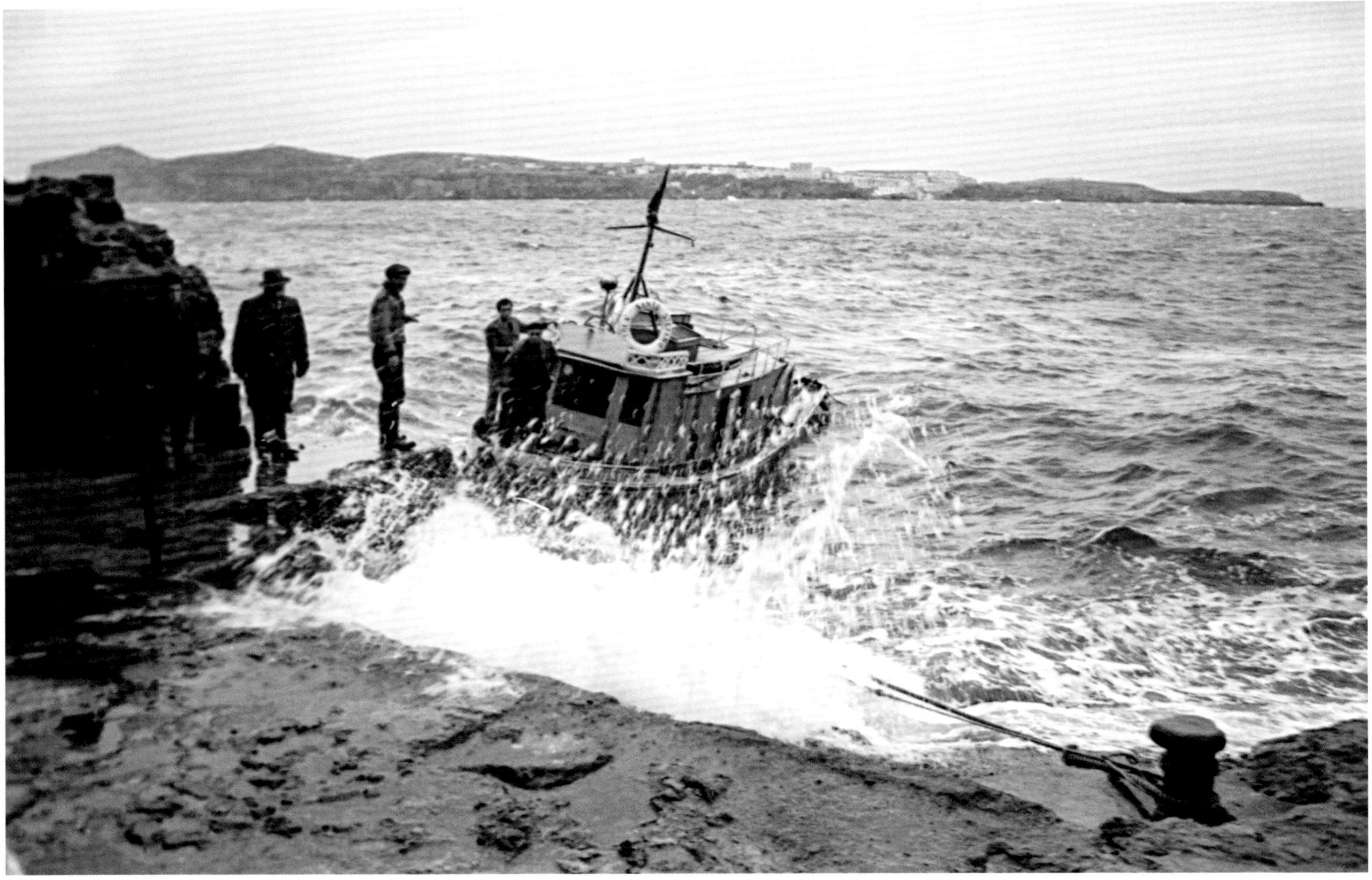

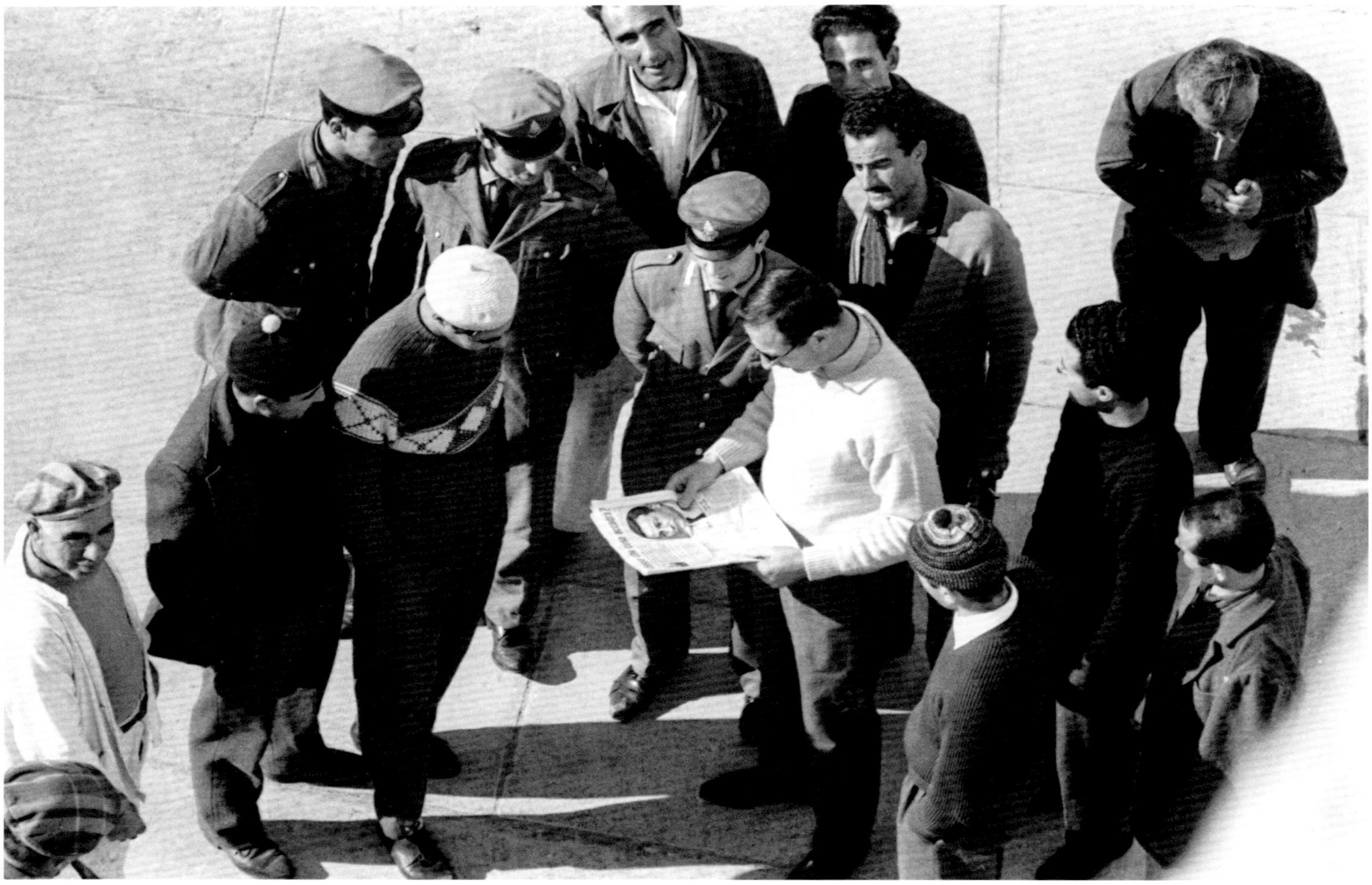

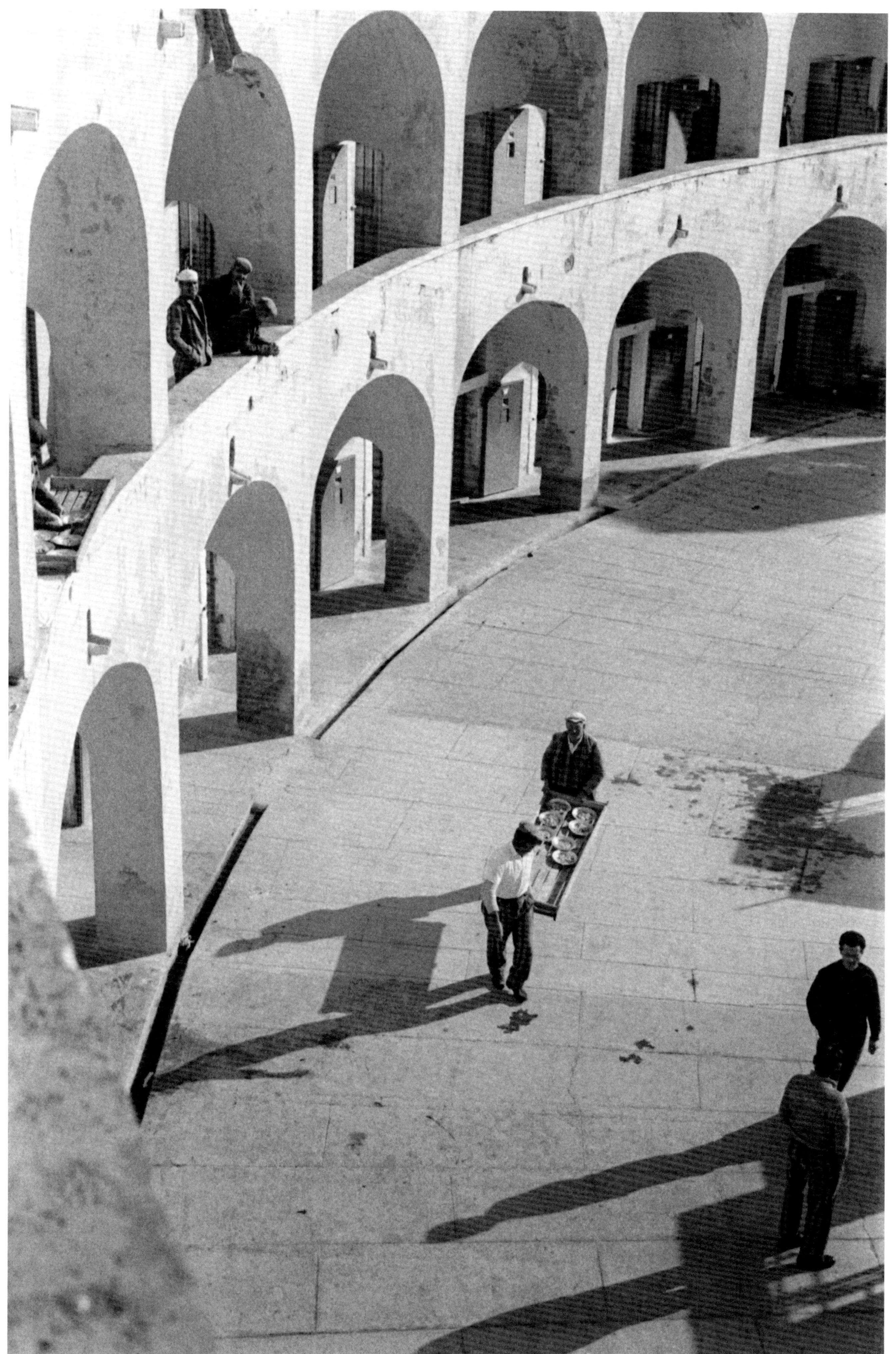

LA FERRARI, MARANELLO (MODENA) 1961

Negli anni sessanta l'industria automobilistica è in grande espansione e «Tempo» affida a Paolo Di Paolo l'incarico di realizzare una serie di servizi dal titolo *L'Italia in automobile*. A Maranello Di Paolo fotografa la sede della Ferrari, gli operai al lavoro, l'officina ed Enzo Ferrari.

FERRARI, MARANELLO (MODENA) 1961

In the sixties the automobile industry was booming, so *Tempo* commissioned Paolo Di Paolo to contribute a series of reports entitled "Italy at the wheel." At Maranello, Di Paolo photographed the Ferrari headquarters, the workers on the job, the factory floor and Enzo Ferrari.

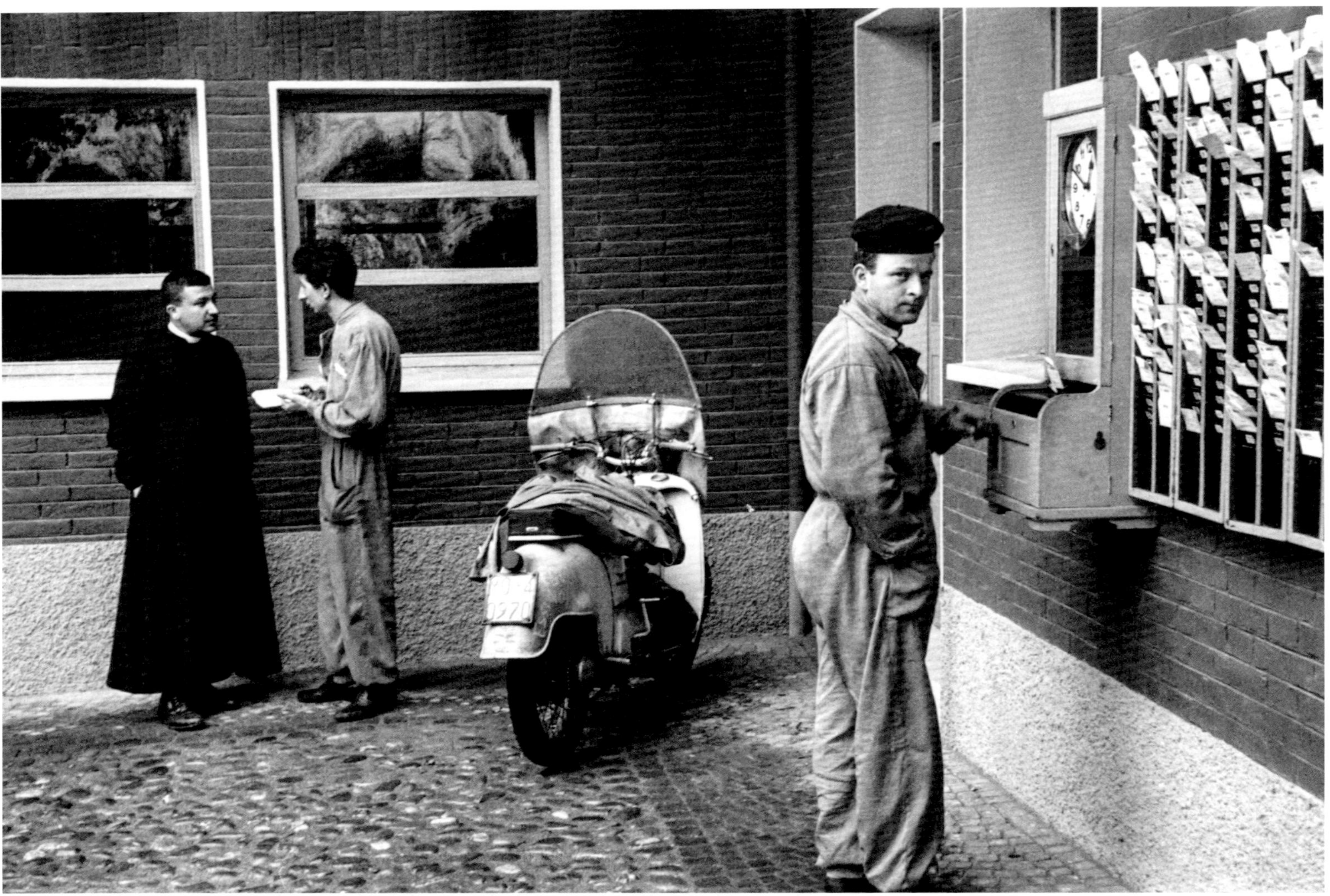

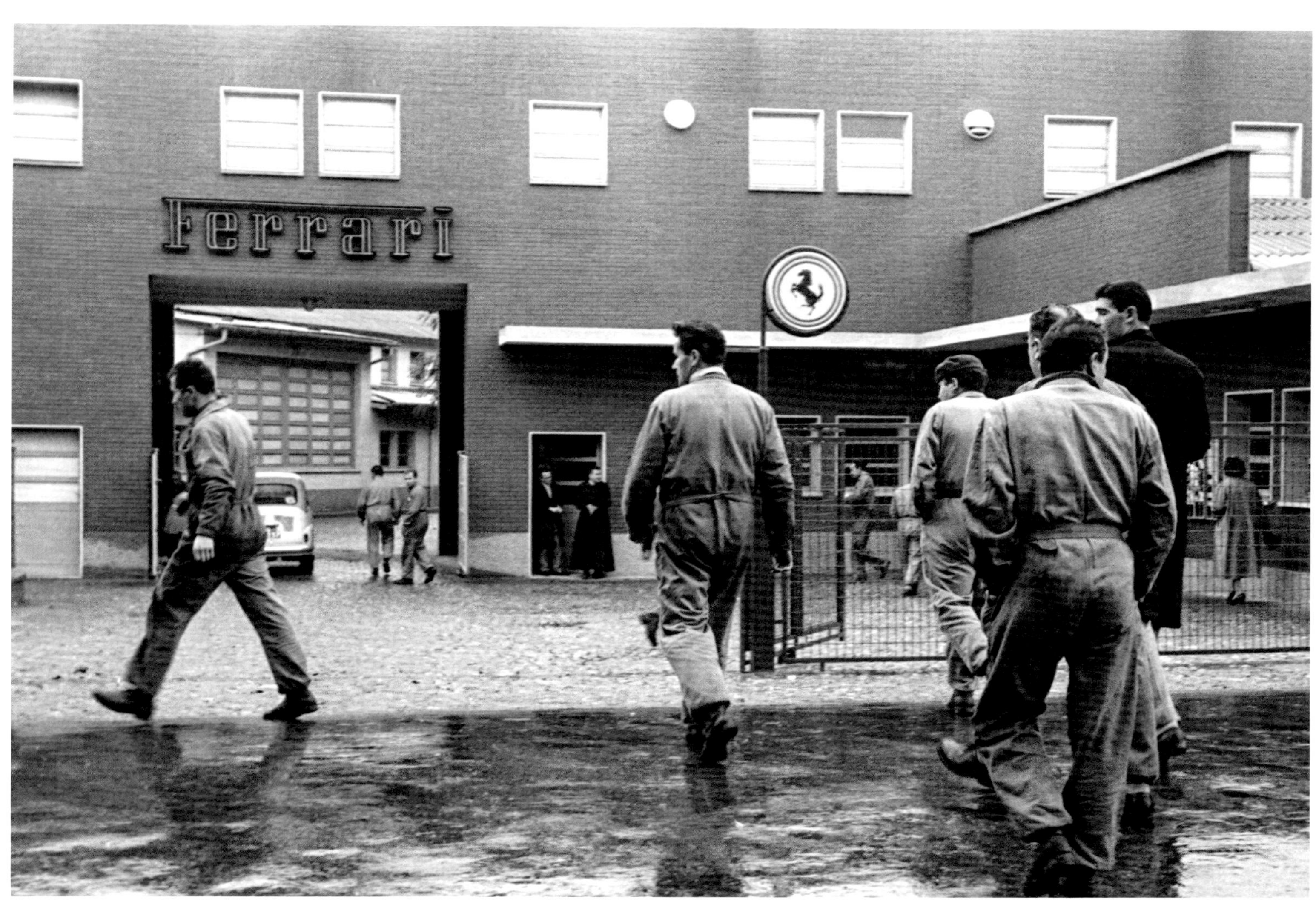
Ferrari

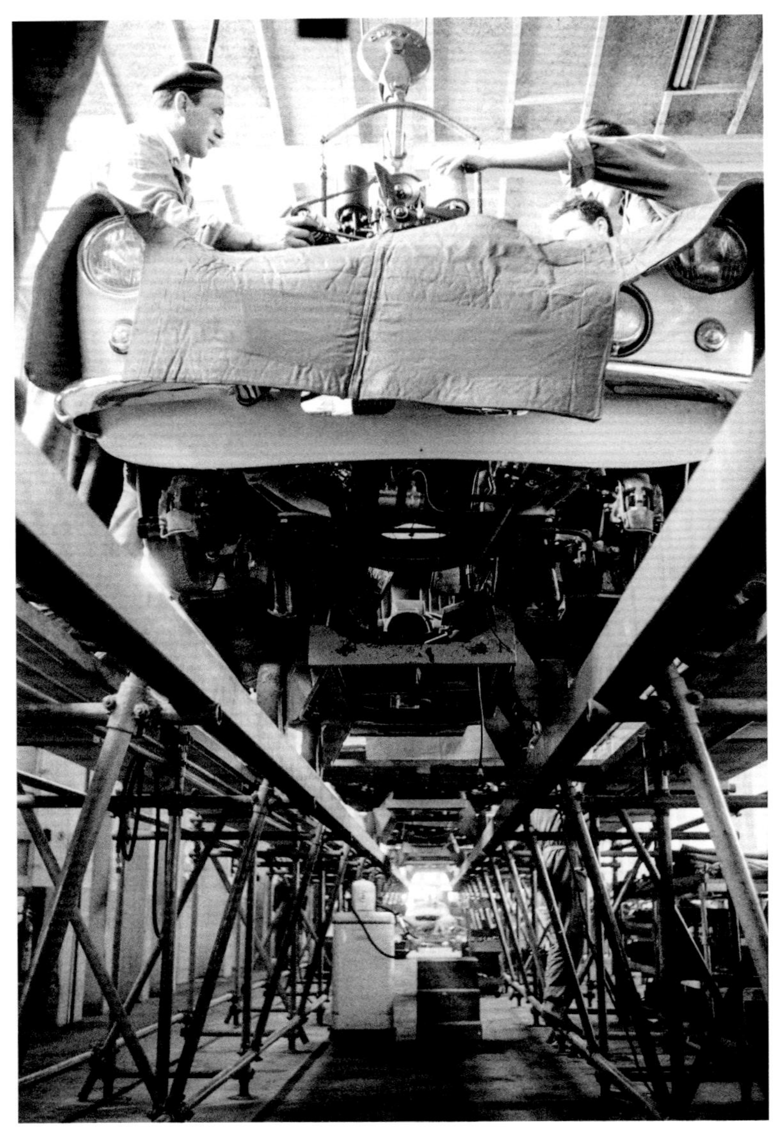

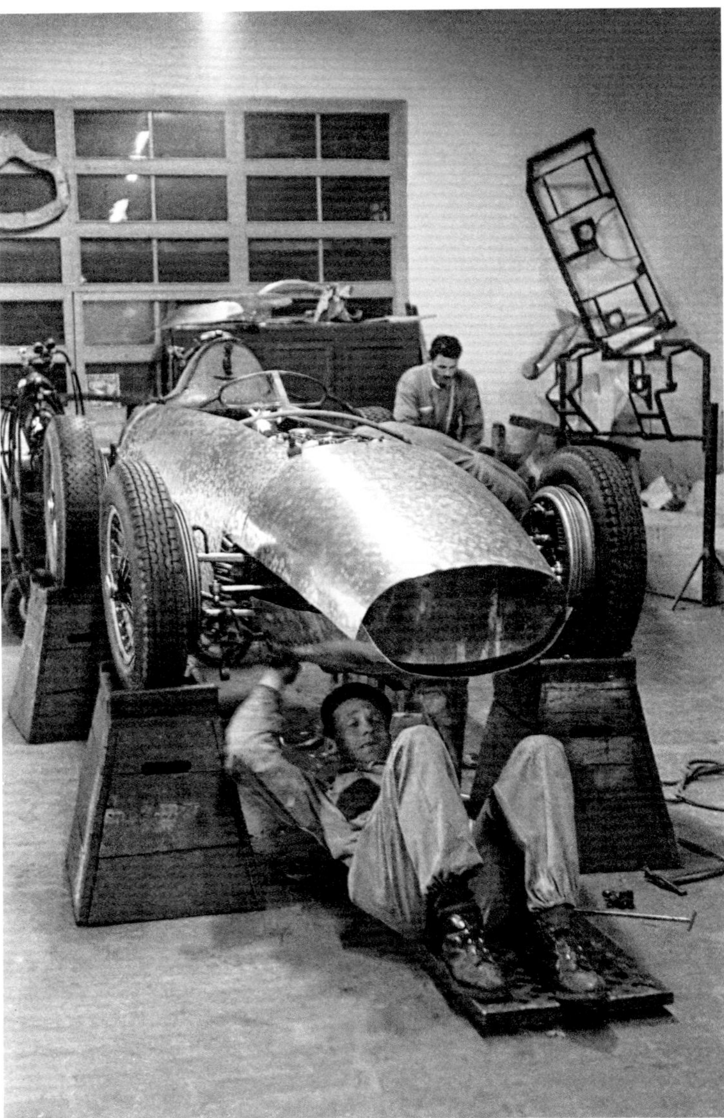

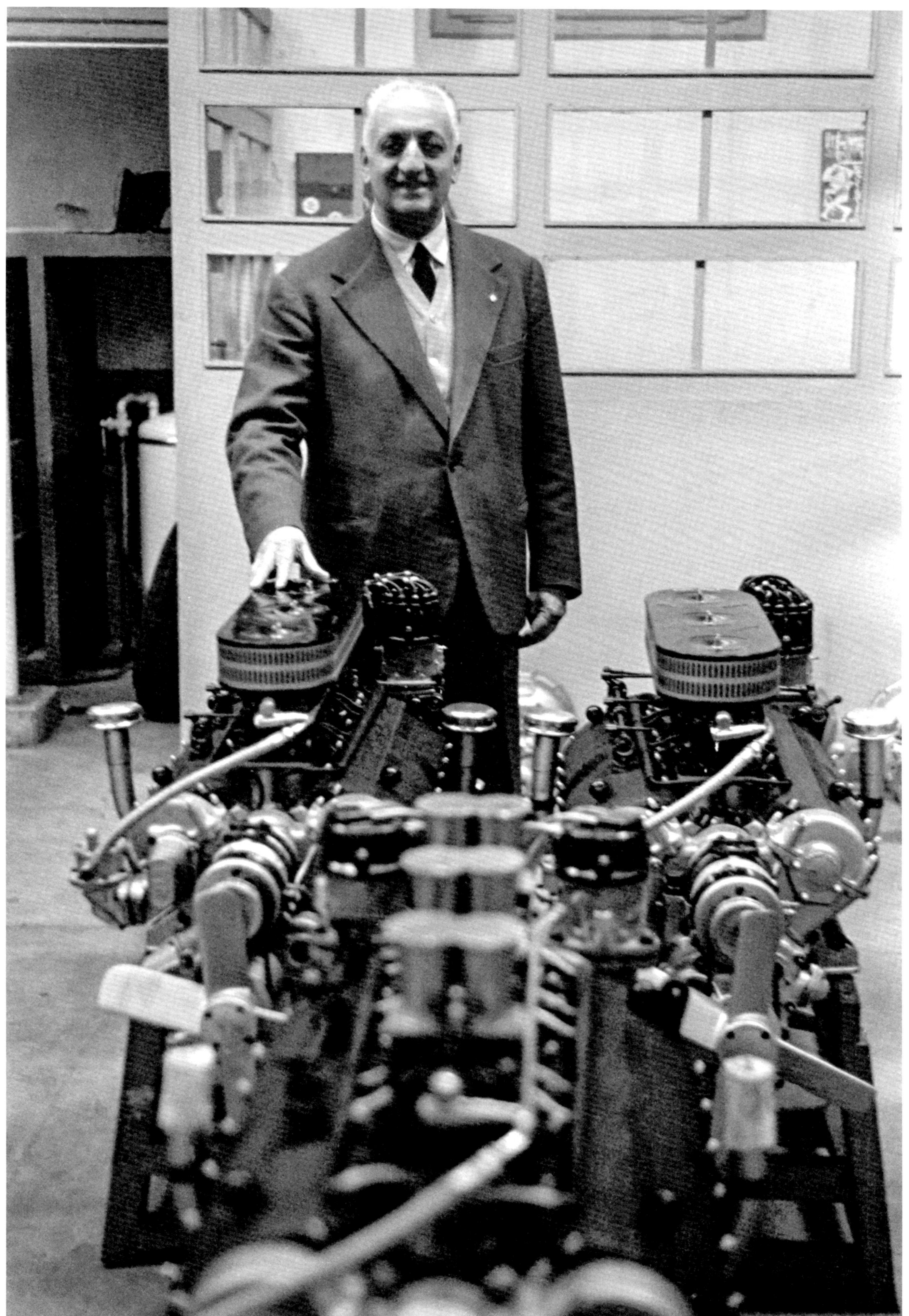

FUNERALI DI PALMIRO TOGLIATTI, ROMA 24 AGOSTO 1964

La capitale accoglie oltre un milione di persone venute da tutta Italia per i funerali del leader del Partito Comunista Italiano dal 1927 al 1964. Per fotografare l'evento, Paolo Di Paolo rientra dalle vacanze. Non pubblicherà mai le sue fotografie.

FUNERAL OF PALMIRO TOGLIATTI, ROME AUGUST 24, 1964

Over a million people flocked to Rome from all over Italy to attend the funeral of Palmiro Togliatti, leader of the Italian Communist Party from 1927 to 1964. Paolo Di Paolo returned from his vacation to cover the event. He never published his photographs.

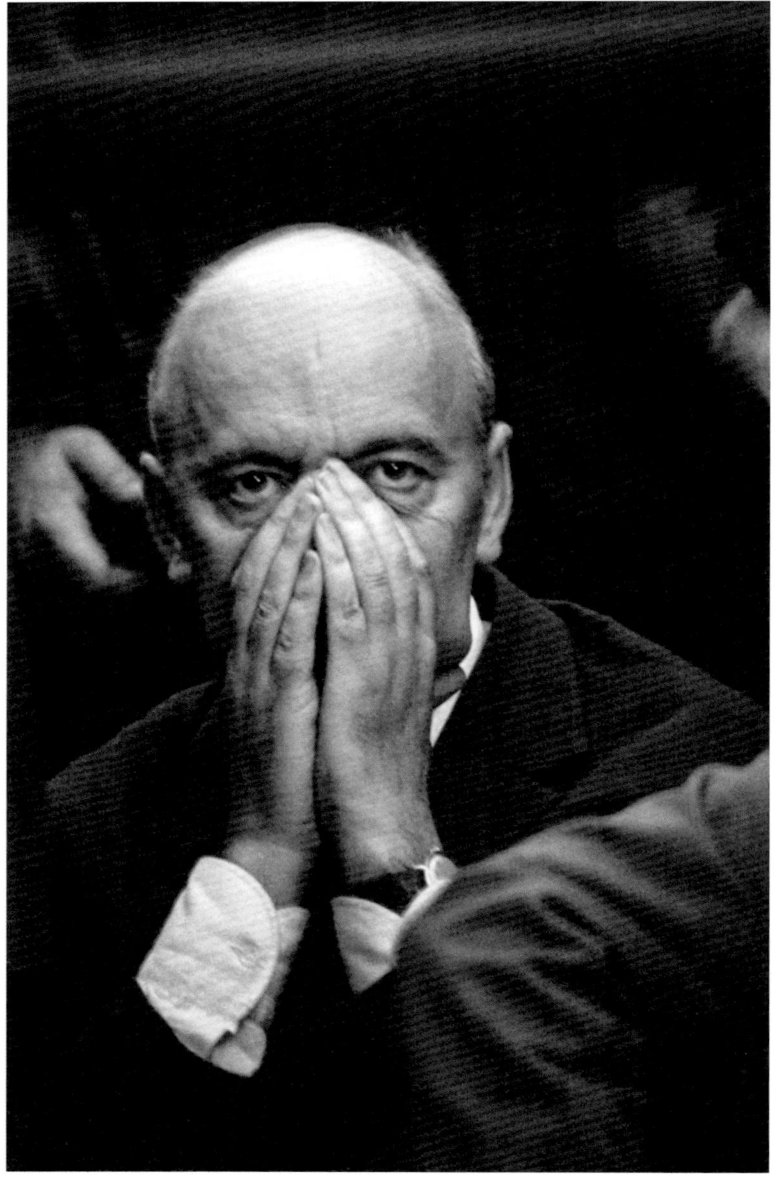

Giancarlo Pajetta

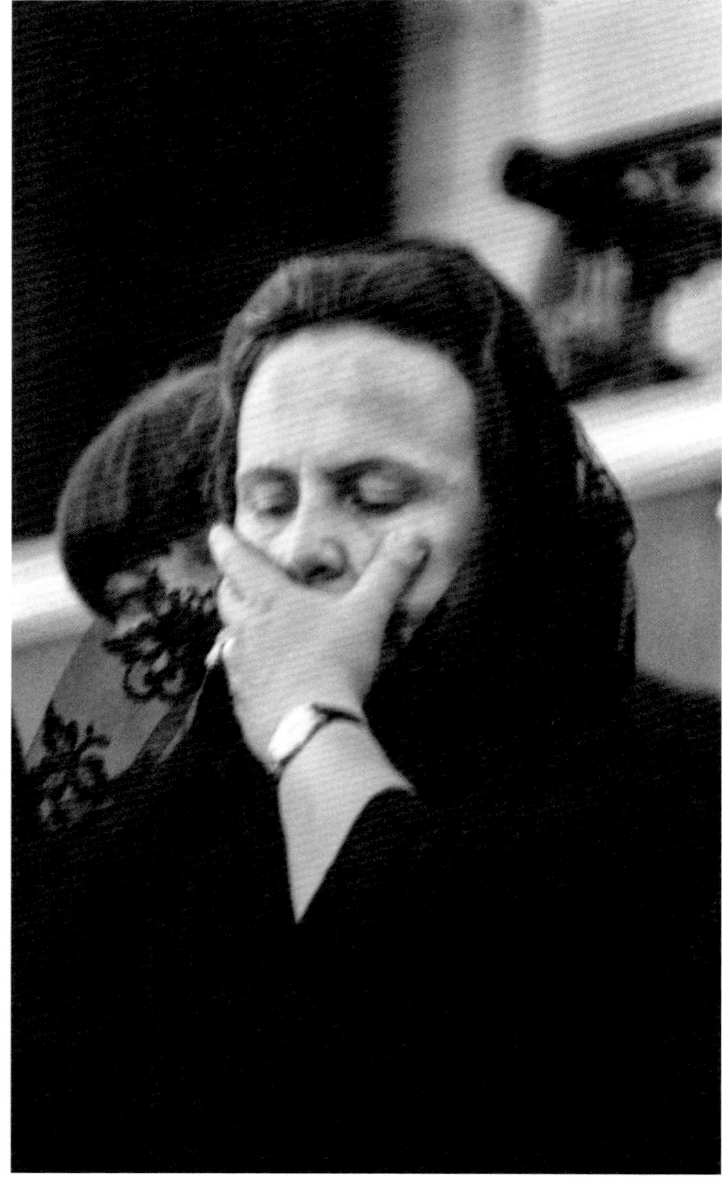

Nilde Iotti

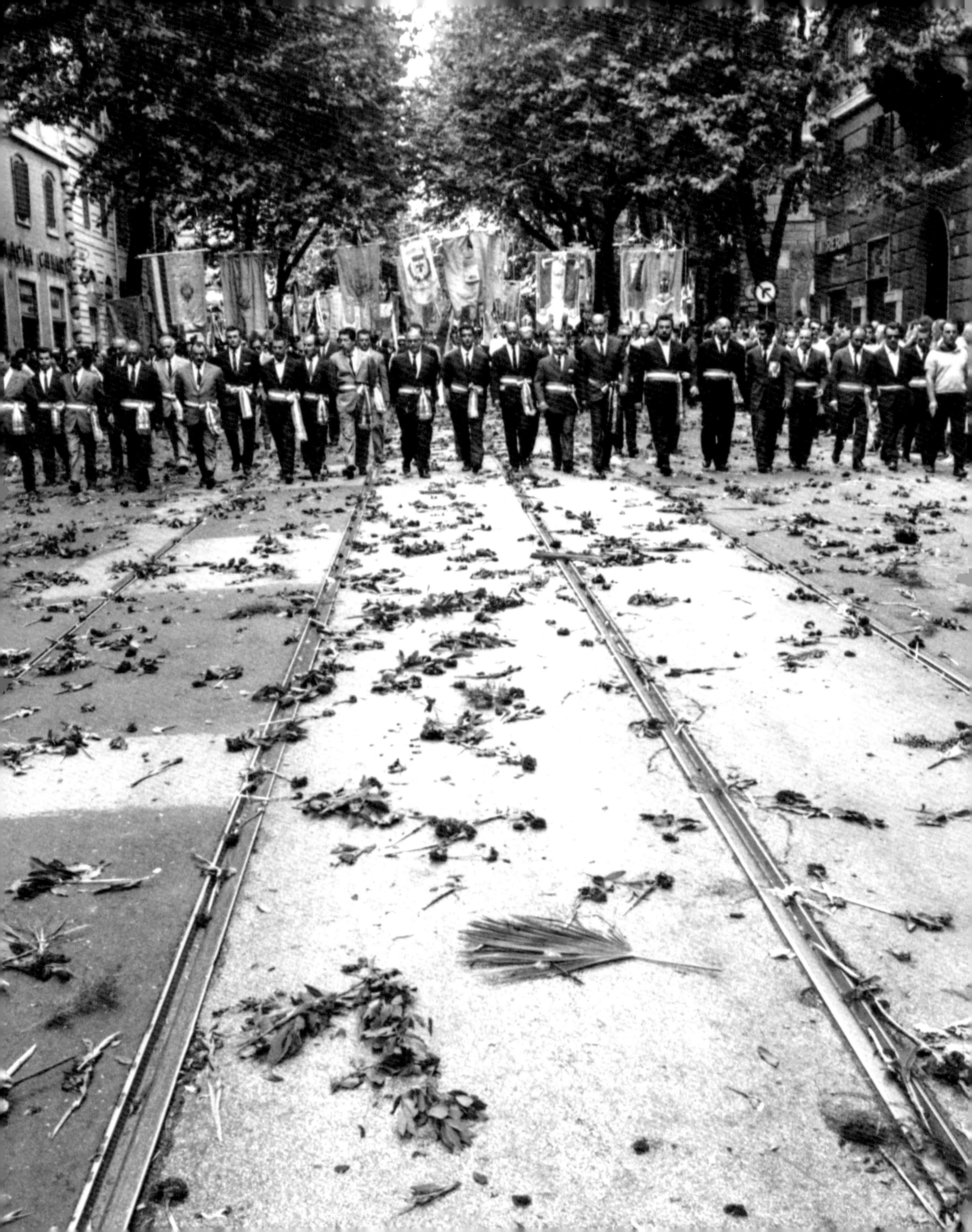

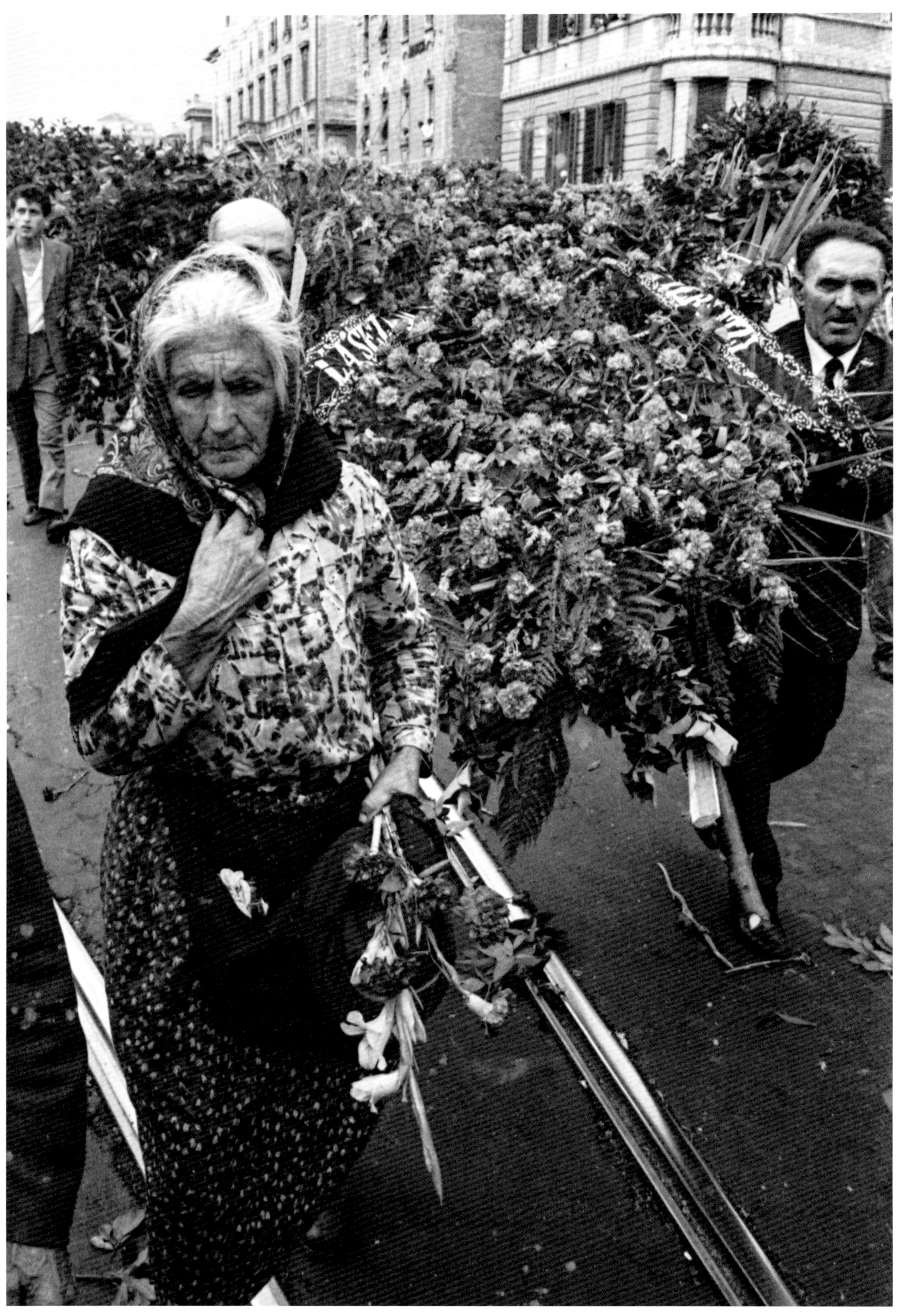

«Ero tornato apposta dalla Sardegna dove ero in vacanza. Per un fotografo sarebbe stato grave non essere presente e documentare un avvenimento del genere. Una situazione da brividi, Roma era terrorizzata: bandiere a mezz'asta, saracinesche abbassate, negozi chiusi, un immenso corteo straziato dal dolore accompagnava le spoglie di Palmiro Togliatti per il centro di Roma in un silenzio irreale nonostante i milioni di persone. Schieramenti di sindaci e capi di partito, la massa unita e commossa, la grandiosità delle corone di fiori. A colpirmi fu una anziana donna sola con due gladioli in mano, chiusa nella sua commozione. È una delle fotografie di cui sono più orgoglioso. Non ho pubblicato niente di questo servizio e me ne sono tornato in Sardegna».

Paolo Di Paolo

"I'd returned on purpose from Sardinia, where I was on vacation. For a photographer it would have been a serious failing not to be present and document such an event. The atmosphere was tense. Rome was terrified: flags were at half-mast, shutters lowered, shops closed, and an immense procession convulsed with grief followed Palmiro Togliatti's body through the center of Rome in unreal silence, despite the millions of people. The ranks of mayors and party leaders; the united, bereaved masses; the grandeur of the wreaths of flowers. I was struck by an elderly woman alone with two gladioli in her hand, overcome by her sorrow. It's one of the shots I'm proudest of. I never published any part of this report, and returned to Sardinia."

Paolo Di Paolo

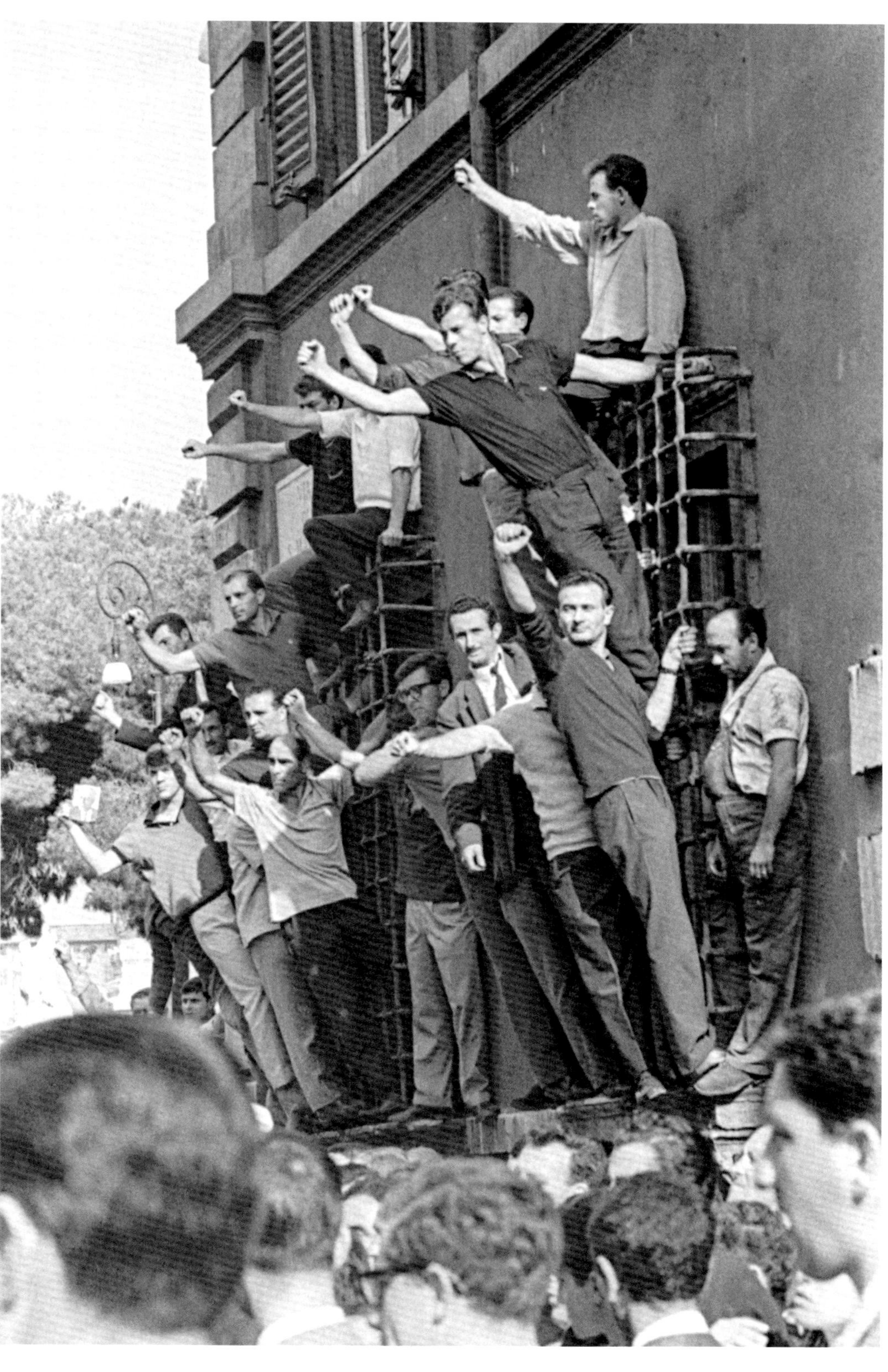

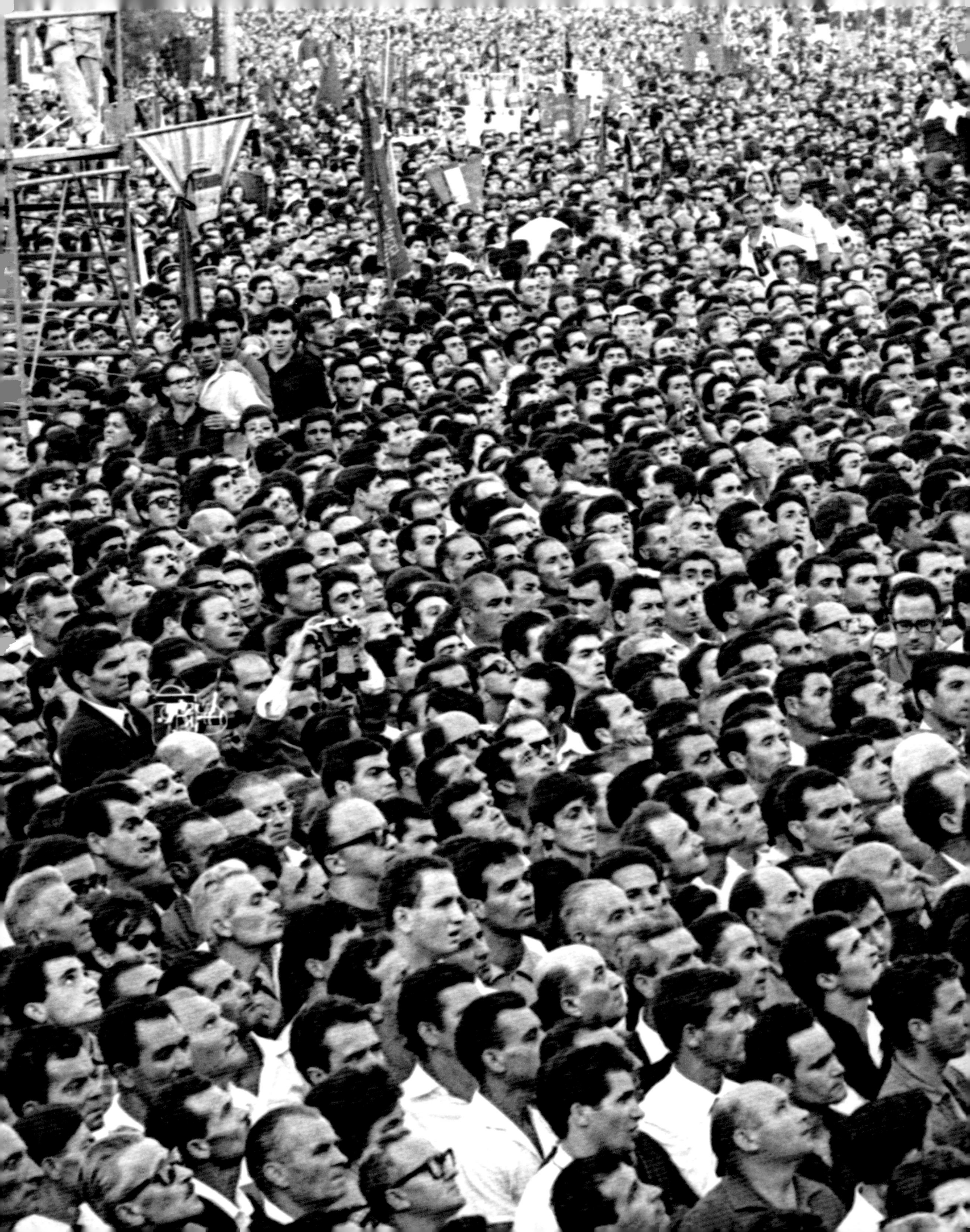

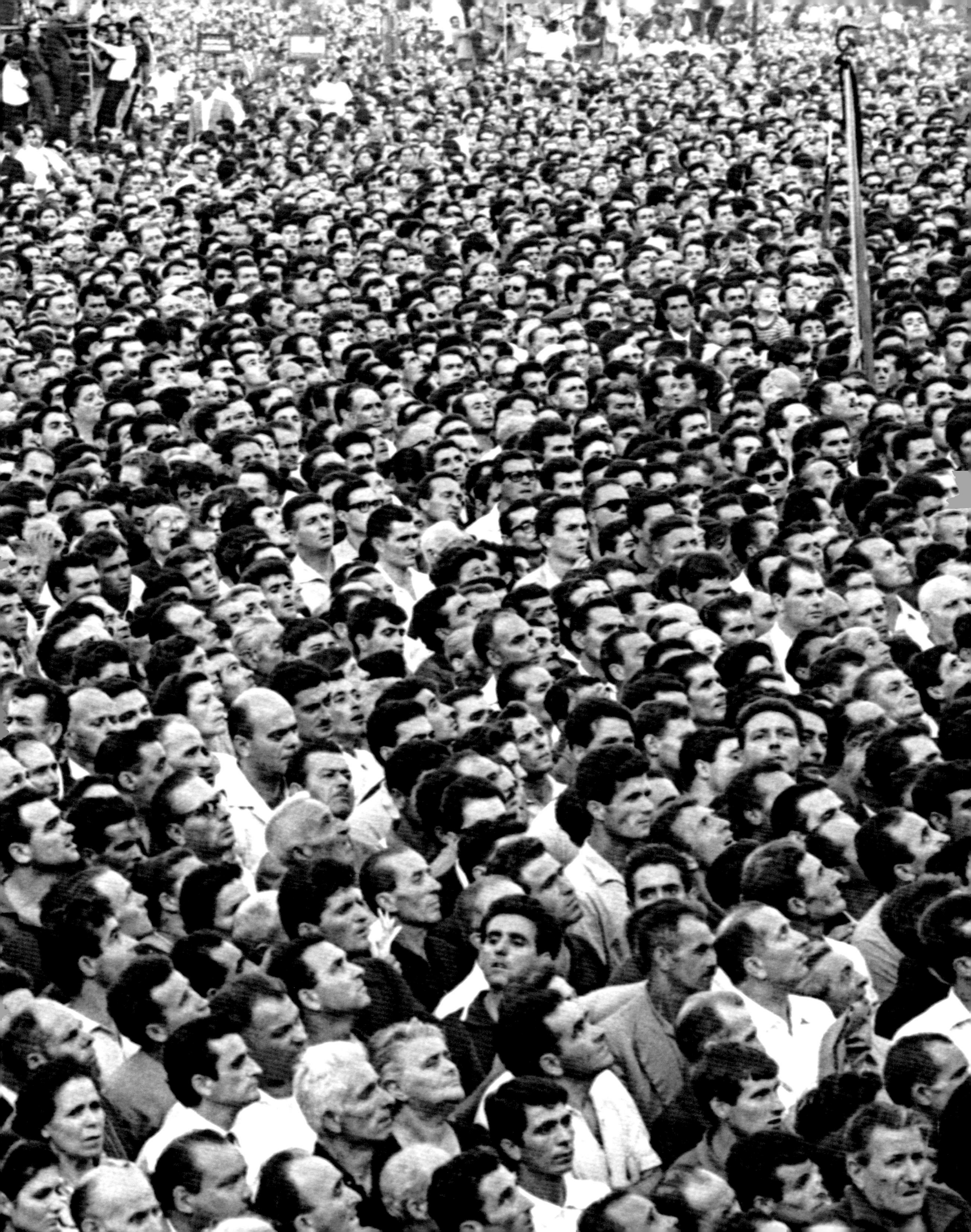

INAUGURAZIONE DELL'AUTOSTRADA DEL SOLE, 1964

Il 4 ottobre 1964 Paolo Di Paolo viene inviato da «Tempo» a fotografare l'inaugurazione del tratto Firenze-Roma dell'Autostrada del Sole che completava il collegamento tra Milano e Napoli. Di Paolo non vuole fotografare i politici e il taglio del nastro così cerca un punto elevato dal quale aspettare il passaggio delle prime auto. Su una collina della Tuscia incontra una famiglia di contadini e attende con loro.

INAUGURATION OF THE AUTOSTRADA DEL SOLE, 1964

On October 4, 1964, Paolo Di Paolo was sent by *Tempo* to photograph the inauguration of the Florence-Rome section of the Autostrada del Sole that completed the highway linking Milan and Naples. Di Paolo did not want to photograph politicians and the ribbon-cutting ceremony, so he looked for a high point from which to wait for the first cars to pass. On a hill in Tuscia he met a family of farmers and waited there with them.

«Fotografare l'inaugurazione del tratto d'autostrada Roma-Firenze, un incarico che non apprezzai. Immaginai la scena: un cardinale, sindaci vari bardati di tricolore e una sfilza di uomini politici. Con un'ora di anticipo percorsi lo stesso tratto fiancheggiandolo lungo le strade secondarie, la Flaminia e la Tiberina. Infine scelsi una collina dalla quale avrei potuto documentare come il tratto di autostrada lacerasse con violenza la serena bellezza del panorama della Tuscia. Una famiglia di contadini era in attesa di assistere all'evento. Passò infine la prima auto, una Fiat 850, poi più nulla. Scattai questa foto e poche altre, che non mostrai alla redazione che mi aveva commissionato il servizio. Le foto non sarebbero piaciute: mi avrebbero chiesto: "E il momento della benedizione?"»

Paolo Di Paolo

"Photographing the opening of the Rome-Florence stretch of highway, a job that I did not appreciate. I imagined the scene: a cardinal, various mayors dressed in the tricolor and a string of politicians. An hour before I traveled the same stretch of highway running alongside secondary roads, the Flaminia and the Tiberina. Finally I chose a hill from which I could record how the stretch of highway violently tore through the serene beauty of the Tuscian landscape. A family of farmers was waiting to see the event. Finally the first car drove past, a Fiat 850, then nothing more. I took this photo and a few others, which I did not show to the editorial staff who had commissioned me to do the photo shoot. They wouldn't have cared for the photos. They would have asked me: 'And what about the moment of the benediction?'"

Paolo Di Paolo

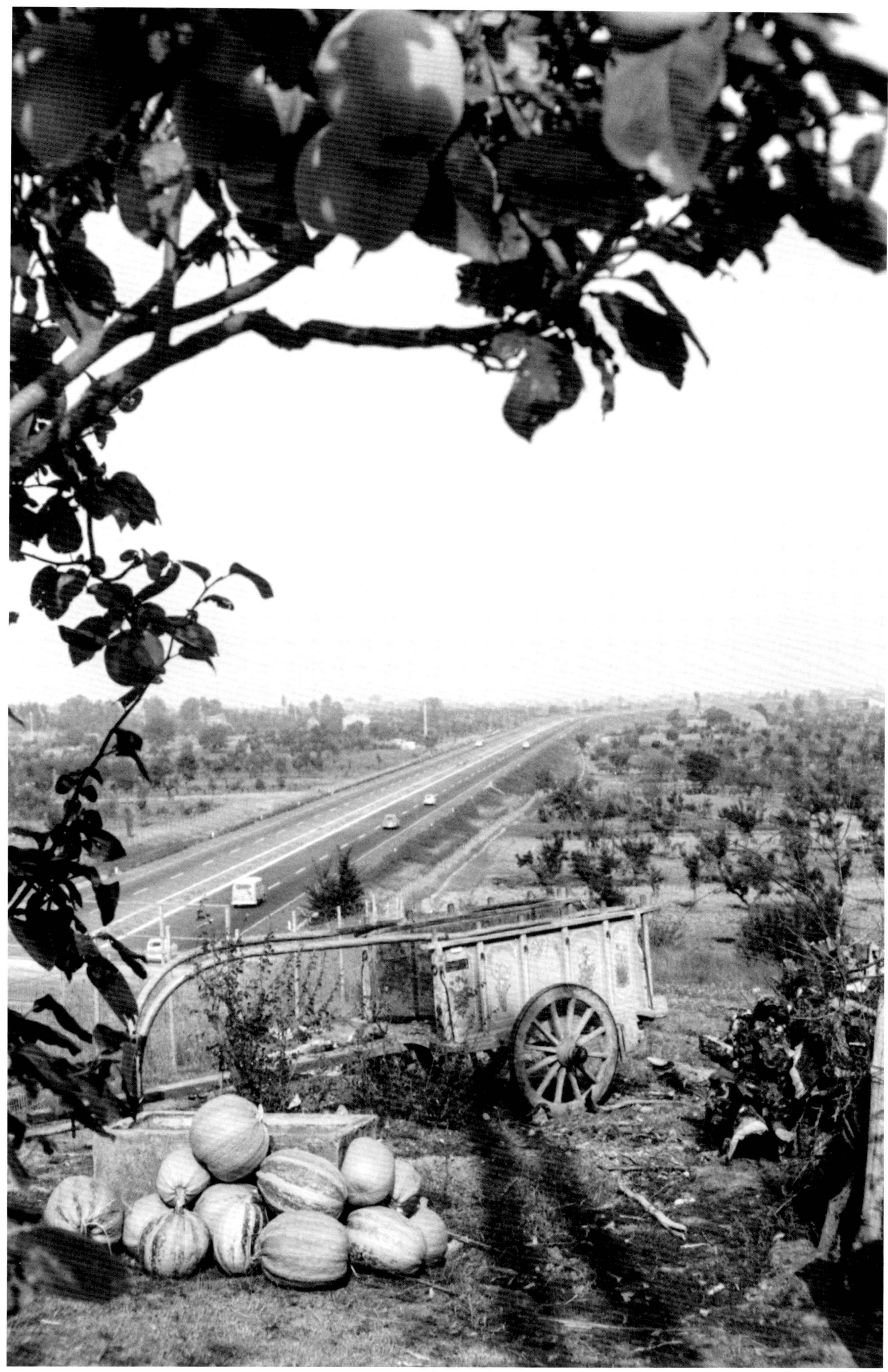

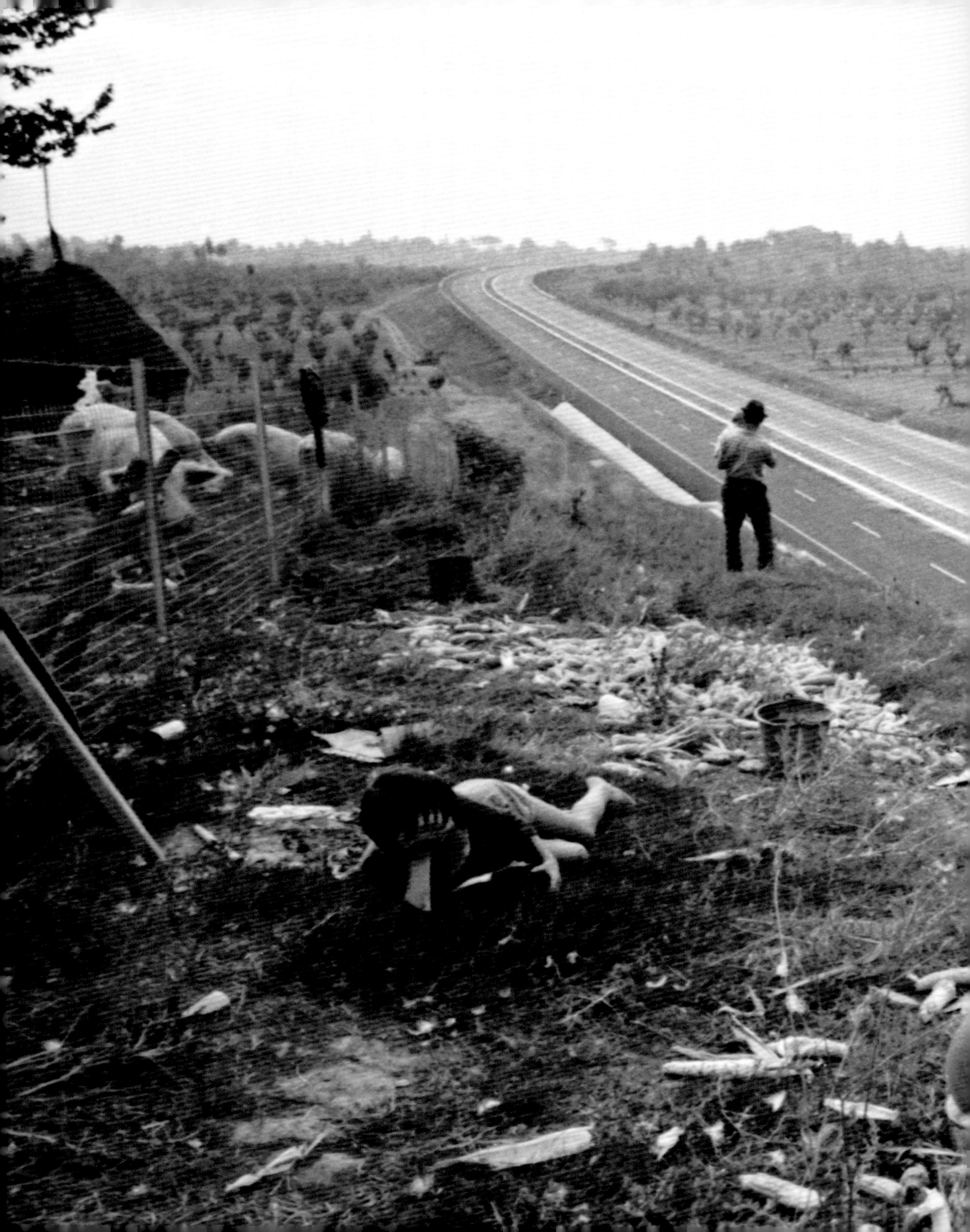

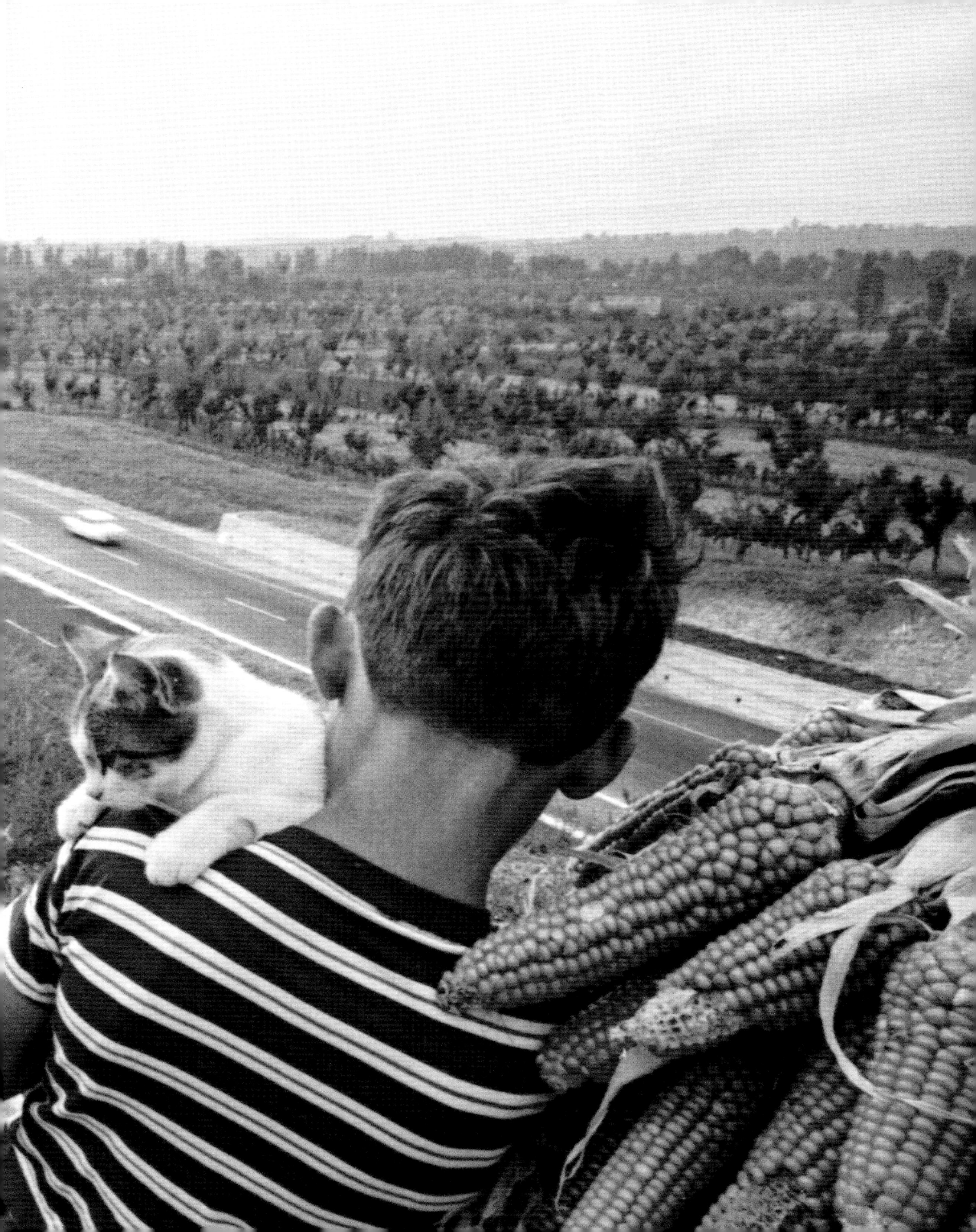

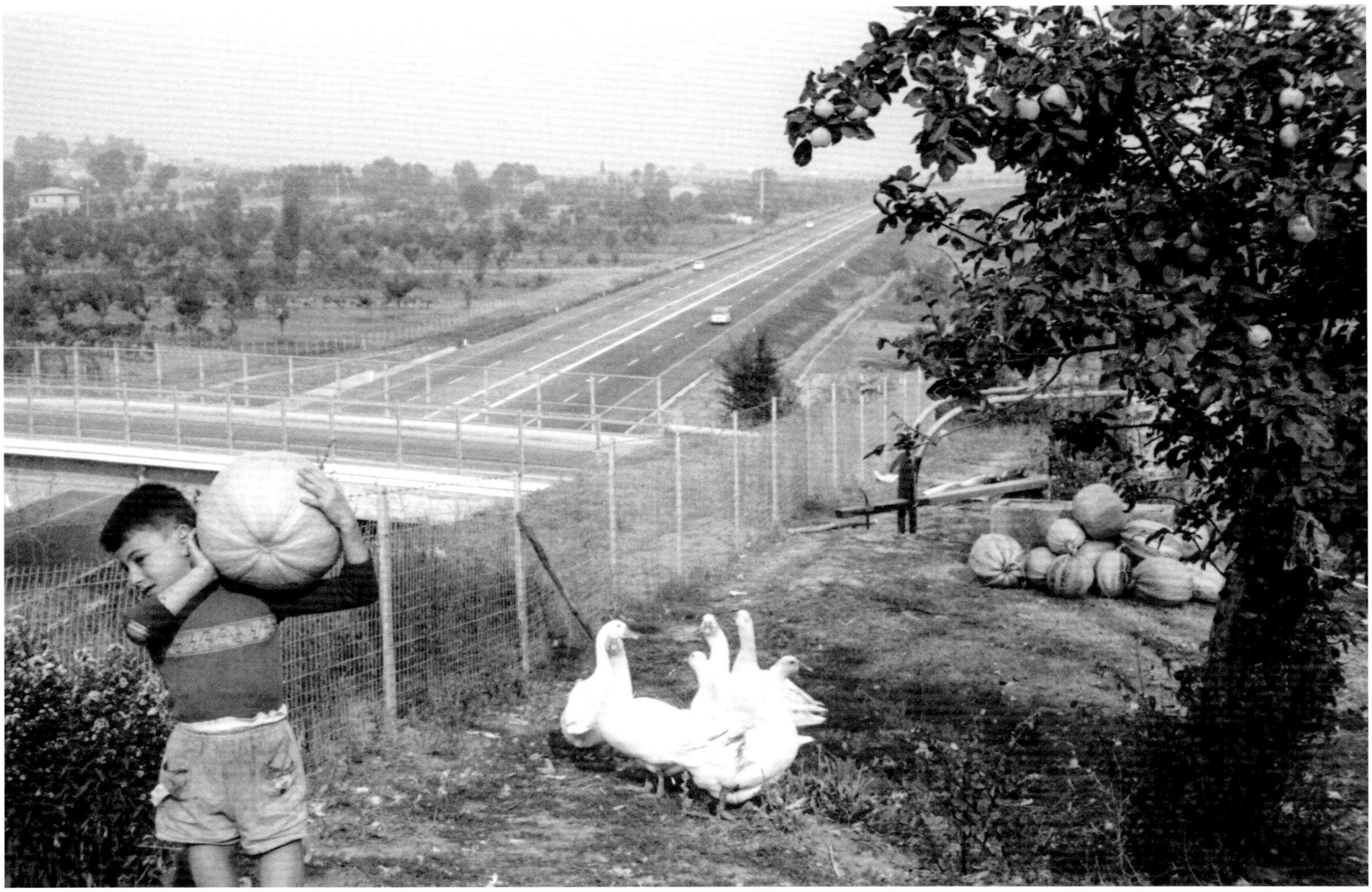

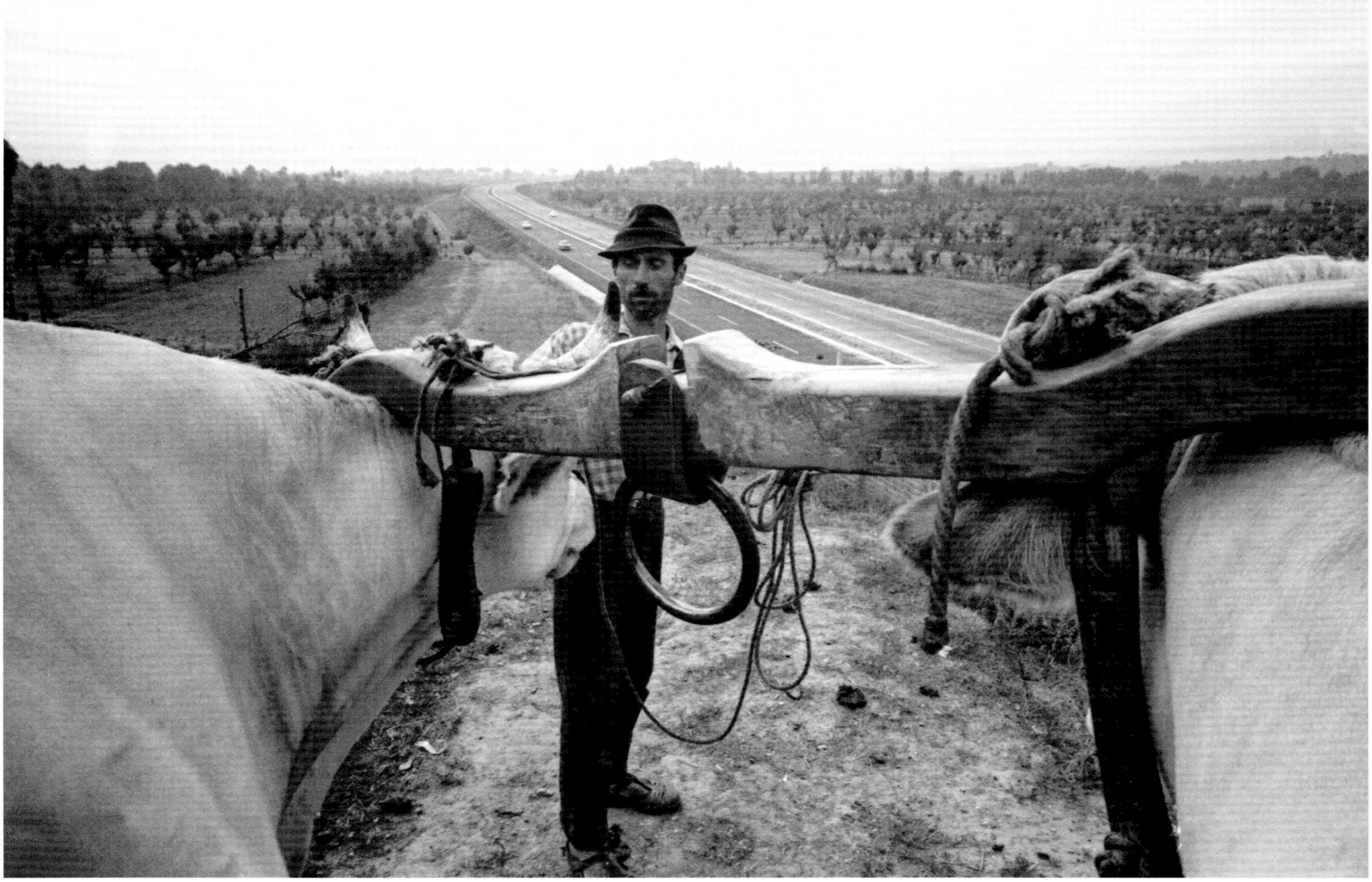

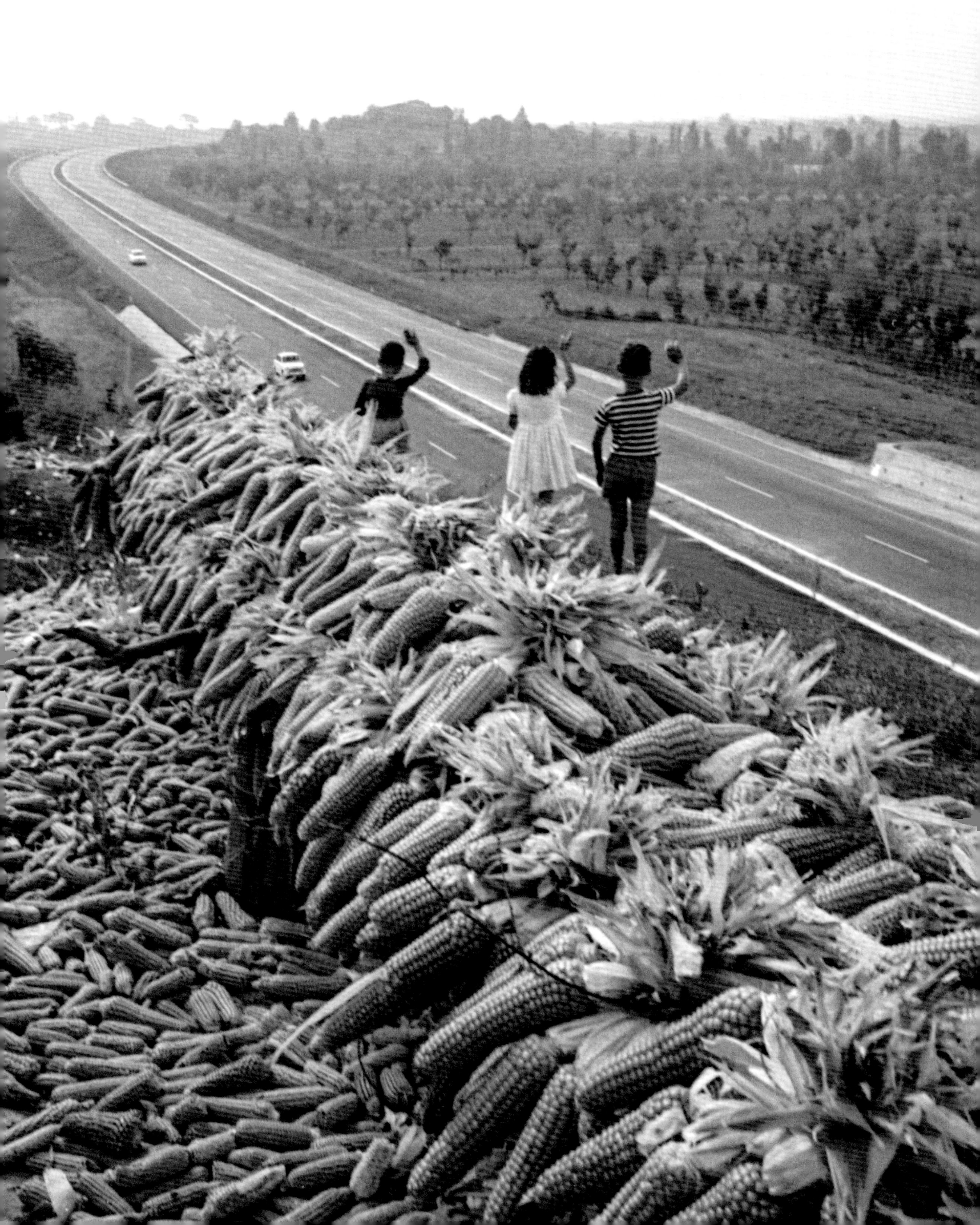

I CADETTI, MODENA 1970

È l'ultimo grande reportage realizzato da Paolo Di Paolo per incarico dello Stato Maggiore dell'Esercito italiano. Fotografa le esperienze, il percorso formativo, la vita quotidiana dei cadetti dell'Accademia Militare di Modena. Ed è anche il suo primo lavoro come editor e grafico, che gli aprirà la successiva collaborazione con l'Arma dei Carabinieri durata oltre quarant'anni.

THE CADETS, MODENA 1970

This was the last major report made by Paolo Di Paolo on behalf of the Italian Army's General Staff. He photographed the experiences, the course of training, and the everyday lives of the cadets at the Military Academy in Modena. And it was also his first job as an editor and graphic designer, leading to his later work with the Carabinieri, that lasted more than four decades.

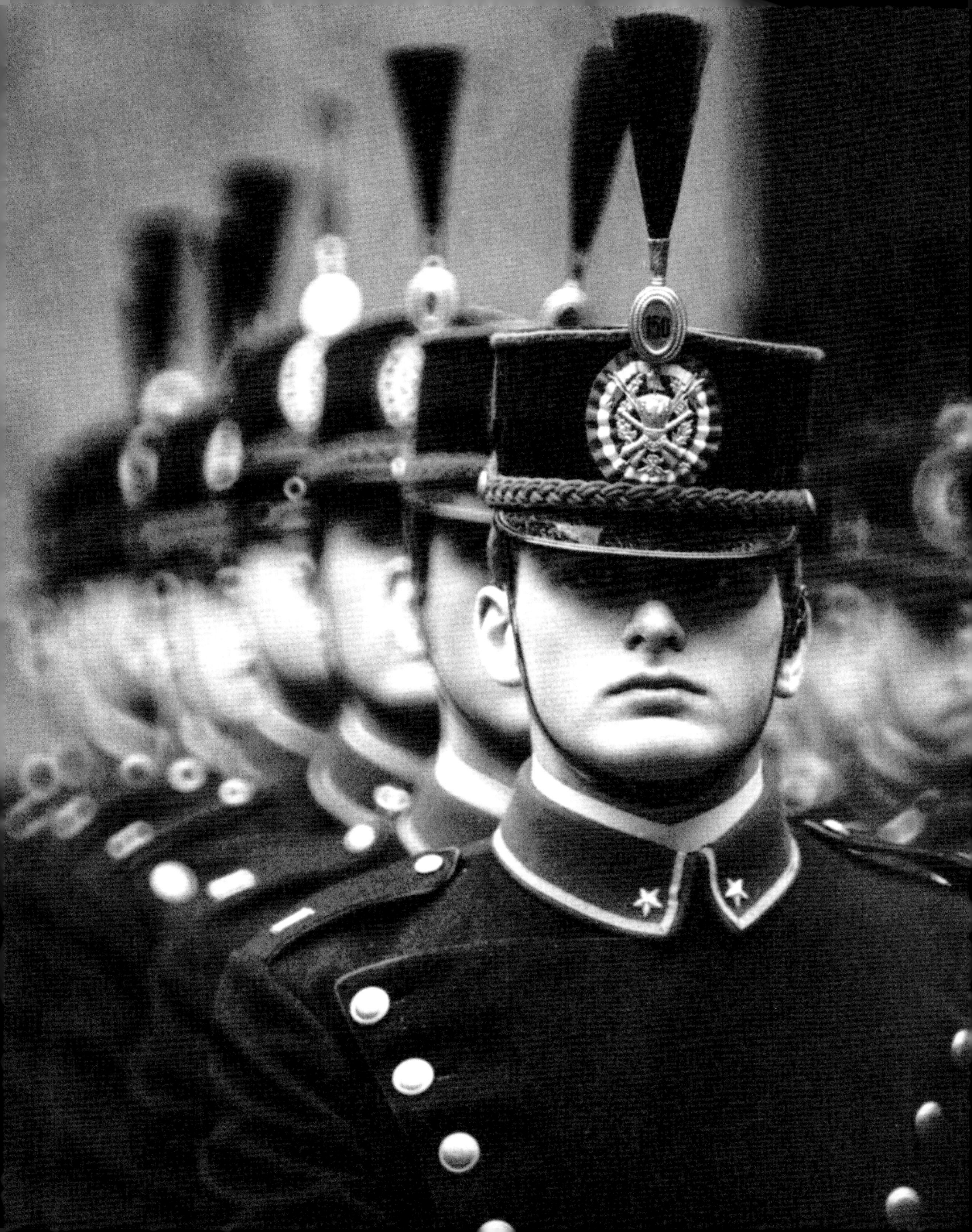

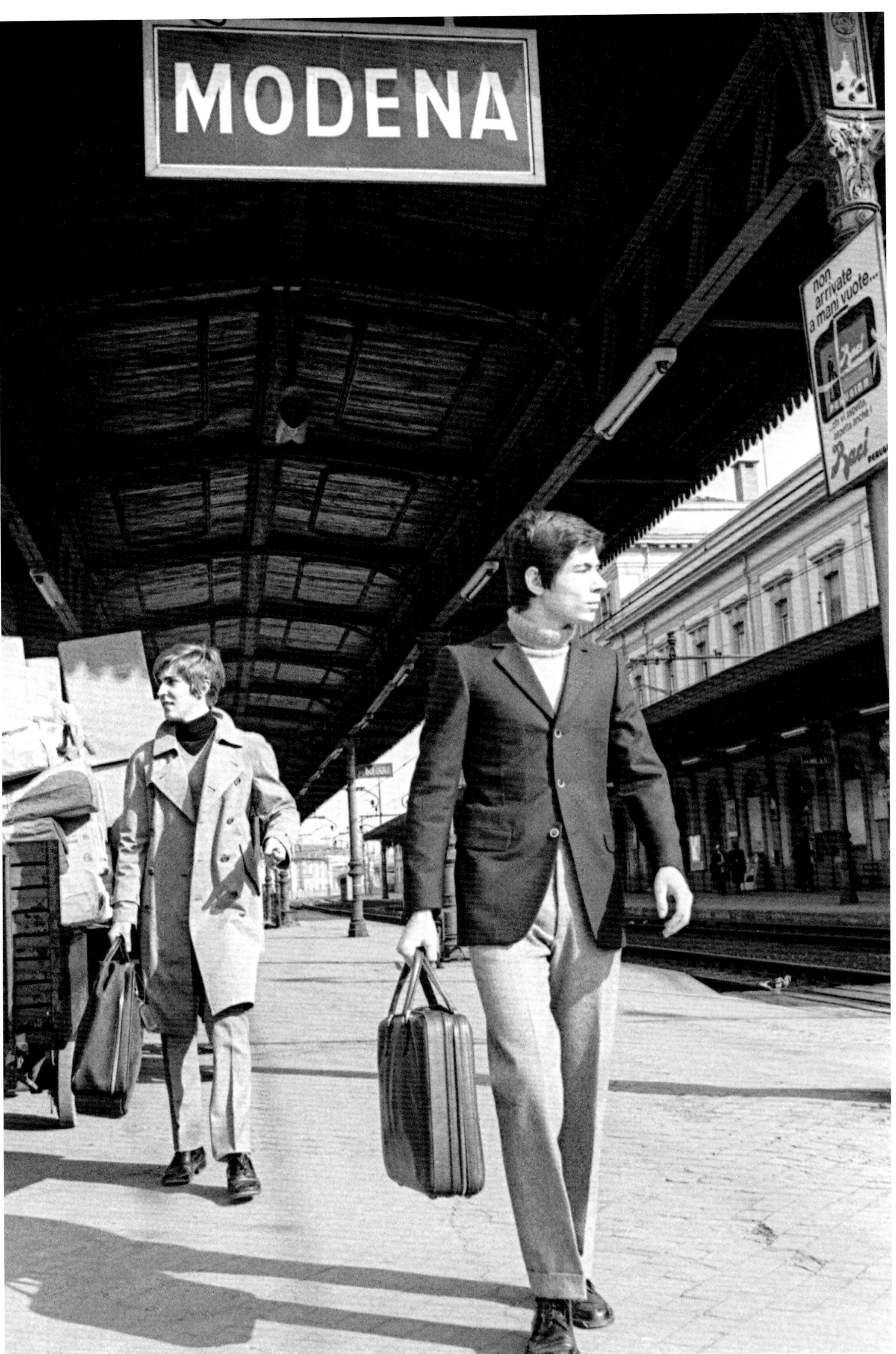
MODENA
non arrivate a mani vuote...
...chi vi aspetta, aspetta anche i
Baci

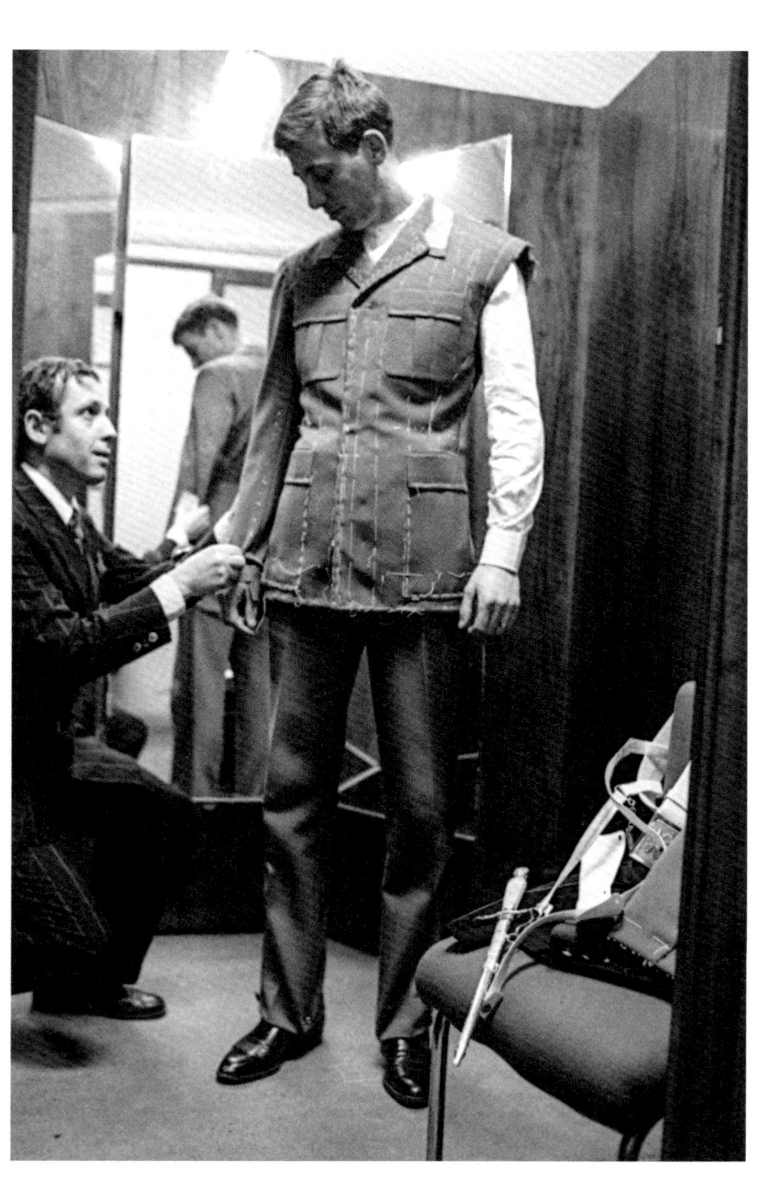

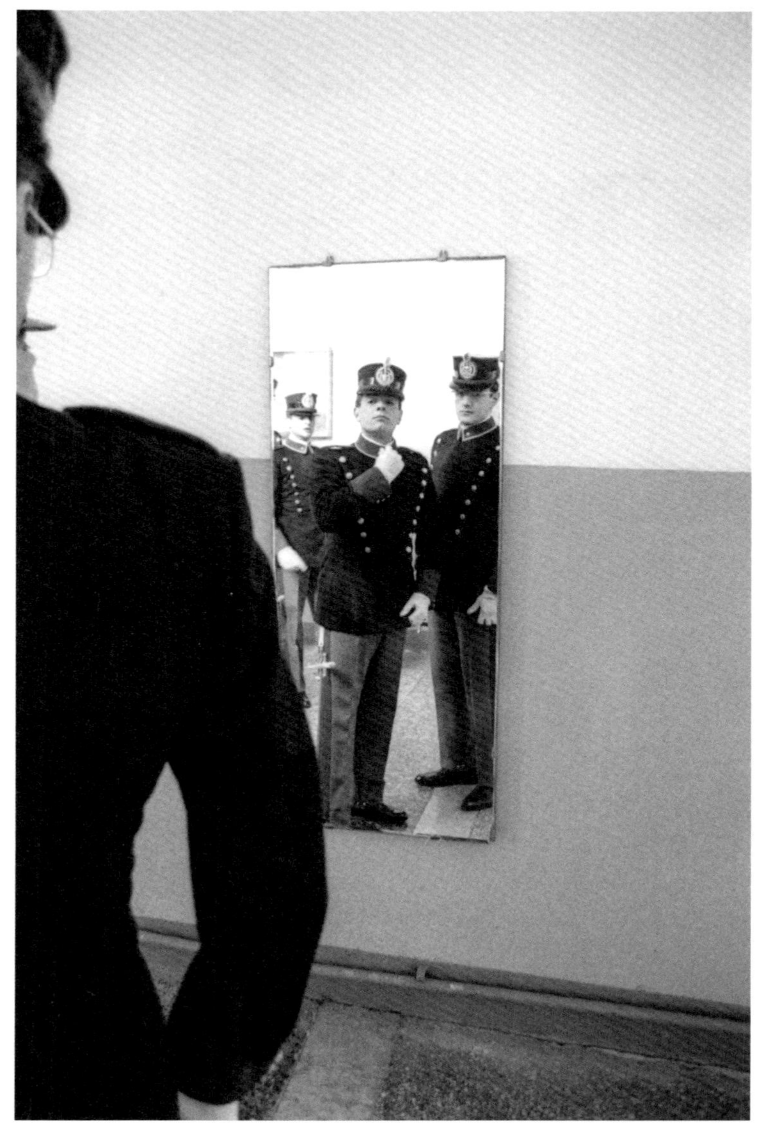

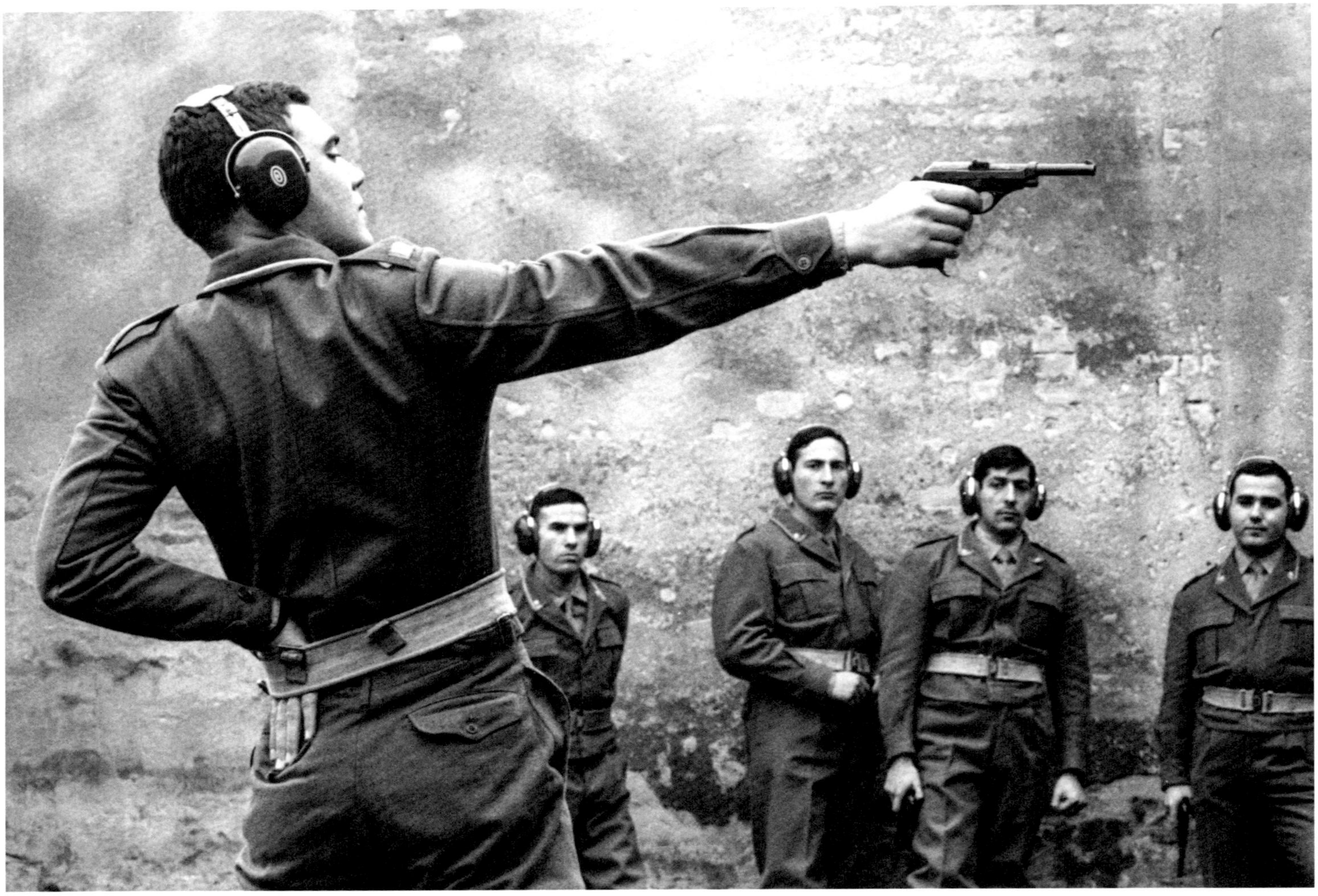

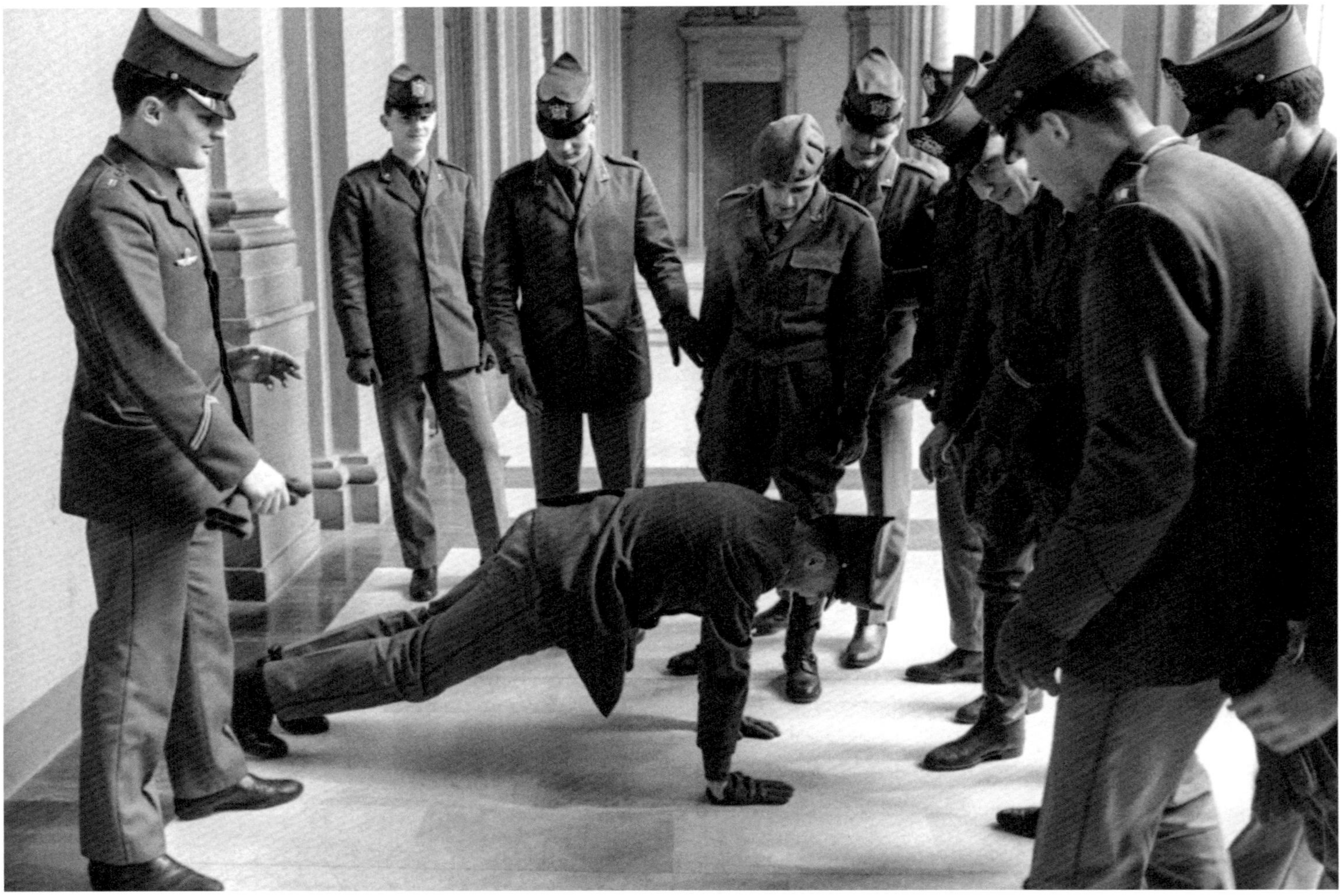

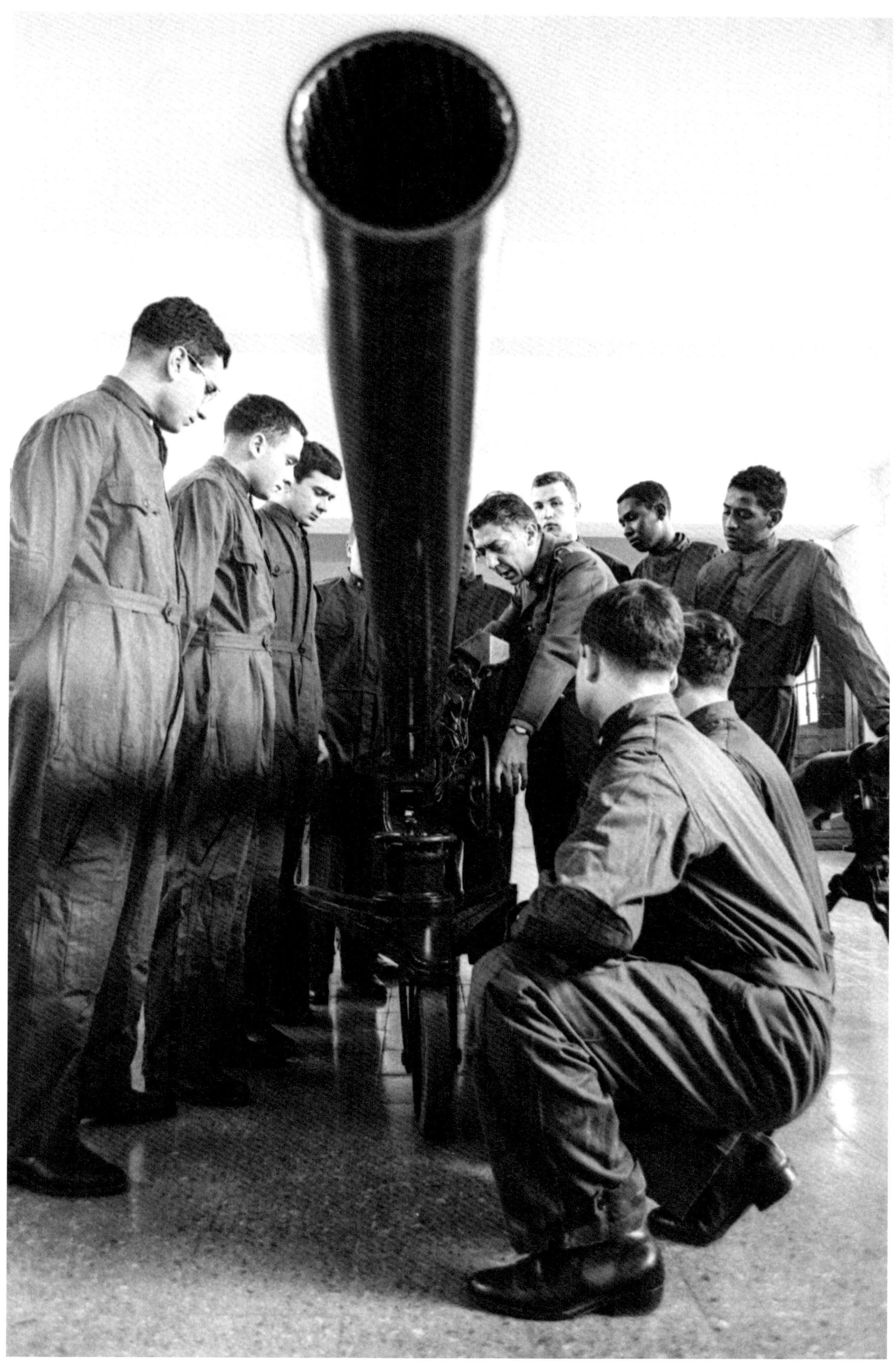

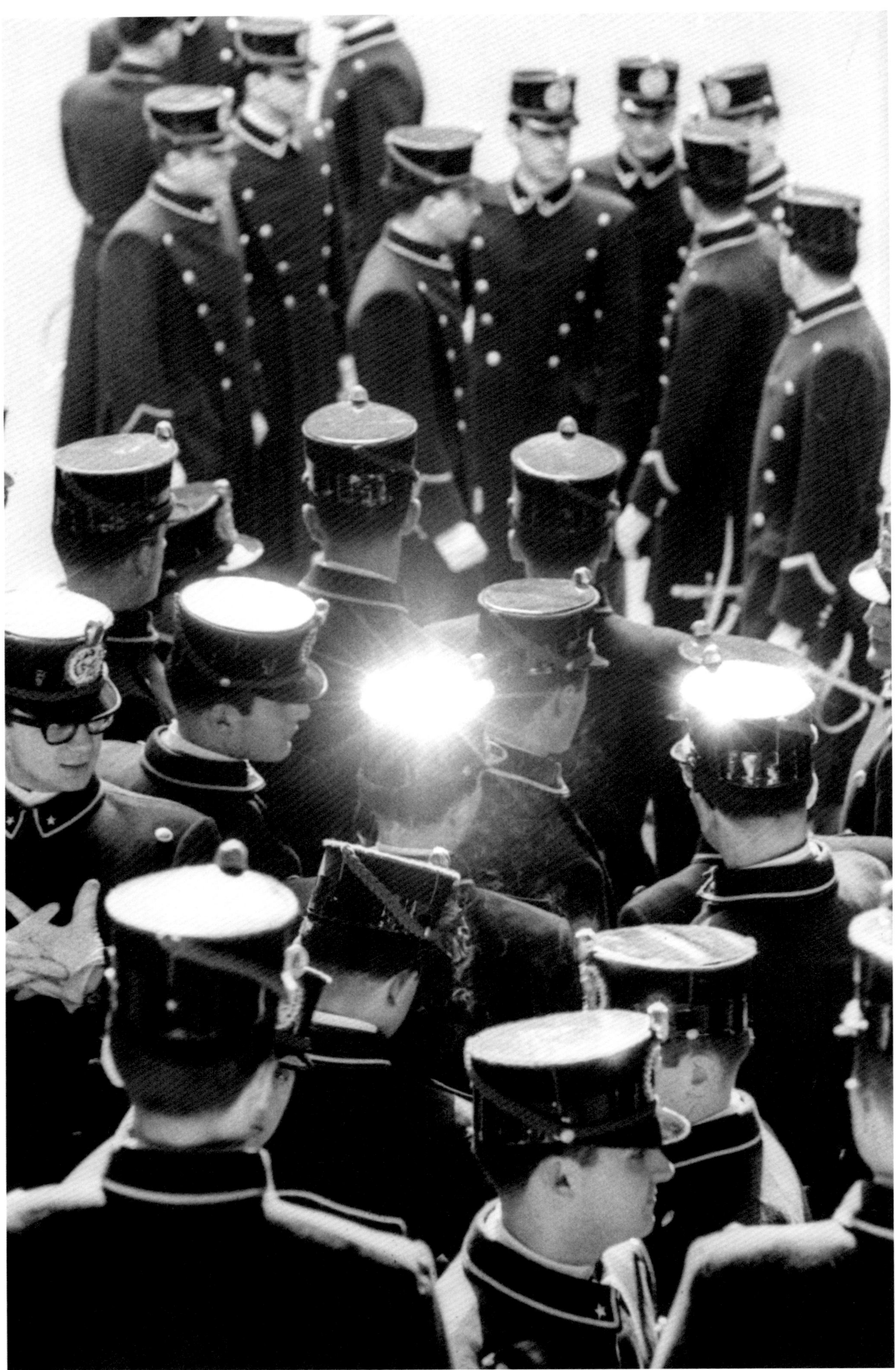

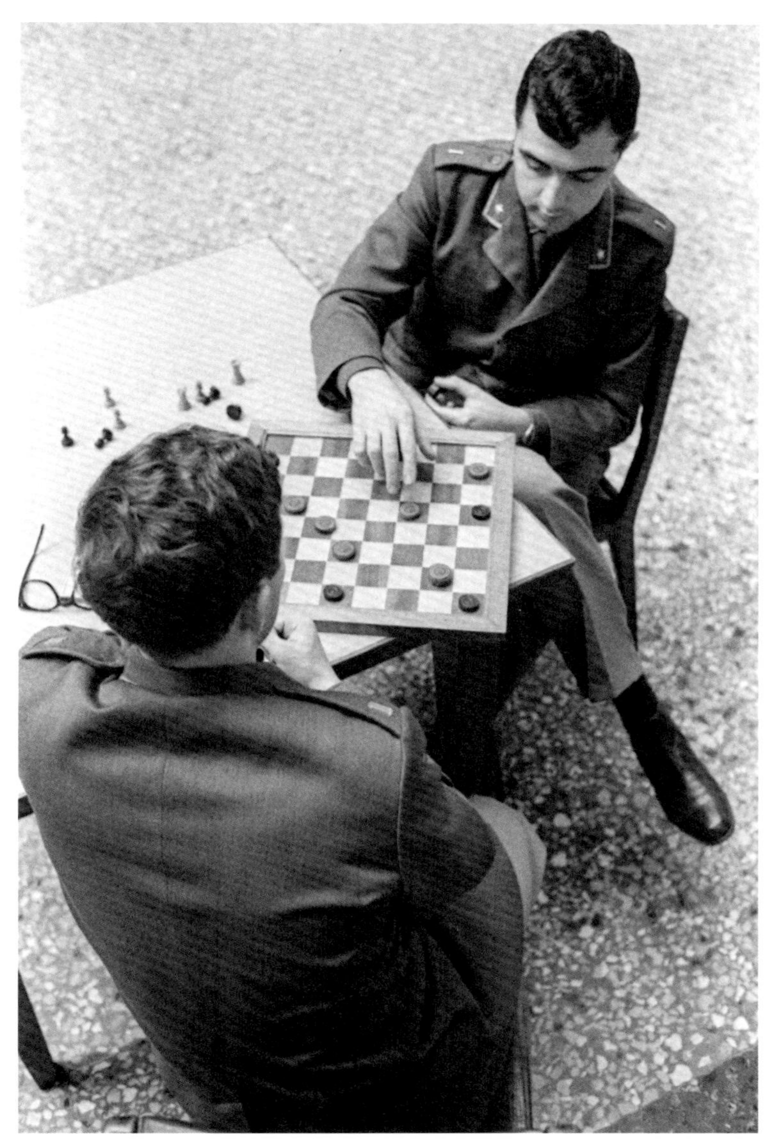

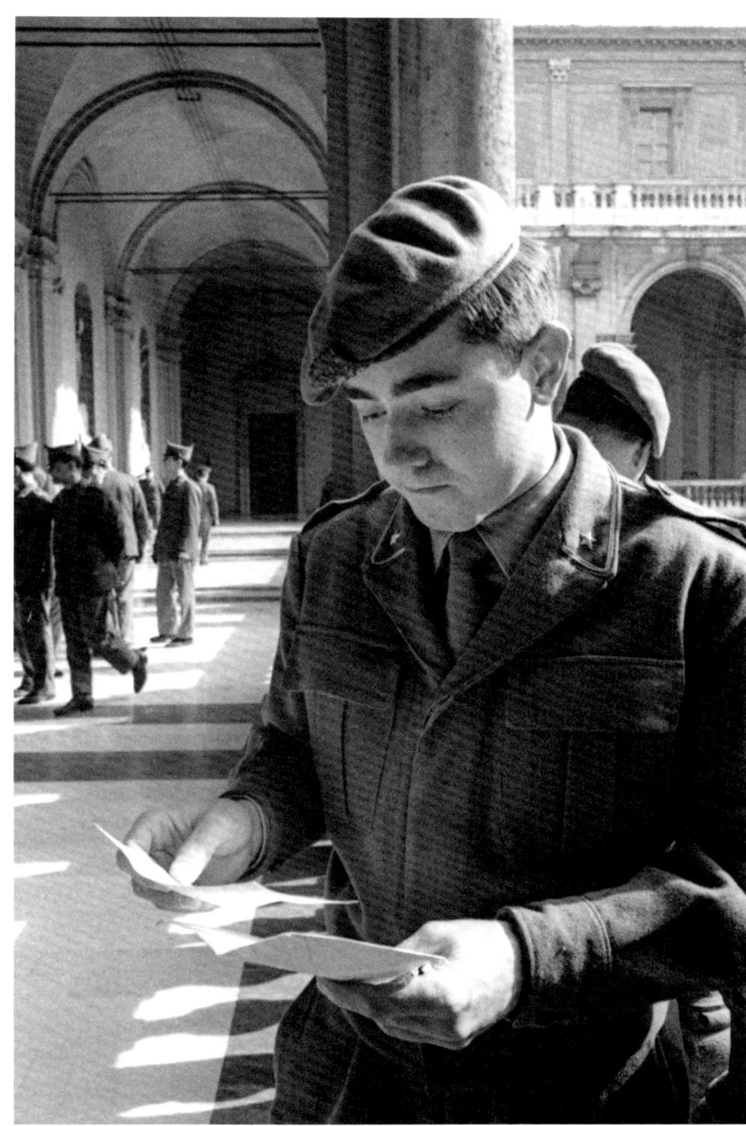

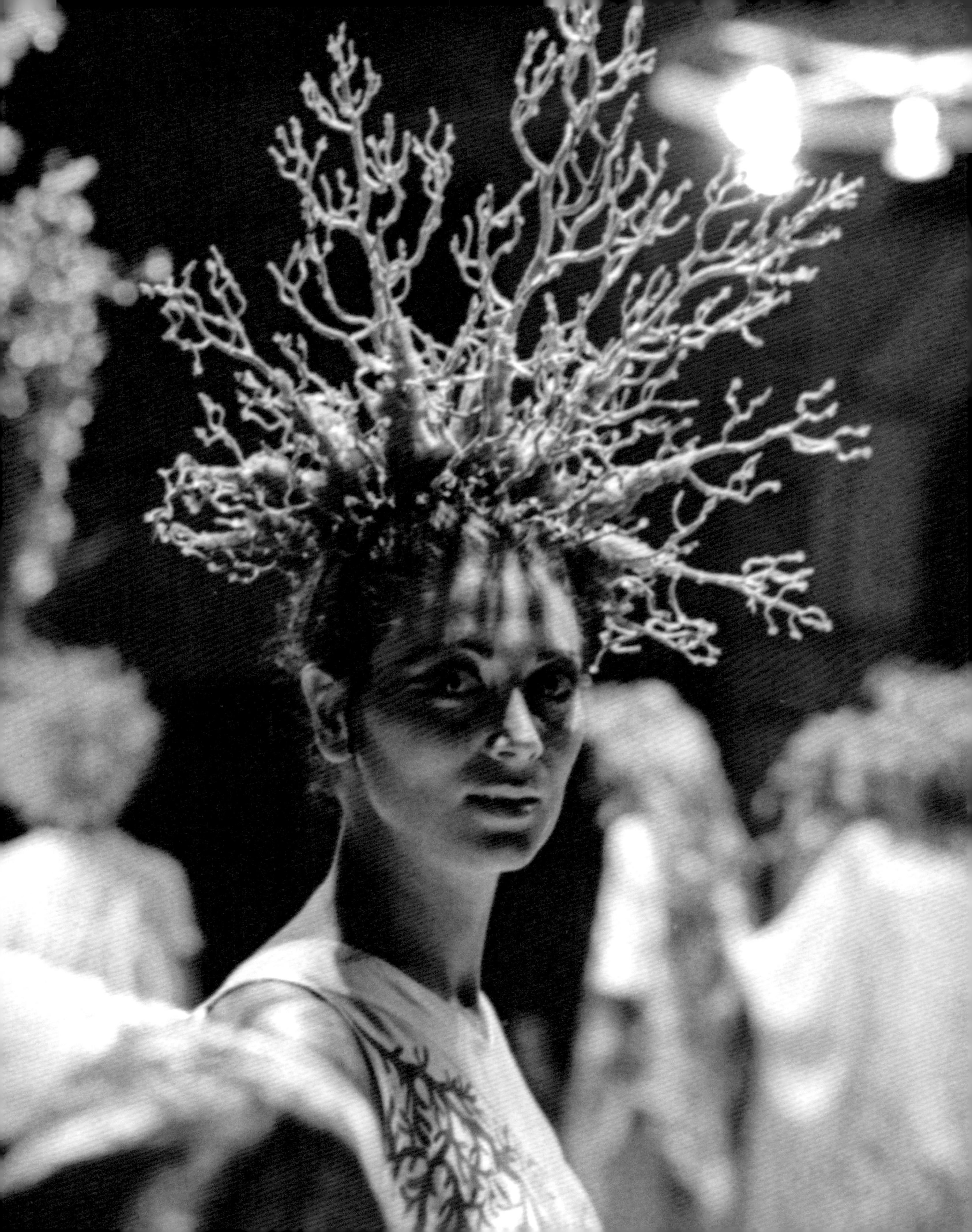

ALESSANDRO SARLO

IRENE BRIN E PAOLO DI PAOLO

IRENE BRIN AND PAOLO DI PAOLO

Nel 1965 Paolo Di Paolo incontra Irene Brin, la celebre giornalista e icona di stile diventata negli anni cinquanta ambasciatrice del Made in Italy nel mondo. Sin dal primo incontro, il fotografo colpisce Irene per l'abbigliamento sartoriale e il profumo Penhaligon's, ma soprattutto si distingue per quella elegante discrezione che sarà tratto distintivo della loro collaborazione[1]. Entrambi difatti rifiutano il sensazionalismo del gossip e dello scoop piccante, dando vita a un giornalismo colto e raffinato, attento a raccontare la creatività italiana contaminando moda e arte, nobiltà e costume.

Da questa comune idea di giornalismo, fondata su principi di fiducia e rispettabilità, nasce un rapporto professionale che va avanti per tutta la seconda metà degli anni sessanta, dando vita a memorabili reportage sulle pagine di «Domina», «Bellezza» e «La Settimana Incom Illustrata».

Grazie ai numerosi servizi dedicati all'aristocrazia romana usciti su «Bellezza», il mensile di moda e attualità fondato da Gio Ponti nel 1941, diventano in breve la coppia più invidiata dai colleghi. Nobildonne come Orietta Boncompagni-Ludovisi, Verde Visconti e Myrta Barberini Colonna di Sciarra sono elevate dalla penna di Brin a modello di creatività italiana, protagoniste di un *Italian way of life* di cui le fotografie di Di Paolo restituiscono un'immagine perfetta[2]. I servizi della coppia concorrono così a narrare l'immagine di una nobiltà che diventa modello di un'eleganza tutta italiana, capace di fondere tradizione e modernità, eleganza ed eclettismo.

La coppia Brin-Di Paolo, sempre attenta a non tradire intimità rubate quanto a raccontare personalità esemplari della vita culturale del Belpaese, ha così accesso ai luoghi e agli eventi più esclusivi del tempo. Oltre ai palazzi aristocratici romani, il Festival dei Due Mondi di Spoleto è un altro snodo fondamentale della loro attività. La città umbra, sede del celebre appuntamento estivo ideato da Gian Carlo Menotti, diventa per il duetto un'imperdibile occasione mondana. Per la rassegna del 1965 esce su «La Settimana Incom Illustrata», rotocalco popolare di politica e costume, un primissimo servizio a firma Brin-Di Paolo dedicato alla nuova "regina di Spoleto" Nonie Phipps, novella consorte del direttore d'orchestra Thomas Schippers[3]. Ma il festival spoletino, dove arte

In 1965 Paolo Di Paolo met Irene Brin, the famous journalist and style icon who became an ambassador of Made in Italy to the world in the fifties. From their very first meeting, the photographer impressed Irene with his tailored clothing and Penhaligon's perfume, but above all he stood out by the elegant discretion that would be a hallmark of their collaboration.[1] Both rejected the sensationalism of gossip and spicy scoops, giving rise to a cultured and refined journalism, careful to tell the story of Italian creativity by blending fashion and art, nobility and customs.

This shared idea of journalism, based on the principles of trust and respectability, gave rise to a professional relationship that continued all through the second half of the sixties, producing memorable features in the pages of *Domina*, *Bellezza* and *La Settimana Incom Illustrata*.

As a result of the numerous articles devoted to the Roman aristocracy published in *Bellezza*, the monthly fashion and current affairs magazine founded by Gio Ponti in 1941, they quickly became the couple most envied by their colleagues. Noblewomen such as Orietta Boncompagni-Ludovisi, Verde Visconti and Myrta Barberini Colonna di Sciarra were elevated by Brin's pen to models of Italian creativity, protagonists of an Italian way of life of which Di Paolo's photographs convey a perfect image.[2] The couple's services thus narrated the image of a nobility that became the model of an all-Italian elegance, capable of blending tradition and modernity, elegance and eclecticism.

The couple Brin-Di Paolo, always careful not to betray stolen intimacies, but rather recounting the exemplary personalities of the cultural life of the Bel Paese, thus had access to the most exclusive places and events of the time. In addition to the palaces of Rome's aristocracy, the Festival dei Due Mondi in Spoleto was another important hub of their activity. The Umbrian city, which hosted the famous summer event conceived by Gian Carlo Menotti, became an unmissable social occasion for the pair. For the 1965 edition, a very first article by Brin-Di Paolo was published in *La Settimana Incom Illustrata*, a popular magazine of politics and customs, devoted to the new "queen of Spoleto" Nonie Phipps, recently married to the conductor Thomas Schippers.[3] But the Spoleto festival, where art and society converged, was above all an opportunity

Sfilata Valentino / Valentino fashion show, Mare Moda, Capri 1966

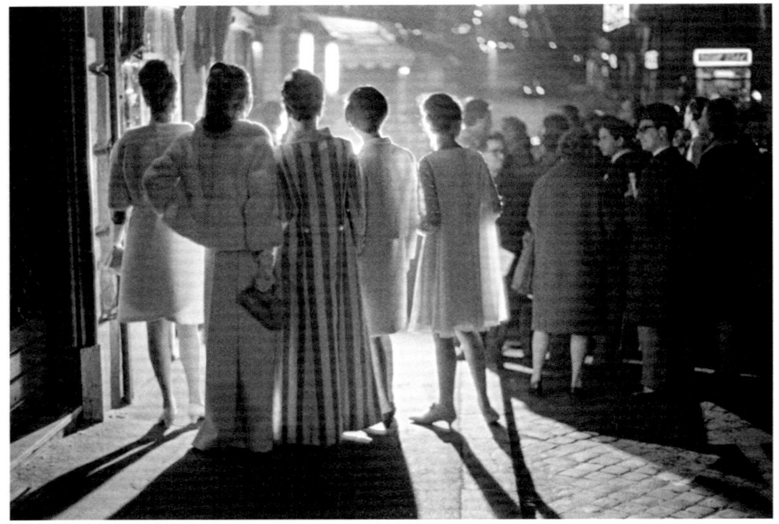

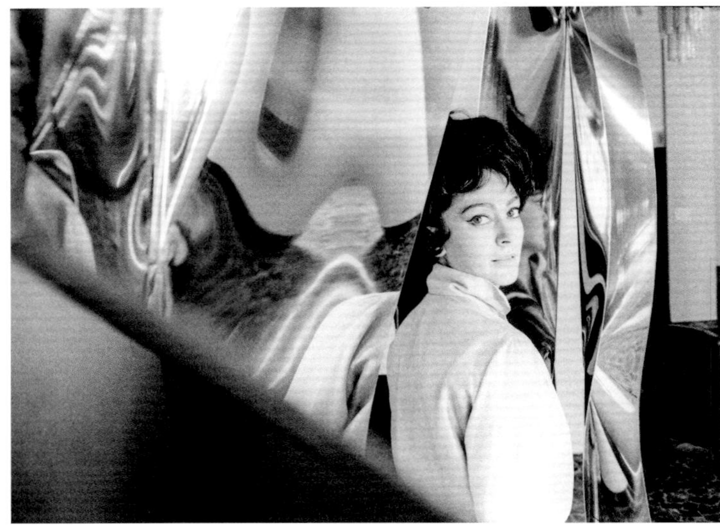

e società convergono, è soprattutto l'occasione per scattare splendidi ritratti a Ezra Pound e Gian Carlo Menotti, immortalati in immagini a un tempo intime ed emblematiche.

Nel fitto intreccio culturale e mondano di cui i due si rendono protagonisti, non sorprende che il contributo della coppia Brin-Di Paolo alle pagine di «Bellezza» includa anche servizi dedicati all'arte. In particolare, quelli del 1968 dedicati a Eugène Berman e Fabrizio Clerici, due artisti storici della scuderia de L'Obelisco, l'importante galleria romana aperta nell'immediato dopoguerra da Irene Brin e dal marito Gaspero Del Corso[4]. La giornalista, che sin da subito prende in mano la promozione della galleria, realizza per la rivista celebri servizi dedicati a mostre e artisti, affidandosi negli ultimi anni alla collaborazione di Paolo Di Paolo[5].

L'impegno giornalistico della coppia coinvolge infatti la documentazione e la promozione dell'attività espositiva de L'Obelisco nella seconda metà degli anni sessanta, periodo in cui la galleria attraversa una fase di profonda trasformazione, orientandosi verso un'arte cinetica e ottica come risposta strategica alla massificazione della Pop Art americana. Irene e Gaspero rivendicano così la specificità europea dell'arte Optical, attraverso una serie di mostre cinetiche che si trasformano spesso in eventi performativi in cui le indossatrici sfilano tra le opere d'arte[6].

Paolo Di Paolo documenta alcune di queste memorabili vernici, come l'inaugurazione della personale *Attilio Pierelli. Monumenti Inox* del gennaio 1966, dove l'attrice Mavie Bardanzellu posa davanti alle sculture specchianti e sonore dell'artista, o la mostra *Bianco+Bianco* del mese successivo, dove le modelle sfilano con abiti bianchi di Fabiani, Forquet, Tricò e Lancetti tra le bianche opere d'arte in mostra. Il fotografo documenta così l'eccentricità e la mondanità di una galleria che contamina liberamente arte e moda in un'atmosfera che oggi diremmo di postmodernità.

L'attività di Paolo Di Paolo presso L'Obelisco prosegue fino al 1968, apice della "svolta cinetica" della galleria con un anno di mostre dedicate a un unico artista, Giacomo Balla. Al centro del rilancio del maestro futurista, interpretato come anticipatore dell'arte Optical, c'è la novità di spostare l'attenzione sulla produzione scultorea dell'artista con due

to take splendid portraits of Ezra Pound and Gian Carlo Menotti, recorded in images that are both intimate and emblematic.

In the dense cultural and fashionable circles in which the two became leading figures, it is hardly surprising that the contribution by Brin and Di Paolo to the pages of *Bellezza* included reportages dealing with art. In particular, their features in 1968 were devoted to Eugène Berman and Fabrizio Clerici, two historical artists in the line-up of L'Obelisco, the important Rome gallery opened in the immediate post-war period by Irene Brin and her husband Gaspero Del Corso.[4] The journalist, who immediately took over the promotion of the gallery, created famous articles presenting exhibitions and artists for the magazine, relying in later years on the collaboration of Paolo Di Paolo.[5]

The couple's journalistic work involved the documentation and promotion of the exhibitions at L'Obelisco in the second half of the sixties, a period when the gallery passed through a phase of profound transformation, moving towards Kinetic and Optical Art as a strategic response to the massification of American Pop Art. Irene and Gaspero thus affirmed the European specificity of Optical Art through a series of kinetic exhibitions that often turned into performative events, in which models paraded among the artworks.[6]

Paolo Di Paolo documented some of these memorable paintings, such as the inauguration of the solo exhibition *Attilio Pierelli. Monumenti Inox* in January 1966, when the actress Mavie Bardanzellu posed in front of the artist's mirror and sound sculptures, or the *Bianco+Bianco* exhibition the following month, where the models paraded in white dresses by Fabiani, Forquet, Tricò and Lancetti among the white artworks on display. In these ways the photographer documented the eccentricity and modishness of a gallery that freely merged art with fashion in an atmosphere that today would be described as post-modern.

Paolo Di Paolo's work at L'Obelisco continued until 1968, the peak of the gallery's kinetic breakthrough with a year of exhibitions devoted to a single artist, Giacomo Balla. At the heart of the relaunch of the Futurist master, interpreted as a forerunner of Optical Art, was the novelty of shifting attention to the artist's sculptural production with two

Inaugurazione della mostra / Opening of the exhibition Bianco + Bianco, Galleria L'Obelisco, Roma / Rome 1966

Mavie Bardanzellu davanti a una scultura di / in front of a sculpture by Attilio Pierelli, Galleria L'Obelisco, Roma / Rome 1966

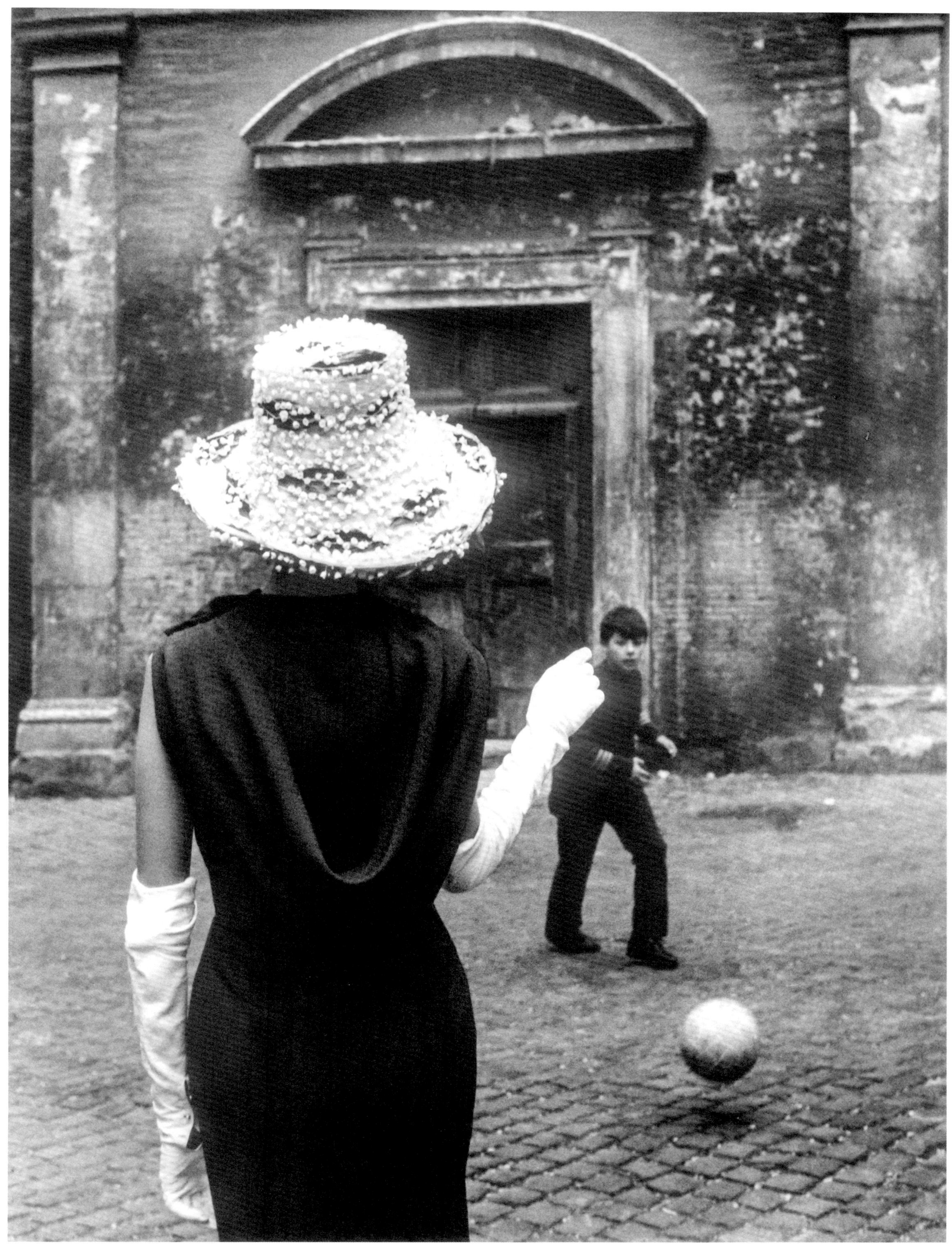

Servizio di moda, Roma / Fashion shooting, Rome 1962

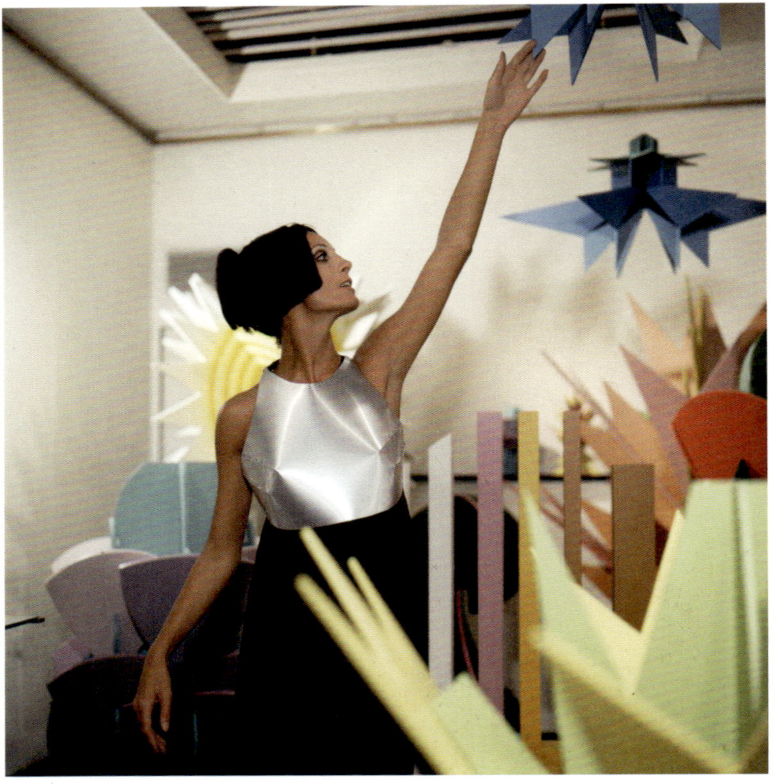

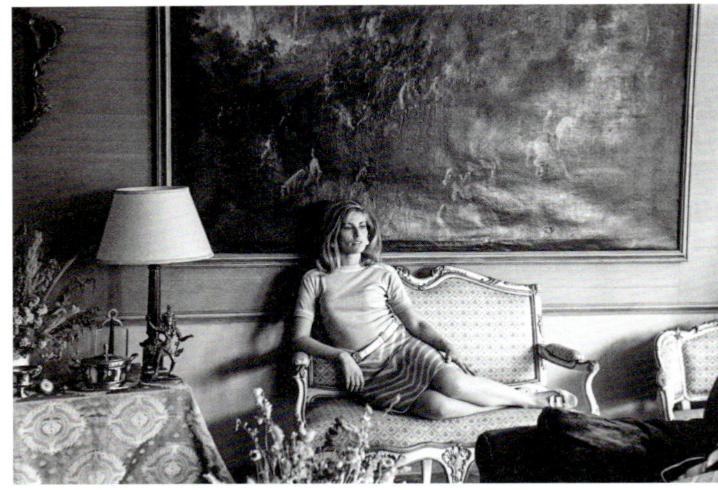

esposizioni dedicate alle sculture e ai cosiddetti *fiori*[7]. Questi ultimi, multipli prodotti in serie sulla base di prototipi e disegni lasciati da Balla, sono fotografati da Di Paolo come corredo di un articolo di Irene Brin pubblicato su «Bellezza»[8].

In quel 1968, Balla è inoltre protagonista della mostra retrospettiva sul Futurismo alla Biennale di Venezia, occasione per la coppia Brin-Di Paolo di inaugurare la loro collaborazione su «Domina», mensile femminile di attualità politica e culturale aperto quell'anno da Editoriale Domus. Nell'articolo dedicato alla mostra internazionale, la giornalista racconta una Biennale tutta al femminile, celebrando da una parte le donne "op" dell'arte, come Bridget Riley e Denise René, dall'altra le donne che custodiscono l'eredità del futurismo, in particolare Luce ed Elica Balla, pittrici e figlie del maestro[9]. Le due sorelle, fotografate per il servizio nella storica Casa Balla, diventano le vere protagoniste dell'articolo. Proprio in quella occasione, Paolo Di Paolo visita, forse in compagnia di Irene, la straordinaria casa-manifesto interamente decorata dal pittore. Il fotografo ritrae così Elica in abiti futuristi ideati dal padre, e si cimenta lui stesso nell'indossare ludicamente il *vestito da casa* balliano davanti l'obiettivo fotografico.

Il discorso sulla moda è al centro dei servizi per «Domina» realizzati dal duetto tra 1968 e 1969.

La difesa della specificità del Made in Italy, riconosciuto internazionalmente per il suo alto artigianato, è portata avanti da Irene attraverso la promozione di uno stretto dialogo tra arte e moda.

Ne è esempio il fotoservizio di Di Paolo dedicato alla *linea Alluminio* della "sarta intellettuale" Germana Marucelli, che vede la modella Mirella Petteni posare presso la galleria L'Obelisco con morbide corazze di alluminio tra i fiori di Balla[10]. Se l'articolo che accompagna le fotografie è a firma di Cecil Aldighieri Windham, la pianificazione del servizio è senza dubbio opera di Irene Brin, la cui attitudine curatoriale nel selezionare location, case di moda e personaggi di spicco era da tempo qualità imprescindibile per la carica di *Rome Editor,* che dal 1952 ricopriva per «Harper's Bazaar»[11]. Già nel 1966, la giornalista aveva infatti scelto alcuni splendidi ritratti di Paolo Di Paolo per un servizio uscito sulla celebre

exhibitions devoted to his sculptures and *fiori*.[7] These last, multiples produced in series on the basis of prototypes and drawings left by Balla, were photographed by Di Paolo as the accompaniment to an article by Irene Brin published in *Bellezza*.[8]

In 1968, Balla was also featured in the retrospective exhibition on Futurism at the Venice Biennale, an opportunity for the Brin-Di Paolo duo to inaugurate their collaboration in *Domina*, a women's monthly magazine of political and cultural affairs launched that year by Editoriale Domus. In the article devoted to the international exhibition, the journalist recounted an all-female Biennale, celebrating on the one hand the "Op" women of art, such as Bridget Riley and Denise René, and on the other the women who preserved the legacy of Futurism, in particular Luce and Elica Balla, painters and the daughters of the master.[9] The two sisters, photographed for a shoot in the historic Casa Balla, became the true protagonists of the article. On that occasion, Paolo Di Paolo, perhaps accompanied by Irene, visited the extraordinary manifesto-house entirely decorated by the painter. The photographer portrayed Elica in the futuristic garments designed by her father, and he playfully tried on Balla's *vestito da casa* ("house dress") for the camera lens.

The discourse on fashion was at the center of the duo's features for *Domina* between 1968 and 1969.

Irene defended the specificity of Made in Italy, internationally recognized for its outstanding craft qualities, by encouraging a close dialogue between art and fashion. An example of this was Di Paolo's photo shoot devoted to the *linea Alluminio* by the "intellectual fashion designer" Germana Marucelli, in which the model Mirella Petteni posed at the Galleria L'Obelisco in soft aluminum armor amid Balla's *fiori*.[10] While the article accompanying the photographs was signed by Cecil Aldighieri Windham, the planning of the article was clearly the work of Irene Brin, whose curatorial aptitude for selecting locations, fashion houses and prominent personalities had long been an essential quality for the position of Rome Editor, which she had held at *Harper's Bazaar* since 1952.[11] As early as 1966, the journalist had chosen some splendid portraits by Paolo Di Paolo for a report published in the famous American magazine

Mirella Petteni con sculture di / with sculptures by Giacomo Balla, Galleria L'Obelisco, Roma / Rome 1968

Myrta Barberini Colonna di Sciarra in casa / at home 1966

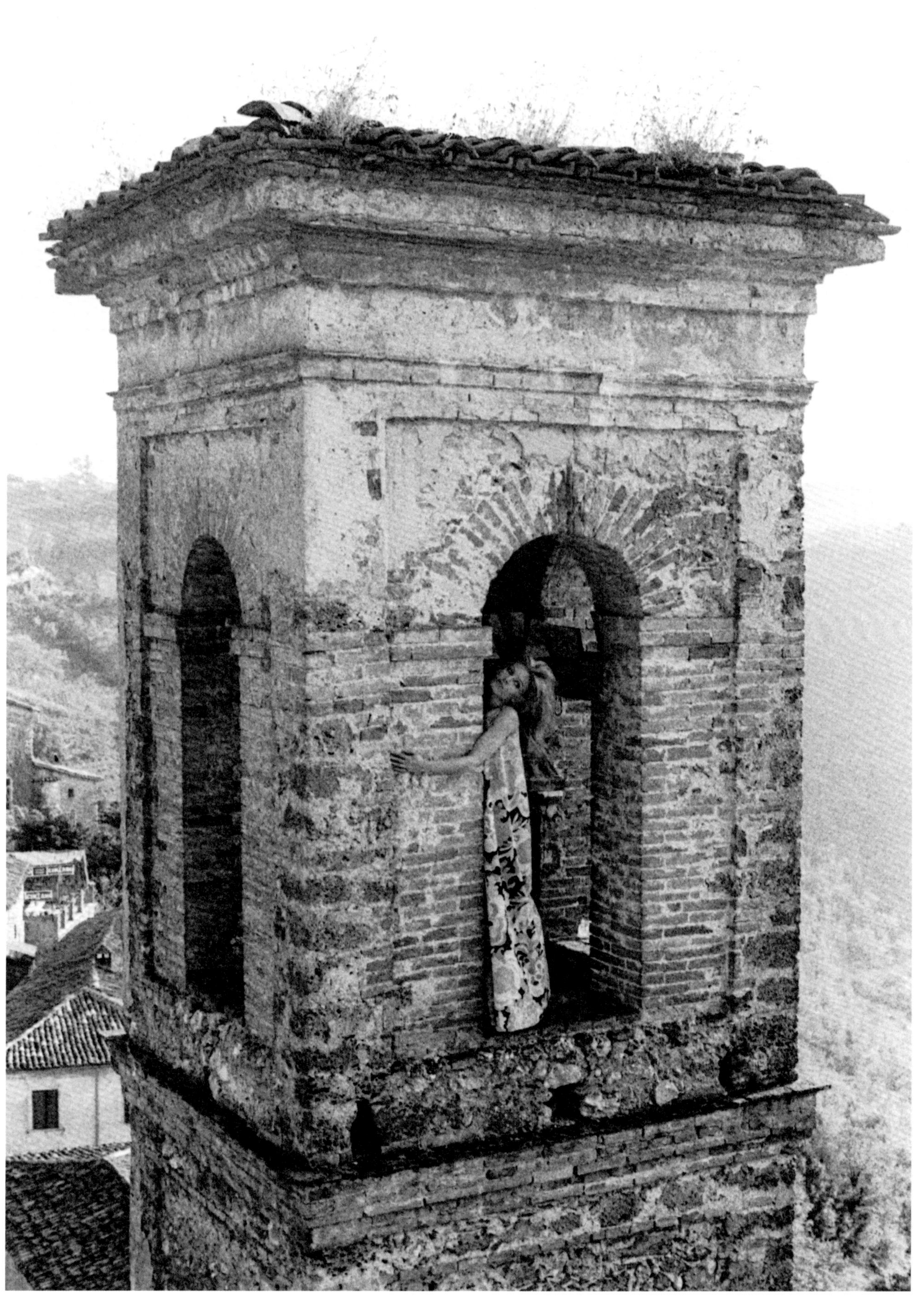

Micaela Pignatelli, «Domina» / *Domina* 1969

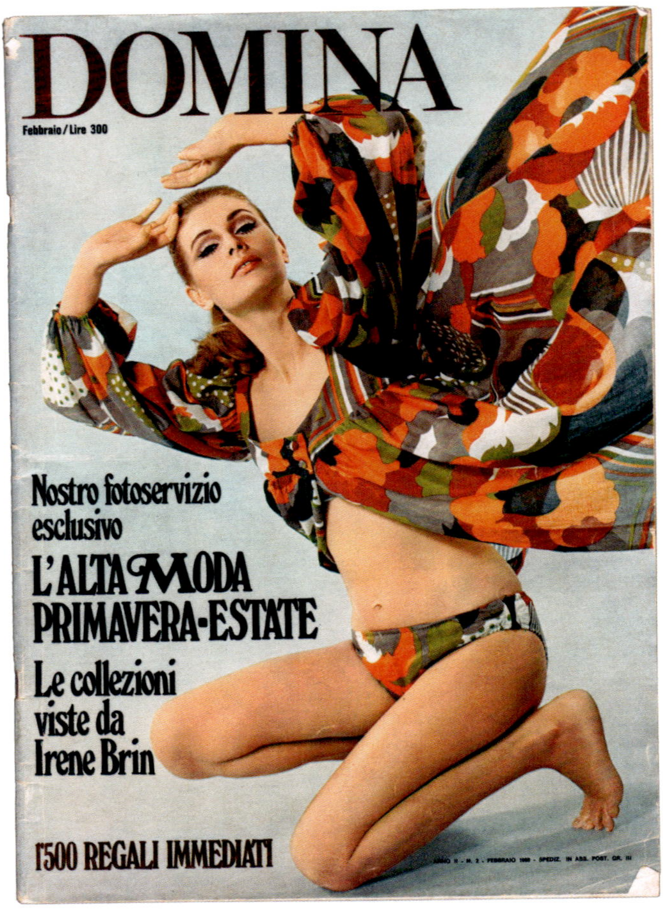

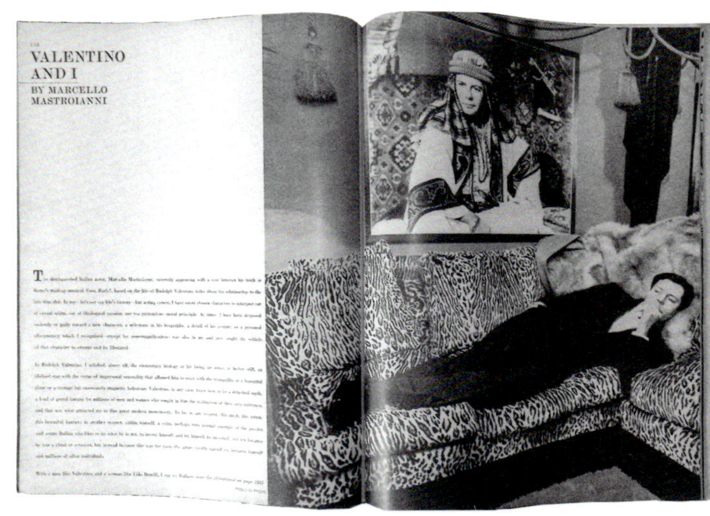

rivista americana dedicato a Marcello Mastroianni e Anna Magnani, in quel momento protagonisti a teatro delle opere *Ciao, Rudy* e *La Lupa*[12].
Ma sulle pagine di «Domina» escono soprattutto gli articoli che celebrano l'alta moda romana agli ultimi bagliori della sua parabola esistenziale. Distante dal prêt-à-porter che sarebbe esploso nella Milano degli anni settanta e ottanta, la narrazione di Irene Brin è ancora tutta dedicata alla consacrazione della qualità artigianale degli atelier romani. Il servizio dedicato a Valentino per il numero di dicembre 1968 è una nostalgica dichiarazione d'amore all'haute couture: dodici abiti per dodici notti natalizie, fotografati tra night club e interni lussuosi romani, incarnano un mondo colto ed elitario ormai prossimo al tramonto[13].
La prematura morte di Irene Brin nel maggio 1969 chiude forse simbolicamente quest'epoca. Il suo ultimo articolo, *Eremita chic,* esce postumo, accompagnato dalle fotografie di Di Paolo e pubblicato su «Domina», rivista che avrebbe chiuso i battenti l'anno successivo. Si conclude così l'eclettica temperie culturale degli anni sessanta, e con essa, anche la parabola professionale del duetto. Intravedendo la fine di una stagione alta del giornalismo italiano, ormai prossimo alla deriva scandalistica, Paolo Di Paolo decide di abbandonare per sempre la fotografia.

devoted to Marcello Mastroianni and Anna Magnani, at that time starring in the theater in the plays *Ciao, Rudy* and *La Lupa*.[12]
But in *Domina* there appeared above all articles celebrating Roman haute couture in the last glow of its existential parabola. Far from the prêt-à-porter that would burst onto the scene in Milan in the seventies and eighties, Irene Brin's narrative was still wholly devoted to consecrating the craft qualities of Rome's ateliers. The article devoted to Valentino in the December 1968 issue was a nostalgic declaration of love for haute couture: twelve dresses for twelve Christmas nights, photographed in night clubs and luxurious Rome interiors, embodying a cultured and elitist world now close to its twilight.[13]
Irene Brin's premature death in May 1969 perhaps symbolically brings this era to a close. Her last article, "Eremita chic", was published posthumously, accompanied by photographs by Di Paolo and published in *Domina*. The magazine folded the following year. This brought to an end the eclectic cultural climate of the sixties, and with it also the duo's professional achievement. Foreseeing the end of a high season of Italian journalism, now about to descend into scandal, Paolo Di Paolo decided to abandon photography for good.

1 Si veda l'intervista a Paolo Di Paolo in M. Paolino, *Il mondo perduto e ritrovato di Paolo Di Paolo*, tesi di laurea magistrale, corso "Scritture e produzioni dello spettacolo e dei media", Sapienza Università di Roma, a.a. 2022-2023.

2 I. Brin, *Le Belle di Roma*, in «Bellezza», 5, 1966, pp. 10-15; I. Brin, *La principessa a piedi scalzi conquistò i romani*, in «Bellezza», 10, 1966, pp. 92-94; I. Brin, *La grafologa dei tessuti*, in «Bellezza», 8, 1967, pp. 56-59; I. Brin, *Alla ricerca di un mestiere aggiornato*, in «Bellezza», 7, 1968, pp. 24-25.

3 I. Brin, *La regina di Spoleto*, in «La Settimana Incom Illustrata», 28, 1965, pp. 46-49.

4 I. Brin, *Un regno di sogni per Eugène Berman*, in «Bellezza», 6, 1968, pp. 17-18; I. Brin, *Le settecentesche imprese di Fabrizio Clerici*, in «Bellezza», 8, 1968, pp. 16-18.

5 I. Schiaffini, *L'arte sullo sfondo de L'Italia esplode*, in I. Brin, *L'Italia esplode. Diario dell'anno 1952*, a cura di C. Palma, Roma 2014, p. 165.

6 S. Pandolfi, *L'opposizione alla Pop Art e le mostre Optical della Galleria L'Obelisco*

1 See the interview with Paolo Di Paolo in M. Paolino, *Il mondo perduto e ritrovato di Paolo Di Paolo*, thesis for the M.A. degree, course in "Scritture e produzioni dello spettacolo e dei media," Sapienza Università di Roma, a.y. 2022-23.

2 I. Brin, "Le Belle di Roma," in *Bellezza* no. 5 (1966), pp. 10-15; I. Brin, "La principessa a piedi scalzi conquistò i romani," in *Bellezza* no. 10 (1966), pp. 92-94; I. Brin, "La grafologa dei tessuti," in *Bellezza* no. 8 (1967), pp. 56-59; I. Brin, "Alla ricerca di un mestiere aggiornato," in *Bellezza* no. 7 (1968), pp. 24-25.

3 I. Brin, "La regina di Spoleto," in *La Settimana Incom Illustrata* no. 28 (1965), pp. 46-49.

4 I. Brin, "Un regno di sogni per Eugène Berman," in *Bellezza* no. 6 (1968), pp. 17-18; I. Brin, "Le settecentesche imprese di Fabrizio Clerici," in *Bellezza* no. 8 (1968), pp. 16-18.

5 I. Schiaffini, "L'arte sullo sfondo de L'Italia esplode," in I. Brin, *L'Italia esplode. Diario dell'anno 1952*, edited by C. Palma, Rome 2014, p. 165.

6 S. Pandolfi, "L'opposizione alla Pop Art e le mostre Optical della Galleria

Copertina di «Domina» con una fotografia di / Cover of *Domina* with a photograph by Paolo Di Paolo, 1969

«Harper's Bazaar» / *Harper's Bazaar*, USA, 1966

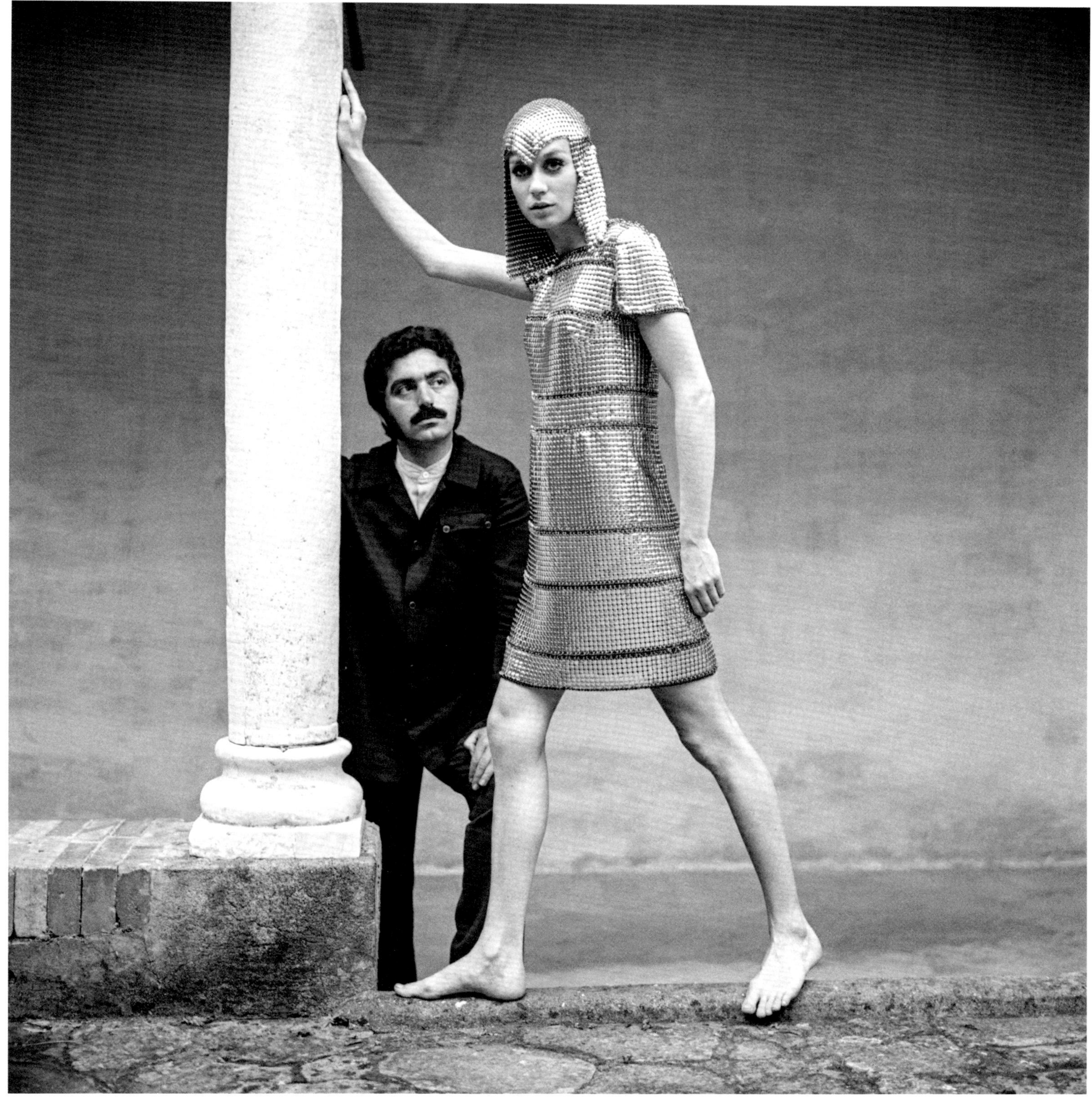

attraverso le fonti archivistiche e i cinegiornali, in *Irene Brin, Gaspero Del Corso e la Galleria L'Obelisco*, a cura di V. C. Caratozzolo, I. Schiaffini, C. Zambianchi, Roma 2018, pp. 145-153.

7 M. Finazzi, *1968: ritorno al futur(ism)o. L'Obelisco e l'anno di Giacomo Balla*, in *Irene Brin, Gaspero Del Corso*, cit., pp. 217-235.

8 I. Brin, *I fantastici giardini di Giacomo Balla*, in «Bellezza», 7, 1968, pp. 12-13.

9 I. Brin, *La Biennale di Venezia*, in «Domina», 4, 1968, pp. 50-53.

10 C. Aldighieri Windham, *Le morbide corazze della Marucelli*, in «Domina», 8, 1968, pp. 58-65.

11 V.C. Caratozzolo, *Il mestiere di Rome Editor. Irene Brin e "Harper's Bazaar"*, in *Irene Brin, Gaspero Del Corso*, cit., pp. 47-56.

12 M. Mastroianni, *Valentino and I*, in «Harper's Bazaar», 3053, 1966, pp. 158-159, 218; *Magnani on Boadway*, in «Harper's Bazaar», 3053, 1966, pp. 160-161.

13 I. Brin, *Le dodici notti di Valentino*, in «Domina», 10, 1968, pp. 40-47.

L'Obelisco attraverso le fonti archivistiche e i cinegiornali," in *Irene Brin, Gaspero Del Corso e la Galleria L'Obelisco*, edited by V. C. Caratozzolo, I. Schiaffini, C. Zambianchi, Roma 2018, pp. 145–53.

7 M. Finazzi, "1968: ritorno al futur(ism)o. L'Obelisco e l'anno di Giacomo Balla," in *Irene Brin, Gaspero Del Corso*, op. cit., pp. 217–35.

8 I. Brin, "I fantastici giardini di Giacomo Balla," in *Bellezza* no. 7 (1968), pp. 12–13.

9 I. Brin, "La Biennale di Venezia," in *Domina* no. 4 (1968), pp. 50–53.

10 C. Aldighieri Windham, "Le morbide corazze della Marucelli," in *Domina* no. 8 (1968), pp. 58–65.

11 V. C. Caratozzolo, "Il mestiere di Rome Editor. Irene Brin e 'Harper's Bazaar'," in *Irene Brin, Gaspero Del Corso*, op. cit., pp. 47–56.

12 M. Mastroianni, "Valentino and I," in *Harper's Bazaar* no. 3053 (1966), pp. 158–59, 218; "Magnani on Boadway," in *Harper's Bazaar* no. 3053 (1966), pp. 160–61.

13 I. Brin, "Le dodici notti di Valentino," in *Domina* no. 10 (1968), pp. 40–47.

Paco Rabanne, Capri 1966

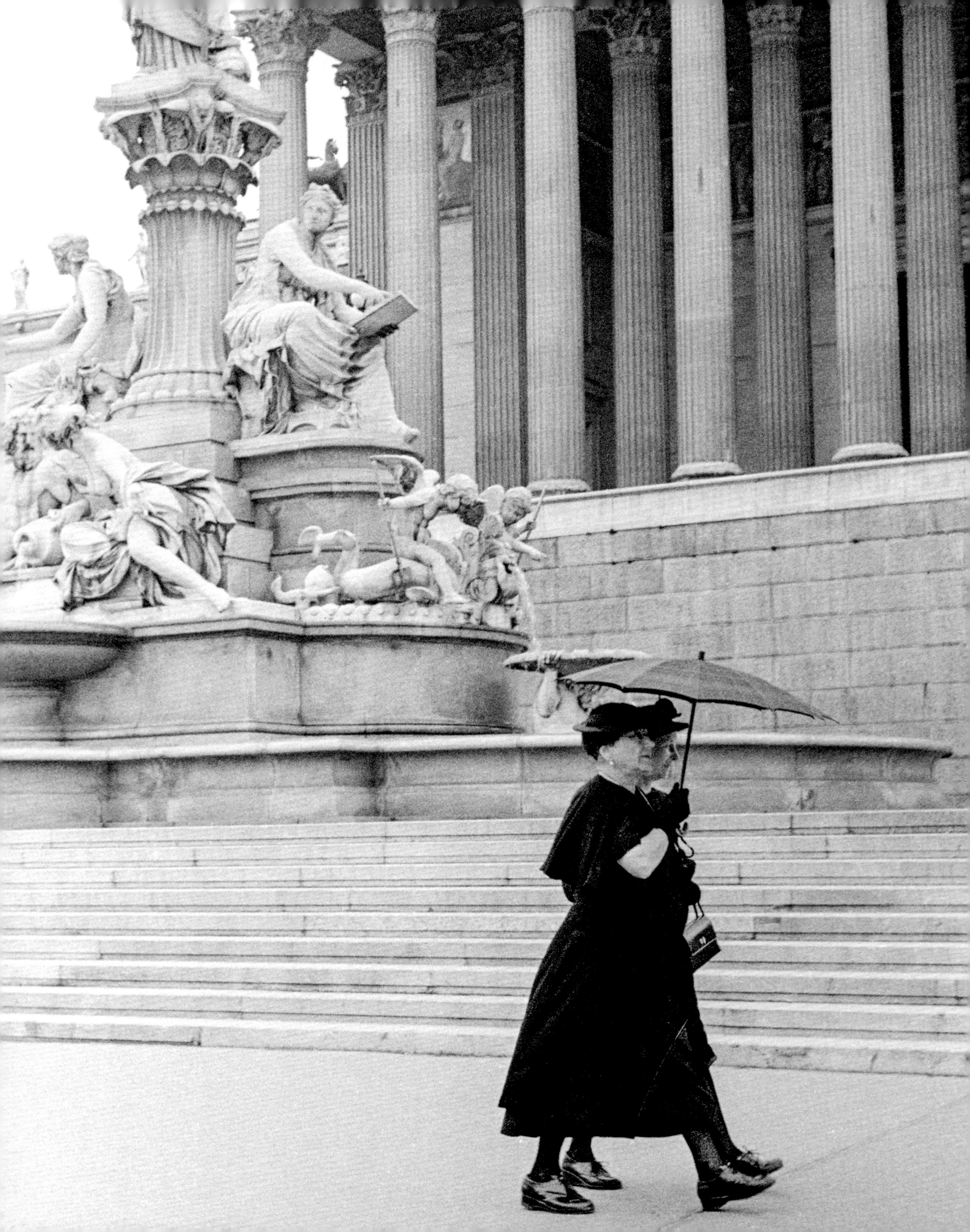

VIAGGI

In anni nei quali viaggiare non era possibile per tutti, i servizi fotografici di viaggio avevano una straordinaria valenza narrativa. Negli anni della sua collaborazione con «Tempo» Di Paolo realizza una serie di reportage che raccontano la vita in diversi paesi del mondo: Austria, Portogallo, Irlanda, Spagna, Grecia, Turchia, ex Unione Sovietica, Stati Uniti, Iran e Giappone. E tuttavia, come lui stesso dichiarava, «la mia ambizione era sempre di realizzare una foto da portare a "Il Mondo"».

TRAVELS

In the years when most people could not afford to travel, photo shoots of other countries had an extraordinary narrative appeal. For *Tempo*, Di Paolo created a series of reports recounting the story of life in many countries around the world: Austria, Portugal, Ireland, Spain, Greece, Turkey, the Soviet Union, the United States, Iran, Japan. And yet, as he himself said, "My ambition was always to take a photo to submit to Pannunzio for *Il Mondo*."

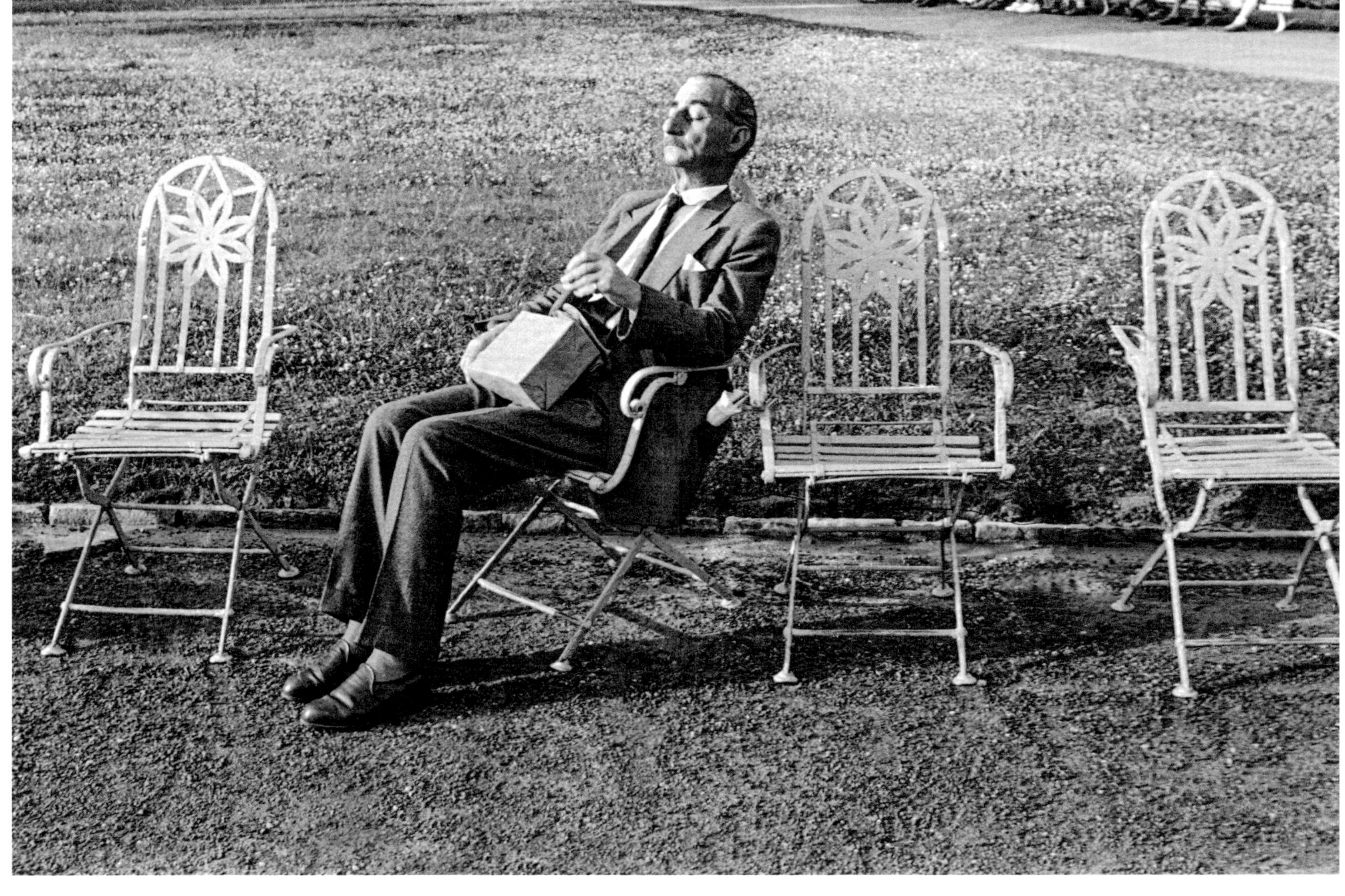

Passeggiata davanti al Parlamento / Promenade in front of the Parliament, Vienna 1956

Pomeriggio al Prater / Afternoon at the Prater, Vienna 1956

pagine seguenti / *following pages*
Estoril, Portogallo / Portugal

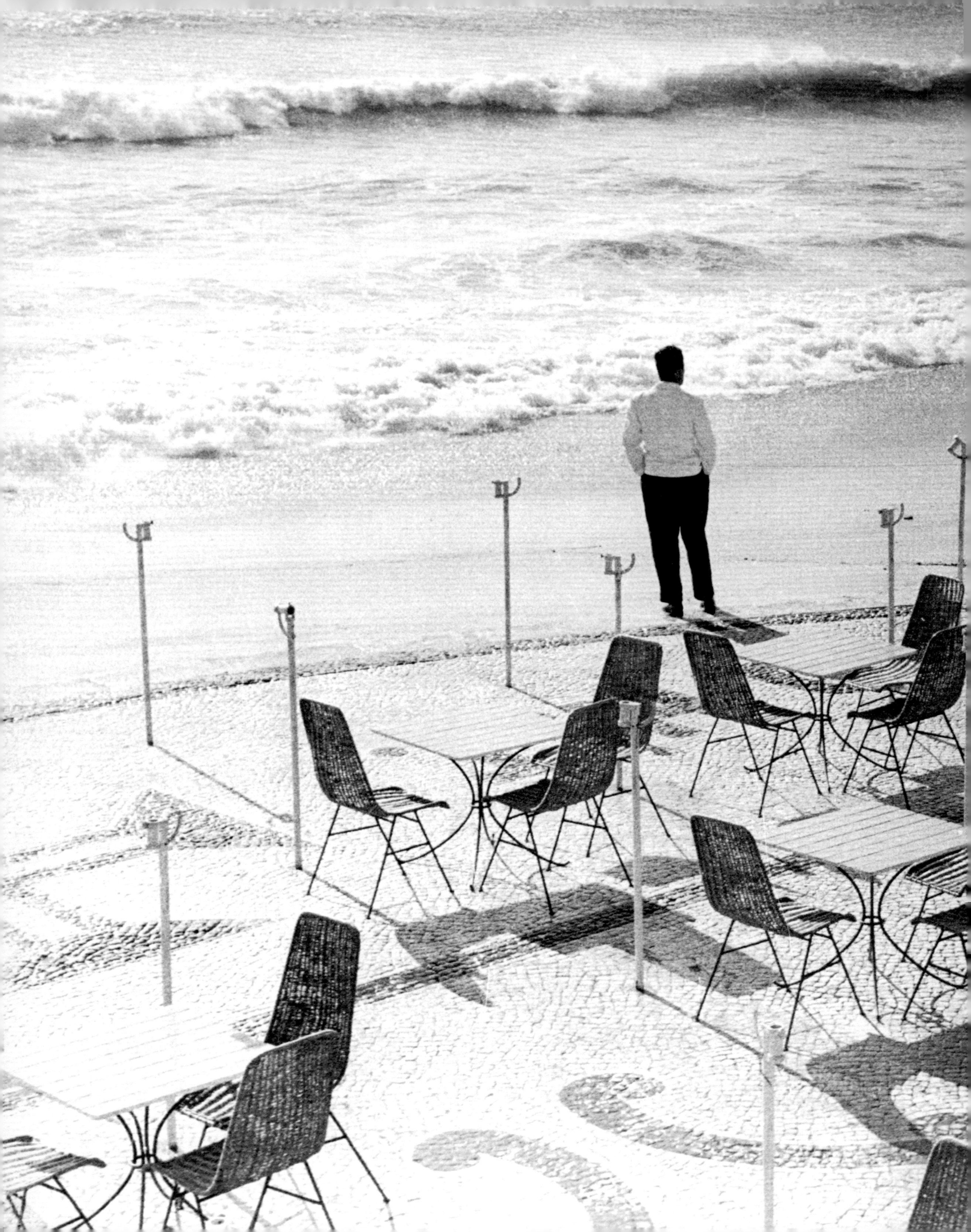

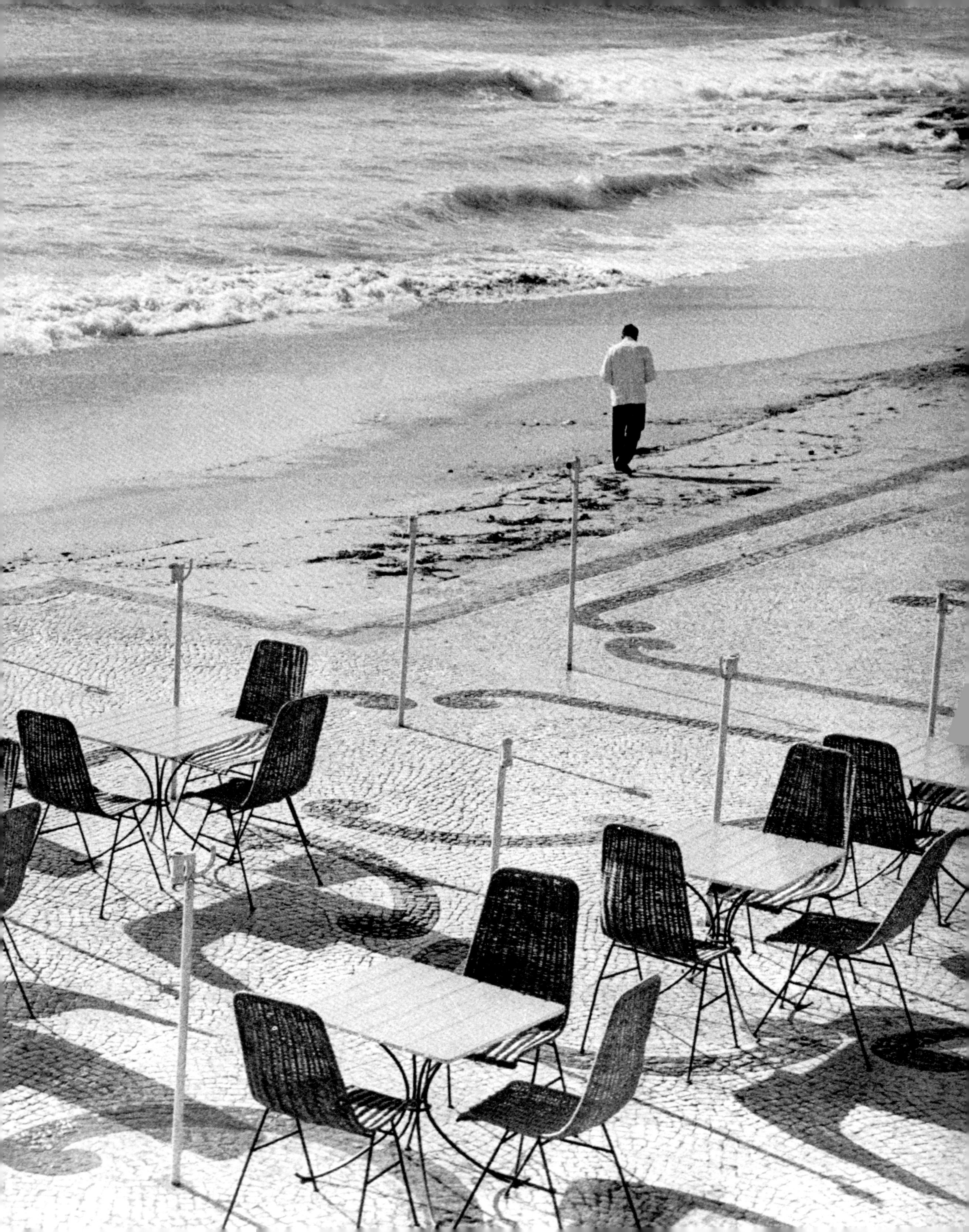

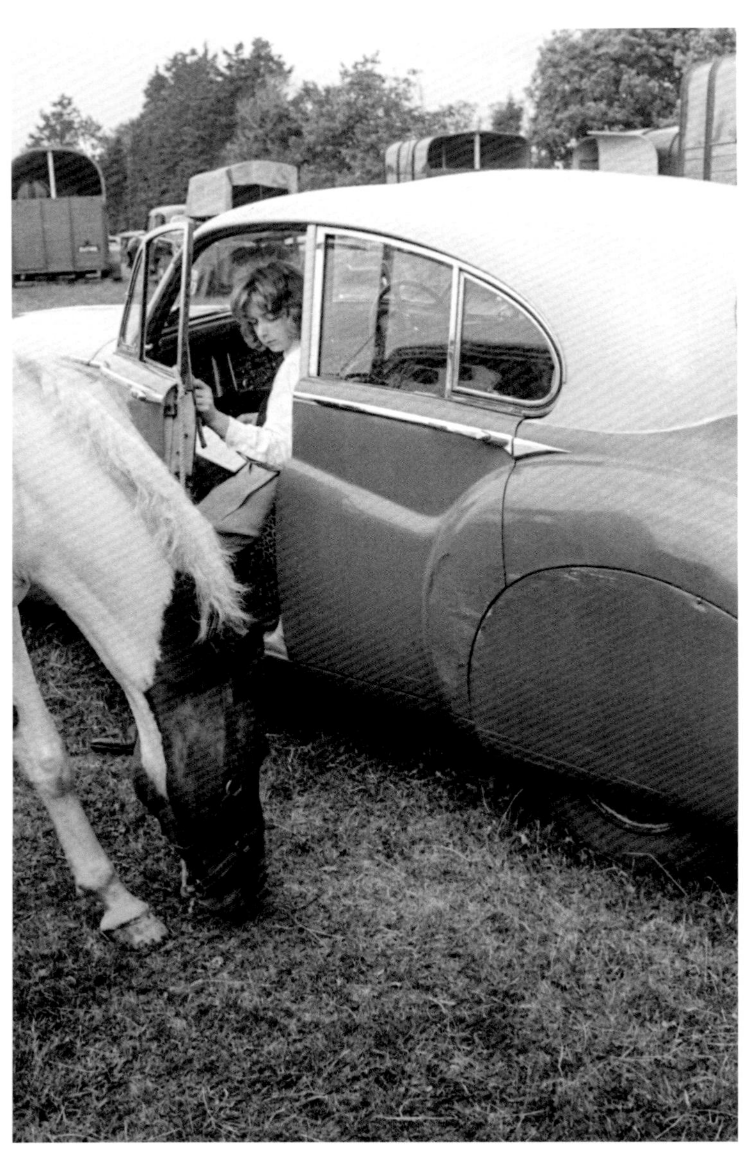

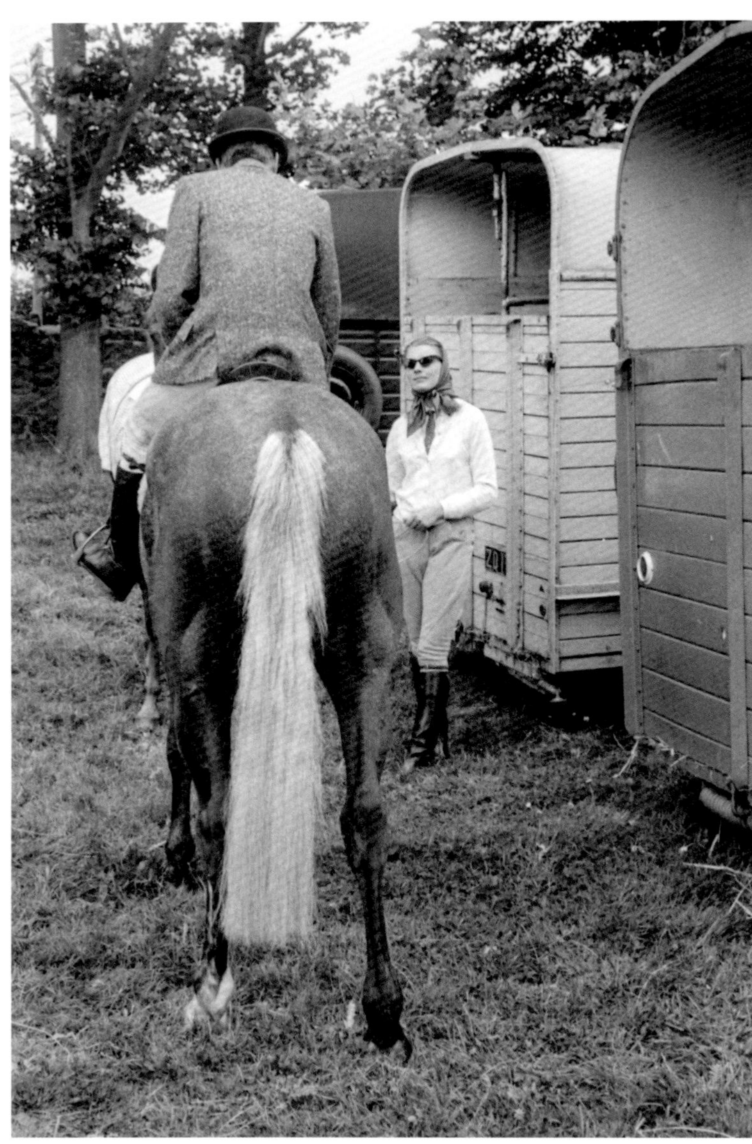

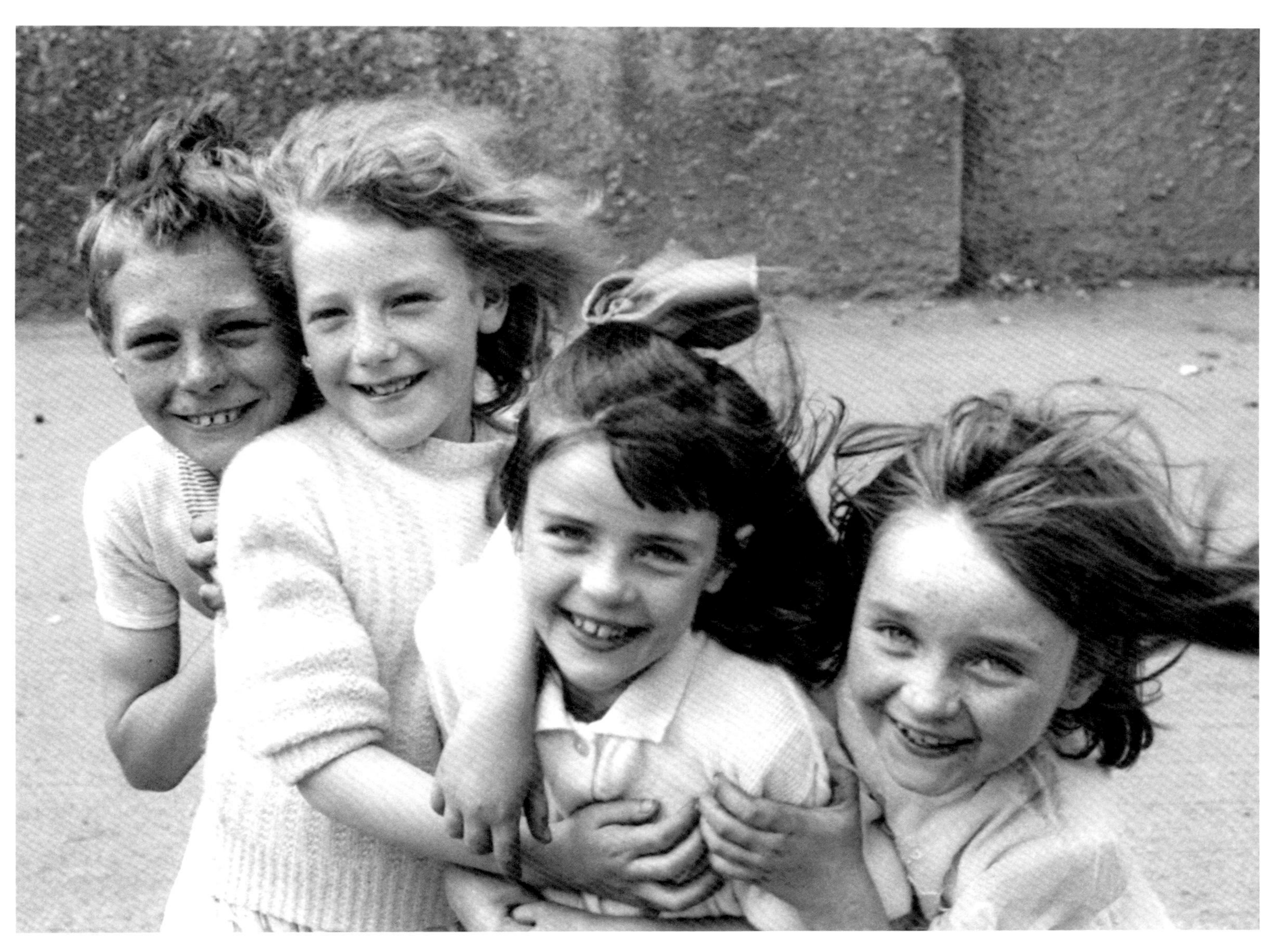

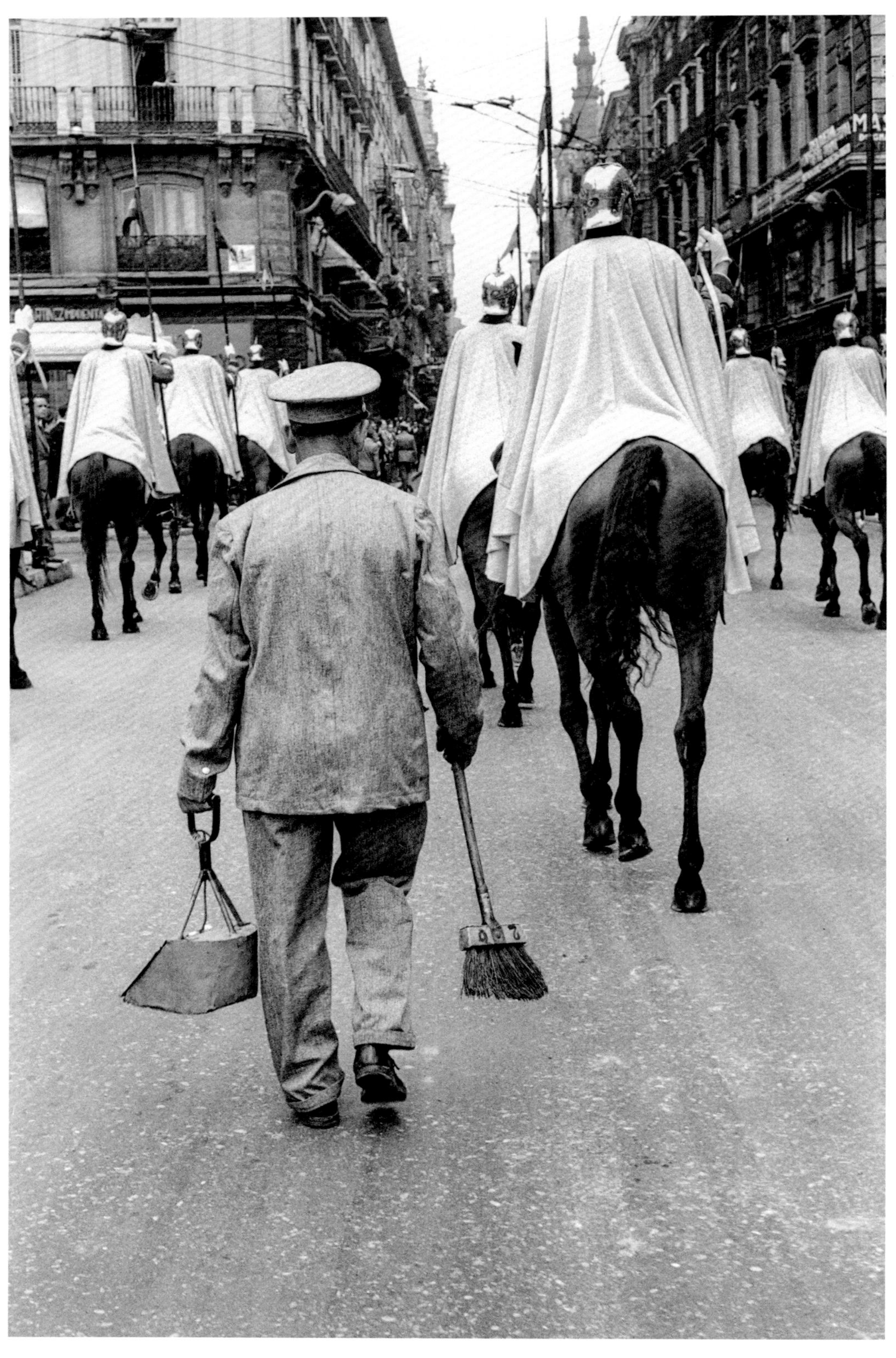

Monumento a Leonida e ai caduti delle Termopili, Grecia / Monument to Leonidas and the fallen of Thermopylae, Greece **1961**

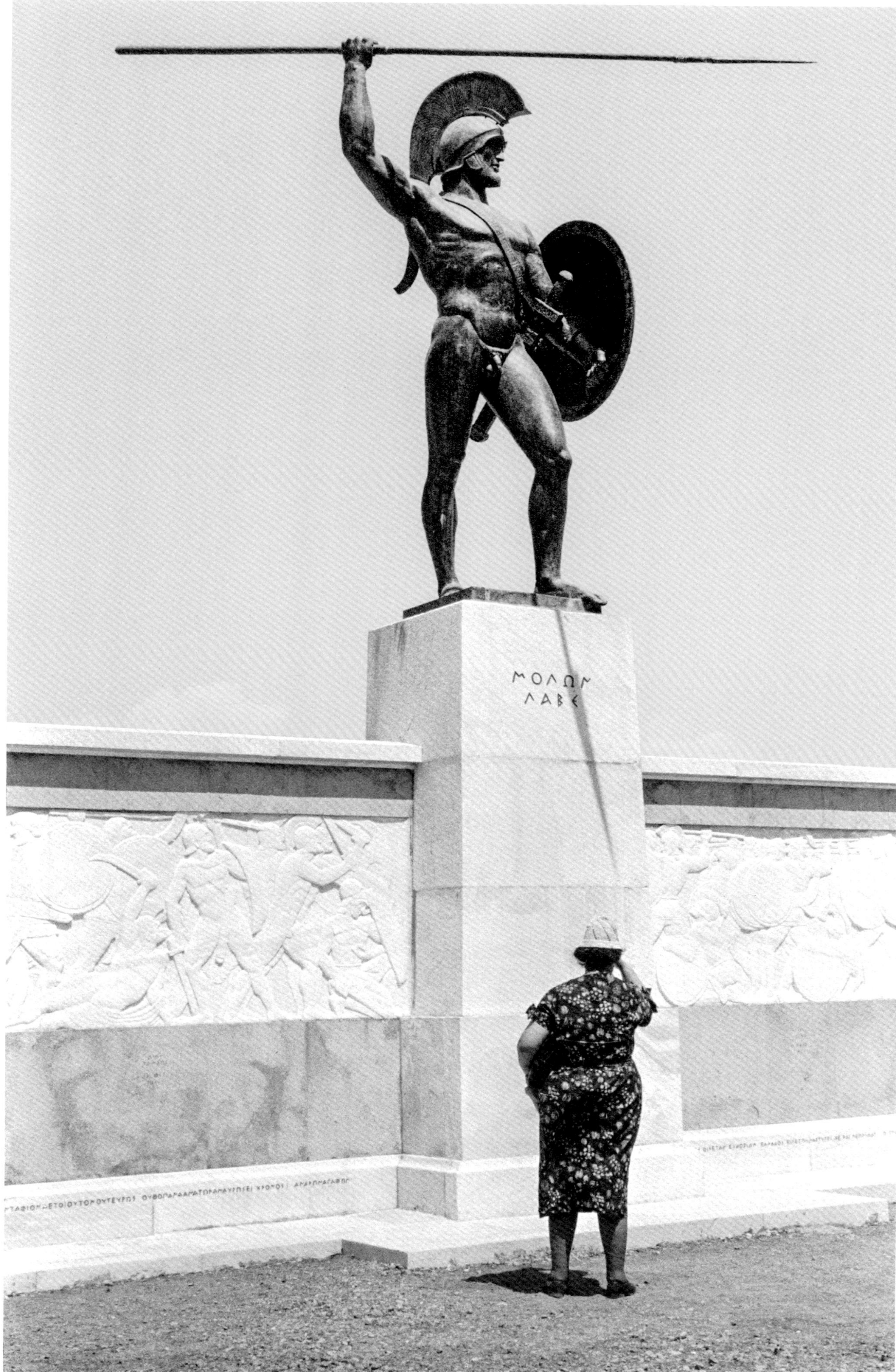
ΜΟΛΩΝ
ΛΑΒΕ

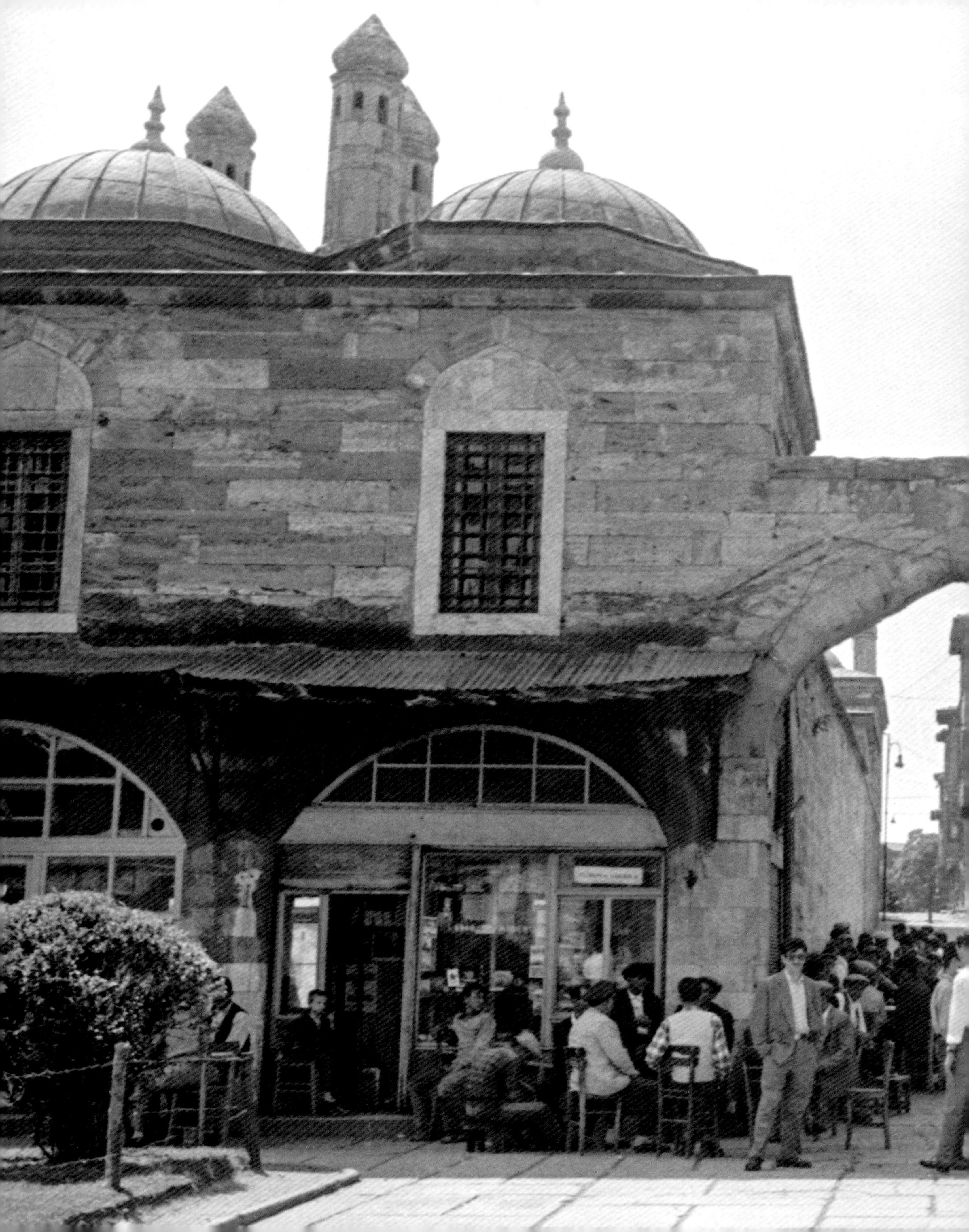

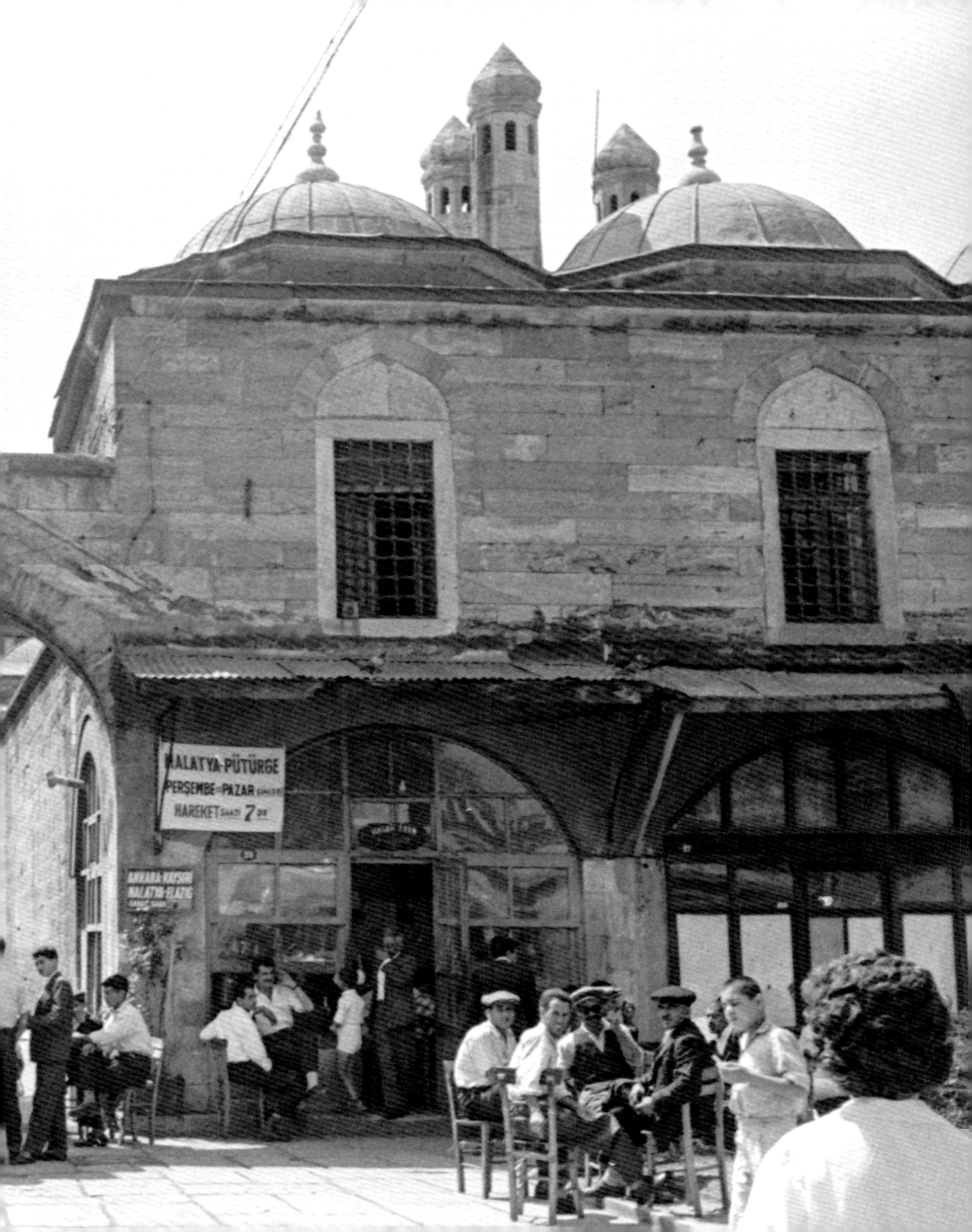
MALATYA-PÜTÜRGE
PERŞEMBE PAZAR
HAREKET 7

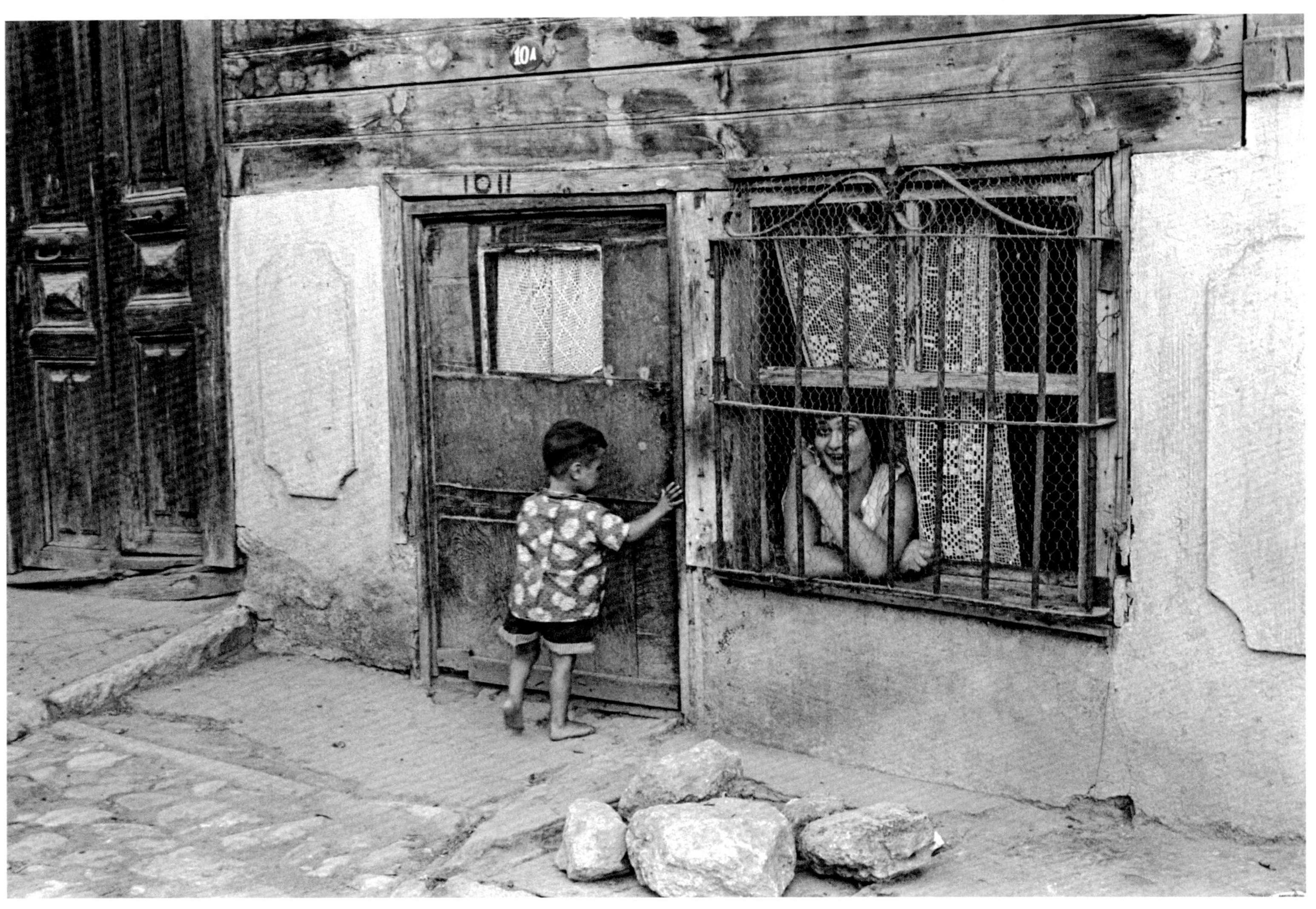

pagine precedenti / *previous pages*
Il bazar / The bazaar, Istanbul 1961

Istanbul 1961

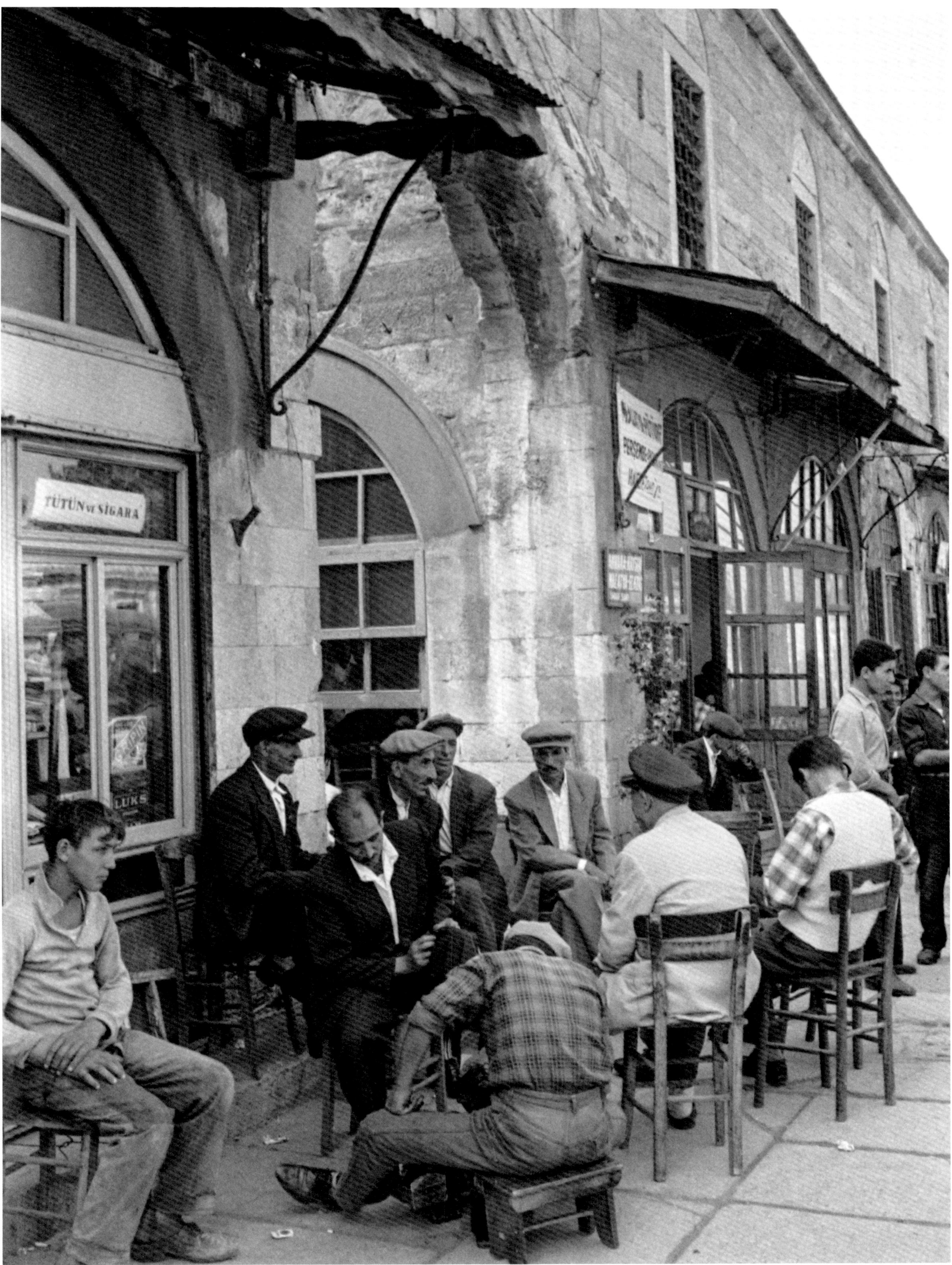
TÜTÜN ve SİGARA
LUKS

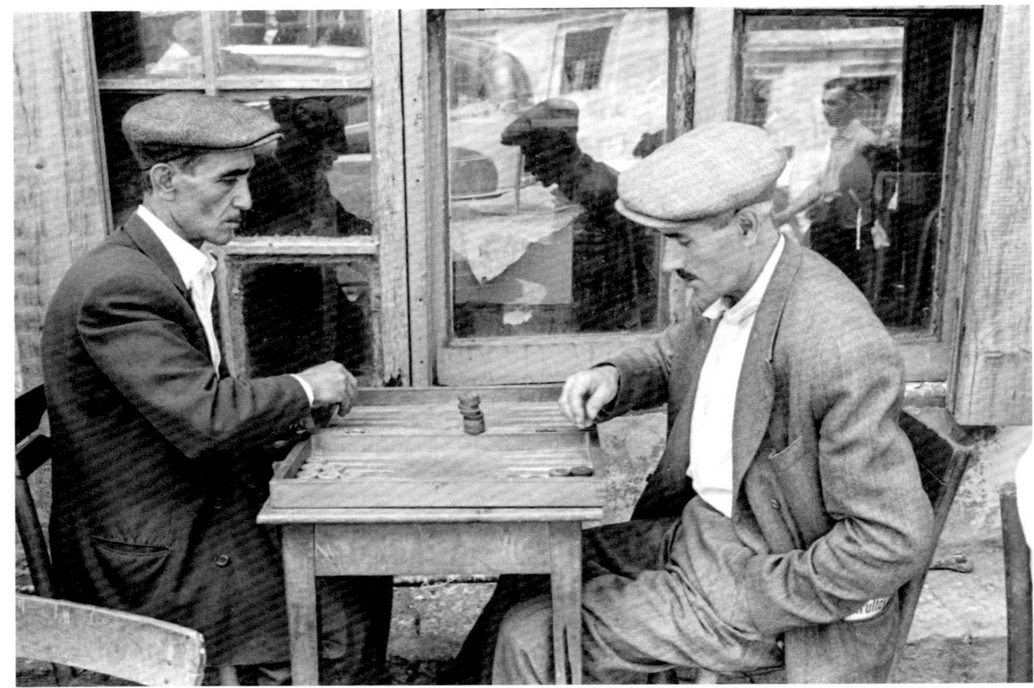

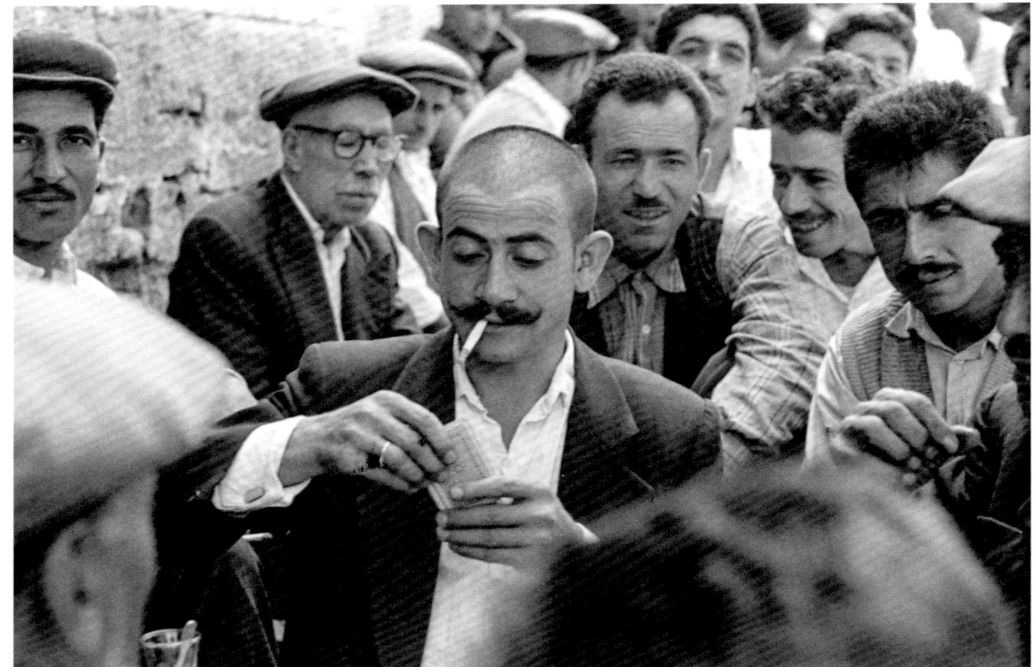

Istanbul 1961

Bagno turco / Turkish bath, Istanbul 1961

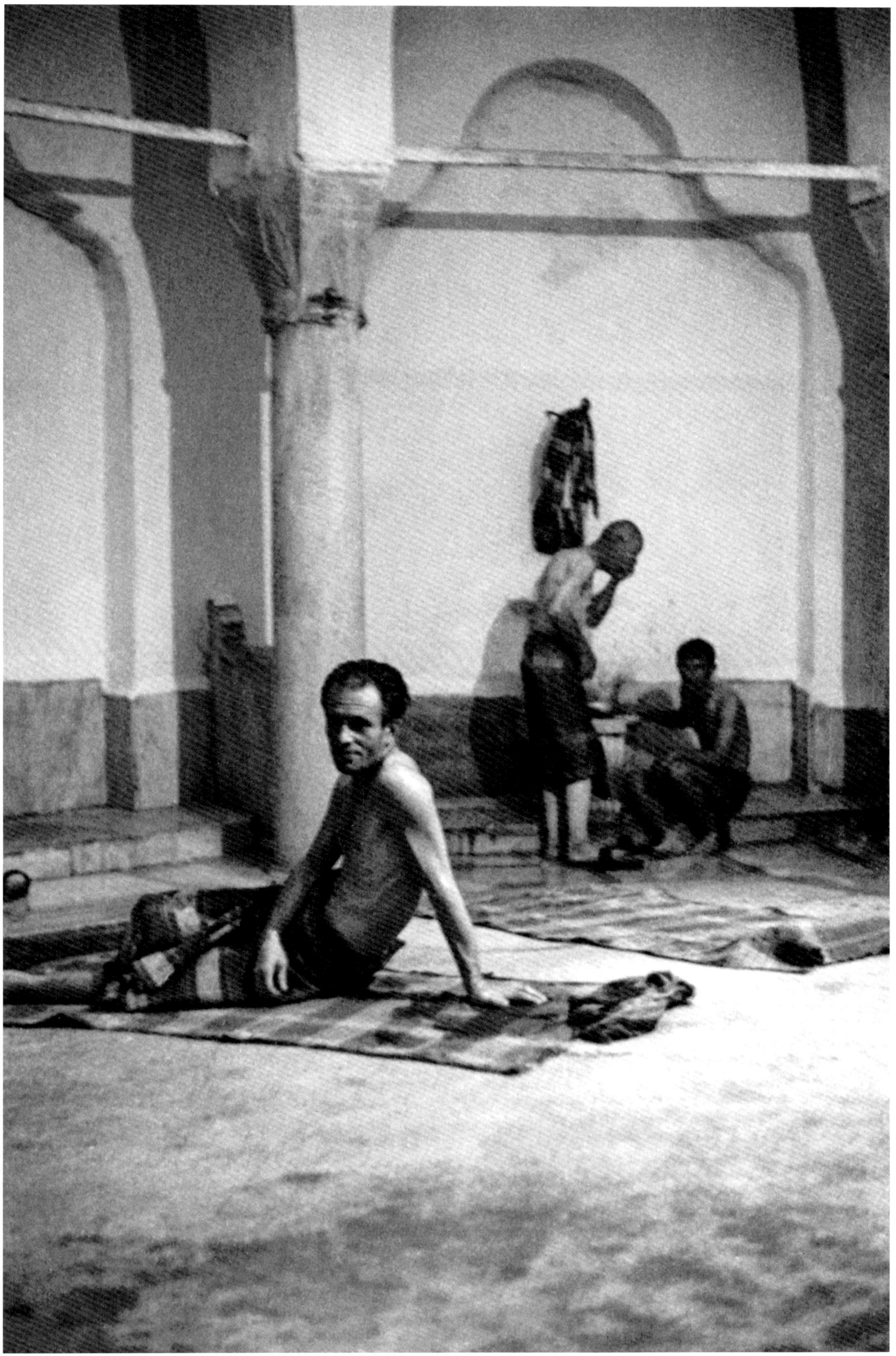

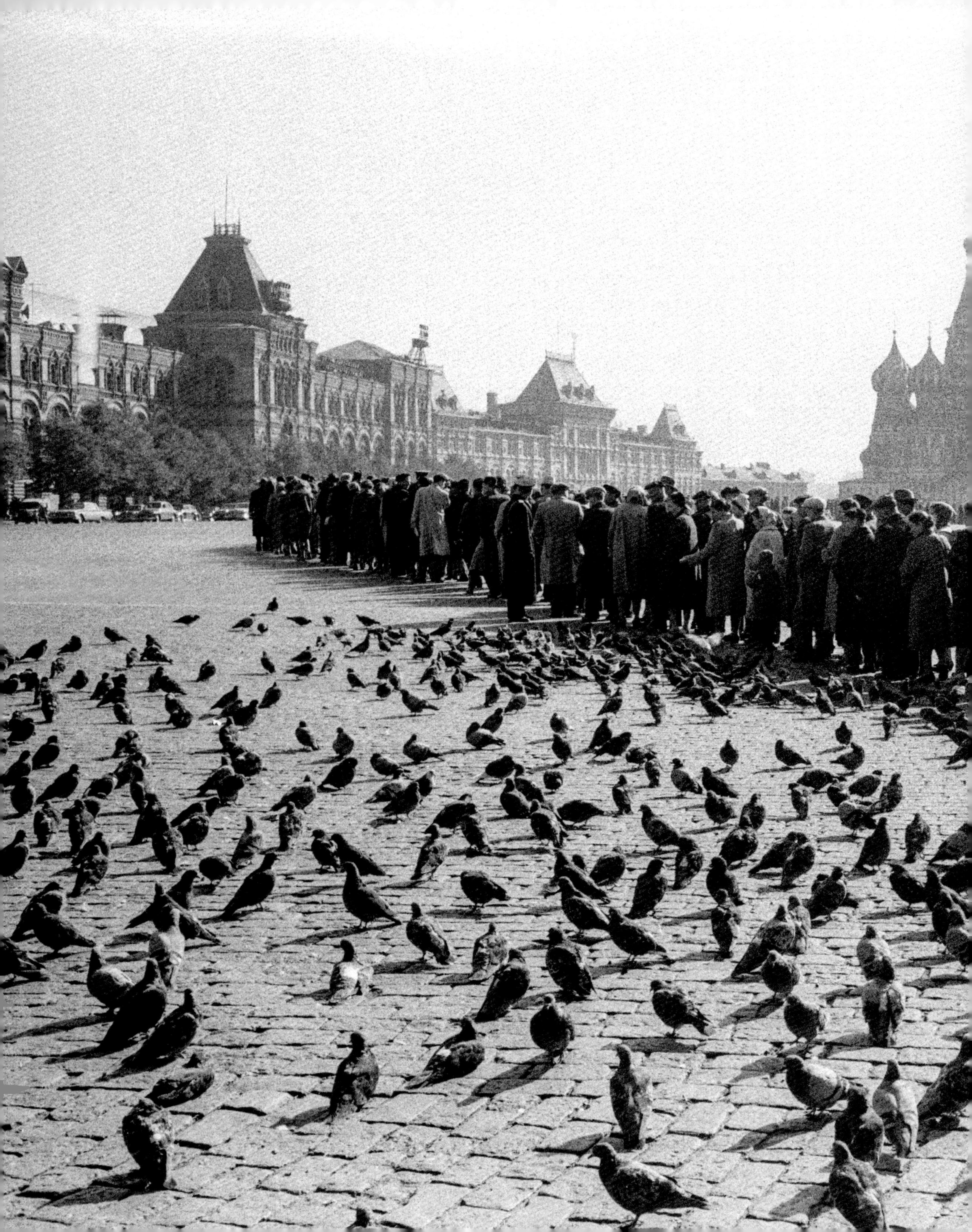

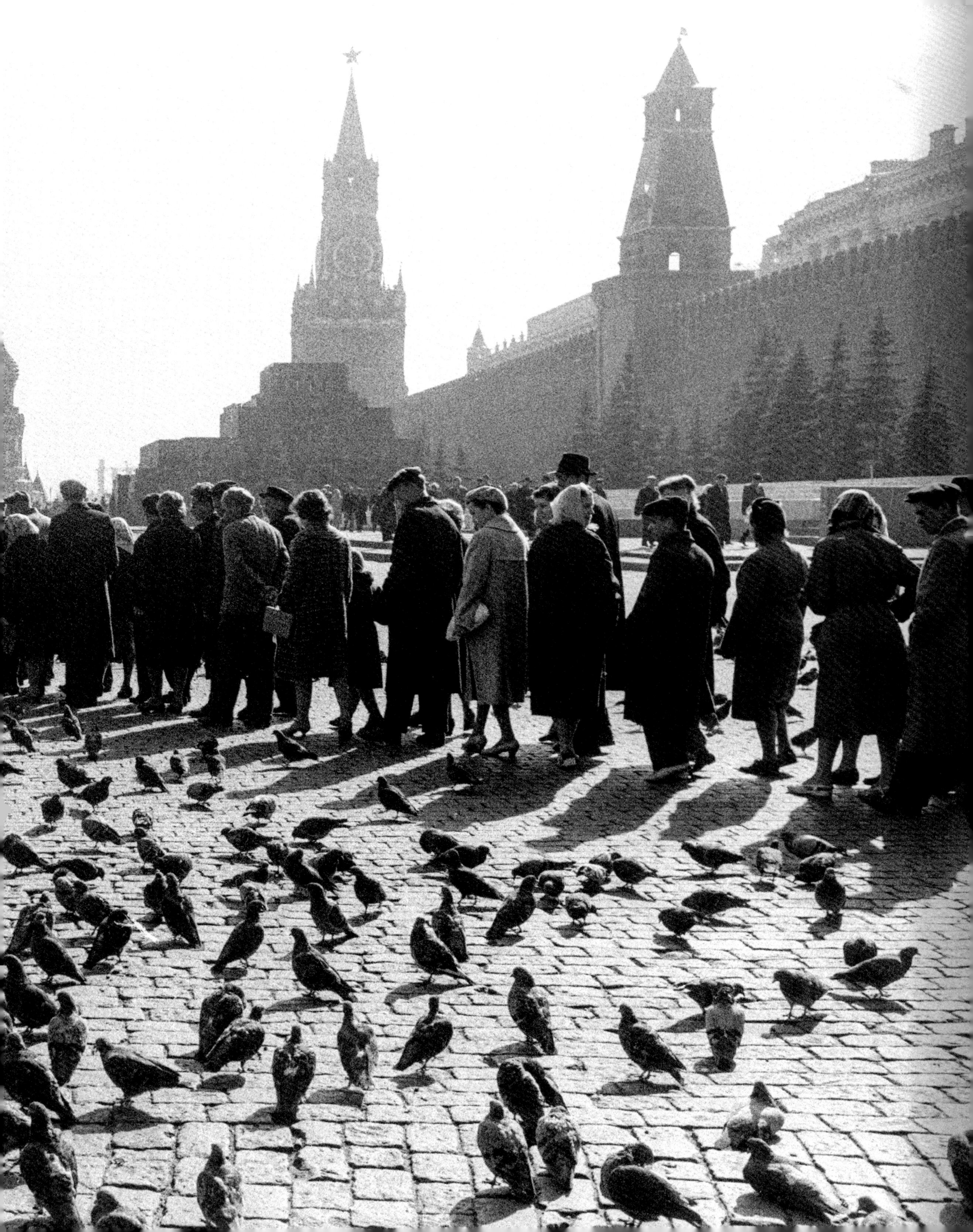

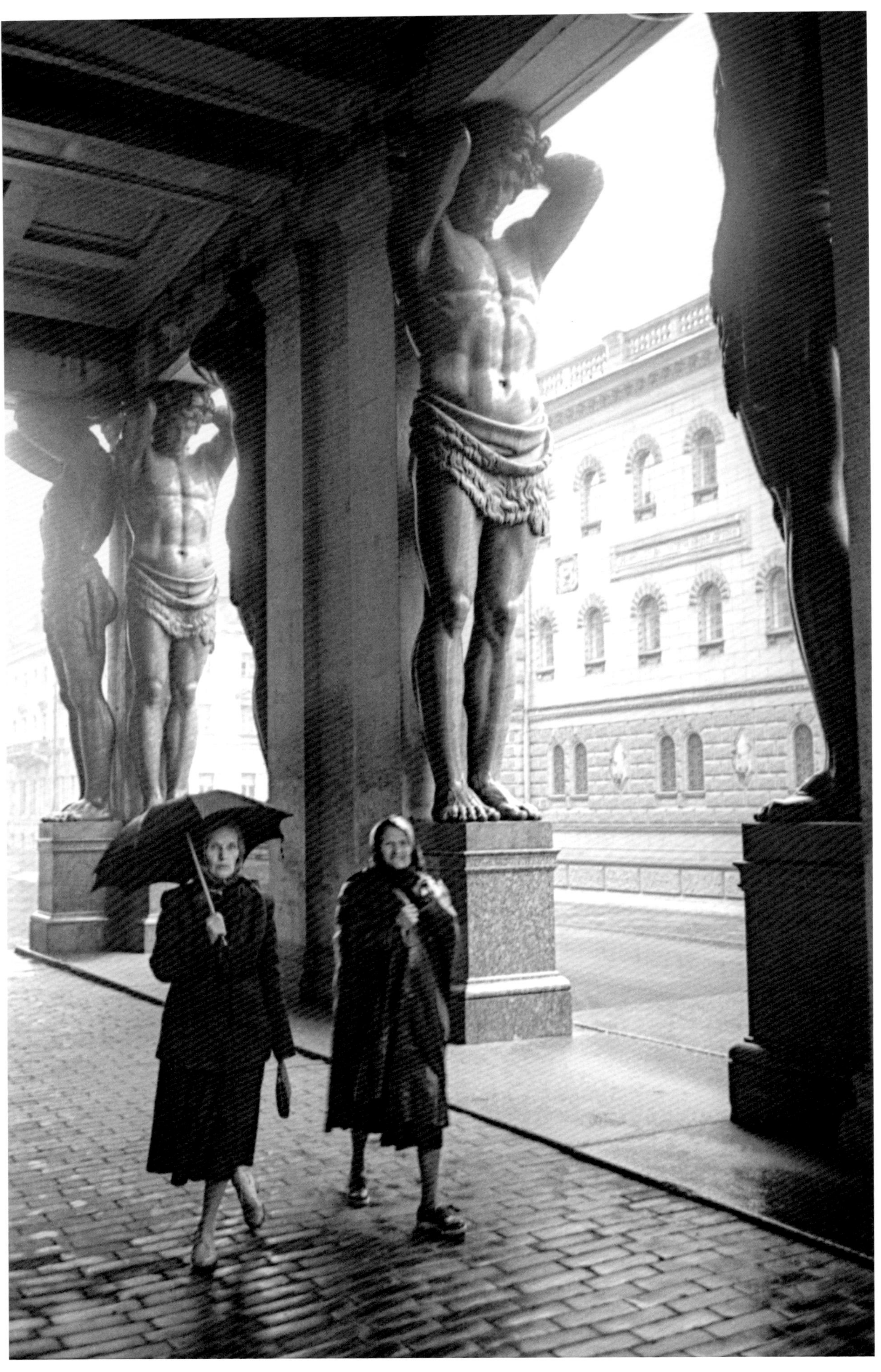

pagine precedenti / *previous pages*
I visitatori del mausoleo di Lenin, Piazza Rossa, Mosca / Visitors to Lenin's mausoleum, Red Square, Moscow 1961

Mosca / Moscow 1961

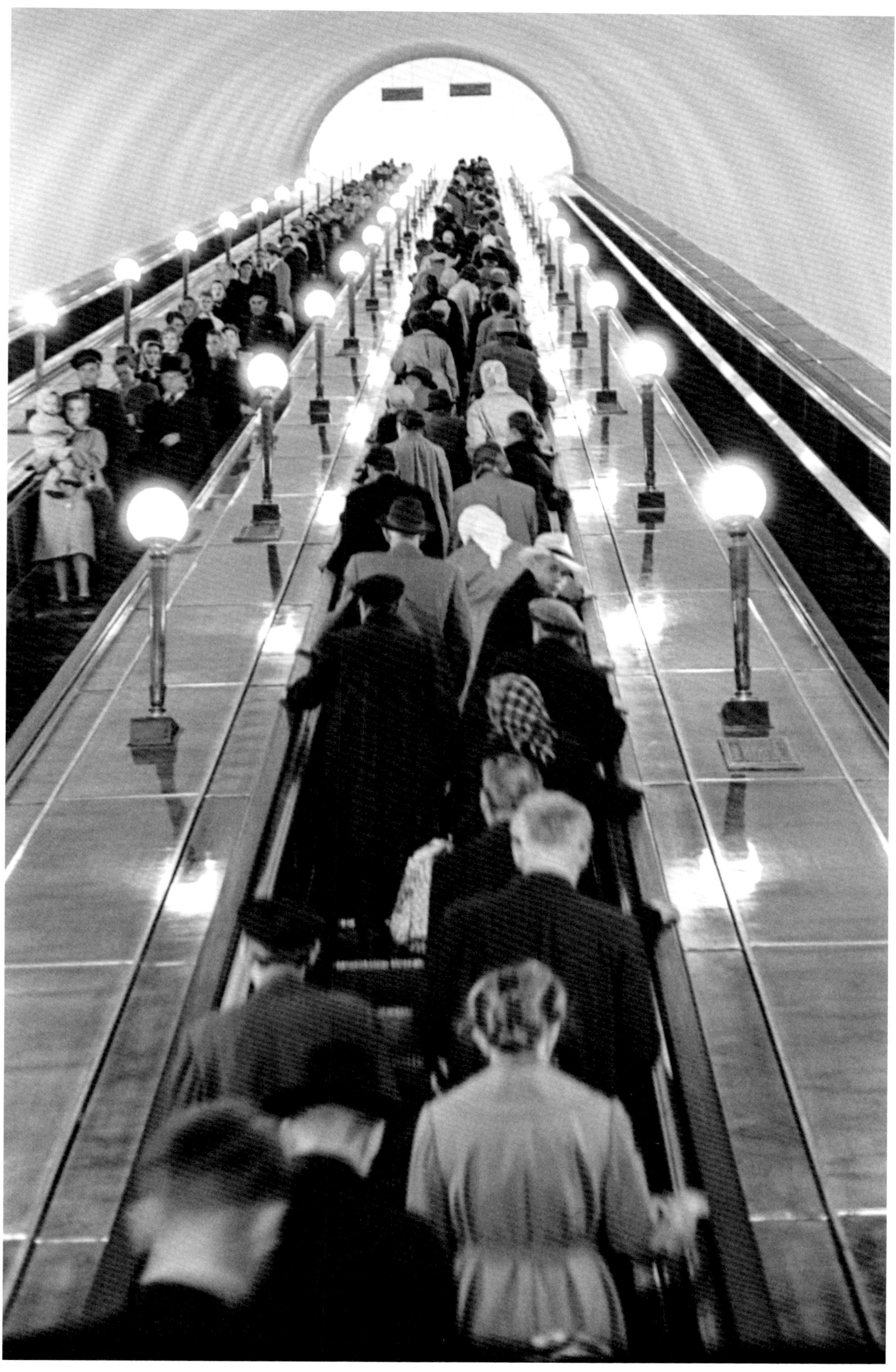

Metropolitana, Mosca / Subway, Moscow 1961

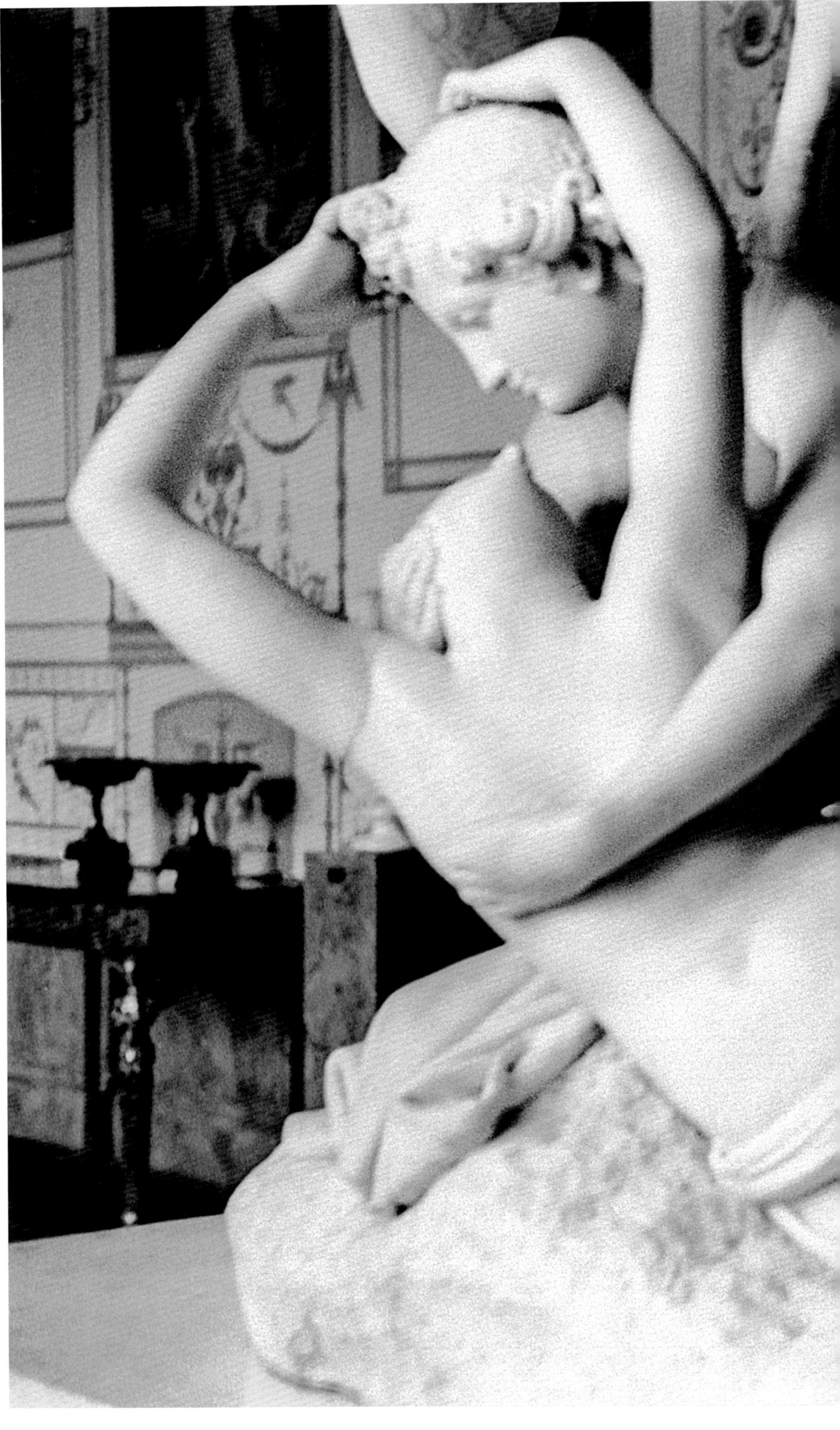

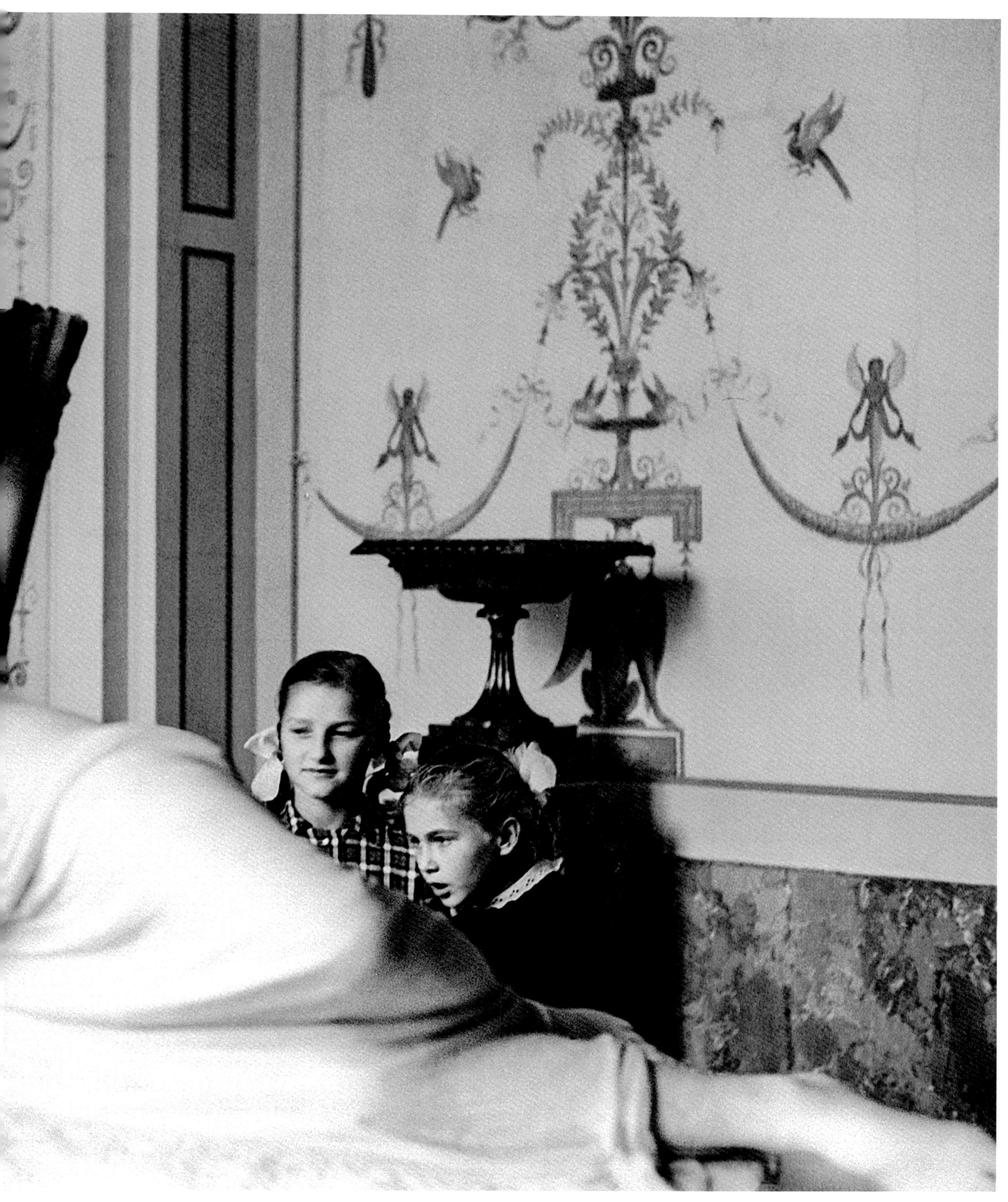

Visitatori all'Ermitage, San Pietroburgo / Visitors to the Hermitage, St. Petersburg 1961

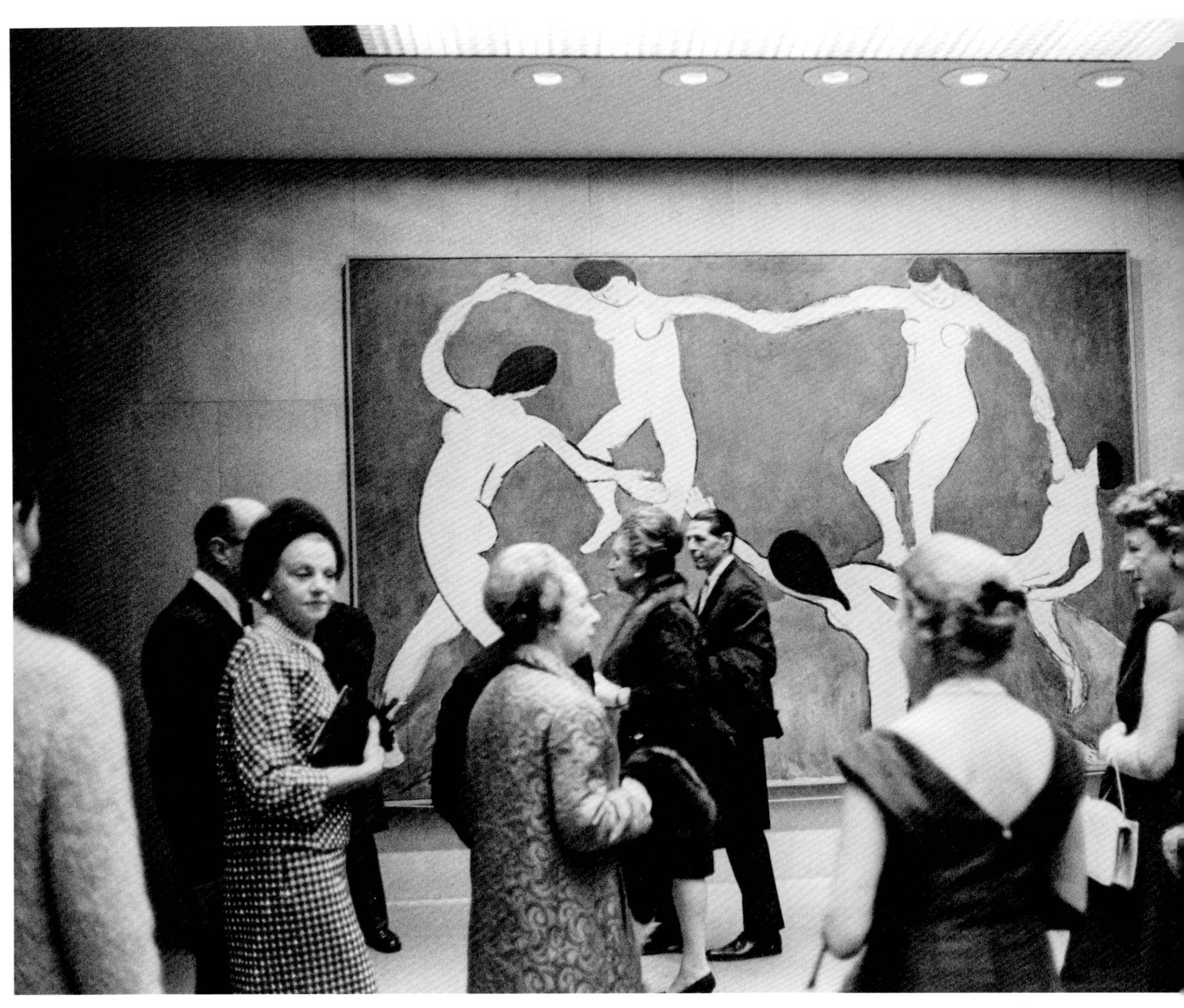

Inaugurazione di una mostra al / Opening of an exhibition at MoMA, New York 1963

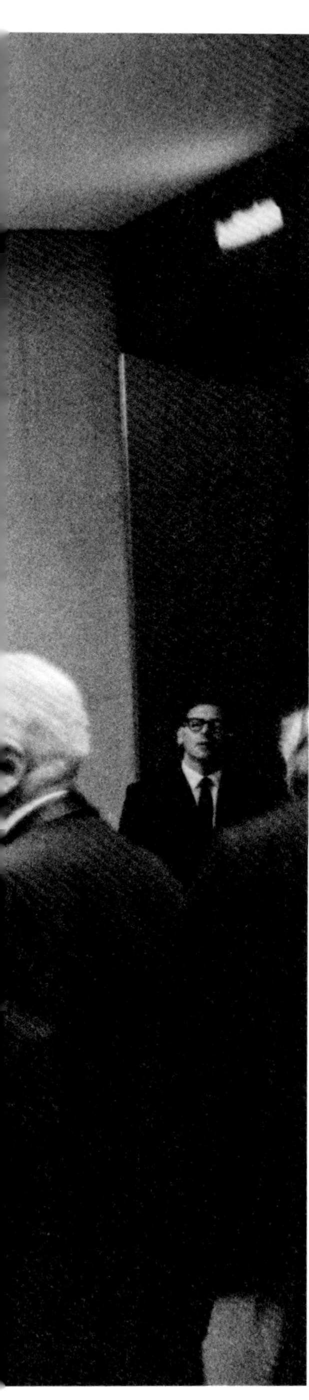

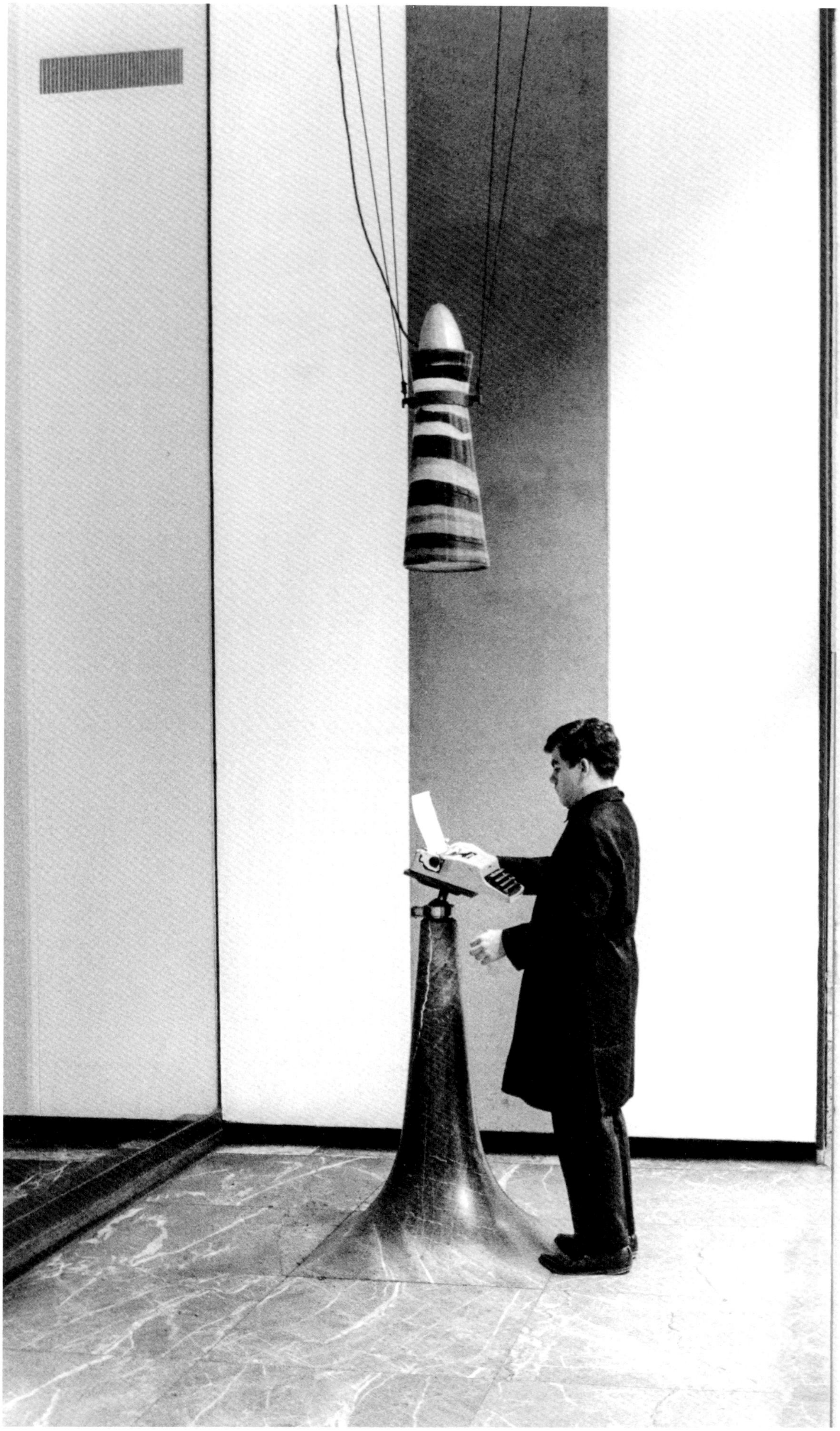

Presentazione della / Presentation of Olivetti Lettera 22, New York 1963

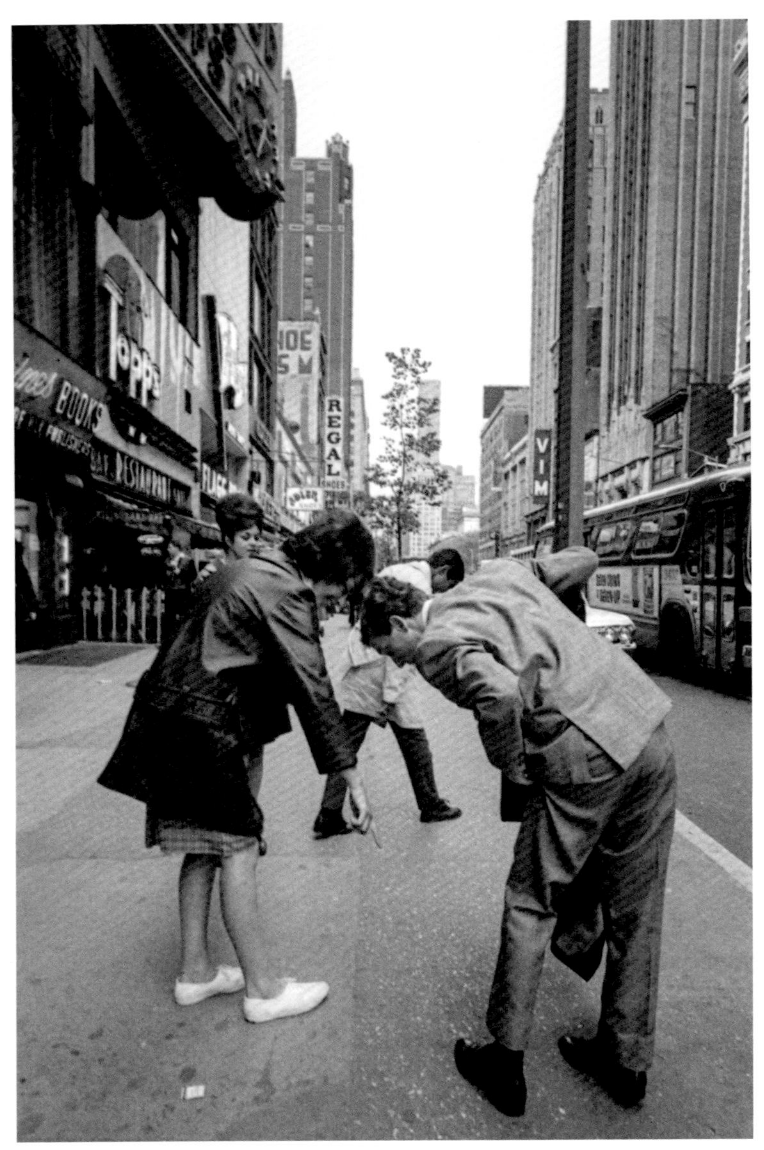

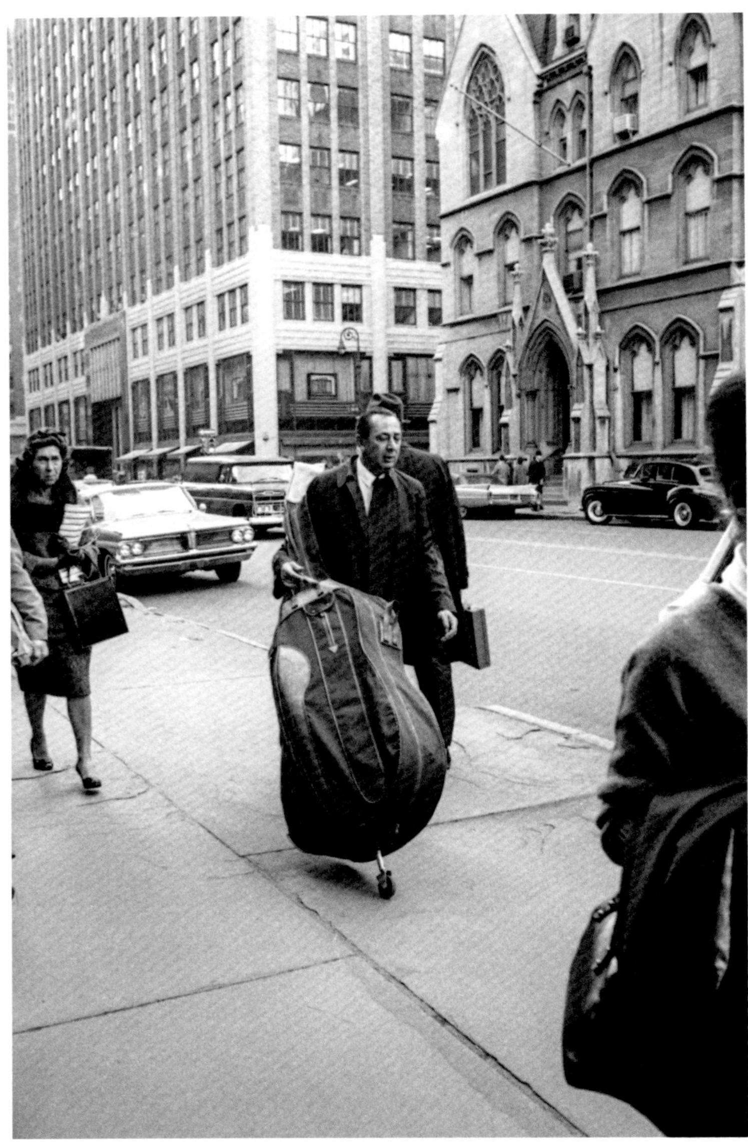

New York 1963

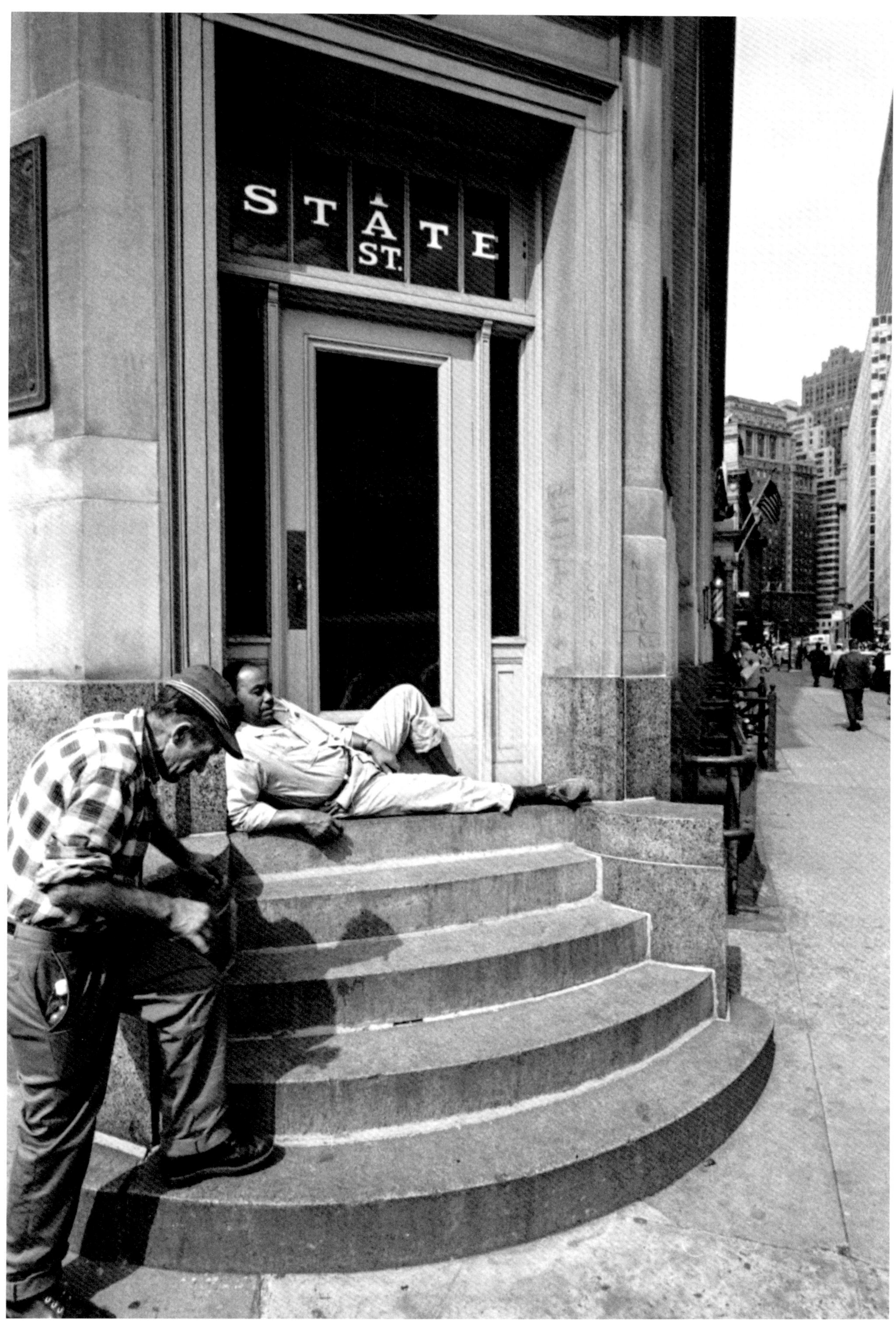

pagine seguenti / *following pages*
Central Park, New York 1963

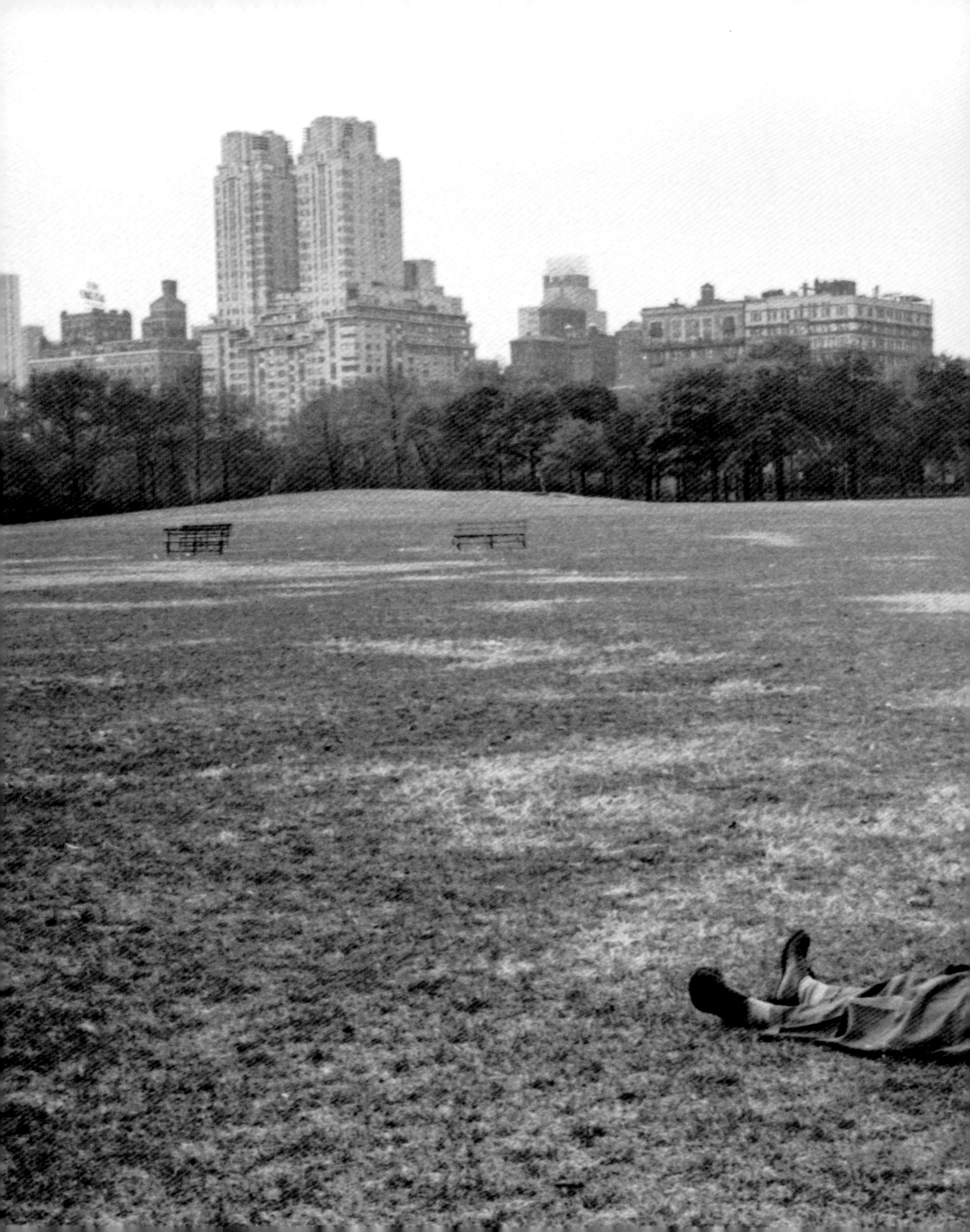

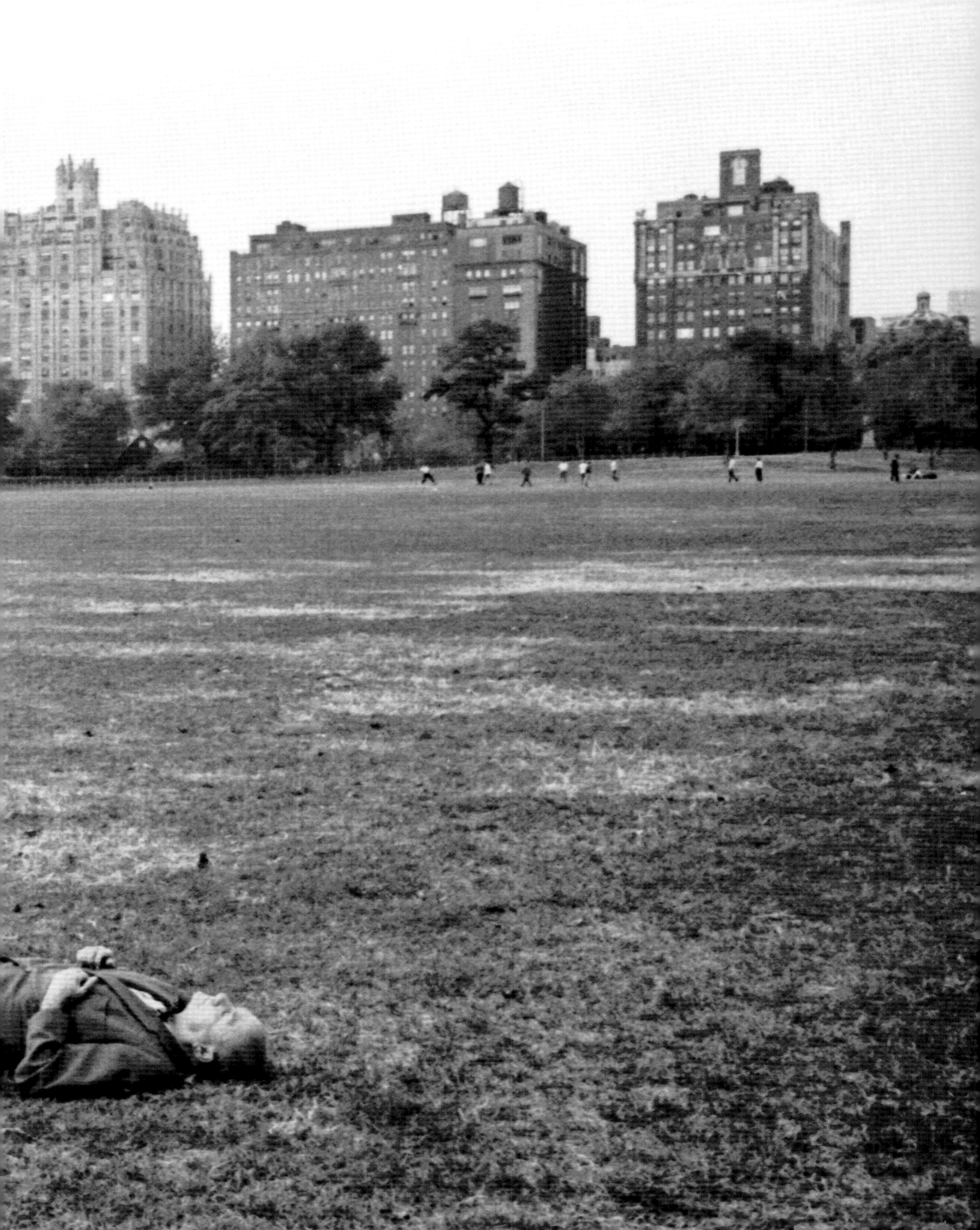

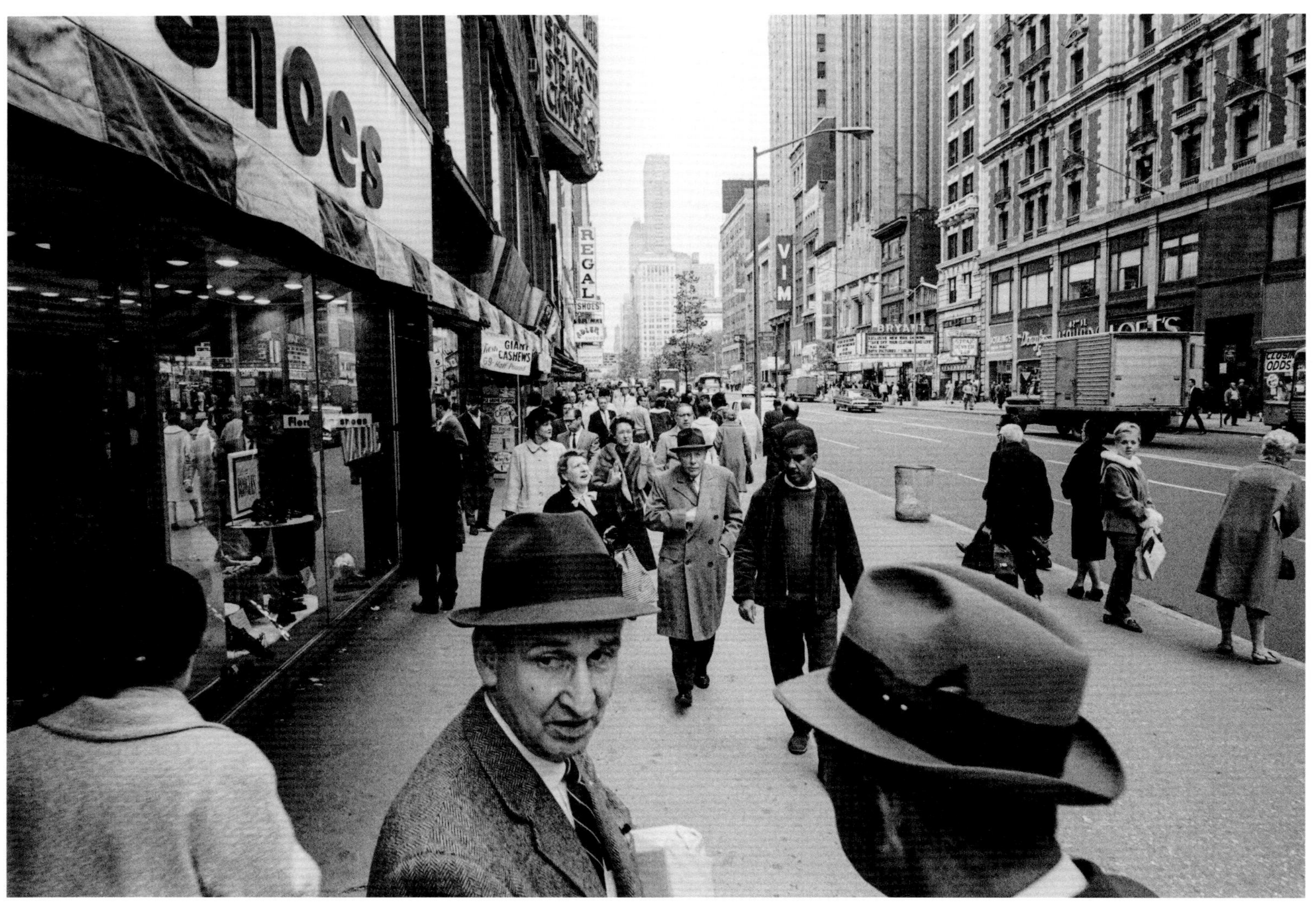

New York 1963

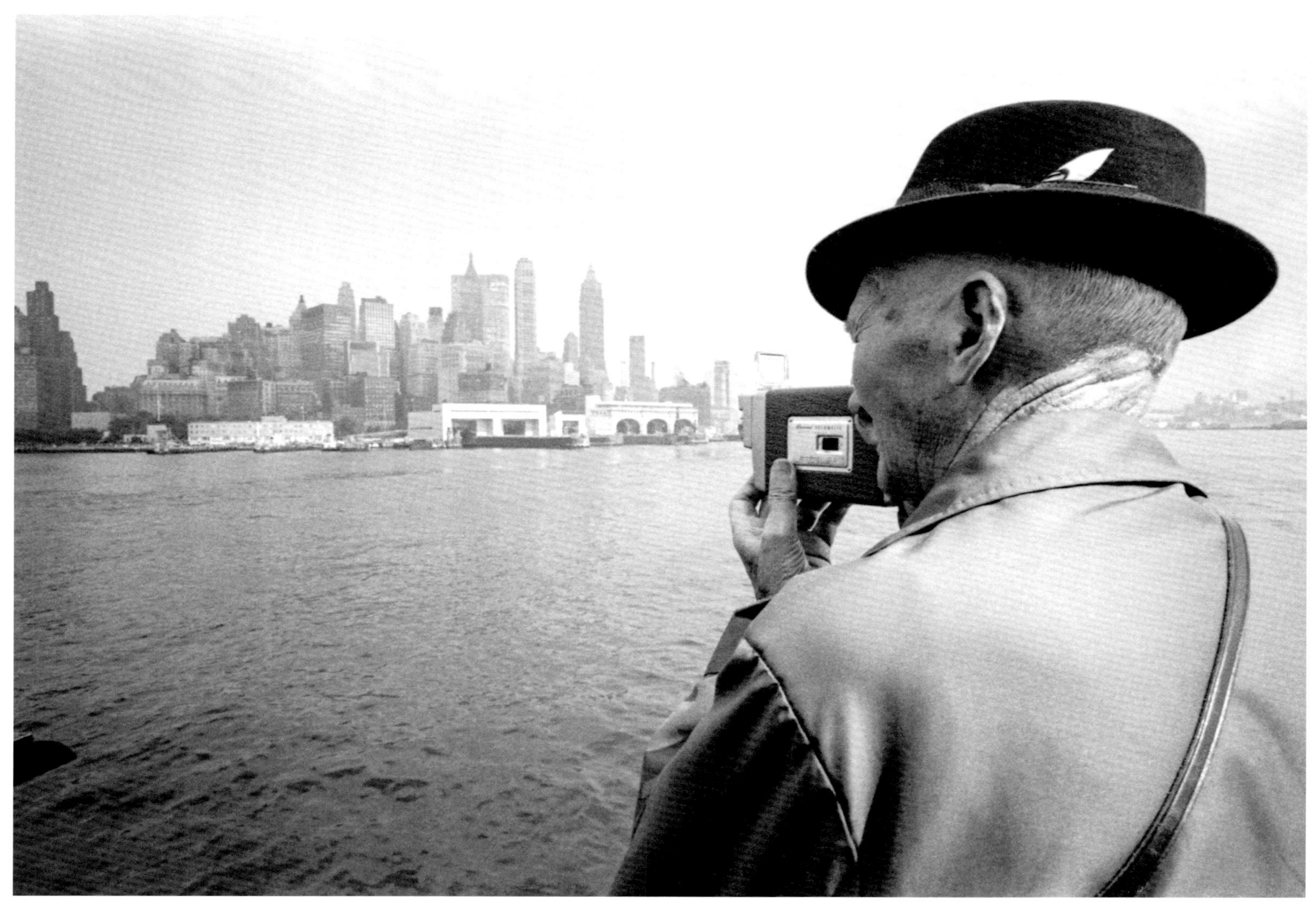

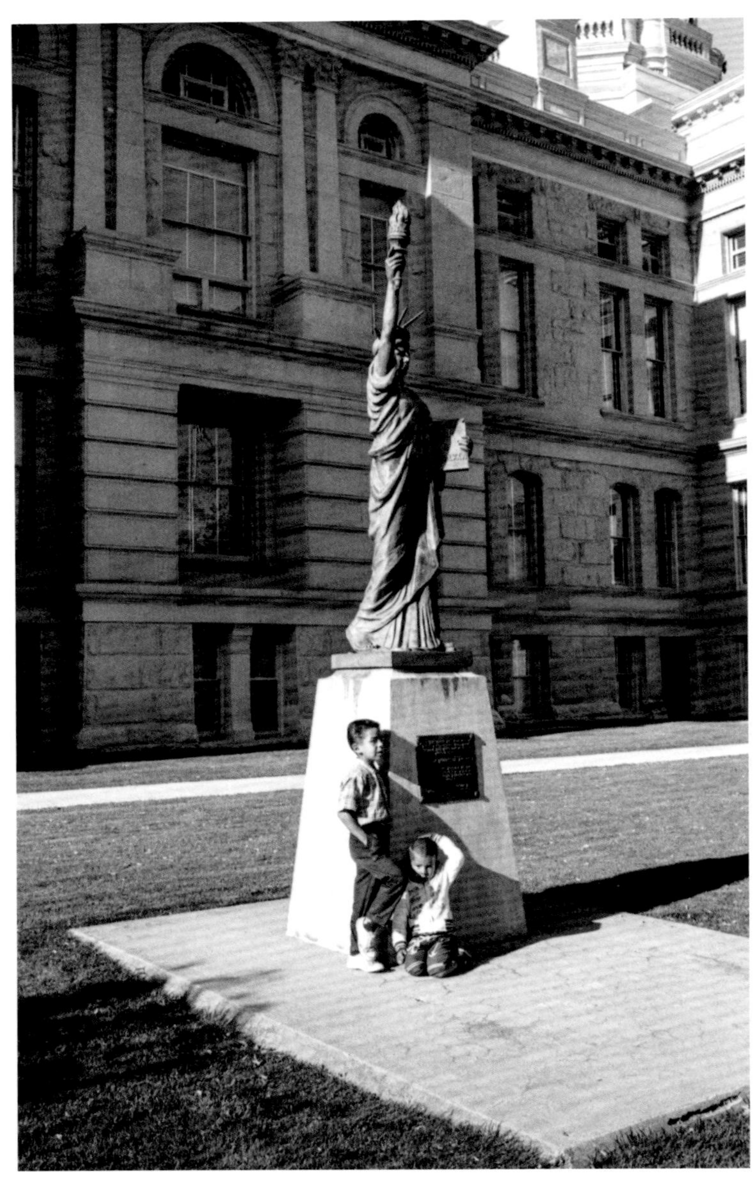

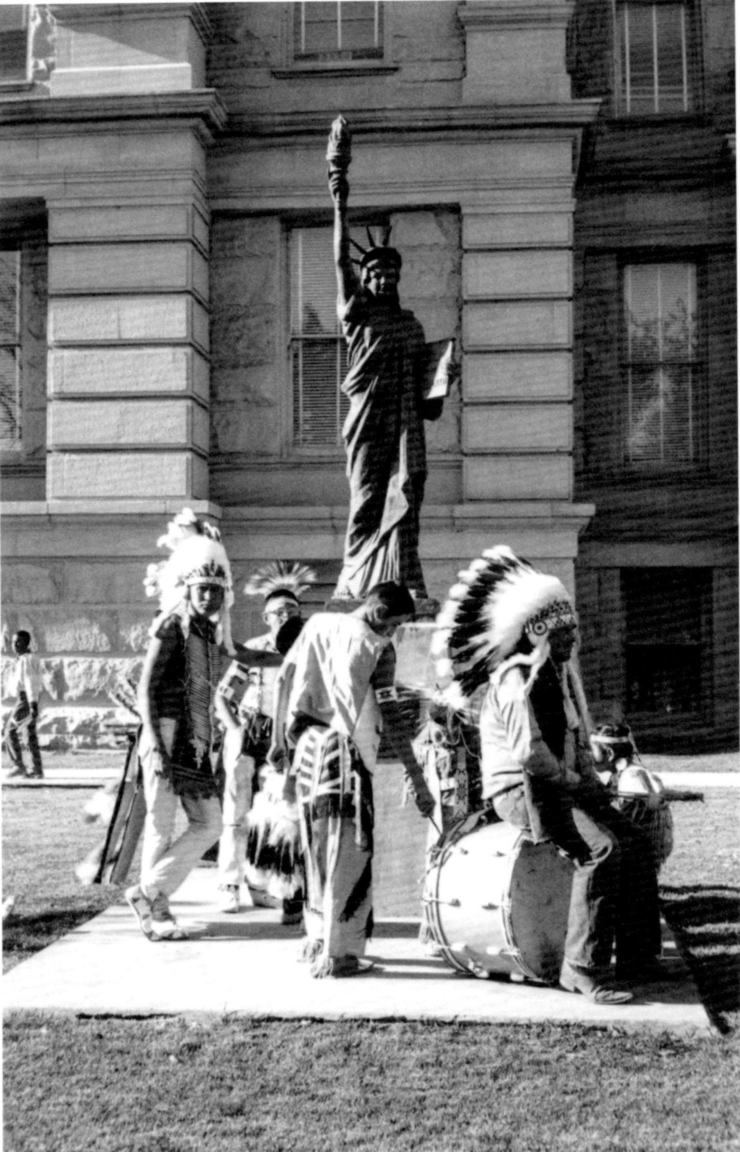

Atlanta, Georgia, 1963

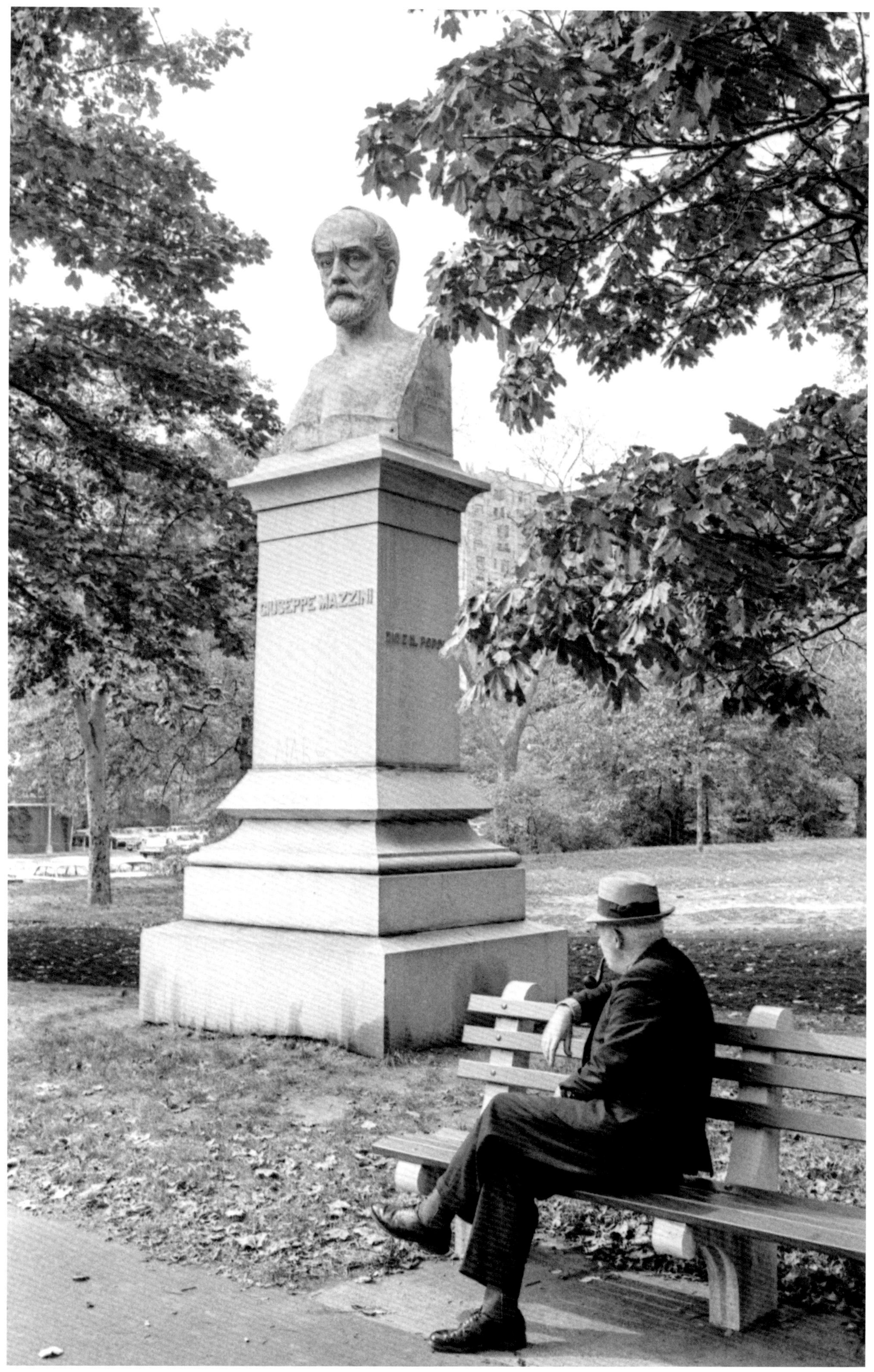
GIUSEPPE MAZZINI

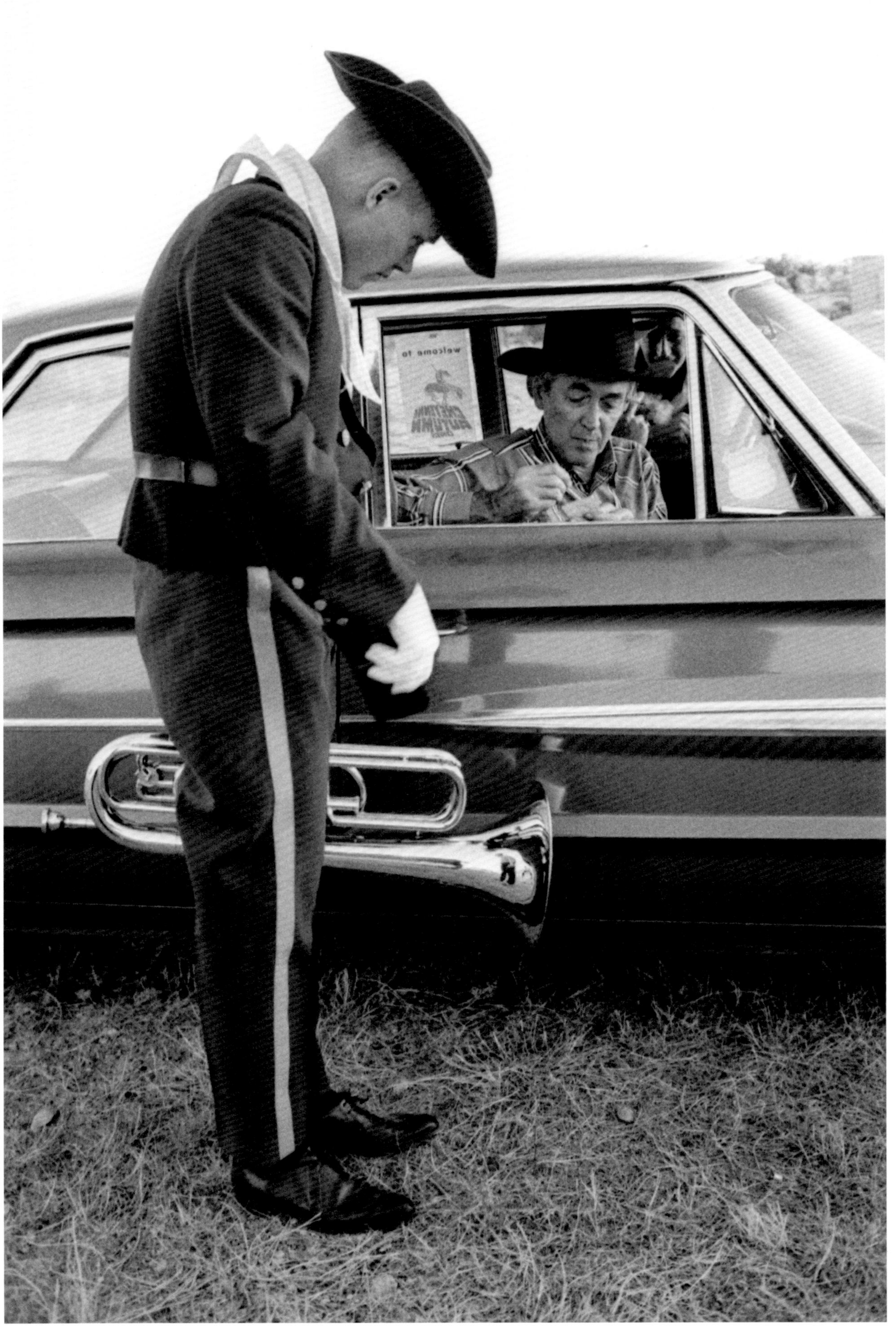

James Stewart firma un autografo / signs an autograph, Texas 1963

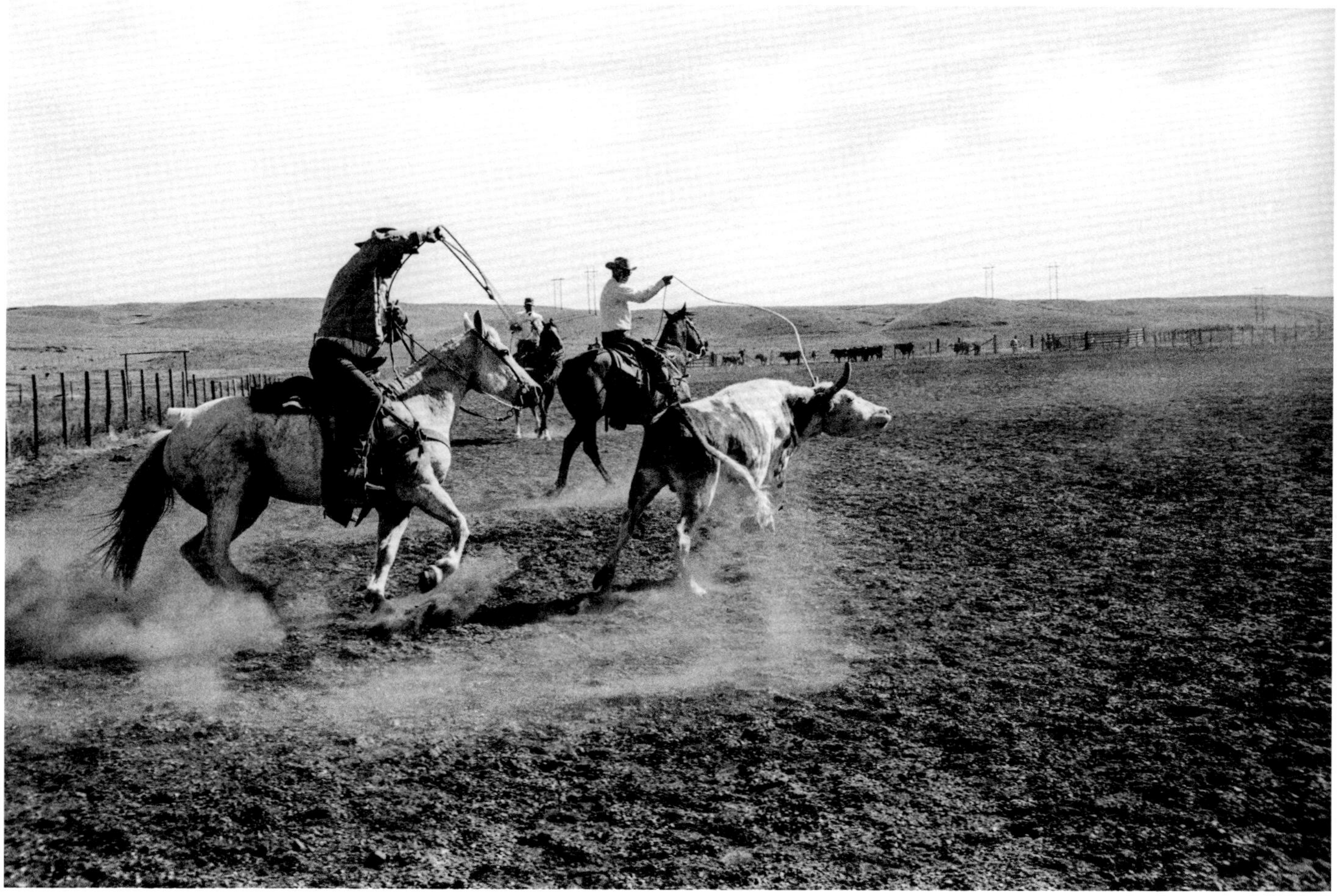

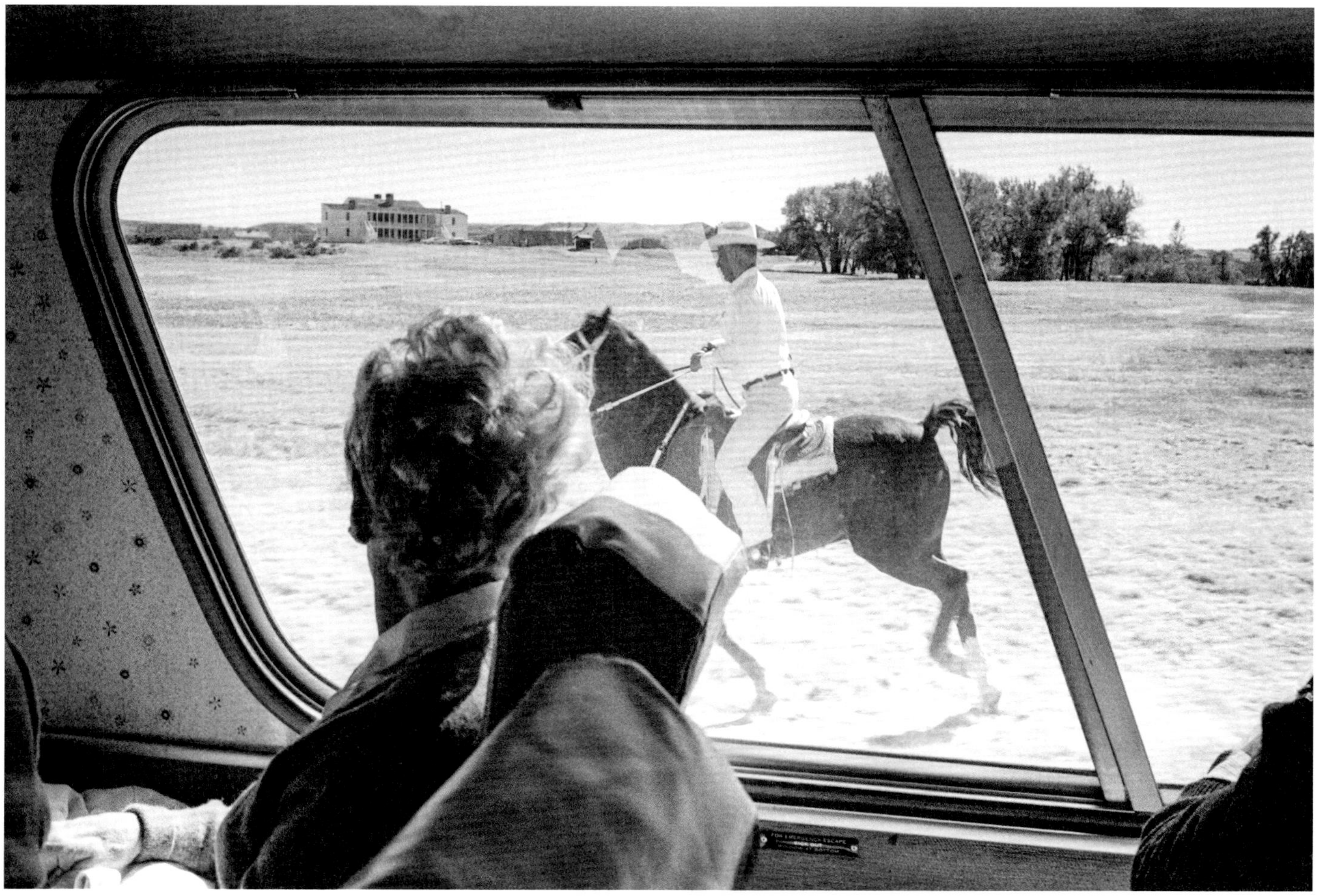

«Queste foto sono state realizzate a Teheran in occasione di un servizio sulla coppia imperiale del regno di Persia (oggi Iran), appena convolata a nozze. Il "Re dei Re" Mohammad Reza Pahlavi aveva acconsentito alla richiesta del settimanale «Tempo» che due suoi inviati, la giornalista Egle Monti e un fotografo, il sottoscritto, potessero intervistarlo e fotografarlo nell'interno della corte con la giovane moglie (la terza), appena sposata. Era il gennaio 1960. Eravamo i primi, su scala mondiale, a beneficiare di un privilegio eccezionale. Scendemmo al Grand Hotel e passammo quasi due settimane chiusi in albergo in attesa della convocazione. Nello stesso albergo incontrai Coccinelle, artista di cabaret e tra le prime transessuali del mondo, che avevo già conosciuto a Roma tempo prima. Egle e io la invitammo al nostro tavolo e proposi di andare il giorno seguente al Tajrish Bazaar, un luogo molto popolare e ricco di suggestioni per fare qualche foto. L'indomani, nel tardo pomeriggio ci recammo al Tajrish, Coccinelle elegantissima in pelliccia di visone chiaro. Mi ripromettevo di creare una situazione provocatoria, fidando nella tradizionale disposizione del pubblico maschile locale a reagire scompostamente alla vista di una donna occidentale così appariscente. Dopo pochi minuti la mia intuizione si rivelò azzeccata: prima una decina di giovanotti, poi altri ancora si aggiunsero al codazzo che si andava formando. Dopo dieci minuti alle spalle di Coccinelle c'era una folla vociante; molti cercavano addirittura di toccarla. Tra questa folla a un certo punto apparve la sagoma di un agente di polizia: lui non la voleva toccare, né era incuriosito, voleva semplicemente placare i bollori sempre più accesi della folla. E ci riuscì invitando me e Coccinelle a seguirlo a un vicino posto di polizia. Spiegai che mi trovavo in quel luogo per fotografare aspetti caratteristici della città in compagnia della mia amica. Vollero sapere perché mi trovavo a Teheran. Era la domanda che speravo mi facessero. Alla mia risposta che ero in attesa di essere convocato dallo Scià al Palazzo imperiale, vollero vedere il mio passaporto, dopo di che si misero al telefono. Quando attaccò la cornetta, si alzò, si avvicinò a me e, in perfetto francese, si scusò. Pochi giorni dopo finalmente eravamo giunti al traguardo: Egle Monti ricevette una telefonata dalla corte, eravamo stati convocati. Restammo nella capitale persiana ancora alcuni giorni dopo il felice incontro con Mohammad Reza Pahlavi e Farah Diba, un incontro che il nostro settimanale strillò in copertina come "esclusiva mondiale"».

Paolo Di Paolo

"These photos were taken in Tehran for a feature on the imperial couple of the kingdom of Persia (now Iran), who had just got married. The "King of Kings" Mohammad Reza Pahlavi had agreed to the request of the weekly Tempo to allow two of its correspondents, the journalist Egle Monti and a photographer, myself, to interview him and take photos of him at court with his young wife (the third), whom he had just married. It was January 1960. We were the first in the world to enjoy this exceptional privilege. We stayed at the Grand Hotel and spent almost two weeks penned up waiting for the summons. At the hotel I met Coccinelle, a cabaret artist and one of the world's first transsexuals, whom I'd already met in Rome some time before. Egle and I invited her over to our table and I suggested that we should go the following day to the Tajrish Bazaar, a very popular and fascinating setting, to take some photos. The next day, in the late afternoon, we went to Tajrish with Coccinelle extremely elegant in a light-colored mink fur. I meant to create a provocative situation, trusting to the traditional tendency of the local male public to go wild at the sight of such a flashy-looking Western woman. After a few minutes my intuition proved to be spot on. First a dozen young men, then others joined the swarm of males that was forming. Within ten minutes there was a noisy crowd following Coccinelle about. Many even tried to touch her. After a while a police officer loomed up in the crowd. He had no wish to touch her, and he wasn't curious. He simply wanted to calm the increasingly overwrought passions of the crowd. This he did by requesting Coccinelle and me to follow him to a nearby police station. I explained that I'd gone to photograph some traditional scenes of the city in the company of my friend. They asked me why I was in Tehran. It was the question I was hoping they would ask. When I replied that I was waiting to be summoned by the Shah to the Imperial Palace, they asked to see my passport, after which the policeman got on the phone. He then rang off, got up, came over to me and apologized in perfect French. A few days later we finally had our wish. Egle Monti got a phone call summoning us to court. We stayed in the Persian capital a few more days after the successful encounter with Mohammad Reza Pahlavi and Farah Diba, an event that our weekly hyped on the cover as a 'world exclusive'."

Paolo Di Paolo

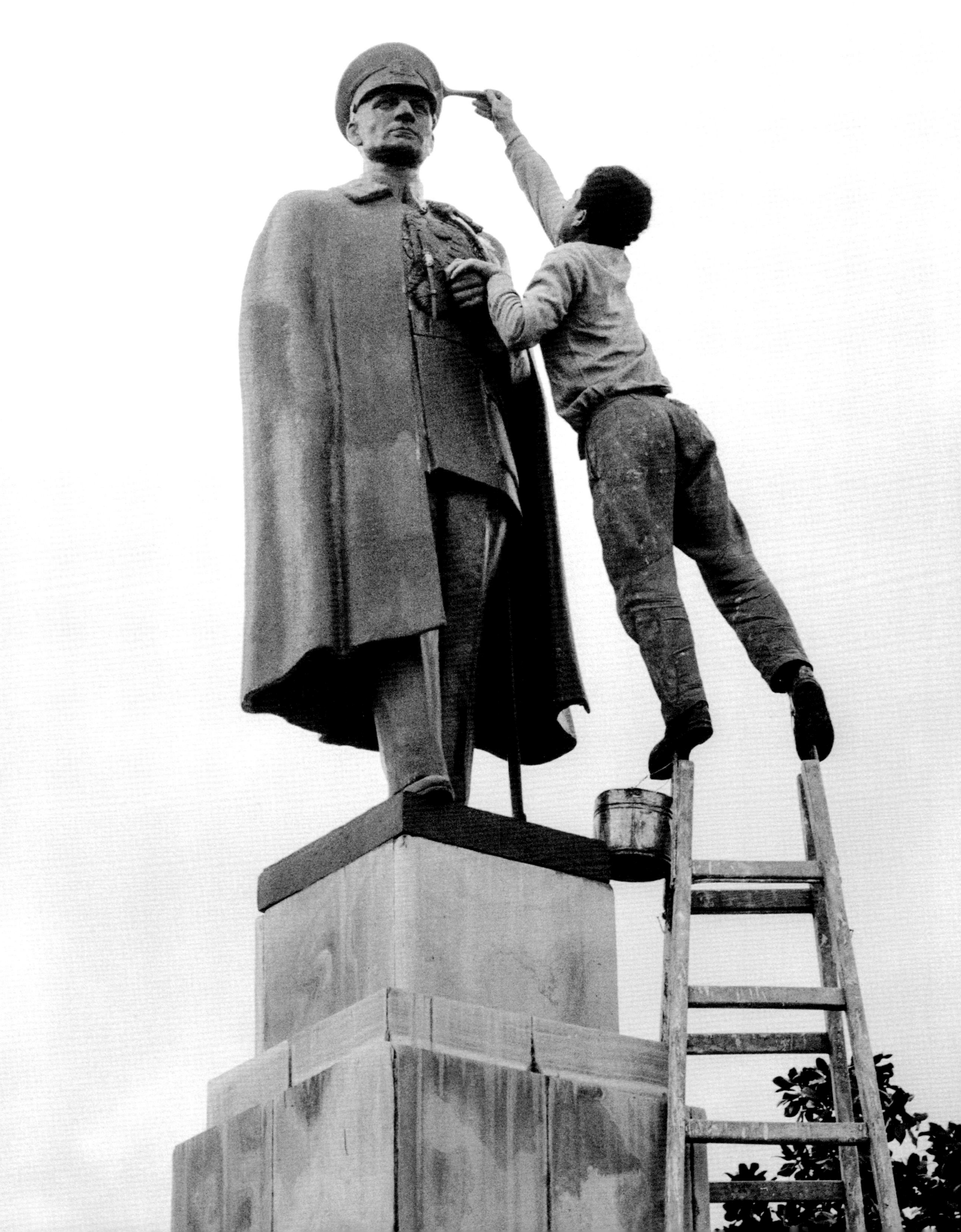

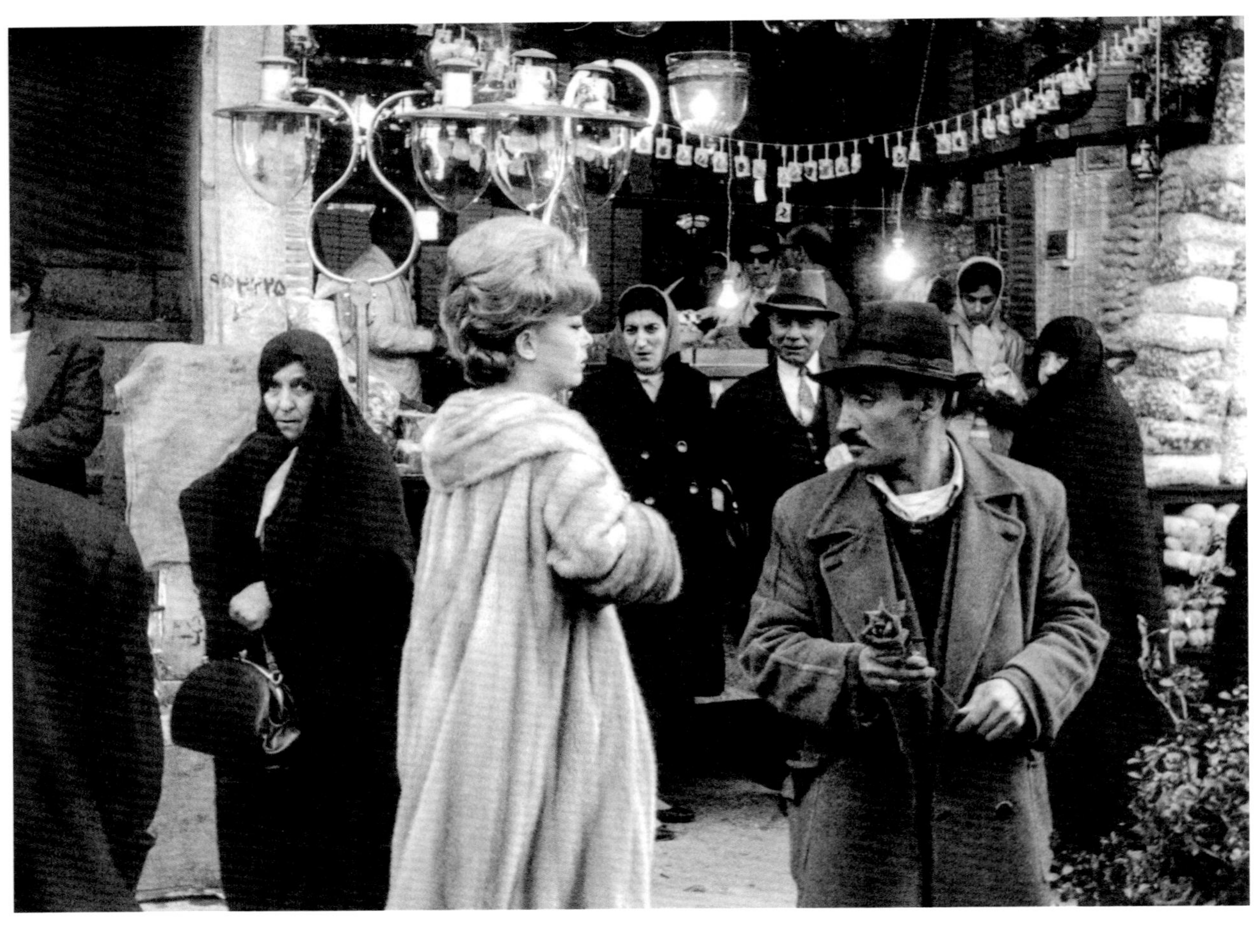

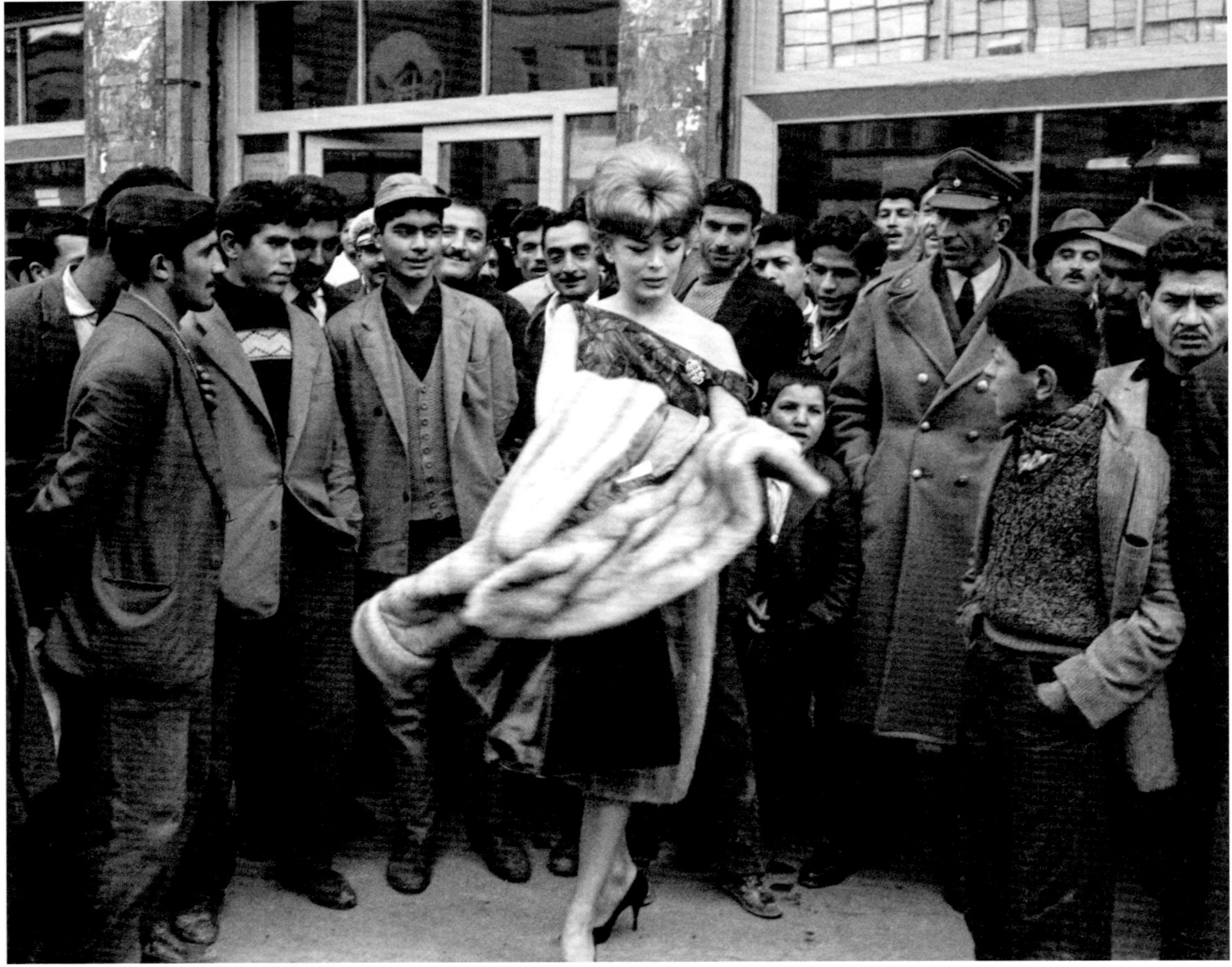

Coccinelle a / in Teheran 1960

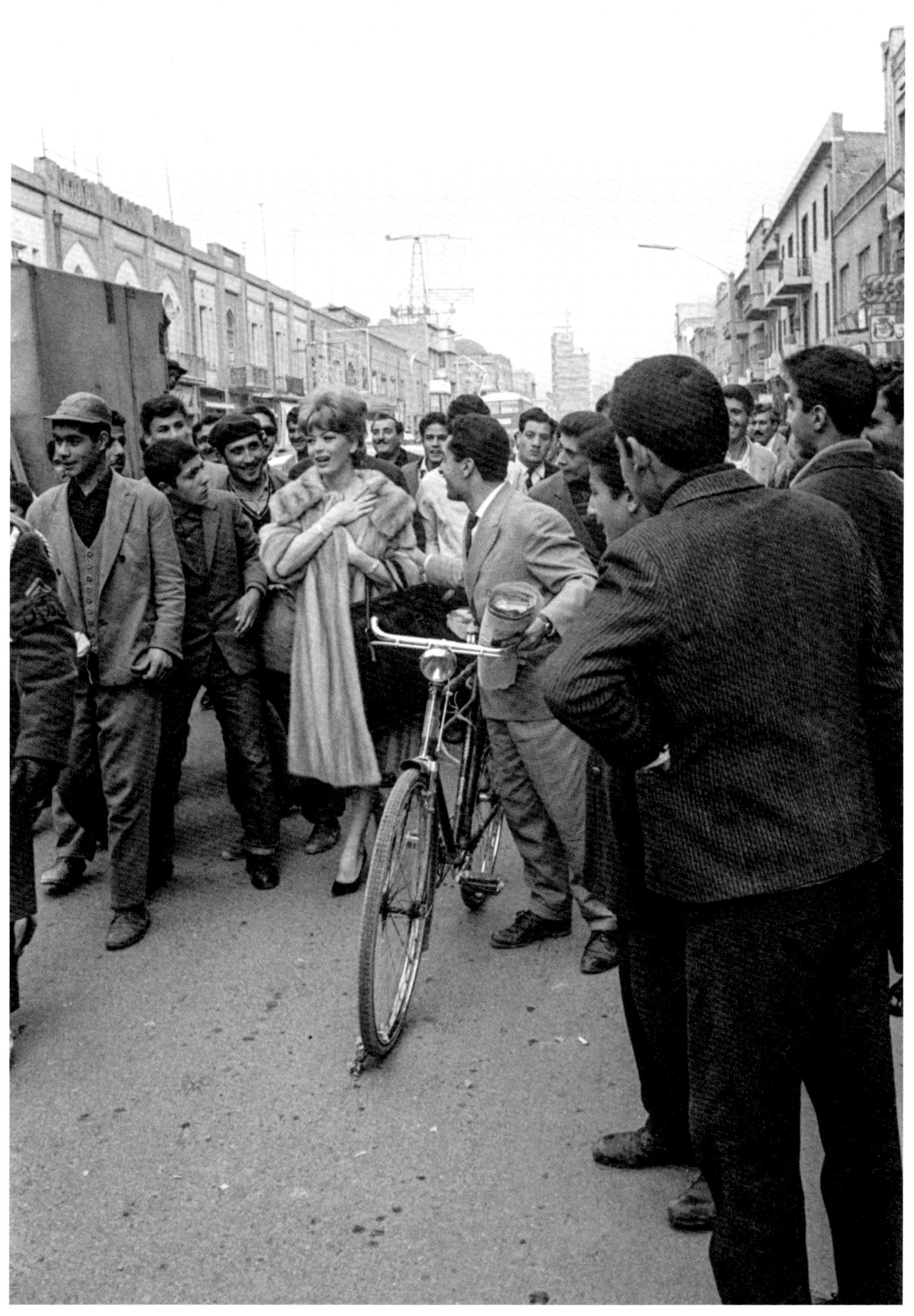

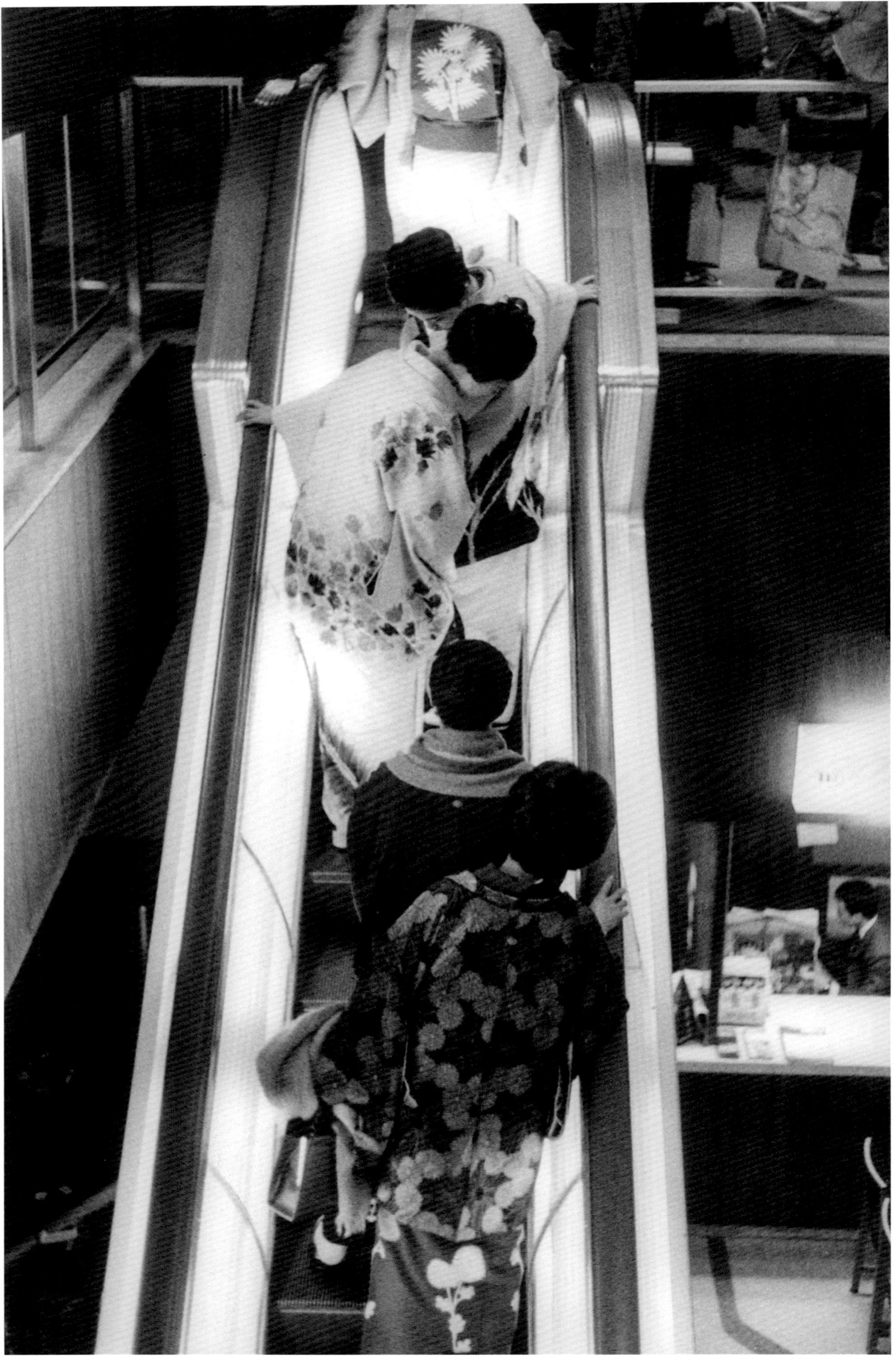

Geishe al centro commerciale / Geisha at the mall, Tokyo 1961

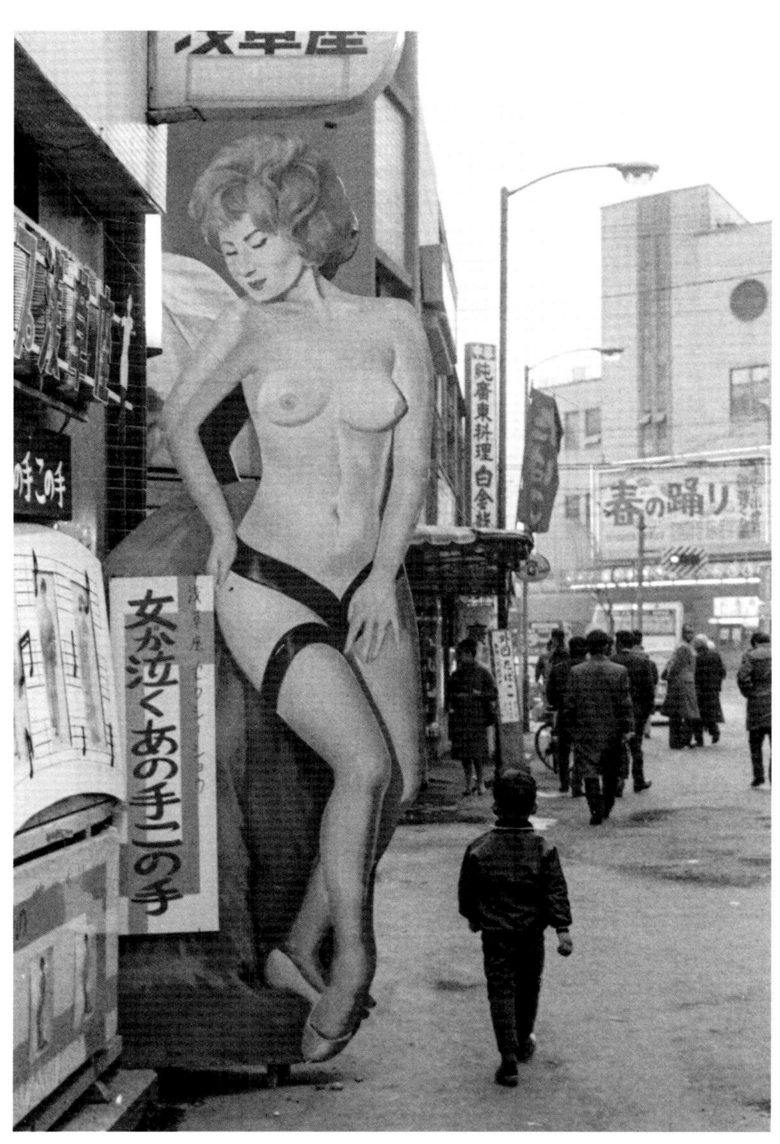

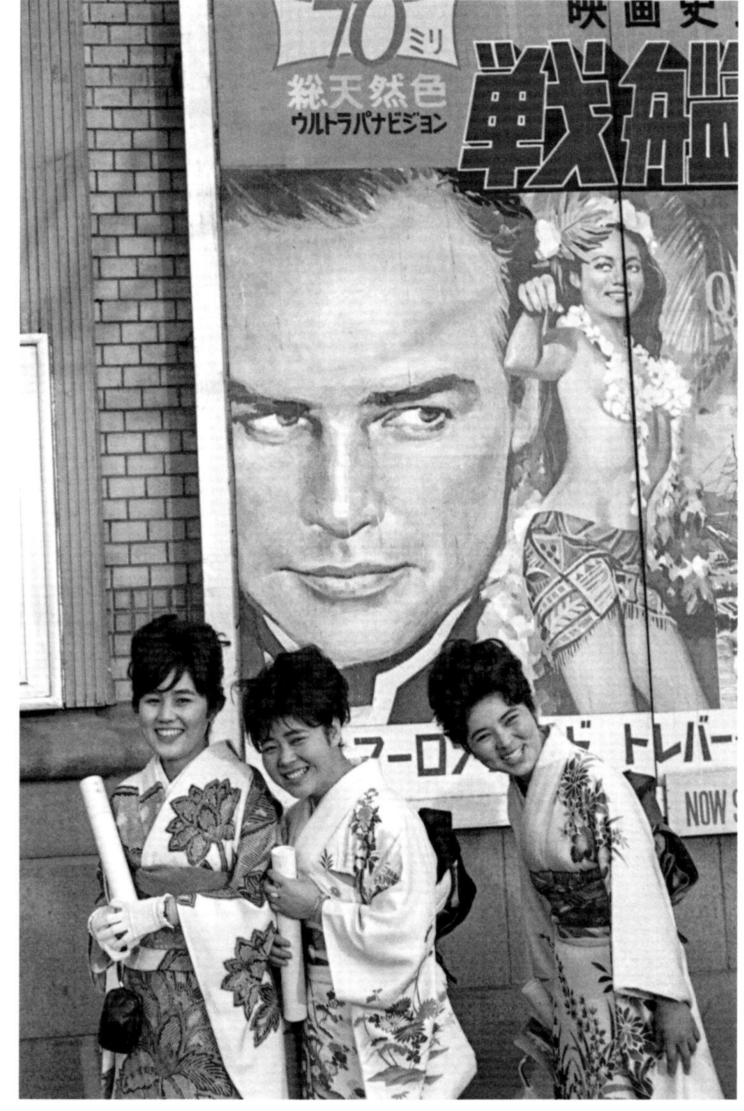

Tokyo 1961

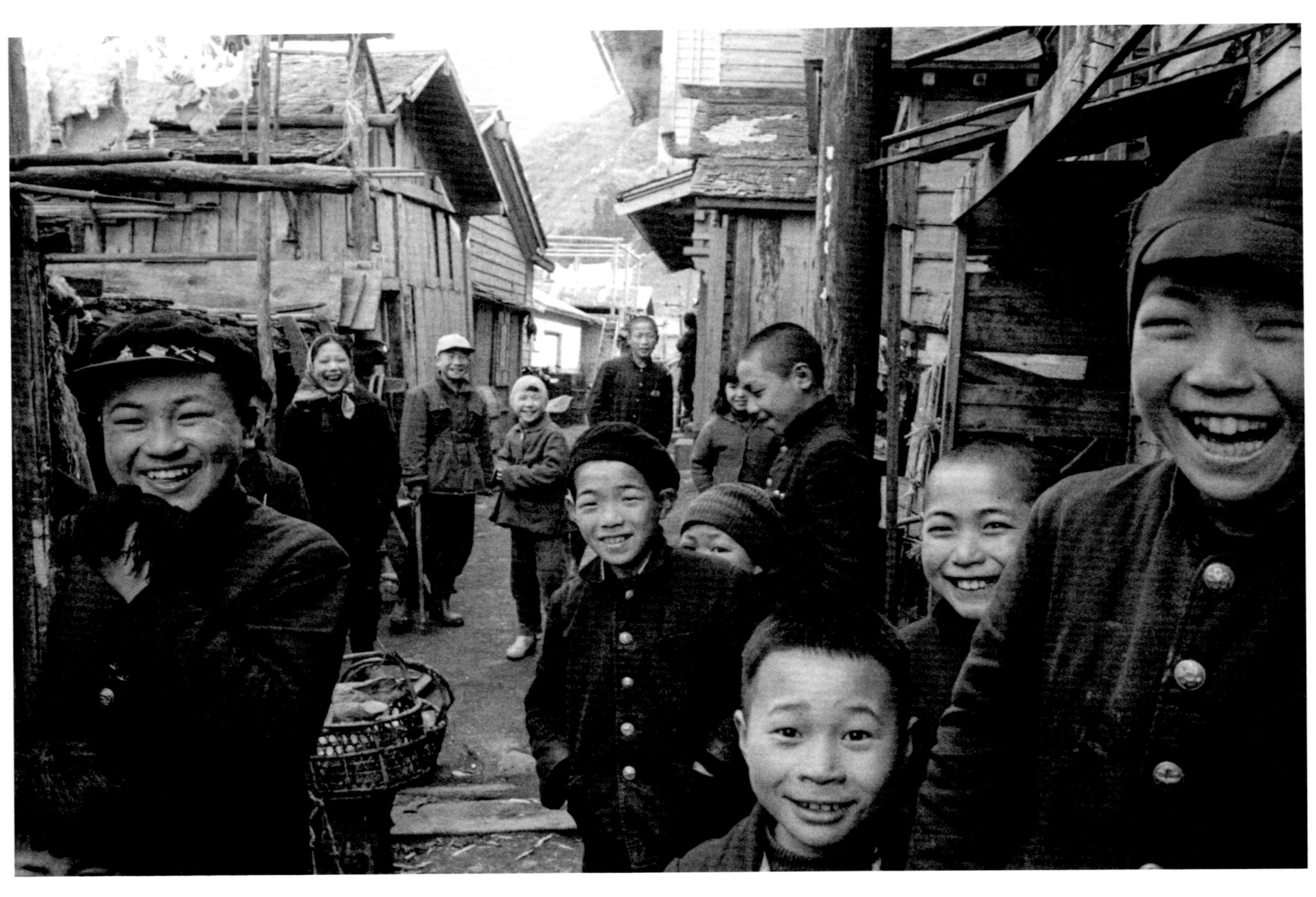

Villaggio su palafitte / Village on stilts, Tappi 1961

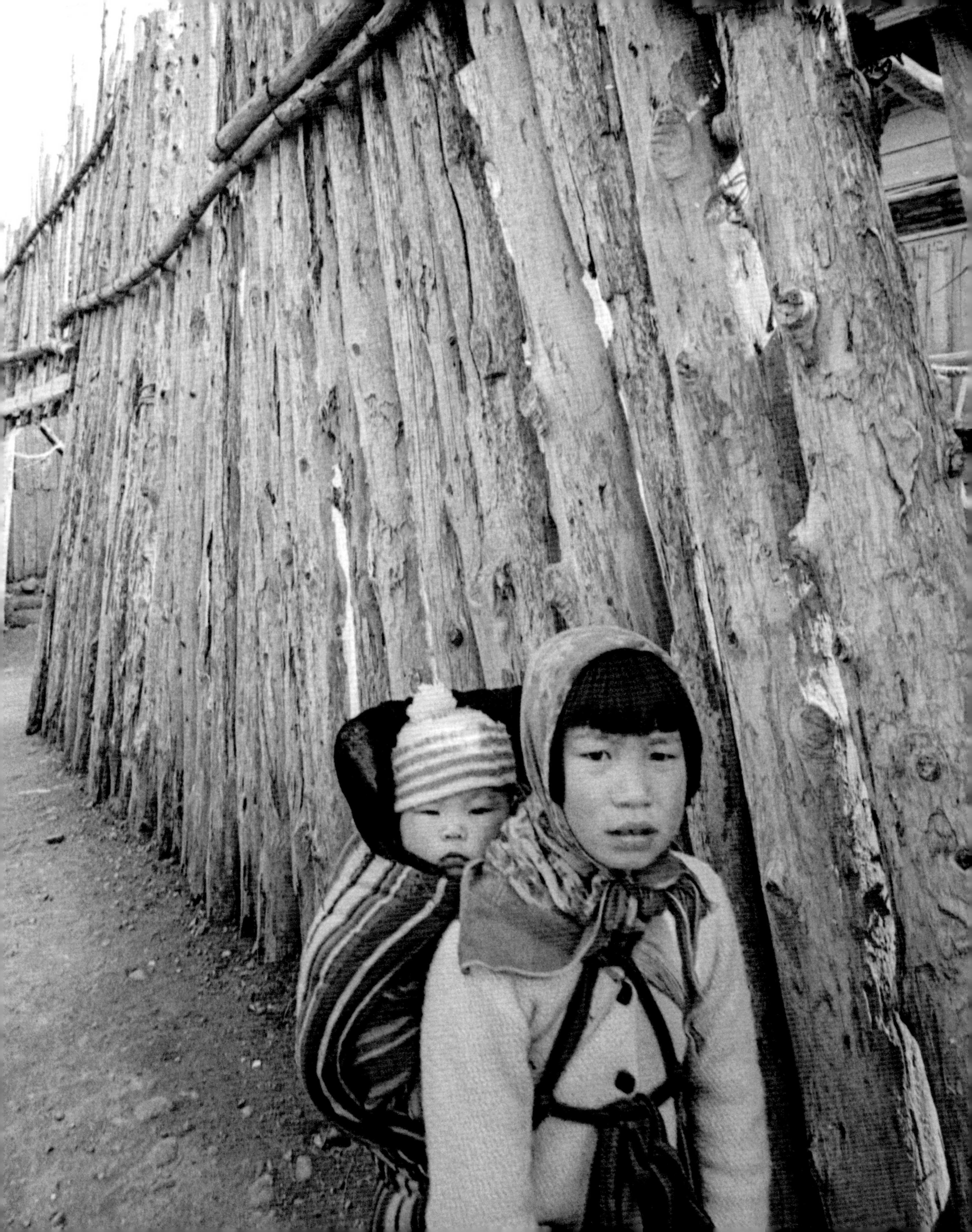

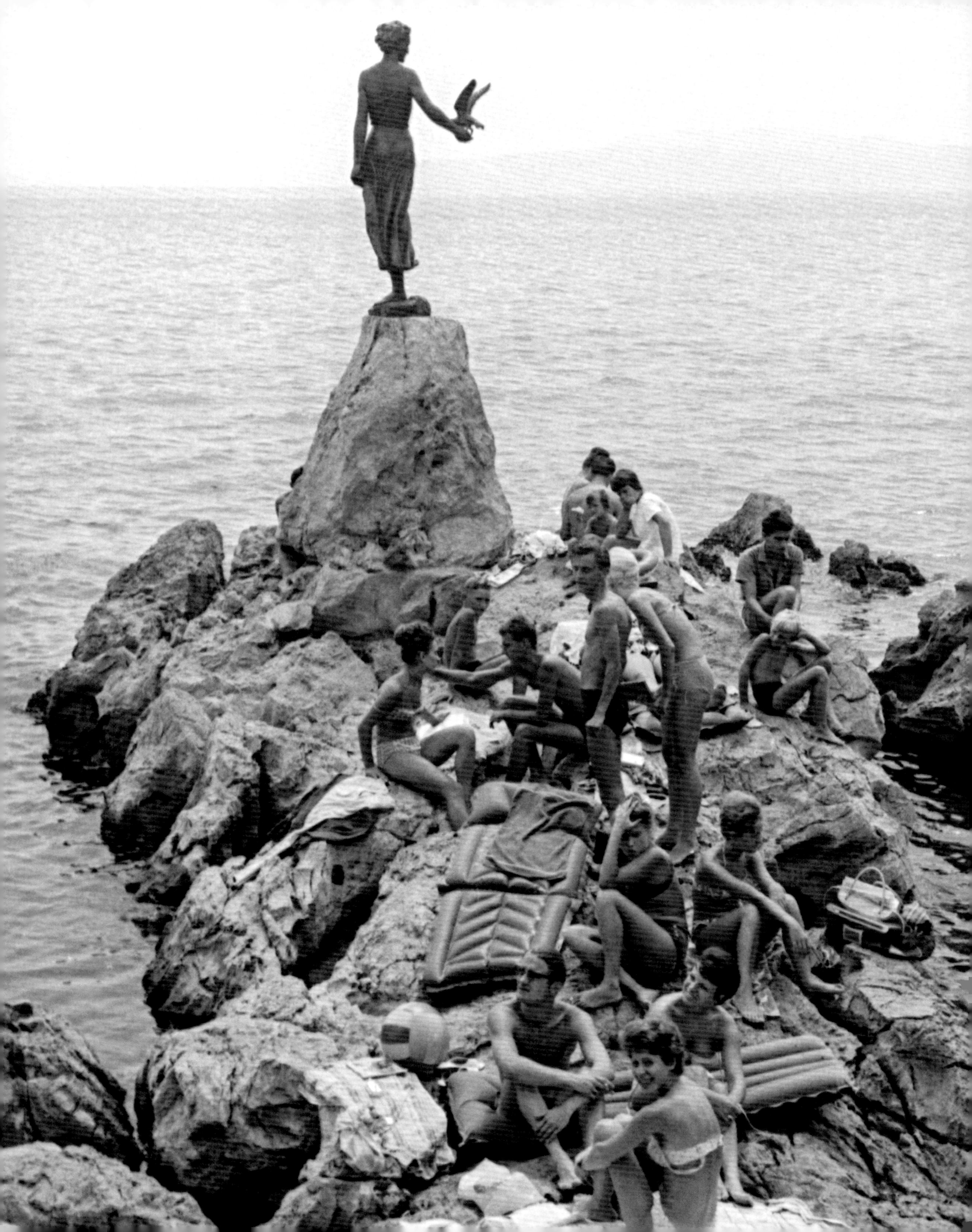

MICHELE SMARGIASSI

TANTALO FOTOGRAFO

OVVERO, COME IMPEDIRE AL *PREVENIR* DI ROVINARE IL *SOUVENIR*

There are places I remember
All my life, though some have changed
Some forever, not for better
Some have gone and some remain.

John Lennon, Paul McCartney, *In My Life*

Se non dovessi tornare,
sappiate che non sono mai
partito.
Il mio viaggiare
è stato tutto un restare
qua, dove non fui mai.

Giorgio Caproni, *Biglietto lasciato prima di non andar via*

«È là che vorrei vivere...». Esclama Roland Barthes nel libro con cui si chiuse la sua parabola intellettuale di filosofo e studioso dei segni, l'ultimo libro della sua vita, uscito poco prima della sua morte, *La camera chiara*, perdendosi estatico dentro un'ammaccata fotografia dell'Alhambra. Un'immagine presa un secolo prima da un fotografo gallese, Charles Clifford, che fece appunto quella scelta, di "vivere là", in Spagna, di lavorarci e di morirci. È una fotografia monocroma, già vecchia di un secolo quando il gran francese ci si tuffa con il desiderio. Questo, appunto, il desiderio, è per lui l'ingrediente supremo, irrinunciabile, della fotografia di paesi lontani, della fotografia di viaggio.
Quei luoghi catturati in una cornice di carta, dice Barthes, «devono essere abitabili, e non visitabili». Devono invaderti con un'aspirazione fortissima di «consonanza». E questo, le fotografie "turistiche" non lo sanno fare. Le fotografie dei turisti sono semmai le icone di un altro desiderio: quello del ritorno. Sono, letteralmente, fotografie nostalgiche. Sono trofei di caccia: catturate e riposte nel carniere per poter essere portate a casa, e solo lì consumate. Sono fotografie *convergenti*.

TANTALUS PHOTOGRAPHER

OR HOW TO PREVENT *ANTICIPATION* FROM SPOILING *SOUVENIR*

There are places I remember
All my life, though some have changed
Some forever, not for better
Some have gone and some remain.

John Lennon, Paul McCartney, *In My Life*

If I should not return,
know that I never
left.
My journey
was all about staying
here, where I never was.

Giorgio Caproni, *Biglietto lasciato prima di non andar via*

"It is quite simply *there* that I should like to live," exclaimed Roland Barthes, losing himself ecstatically in a tattered photo of the Alhambra in the book that closed his intellectual parabola as philosopher and semiotician, *Camera Lucida*, his last book, published shortly before he died. The image was taken a century earlier by a Welsh photographer, Charles Clifford, who made that very choice, to "live there," in Spain, to work and die there. The monochrome photograph was already a century old when the great Frenchman plunged into it with desire. He believed that desire, in fact, was the supreme, indispensable ingredient of photography of distant countries, of travel photography.
Those places captured in a paper frame, says Barthes, "must be habitable, not visitable." They must invade you with a very strong aspiration for "consonance." And this, tourist photographs are unable to do. If anything, tourist photographs are the icons of a different desire: that of return. They are, literally, nostalgic photographs. They are hunting trophies: captured and placed in the game bag to be taken home, and only there consumed. They are *convergent* photographs. The photographs

Le fotografie del viaggiatore invece sono fotografie *divergenti*, sono biglietti di sola andata. Ce ne sono poche, al mondo, fatte così. Credo che le fotografie di Paolo Di Paolo appartengano a questa rara specie. Per un motivo esterno e uno interno. Il primo: erano fotografie destinate ai giornali. Ai rotocalchi di informazione. Non alla promozione turistica, o all'alimentazione del mito del viaggio di per sé. Comparivano fra le mani di italiani che viaggiavano ancora poco, e non sventolavano promesse di piaceri esotici, ma impressioni personali di mondi diversi. Il secondo: erano "tagliate" (stilisticamente, linguisticamente) in modo da non appagare, ma da interrogare; non aspiravano alla completezza della guida, ma alla deliberata incompletezza del suggerimento, come ogni buona fotografia dovrebbe fare.

Ci sarà stato, Barthes, a Granada? Sicuramente sì. C'è rimasto a vivere? Sappiamo di no. Perché non voleva davvero vivere in quella città. Il suo *là* non si riferisce a un luogo, ma alla fotografia stessa. È nelle fotografie dei luoghi che Barthes e forse tutti noi vorremmo vivere. Perché sono migliori dei luoghi che fanno finta di mostrarci.

La fotografia di viaggio insomma è il desiderio di qualcosa che non abbiamo (ancora?) vissuto, che il fotografo ha vissuto per noi, forse, o magari anche lui ha vissuto il suo viaggio solo attraverso il suo sguardo. Ma questo forse non vale per tutti i fotografi.

Proviamo invece a considerare la fotografia di viaggio alla fine del suo viaggio, cioè quando giunge nelle mani del non-viaggiatore, del sognatore di viaggi. Guardare le figure, raccogliere figure del mondo, insisteva Bruce Chatwin, è la malattia del sedentario. Collezionare arte è una "affermazione metaforica di territorio". È possesso dello spazio, ma senza esperienza dello spazio. È una finzione, un'illusione di spazio. Un giorno, quel nomade per vocazione stava sommergendo un amico, lo storico dell'arte Jonathan Hope, con i suoi torrenziali racconti di viaggio. A un certo punto, Hope sbottò: «Non potresti semplicemente mostrarmi una foto?». Il fatto è che Chatwin le aveva, le fotografie dei suoi viaggi. Oggi sono ampiamente pubblicate, ma allora gli editori preferivano che i suoi libri fossero, diciamo così, ciechi. Lui stesso, dopo tutto, diffidava delle immagini. «Il culto delle immagini», scrisse, «è un peccato della vita stanziale». I suoi eroi mitologici, il pastore e il cacciatore, i nomadi, erano una «stirpe di forti che non sentiva il bisogno di consolarsi con le immagini».

La fotografia sembra essere piovuta dal cielo sulla terra per smentire questa convinzione antropologica di Chatwin. È alle fotografie che affidiamo da quasi due secoli la nostra memoria dei luoghi, e la nostra aspettativa dei luoghi. Scrive un grande filosofo del secolo scorso, Gaston Bachelard, nel suo splendido libro *La poetica dello spazio*, che «la memoria non registra mai la durata concreta. E solo attraverso lo spazio che noi troviamo i fossili della durata concretizzati dai nostri lunghi soggiorni in certi luoghi. I ricordi sono immobili».

Del resto, è un'esperienza che conosciamo tutti. Non solo quando, sui libri o sui cataloghi delle agenzie di viaggio, ci facciamo affascinare dalle fotografie delle possibili mete.

Ma soprattutto quando pensiamo a luoghi già conosciuti, vissuti, luoghi che abbiamo veramente abitato, un tempo lontano magari. Scrive un altro grande filosofo, Giorgio Agamben: «Tutti i luoghi che abbiamo abitato, tutti i momenti che abbiamo vissuto ci assediano, chiedono di entrare - noi li guardiamo, li evochiamo uno a uno - da dove? Dove è dovunque e in nessun luogo».

In fondo, tutti i luoghi in cui "vorremmo vivere" sono luoghi in cui abbiamo vissuto. Sono proiezioni della nostra esperienza passata in un'esperienza sognata. I sogni sono sempre migliori della realtà. I luoghi in cui dobbiamo ancora andare sono migliori di come li troveremo. È questo sentimento di crepuscolare delusione che percorre un grande libro di un grande viaggiatore senza retorica, *Verso la cuna del mondo* di Guido Gozzano; nell'Oriente che può finalmente toccare con mano non ritrova quello che aveva lungamente fantasticato, agognato nelle sue nottate di lettore di provincia perdendosi tra oleografie, incisioni. Anche per questo, forse, Salgari non volle mai visitare i luoghi delle sue avventure piratesche: gli sarebbe dispiaciuto banalizzarli con il tocco della realtà.

Ma allora, la fotografia, se è un'arte del prelievo del reale, come fa a incantare il viaggiatore? La fotografia ci promette un'esperienza che direi poetica, immediata dello spazio, che apparentemente scavalca ogni cultura, cito ancora Bachelard (lui parla di immagini poetiche, verbali, ma

of the traveler, on the other hand, are *divergent* photographs, they are one-way tickets. There are few in the world made like this. I believe that Paolo Di Paolo's photographs belong to this rare species. There is an extrinsic and an intrinsic reason for this. The first: they were photographs intended for periodicals, for current affairs magazines. Not to promote tourism or nurture of the myth of travel in itself. They appeared in the hands of Italians who still traveled little, and held out not promises of exotic pleasures, but personal impressions of different worlds. The second: they were "cut" (stylistically, linguistically) in such a way as not to satisfy, but to question; they aspired not to the completeness of the guide, but to the deliberate incompleteness of the suggestion, something every good photograph should do.

Did Barthes visit Granada? He certainly did. Did he stay and settle there? We know he didn't. Because he didn't really want to live in that city. His *there* does not refer to a place, but to the photograph itself. It is in the photographs of places that Barthes and perhaps all of us would like to live. Because they are better than the places they claim to show us.

In short, travel photography is the desire for something that we have not (yet?) experienced, that the photographer may have experienced for us, or perhaps he too has experienced his journey only through his gaze. But this may not apply to all photographers.

Instead, let's try to consider travel photography at the end of its journey, that is, when it reaches the hands of the non-traveler, the dreamer of travel. Looking at images, collecting images of the world, Bruce Chatwin insisted, is the disease of the sedentary. Collecting art is a "metaphorical affirmation of territory." It is possession of space, but without the experience of space. It is a fiction, an illusion of space. One day, that nomad by vocation was overwhelming a friend, the art historian Jonathan Hope, with his torrential travel stories. At one point, Hope blurted out, "Couldn't you just show me a picture?" The fact is that Chatwin did have photographs of his travels. Today they are widely published, but at the time publishers preferred his books to be, let's say, blind. He himself, after all, distrusted images. "The adoration of images," he wrote, "was a sin of settlement." Its mythological heroes, the shepherd and the hunter, the nomads, were a "were a race of hardy individualists, who did not need to comfort themselves with images."

Photography seems to have fallen from heaven to earth to disprove Chatwin's anthropological conviction. It is to photographs that we have entrusted our memory of places, and our expectations of places, for almost two centuries. A great philosopher of the last century, Gaston Bachelard, in his splendid book *The Poetics of Space*, wrote that "memory does not record . . . concrete duration. The finest specimens of fossilized duration concretized as a result of long sojourn, are to be found in and through space Memories are motionless."

After all, it is an experience familiar to all of us. Not only when, in books or in the catalogues of travel agencies, we are fascinated by the photos of possible destinations. But above all when we think of places already known, lived in, places that we have really inhabited, at a distant time perhaps. Another great philosopher, Giorgio Agamben, writes: "All the places we have inhabited, all the moments we have experienced besiege us, they ask us to enter—we look at them, we evoke them one by one—from where? Where is everywhere and nowhere."

After all, all the places we "would like to live in" are places where we have lived. They are projections of our past experience into a dreamed experience. Dreams are always better than reality. The places we still have to travel to are better than we will find them. It is this sense of crepuscular disappointment that runs through a great book by a great traveler without rhetoric, Guido Gozzano's *Verso la cuna del mondo*. In the East, which he can finally touch with his own hands, he fails to find what he had long fantasized, yearned for in his nights as a provincial reader, losing himself amid oleographs and engravings. Also for this reason, perhaps, Salgari never cared to visit the settings of his pirate adventures: he would have been sorry to trivialize them with the touch of reality.

But then, if photography is an art of sampling reality, how does it enchant the traveler? Photography promises us an experience that I would call poetic, immediate, of space, which apparently bypasses all culture. I quote Bachelard again (he is speaking of poetic, verbal images, but the observation is also well suited to visual ones): "The image, in its simplicity, has no need of scholarship. It is the property of a naive consciousness."

l'osservazione si addice benissimo anche a quelle visuali): «L'immagine, nella sua semplicità, sembra non avere bisogno di un sapere. Sembra essere uscita da una coscienza naturale».
Naturalmente, non è vero. Perché quella pretesa di un rapporto privilegiato con il mondo tangibile è abusiva. La fotografia non ci restituisce banalmente lo spazio visto, ma ce lo restituisce organizzato secondo una forma simbolica, una disposizione artificiosa e del tutto culturale dei segni, che appartiene soprattutto alla nostra cultura occidentale. Il buon fotografo lo sa, viaggia portando negli occhi quella cultura: e senza fingere di non averla, ne approfitta, per dischiudere l'immaginario di un luogo nella mente di chi lo può comprendere solo attraverso il filtro della propria cultura. Ogni fotografia che racconti luoghi trovati racconta in realtà di luoghi lasciati.
La fotografia di viaggio ci "imbocca" sempre un po', come bambini, la fotografia di viaggio ci infantilizza. Ma non è un male: i bambini, guardando le figure, si fanno un'idea del mondo.
Oggi il turismo di massa, il turismo da *brochure* e da *package tour*, vende immagini prima che villeggiature. Vende villeggiature perché ha venduto immagini. Così facendo, diventa una possente fabbrica di tradimento. Karl Kraus, feroce come sempre, scrisse che solo una cosa è più forte «della tensione con cui si pensa a come apparirà il luogo che si è tante volte immaginato», ed è la fatica di ritrovare quel piacere vedendo i luoghi reali. Ma sembra proprio che vogliamo procurarcele apposta, quelle delusioni. Google Street View, con i suoi panorami girevoli a 360 gradi, non è più la mappa che ci aiuta a progettare il viaggio, è un acconto di esperienza del viaggio, un'immersione anticipata nel luogo dove saremo presto con il corpo, ma che preventivamente esploriamo con gli occhi. Ma il viaggio, così, cambia la sua essenza. Diventa, per Marc Augé, «analogo a una verifica: per non deludere, la realtà dovrà assomigliare alla sua immagine». Ce la farà, oggi che l'immagine dopata dai programmi elettronici, o addirittura inventata dai robot, è ormai molto, ma molto più attraente della realtà? Un altro genere di delusione è in agguato: non quella che ti riserva l'ignoto, ma quella che tradisce il già noto.
Il *souvenir* anticipato sabota le sue stesse promesse: nel momento in cui placa il panico del partire, demolisce il piacere dell'arrivare. Mette in concorrenza, non più in conseguenza, l'appetito e la sazietà. Rovescia, anticipa e precipita, come la pornografia, la soddisfazione nel desiderio. Crediamo di viaggiare per procurarci dei *souvenir*, e finiamo per farci rovinare dai *prevenir*.
Forse il compito del buon fotografo di viaggio non è quello di farci assaggiare il frutto che gusteremo, ma di negarcelo. Il miglior fotografo di viaggio è Tantalo. Vedere, ma non toccare. Il suo scopo non è farci dire «eh ma non era come in foto». È sorprenderci, metterci a disagio quando arriveremo e, costretti a *conoscere* invece che a *riconoscere*, ci chiederemo, come ogni vero viaggiatore, spaesati, «che ci faccio io qui?».

Of course, this is not true. Because that claim of a privileged relationship with the tangible world is false. Photography does not render the space seen to us, but renders it to us organized in a symbolic form, an artificial and completely cultural arrangement of signs, which belongs above all to our Western culture. The good photographer knows this; he travels carrying that culture in his eyes: and without pretending not to have it, he takes advantage of it, to open up the imagination of a place in the mind of those who can understand it only through the filter of their own culture. Every photograph that tells of places found actually tells of places left behind.
Travel photography always spoon-feeds us a little, like children; travel photography infantilizes us. But it's not a bad thing: children, looking at pictures, get an idea of the world.
Mass tourism today, the tourism of brochures and package tours, sells images before holidays. It sells holidays because it has sold images. In doing so, it becomes a mighty factory of betrayal. Karl Kraus, fierce as always, wrote that only one thing is stronger "than the intensity with which one thinks about what the place one has so often imagined will look like," and that is the effort to rediscover that pleasure by seeing real places. But it seems that we want to purposely procure those disappointments. Google Street View, with its 360-degree revolving panoramas, is no longer the map that helps us plan a trip; it is a down payment on the experience of the journey, an anticipated immersion in the place where we will soon be with our bodies, but that we explore in advance with our eyes. But in this way the essence of the journey changes. It becomes, for Marc Augé, "analogous to a verification: in order not to disappoint, reality will have to resemble its image." Will it succeed, now that the image doped by electronic programs, or even invented by robots, is now far, far more attractive than reality? Another kind of disappointment is lurking: not the one that the unknown holds for you, but the one that betrays the already known.
The anticipated *souvenir* sabotages its own promises: the moment it calms the panic of leaving, it demolishes the pleasure of arriving. It puts appetite and satiety in competition, no longer as a consequence. It overturns, anticipates and precipitates, like pornography, satisfaction in desire. We believe we are traveling to collect *souvenirs*, and we end up being spoilt by *anticipation*.
Perhaps the task of the good travel photographer is not to give us a foretaste of the fruit we will enjoy, but to deny it to us. The best travel photographer is Tantalus. See but don't touch. The purpose is not to make us say "Hey, it wasn't like this in the photo." It is to surprise us, by making us uncomfortable when we arrive. Forced to *know* instead of *recognizing*, we will ask ourselves, like any true traveler, bewildered, "What am I doing here?"

4

RITRATTI

PORTRAITS

Negli anni cinquanta a Roma si assiste alla rinascita del cinema italiano. Cinecittà attrae attori, attrici, registi da tutto il mondo. Sono gli anni dei paparazzi, dei fotografi appostati in via Veneto in attesa delle star, gli esordi della *dolcevita*. Ma con questa vivacità Paolo Di Paolo ha poco a che vedere. Conosce molto bene la vita cittadina, oltre a frequentare Menghi, dove è amico di artisti e intellettuali, frequenta il ristorante Otello alla Concordia, dove conosce, fra i tanti, Mauro Bolognini, Franco Zeffirelli, Mario Monicelli. Sa creare rapporti di amicizia e di stima, è introdotto nel mondo dei giornali, dell'arte, del cinema, dell'aristocrazia romana. Propone storie ai periodici con i quali collabora e viene incaricato di realizzare servizi.
La capacità di muoversi con eleganza nei diversi mondi che frequenta è inscindibilmente legata alla qualità del suo lavoro. Possiede una straordinaria naturalezza nel mettere a proprio agio i protagonisti dei suoi ritratti e una rara capacità di collocarli al centro di una situazione ambientale che ne valorizza la presenza. Per «Tempo» fotografa Giuseppe Ungaretti, per «Bellezza», con l'amica Irene Brin, ritrae Giorgio de Chirico o Ezra Pound e ha accesso a eventi esclusivi come l'inaugurazione della Biennale di Venezia e il Festival dei Due Mondi di Spoleto. Ma Alberto Moravia o Pier Paolo Pasolini, Vittorio Gassman o Anna Magnani può definirli "amici" e per lui la loro casa era sempre aperta.

In Rome, Italian cinema was reborn in the fifties. Cinecittà attracted actors, actresses and filmmakers from around the world. Those were the years of the paparazzi, the photographers posted in Via Veneto waiting for the stars, the early days of *la dolce vita*. But Paolo Di Paolo had little to do with the pizzazz of *la dolce vita*. He knew the life of the city intimately, as well as being a regular at the Menghi tavern, where he was a friend of artists and intellectuals, and the restaurant Otello alla Concordia, where he mixed with Mauro Bolognini, Franco Zeffirelli and Mario Monicelli, among many others. He knew how to create relationships based on friendship and respect, and he was at home in the offices of newspapers, the worlds of art and cinema, and the Rome aristocracy. He contributed stories to magazines and was commissioned to create feature articles.
His ability to move elegantly in the various different worlds he frequented was inextricably bound up with the quality of his work. He possessed an extraordinary gift for putting the subjects of his portraits at their ease, and a rare ability to place them in a setting that would enhance their presence. For *Tempo* he photographed Giuseppe Ungaretti; for *Bellezza*, with his friend Irene Brin, he portrayed Giorgio de Chirico or Ezra Pound; and he had access to exclusive events, such as the inauguration of the Venice Biennale and the Festival dei Due Mondi in Spoleto. But Alberto Moravia or Pier Paolo Pasolini, Vittorio Gassman or Anna Magnani were his friends, and their doors were always open to him.

Marcello Mastroianni, Roma / Rome 1955

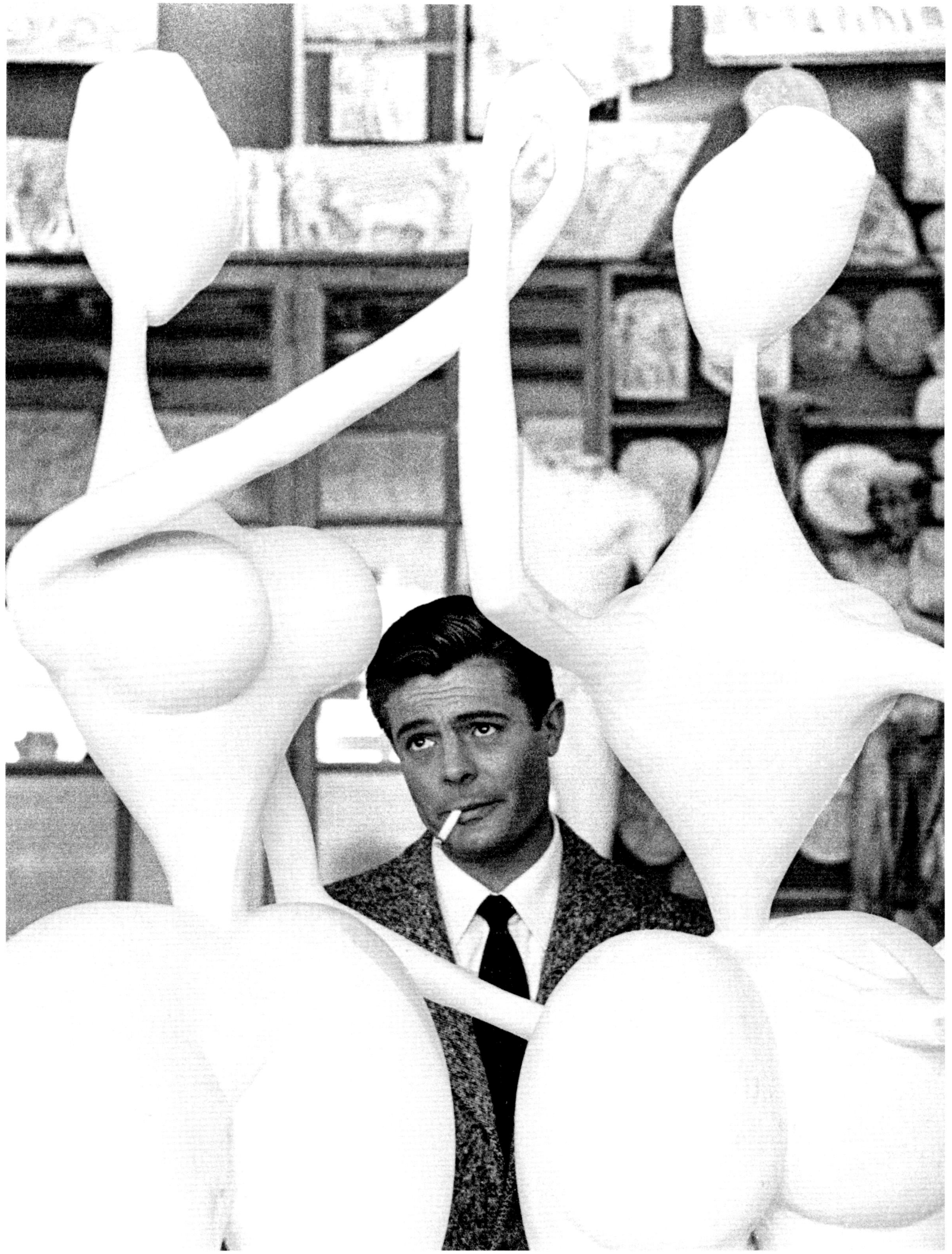

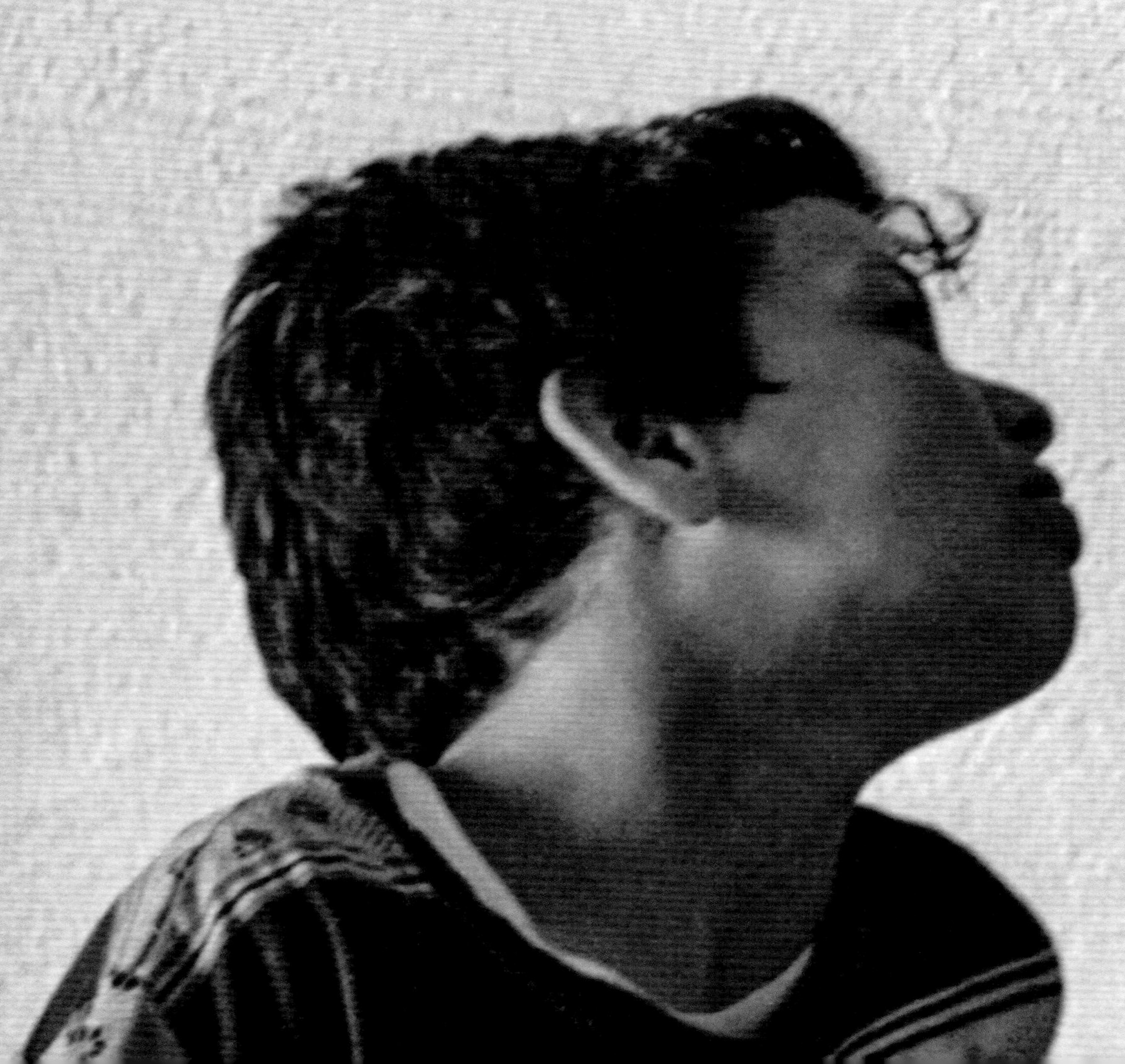

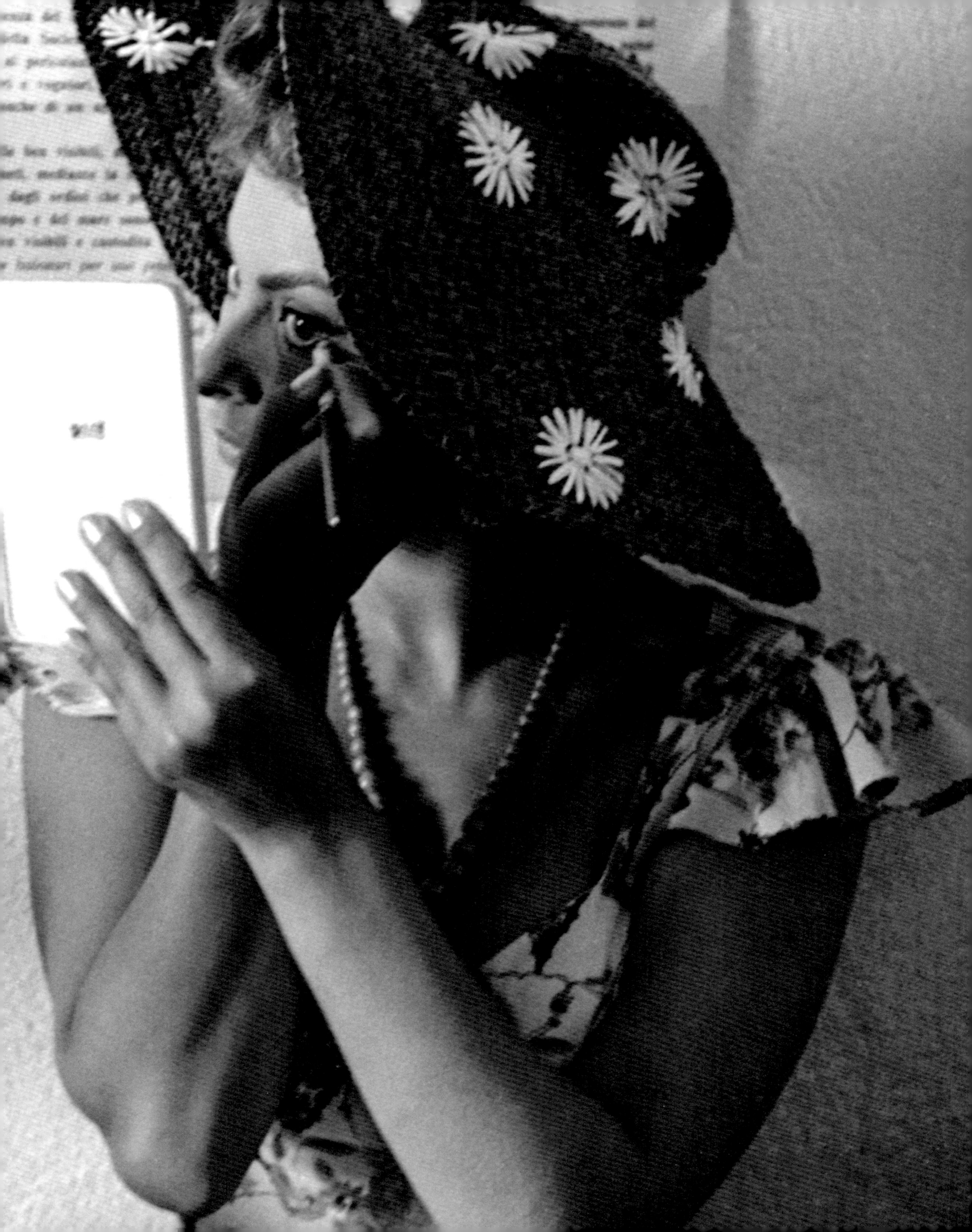

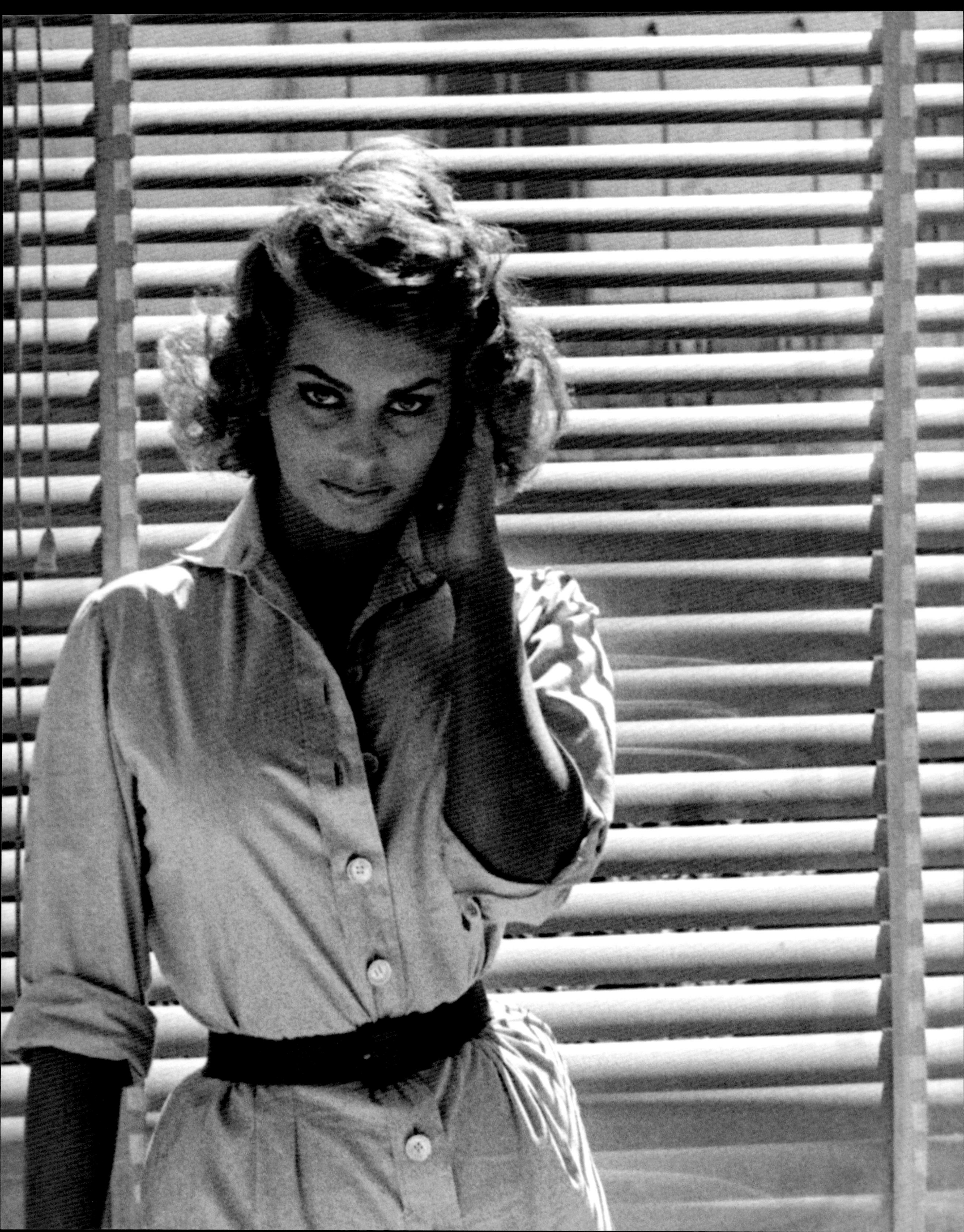

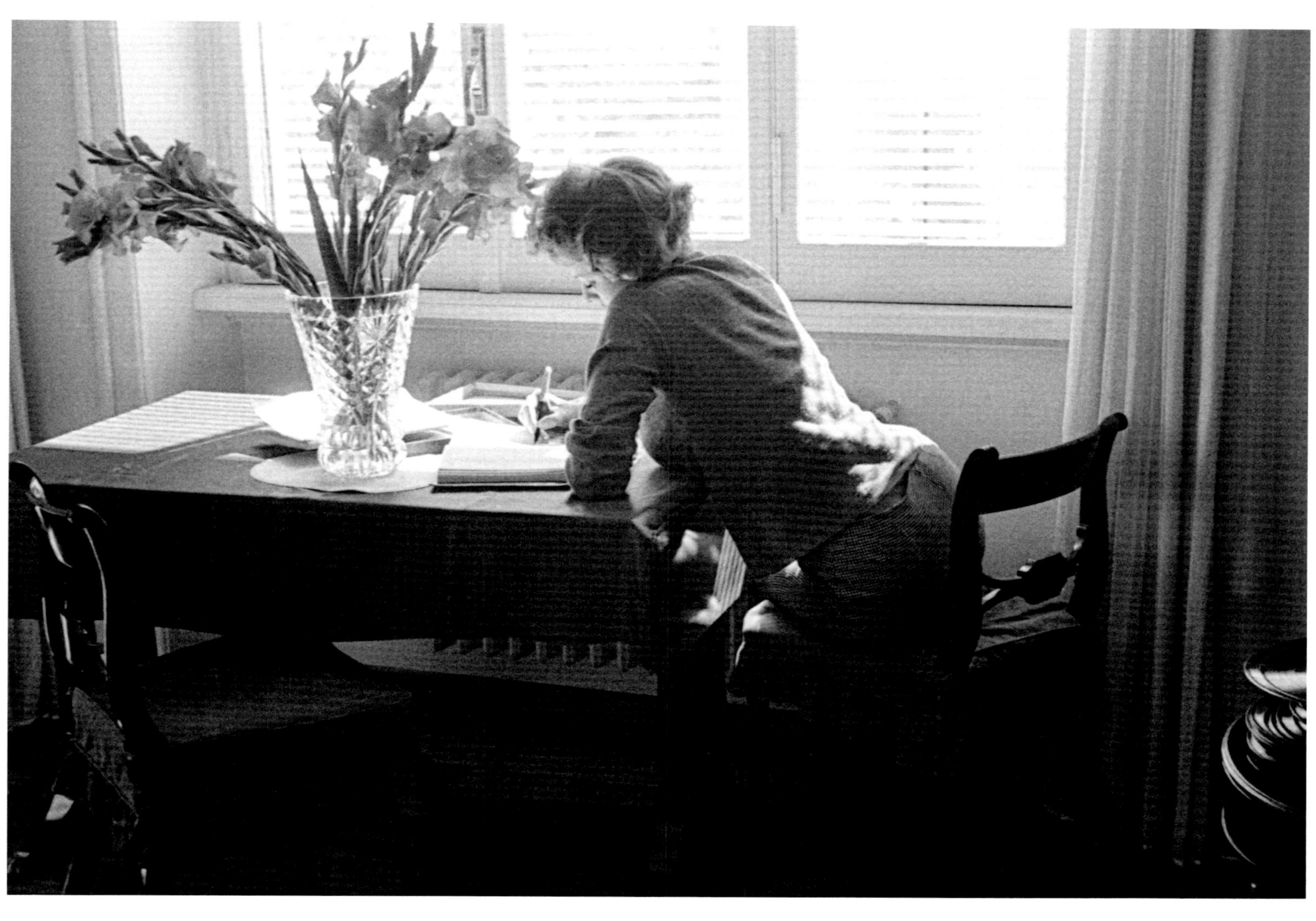

pagine precedenti / *previous pages*
Sophia Loren, Pozzuoli (Napoli / Naples) 1955

Sophia Loren in casa / at home 1955

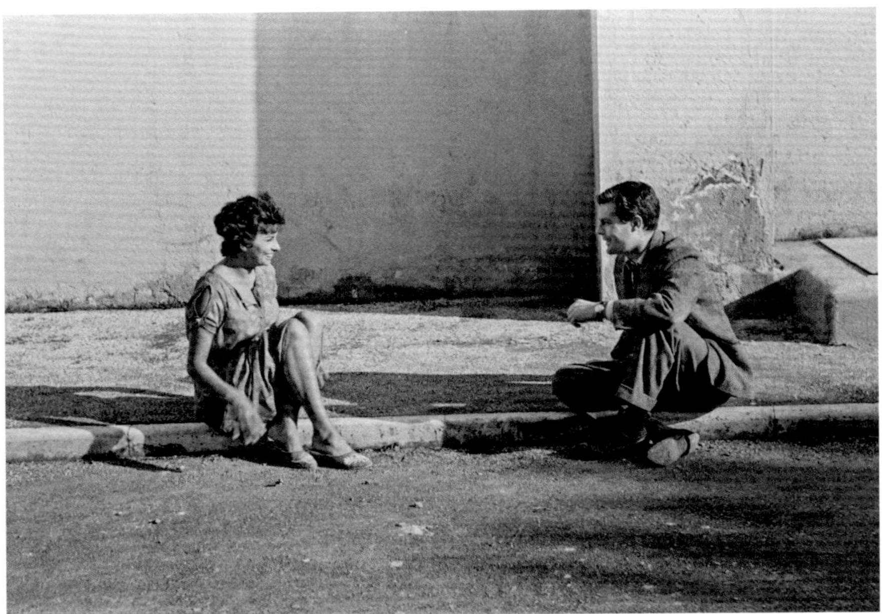

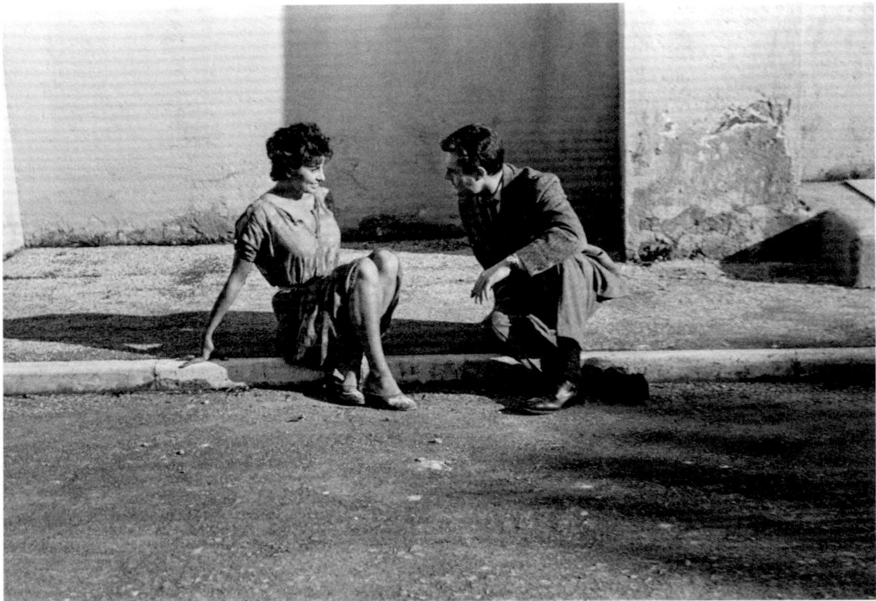

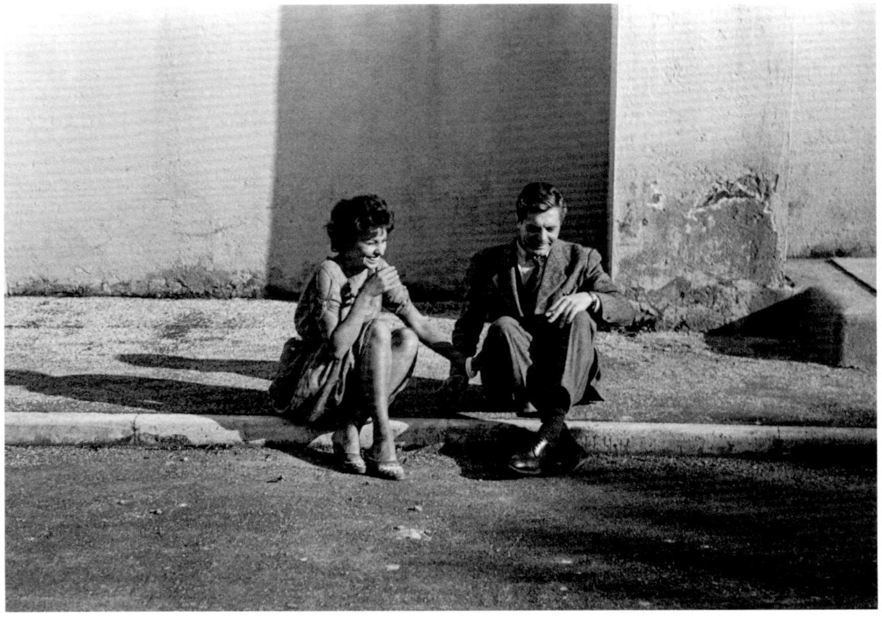

Sophia Loren e / and Marcello Mastroianni,
Cinecittà, Roma / Rome 1961

pagine seguenti / following pages
Marcello Mastroianni nel suo camerino / in his dressing room, Roma / Rome 1965

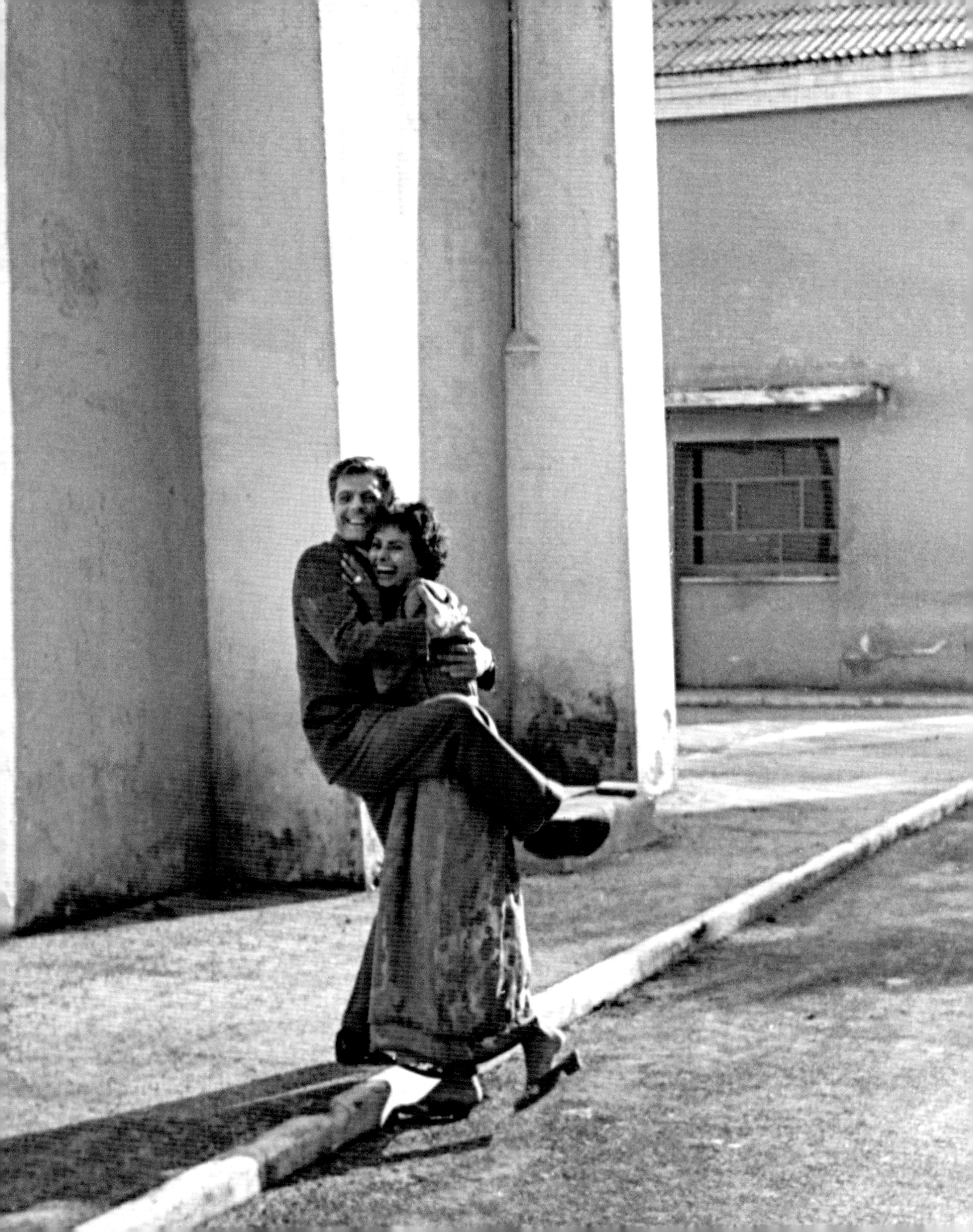

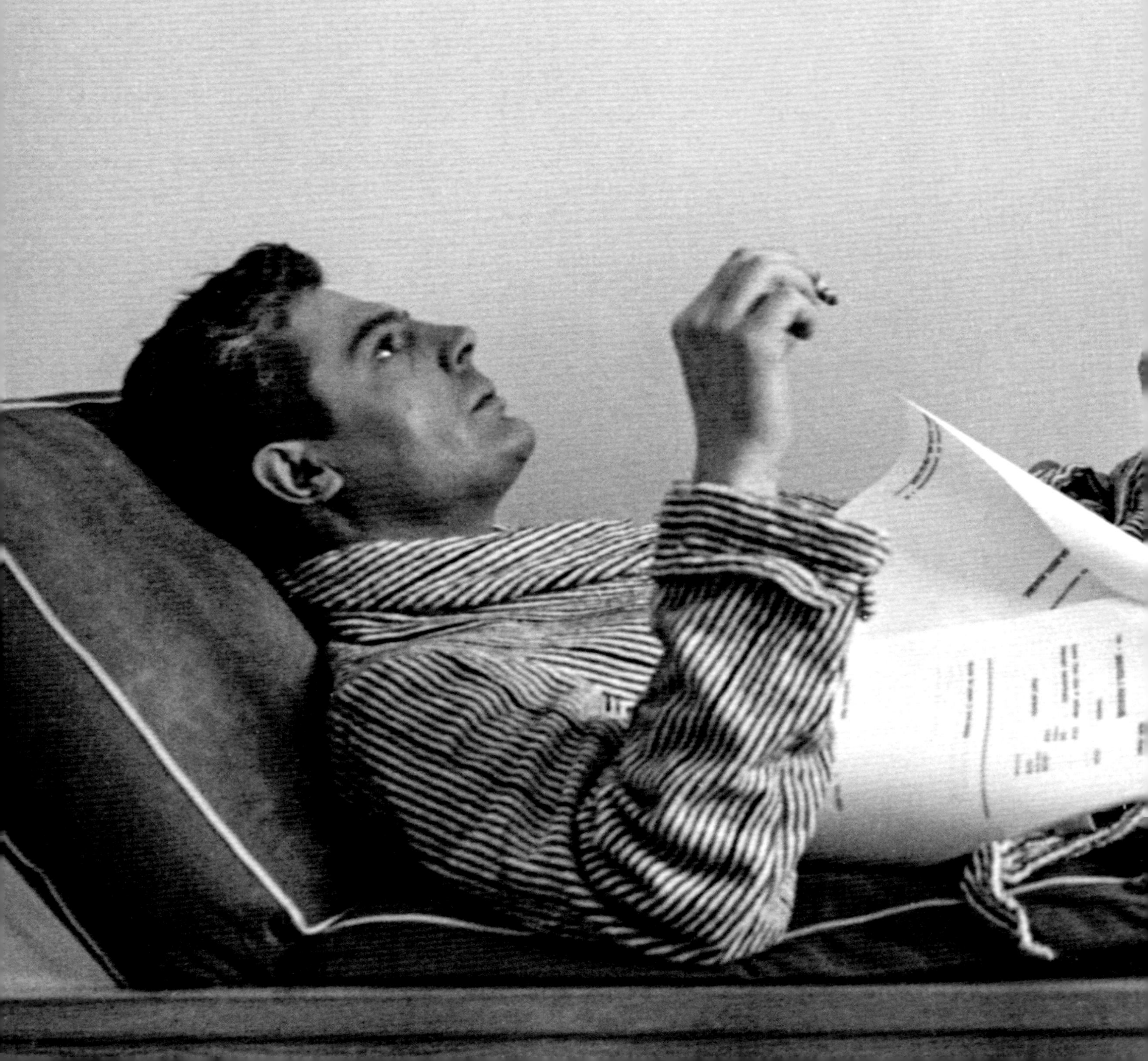

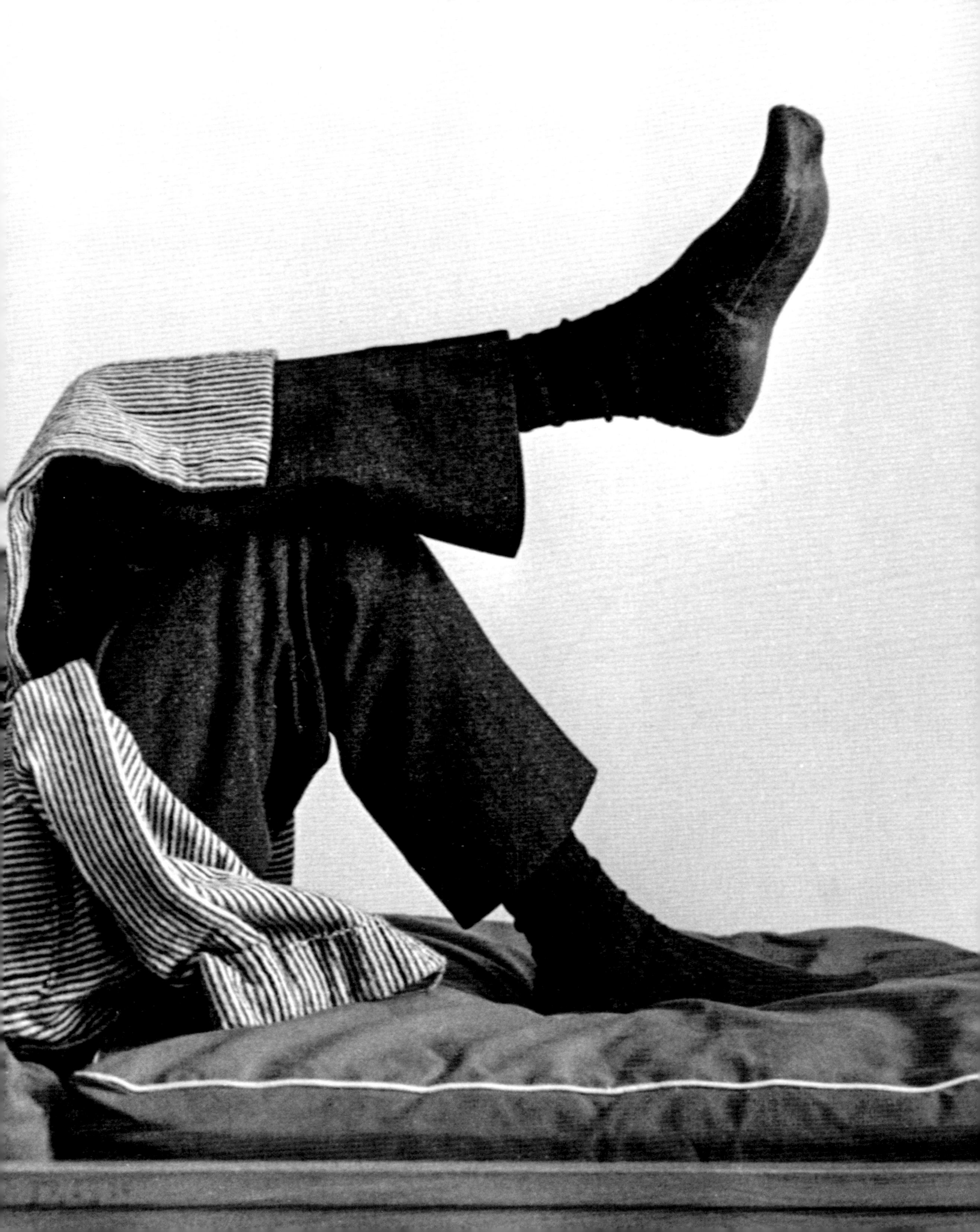

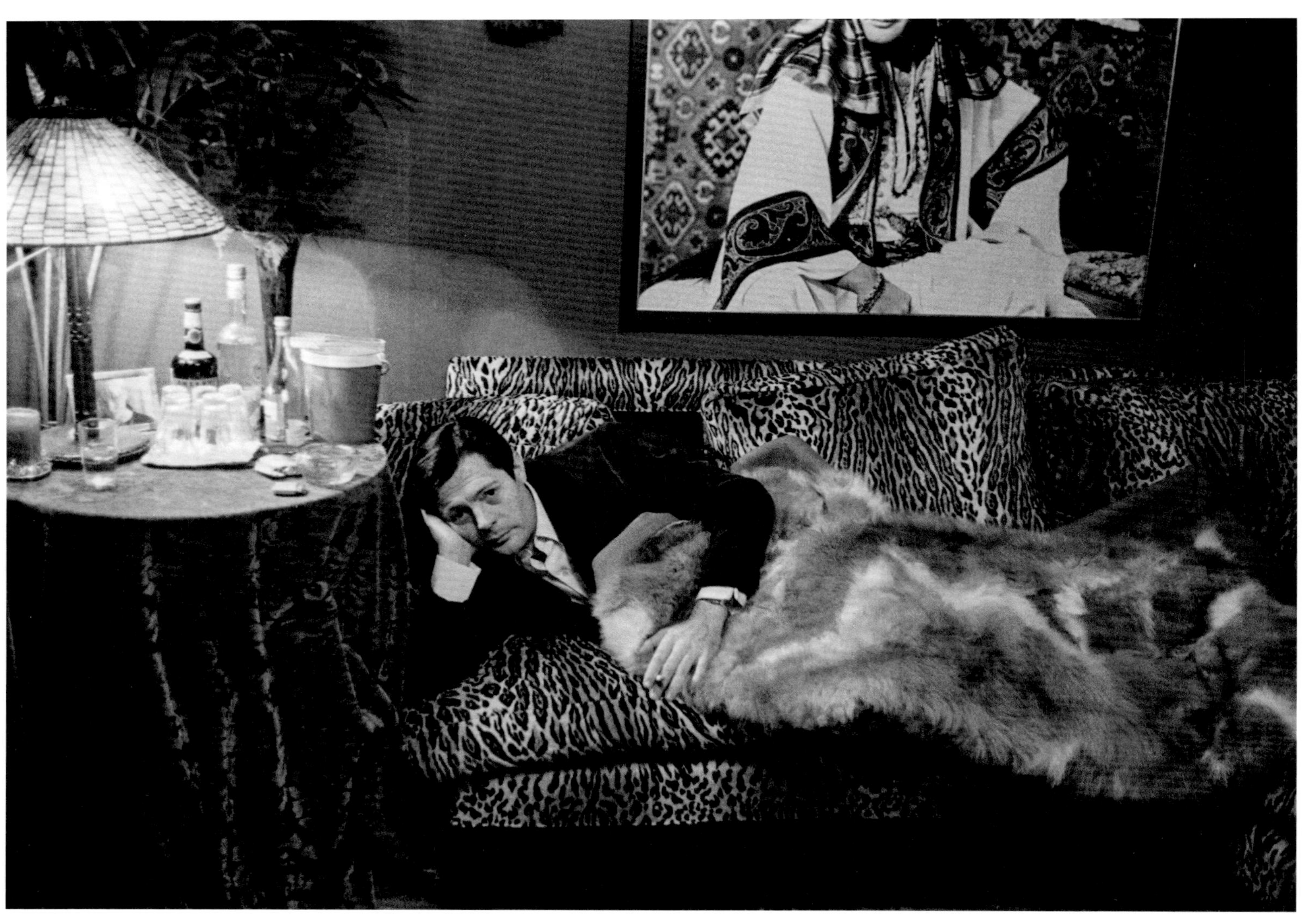

Marcello Mastroianni nel suo camerino / in his dressing room, Roma / Rome 1966

Marcello Mastroianni nella mensa di / in the canteen of Cinecittà, Roma / Rome 1955

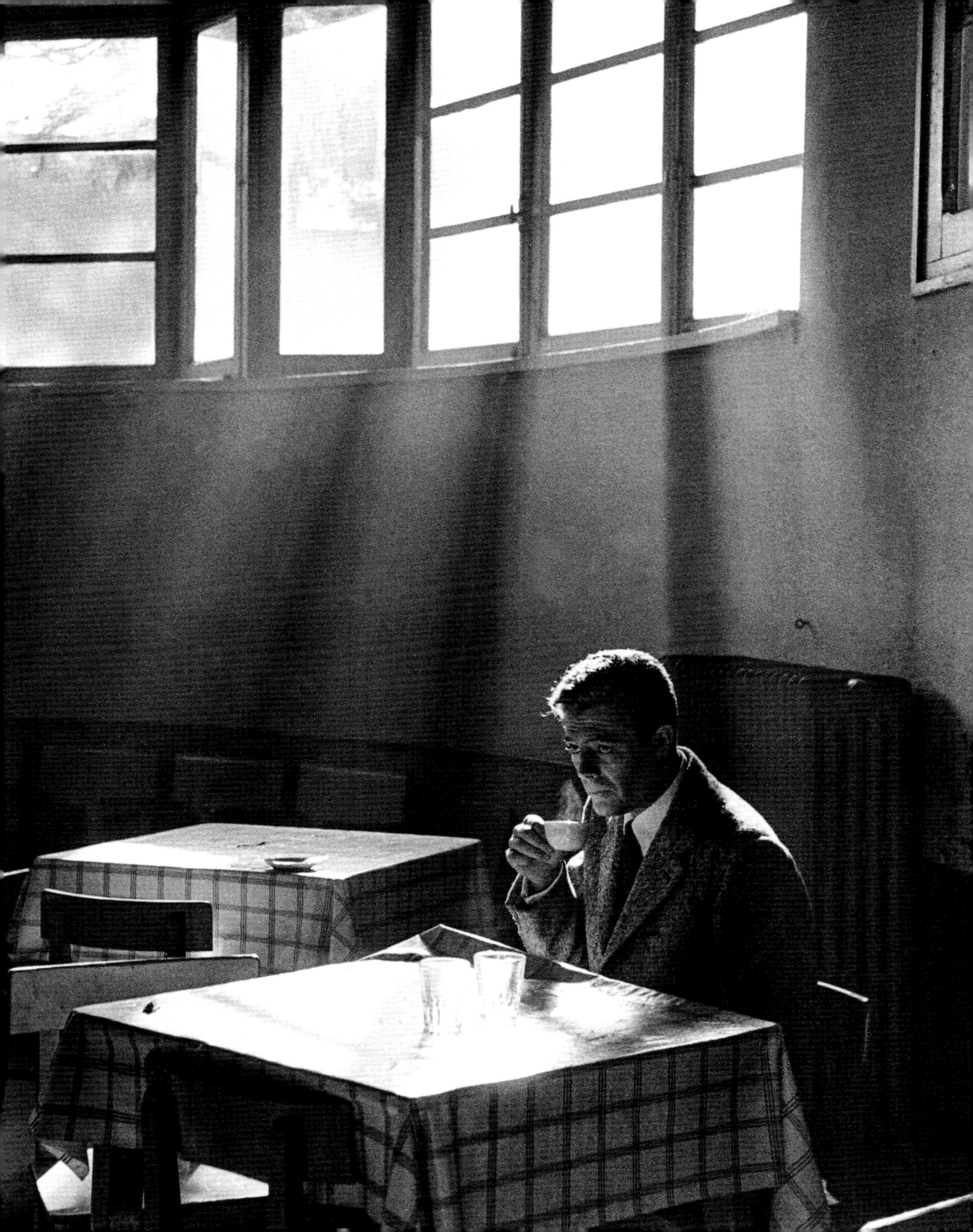

«Non sono, queste, foto di una scena cinematografica. Sono nate dalla noia di grigio pomeriggio in un albergo dell'Alto Adige, durante una pausa del film *Lo chalet*. Marcello Mastroianni e Faye Dunaway sonnecchiavano su di un divano; io di fronte, su di una poltrona. Marcello, notandomi, mi chiese: "Non mi dire che vuoi farci delle foto". Io non risposi. E lui ancora: "Con questa qui che se la dorme, sai che foto!". E io: "E tu svegliala". Si riaccovacciò accanto all'attrice, poi aggiunse: "Per svegliarla ci vorranno le cannonate". Gli consigliai di provarci con delle carezze.
"Tu dici?", mi chiese. E cominciò a sfiorarle il viso con una tenerezza sorprendente, insospettabile in lui. L'attrice si destò sorpresa, incredula. E ricambiò le carezze, con una dolcezza imprevedibile. Io avevo già cominciato a scattare le foto di questa sequenza. È la sequenza della nascita di un grande amore».

Paolo Di Paolo

"These aren't the photos of a scene in a movie. They grew out of boredom on a gray afternoon in a hotel in Alto Adige, during a break in the film *A Place for Lovers*. Marcello Mastroianni and Faye Dunaway were dozing on a sofa, and I was opposite, in an armchair. Marcello, noticing me, said: "Don't tell me you want to take pictures of us." I didn't answer. And he again: "With her sleeping here, you know, what a photo!" And I said, "So wake her up." He crouched down next to the actress, and said: "It would take a cannon to wake her." I advised him to try it with caresses.
"You reckon?" And he began touching her face with a surprising tenderness, unsuspected in him. The actress woke up surprised, incredulous. And she returned the caresses, with unforeseeable sweetness. I had already started taking photos of this sequence. It's the sequence of the birth of a great love."

Paolo Di Paolo

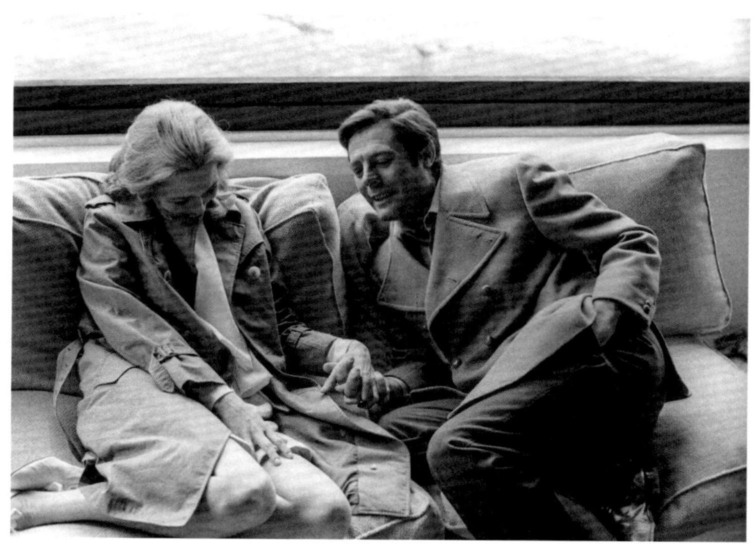
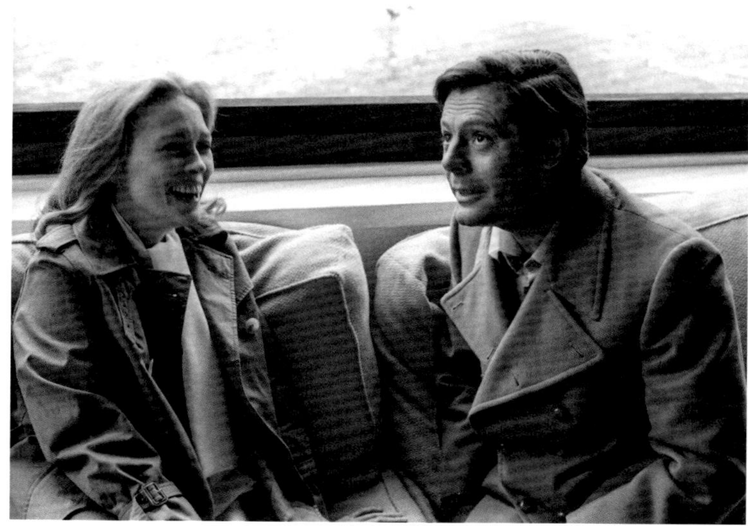
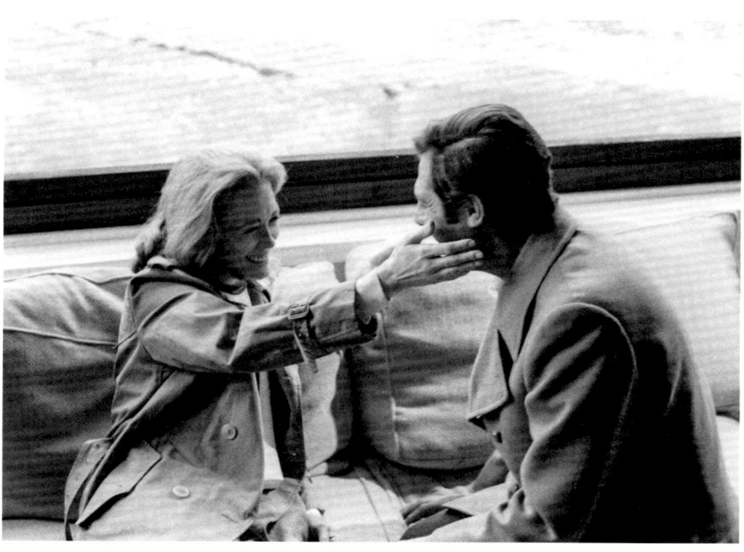
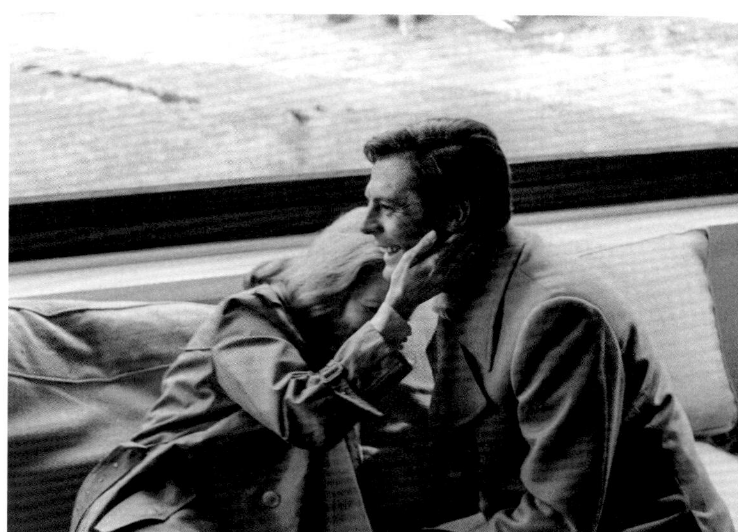
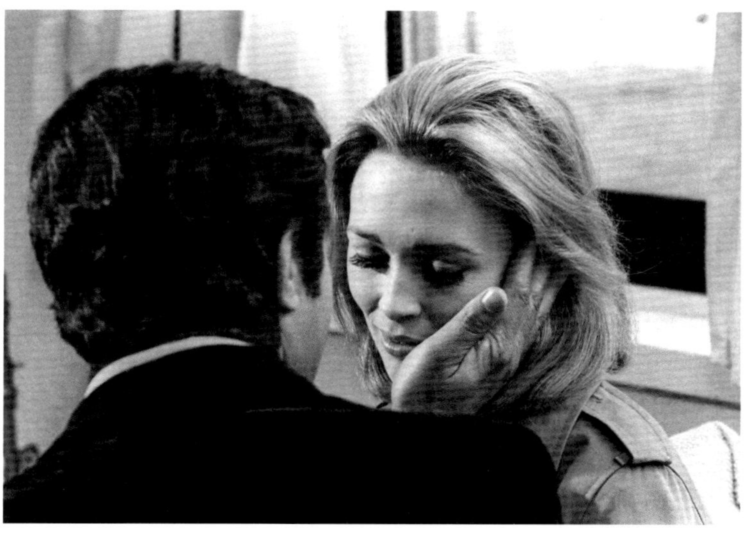
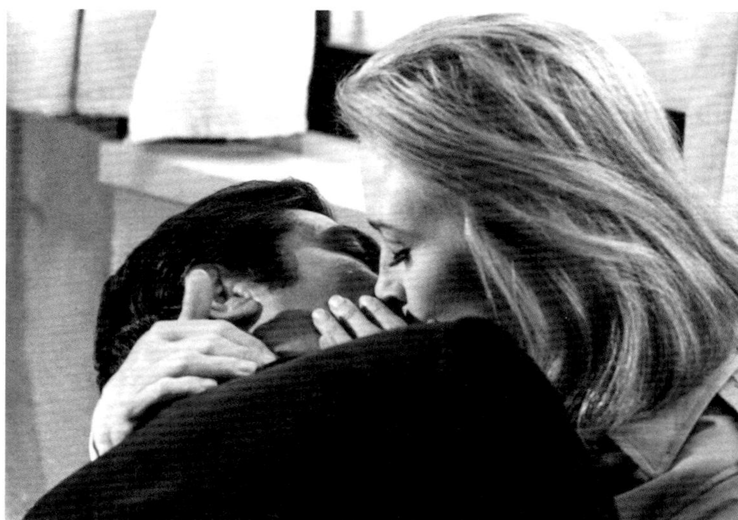

Marcello Mastroianni / and Faye Dunaway in Alto Adige, 1967 circa

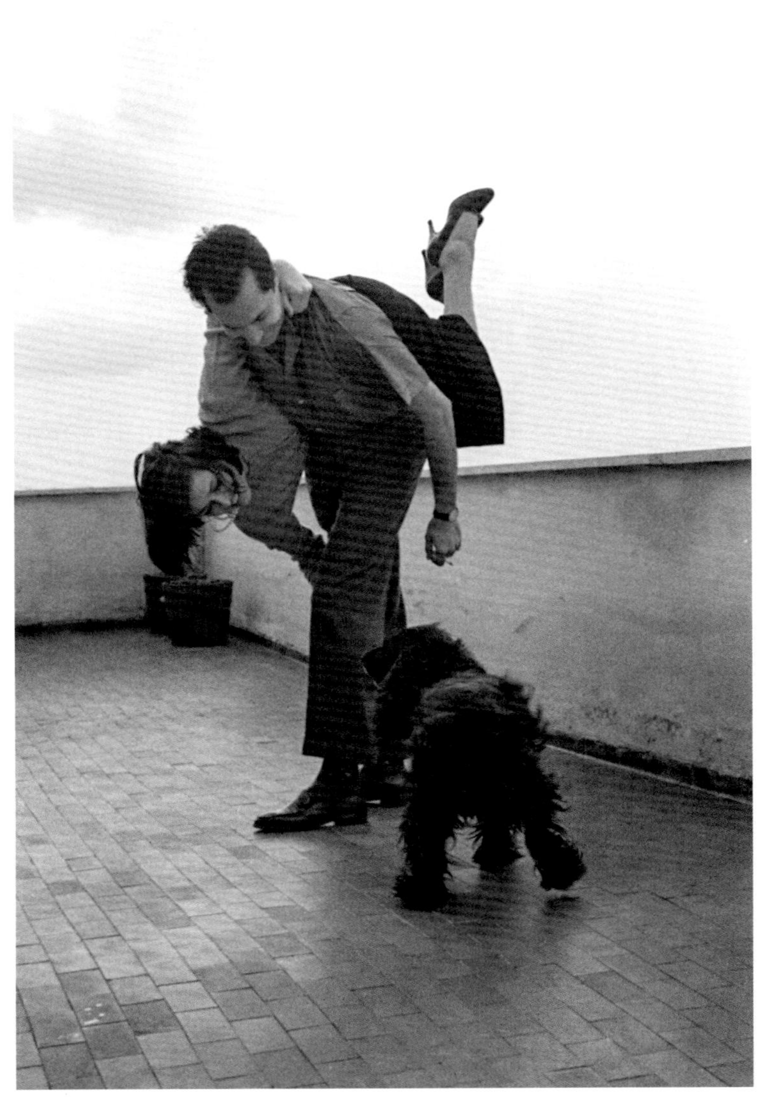

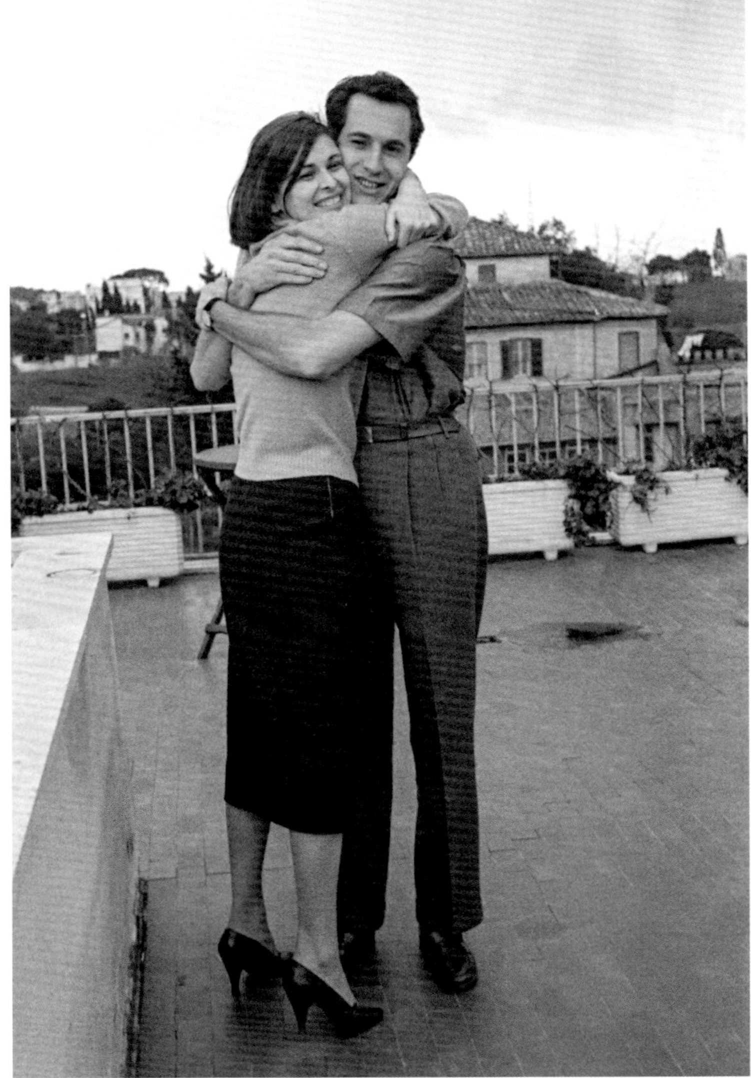

Lucia Bosé e / and Luis Miguel Dominguín, Roma / Rome 1955

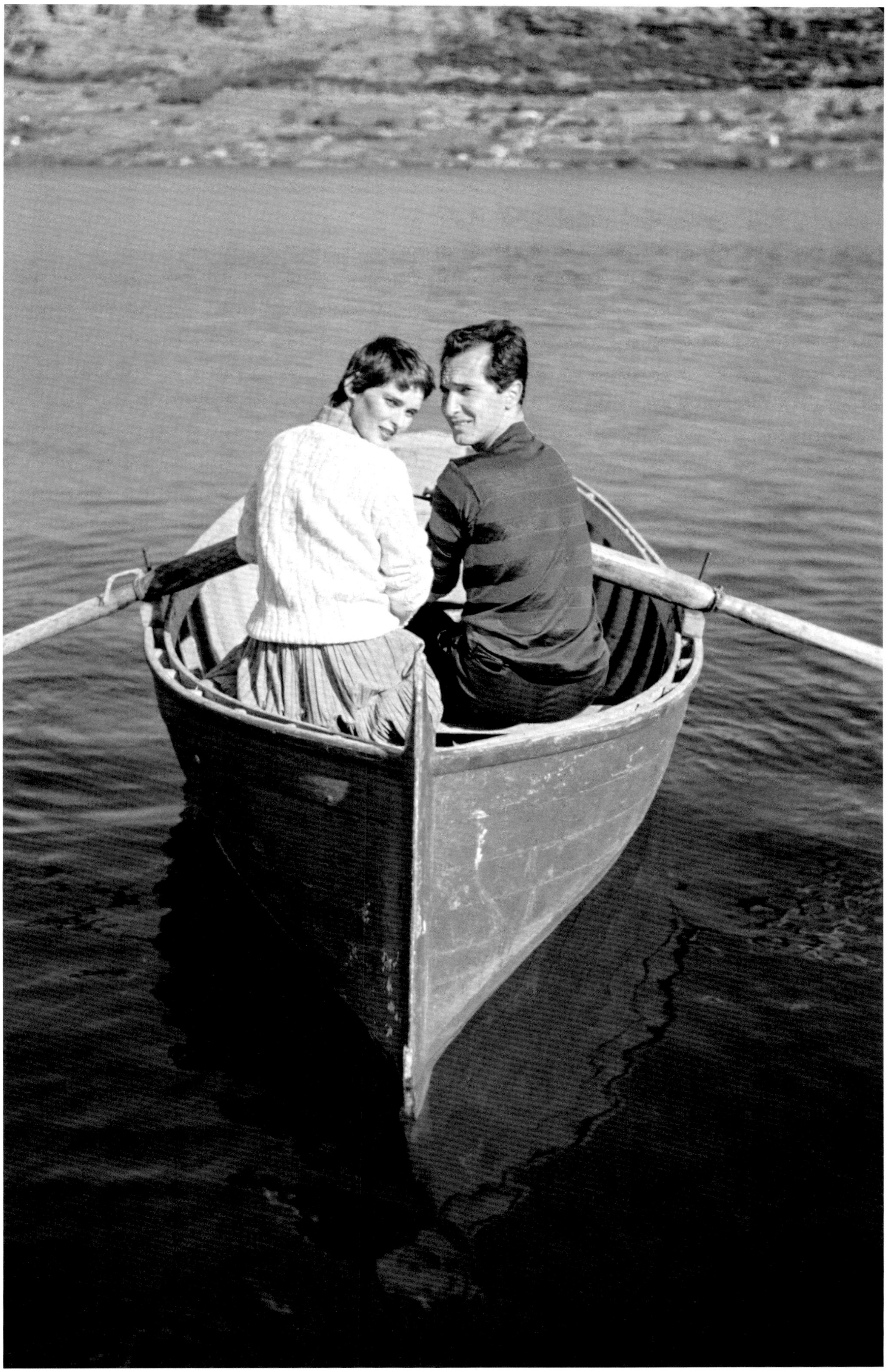

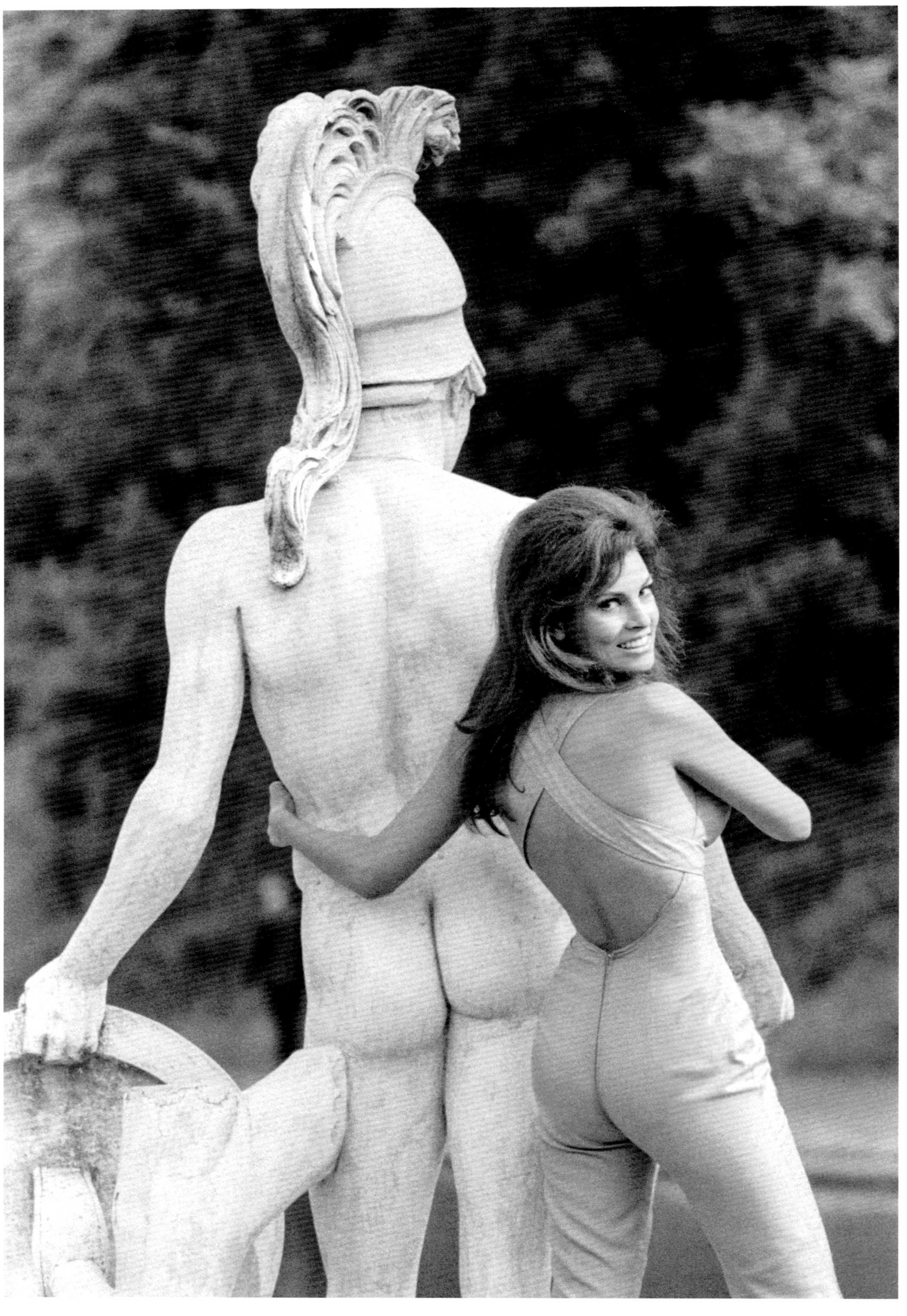

Raquel Welch, Villa Adriana, Tivoli (Roma / Rome) 1966

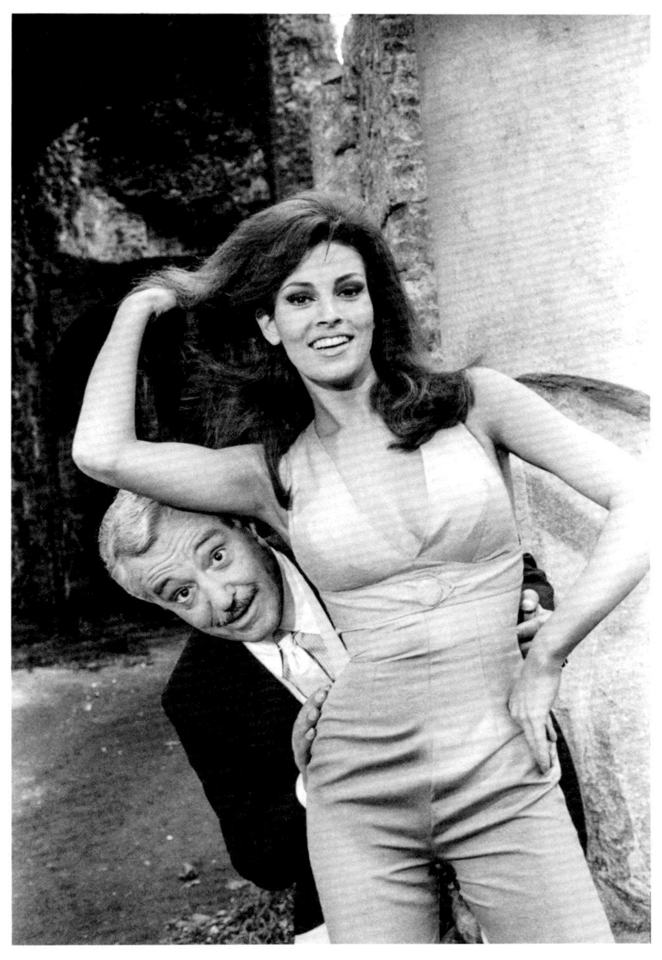

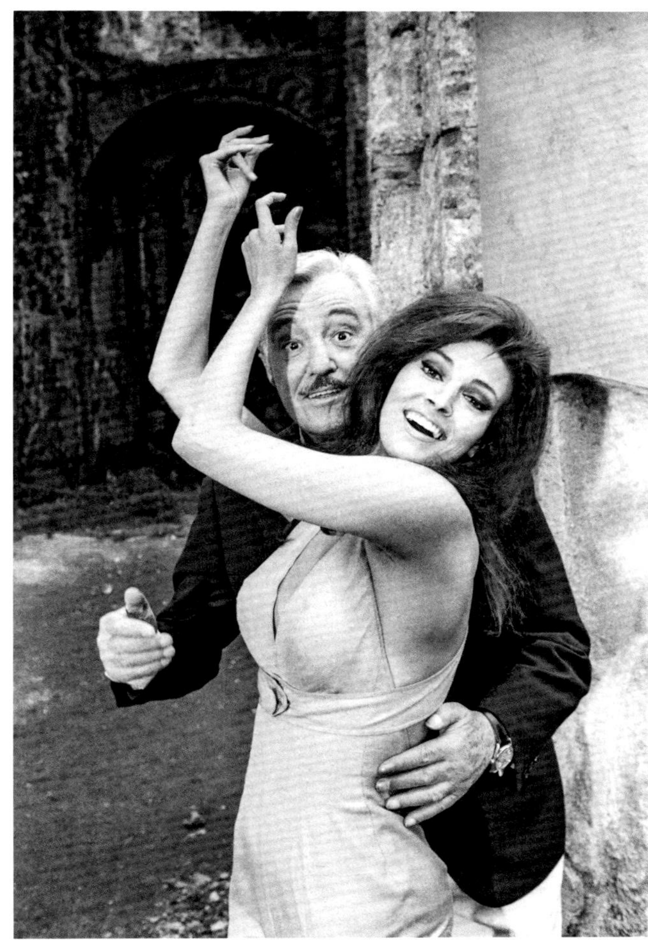

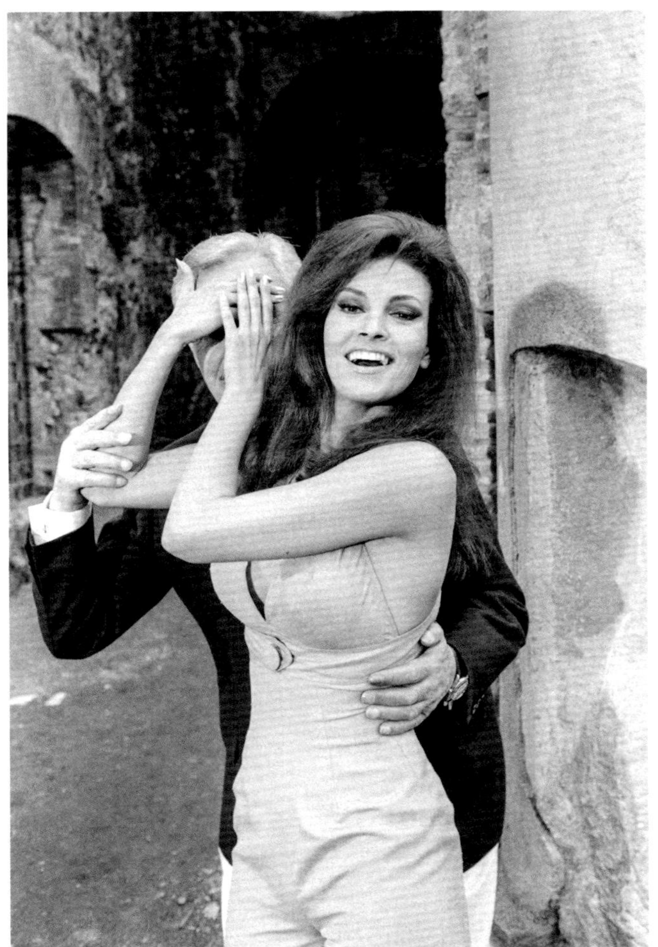

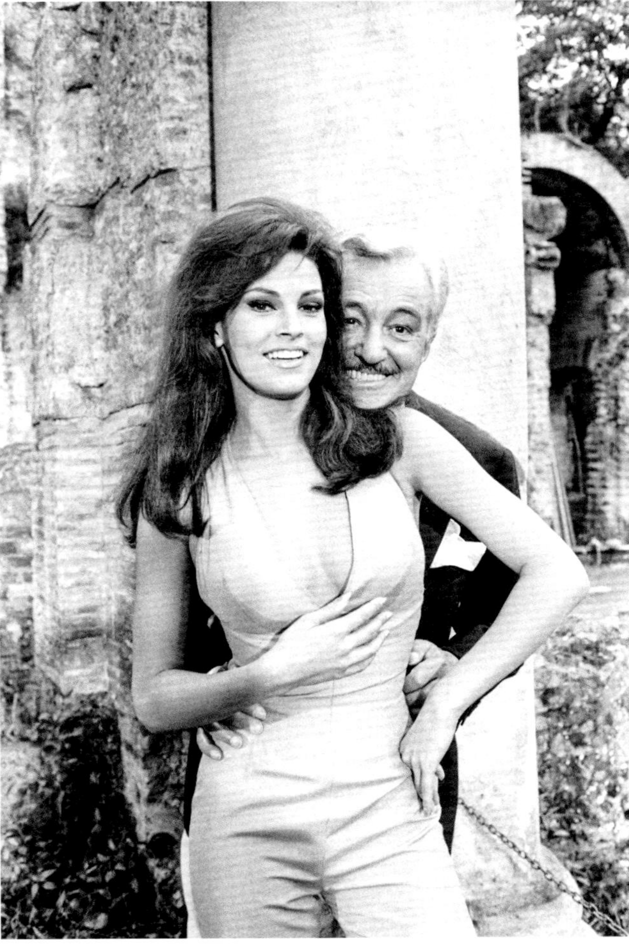

Raquel Welch e / and Vittorio De Sica, Villa Adriana, Tivoli (Roma / Rome) 1966

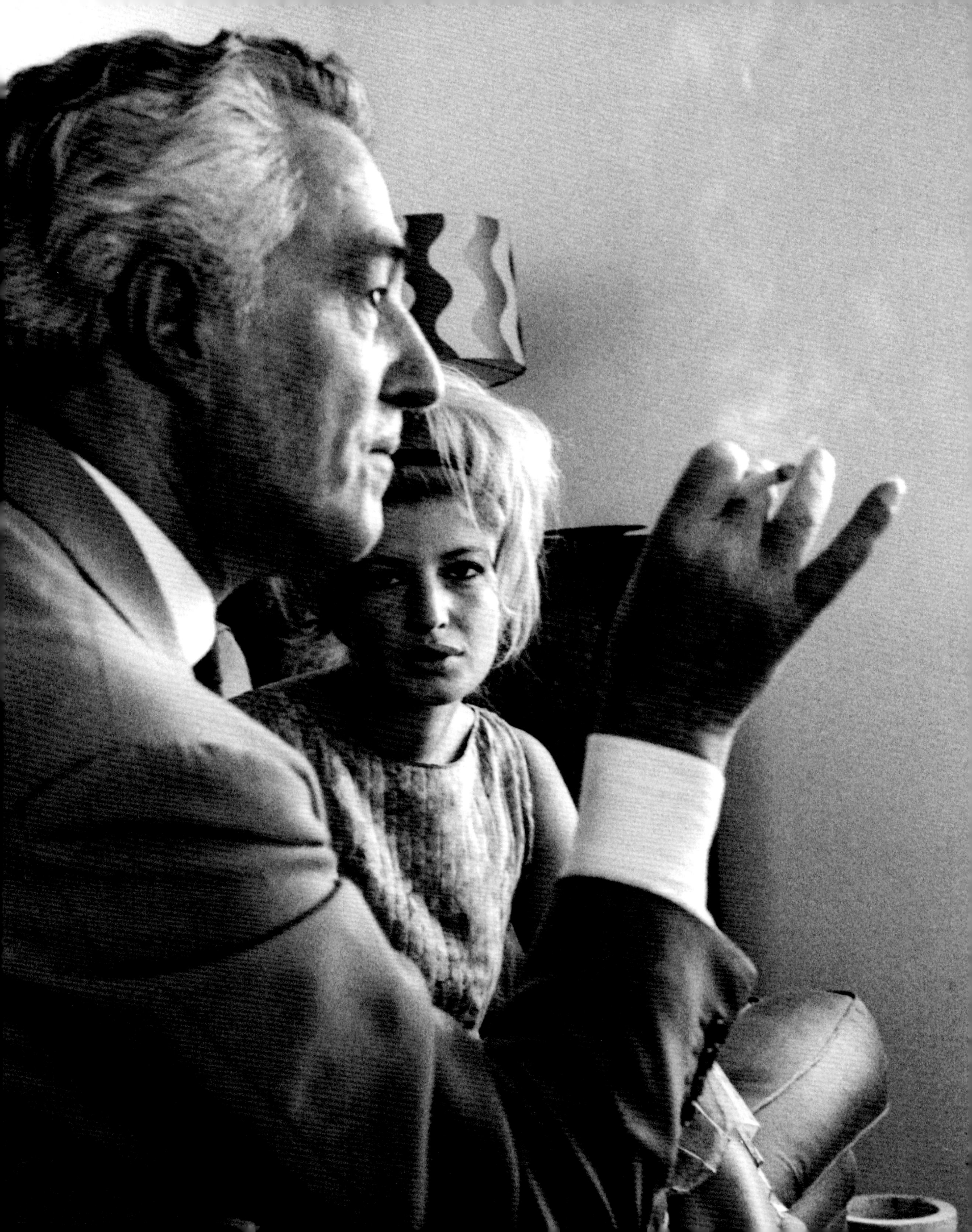

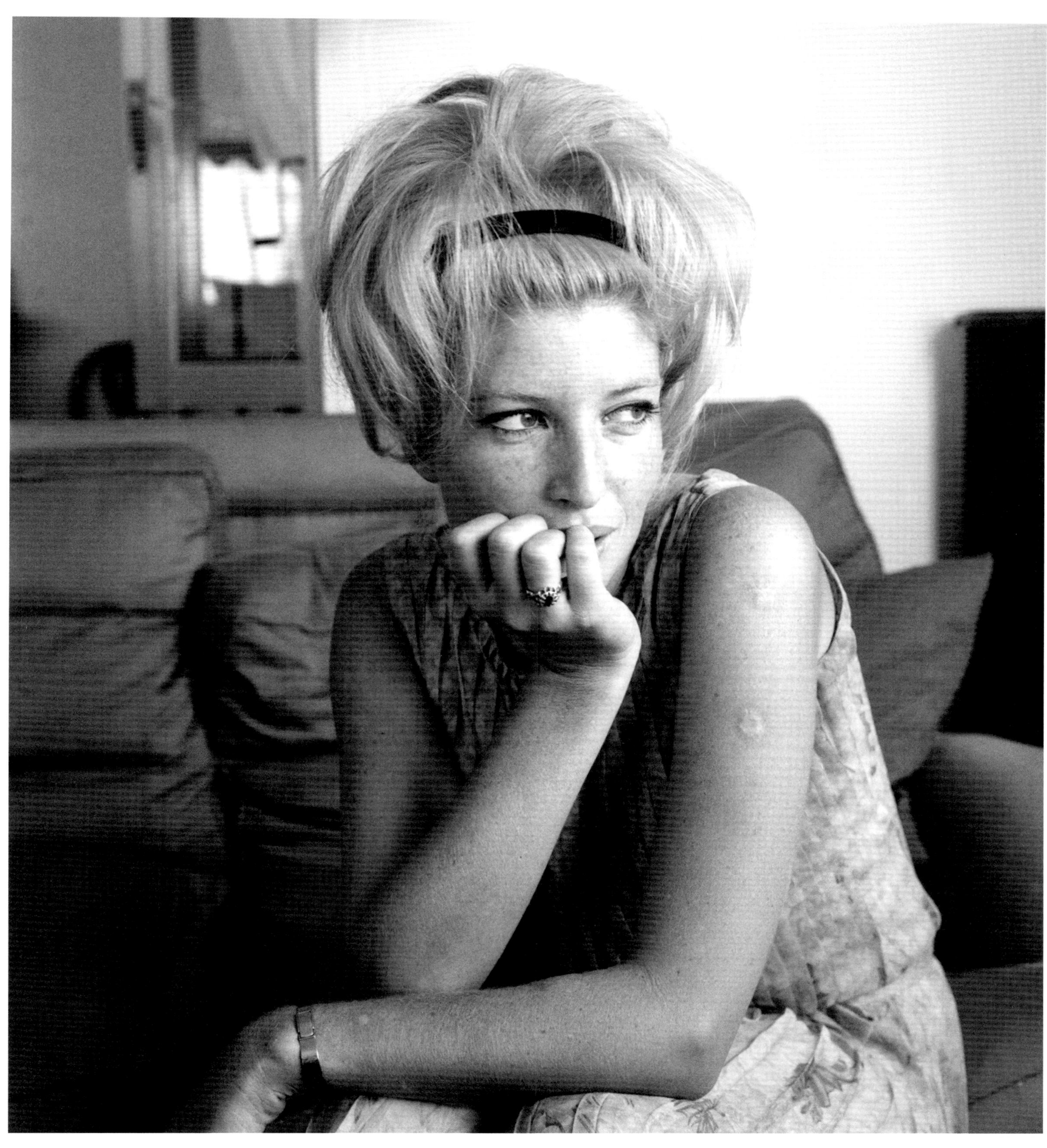

Monica Vitti e / and Vittorio De Sica, Roma / Rome 1964

Monica Vitti in casa / at home, Roma / Rome 1964

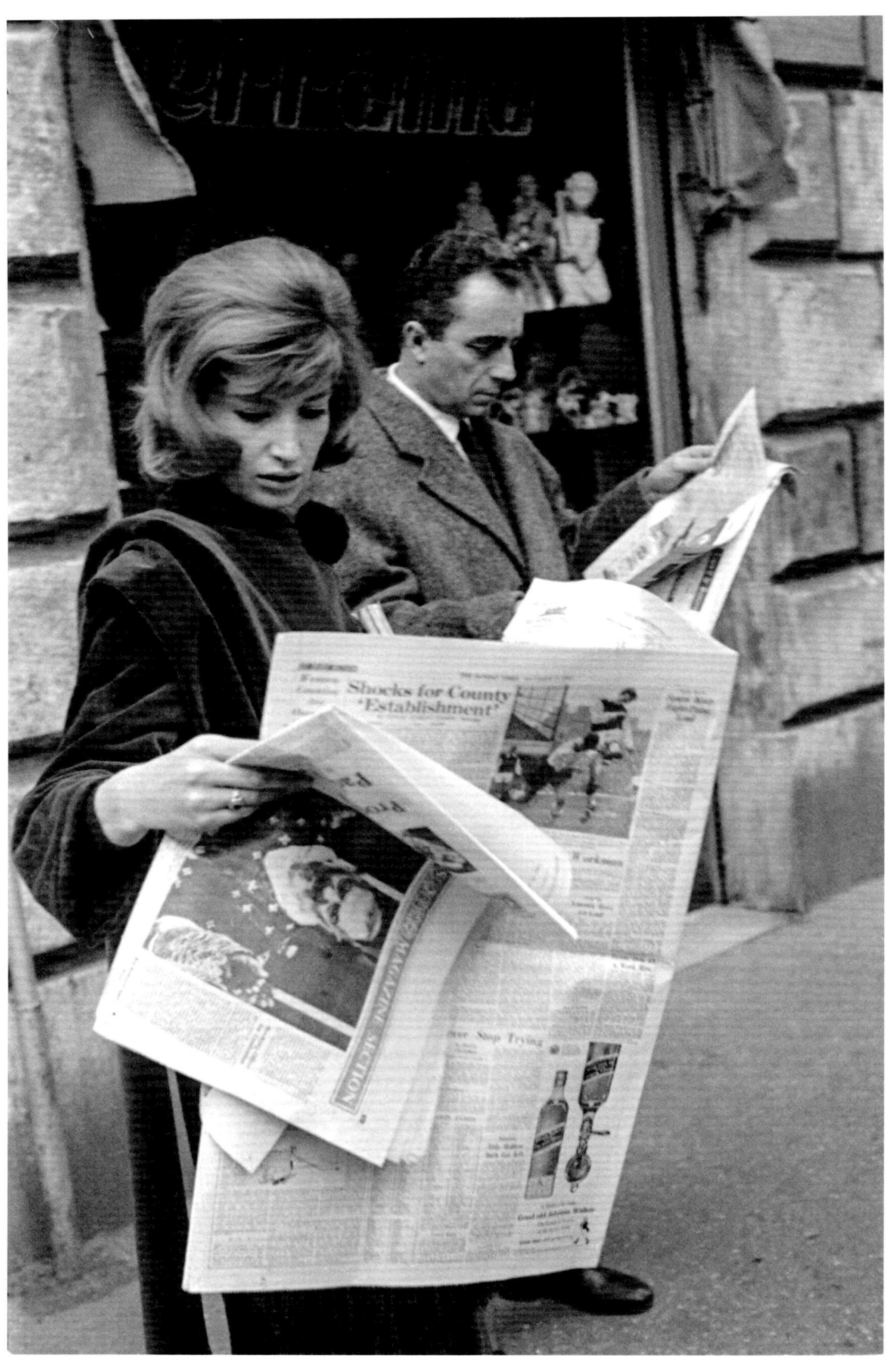

Monica Vitti e / and Michelangelo Antonioni in via Veneto, Roma / Rome 1958

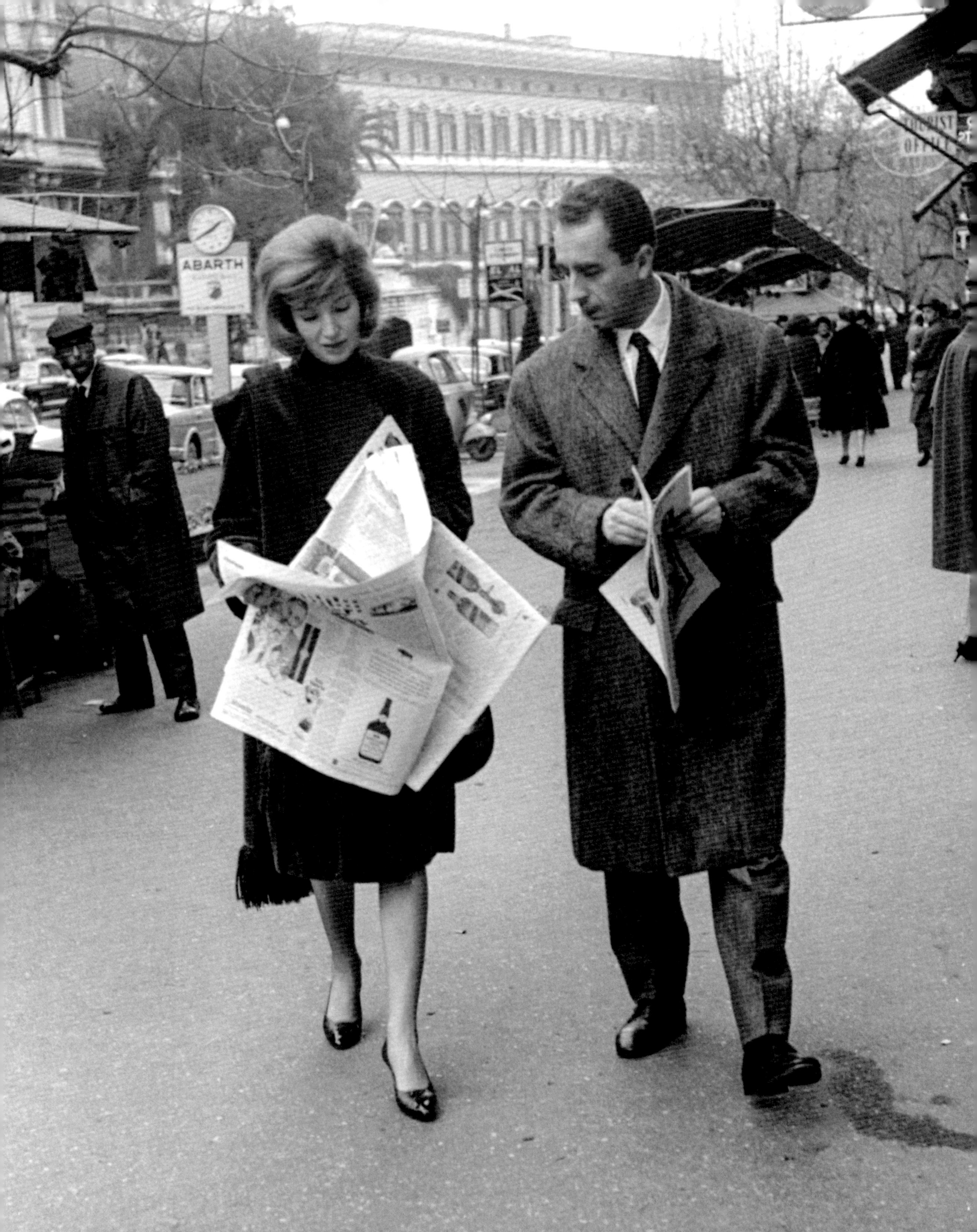
ABARTH

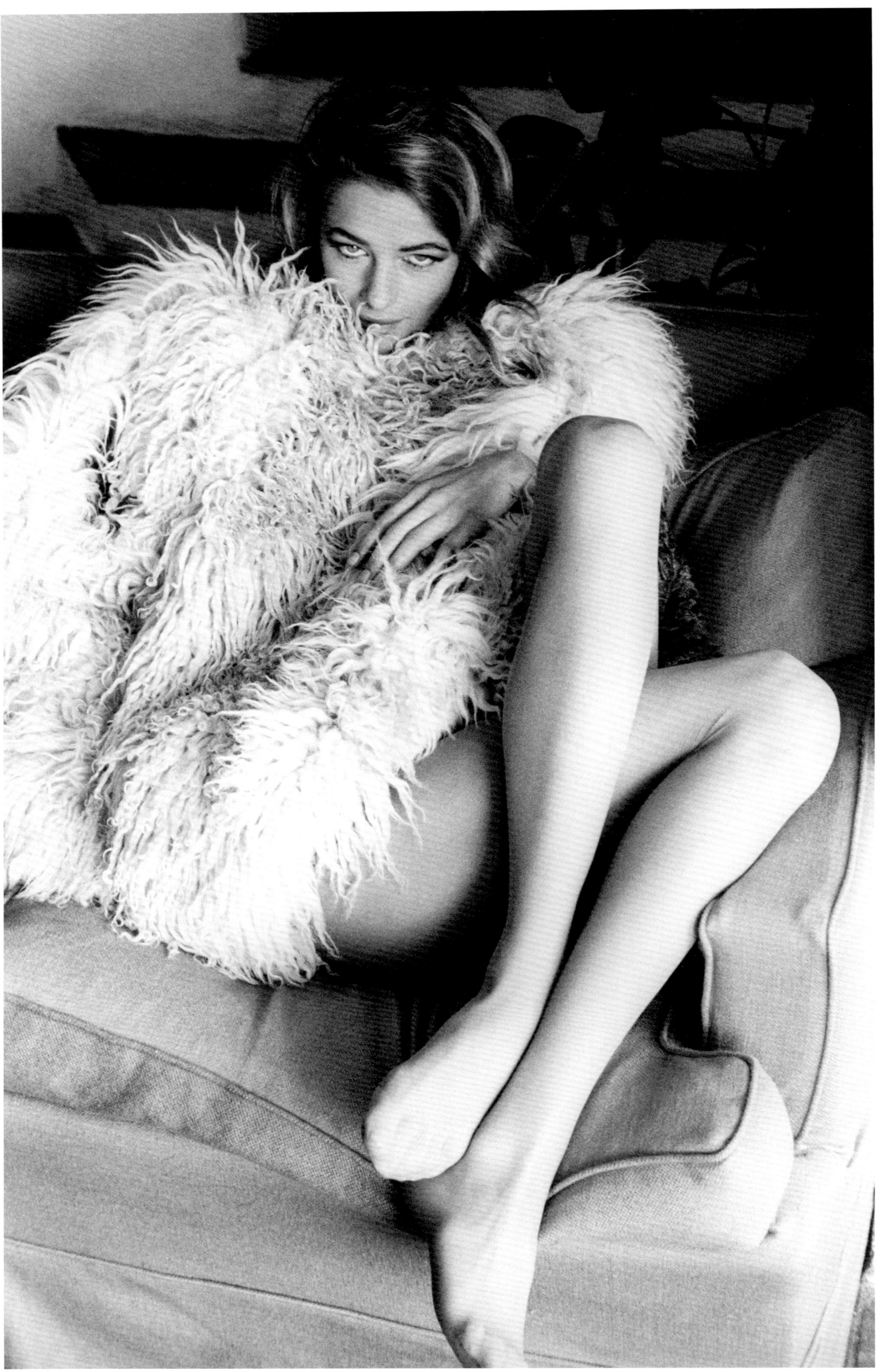

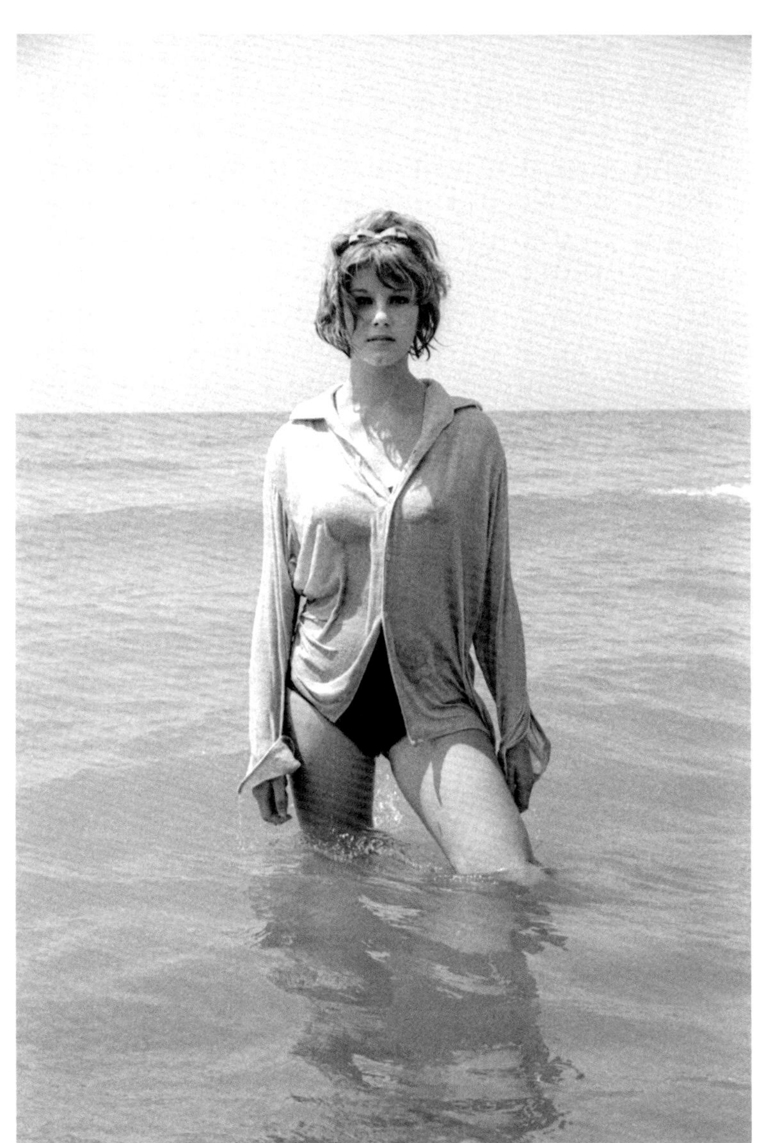

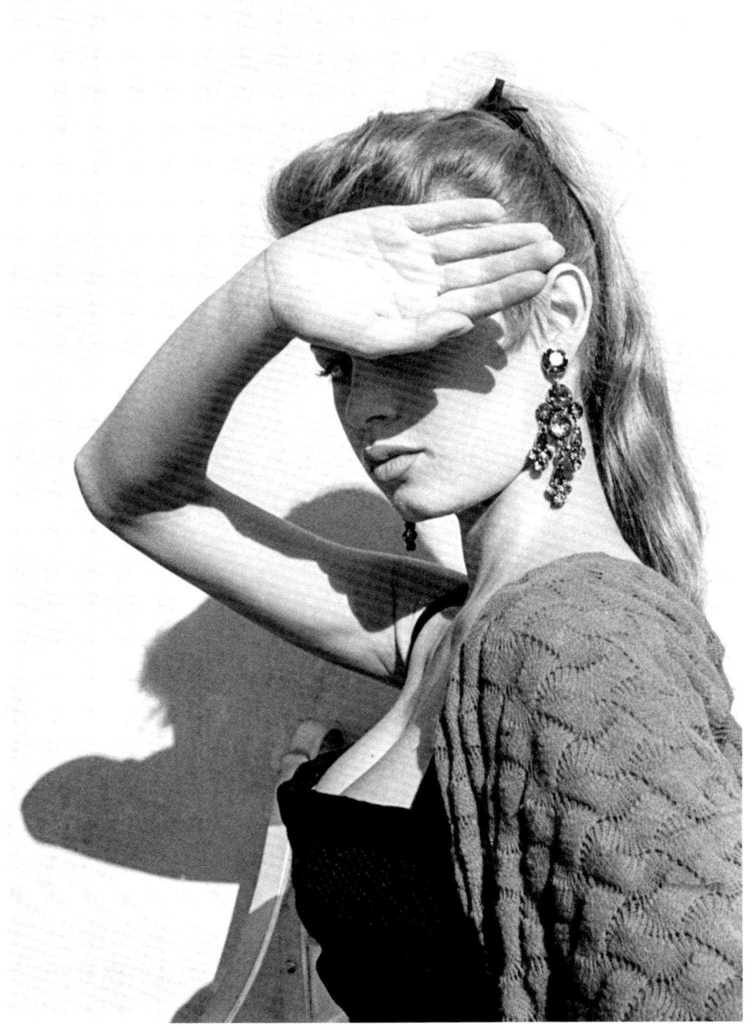

Charlotte Rampling, Sardegna / Sardinia 1968

Stefania Sandrelli, Tor San Lorenzo,
Roma / Rome 1963

Brigitte Bardot, Roma / Rome 1956

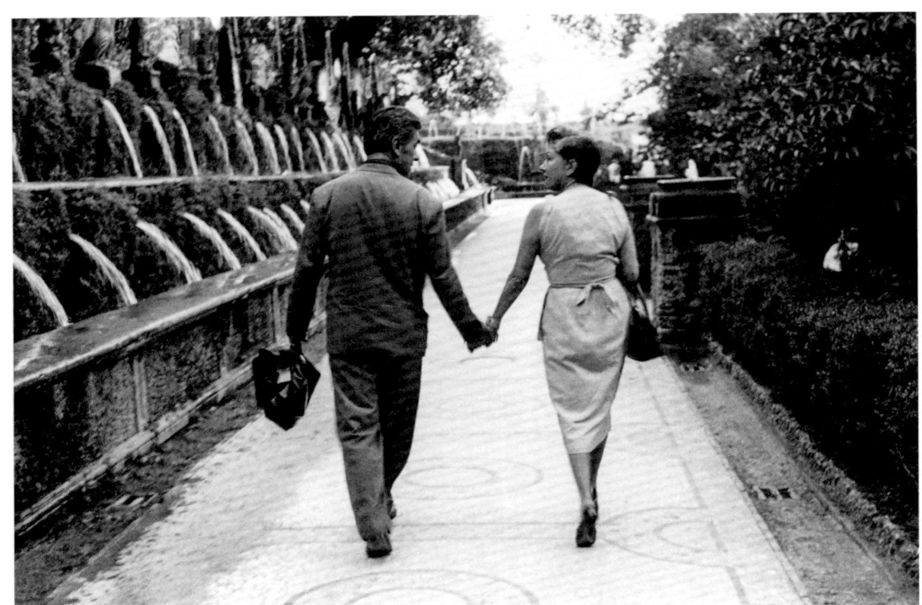

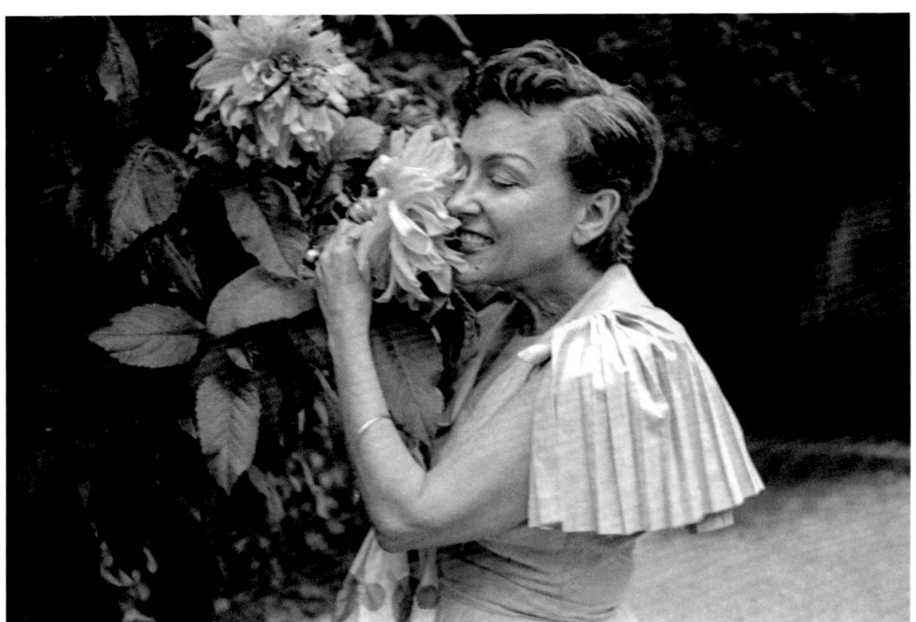

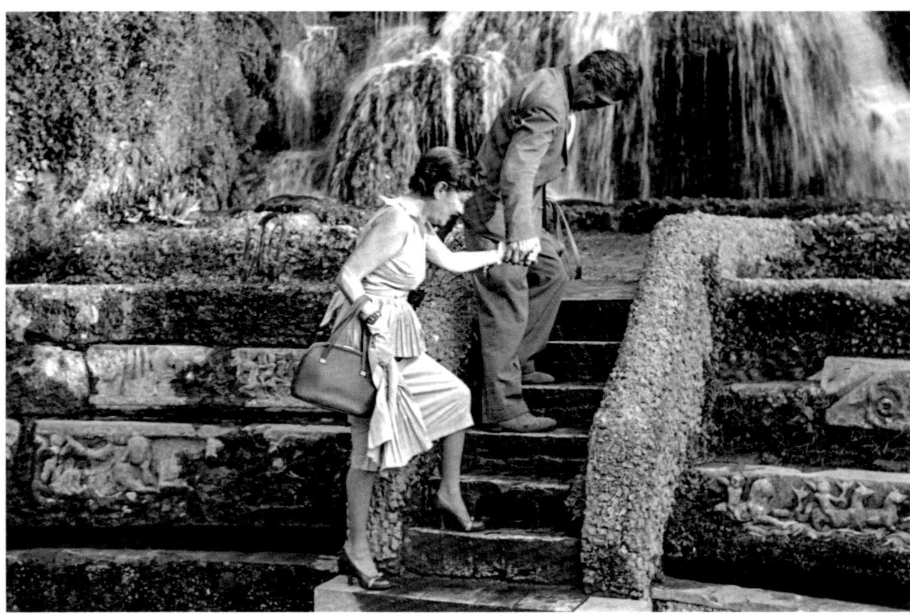

Gloria Swanson e / and Amerigo Tot, Villa d'Este, Tivoli (Roma / Rome) 1956

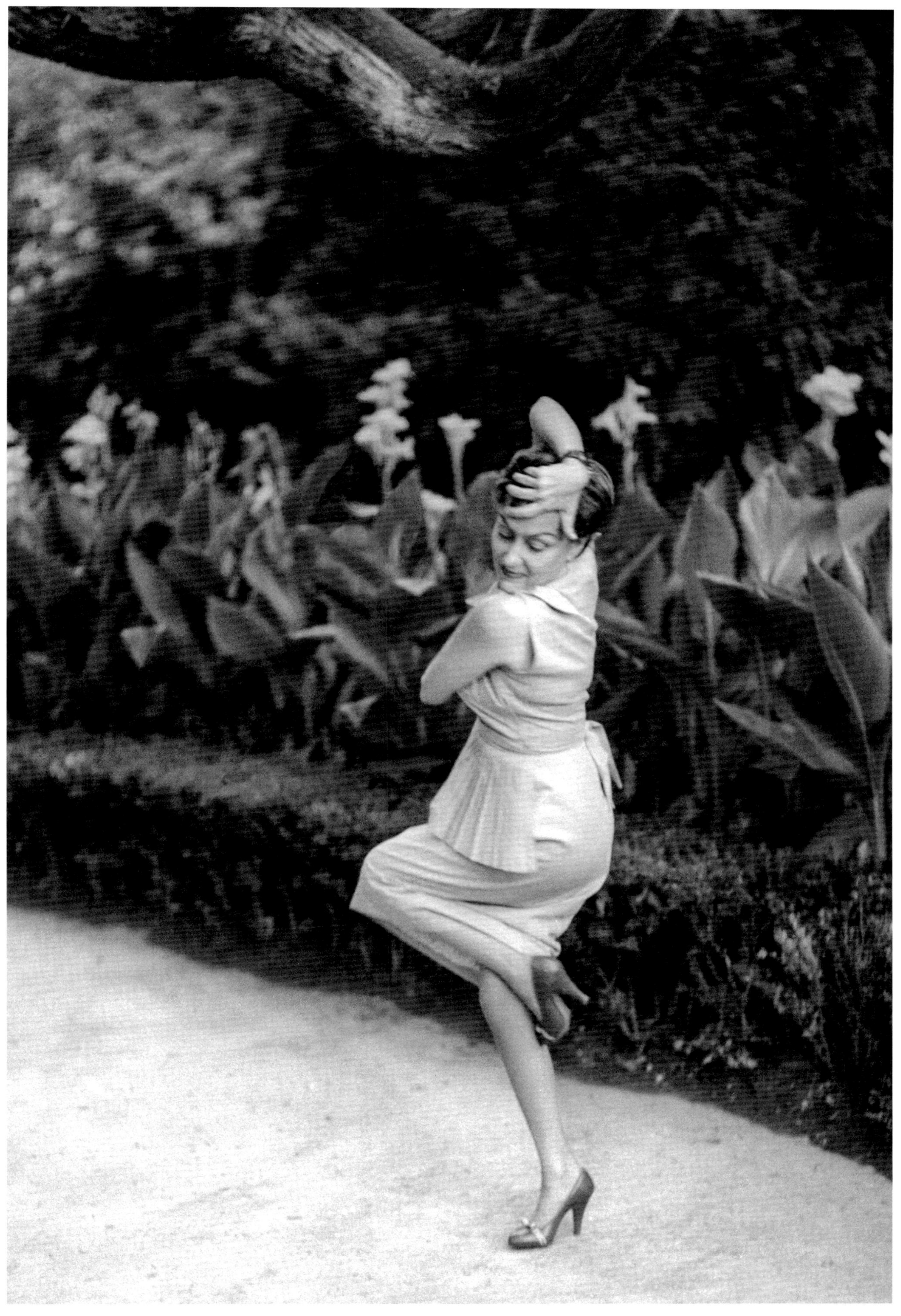

Gloria Swanson, Villa d'Este, Tivoli (Roma / Rome) 1956

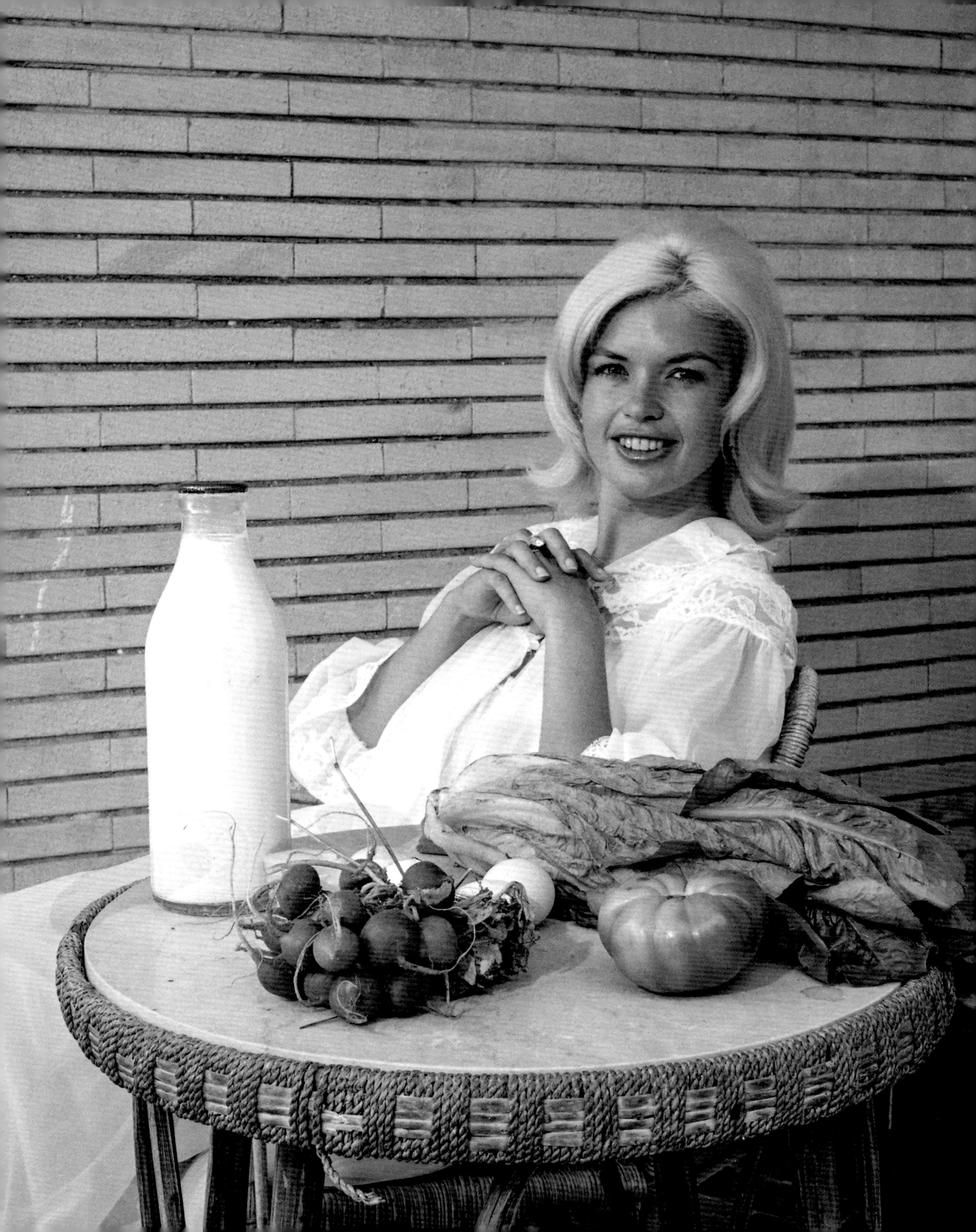

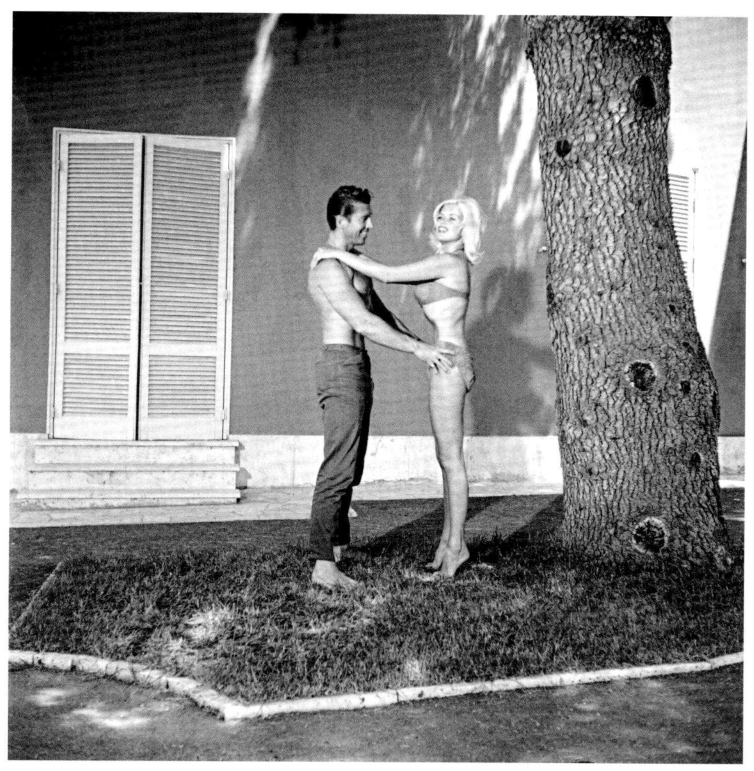

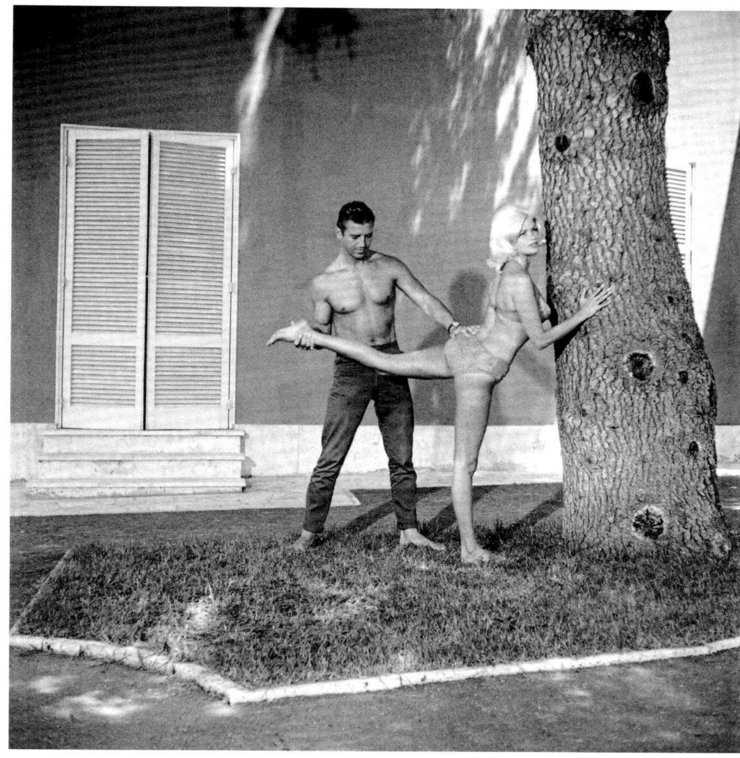

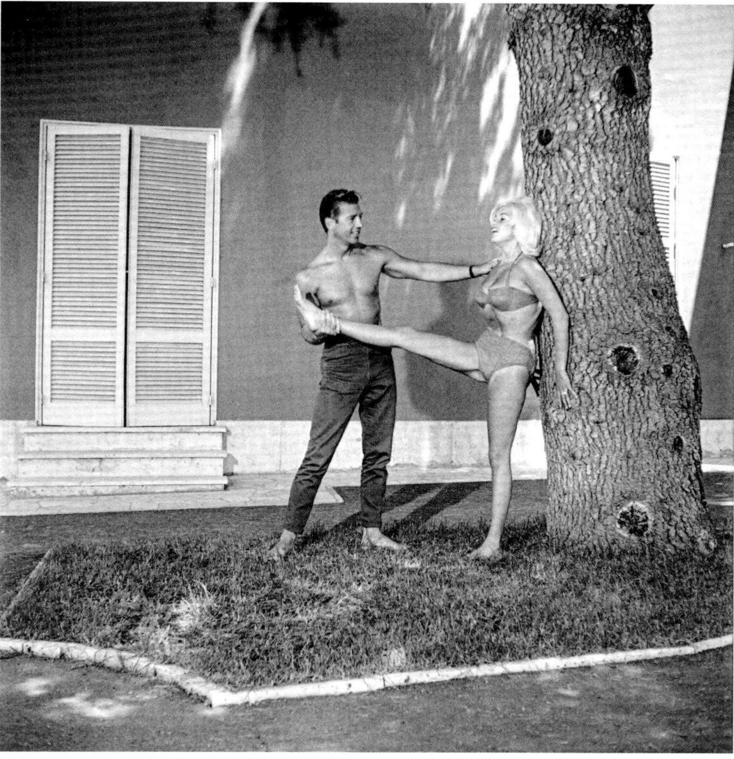

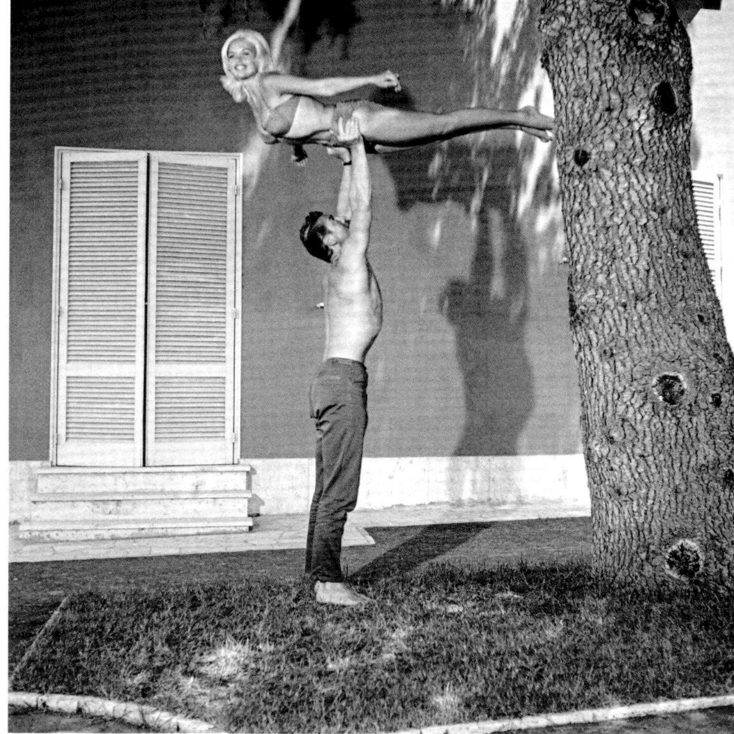

Jane Mansfield, Roma / Rome 1963

Jane Mansfield e il marito / and her husband Mickey Hargitay, Roma / Rome 1963

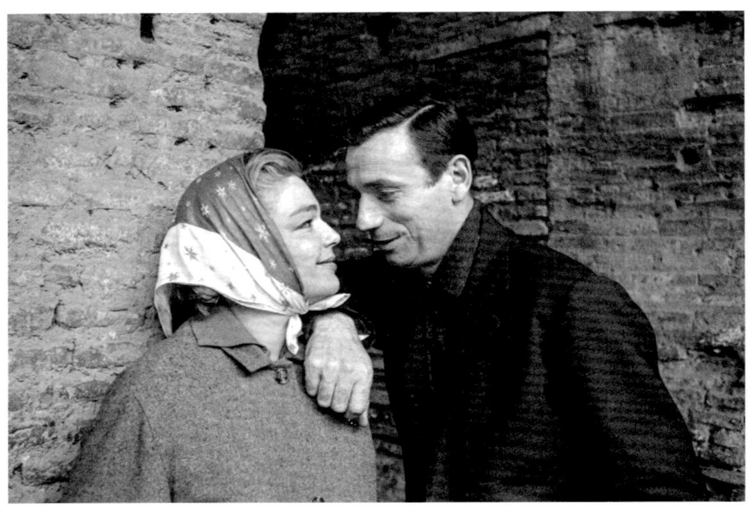

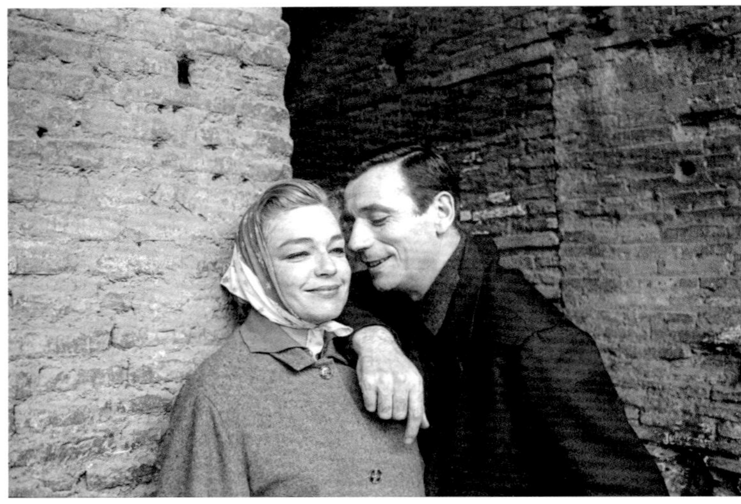

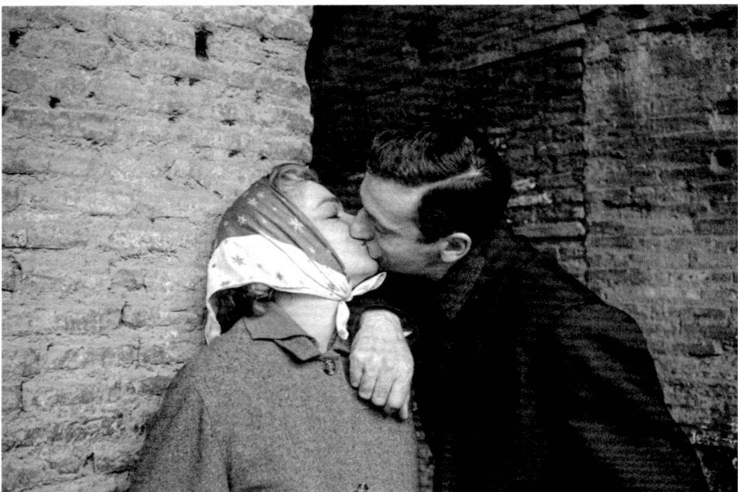

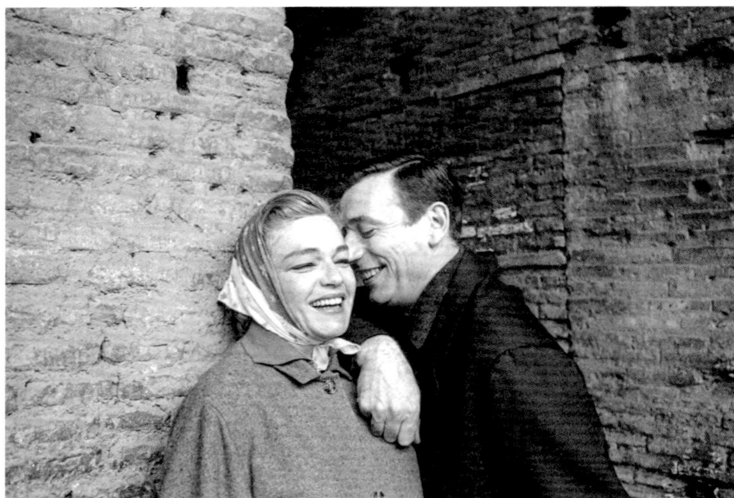

Simone Signoret e / and Yves Montand, Aventino, Roma / Rome 1956

Simone Signoret e / and Yves Montand, Foro Romano, Roma / Rome 1956

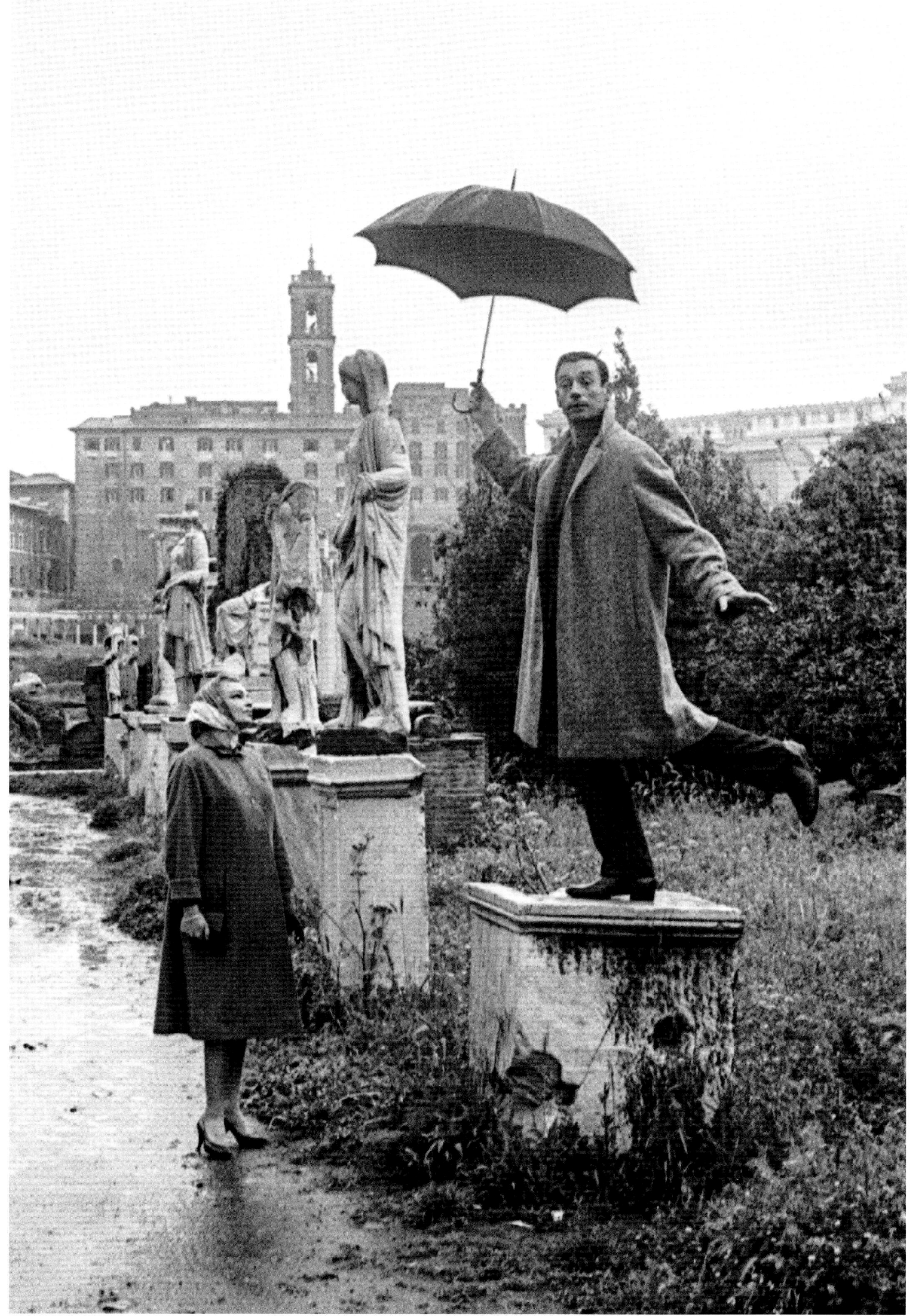

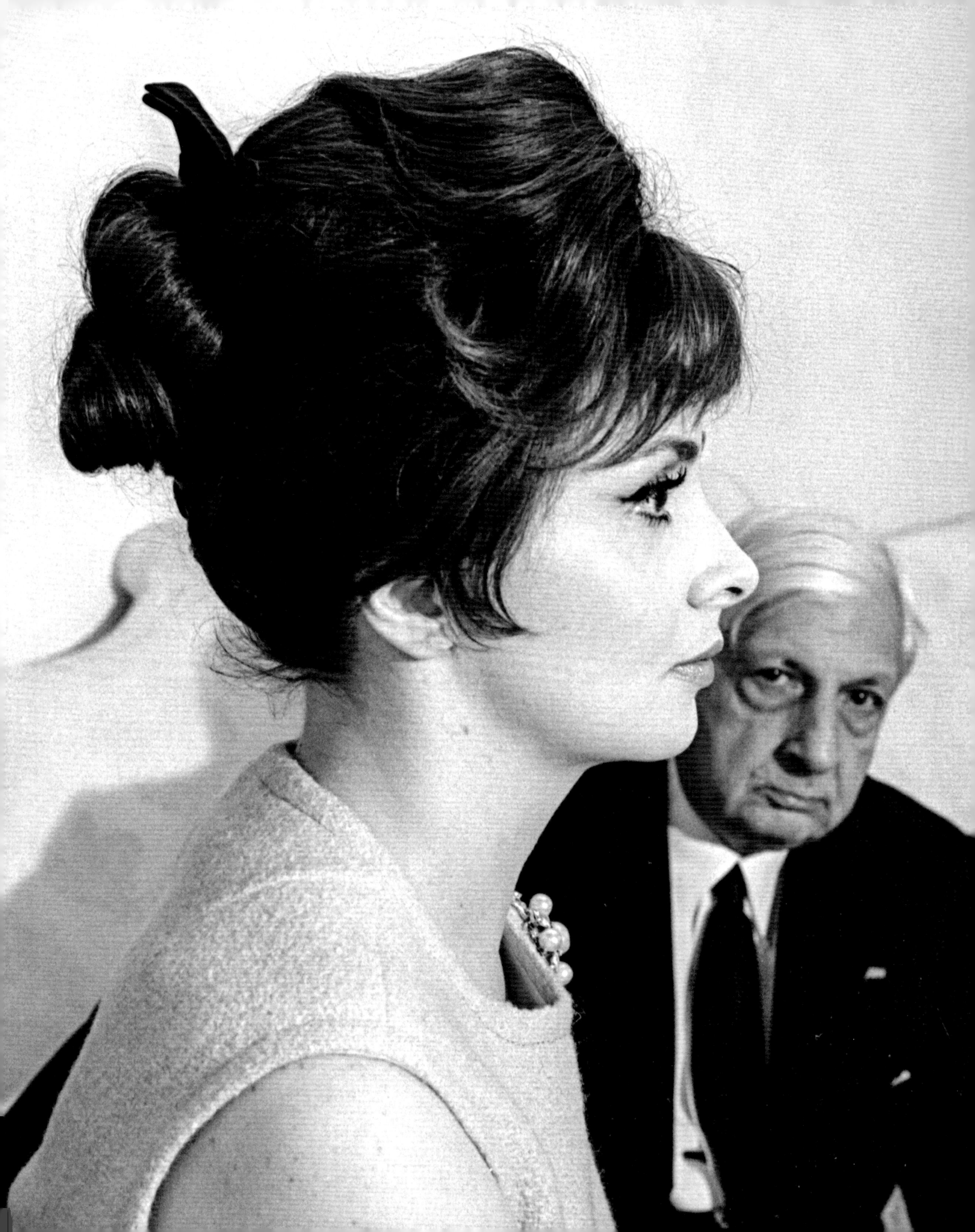

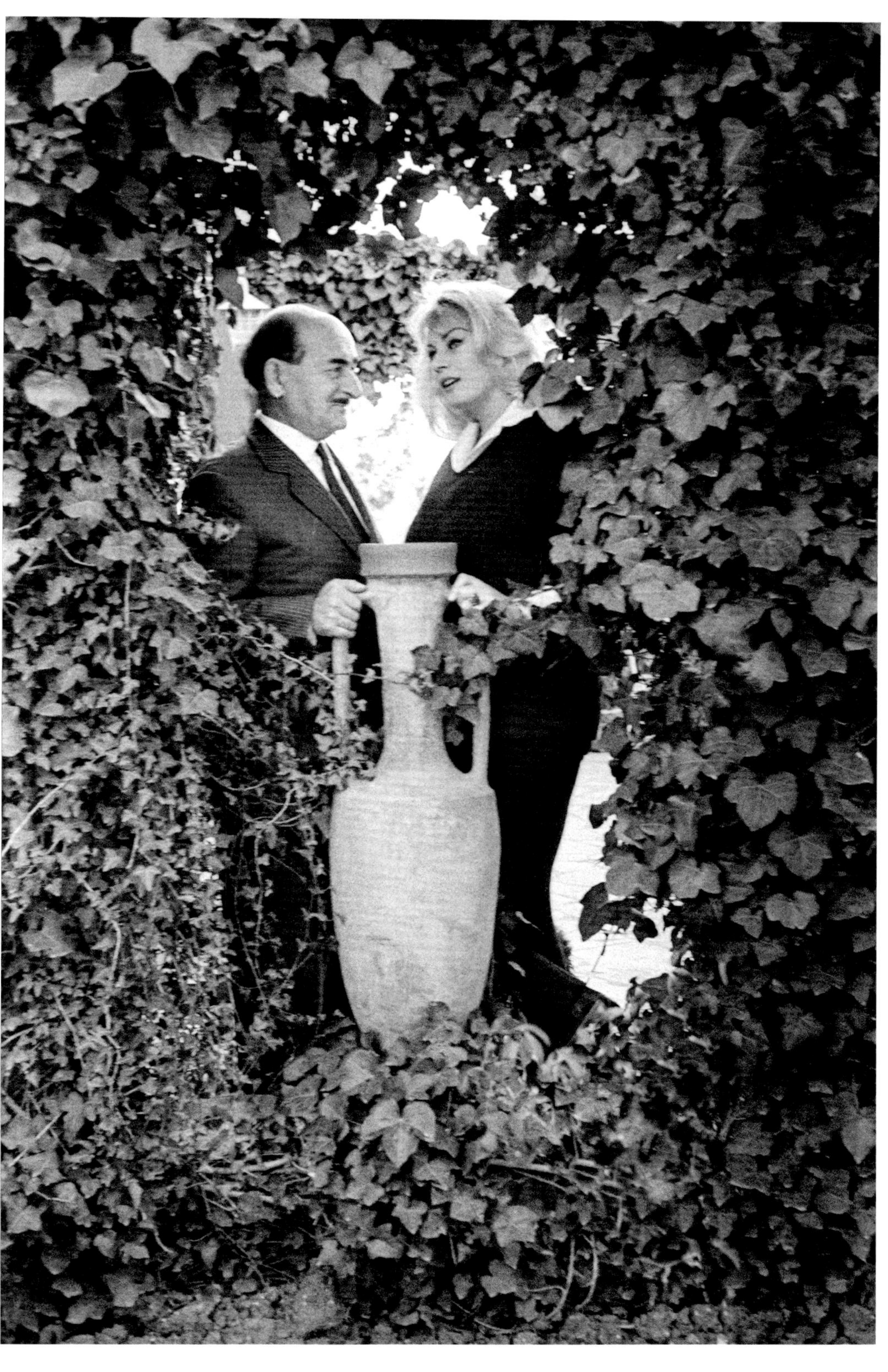

Gina Lollobrigida e / and Giorgio de Chirico,
"Incontri impossibili", Roma / Rome 1964

Salvatore Quasimodo e / and Anita Ekberg,
"Incontri Impossibili", Roma / Rome 1964

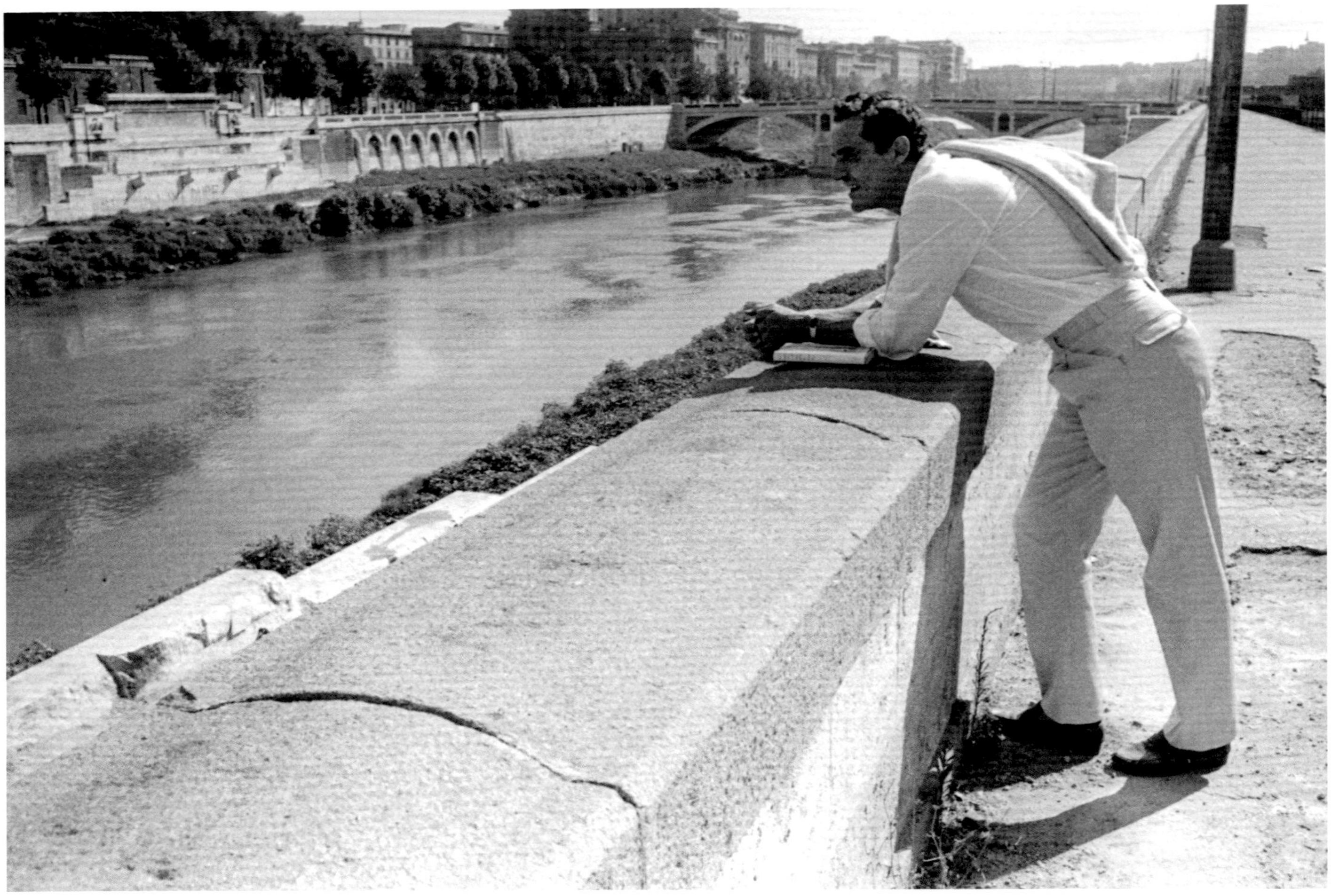

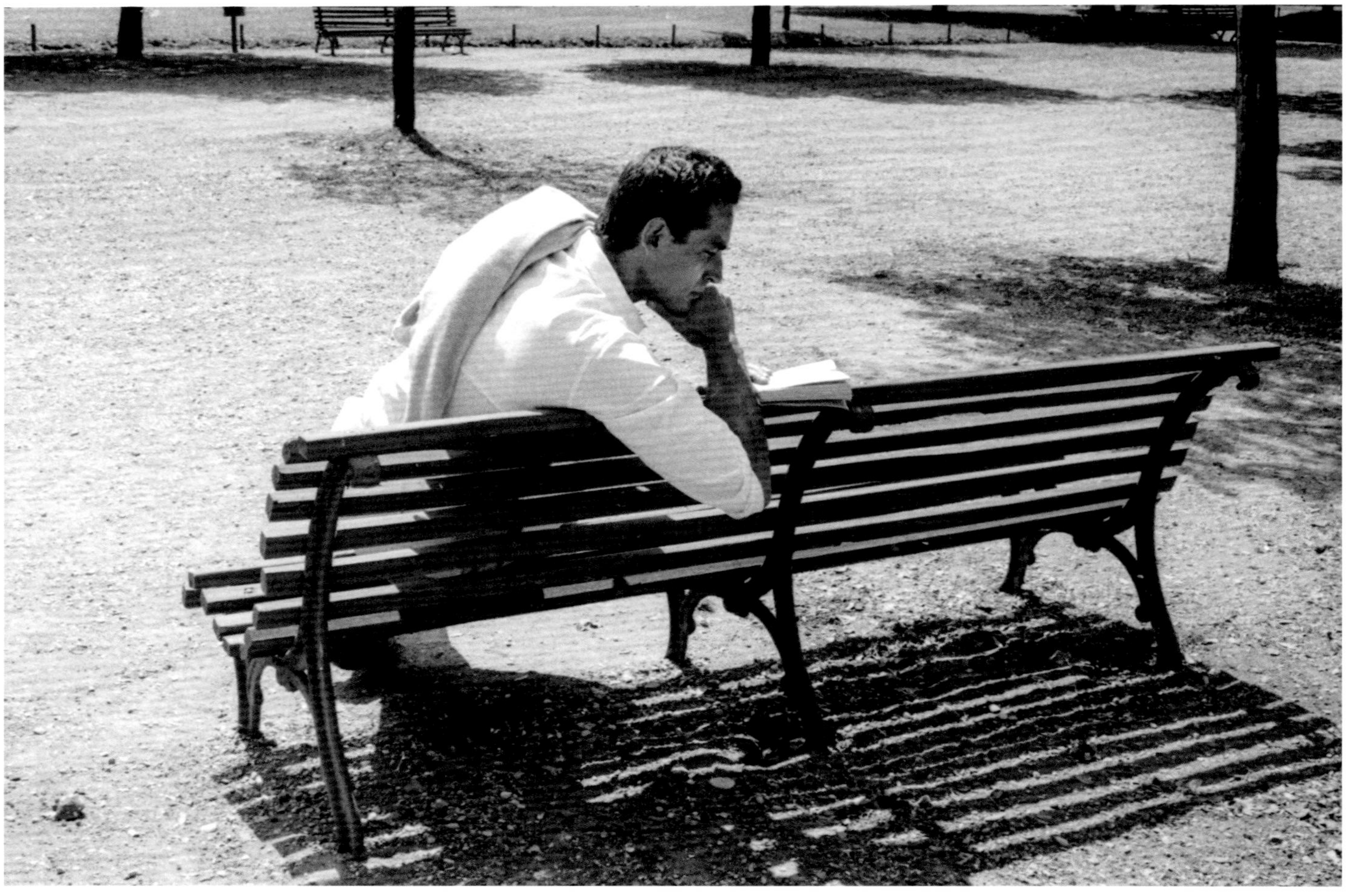

Vittorio Gassman, Ferragosto a Roma / in Rome 1961

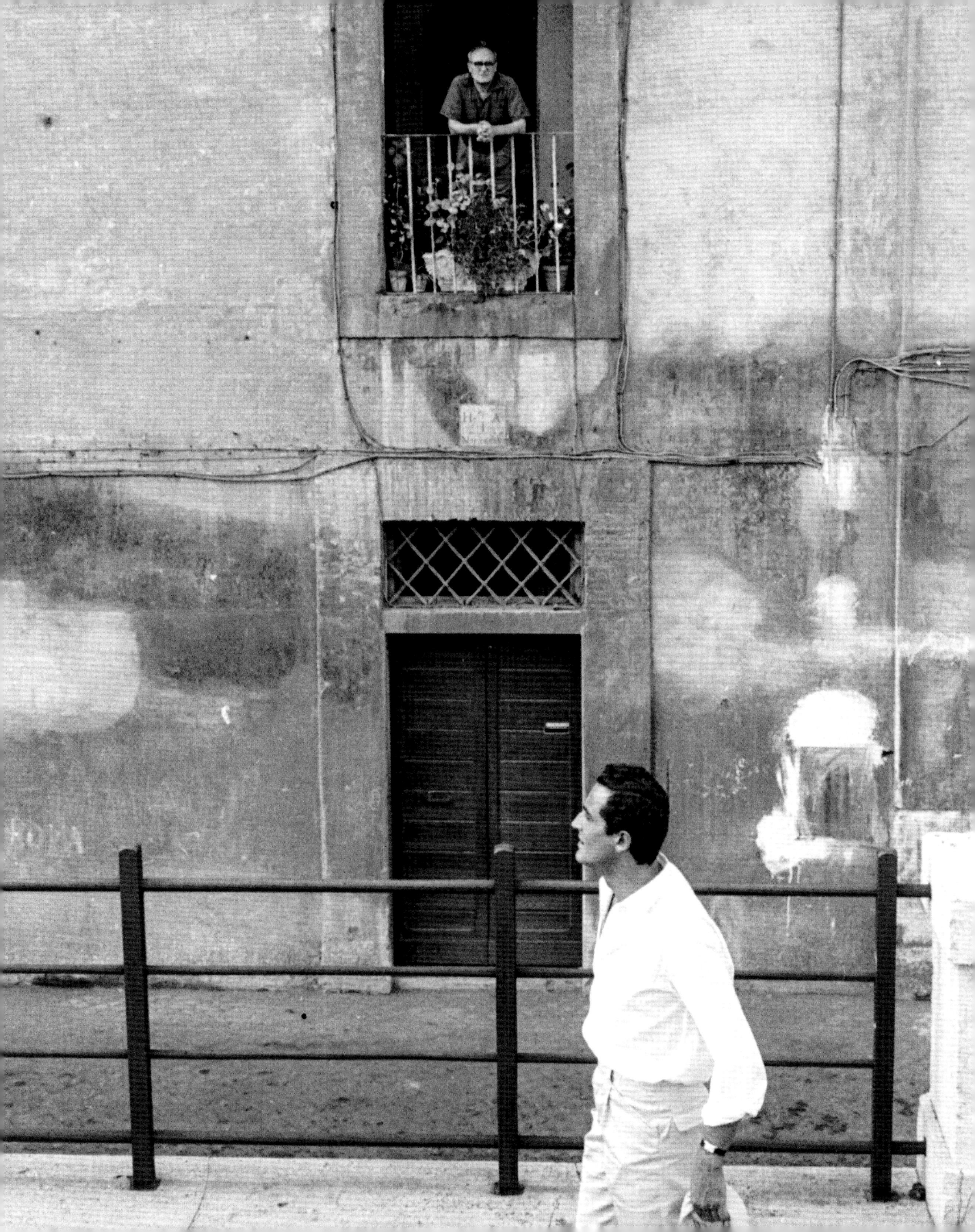

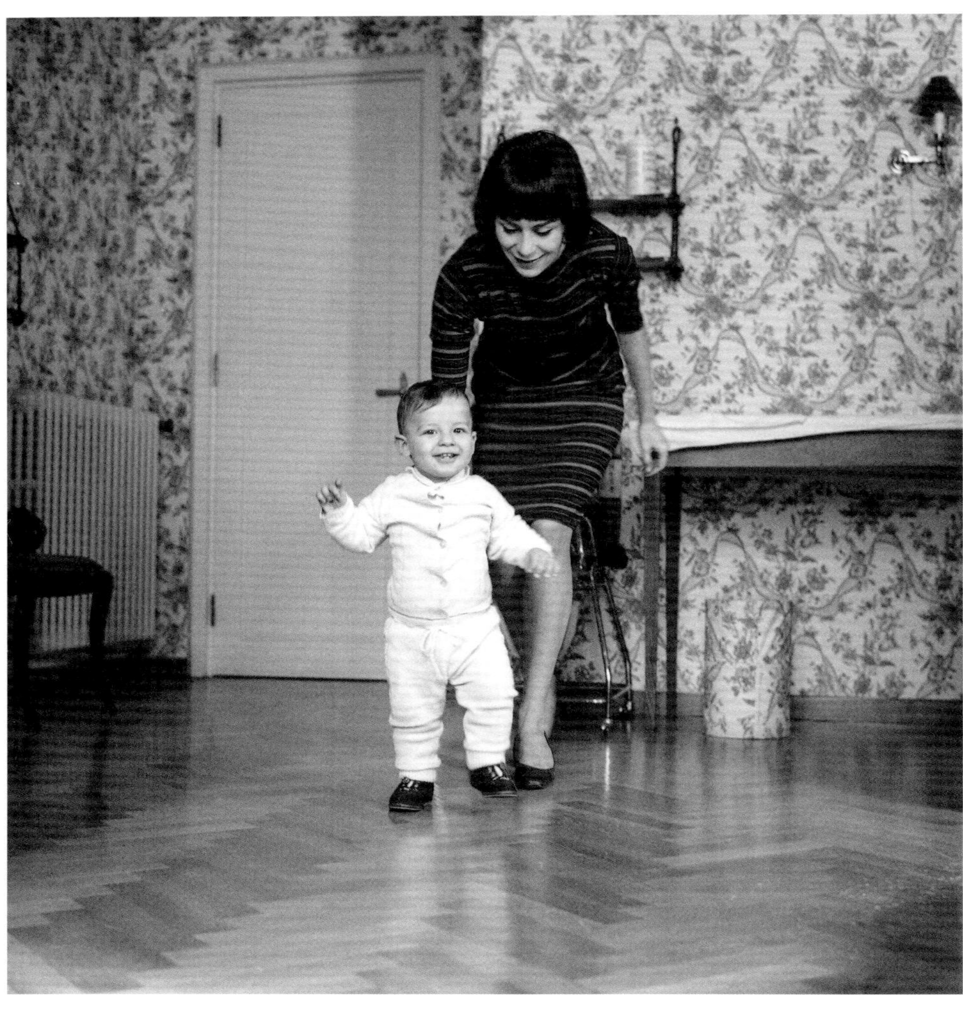

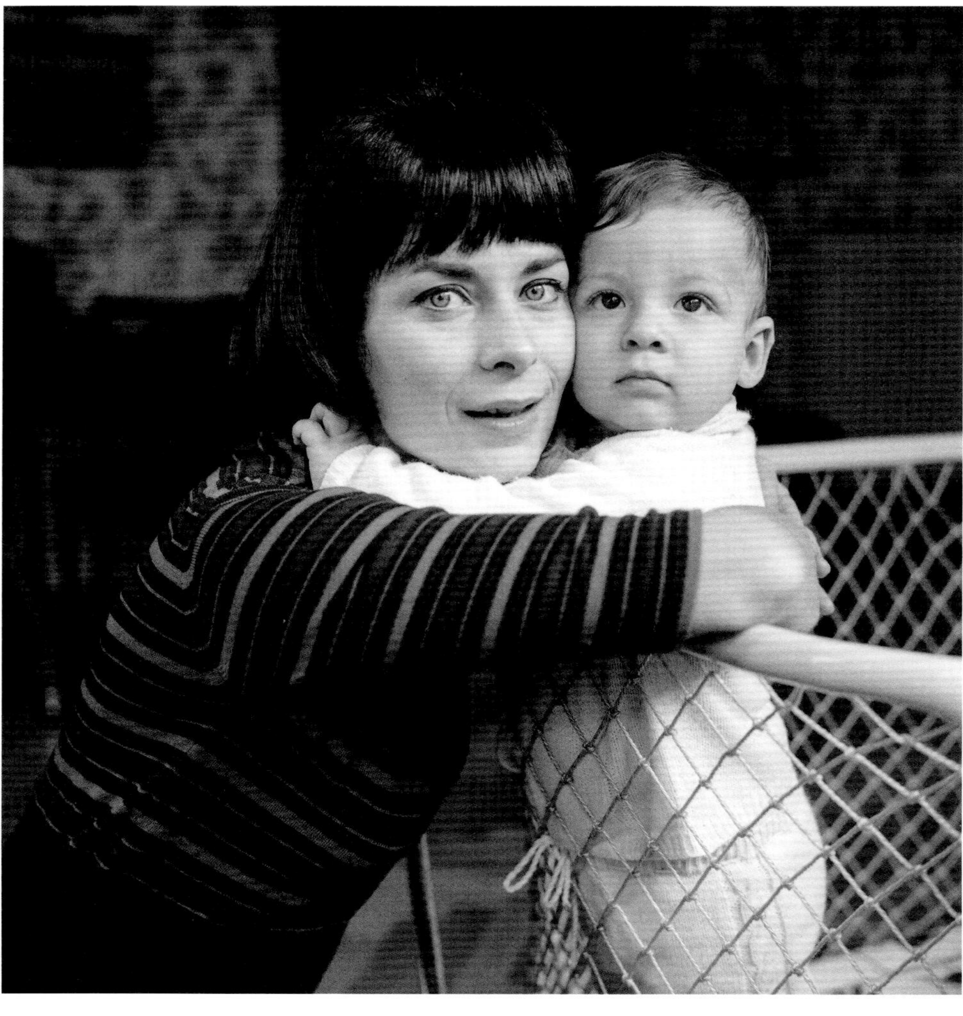

Juliette Mayniel con / with Alessandro Gassman
1966

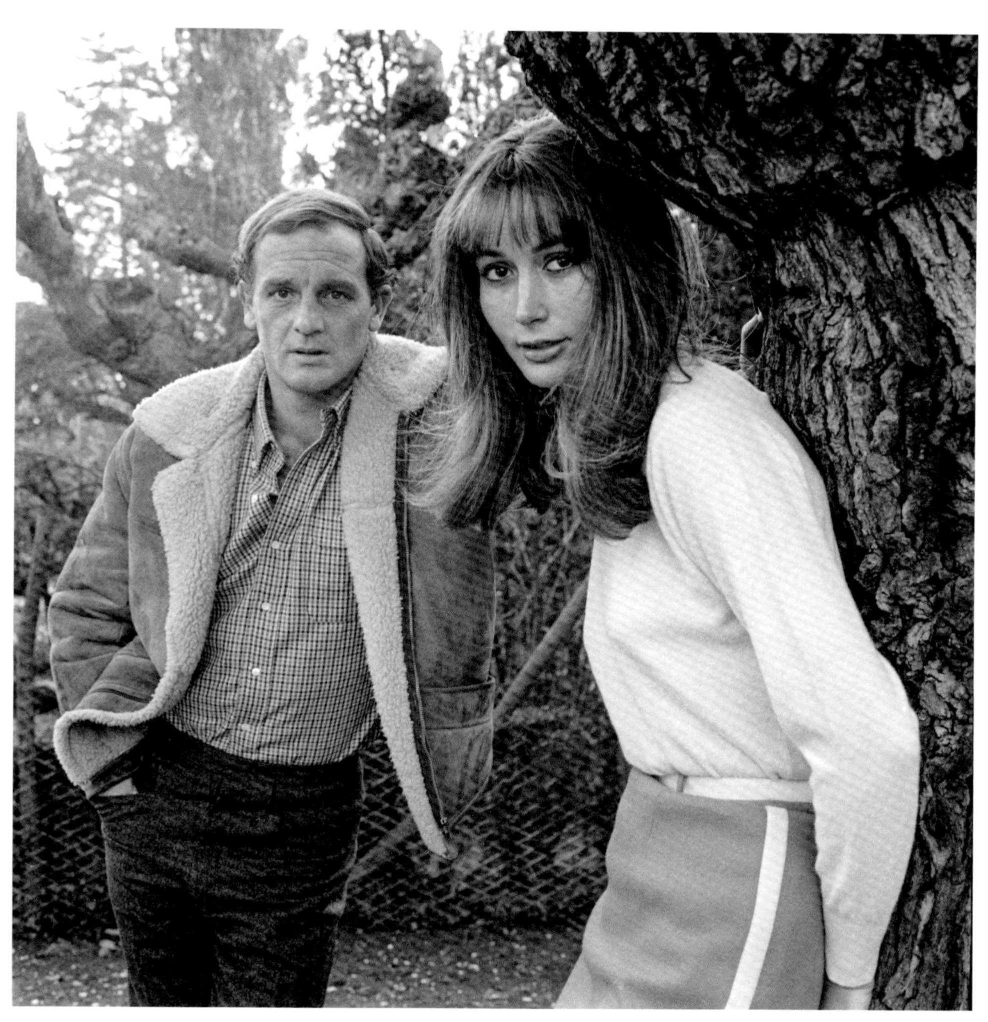

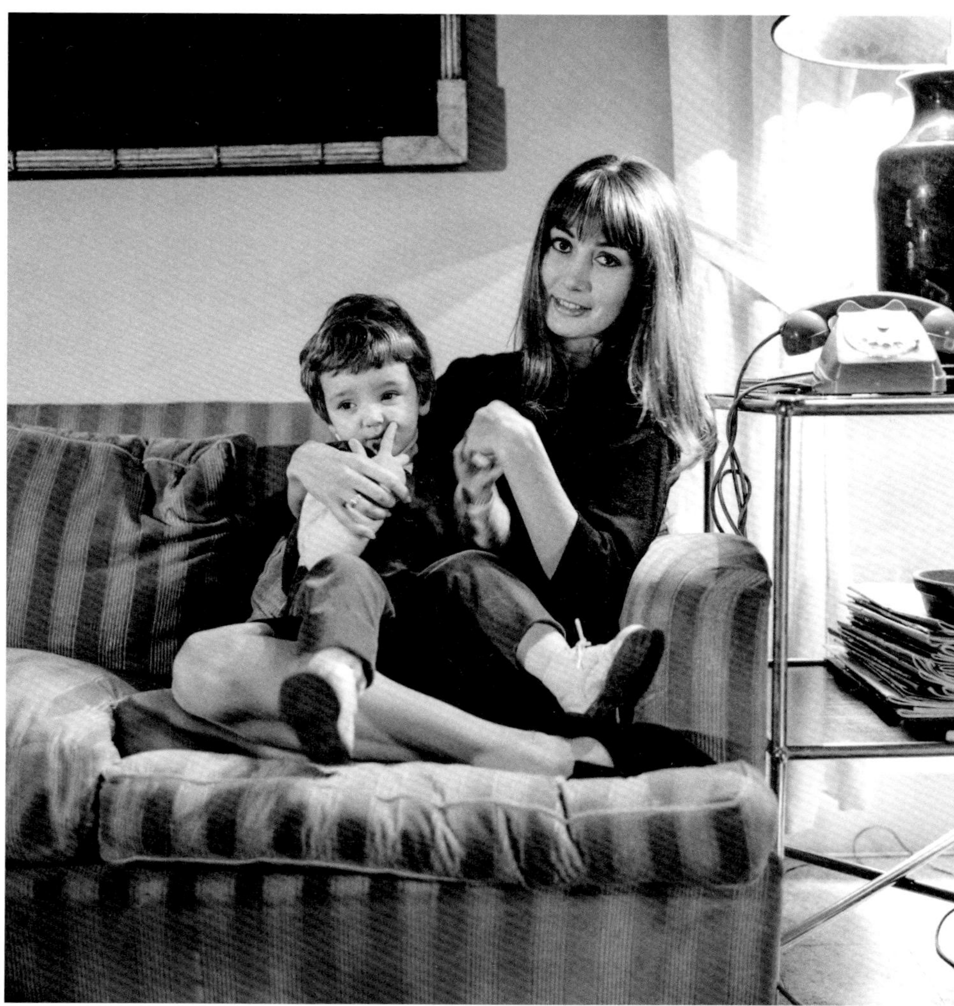

Philippe Leroy e / and Françoise Laurent,
Roma / Rome 1965

Françoise Laurent e / and Philippine Leroy,
Roma / Rome 1965

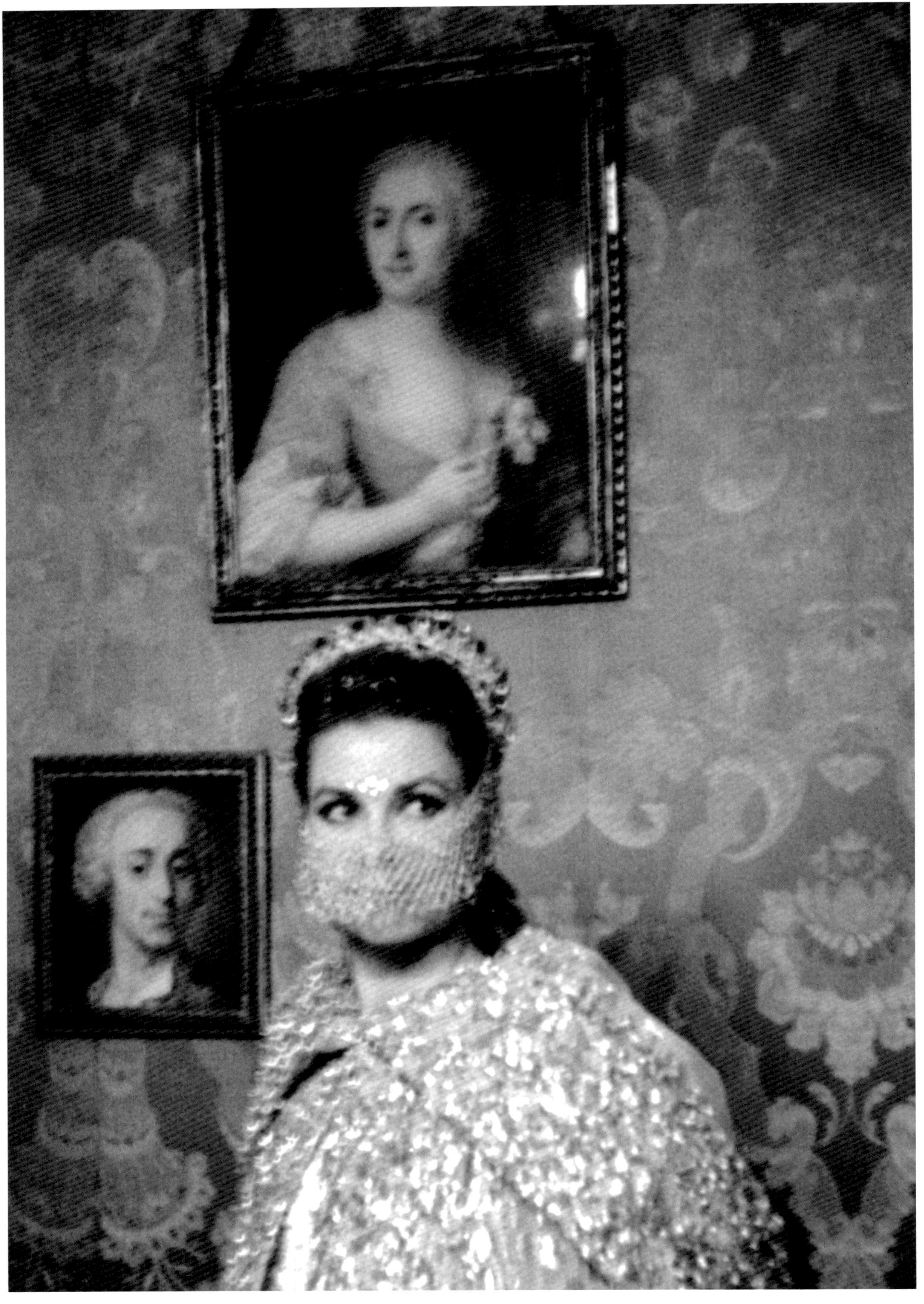

Grace Kelly, Venezia / Venice 1967

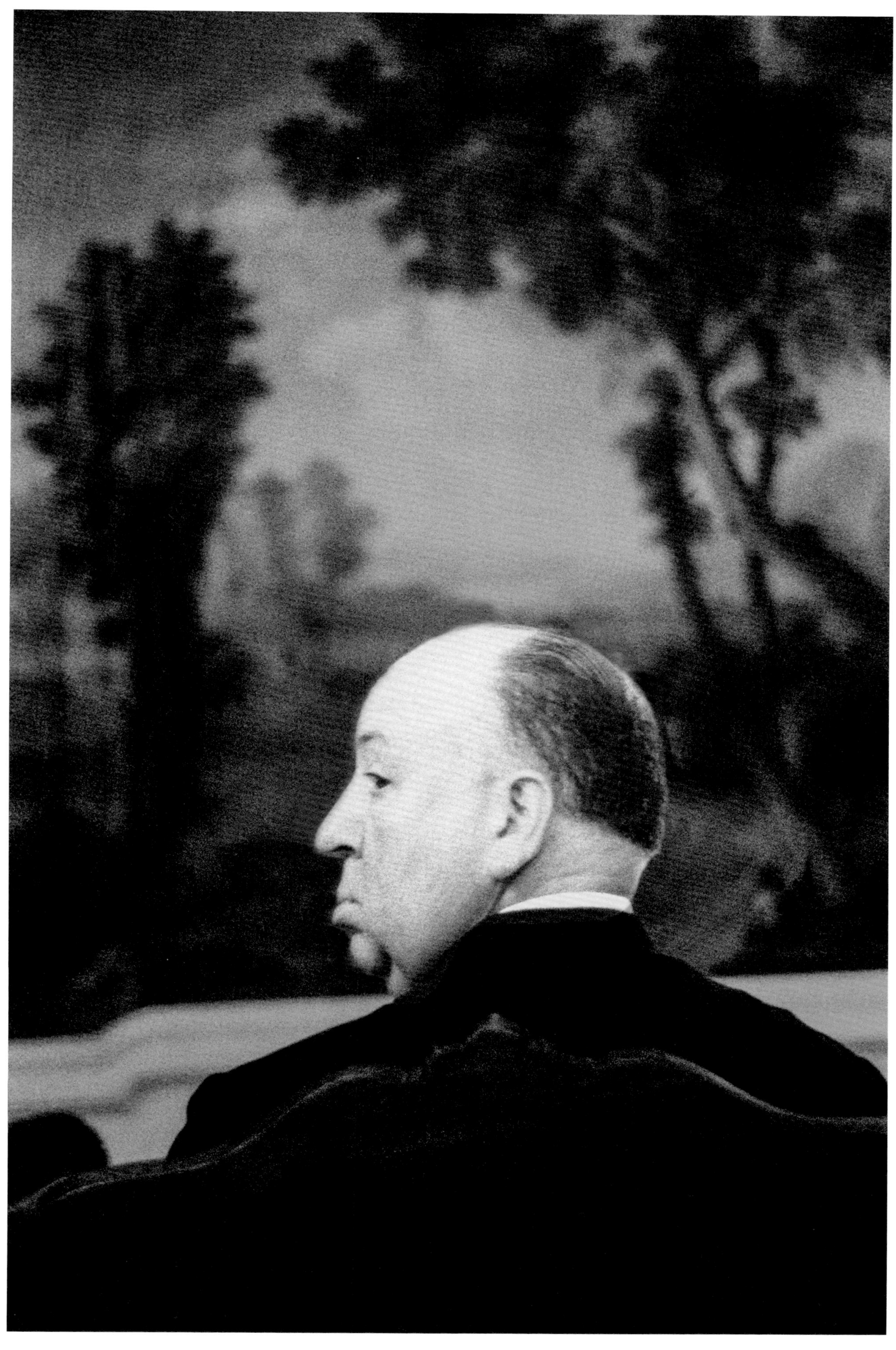

Alfred Hitchcock, Roma / Rome 1963

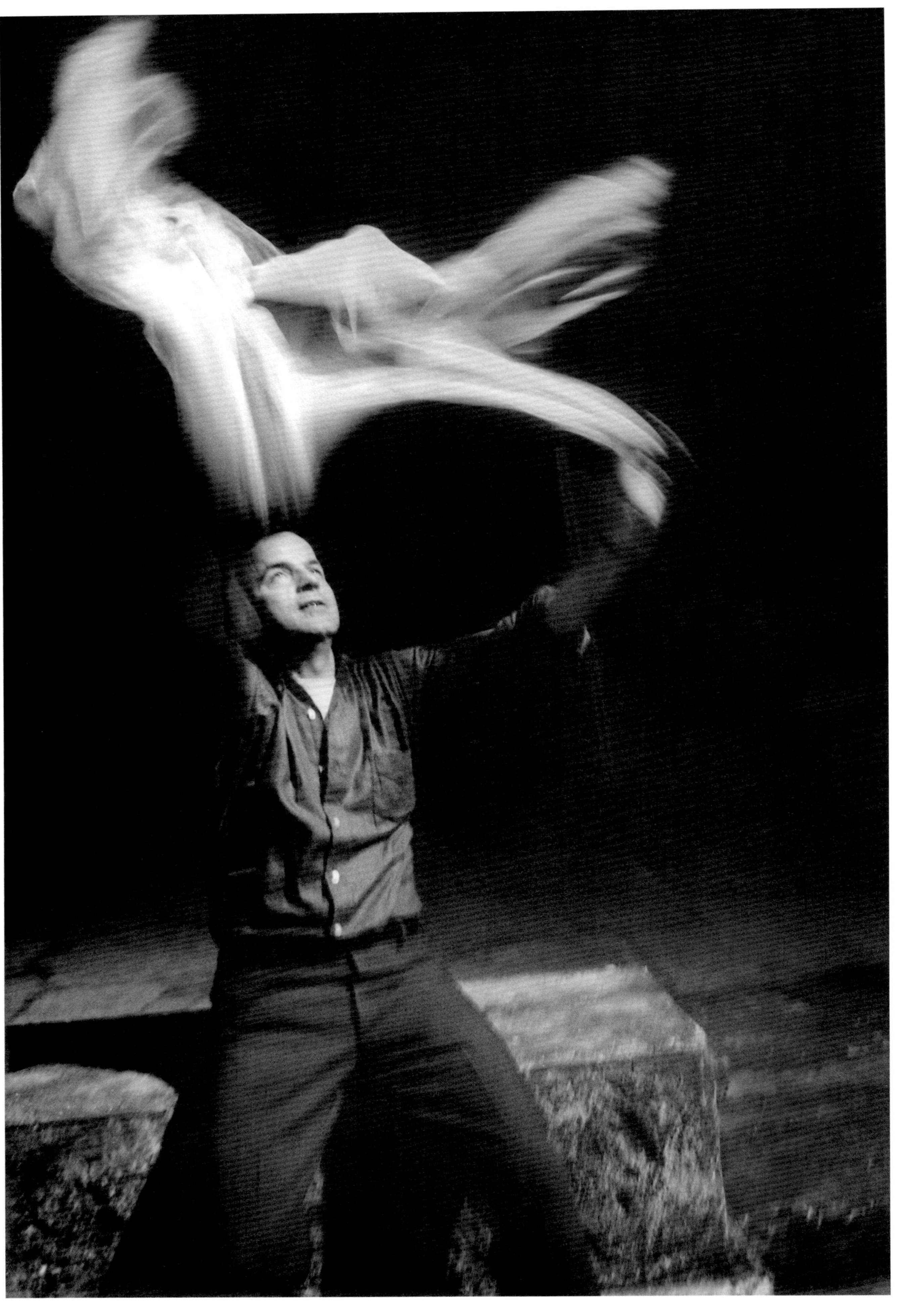

Franco Zeffirelli, Roma / Rome 1957-1958

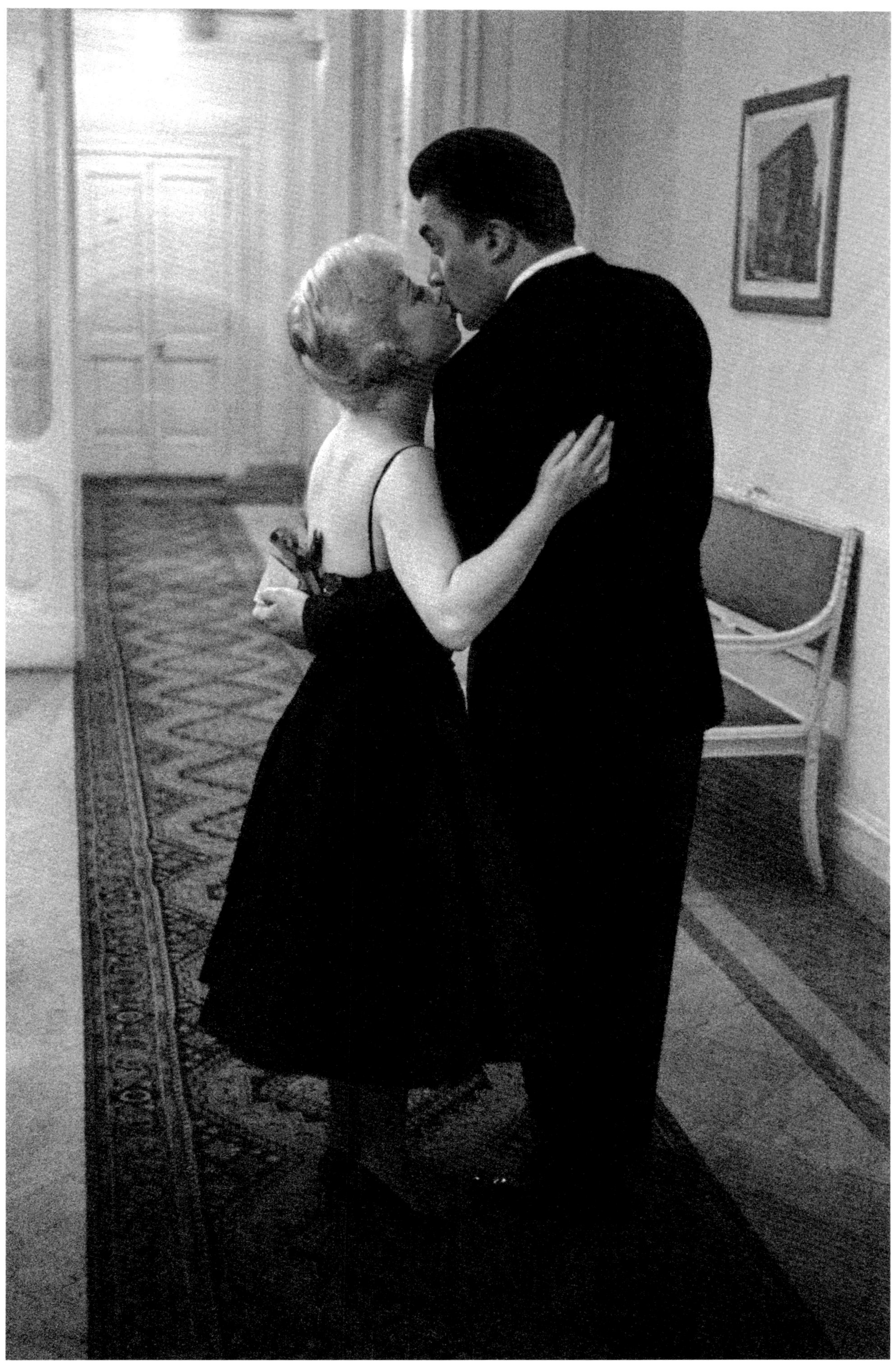

Giulietta Masina e / and Federico Fellini, Taormina 1957

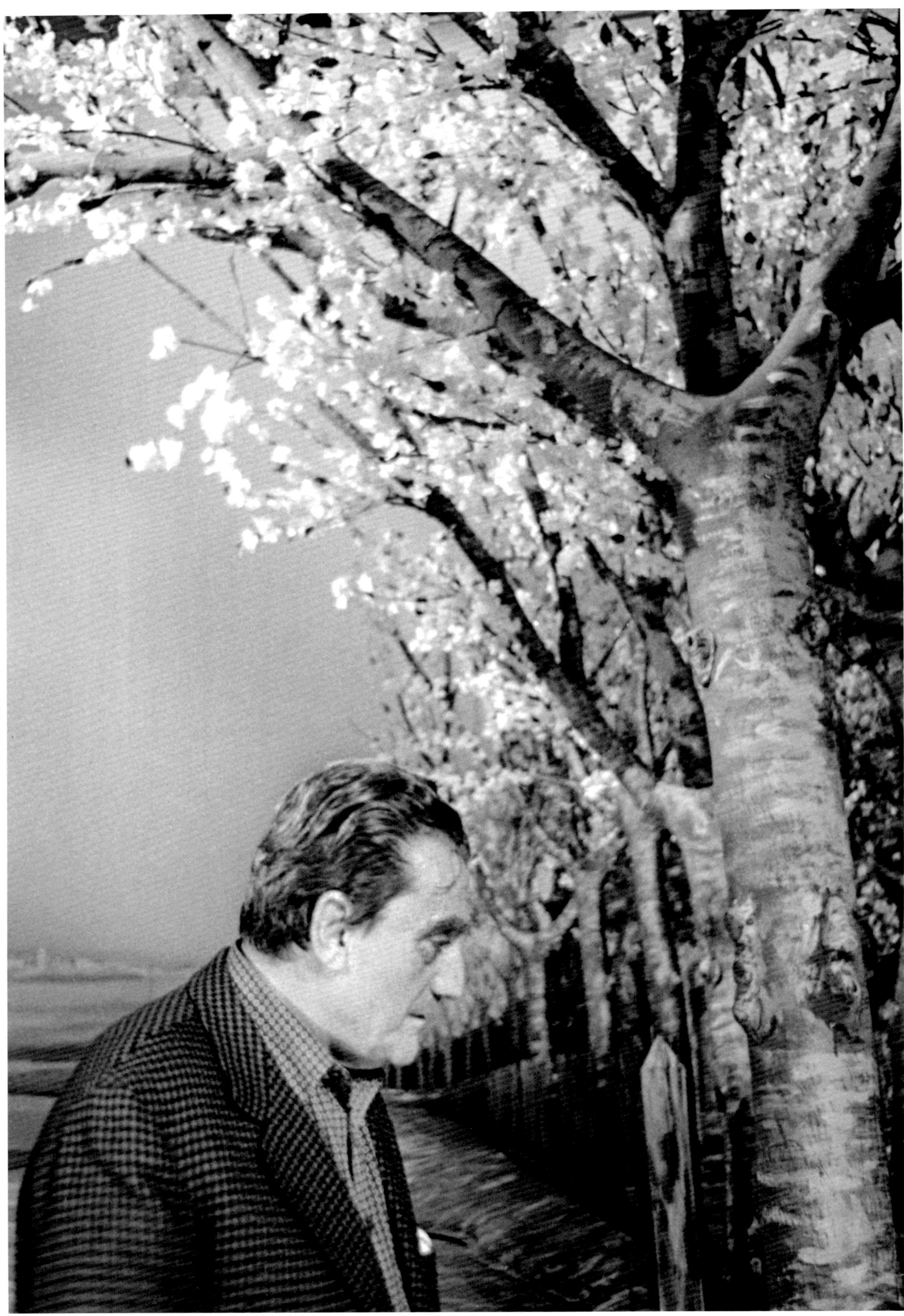

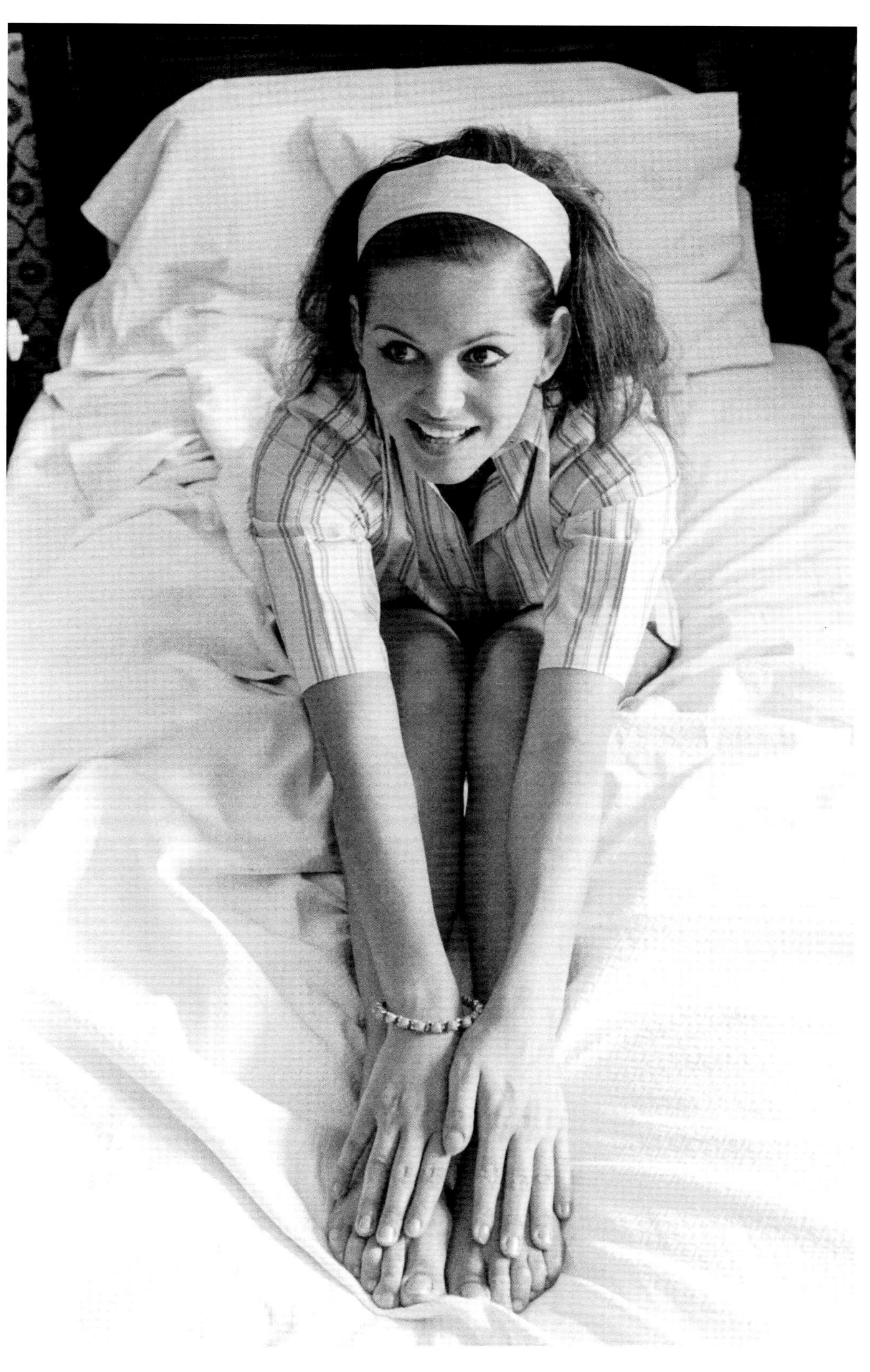

Luchino Visconti durante la preparazione de *Il giardino dei ciliegi* al Teatro Valle, Roma / during preparations for *The Cherry Garden* at Teatro Valle, Rome 1958

Claudia Cardinale, Taormina 1957

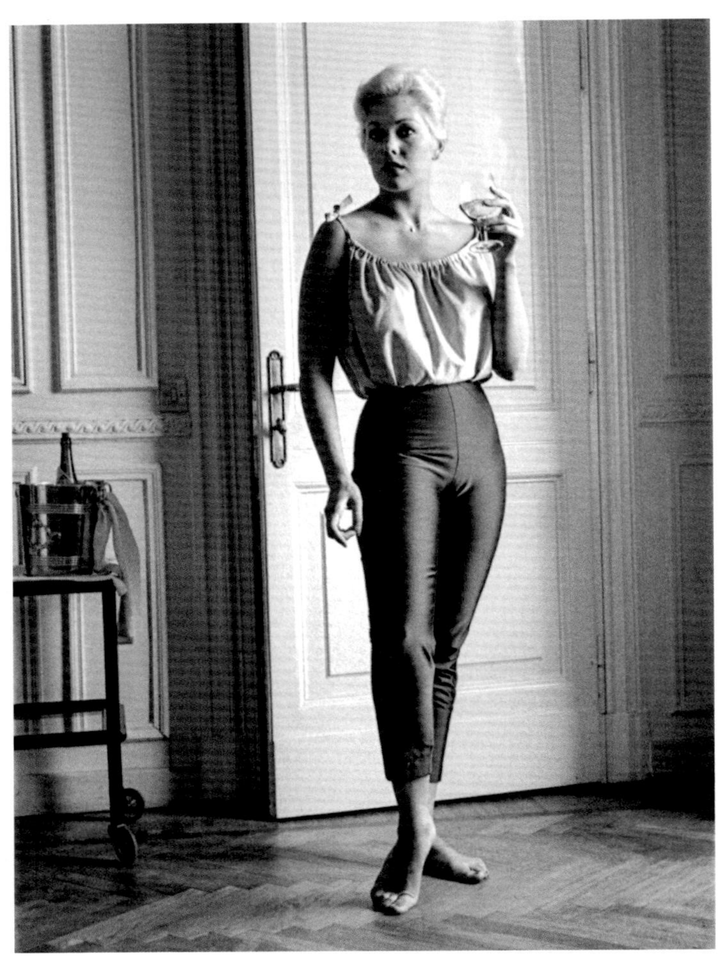
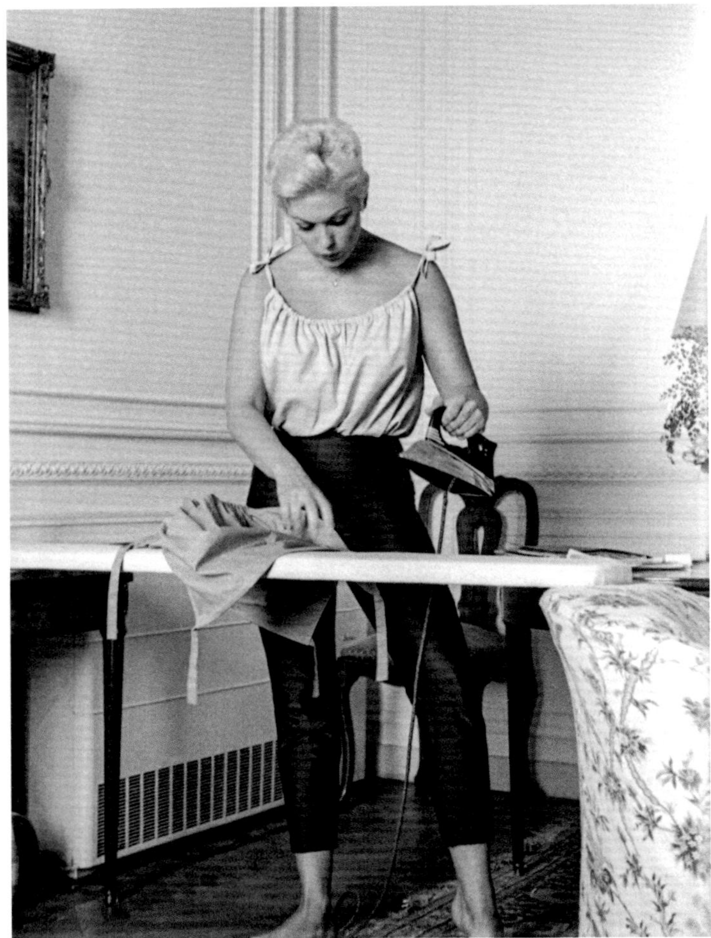
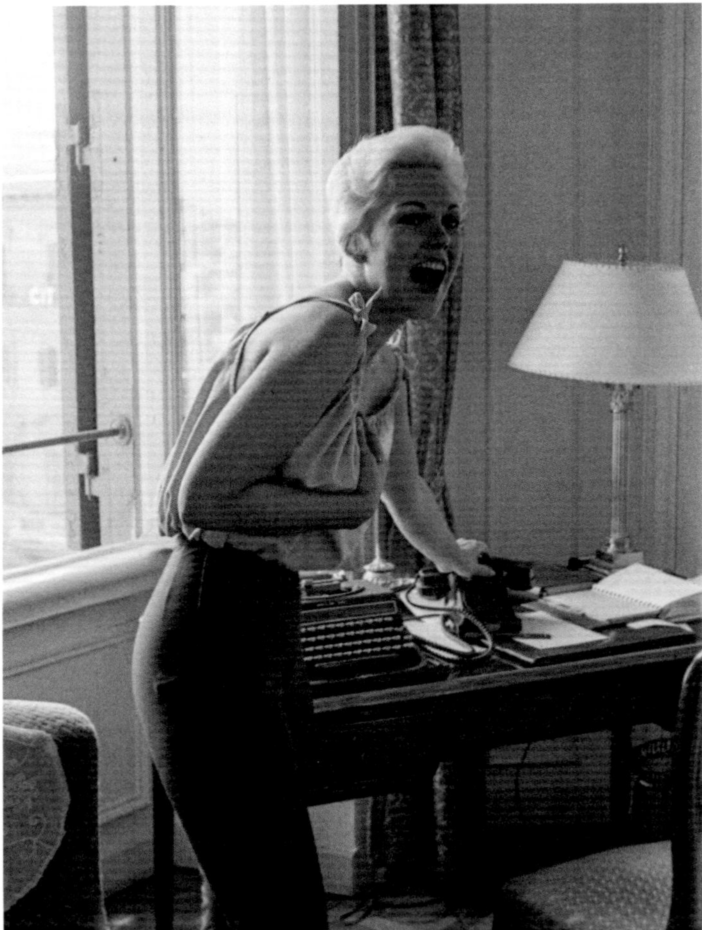
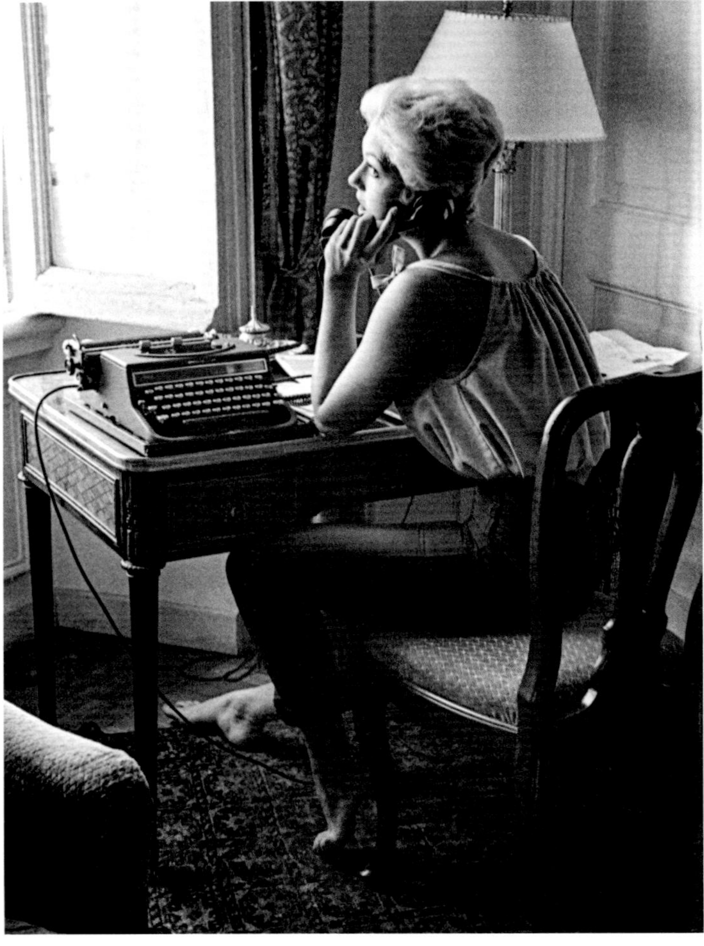

Kim Novak nella sua camera al Grand Hotel, Roma / in her room at the Grand Hotel, Rome 1958

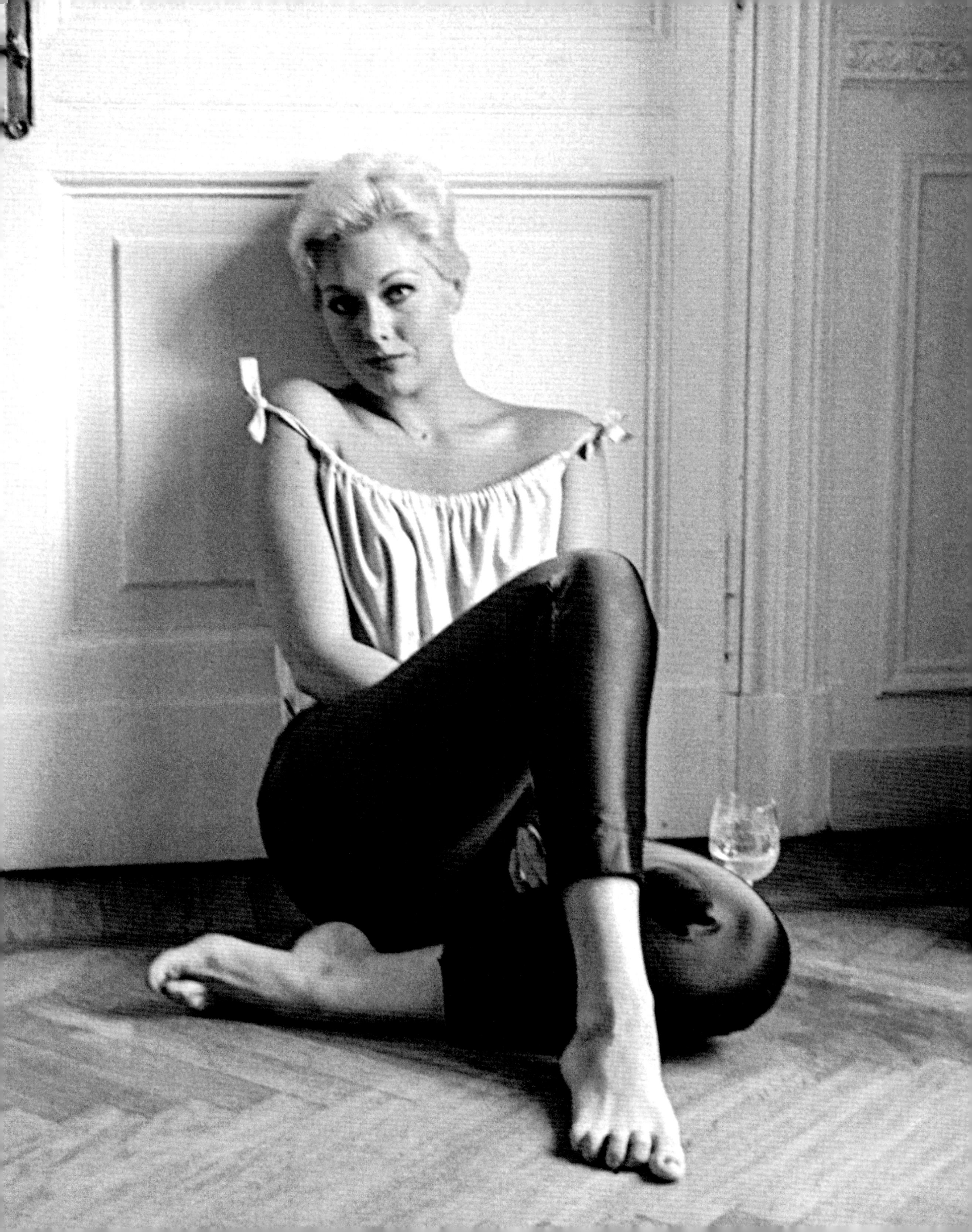

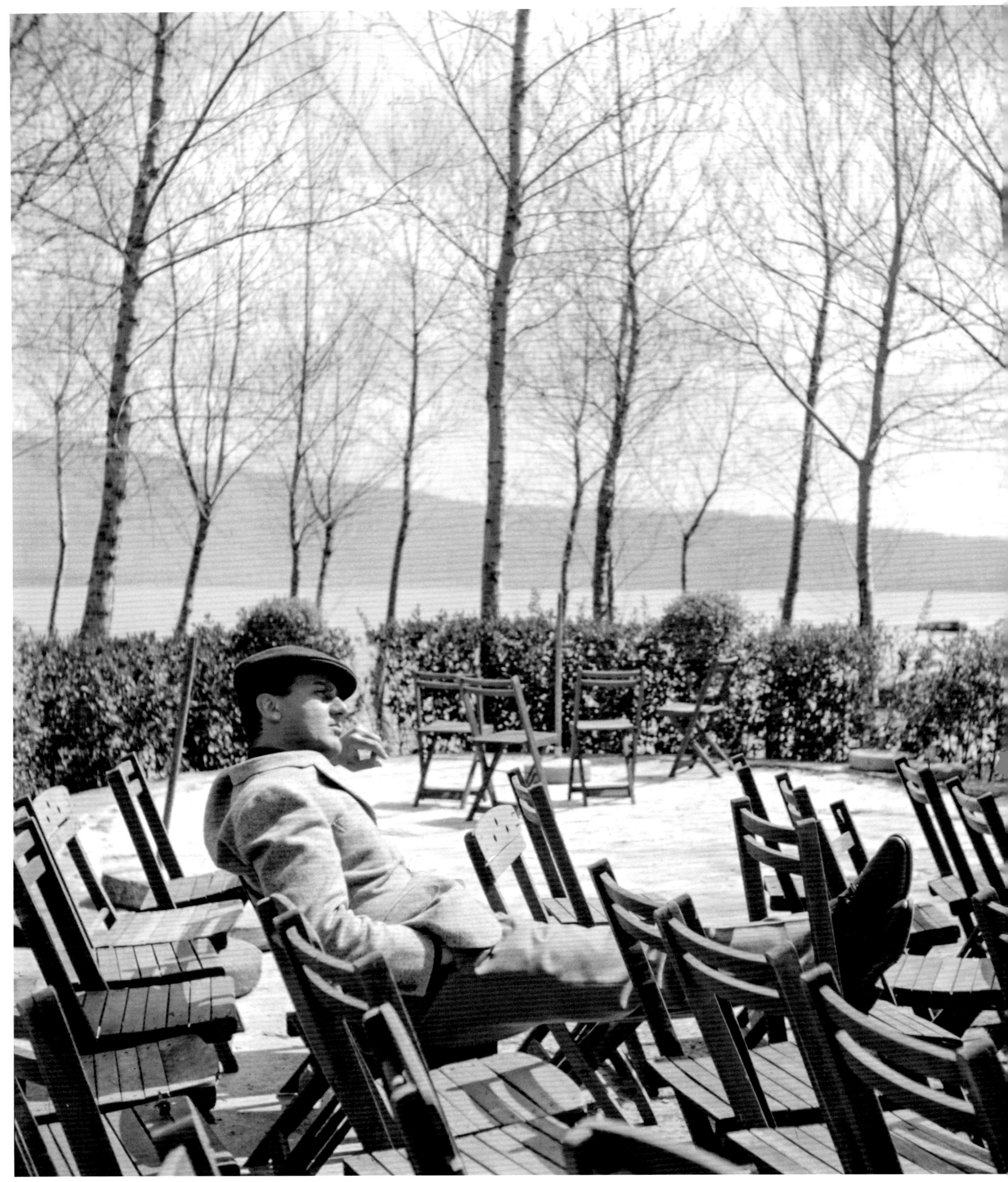

Alberto Sordi, Lago di Vico (Viterbo), anni sessanta / 1960s

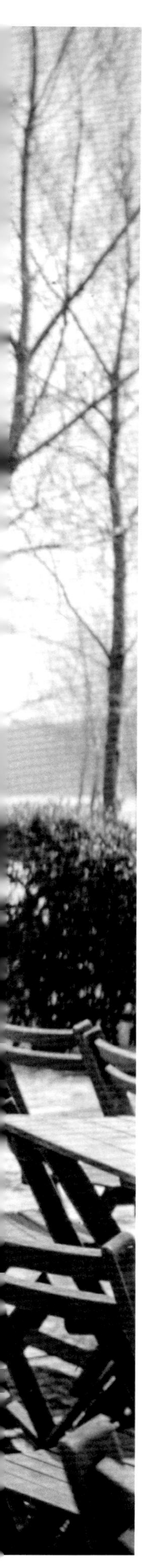

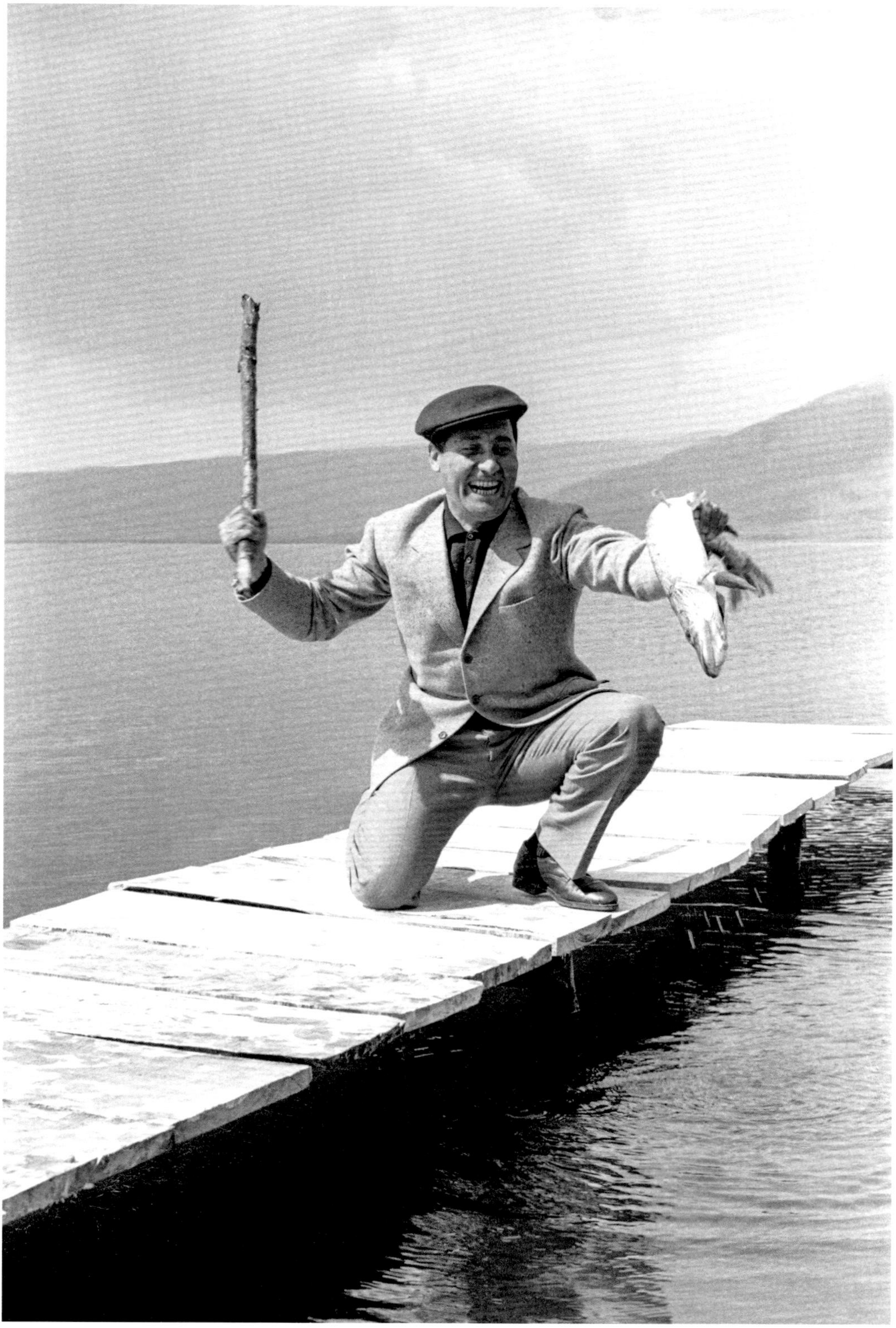

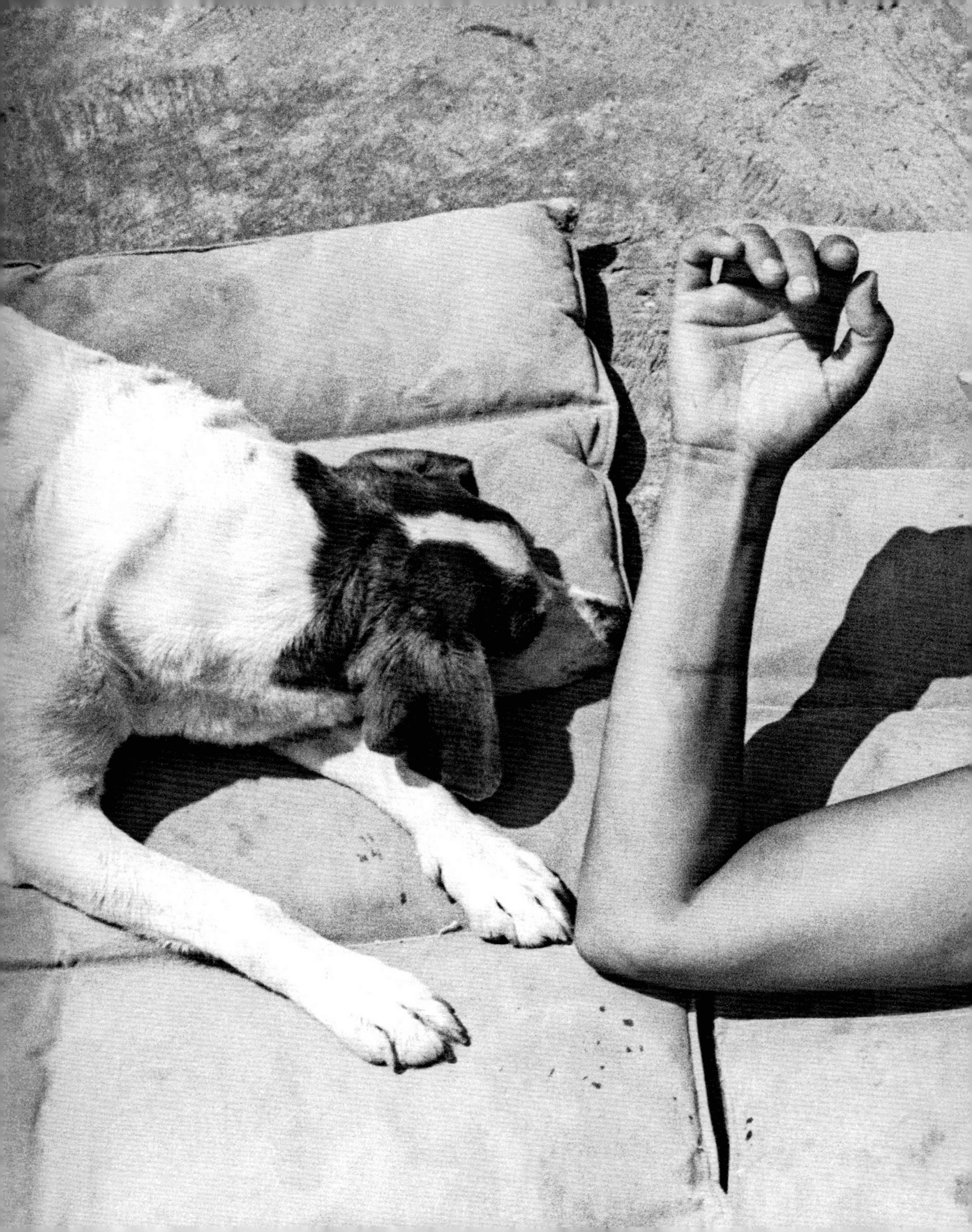

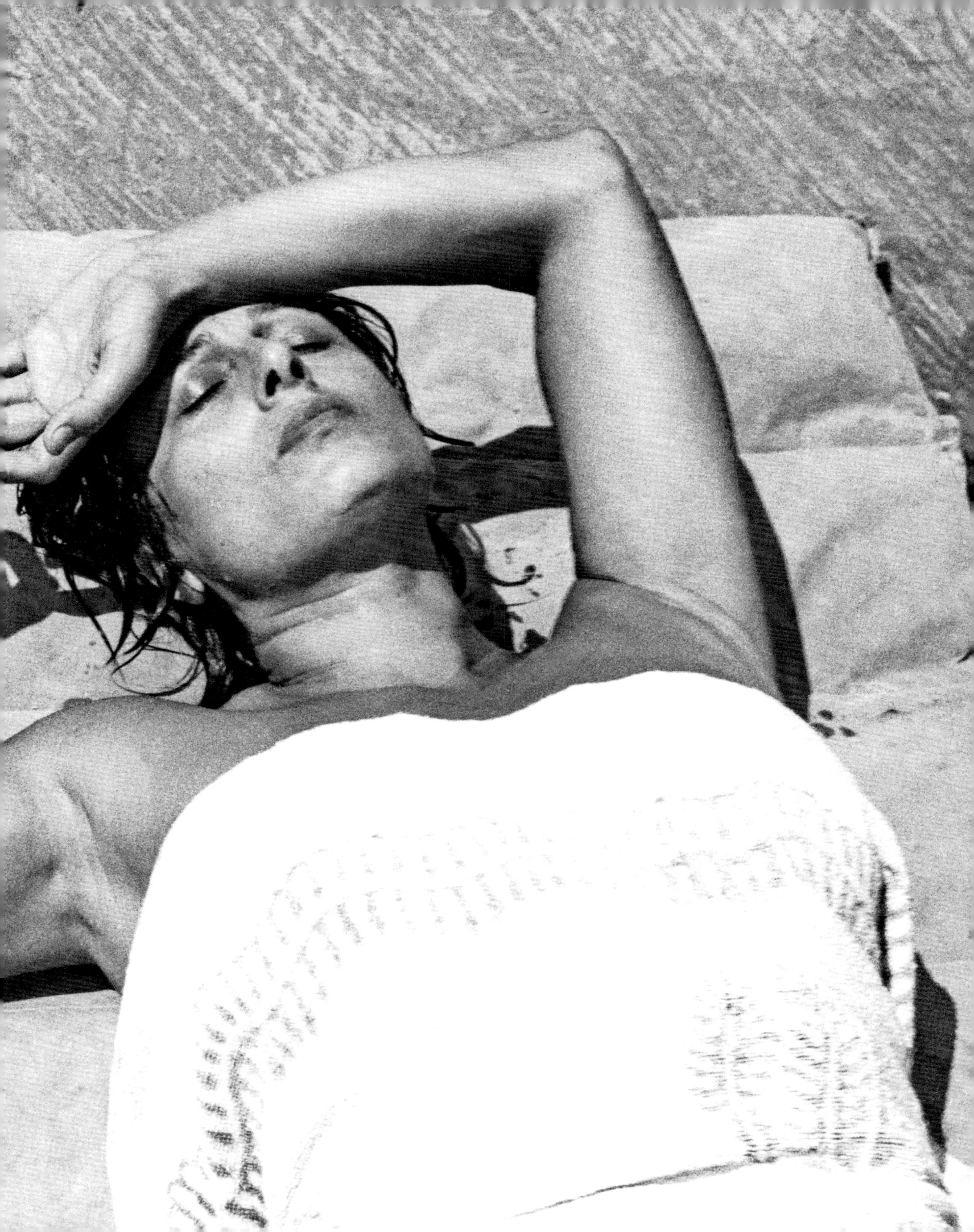

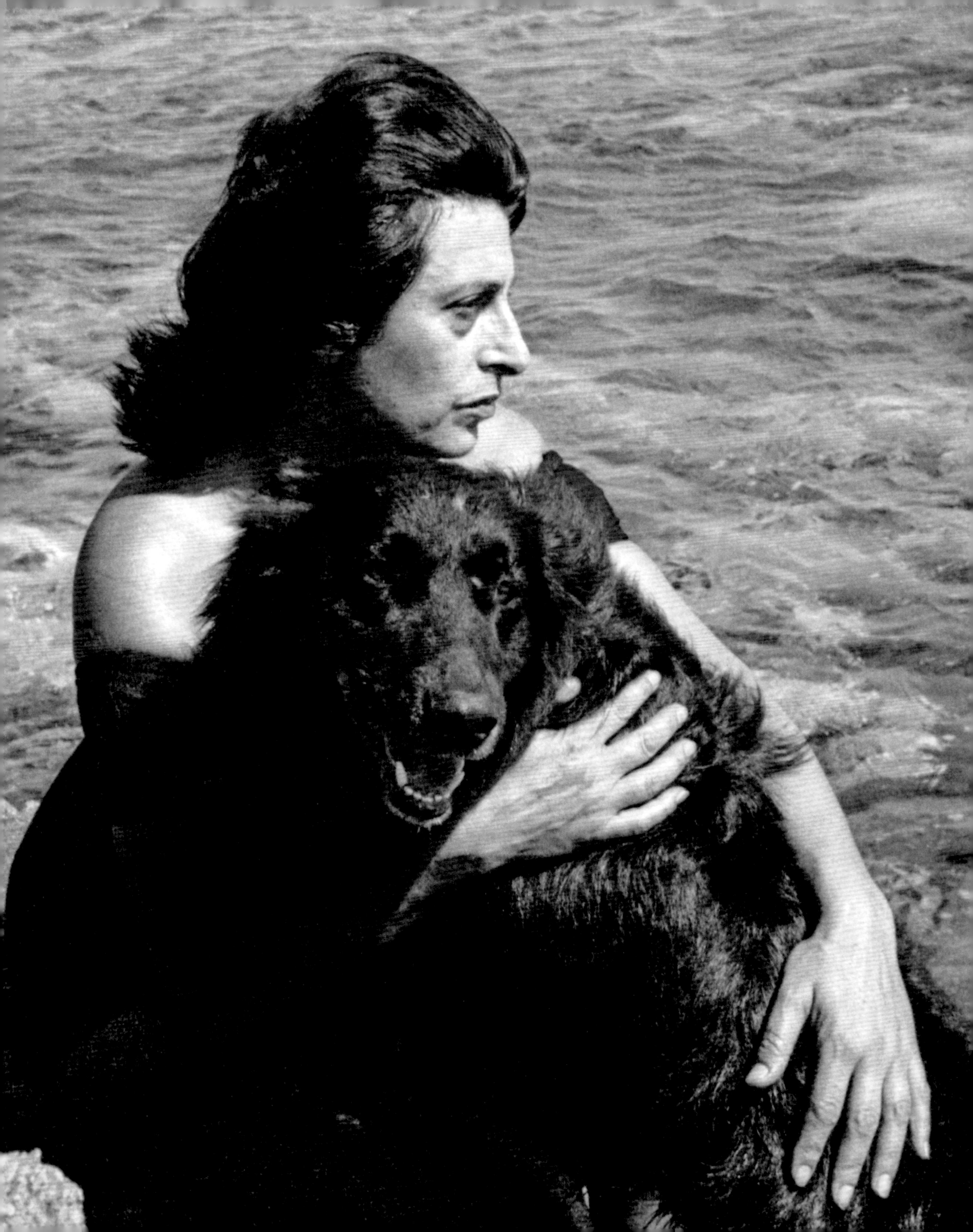

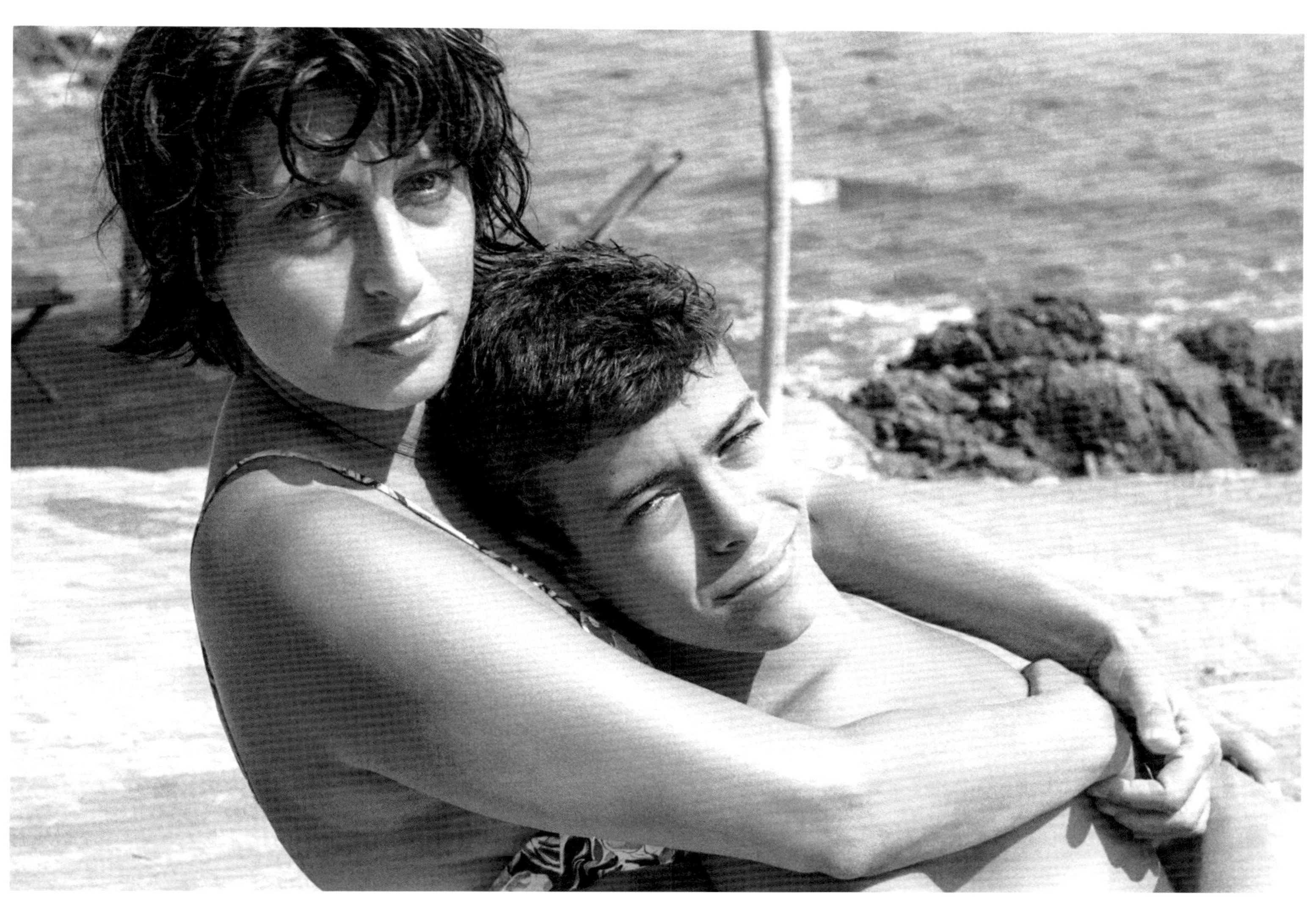

pagine precedenti e a sinistra / *previous pages and left*
Anna Magnani nella sua villa / in her villa, San Felice Circeo 1955

Anna Magnani nella sua villa con il figlio Luca / in her villa with her son Luca,
San Felice Circeo 1955

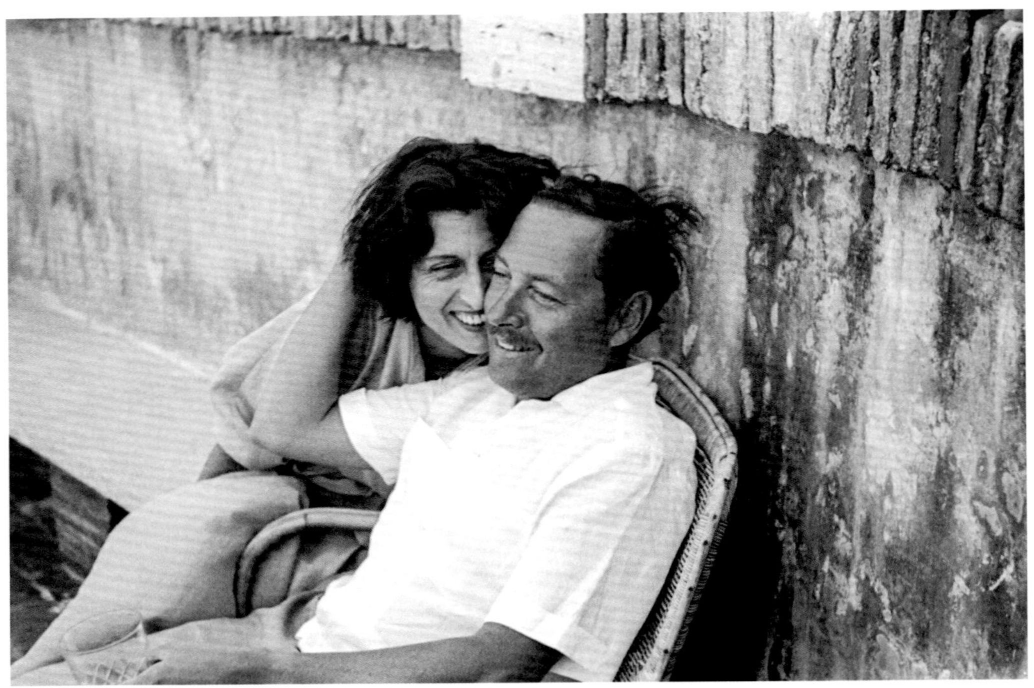

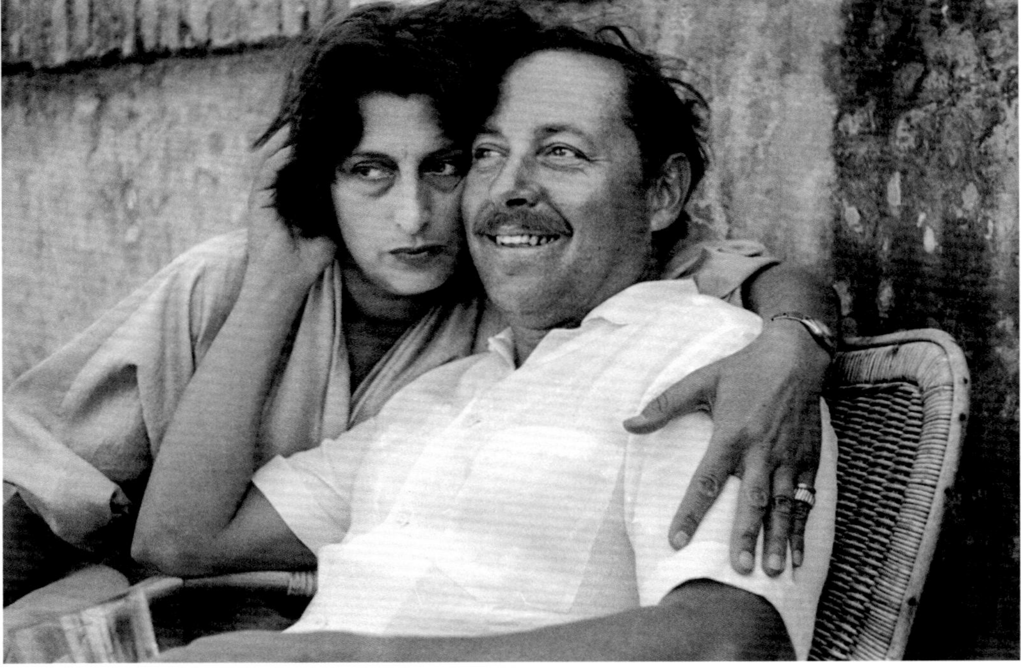

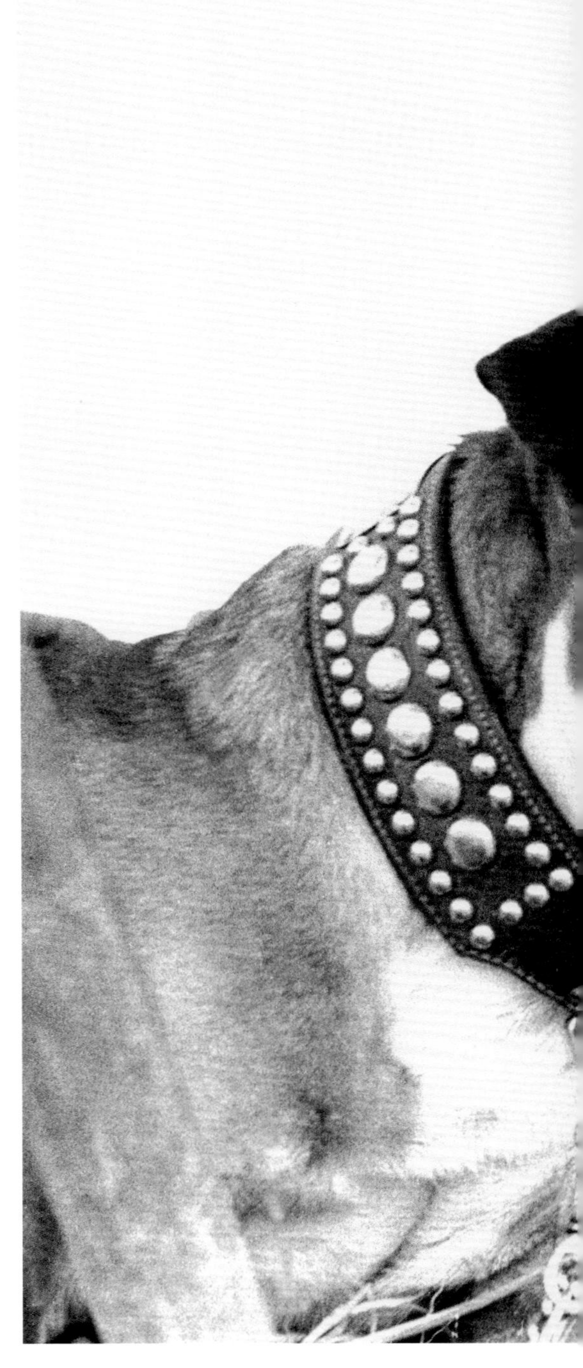

Anna Magnani e / and Tenessee Williams, Tor San Lorenzo (Roma / Rome) 1955

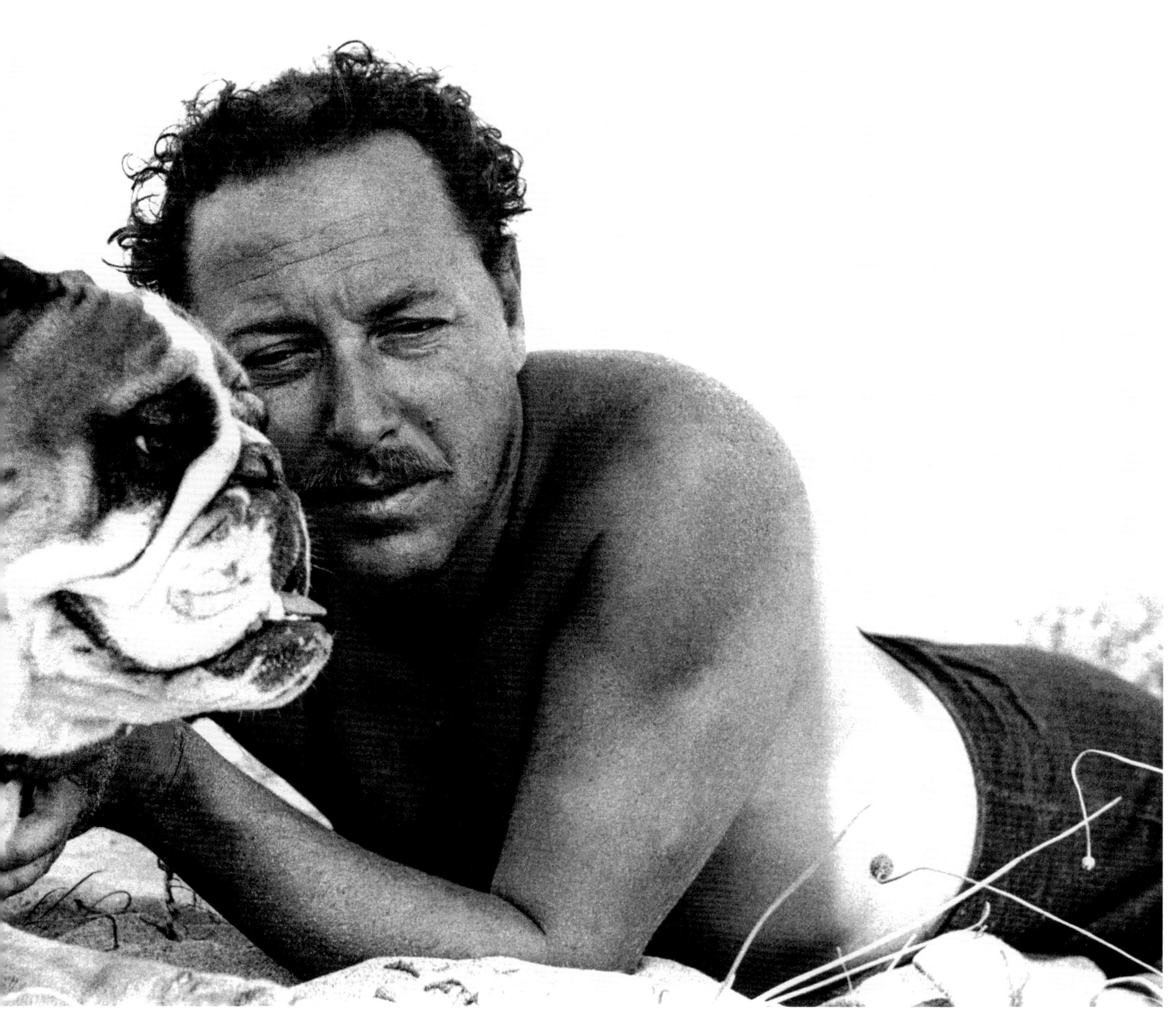

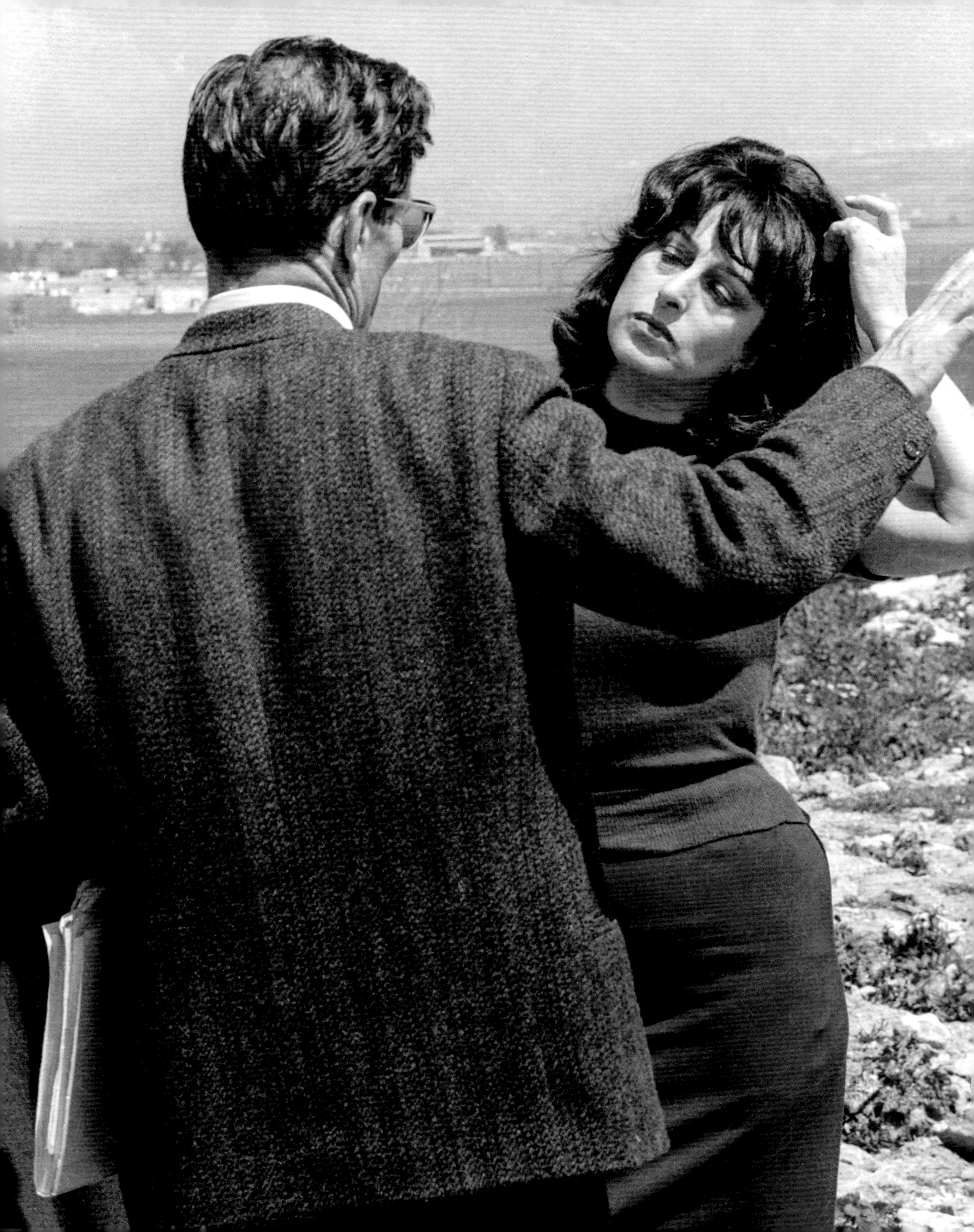

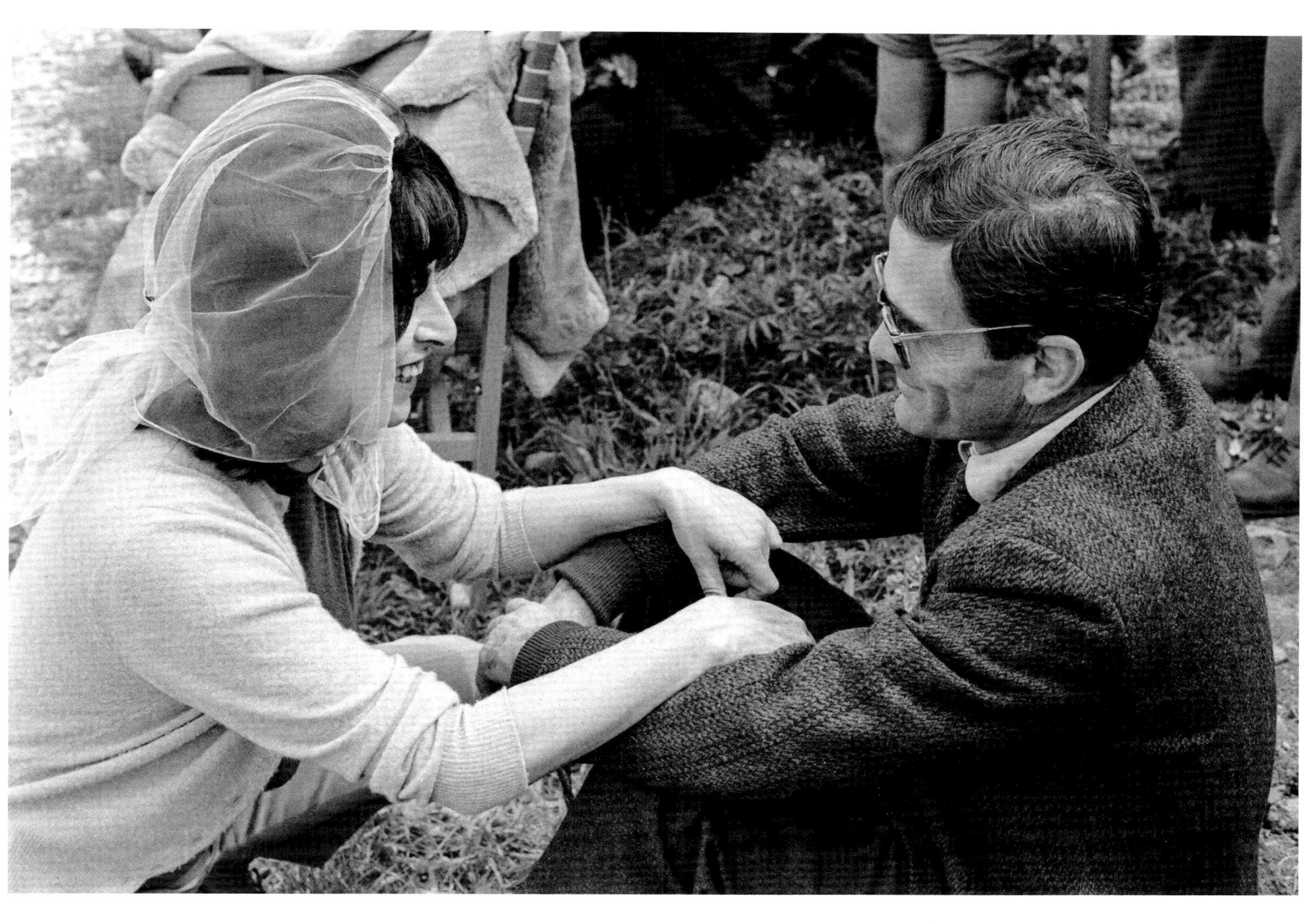

Anna Magnani sul set di *Mamma Roma* e con Pier Paolo Pasolini, Roma / on the set of *Mamma Roma* and with Pier Paolo Pasolini, Rome 1962

«La foto di una giornata felice. Fu la prima volta, quel giorno, che fra me e Pier Paolo non vi fu bisogno di parlare. Fu un pomeriggio felice, un'intesa mai nemmeno sperata. Era stato lui a chiedermi di fotografarlo. "Devo chiederti un favore", esordì al telefono, "ti andrebbe di fotografarmi privatamente? Insomma un servizio fotografico su di me? Sono in tanti a chiedermelo, ma non mi sento di sottopormi a un supplizio, per me sarebbe un supplizio, gente che non conosco, gente di cui non mi fido. Con te sarebbe diverso".
Ci incontrammo l'indomani ai piedi di Monte dei Cocci, al quartiere Testaccio. Attualmente è uno de luoghi della movida romana più frequentati. All'epoca era una specie di corte dei miracoli; alla base del Monte erano state ricavate delle botteghe di "facocchiari", ossia i costruttori delle carrozzelle da turismo. Vi avevano trovato anche posto le stalle per i cavali e le rimesse delle stesse "botticelle" come vengono chiamate a Roma le carrozze da diporto. In più il luogo brulicava di personaggi i più insospettabili: fabbri, falegnami, lavandaie impegnate all'aperto con immense caldaie alimentate a legna, e tanti bambini. Pasolini vi era di casa. "Ciao Pierpà che fine hai fatto? non ci vuoi più bene?". Fu lì che iniziammo a fare le fotografie. Poi ci spostammo per raggiungere la sommità del Monte. Si tratta di una montagnola quasi impraticabile, ottenuta con l'ammasso di vasi vinari e oleari che vi erano stati anticamente accatastati dai mercanti della Magna Grecia approdati al vicino porto fluviale sul Tevere. Quel giorno Pier Paolo era stranamente di buon umore. Io non gli chiedevo nulla di come posare e lui non se ne preoccupava. Sembrava che stessimo facendo l'esplorazione di quel luogo deserto a scopi storico-turistici. In realtà lo scrittore era impegnato a fare regista di se stesso; insomma stava sperimentando la sua disposizione alla cinematografia di cui già aveva dato qualche saggio. Per me fu una gioia, non gli chiesi di posare in un modo o nell'altro, fece tutto da solo. E con insolita serenità. Capii anche che il luogo gli era abituale. Capii che vi veniva per nutrirsi di solitudine. Quel giorno, poi, un cielo plumbeo e nuvole minacciose contribuivano a creare un'atmosfera ideale, per lui e per me. Quando fummo alla sommità, la scena da Golgota appariva perfetta. Lui si sedette alla base di un crocifisso che dominava dall'alto colorando la scena di un cupo senso di solitudine. Fu a questo punto che intravidi la testa di un ragazzotto che, evidentemente arrampicatosi lungo il lato opposto, ci stava spiando. Intuii che stavano maturando le condizioni per una fotografia irripetibile. A quel punto dovevo soltanto non dare a Pier Paolo la sensazione di sospettare che mi stavo predisponendo a una foto imprevista e ricca di possibili interpretazioni. Valutai rapidamente sul piano tecnico la situazione ambientale e come interpretarla. Montai un super grandangolo, stimai la luminosità, alquanto diffusa e di difficile lettura, in modo da esaltare il tono di desolazione della scena. Passarono pochi secondi, non più di dieci, quando il ragazzotto si decise, accortosi di essere stato scoperto, a uscire dal nascondiglio e attraversare piazzale della Croce. Lo fece con malcelata indifferenza, non riuscendo a nascondere un evidente senso di imbarazzo, Pasolini, a sua volta, non riuscì a celare la sua sorpresa per non essere stato salutato dall'inatteso personaggio. Non vi era dubbio che si conoscevano. Io attesi soltanto che la scena si completasse: ragazzo sfuggente da un lato, Pier Paolo perplesso dall'altro, e al centro un'immensa squallida visione della periferia di Roma, con unico protagonista, il profilo del gazometro. La considero la foto della mia vita»

Paolo Di Paolo

"The photo of a happy day. It was the first time, that day, that there was no need for Pier Paolo and me to talk. It was a happy afternoon, there was a harmony that I'd never even hoped for. He asked me to photograph him. "I have to ask you for a favor," he began on the phone. "Could you photograph me privately? In short, a photo shoot about me? A lot of people ask me this, but I don't feel like subjecting myself to the torture, to me it would be torture. People I don't know, people I don't trust. With you it would be different."
We met the next day at the foot of Monte dei Cocci, in the Testaccio district. It's now one of the most popular places of Rome's nightlife. At the time it was a kind of court of miracles. At the base of the hill, there were the shops of the facocchiari, the builders of horse-drawn carriages for tourists. There were also stables for the horses and sheds for the botticelle, as the carriages are called in Rome. In addition, the place was teeming with the most wonderful characters: blacksmiths, carpenters, laundresses working outdoors over immense wood-fired coppers, and lots of kids. Pasolini was at home there. "Hi Pierpà, what's become of you? Don't you love us anymore?" It was there that we started taking photographs. Then we moved to the top of Monte Testaccio. It's an almost impassable hill made from all the wine and oil jars that were stacked there in ancient times by the merchants of Magna Graecia, after being downloaded at the nearby river port on the Tiber. That day Pier Paolo was strangely in a good mood. I didn't ask him anything about how to pose and he didn't worry about it. It seemed we were exploring that deserted place for historical-tourist purposes. In reality, the writer was busy turning himself into a filmmaker. In short, he was experimenting with his aptitude for movie making, of which he had already given some proofs. To me it was a joy. I didn't ask him to pose one way or another, he did it all by himself. And with unusual serenity. I also understood that he knew the place well. I realized that he went there to nurture his loneliness. That day, then, a leaden sky and threatening clouds helped create an ideal atmosphere, for him and for me. When we were at the top, the scene from Golgotha looked perfect. He sat at the base of a crucifix that dominated it from above, coloring the scene with a gloomy sense of loneliness. It was at this point that I caught a glimpse of the head of a boy. Evidently climbing up the opposite side of the hills, he was spying on us. I sensed that the conditions were arising for an unrepeatable photograph. At that point I just had to not give Pier Paolo the feeling of suspecting that I was trying to take an unexpected photo rich In possible interpretations. I quickly assessed the setting and how to interpret it in technical terms. I mounted a super wide-angle lens, estimated the brightness, quite diffuse and difficult to read, so as to enhance the tone of desolation of the scene. A few seconds passed, no more than ten, when the boy realized he had been discovered and decided to come out of hiding and walk across Piazzale della Croce. He did so with ill-concealed indifference, struggling to hide an obvious sense of embarrassment. Pasolini, in turn, was unable to conceal his surprise at being ignored by the unexpected character. There was no doubt that they knew each other. I just waited for the scene to be completed: an elusive boy on one side, a perplexed Pier Paolo on the other, and at the center an immense squalid vision of the outskirts of Rome, dominated by the profile of the gasometer. I see it as the photo of a lifetime."

Paolo Di Paolo

Pier Paolo Pasolini, provino a contatto, Roma / contact sheet, Rome 1961

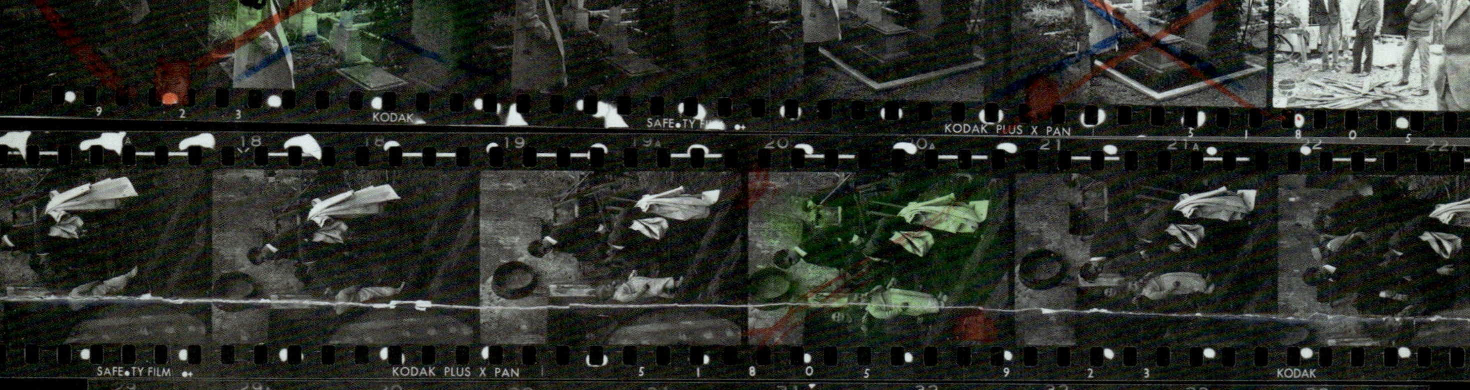
SAFE.TY FILM
KODAK PLUS X PAN
KODAK

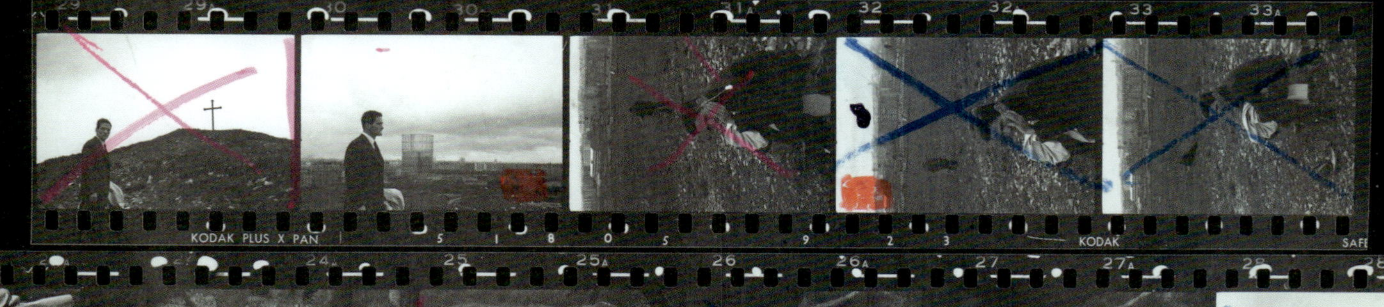
KODAK PLUS X PAN
KODAK

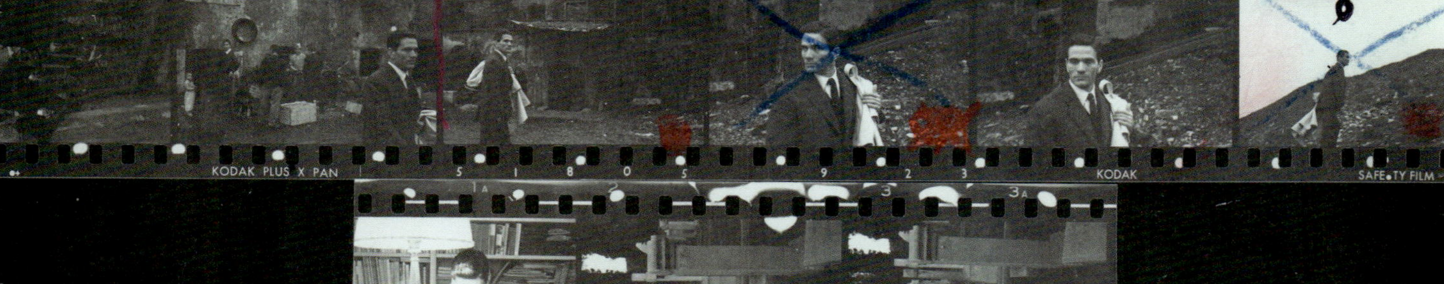
KODAK PLUS X PAN
KODAK
SAFE.TY FILM

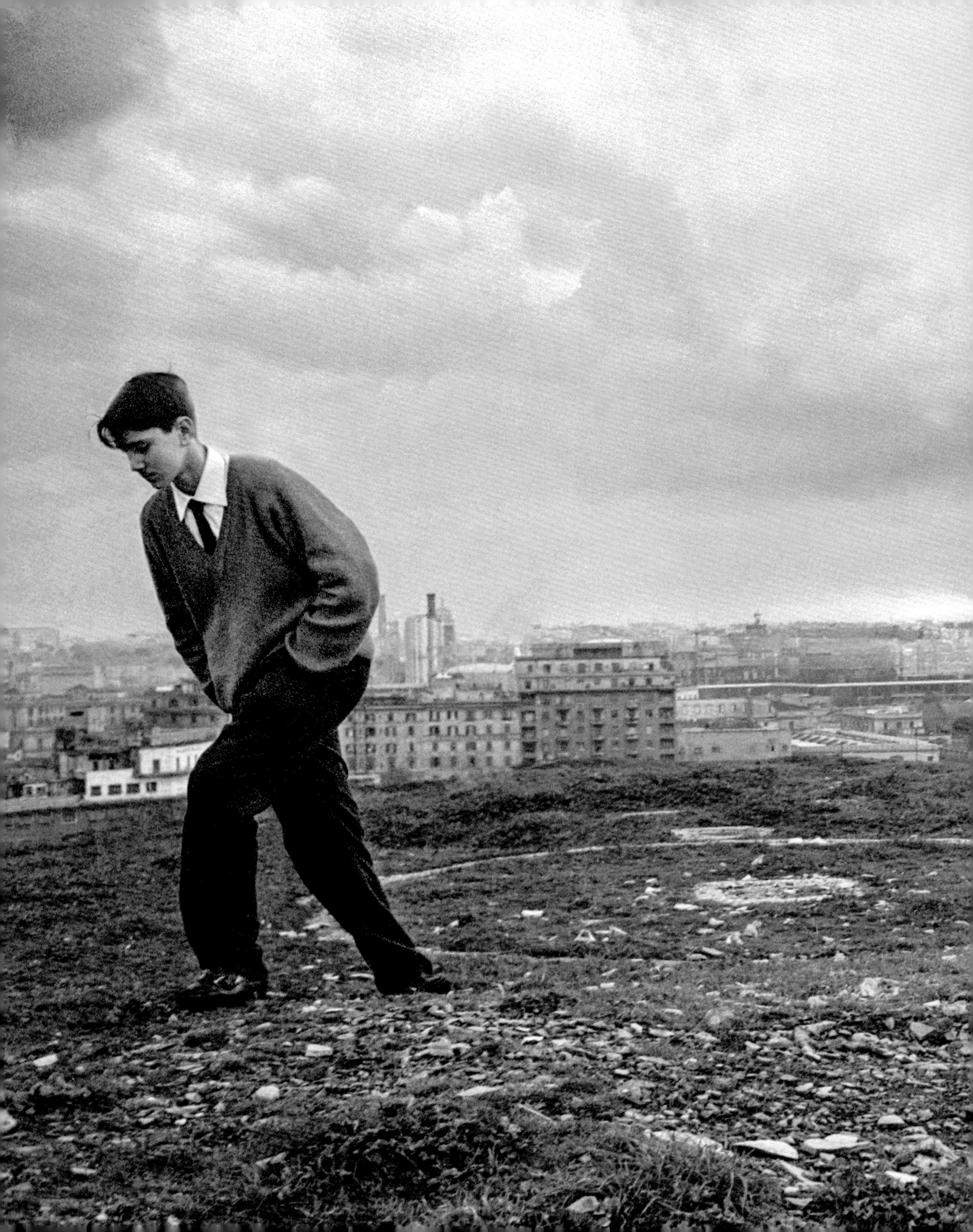

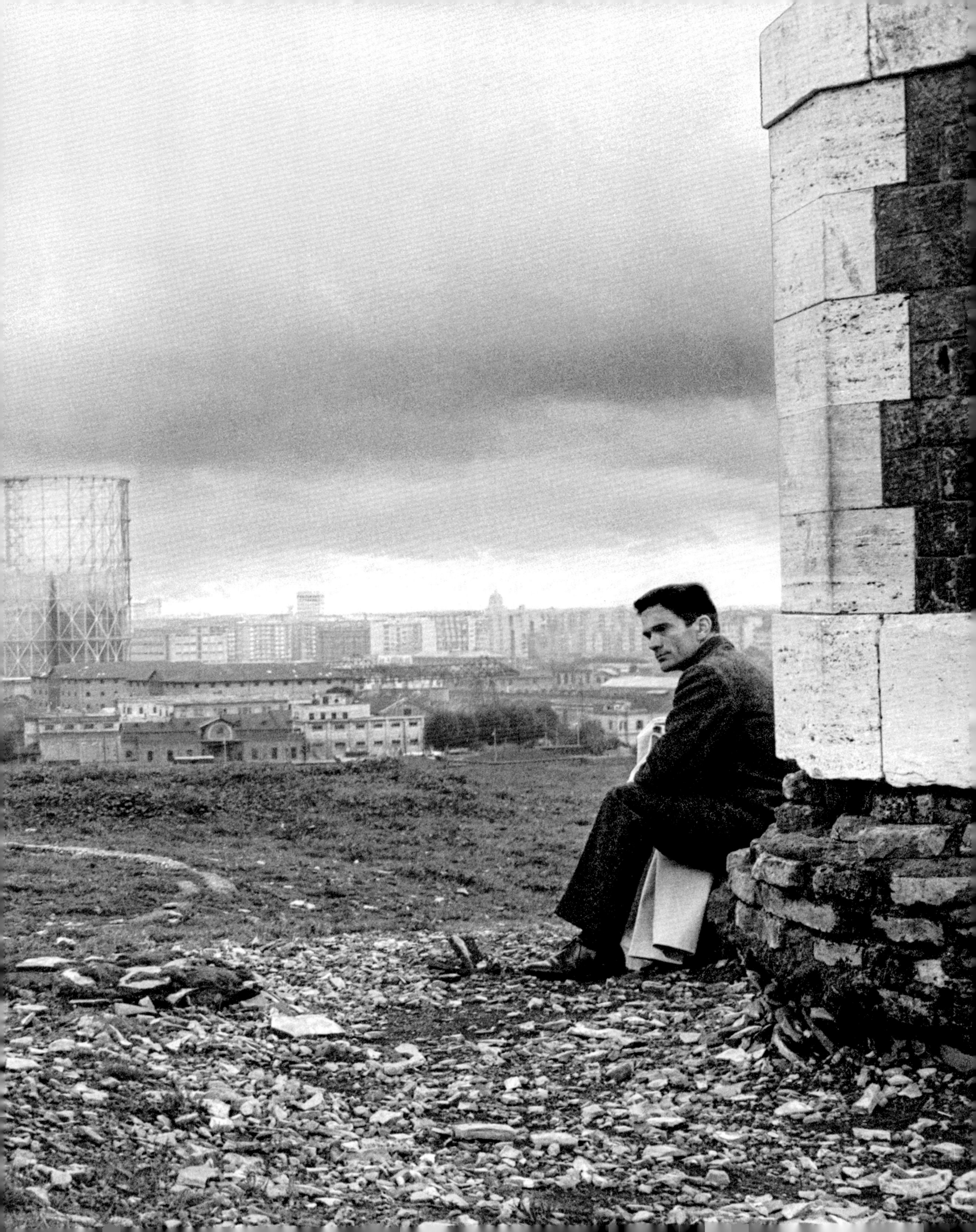

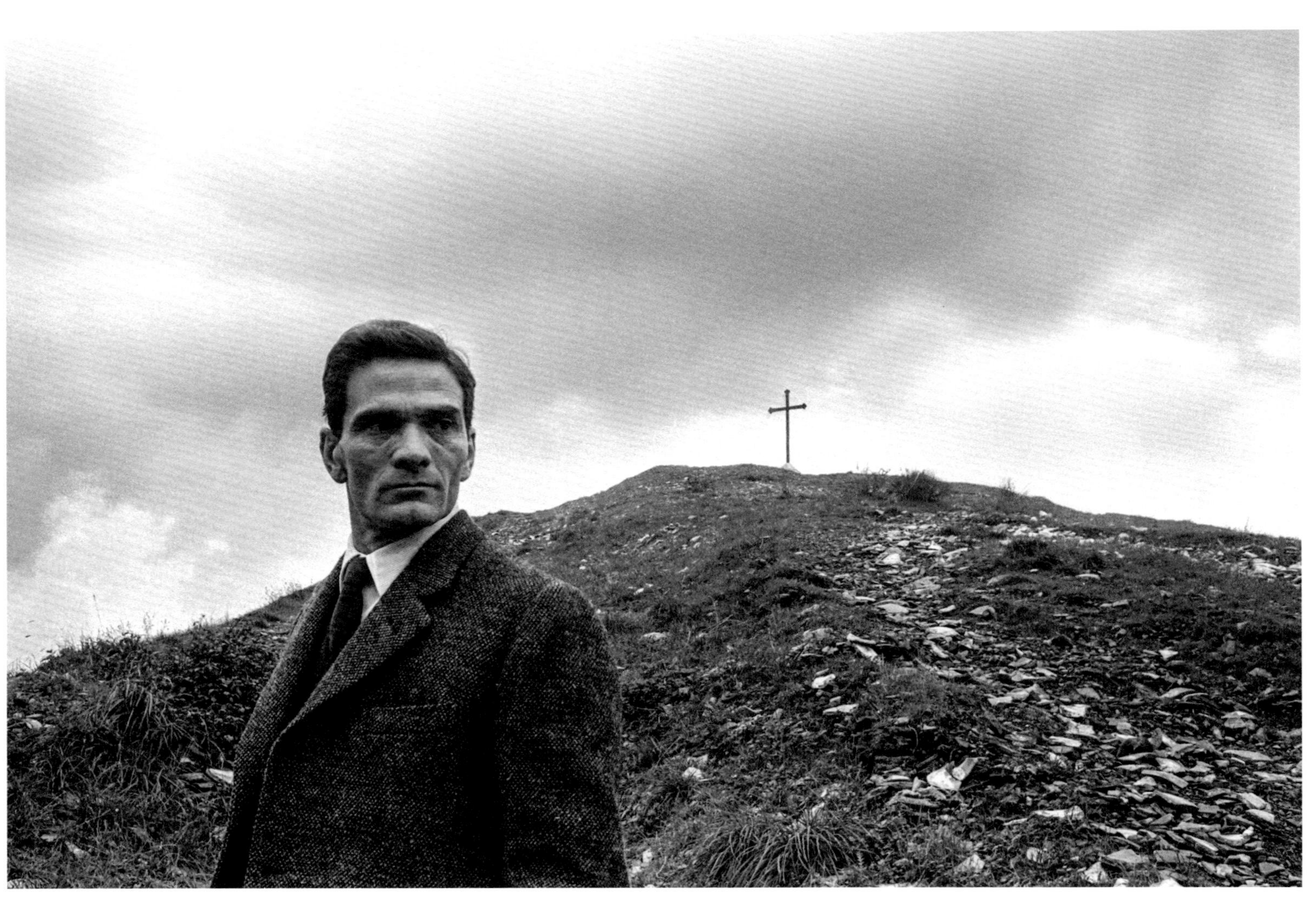

pagine precedenti e in alto / *previous pages and above*
Pier Paolo Pasolini, Monte dei Cocci, Roma / Rome 1961

Pier Paolo Pasolini, Testaccio, Roma / Rome 1961

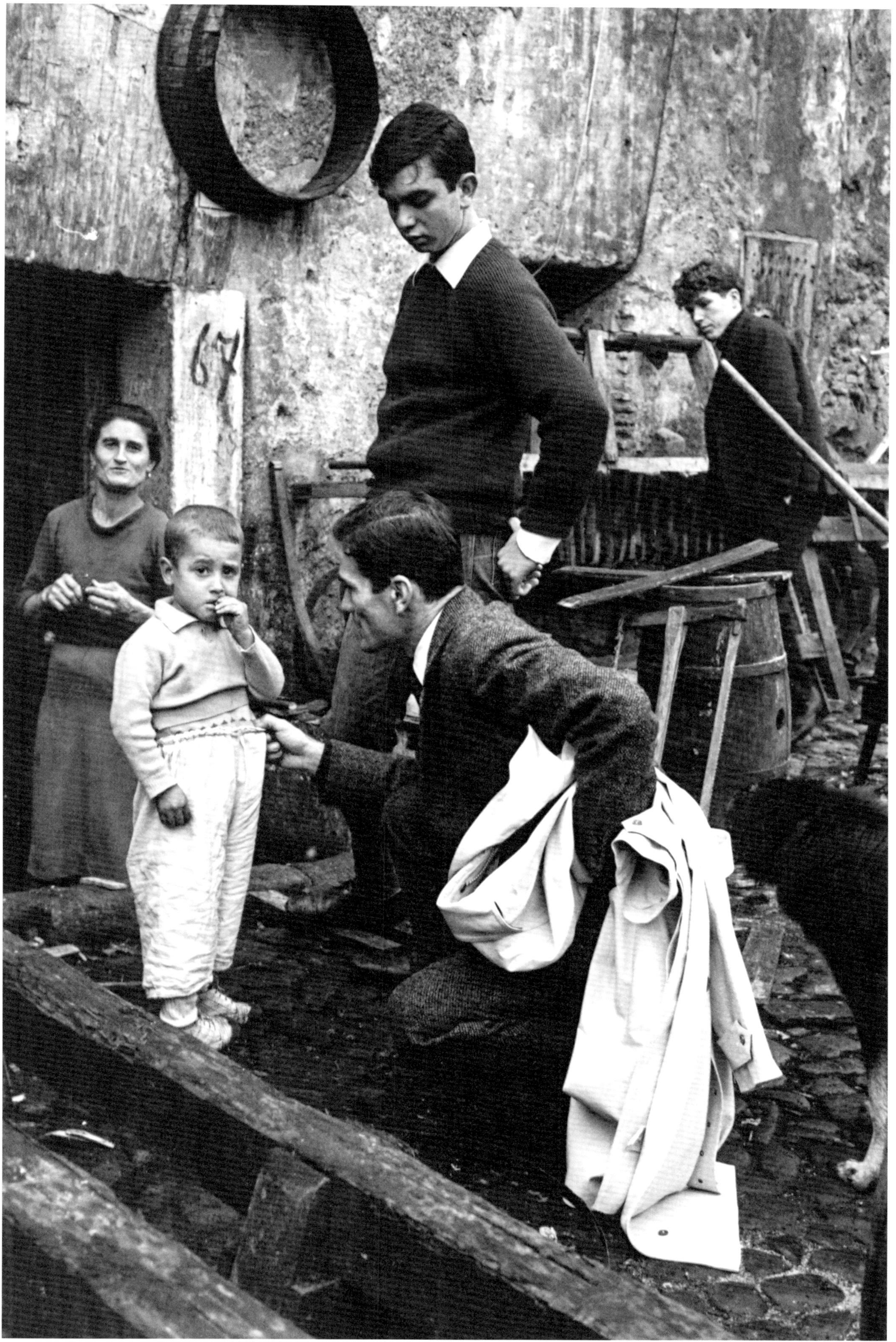
67

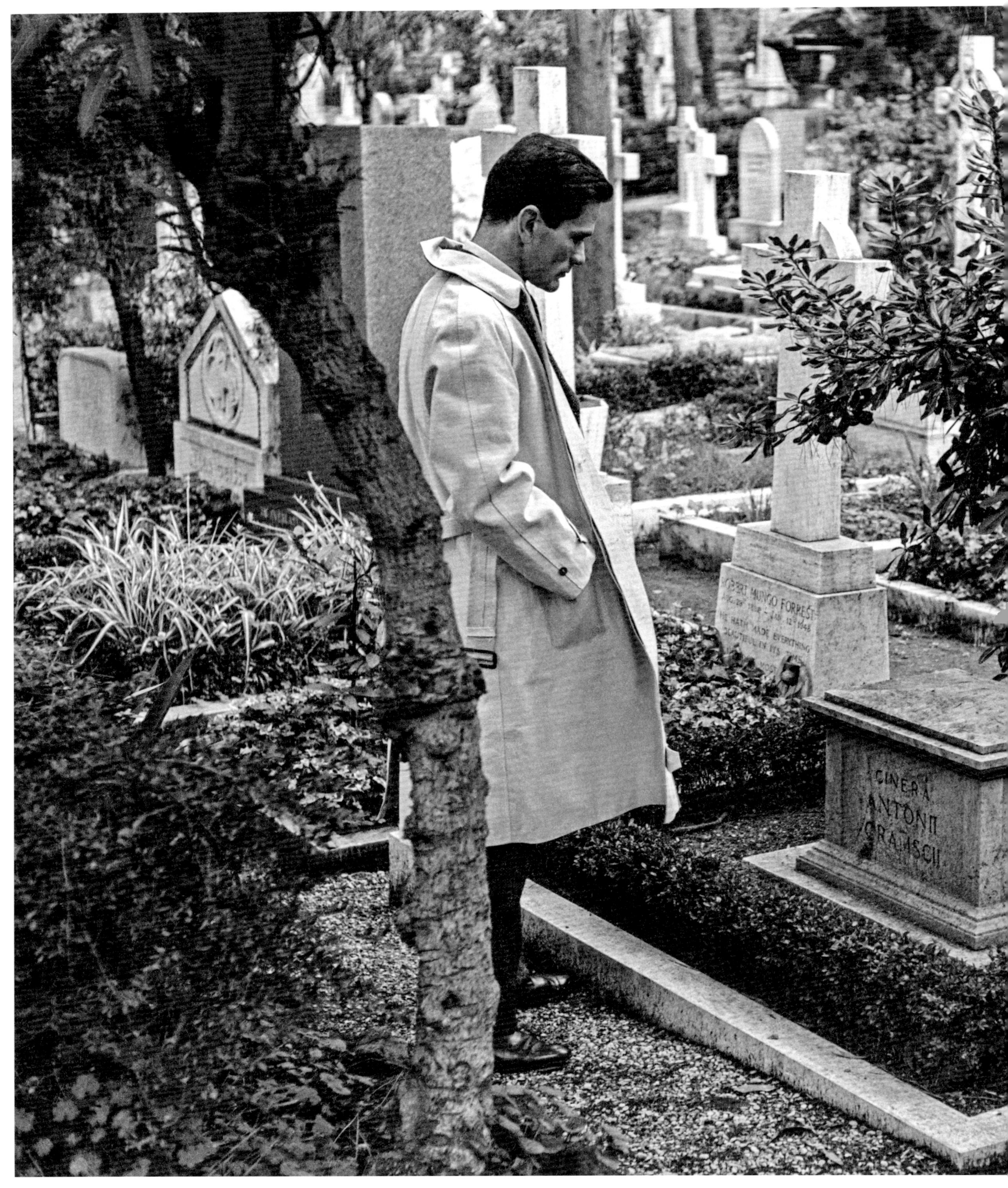

Pier Paolo Pasolini sulla tomba di Antonio Gramsci, Cimitero acattolico, Roma / at the grave of Antonio Gramsci, Non-Catholic Cemetery, Rome 1961

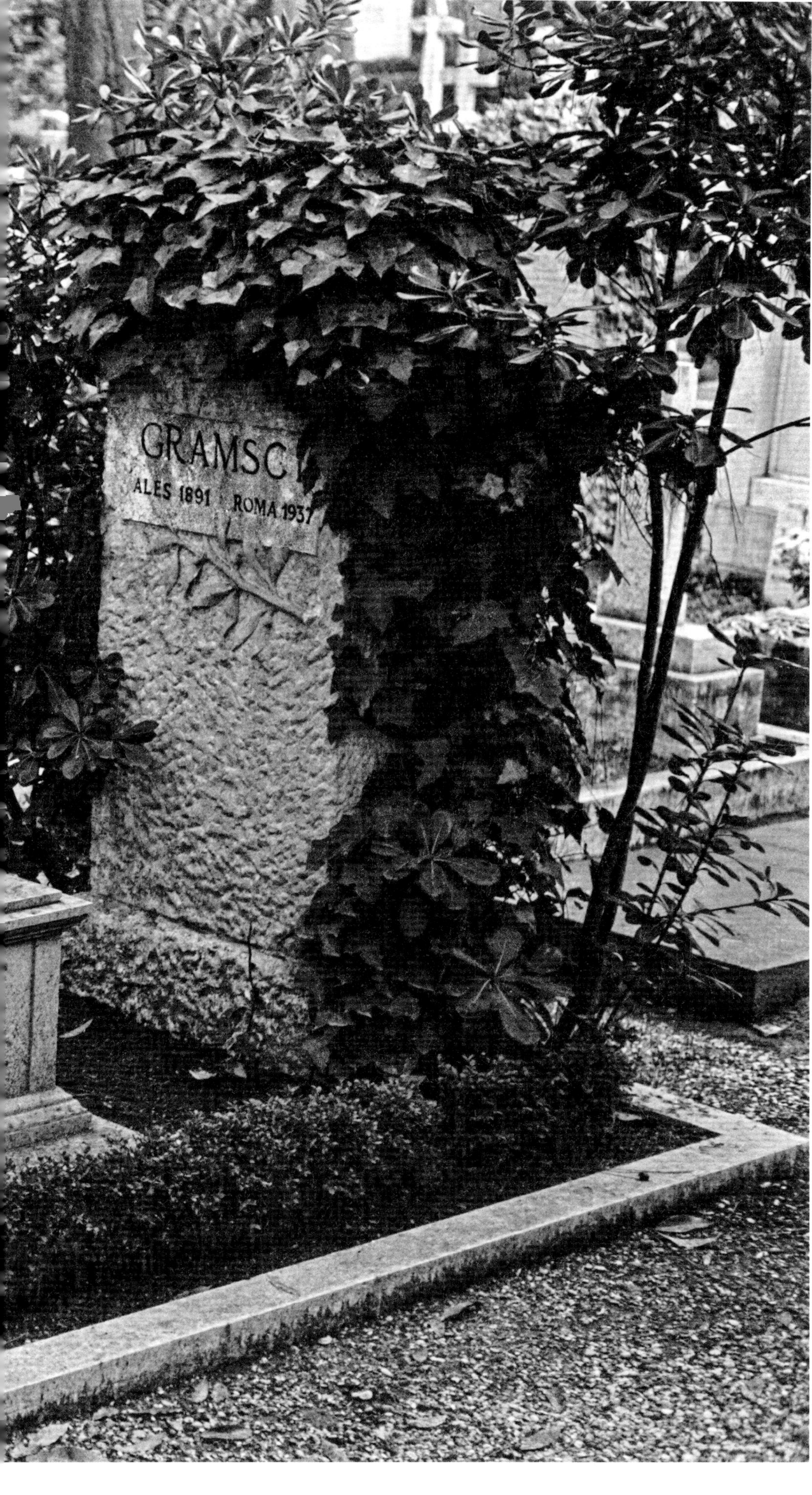
GRAMSC
ALES 1891 ROMA 1937

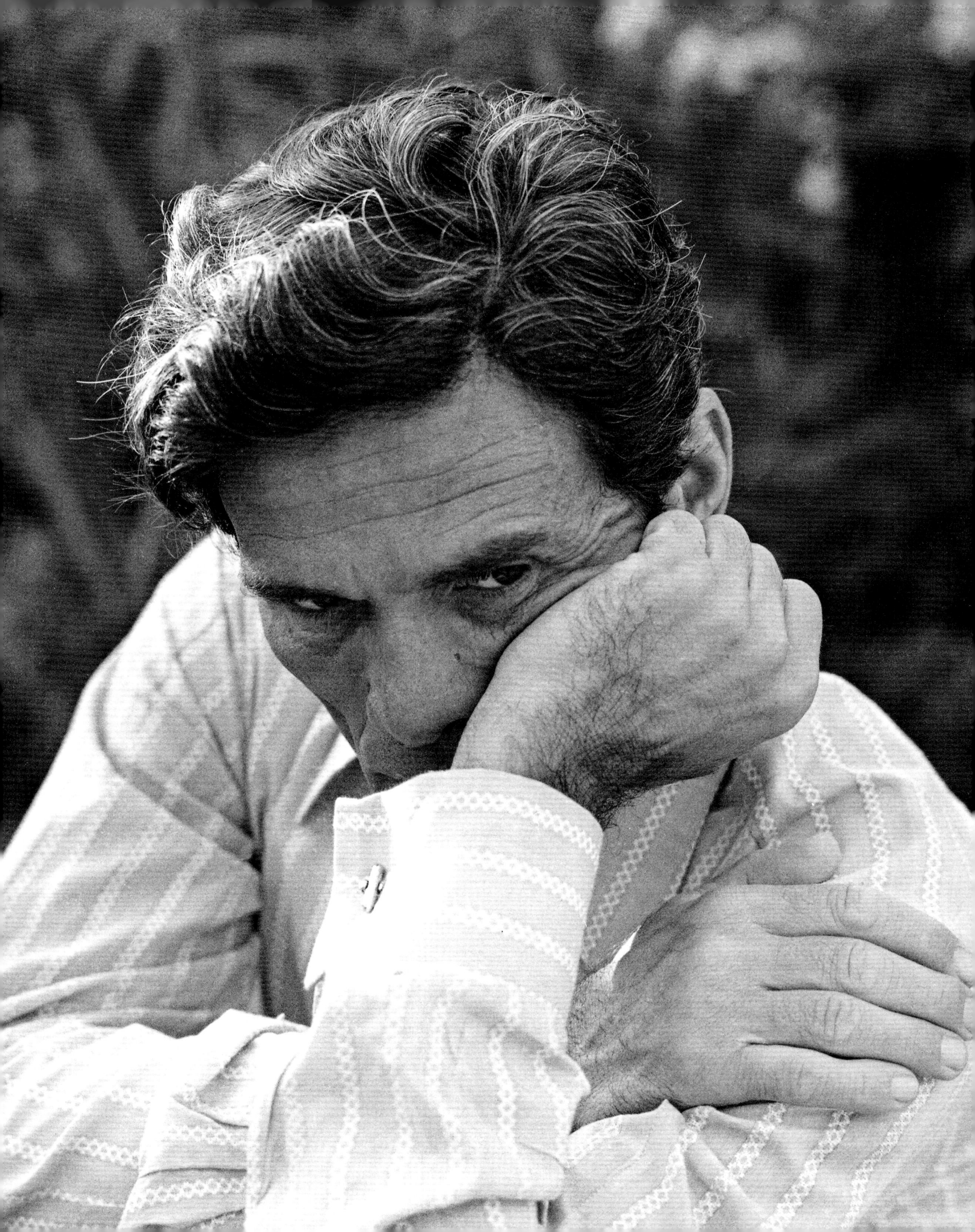

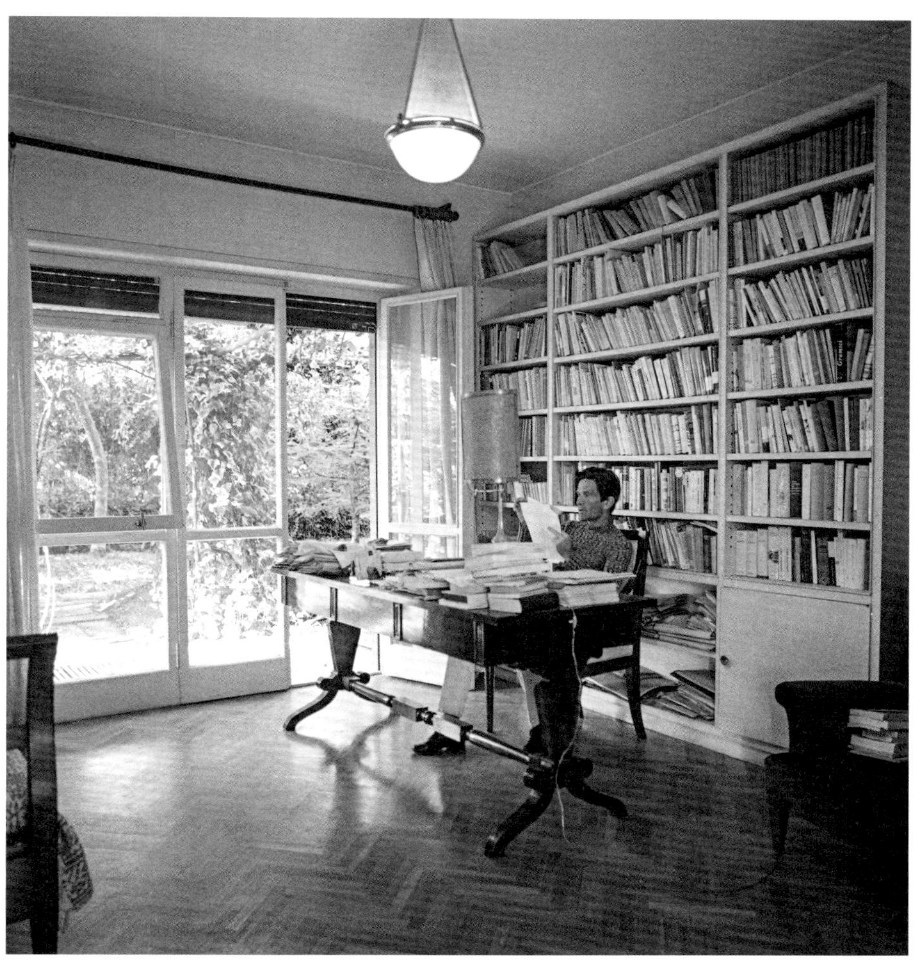

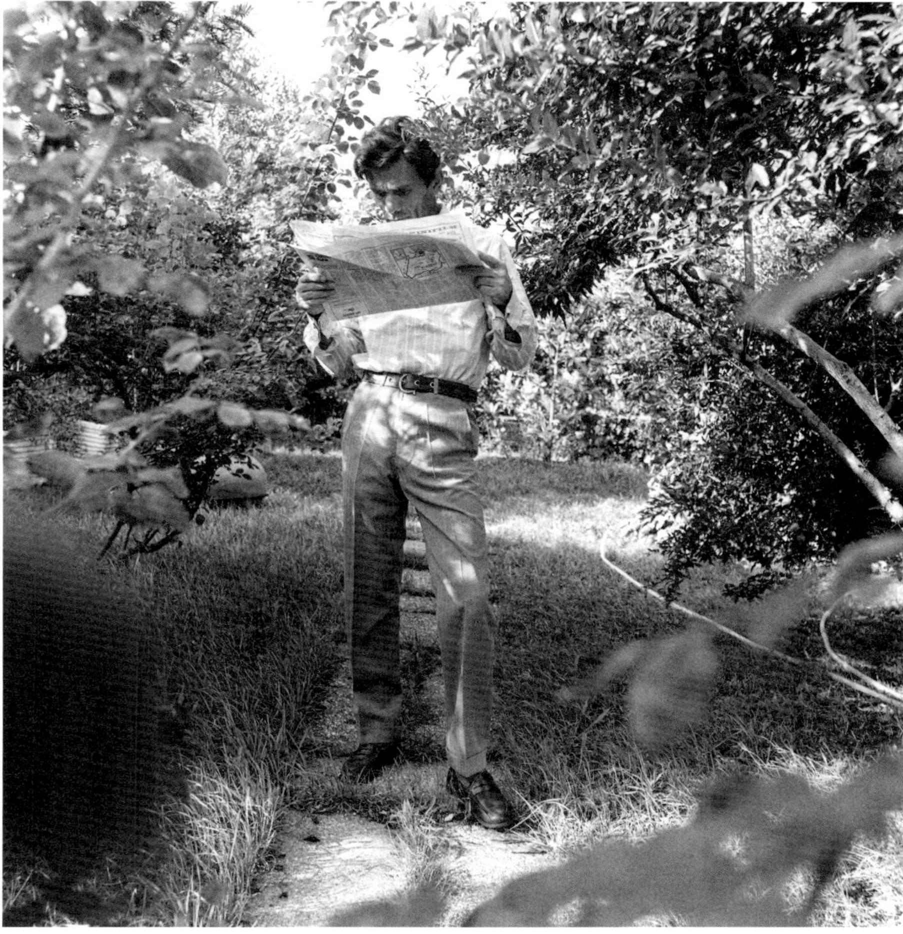

Pier Paolo Pasolini nella casa di Roma / at home in Rome 1964

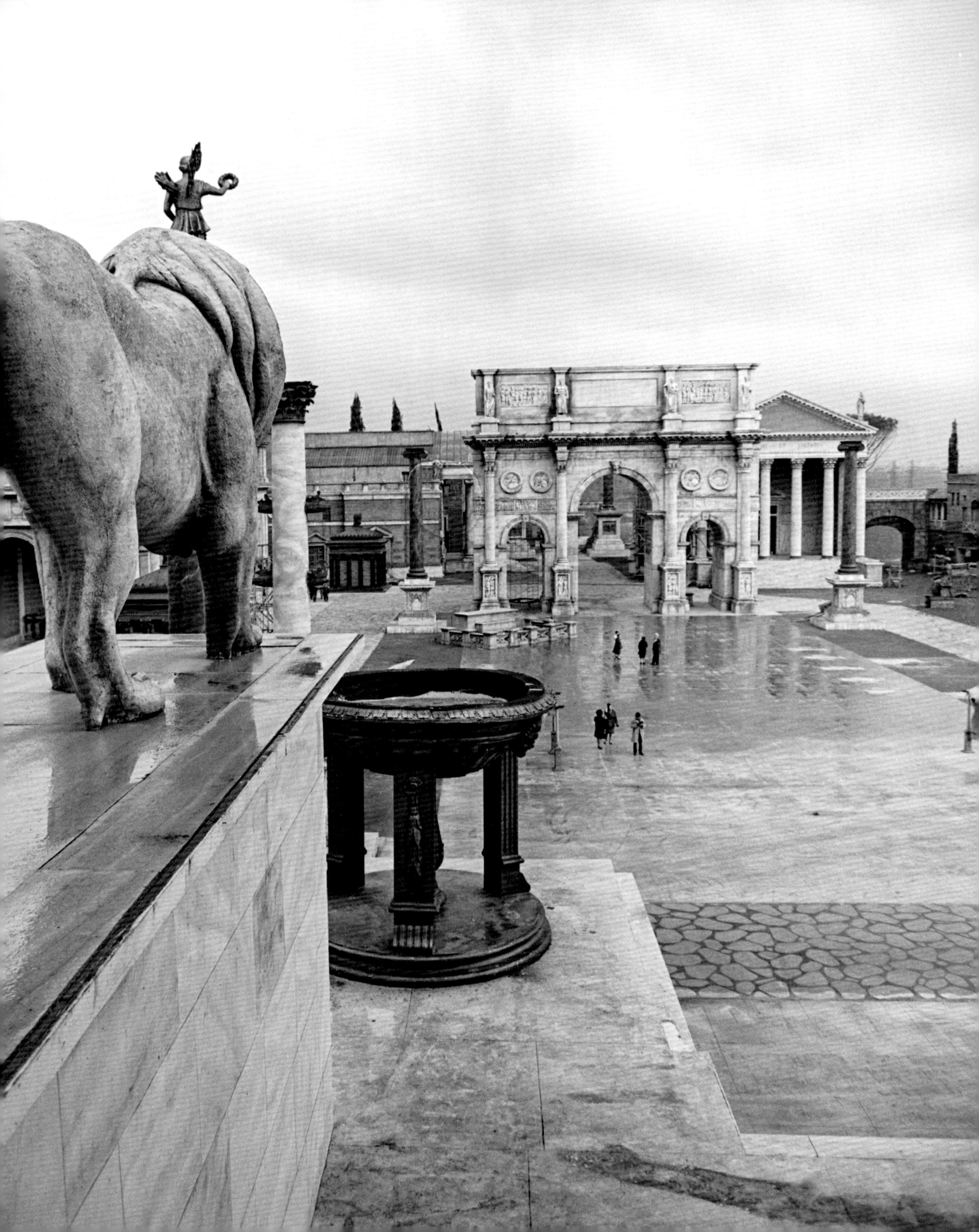

ISABELLA ROSSELLINI

L'IMPORTANZA DI UN LINGUAGGIO SEMPLICE

THE IMPORTANCE OF A SIMPLE LANGUAGE

Ho scoperto dell'esistenza di Paolo Di Paolo solo recentemente grazie al mio amico Bruce Weber, quando mi ha mostrato il bellissimo documentario che ha realizzato su questo grande fotografo italiano. Devo ammettere che non avevo mai sentito il suo nome e la sua storia mi ha davvero colpita. Paolo Di Paolo è stato testimone e, allo stesso tempo, volutamente invisibile osservatore di un periodo mitico.
Attraverso la sua storia davvero particolare Bruce ha raccontato cosa è stato il cinema italiano nel secondo dopoguerra, inserendo delle rare e preziose testimonianze. Tra cui un'intervista a mio padre, Roberto Rossellini, del 1970, che ho visto per la prima volta con grande emozione, dove con il suo charme irresistibile racconta: «Ho pensato che fosse molto importante adottare un linguaggio molto diretto e semplice. Un linguaggio molto diretto è più comprensibile. Ed è anche molto difficile da conquistare, rimanere nell'osservazione dei fatti. È importante descrivere qualcuno e vedere cosa c'è intorno a lui. Perché dà profondità alle cose, la profondità ti dà... beh, dà la vera misura dell'uomo».
Il cinema italiano dal dopoguerra alla fine degli anni sessanta è stato irripetibile, registi e attori monumentali hanno scritto la storia, inventando nuovi linguaggi, sperimentando con libertà e coraggio, creando delle avanguardie stilistiche e interpretative.
Paolo Di Paolo li ha ritratti tutti, con un occhio inusuale, intimo e sorprendente. Ho un solo grande rammarico, che non abbia avuto occasione di fotografare i miei genitori!

I discovered the existence of Paolo Di Paolo only recently thanks to my friend Bruce Weber, when he showed me the very fine documentary he made about this great Italian photographer. I have to admit I had never heard his name before, and his story moved me deeply. Paolo Di Paolo was an eyewitness and at the same time a deliberately invisible observer of a legendary period.
Through his very unusual story, Bruce recounted what Italian cinema had achieved after the war, including rare and precious personal testimonies. They include an interview with my father, Roberto Rossellini, from 1970, which I saw for the first time with deep emotion, where with his irresistible charm he says: "I thought it was very important to adopt a very direct and simple language. A very direct language is more comprehensible. And it is also extremely difficult to achieve, to keep to the observation of facts. It's important to describe someone and see what's around them. Because it gives depth to things, and depth gives you... well, it gives you the true measure of man."
Italian cinema from the post-war period to the end of the sixties was unrepeatable. Monumental filmmakers and actors wrote history, inventing new forms of expression, experimenting freely and courageously, creating a stylistic and interpretative avant-garde.
Paolo Di Paolo portrayed them all with an unusual, intimate and surprising eye. I have only one great regret, that he never had the opportunity to photograph my parents!

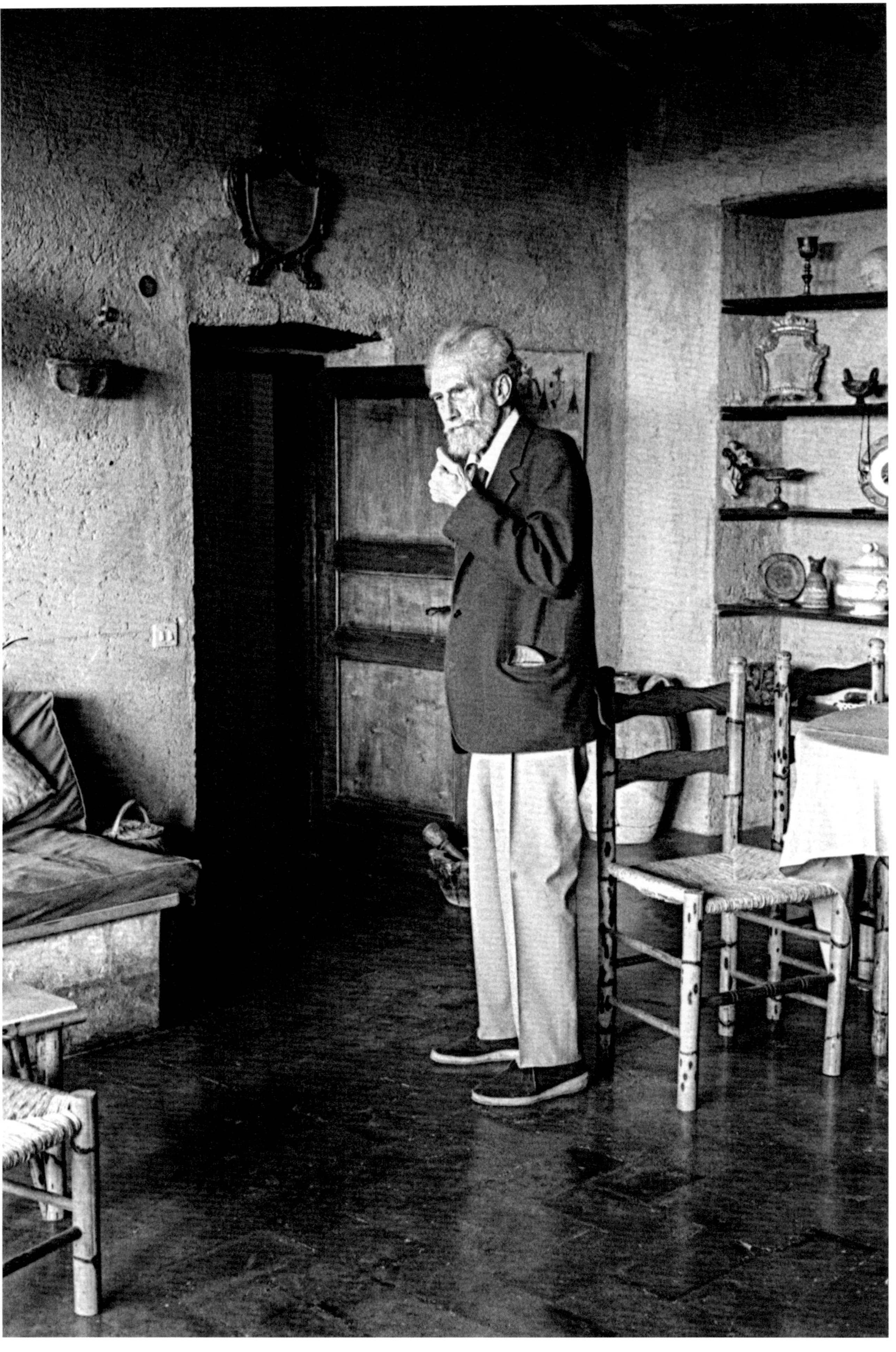

Ezra Pound, Spoleto 1965

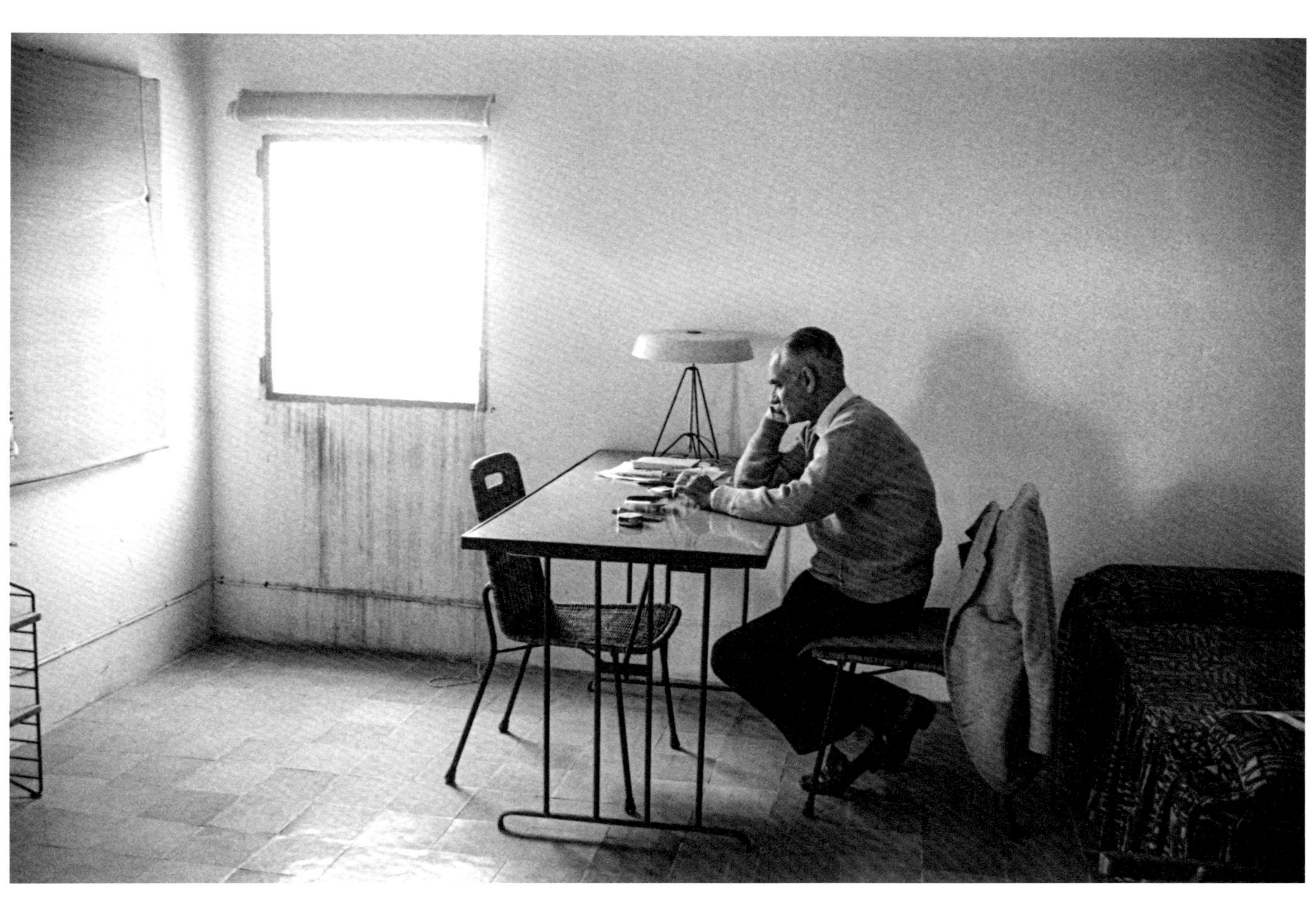

Alberto Moravia nella sua casa al "villaggio dei pescatori", Fregene (Roma) / in his house in the "fishermen's village", Fregene (Rome) 1959

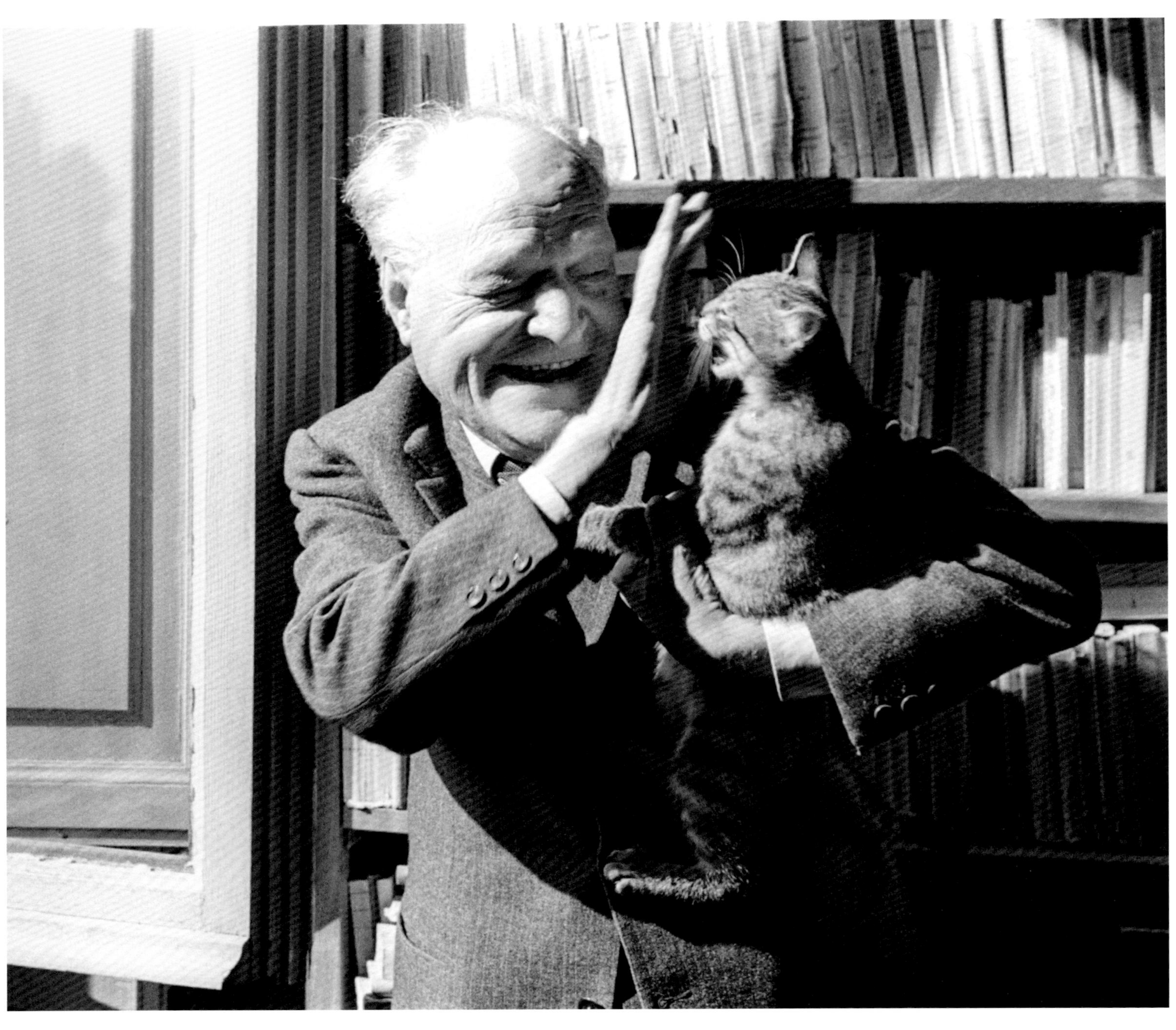

Giuseppe Ungaretti in casa, Roma / at home, Rome
1956

Giorgio Bassani in casa, Roma, anni sessanta / at home, Rome, 1960s

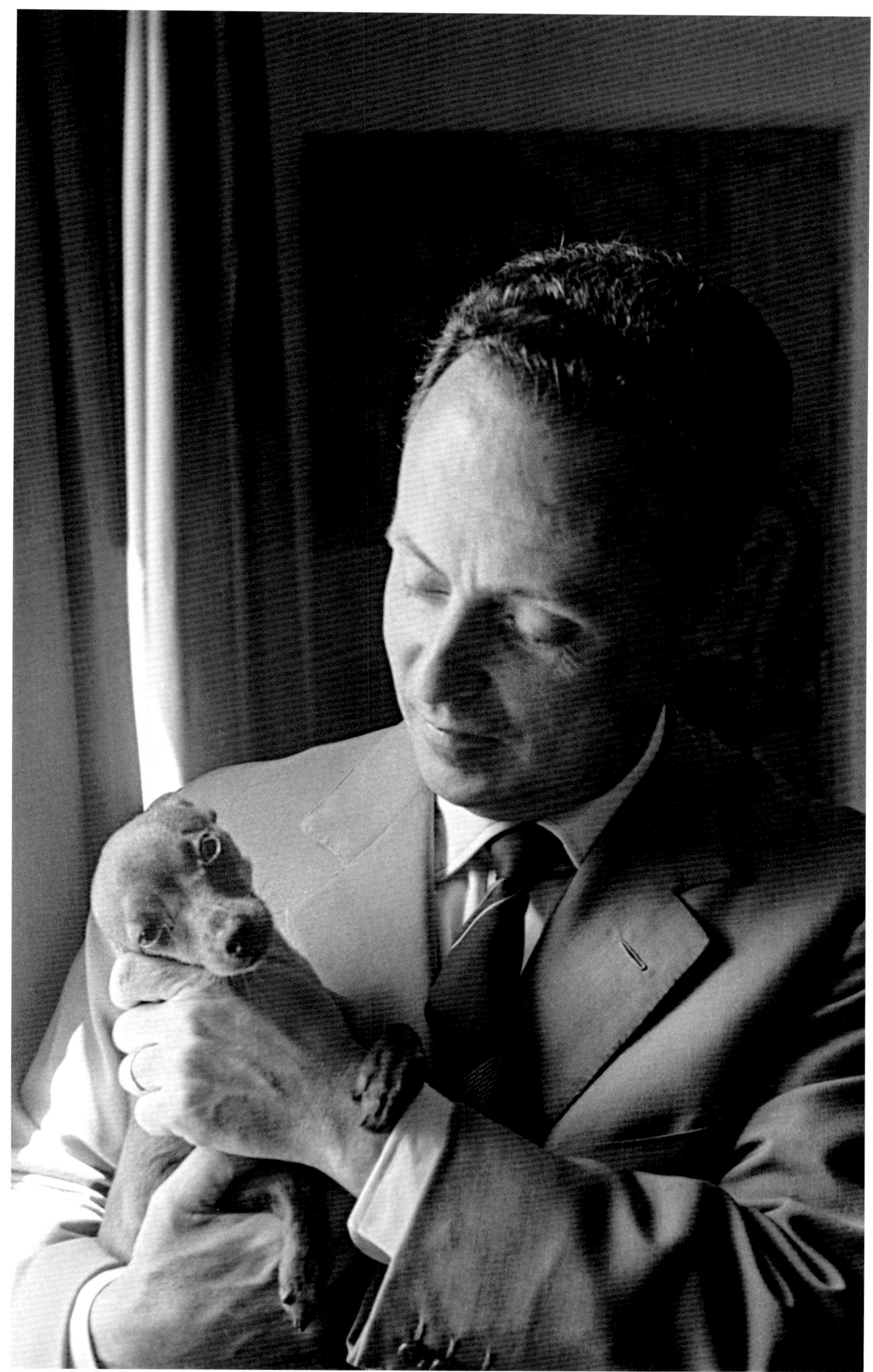

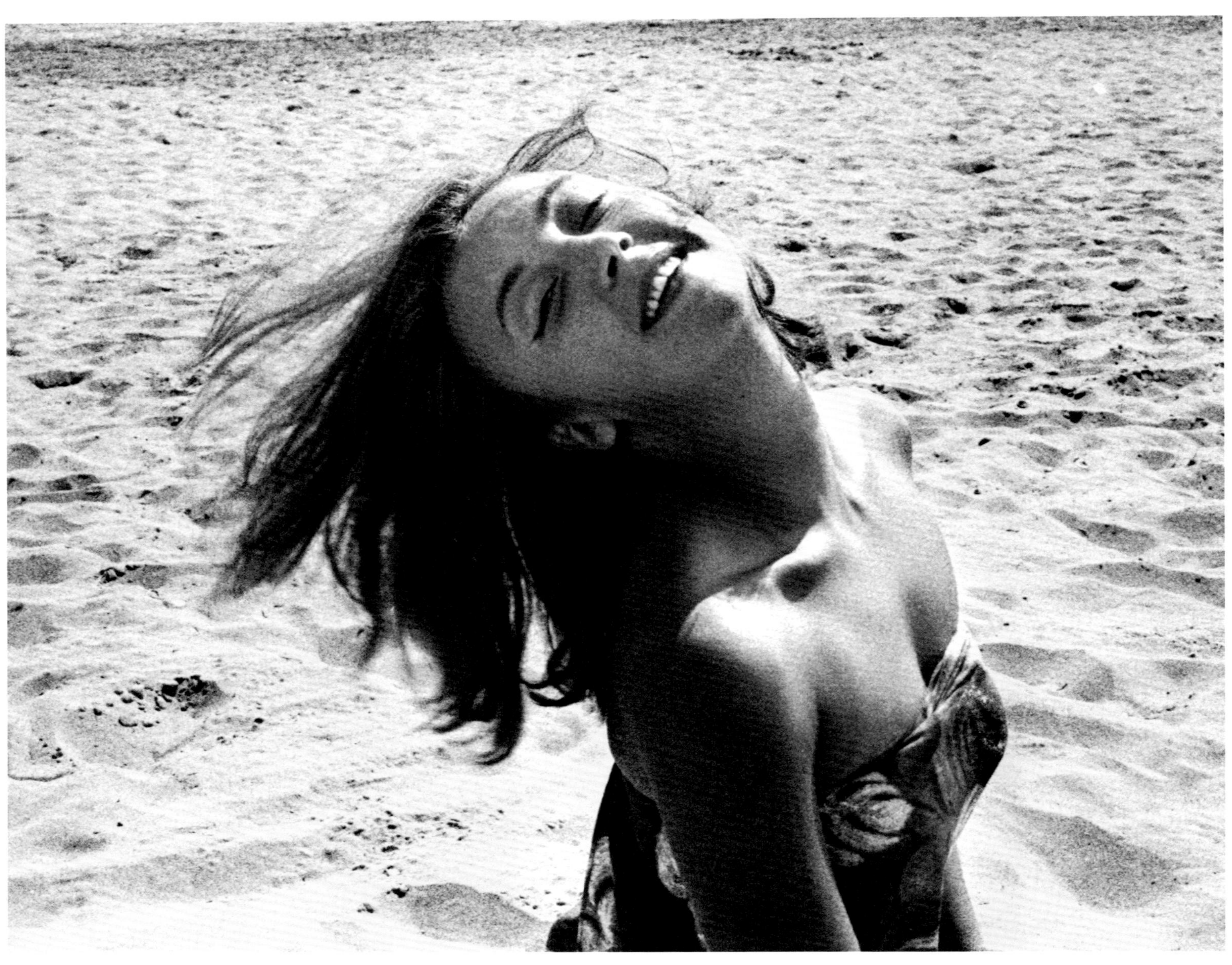

«Una mattina dei primi di settembre 1963 il Lido di Venezia era semi deserto. La sera prima c'era stata una grande festa per l'inaugurazione del festival del Cinema e tutti avevano fatto tardi. Incontro la mia amica Oriana Fallaci in spiaggia che mi dice "Paolo stamattina ti va male, dormono tutti. Ma te la faccio io la diva, dai facciamo qualche foto!". Le foto furono fatte in amicizia e non le ho date mai a nessun giornale, sapendo che oltre all'amicizia, avrei tradito la figura seria e impegnata che Oriana era con fatica riuscita a costruirsi».

Paolo Di Paolo

"One morning in early September 1963, the Venice Lido was almost deserted. There had been a grand party for the opening of the Film Festival the night before, and everyone had been out late.
I met my friend Oriana Fallaci on the beach. She said, 'Paolo, things are going badly for you this morning, everyone's asleep. But I'll play the diva for you. Come on, let's take some photos!' The photos were taken in friendship, and I never gave them to any magazine, knowing that, apart from our friendship, I would have betrayed the serious, dedicated image Oriana had worked so hard to build up for herself."

Paolo Di Paolo

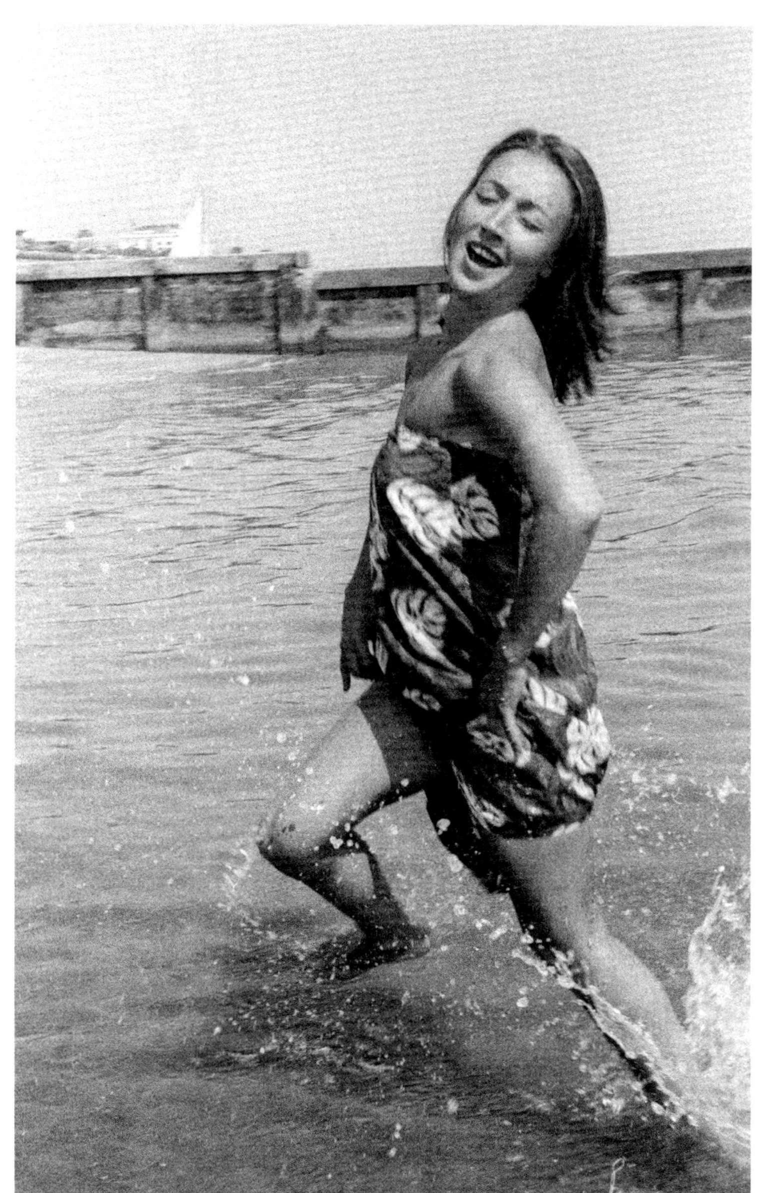

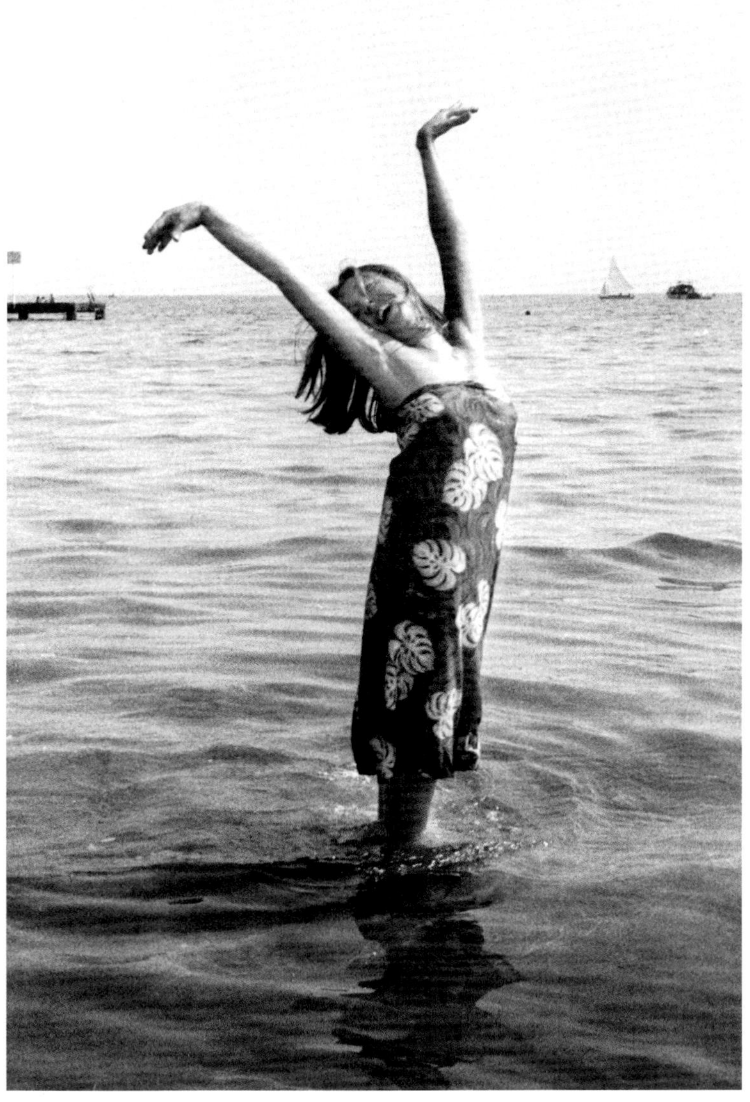

Oriana Fallaci, Lido di Venezia 1963

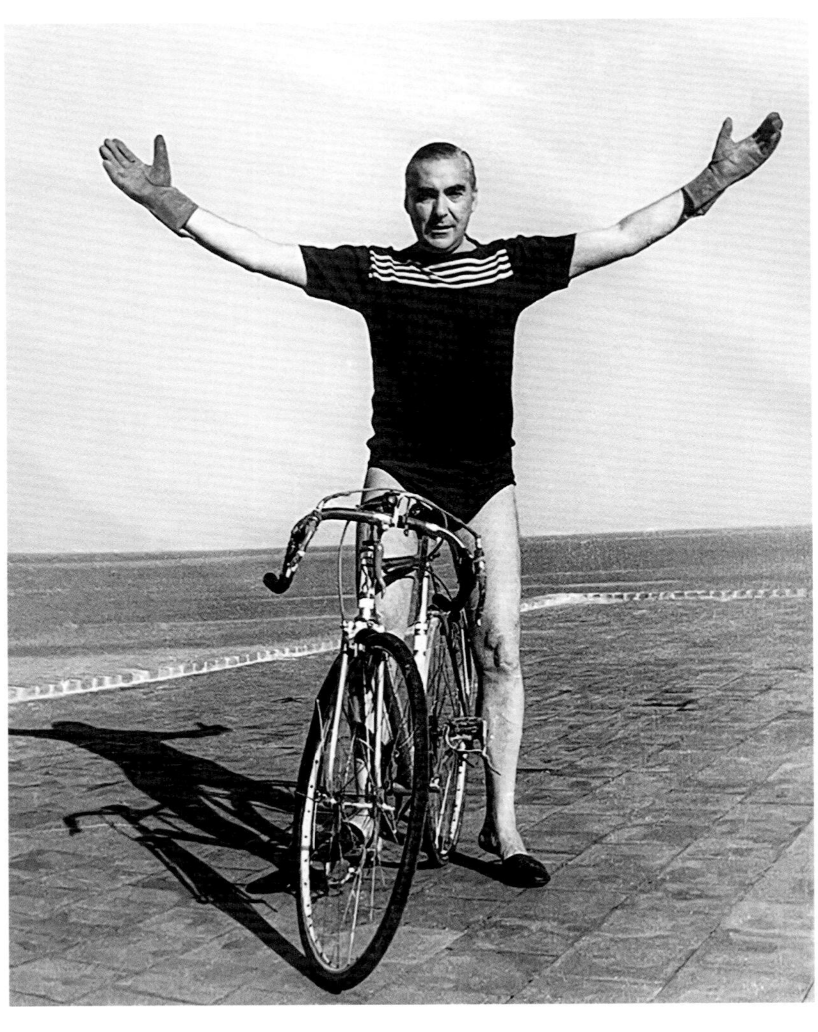

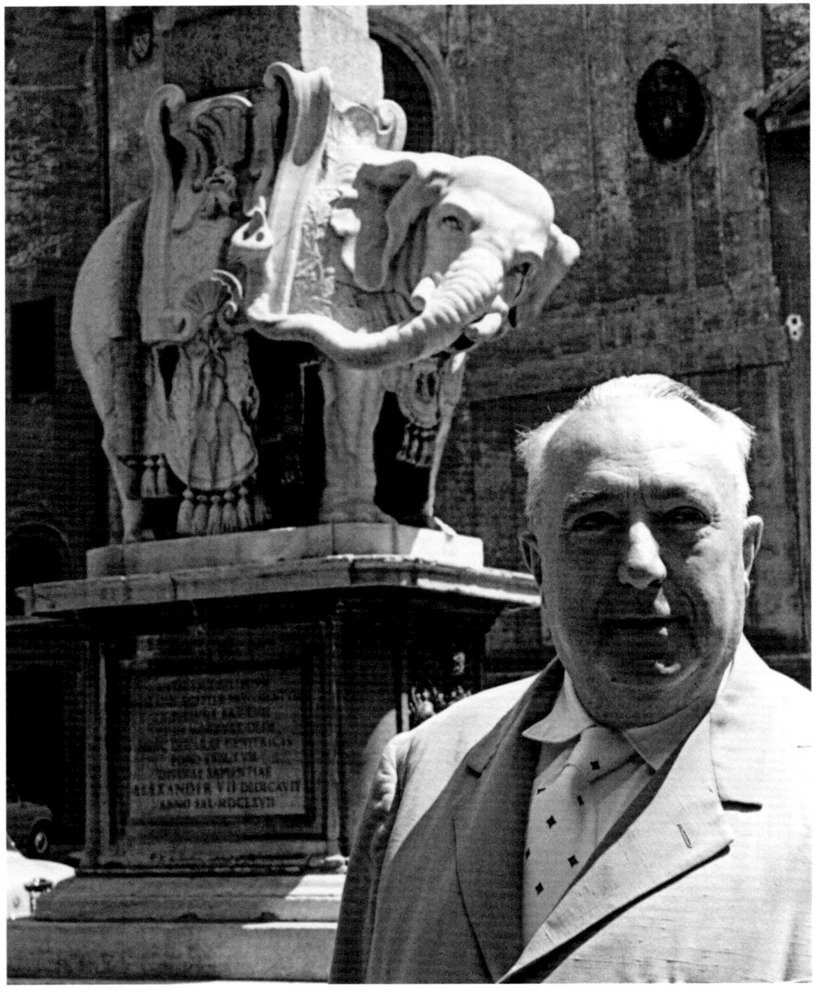

Vincenzo Cardarelli, Via Veneto, Roma, anni cinquanta / Rome, 1950s

Curzio Malaparate sul tetto della sua villa / on the roof of his villa, Capri, anni cinquanta / 1950s

Carlo Emilio Gadda, Roma, anni sessanta / Rome, 1960s

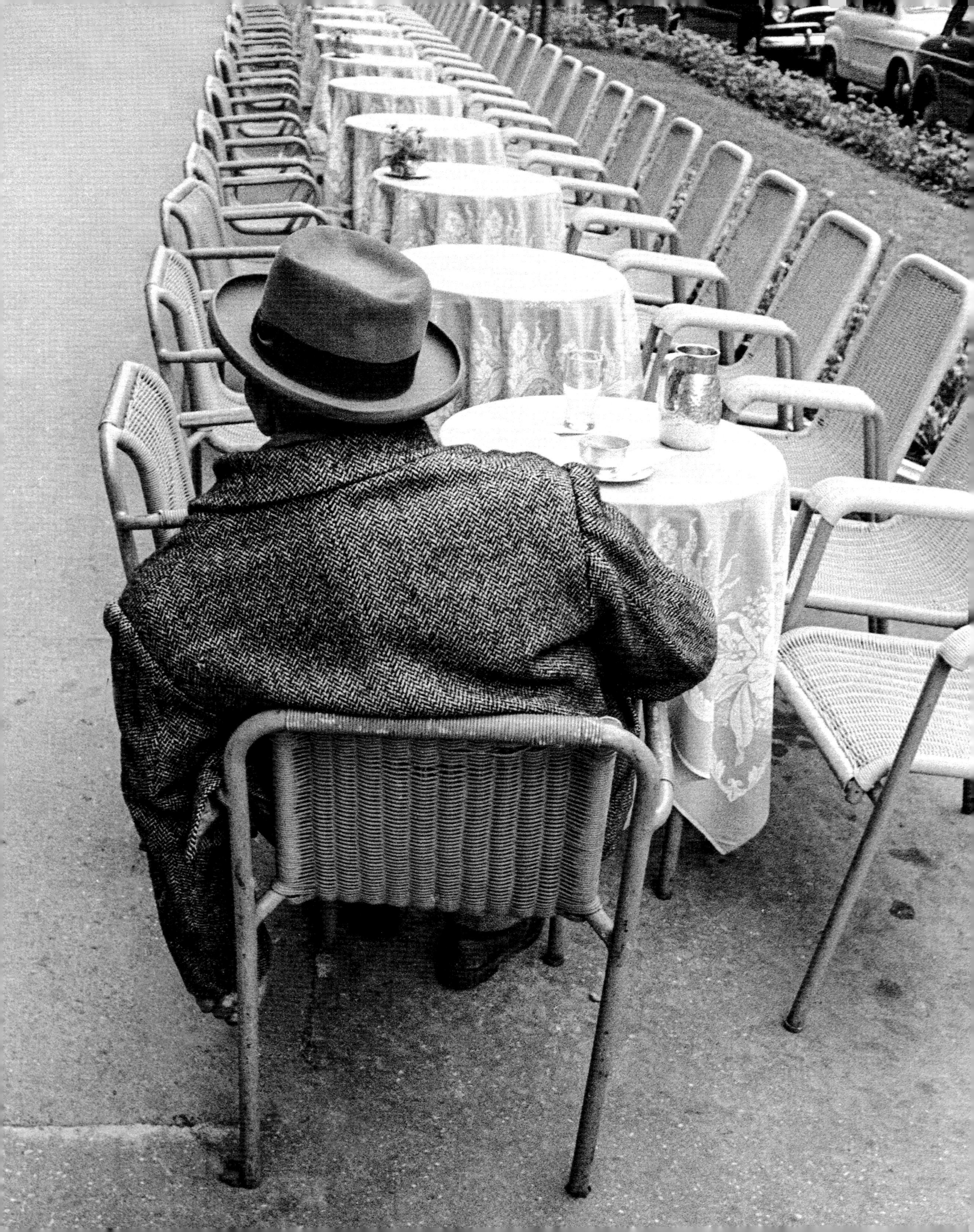

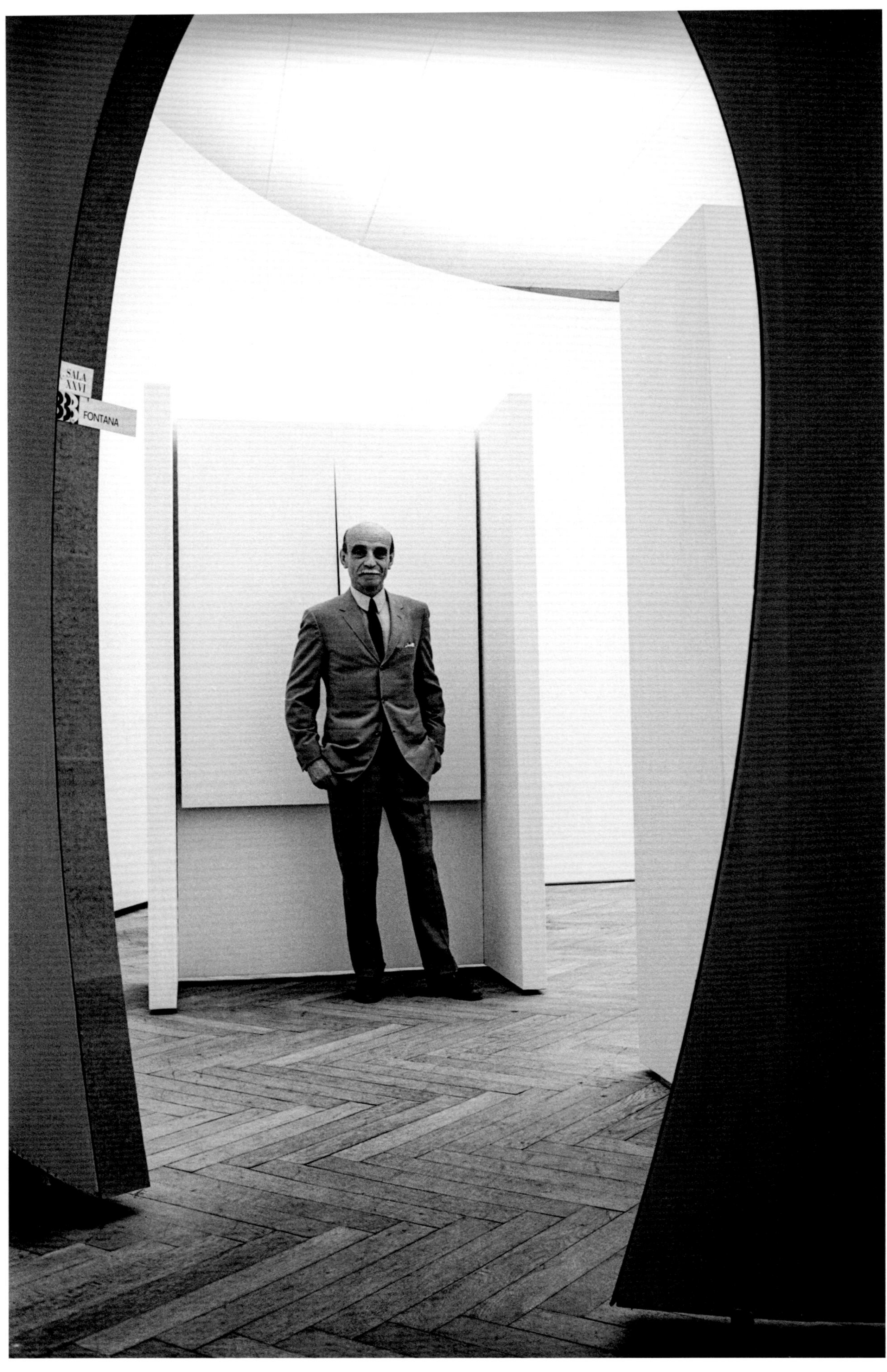

Lucio Fontana, Biennale di Venezia, 1966

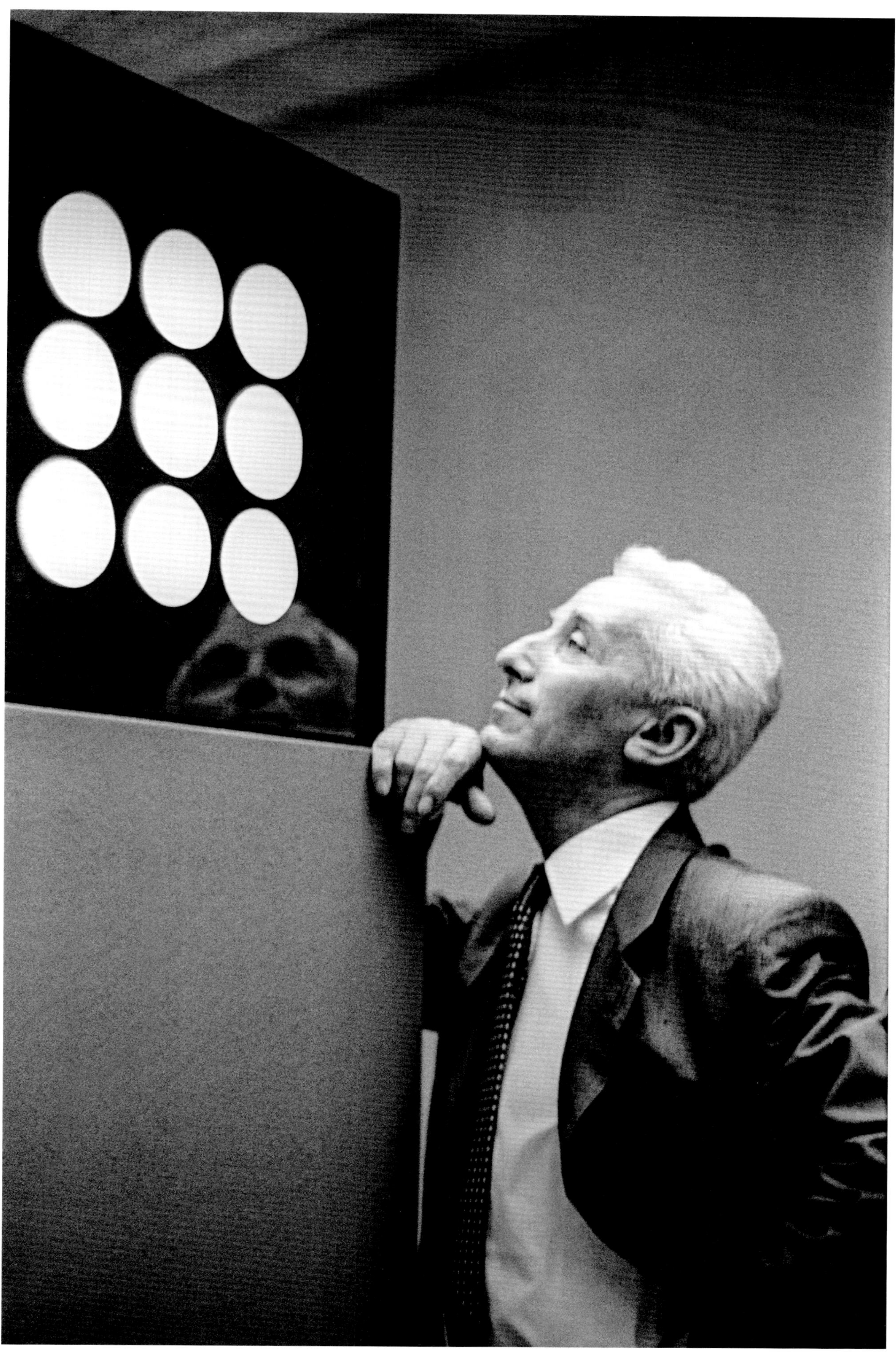

Bruno Munari, Biennale di Venezia, 1966

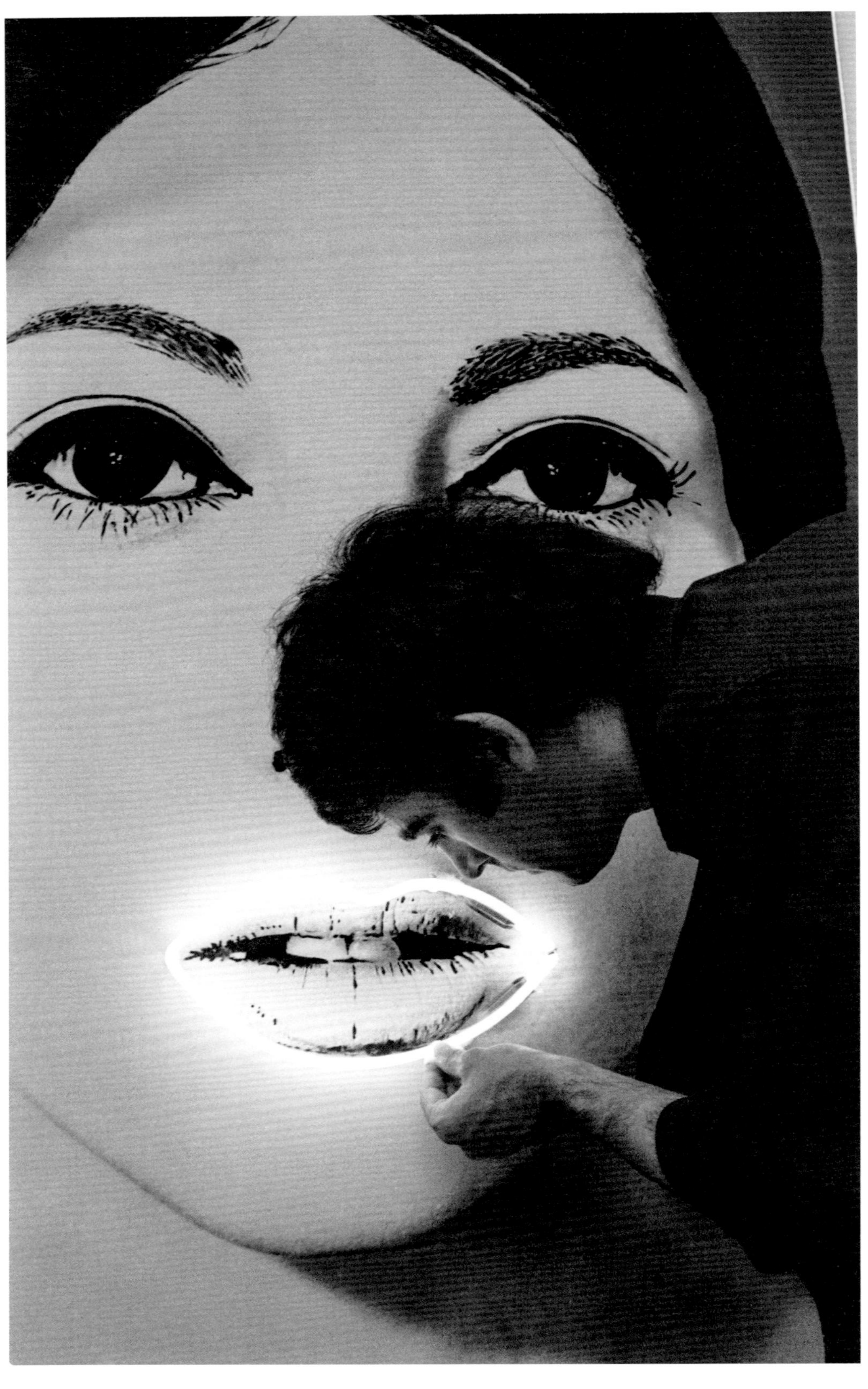

Martial Raysse, Biennale di Venezia, 1966

Yayoi Kusama, Biennale di Venezia, 1966

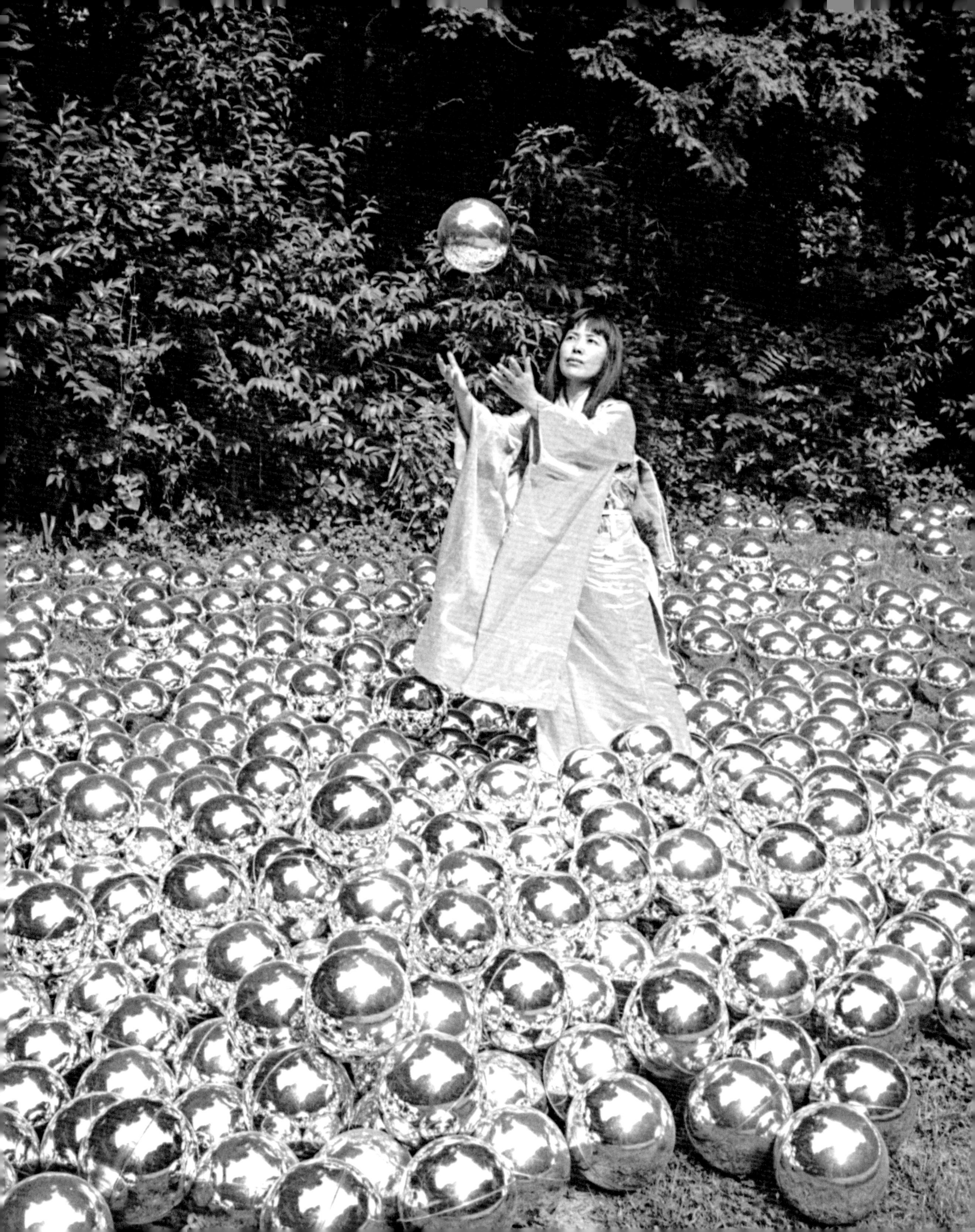

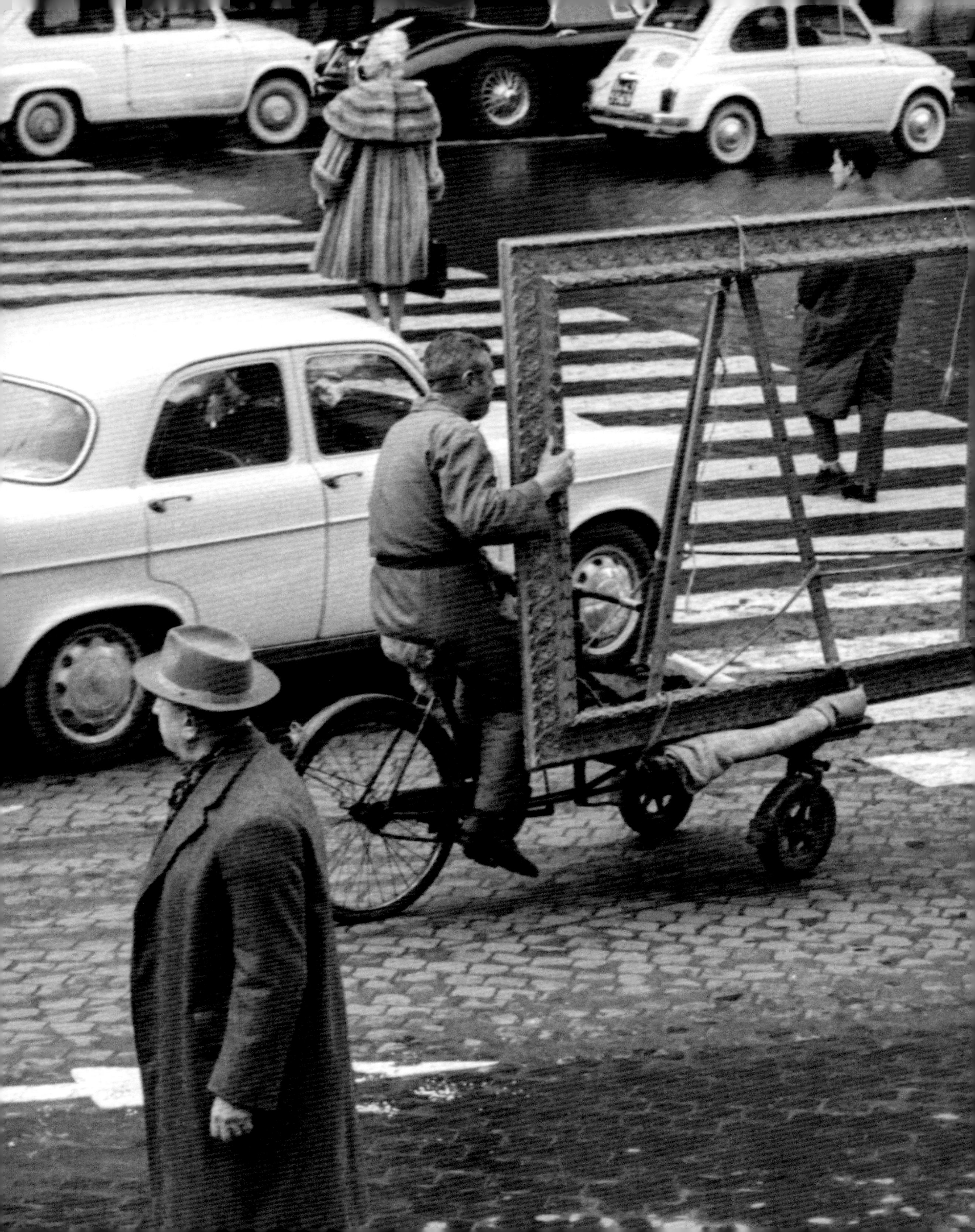

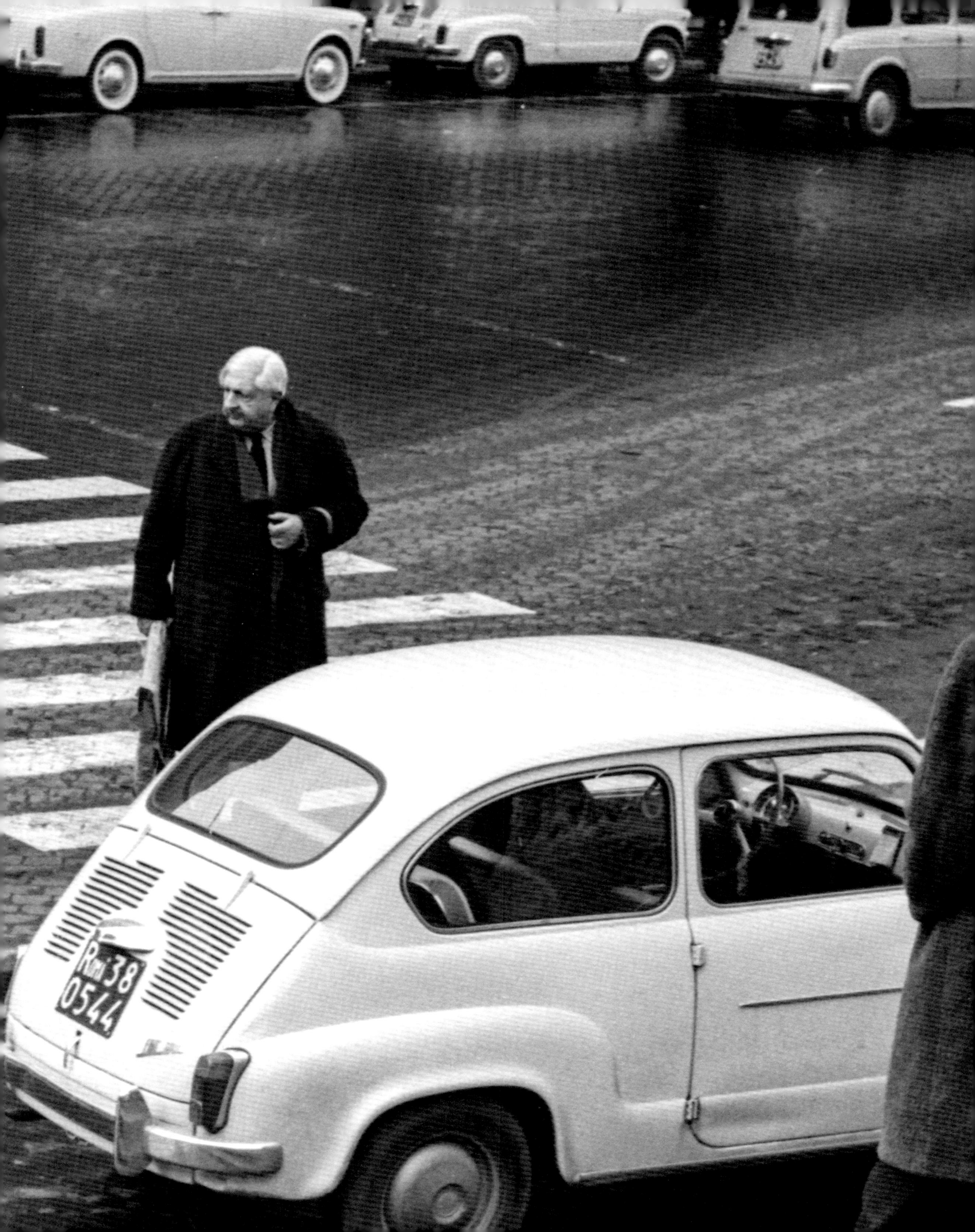
38
0544

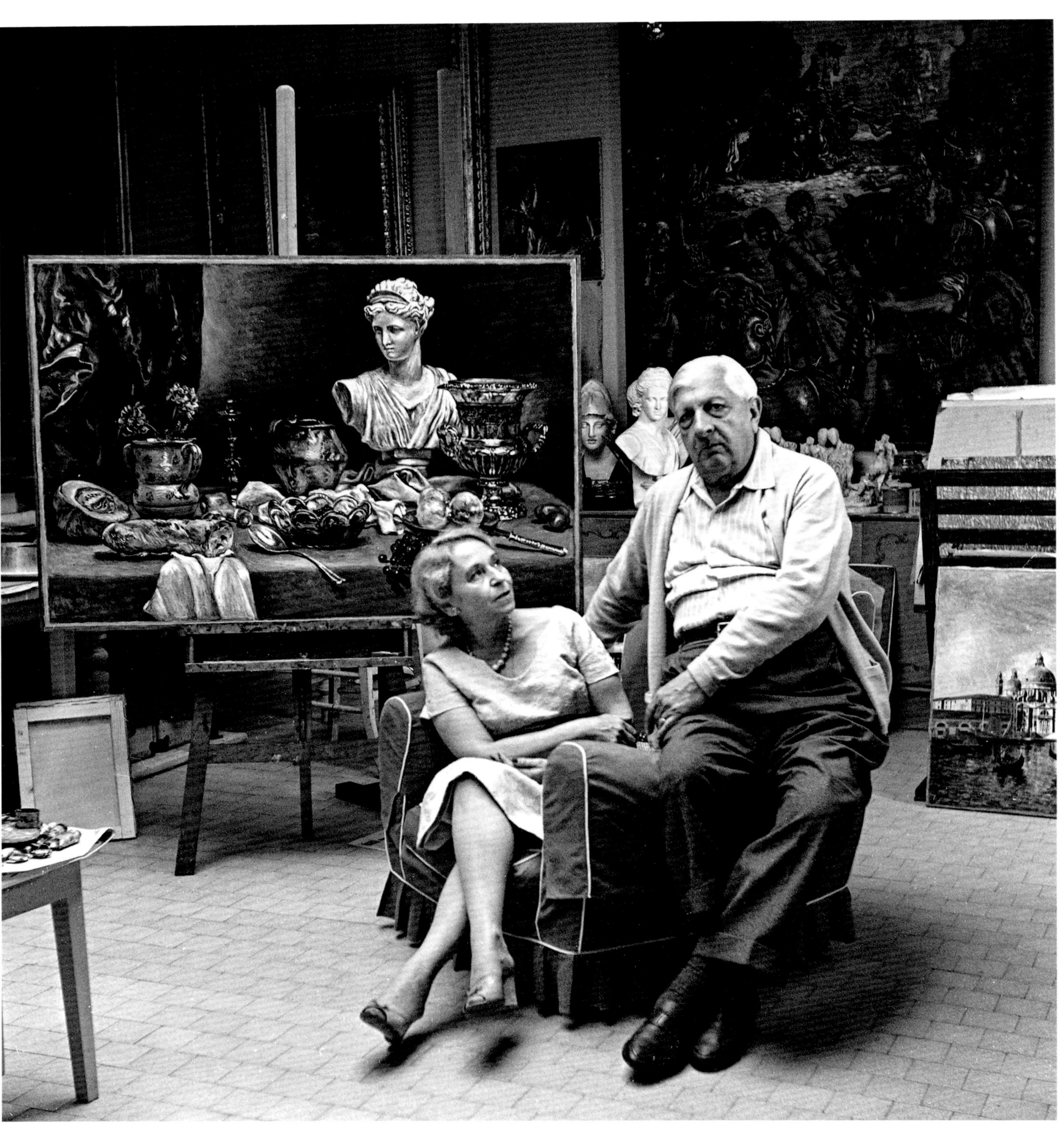

pagine precedenti / *previous pages*
Giorgio de Chirico a piazza di Spagna, Roma / at Piazza di Spagna, Rome 1962

Giorgio de Chirico nel suo studio con la moglie Isabella Pakzswer Far, Roma / in his studio with his wife Isabella Pakzswer Far, Rome 1964

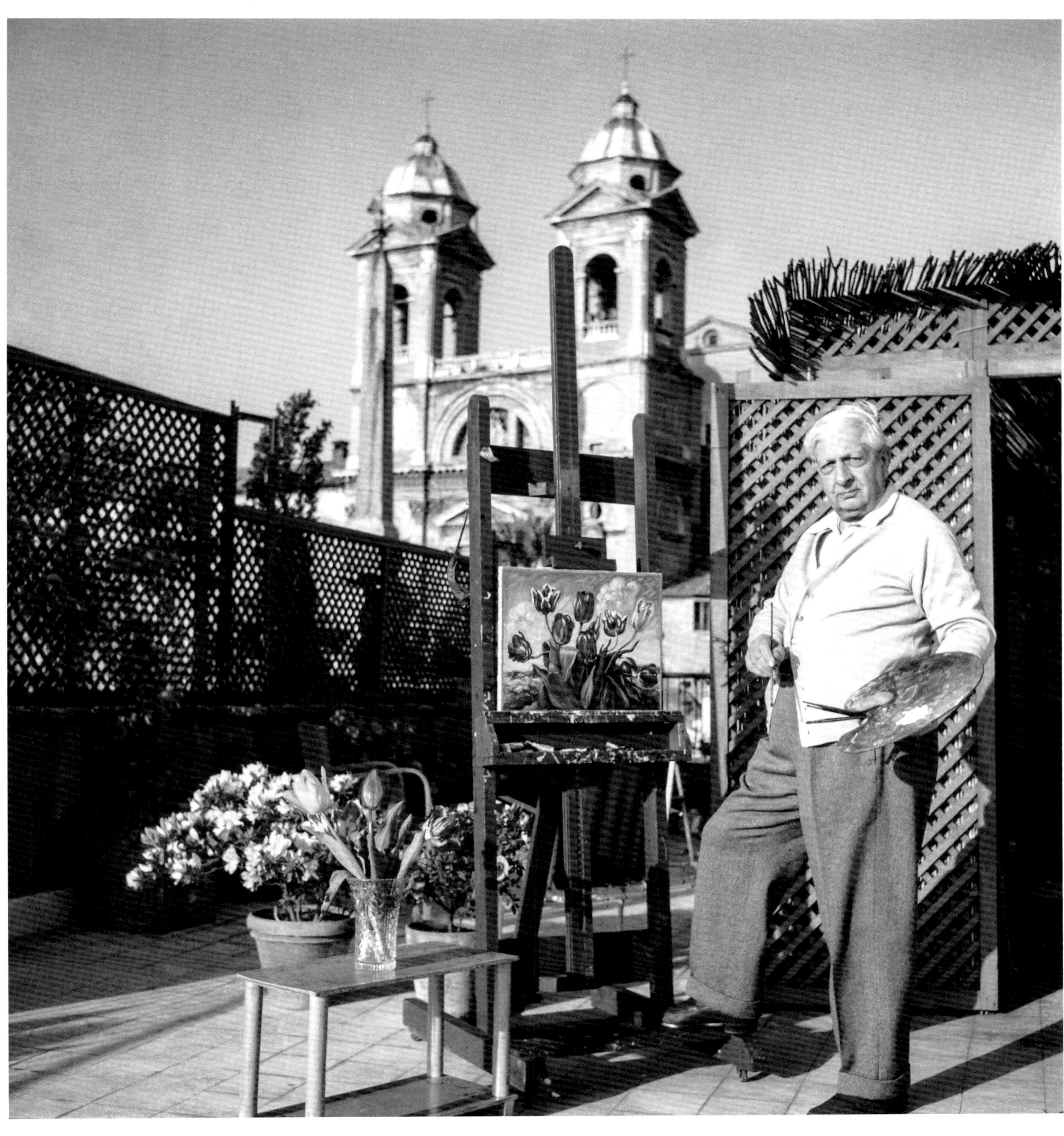

Giorgio de Chirico nella sua terrazza, Roma / on his terrace, Rome 1964

pagine seguenti / *following pages*
Renato Guttuso nel giardino del suo studio, palazzo del Grillo, Roma / in the garden of his studio, Palazzo del Grillo, Rome 1966

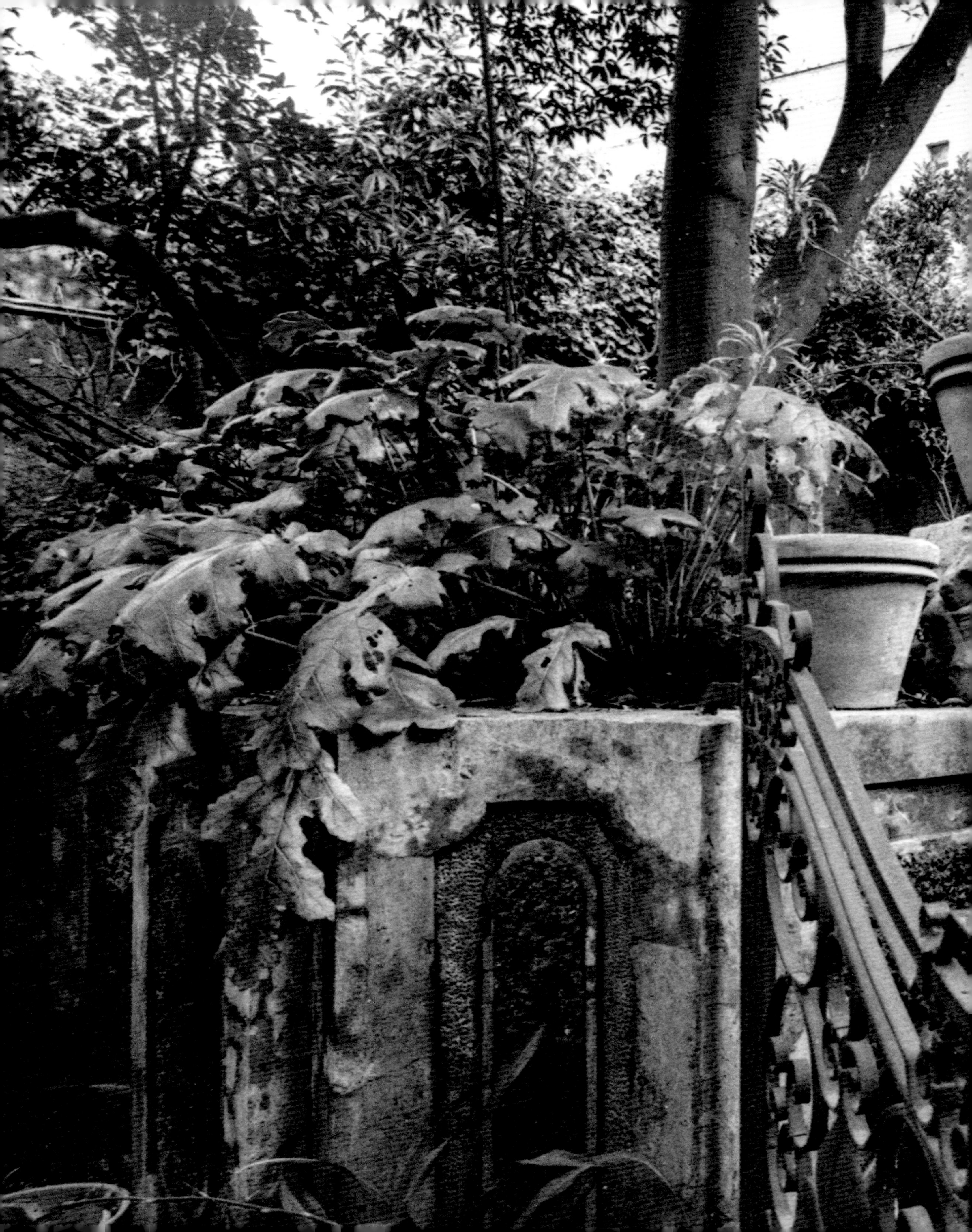

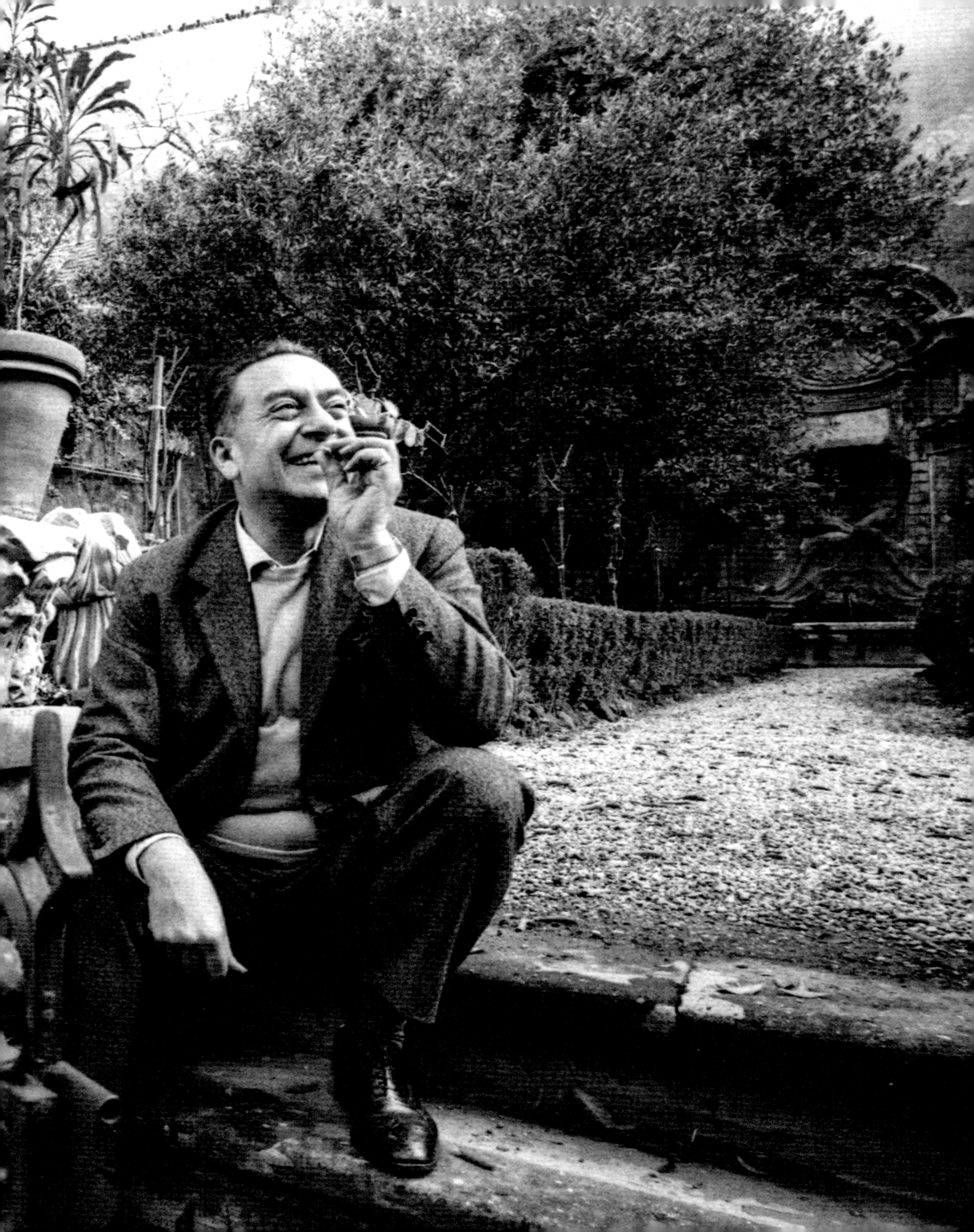

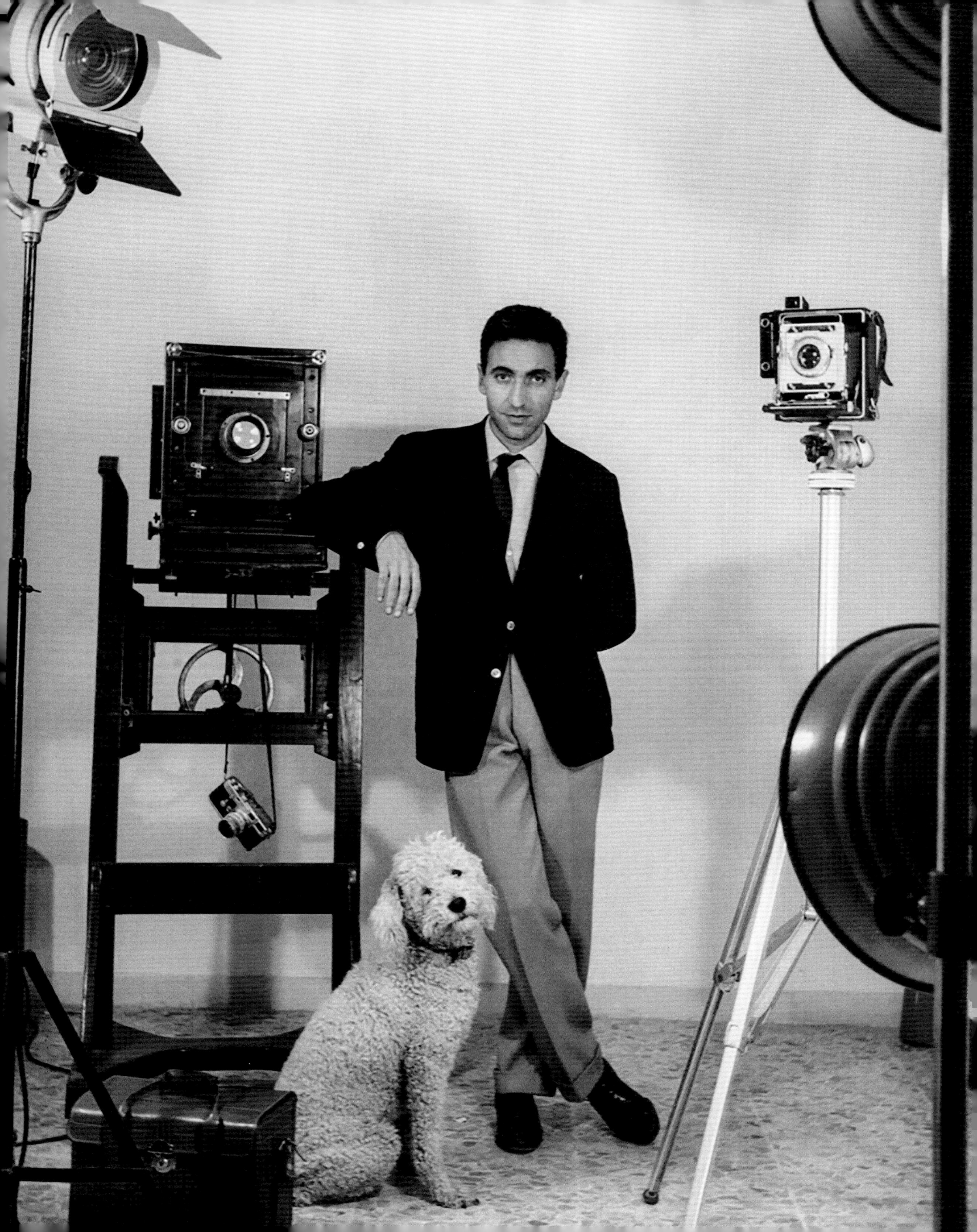

BIOGRAFIA

BIOGRAPHY

Nato il 17 maggio 1925 a Larino in Molise, Paolo Di Paolo si trasferisce a Roma nell'immediato dopoguerra e si iscrive alla facoltà di Storia e filosofia dell'Università La Sapienza. Frequenta gli ambienti artistici di Roma decidendo di sviluppare attraverso la fotografia il proprio interesse per le arti figurative.
L'esordio come fotografo avviene da dilettante, nel senso di «fotografare per diletto».
Nel 1954 appare la sua prima fotografia sul settimanale culturale «Il Mondo» diretto da Mario Pannunzio, sul quale, fino alla chiusura del giornale nel 1966, Di Paolo risulterà il fotografo più pubblicato.
Tra il 1954 e il 1957 collabora con «Settimana Incom Illustrata» e nello stesso periodo inizia un assiduo sodalizio con il settimanale «Tempo» che durerà fino al 1968.
Numerose le inchieste e i servizi firmati con i più affermati giornalisti dell'epoca. Da inviato viaggia nell'ex Unione Sovietica, Iran, Giappone, Stati Uniti e in tutta Europa.
Grazie ai rapporti di amicizia instaurati negli ambienti del cinema e della scena artistica, realizza immagini private ed esclusive dei più grandi intellettuali, artisti, attori e registi dell'epoca. Conclude la sua carriera fotografica in tandem con Irene Brin, dedicandosi a servizi di moda, arte, design e costume per i mensili «Bellezza» e «Domina».
Con l'avvento della televisione, la conseguente chiusura di molti giornali e l'orientamento scandalistico della stampa, nel 1968 Paolo Di Paolo decide di smettere nel campo fotografico e torna a dedicarsi agli studi, curando edizioni storiche per l'Arma di Carabinieri per oltre quarant'anni.
L'archivio, composto da oltre duecentomila negativi, resterà nascosto per mezzo secolo.
Nel 2019 il MAXXI di Roma organizza la sua prima mostra retrospettiva dal titolo *Paolo Di Paolo. Mondo Perduto. Fotografie 1954-1968.*
Nel 2021 il fotografo e regista Bruce Weber presenta il film-documentario *The Treasure of His Youth* a lui dedicato.
La produzione artistica di Paolo Di Paolo è oggetto di saggi e numerose tesi di laurea in Storia dell'arte, Scienze della comunicazione, Scienze umanistiche e sociali.
A maggio del 2023 Paolo Di Paolo riceve la laurea *ad honorem* in Storia dell'arte e insegnamento della fotografia dall'Università La Sapienza di Roma che lo celebra con il riconoscimento di fotografo italiano più importante del XX secolo.
Paolo Di Paolo si è spento il 12 giugno 2023 a Larino, all'età di 98 anni.

Born on May 17, 1925, at Larino in Molise, Paolo Di Paolo moved to Rome immediately after the war and enrolled in the Faculty of History and Philosophy at the Università La Sapienza. He frequented artistic circles in Rome, and decided to develop his interest in the figurative arts through photography.
His started taking photographs for pleasure as an amateur.
In 1954 his first photograph appeared in the cultural weekly *Il Mondo* directed by Mario Pannunzio. Di Paolo was the photographer most often published in the magazine until it closed in 1966.
Between 1954 and 1957 he contributed to *La Settimana Incom Illustrata*, and in the same period began an assiduous partnership with the weekly *Tempo*, which lasted until 1968.
He worked on numerous investigations and reports with the most successful journalists of the time. As a correspondent he traveled to the former Soviet Union, Iran, Japan, the United States and throughout Europe.
Through the friendships he made in the film industry and in artistic circles, he created private and exclusive images of the leading intellectuals, artists, actors and directors of the time. He ended his photographic career working with Irene Brin, producing features on fashion, art, design and customs for the monthly magazines *Bellezza* and *Domina*.
With the spread of television, leading to the closure of many periodicals and the tendency of the press to turn to gossip, in 1968 Paolo Di Paolo decided to give up photography. He returned to his studies, and edited historical editions for the Carabinieri for over forty years.
His archive, comprising over 200,000 negatives, would remain hidden for half a century.
In 2019 the MAXXI in Rome organized his first retrospective exhibition entitled *Paolo Di Paolo. Mondo Perduto. Fotografie 1954-1968.*
In 2021 the photographer and filmmaker Bruce Weber presented the documentary film *The Treasure of His Youth* devoted to Di Paolo.
Paolo Di Paolo's artistic output is the subject of essays and numerous degree theses in Art History, Communication Sciences, the Humanities and Social Sciences.
In May 2023 Paolo Di Paolo received an honorary degree in Art History and the Teaching of Photography from the Università La Sapienza in Rome, which recognized him as the most important Italian photographer of the twentieth century.
Paolo Di Paolo died on June 12, 2023, at Larino, at the age of 98.

Paolo Di Paolo con il suo cane Lula, Roma, primi anni sessanta / with his dog Lula, Rome, early 1960s

Fotolito e stampa / *Reproduction and Printing*
Grafiche Antiga s.p.a., Crocetta del Montello (TV)

per conto di / *for*
Marsilio Arte® s.r.l., Venezia

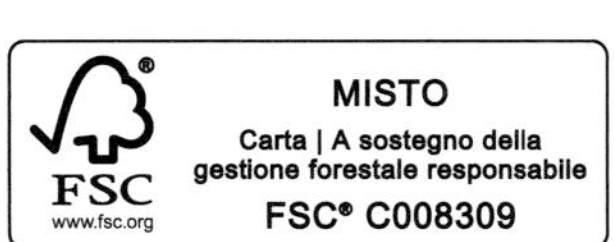